KB211252

현대
북한의
이해

Adrian Buzo 엮음
박영호 옮김

명인문화사

현대 북한의 이해

제1쇄 펴낸 날 2025년 2월 26일

엮은이 Adrian Buzo
옮긴이 박영호
펴낸이 박선영
주 간 김계동
디자인 전수연
교 정 유 진

펴낸곳 명인문화사
등 록 제2005-77호(2005.11.10)
주 소 서울시 송파구 백제고분로 36가길 15 미주빌딩 202호
이메일 myunginbooks@hanmail.net
전 화 02)416-3059
팩 스 02)417-3095

I S B N 979-11-6193-123-4
가 격 29,000원

ⓒ 명인문화사

. . . .

Routledge Handbook of Contemporary North Korea

Edited by Adrian Buzo

간략목차

세부목차

도해목차

도표

표

역자서문

역자는 45년 전 조사연구 업무를 수행하는 통일부(당시 국토통일원) 공무원이 되면서 처음 북한 문헌을 접했다. 하지만 북한 자료와 관련 정보는 매우 제한적이었다. 역자가 본격적인 연구자 생활을 시작한 1980년대 말 이후 한국의 민주화, 사회주의 진영의 해체, 북한 사회의 이완 등 대내외 환경의 격동적 변화에 따라 북한 자료와 정보 원천이 점차 늘어나고 그 접근 수준도 높아졌다. 이와 함께 국책연구기관 통일연구원의 출범, 일부 대학의 북한학과 개설 등으로 북한 연구 기반이 다져지기 시작했다. 지난 30여 년 동안 북한 연구는 크게 발전했다. 주제의 다양성, 활용 자료, 분석 수준, 내용의 깊이 등 이 책의 편집자가 지적했듯이 한국에서 '북한학'의 성숙도가 증대하였다. 한국어가 모국어가 아닌 학자들의 북한 연구도 괄목할 만한 성장을 이루었다.

그러나 이러한 긍정적인 측면에도 불구하고 북한 연구가 과학으로서의 북한학으로 정립되고 있다고 말하기 어렵다. 정치학, 국제관계학, 경제학, 사회학, 문화인류학 등 기존 학문에서 자주 사례 분석의 대상이 되고 있으나, 지역학, 비교정치 또는 한국학의 한 영역으로서도 자리를 잡지 못한 것 같다. 그 원인 중 하나는 북한이 한국에서는 주로 통일정책의 대상으로 인식되고 국제사회에서는 여전히 일종의 일탈국가로 인식되는 경향이 강하기 때문이다. 통일정책의 목적이든, 일탈국가로 보든, 학술연구의 대상이든 북한을 정확히 파악하기 위해서는 이 책이 지향한 북한을 북한으로서 이해할 필요가 있다. 국내에서 '북한을 북한으로서 이해하기'는 이미 오래전 제기되었으나 학술연구에서조차 정책지향과 이념적 정향의 영향이 여전히 작용하고 있다. 그러나 북한을 북한으로서 이해하는 것이 북한 특수성이나 북한만의 독특한 논리를 의미하는 것은 아니다. 관찰, 접근법 및 분석의 객관성, 엄밀성, 보편타당성이 적용되어야 함을 말한다. 이러한 점에서 이 책은 상당한 성과를 보여주고 있다.

한편, 북한 각 분야에 관한 연구가 증가했으나 대학에서의 북한 강좌의 내용과 수준은 그에 크게 미치지 못하고 있다. 몇몇 대학에 개설됐던 북한학과가 대부분 폐지되거나 일부 전공으로 축소되었고, 2025년 2월 현재 1개 대학에서만 북한학과(학부기준)가 축소된 정원으로 유지되고 있다. 대학의 교양과목으로서 북한 강좌는 대체로 정치·안보·외교·경제·사회 측면을 중심으로 제도와 현상을 소개하는 수준에 머무르고 있다. 대학에서 북한학개론 등 북한 관련 과목을 오랫동안 강의한 역자의 경험에 비주어볼 때, 이 책은 그 수준을 훨씬 뛰어넘는다. 정치, 경제, 대외관계, 사회, 문화 분야로 나누어 역사적·제도적 관점에서 세부 영역을 비교적이고 객관적으로 심층분석, 북한을 포괄적으로 조망·이해하게 도와주는 내용을 담고 있다. 이 책은 교양과목으로서의 북한 강좌의 질적 수준을 높여주는 교재로써 뿐만 아니라 북한학, 한국학, 지역학, 비교정치, 비교사회주의 분야의 교재로써 훌륭한 가치가 있다. 일반인에게는 북한 실체를 이해하는 지식의 교양서로, 학자, 전문가에게는 북한을 어떻게 파악할 것인가에 참고하는 필독서로 권장하고 싶다. 다만, 서론의 장을 제외하고 세부 영역을 다룬 18개 장의 수준이 동일하지는 않다.

이 책의 번역을 의뢰받고 책을 일별하면서, 역자는 한국의 북한학자들이 먼저 저술·발간했어야 할 책이라고 판단하고 승낙했다. 그러나 번역을 하면서 이 책은 단순 번역이 아니라 저자들이 분석·인용한 북한 1차 자료와 국내 저술, 관련 문헌의 검토가 반드시 수반되어야 한다는 점을 깨달았다. 역자가 정치학자로서 북한을 오래 연구하고 강의하면서 북한의 여러 분야를 섭렵했지만, 예를 들어 경제 분야의 전문용어와 북한에서 사용되는 용어, 음악 분야의 용어 등은 생소한 것도 있었으며, 북한소설을 분석한 내용은 그 소설을 읽어야 정확하게 이해하고 번역할 수있기 때문이다. 또 비한국인 저자들의 북한 자료 인용은 물론 한국 문헌인용의 경우에도 원문과 비교해야 잘못된 곳을 찾고 정확한 뜻을 독자들에게 전달할 수 있기 때문이다. 이런 이유로 역자는 이 책의 저자들이 분석하거나 인용한 북한 자료 포함 거의 모든 한글 자료/문헌을 찾아서 비교하거나 읽고 번역에 참조했다. 이 과정에 시간이 많이 소요됐으나 몇군데 틀린 곳을 찾았으며 번역에서는 바로 잡았다. 이름을 밝히지 않지만, 원문 자료를 찾는 데 도움을 준 통일연구원의 전 동료 여러분과 북한학계 여러분에게 감사드린다.

북한학은 광의의 의미에서 사회과학에 속한다. 따라서 이 책의 번역에서는 우리말의 어법을 고려하면서도 최대한 원문에 충실하였다. '코리아(Korea)'는 문맥에 따라서 한반도 또는 한국으로 번역하였고, 'ROK'와 'South Korea'는 문맥에 따라서 '대한민국', '한국' 또는 '남한'으로 번역하였다. 'DPRK'는 필요한 경우 '조선민주주의인민공화국' 또는 '조선'으로, 그밖에는 'North Korea'와 함께 '북한'으로 번역하였다. 역자 주는독자의 이해 제고를 위해 첨가하였으며 참조문헌은 생략하였다.

처음 예상보다 번역 작업이 지체되고 있음에도 인내심으로 독려해 준명인문화사 박선영 대표와 좋은 책을 내기 위해 편집, 디자인 등에 애써준 전수연 디자이너 두 분의 노고에 감사드린다.

2025년 2월
박영호

제1장

서론: 북한 이해하기

부조(Adrian Buzo)

서론

이 책은 역사적 맥락에서, 그리고 정치, 경제, 문화, 사회 및 대외관계 분야가 서로 중복되지 않도록 하면서 현대 북한을 개괄적으로 소개하고 있다. 이 책은 종합적인 해설서가 아니다. 지면 사정상 광범위하게 서술할 수 있는 몇 가지 핵심 주제와 접근법만을 선정했기 때문이다. 지금은 분명히 북한에 있어 중대한 전환기이며, 이 과정에 대한 정확한 분석과 역사적, 제도적 관점의 연구에 대한 요구가 있다. 북한만큼 심하게 선택적이고 부분적인 미디어 보도를 통해 국제적으로 알려진 국가는 거의 없다. 그리고 그러한 보도가 국제사회에 미친 영향의 성격을 고려할 때, 북한만큼 더 자세한 연구가 필요한 나라도 거의 없다. 여기서 중요한 요소는 이웃국가들과 그들의 먼 동맹국들에 대한 신뢰할 수 있는 핵위협 구축에 절대적인 우선순위를 부여하게 한 이데올로기와 정치체제다. 모든 것을 아우르는 이 우선순위의 특성과 그것을 초래한 군국주의는 사회의 거의 모든 구석에 영향을 미치며, 그 과정에서 접촉과 이해를 가로막는 여러 가지의 장애를 발생시키고 있다.

이 책의 저자들은 1990년대 이후 일어난 북한 연구의 괄목할만한 성

장을 대표하고 있다. 대한민국에서는 1987년에 군부 권위주의 통치가
종식되고 북한에 대한 접근 수준이 훨씬 높아지면서 더 광범위하고 더
세련된 토론과 연구의 공간이 열렸다. 이것은 모든 학자에게 큰 도움이
되었다. 한국 밖에서도 이 분야가 성장했다. 얼마 전까지만 해도 북한에
대한 최신의 꽤 유용한 자료원이 부족했다. 유용한 정보를 찾기 위해 잘
못된 정보 또는 허위 정보의 더미를 헤쳐나가야 했다. 이러한 해로운 정
보들은 여전히 우리 주변에 많이 있다. 그러나 그것들의 영향은 서울에
서뿐만 아니라 유엔기구, 비정부기구(NGOs), 탈북자 인터뷰, 귀순자 조
사보고, 북중 국경 탐방 조사에서 나온 훨씬 더 정교한 정보의 흐름에 의
해 대폭 줄어들었다. 이러한 정보는 이제 주로 젊은 한국인과 비한국인
분석가 및 학자의 손길과 생각을 거친다. 그들 대부분은 1차 자료로 작
업하며, 북한을 국제관계 영역의 어떤 체스판 조각으로서가 아니라 북
한 그 자체로 이해하는데 명확하게 초점을 둔다. 정치학자와 국제관계전
문가를 구분할 수 없기 때문에 우리가 북한 학술회의에 참석하고 있다는
것을 항상 알고 있다는 마이어스(Brian Myers)의 최근 관찰이 거짓이라
고 할 정도는 아니지만, 우리는 먼데일(Walter Mondale) 전 미국 부통
령이 "자신이 북한 전문가라고 말하는 사람은 거짓말쟁이이거나 바보"라
고 단언할 수 있었던 시절로부터 꽤 먼 길을 왔다.

　이것은 결국 우리의 연구가 우리의 자료에서 시작된다는 명백한 점으
로 이어지며, 북한사회에 적용되는 문서기록은 그 체제의 내부와 외부에
서 생산되는 것으로 이루어진다. 내부 문헌은 주로 북한 정권의 자기 위
주 공식 생산물이다. 이는 국민 생활 영역의 많은 부분에서 김일성과 그
후손들의 삶과 행동을 통해 조선 '민족'(Korean *minjok*)에게 드러난 진
실의 절대적인 본질을 지속적으로 강조하며, 따라서 북한 주민들이 실제
로 무엇을 생각하고 느끼고 있는가에 대한 완전한 두려움까지는 아니더
라도 이에 대한 습관적인 관심 부족을 보여주고 있다. 탈북자들의 개인적

이야기는 보통 사소한 개별적인 경험을 다루며, 그중 일부를 괴롭히는 지속적인 신뢰성문제는 그 이야기들이 북한 주민의 일상생활을 지배하는 체제와 구조에 대해 제한된 통찰을 제공한다는 점을 상기시킨다. 보다 일반적으로 국가테러로부터 법적 보호를 받지 못하는 일반시민들은 서면 기록이 거의 존재하지 않는 비공식적인 제도와 구조 내에서 일을 하게 된다. 그런데도 워드(Peter Ward), 프랑크(Rüdiger Frank), 시글리(Alek Sigley), 그리고 거브로센코(Tatiana Gabroussenko)는 북한 내부 자료가 다양한 방식으로 얼마나 유용할 수 있는지를 보여주고 있다.

북한 외부에서 진지한 학문 연구는 현대 학문적 관행의 일반적인 제약뿐만 아니라 마음에 드는 서사에 대한 대중의 탐닉과도 싸워야 한다. 미디어와 여타 여론 형성자는 항상 공간과 시간을 채울 빠른 방법으로서 마음에 드는 이야기를 찾아낼 준비가 되어있는 것 같다. 그리고 역사적 관점, 상세한 지식과 직접적 경험이 부재한 환경은 피상적인 이야기가 확산하도록 만들고 있다. 그중 대표적인 것이 대개 논쟁적이면서 증명할 수도 없는 출처에 근거한 북한의 기이함과 야만성에 대한 이야기들이다. 또한, 다양한 국가정책 분야에서 변화와 유연성에 대한 오해와 과대평가도 크게 눈에 띈다. 물론 그런 이야기는, 중요한 변화를 향한 움직임에 대한 많은 제약을 일상적인 사건처럼 열거하는 것보다 이례적이고 드문 사건 같은 더 진정한 '뉴스'이고 칼럼 공간을 차지하기에 더 설득력이 있다. 최종 결과는 대개 북한, 북한의 지도자들과 북한사회를 더 신비화하는 것에 지나지 않는다.

확실히 북한은 도전적인 대상이며, 분명히 여러 층위가 있다. 그러나 각 분야의 논문들로 구성된 모자이크는 구체적이고 인식 가능한 역사적, 정치적 힘에 의해 형성된 북한 국가와 사회의 복합적인 그림을 담고 있다. 이런 이유로 다양한 주제들을 포괄해야 할 필요성이 매우 중요하다.

짧은 일화: 약 30년 전, 나는 탈북자와 귀순자 인터뷰에 기반하여 북

한사회에 관해 종합적으로 글을 쓰는 첫 번째 한국 학자 중 한 사람과 멋진 대화를 나누었다. 기근 이전의 북한에 관한 이야기였으며, 나의 마지막 질문은 그의 연구가 북한이 그가 생각했던 것보다 더 빨리 붕괴할 수도 있다는 것을 평가하게 했는지 여부였다. 그의 단호한 대답은 "오, 더 빨리요. 의심의 여지가 없어요"였다. 지난 30년을 돌아보면, 그의 대답은, 생생하고 개인적인 이야기로 가득한 일화가 북한의 전반적인 사회변화의 성격 및 범위와 그것이 미칠 잠재적인 정치적 결과와 같은 엄청나고 복잡한 문제에 대한 우리의 판단에 얼마나 쉽게 영향을 미칠 수 있는가를 상기시켜준다. 물론 나는 항상 이 대화를 내 동료의 판단에 대한 비판으로서가 아니라 북한사회와 문화의 세부 사항에 관한 철저한 조사가 어떻게 북한 사람들이 체제 내에서 변화를 일으킬 잠재력을 지닌 독립적 행위자가 될 수 있는 능력의 정도를 오독하는 위험이 있는지에 대한 경고의 이야기로서 기억해 왔다.

그러므로 이 책에 모인 다양한 논문과 관점에서 나온 하나의 대단히 중요한 결론이 있다면, 단일 이슈의 렌즈를 통해 조선민주주의인민공화국(DPRK, 북한)을 보는 것은 어리석은 행동이라는 점이다. 김일성은 전체가 그의 의지에 더 잘 반응할 수 있도록 각 부분을 엄격히 규제하는 사회를 계획하고 달성했다. 그 결과 정치 영역과 사회 영역이 밀접하게 얽혀 있는 특징으로 인해 단일 이슈에 집중할 수 없게 한다. 따라서 북한판 비자유주의적 시장화를 엘리트 생존이라는 더 넓은 정치적 목표 내에 우선하여 두지 않고서는 그것을 좀처럼 이해할 수 없다. 북한 핵무기 프로그램의 상세한 특징에서 북한의 글로벌경제와의 상호작용, 북한의 예술과 문학 작품 등에 이르기까지 다른 많은 분야에서도 마찬가지다.

제1부 정치적 관점

북한은 김일성(집권 기간 1945~1994년)의 리더십하에서 확실한 형태를 갖추었으며, 그의 그림자는 오래 남아 있다. 여기에서의 논쟁은 증거가 김일성을 본질적으로 마오쩌둥(毛澤東)이나 호찌민(Ho Chi Minh)과 같은 형태의 반제국주의, 반식민주의적 민족주의 지도자로 보는 견해를 지지하는지, 아니면 1945년 8월 소련에 의해 수립되기 시작한 정권의 꼭두각시로 보는지에 달려있다. 북한 역사를 이러한 관점에 놓을 때 정치적 논쟁거리가 된 경로가 곧 분명하게 드러난다. 분단된 한반도와 북한의 등장에 관한 초기의 설명은 한반도 내부에서 원인을 찾는 경향이 있었으며, 점령 세력의 이익과 그들이 형성한 두 국가가 각기 자신의 민족주의 자격을 내세우고 상대방을 꼭두각시로 강조하면서 서로 대립하는 정통성 주장을 반영했다. 어쨌든 이 시기는 객관적인 학문 연구를 선호하는 환경이나 시기가 아니었다. 1960년대에 몇몇 주목할만한 논문이 있었으나 1972년 스칼라피노(Robert A. Scalapino)와 이정식의 『한국 공산주의 운동사(Communism in Korea)』가 출판되고 나서야 비로소 그들의 말을 빌자면 '공산주의, 발전과 전통'에 초점을 둔 보다 광범위한 방법론이 1945년 이전 공산주의 운동의 역사와 1945년 이후 북한에서의 공산주의 운동의 운명에 관한 철저한 설명을 제공했다. 1970년대에는 이러한 견해에 도전하고 김일성을 광범위한 민중의 지지를 받은 진정한 민족주의자로 강조하는 연구도 빠르게 자리를 잡았으며 커밍스(Bruce Cumings)의 저작에서 절정을 이루었다. 커밍스의 저작은 김일성과 북한의 국가 형성에 관한 지배적인 견해에 대한 도전의 폭이 넓다는 점에서 비록 부적절하더라도 수정주의라고 할 수 있다.

대체로 구소련 블록의 기록보관소에 대한 접근뿐 아니라 중국 학문에 대한 접근 확대는 수정주의 학파에서 상당한 재고를 강요했다. 란코프

(Andrei Lankov), 잘론타이(Balázs Szalontai), 테르티츠키이(Fyodor Tertitskiy)의 연구는 소련 점령군이 스스로에게 강요했던 시민사회의 본질을 잘 밝혀내고 이전에는 숨겨졌던 많은 목격자 증거를 드러냈기 때문이다. 김일성은 그의 경력 아주 초기에 마르크스-레닌주의 원칙을 파악하고 이를 국가 건설에 적용하는 지적 과업으로부터 멀어졌다. 1950년대 후반 그가 완전한 통제를 장악하면서 대체로 북한은 한국전쟁을 재개하기 위한 수단을 구축하는 것 외에는 대규모 조직적 아이디어 없이 계획과 정책을 수립했다. 이 책의 제2장에서 잘론타이는 우리를 소련 지배의 시기로 인도하여 김일성 독재의 성장을 개괄적으로 보여주고 있다.

김일성은 소련이 마지막 죽음의 소용돌이를 시작한 지 약 5년 후에 사망했다. 소련에 대한 의존과 국내경제의 실패로 북한이 사회주의 진영의 나머지 대부분 국가와 함께 역사 속으로 사라질 것이라고 거의 보편적으로 예상하였다. 그러나 김일성이 건설한 체제의 내구력과 체제를 강요한 잔인함으로 인해 그의 아들이자 후계자인 김정일(집권 기간 1994~2011년)은 아래로부터의 도전 또는 지배계급 내부로부터의 도덕적 죄책감에 의한 변화의 압력으로부터 대단히 자유로웠다. 그래서 그는 광범위하게 지정된 적들과 계속 대결하는 것 외에 새로운 정책 방향을 제시하지 않았다. 란코프(Andrei Lankov)의 제3장은 남한과의 끊임없는 경쟁이 김정일의 선택지를 형성하는 데 어떤 역할을 했는지를 강조하며, 1990년대의 시련과 위기 속에서 덜 단호한 리더십이었다면 절체절명의 순간을 맞이했을 고난의 행군을 묘사한다. 김정일의 통치방식과 기본 인격은 북한에 대한 외부 논평에서 일상적으로 하찮게 취급되었다. 김정일이 모든 악조건에도 불구하고 이룬 상당한 국가 생존의 업적을 재평가하는 것이 중요하다. 거론되는 북한 생존의 많은 요인 중 하나가 김정일의 지도력임을 부인할 수 없다.

제4장에서 프랑크(Rüdiger Frank)는 우리를 김정은 시대로 이끈다.

김정은은 그의 아버지와 마찬가지로 국제 미디어의 광범위한 조롱과 그가 오랫동안 권력을 유지할 수 있을까에 대한 회의론 속에서 권력의 자리에 올랐다. 그리고 그의 아버지처럼 지금까지 그는 예상이 틀렸음을 입증했다. 프랑크의 논문은 또한 북한 전문가의 주요 도구 중 하나인 이해하기 힘든 공식 문서 — 여기에서는 김정은의 연례 신년사, 2016년 조선노동당 제7차 대회 연설 전문, 최고인민회의 연례회의 기록 — 의 구문 분석을 보여주고 있다. 그 문서들은, 북한의 핵무기 프로그램이 계속해서 지역 및 더 넓은 국제사회와 갈등을 일으키고 김정은이 아버지의 선군 노선과 부분적으로 시장화된 경제에의 의존 확대 간에 실용적, 이데올로기적 수준에서 균형을 이루기 위해 노력하는 가운데 북한이 직면하고 있는 많은 주요 문제를 조명하고 있다.

제2부 북한경제

소련식 사회주의 경제의 비능률성은 가차 없는 시장의 효율성 앞에 결국 굴복하고 이것이 결과적으로 정치적 변혁의 쐐기를 박는다는 것은 우리의 마음에 드는 이야기일 수 있다. 동유럽의 사건들이 이를 입증했지만, 중국의 현 추세는 이러한 견해를 아주 깔끔하게 뒷받침하지 않으며, 정치체제에 뚜렷한 영향 없이 지금까지 상당기간 의미 있는 시장화 과정이 진행되고 있는 북한의 최근 경제사도 마찬가지다. 그렇기는 하지만 관찰자 대부분은 군사 관련 생산량 같은 북한의 경험에 독특한 몇 가지 특이점에도 불구하고 이러한 시장화 과정을 이해하려면 다른 곳의 역사적 경제 이행 스펙트럼에서 이 과정을 찾아야 한다는 점을 인정할 것이다. 제5장에서 워드(Peter Ward)는 거의 현금이 없는 명령경제 시절부터 1980년대 경공업 부문에서 국내 당사자 간의 현금 거래를 수반한 비정상적인

관행이 처음으로 생겨난 현상에 이르기까지 북한경제가 어떻게 현재의
형태를 갖추게 되었는지에 대한 광범위한 설명과 분석을 제공한다. 그런
다음 그는 경제 단위가 제대로 기능하지 않는 국가계획 메커니즘에 직면
하여 점점 더 독립적으로 운영하기 시작한 1990년대부터 현재까지 그러
한 관행이 일반화된 것을 추적한다. 이 설명을 보완하기 위해 실버스타
인(Benjamin Katzeff Silberstein)은 제6장에서 2차 문헌에서 개혁 과
정이 널리 언급되고 있지만 거의 분석되지 않은 부문인 핵심 농업 부문
의 기근 이후 발전에 관해서 설명하고 있다. 실버스타인은 이 부문이 여
전히 이데올로기적 제약에 크게 얽매여 있으며, 변화는 불안정하고 불확
실하다는 다소 냉정한 결론을 내리고 있다.

오늘날 북한의 경제관리에 관한 이야기는 계속해서 경쟁적인 압력
중의 하나다. 국가 당국은 더는 직접 통제할 수 없는 시장 부문에서 발
생하는 위험을 잘 알고 있으며, 이 과정에서 지대를 뜯어내려는 시도뿐
만 아니라 그들이 감당할 수 있는 것과 감당할 수 없는 것을 평가하려고
한다. 특히 이 과정은 점점 더 그리고 달갑지 않게 북한에서 중국의 개
입을 불러들이기 때문에 더욱 그렇다. 유엔의 강력한 경제제재가 북한
의 정책 변화를 유도할 수 있기를 희망하는 시기에, 헤이스팅스(Justin
Hastings)는 제7장에서 북한경제의 또 다른 중요한 요소, 즉 중국 및 국
제경제 전반과의 상호작용에서 북한의 약탈 전략이 점점 더 정교해지고
있음을 서술하고 있다. 수십 년 동안의 실천과 제도화는 북한을 국제 부
패 평가표의 맨 밑바닥에 확고하게 고정한 일련의 관행을 견고하게 확립
시켰다. 이에 따라 헤이스팅스는 현재의 일련의 관행들이 협정 무역과
개발 전략의 출현을 방해하고 있다고 보고 있다.

제3부 대외관계

1945년 소련의 지원을 받아 자신의 지도력을 공고히 한 김일성과 그를 지원한 스탈린(Joseph Vissarionovich Stalin)간에는 외교정책의 관점과 목표가 매우 일치하였다. 스탈린은 한반도에 가깝고 순응하는 동맹을 원했고 필요로 했으며, 김일성은 남한을 제거하기 위해 강력한 소련의 지원을 원했고 필요로 했다. 그것은 또한 김일성이 일본을 근본적으로 공격적인 국가로 보는 스탈린의 확고한 관점을 공유하는 데 도움이 되었다. 그러나 10년 안에 여러 요인이 그 관계를 변화시켰다. 즉, 중국 국공내전에서의 1949년 중국공산당 승리, 한국전쟁 중 소련의 더 신중한 지원과 대비되는 중국의 강력한 지원, 스탈린의 사망과 흐루쇼프(Nikita Khrushchev) 통치하에 소련의 수정주의 출현, 최후 승리를 계속 다짐했던 김일성이 몹시 분개한 중국과 소련의 한국전쟁 교착 상태 결과에 대한 묵인 입장 등이다. 따라서 김일성은 그 이후 외교정책의 기반을 두 동맹국으로부터 독립된 최대한의 행동의 자유를 달성하는데 두었다. 이러한 입장은 오늘날까지 유지되고 있으며, 핵무기 프로그램을 핵심으로 삼고 있다. 스미스(Shane Smith)의 제9장은 핵무기와 관련 운반체계의 보유가 어떻게 북한의 외교정책을 정의하게 되었는가를 설명하고, 군사적 및 외교적 목표로 시작되었으나 상황에 대응하여 궁극적으로 모든 것을 포괄하는 목표인 확증 핵 보복으로 좁혀진 정책 진화의 흐름을 추적한다. 동시에 그는 핵무기 프로그램을 둘러싼 많은 모순과 논리적 결함뿐 아니라 평양에 계속 도전이 될 중요하고 해결되지 않은 기술, 경제 및 안보문제를 지적하고 있다.

부진스키(Leszek Buszynski)는 제10장에서 현재의 교착 상태에 이르기까지 북한이 외교적·경제적 지렛대를 얻기 위해 핵무기를 사용하려 시도한 다양한 방법을 논하여 스미스의 핵 중심적 관점을 보완하고 있다. 그는 지금까지 북한이 이러한 추구에서 매우 성공적이었다고 평가하고 있다. 성공의 원동력은 북한의 정책 수립과정의 비밀성, 망설임 없는 벼랑 끝 전술 사용, 전략적 명료성, 다양한 대화 상대들의 기대 관리, 특히 북한을 달랠 수단 찾기 실패 시의 최종 결과에 대한 그들의 두려움 등이었다. 이러한 관점에서 서술되면, 협상 전략이 얼마나 자주 미묘하게 북한에 유리하도록 기울어졌는지가 보다 분명하게 드러난다. 핵문제에 관한 논의는 또 각각 북한의 러시아, 중국 및 미국과의 관계를 다룬 제8장, 제11장 및 제12장으로 보완되고 있다.

제4부 사회

김일성 일가 지배의 강화를 '변화'로 간주하지 않는 한 북한정치의 본질적인 형태는 지난 수십 년 동안 거의 변하지 않았을 것이다. 그러나 1990년대 이후 북한사회는 전반적으로 여러 중요한 방향으로 변화했다. 정치 기구의 힘과 그것의 시민사회에 대한 압도적 통제력은 의도하지 않은 결과가 거의 없는 극도로 선택적인 변화과정을 지배했지만, 그럼에도 불구하고 이러한 변화에 대한 올바른 인식이 북한을 이해하는 데 필수적이다. 따라서 이 책의 주요 목적은 경제영역에서뿐만 아니라 문화와 사회에서도 이러한 변화가 진행되어왔고 계속 발생하는 주요 방식을 묘사하는 것이다. 북한은 일상생활의 대부분과 주민들의 실제적인 일상 관심사의 대부분을 가리는 얼굴로 세계와 마주해왔다. 주민들은 어떻게 생계를 꾸리는가? 그들의 직장은 어떤 어려움에 직면해 있는가? 정부는 주민들의 개인 생활에 어떻게 영향을 미치는가? 주민들은 어떤 종류의 정보에 접근할 수 있는가? 요컨대, 주민들은 어떻게 식량, 의복, 교육, 취업과 승진을 확보하는가?

  물론 우리는 북한의 끔찍한 인권 상황이 제공하는 근본적인 관점에서 시작해야 한다. 파히(Sandra Fahy)는 제13장에서 북한의 인권 침해의 폭과 깊이를 개괄하고, 특히 인권 침해가 그 나라의 모든 수준에서 제도적 생활에 깊이 스며들어 있는지에 주목한다. 제14장에서 김석향은 10년에 걸친 탈북자에 초점을 둔 연구를 통합하고 경제에서의 화폐화라는 렌즈를 통해 오늘날 북한의 사회적 지위를 보는 신선한 관점에서 사회변동문제에 접근하고 있다. 김 교수는 교육시스템과 사회생활 및 직업생활의 경직성을 통하여 이루어지는 북한의 기근 이전 계층구조와 다양한 형태의 사회적 차별에 대해서 분석하는데, 이러한 계층구조와 사회적 차별은 처음에는 세습과 당원여부에 따라 조직화되지만, 지리적 위치/제한, 대외 접촉, 직업, 성별, 성적 지향 및 장애 같은 요인들을 포함한다. 김 교수는 1990년대 기근 이후 발생한 사회적 변화들을 세분화하여 승자(여성 기업가)와 패자(지역 당 간부), 그리고 주민 대부분의 발전을 막는 강력한 장벽에 관한 다양한 모습을 제시하고 있다. 이는 더욱 활기찬 시민사회에서 발생하는 정치 변동의 가능성에 관한 토론에 귀중한 자료를 제공한다. 제15장에서 김민주는 이 관점을 북한의 아동기와 경제 생산을 위해 아동을 동원하는 구체적인 착취 행위로 확장하고 있다. 그다음에 그리텐스(Sheena Chestnut Greitens)는 제16장에서 등한시된 주제인 북한인 디아스포라에 주목하여 이 디아스포라의 인간적 면모뿐만 아니라 언젠가 그들 사이에 있을 수 있는 잠재적으로 중요한 역할도 보도록 하고 있다. 북한인 디아스포라 대부분은 북한을 이탈한 이후의 삶을 살아가고 있으나 일부는 그저 탈북의 희망을 안고 기다리고 있다. 어느 쪽이든, 그들은 한국인 디아스포라 역사에서뿐만 아니라 더 일반적으로는 전 세계적으로 계속 진행 중인 디아스포라 인구 형성에서 떠오르는 요소이다.

제5부 문화

권위주의 국가에서 문화정책의 역할은 물론 레짐의 정치에 봉사하는 것이다. 소련의 선례와 작가를 '인간 영혼의 엔지니어'라고 한 스탈린의 정의에 따라 북한은 전통적으로 문화적 산출물을 당의 이데올로기적 명령에 활용해왔다. 그 결과물은 당의 관점을 공유하지 않는 사람들의 눈에는 아마 난해하고 예술적 가치가 거의 없다고 너그럽게 묘사될 수 있지만, 그럼에도 불구하고 특별한 것을 밝혀줄 수 있으므로 자세히 검토할 가치가 있다. 제17장에서 하워드(Keith Howard)는 이 분야의 연구를 '점치기'와 유사하다고 보며, 이데올로기가 여전히 창조성과 토론에 적당한 공간을 허용했던 1950년대 북한 음악 세계에서 출발점을 제공하고 있다. 슬프게도 비극적으로 이 공간은 1960년대가 진전되고 김일성주의 이데올로기가 거대한 단일체의 형태를 취하면서 완전히 사라졌다. 시글리(Alek Sigley)의 논문은, 제18장에서 북한 소설의 진화를 김정일이 1970년대에 최고 문화 결정자로 등장한 것으로 설명하는 바와 같이 거의 독특한 개인적 경험에서 나온 것이다. 그리고 가브로센코(Tatiana Gabroussenko)는 제19장에서 주로 책과 영화를 포함한 공식적으로 승인된 '문화' 영역에서 김정은 치하에서 발생한 변화를 스탈린 사망 직후 몇 년 동안의 소련의 문화적 해빙과 통찰력 있게 비교하여 설명하고 있다. 변화한 것에 근거한 끊임없는 서술은 종종 무엇이 변하지 않았는가 하는 훨씬 더 중요한 질문으로부터 우리의 주의를 산만하게 할 수 있다. 그런데 가브로센코는 북한의 문화정책을 그 나름대로의 궤적에 맞춰 설명하고, 사회적 변화를 그 자체로, 자기참조적인 방식으로 반영하는 데 도움을 주고 있다.

요약

김일성주의의 승리는 역사의 토대, 즉 무엇보다도 일본의 식민지 지배와 1945년 이후의 분단으로부터 나왔으나, 본질적으로 실용주의에 대한 교조주의의 승리, 현실에 대한 상상력의 승리로 남아 있다. 북한 국가가 현대 세계에서 가장 반(反)현대적인 국가 중의 하나로 형태를 갖춘 것처럼, 맹목적인 복종의 조건이 아니라면 당 밖에서 지도자의 비전을 공유하도록 초대된 사람은 아무도 없었다. 지난 수십 년 동안, 북한의 이데올로기는 (충분히 명백하게) 지도자의 세습에서 시작하여 김정일이 노동계급이 아닌 군대를 혁명의 최고 수호자로 지정하는 데 이르기까지 마르크스-레닌주의의 많은 요소를 뒤집어버렸다. 그러한 일탈은 편의주의적 방편이었고, 지배계급의 생존이라는 명분으로 행해졌으며, 어떤 더 넓은 사회적 이익을 추구하기 위한 것이 확실히 아니었다.

따라서 우리가 미래를 내다보는 창을 찾는다면 공동 저자들이 김일성가 체제의 느리고 돌이킬 수 없는 침식을 예상하는 사람들에게 다양한 방식으로 관점을 제공한다는 것을 관찰할 수 있다. 다른 시간과 장소에서 태어나 쓸모없는 목표를 달성하기 위해 노력한 이 체제의 무서운 기세는 일관된 후계 레짐의 등장 징후 없이 그리고 아마 등장할 가능성도 전혀 없이 그 체제가 계속될 것임을 보장하는 것 같다. 알려진 반정부 인사가 없고, 정치적 집회 장소나 구호가 없으며, 떠오르는 개혁 아이디어도 없다. 따라서 현재 상황으로는 김씨 일가의 명령에 대한 실행 가능한 도전의 원천이 없다. 그래서 핵무기로 무장한 국가 주도의 기능 장애가 만연하다. 그런데 그 기능 장애는 우상화된 지도자 비전의 지속성, 모든 대안의 완전한 제거, 그리고 자신의 생존을 위해 인민을 압박하는데 거리낌 없는 지배계급의 단단한 결속력에 의해 내구성을 갖게 되었다. 우리는 궁극적으로 이웃 국가들과 편안하게 지내는 더 조용하고 다루기 쉬운 북한을 보게 될지 모르지만, 현재로서는 안정적인 지역 질서가 핵으로 무장한 북한을 포함할 수 있다고 확신하는 이웃 국가는 없다. 그렇다 하더라도 이것은 별로 문제가 되지 않는다. 왜냐하면, 지도부가 긴장을 늦추지 않고 도덕적 양심의 가책이 거의 없는 한, 제재가 지배하는 경제적 고립 속에서 계속 살 수 있는 한, 그리고 외부 요인이 침범하지 않는 한, 북한에서 새로운 것이 나올 수 없기 때문이다.

그렇기는 하지만, 이 책에서 다양한 형태로 강조되고 있는 점은 북한 사회가 불변의 무익한 체제임을 강조하는 시각과 그로 인한 지적인 무관심에 계속 도전해야 할 필요성이다. 왜냐하면, 당 엘리트는 지금까지 당의 우월성에 대한 도전이 벅차다는 것이 드러났지만 사람들이 국가의 통제를 벗어나 자유롭게 행동하는 곳에서 우리는 더 활기차고 창의적인 현상이 등장하는 것을 발견했기 때문이다. 북한 주민들이 일상생활에 대처하기 위해 노력하는 방식은 체제 전체를 파괴할 수밖에 없으며 앞으로도 계속해서 조사와 연구를 위한 비옥한 기반을 제공할 것이다.

제1부
정치적 관점

북한 사회·정치체제의 진화, 1945~1994년

잘론타이(Balázs Szalontai)

도입

이 장은 1945년 제2차 세계대전 종식 이후 1994년 김일성 사망 때까지 북한의 사회·정치체제 발전을 개괄한다. 1945년 소련의 점령은 직전의 일본 식민지 지배와 이미 먼 과거 왕조와의 단절이었으며, 이 시기는 북한이 자신의 첫 번째 왕조적 계승을 수행할 준비를 하면서 변화의 시기이기보다 잠시 멈추는 시기였다. 따라서 우리는 소련 점령(1945~1948년)의 후원하에 국가 수립에서부터 한국전쟁(1950~1953년)이란 대단히 충격적인 사건을 거쳐 김일성 치하의 지속적인 전제정치 모델의 형성을 초래한 엘리트 변화와 사회 재구성의 연속적 단계에 이르기까지 북한 국가의 진화를 추적할 것이다.[1]

서론: 식민지 시대의 유산

1945년 8월 한반도 해방 이후, 일본 식민지 시기(1910~1945년)의 유산은 북한 공산주의 엘리트의 구성과 그들의 시민사회와의 관계를 형성하는 데 계속 직접적인 역할을 했다. 그 유산은 가장 분명하게는 국내 조선 공산당의 취약함, 한국 민족주의 운동의 분열, 한반도 내에서의 효과적인 항일 무장 저항의 결여에 있었지만 다른 중요한 요인들도 포함했다. 우선, 한반도 내에서의 무장 저항은 실행 가능한 선택이 아니었고, 따라서 만주와 중국 본토에서 일어났다. 이것이 한반도를 중국, 유고슬라비아, 알바니아, 불가리아와 같은 전시 국내 공산주의 운동이 강력한 게릴라군으로 성장한 나라들과 구별 지었다. 또한, 헝가리와 동독처럼 나치 독일에 대한 무장 저항이 약했거나 거의 없었던 나라들과도 대조를 보였다. 1945년 유럽에서 적대 행위가 종식될 때까지 소련과 전쟁을 계속했고 소련 군대가 영구 주둔했던 헝가리와 동독에서는 스탈린주의 지도자들이 이러한 저항의 결핍을 이용하여 주민들에게 집단적 죄의식을 주입하고 그래서 소련의 지배를 정당화했다 (Naimark 1997, pp. 135-136; Pál 2019, pp. 69-72). 1948년에 소련의 군정이 끝난 북한에서는 이와 유사하게 김일성이 국내에서의 비저항과 국외에서의 저항 간 차이를 이용하였다. 그는 무장 투쟁을 지도자의 가장 중요한 자질로 제시했고 이에 따라 자신에게 정통성이 있음을 강조했다. 그러나 동시에 김일성은 무장 투쟁에 대한 독점권을 소유하지 않았다. 김구의 대한애국단 같은 일부 비공산주의 민족주의 집단들도 중국에서 항일 무장 폭력의 전통을 갖고 있었으며, 따라서 1945년 이후 한국의 공산주의자와 반공산주의자 간 충돌이 특히 남한에서 쉽게 폭력적 양상을 띨 수 있었다.

　둘째, 한국인들은 해방 이후의 정치적 경쟁에 전혀 준비가 되어 있지 않았다. 한국 반식민주의 정치 내에서의 좌우 분열은 일찍이 1930년대에 매우 첨예해졌으나 1945년 이후 실질적인 정당제도의 출현은 훨씬 더 느린 과정임이 드러났다. 일제 치하에서 소수 엘리트 계층만이 지방 선거에 참여할 수 있었으며, 후보자는 정당 후보로 출마하는 게 허용되지 않았다. 이러한 상황은 해방 후 유별나게 많은 수의 무소속 후보와 작고 불안정한 정당의 확산을 설명하는 데 도움을 준다 (Henderson 1968, pp. 102-103; Kim 1979, pp. 24, 45). 이 문제의 또 다른 차원은 1945년 이전에 북한 내에서 김일성과 만주게릴라그룹의 존재가 사실상 보이지 않았다는 점이다. 왜냐하면, 1941년 4월 소일 중립조약 체결 이후 구 만주게릴라들은 소련에 부속되어 제2차 세계대전이 끝날 때까지 대체로 비활동 상태에 있었다 (Shen 2015, p. 12). 이는 유럽의 전시 상황과 뚜렷하게 대비되었다. 유럽에서는 망명 동유럽 공산주의 지도자들이 소련 후원으로 동포들에게 나치 세력에 저항할 것을 촉구하는 라디오 방송을 함으로써 자신들의 존재를 어느 정도 보여주었다 (Mevius 2005, pp. 30-34).

셋째, 한인 정치 망명자들 또는 오랫동안 소련 시민이었던 한인들은 1945년 이후의 북한정치에서 매우 두드러진 역할을 했으며 종종 지역 정치인들을 압도했다. 따라서 스탈린은 북한지도부에 국내 조선 공산주의자 중 가장 저명한 인물인 박헌영 대신에 성년기 전체를 만주에서 보낸 김일성을 북부 지역 공산당**의 지도자로 선택했다. 박헌영은 그 당의 남부 지부를 이끄는 것에 만족해야만 했다. 망명자들 가운데 북한의 정치를 지배하게 된 그룹은 중국공산당의 만주게릴라 운동(1931~1941년)과 연계된 인물들로 구성되었다. 그들은 1941~1945년 기간을 소련에서 보낸 중국인과 한인 게릴라로 구성된 소련군 88여단의 한인들(예: 김일성, 최용건, 김일, 박성철, 최현, 오진우 등)과 88여단에 소속되지 않은 옛 만주게릴라들(예: 김창봉, 김광협, 허봉학, 석산 등)이다. 중국 북부 지역에서 일본과 싸웠고 연안의 중국공산당 중앙 지도부와 느슨한 연대를 가졌던 한인들(예: 무정, 최창익, 박일우, 김웅, 이상조, 윤공흠, 김창만 등)이 또 다른 그룹이다. 마지막으로, 소련 공산당 간부 경험이 있으

....
** 역자 주) 1946년 4월 19일 북조선공산당으로 개칭. 북한의 공식 당사에서는 조선노동당의 전신 조직을 '북조선공산당 중앙조직위원회'라고 부른다.

나 한반도와는 거의 인연이 없었던 한인계 소련인들이 소련 군정과 신생 북한 당국을 돕기 위해 1946년 북한으로 이동됐으며, 이들은 결국 조선 노동당에서 중요한 위치에 올랐다 (예: 허가이, 박창옥, 박영빈, 방학세, 남일, 박의완 등).[2]

학술 문헌에서 이 그룹들은 종종 '파벌'로 묘사되었다. 그러나 이 그룹들은 조선 시대의 정파와는 달리 구성원의 특정 인물에 대한 충성심이나 특정 이데올로기적 입장 고수 또는 논쟁적인 정책문제에 관한 입장에 근거하여 응집력 있는 집단을 형성하지 않았다는 점에서 파벌이란 용어는 부정확하다 (Person 2006, pp. 6-8). 예를 들면, 소련계 한인들은 1945년 이전에는 함께 일하지 않았고, 그중 가장 저명한 인물들인 허가이와 박창옥은 서로 사이가 좋지 않았다 (Lankov 2002, pp. 20-23). 연안계 한인들도 무정과 최창익 간 경쟁으로 유사하게 분열되었는데, 그둘 간 경쟁의 시작은 전시로 거슬러 올라간다 (Jin 2012, pp. 51-52). 그 그룹들의 제한적인 내부 결속력은 훨씬 더 응집력 있는 그룹을 이끌었던 김일성이 나중에 각 그룹에서 간부들을 분리하고 핵심 구성원들을 고립시킬 수 있게 하였다.

따라서 여러 그룹의 뚜렷하게 다른 배경은 다른 그룹에 속하는 개인 간의 응집력 있는 관계 생성을 막았으며, 이러한 경계선은 개인의 소속 그룹을 기반으로 자리를 배분하는 비공식 정책에 의해 더욱 두드러졌다. 이 관행은 원래 그룹 간의 공정한 균형을 유지하는 것을 목표로 했지만 궁극적으로 김일성이 그룹들을 서로 대적하게 만들었다. 요컨대, 그룹 정체성은 그룹 내 관계보다 그룹 간 인식에서 더 뚜렷했던 것으로 보이며, 이러한 특이한 상황으로 김일성과 그의 응집력이 강한 그룹은 경쟁자들보다 이중으로 유리했을 것이다.

소련의 점령과 북한의 수립

태평양전쟁에서 일본이 패하고 1945년 8월 한반도가 해방된 후, 조선 공산주의자들은 북한 지역에서 정권 수립에 착수했다. 이것은 강력한 소련의 정치적, 경제적, 군사적 영향 아래 일어났으며, 대개 소련은 동유럽에서 여러 순응하는 정부를 수립할 때 그들이 따랐던 관행을 적용하는 데 있어 매우 간섭주의적이었고, 북한에서 소련의 '방식(modus operandi)'은 그러한 관행과 근본적으로 다르지 않았다. 반면에 북한은 동유럽이 아니었고, 소련 군정은 그들의 정책과 실무에서 현지 사정의 영향을 계속해서 인정하지 않을 수 없었다. 이 중 가장 중요한 것은 1945년 이전 시대부터의 전통적인 한국 정치문화와 일본 식민지 관행의 요소를 모두 포함하는 일련의 강력한 역사적, 정치적 문화 영향이었다. 소련은 한반도를 전시의 적이라기보다는 해방해야 할 식민지국으로 간주했으며, 러시아와 한반도(조선)의 역사적 관계는 다른 많은 이웃 국가들처럼 적대적이지 않았다. 결과적으로, 한국 민족주의에 대한 소련의 태도는 독일, 폴란드, 루마니아, 헝가리 또는 몽골 민족주의에 대해서보다 더 관대하였고 덜 의심스러워 했다. 북한에서 소련의 정책은 단일하고 선입견이 있는 일련의 관행에서 나온 것이 아니라, 여러 동유럽 개별 국가들과 어느 정도의 선택성과 유사성을 보여주었다. 그 결과적인 구조는 많은 요인의 영향을 받았는데, 일부는 역사적이었고, 일부는 이데올로기적이었으며, 일부는 특히 스탈린과 김일성 같은 관련 인물에서 나온 것이었다.

소련의 점령과 신탁통치문제

1945~1947년 동안, 소련 군정은 가장 우선적으로 북한정치의 가시적 영역에서 두드러진 역할을 한 지방인민위원회를 통해 통제권을 행사하려고 했다. 매큔(McCune 1947)과 스트롱(Strong 1949)으로부터 시작되고, 추후 커밍스(Cumings 1981), 암스트롱(Armstrong 2003), 김(Kim 2013)에 의해 발전된 서사에 따르면, 조선민주주의인민공화국의 행정구조는 해방 이후 한반도 전역에 자발적으로 등장한 인민위원회에서 유기적으로 진화했다. 이 과정은 소련에 의해 지배받기보다는 조언을 받은 것으로 알려졌으며, 따라서 새로 수립된 북한은 아마도 소련이 내세운 동유럽 레짐들보다 더 깊은 사회적 뿌리를 가지고 있었을 것이다.

사실, 북한의 인민위원회가 눈에 띄게 두드러졌던 것은 북한의 제한된 법적 주권과 직접 관련이 있었다. 특히, 이러한 유형의 위원회는 헝가리, 체코슬로바키아, 그리고 소련이 점령한 다른 동유럽국가들에서도 운영됐으며, 따라서 소련의 동독 반파시스트 위원회 해체는 규칙이라기보다는 예외였다 (Balázs 2009; Krakovský 2015, p. 4; Pritchard 2000, pp. 36-37). 그러나 동유럽 위원회들이 일찍이 1944~1945년에 설립돼 소련의 인정을 받은 연립정부의 지원 아래 기능했지만, 해방 후 북한은 (동독과 마찬가지로) 지방행정 기관에 대한 국제적으로 인정된 공식 정부 구조가 없었다.

해방 후 한국에서도 같은 원칙이 적용됐다. 연합국은 (망명정부로 운영된) 대한민국임시정부나 (1945년 9월 6일 서울에서 현지 한국 정치인들이 선포한) 조선인민공화국을 인정하지 않았으며, 분단국의 한 지역에서 일방적으로 정부를 수립하는 것은 미국과 소련이 독립 한국의 최종 형태에 대해 협상하는 동안은 실현 불가능한 선택이었을 것이다 (Weathersby 1993, p. 19). 북한에서 또 다른 형태의 제한된 주권은 법 집행이었다. 북한 경찰이 소비에트 민정청(Soviet Civil Administration)**의 직속 기관으로 설립되었기 때문이다 (Lebedev 2018, pp. 56-58). 즉, 북한 경찰의 초기 법적 지위는 명목상 주권정부의 기관으로서 내무부에 의해 통제되었던 다른 동유럽국가의 경찰보다는 독일에 주둔한 소련 군정청 하부 기관으로서 기능했던 초기 동독 경찰의 법적 지위와 더 공통점이 있었다 (Borhi 2004, pp. 69, 77, 82, 92; Lindenberger 2003, p. 37).

인민위원회의 출현(1945년 9월), 공산당의 재건(1945년 10월), 일본 부역자의 숙청(1945년 9~10월), 토지 임대료 인하(1945년 10월), 새로운 경찰 조직의 창설(1945년 11월), 토지 개혁(1946년 3월), 그리고 첫 지방선거(1946년 11월)를 혁명은 고사하고 단일의 유기적으로 발전한 대중 기반의 연속적 단계의 개혁 과정으로 보는 것도 문제가 있다. 실제로 이러한 조치들은 종종 서로 간에 모순을 내포하고 있었다. 예를 들어, 부역자에 대한 첫 번째 숙청은 자칭 자경단에 의해 수행되었고, 또 다른 소련 보고서에 따르면 '권력을 장악해 프롤레타리아 독재 수립을 준비하고 있던'[3] 현지 공산주의자들의 본능적인 급진주의에 자극되어 너무 많은 사람을 체포하는 결과를 초래했다. 그래서 1945년 11월 소련 군정은 그 과정에 개입해 수천 명의 정치범을 석방한 후 재편된 경찰에서의 자체 숙청을 수행할 필요가 있었다 (Lebedev 2018, pp. 67-70). 그 후 1946년 1월, 한 소련 비망록은 지방인민위원회의 초기 구성원이 대개 노동자나 농민이 아닌 '부르주아 지주 요소'로 구성되었다고 언급했다. 노동자나 농민은 당시 공산당에서도 상당히 드물었다. 소작농들은 토지 임대료의 인하를 환영하였지만, 토지 재분배를 요구하는 자발적인 주도권

** 역자 주) 1945년 8월 8일 뒤늦게 대일본 선전포고를 한 소련의 군대가 한반도 북위 38도선 북쪽을 점령하고 설치한 소련의 통치기구로서 이름만 민정청이지 사실상 군정이었다.

은 거의 보이지 않았다.[4)]

1945년 10~12월, 소련은 비공산주의 조선민주당(KDP)에 대해 비교적 유연한 태도를 보였는데, 그 근거는 소련과 미국의 협상을 통해 한반도에 단일정부를 수립하기 위해서는 전통적인 통일전선 방식 아래 비공산주의 단체가 어느 정도 포함되어야 한다는 것이었다. 1946년 1월, 남한과 북한의 사실상 모든 비공산주의 단체가 한반도를 완전하고 즉각적인 독립이 아닌 신탁통치 아래 두겠다는 모스크바 회의[**]의 결정(1945년 12월 27일)을 거부했을 때 이 접근법은 갑자기 뒤바뀌었다. 이에 대한 보복으로 소련은 조선민주당 지도자 조만식을 즉각 체포하고, 숙청이 이뤄진 조선민주당이 공산당 노선에 따르도록 강요했으며, 보상이 없는 토지 개혁에 착수했다. 이 토지 개혁은 소련이 1945년에 의도적으로 삼가했던 급진적인 조치로, 분명히 '적대적인' 사회·정치적 엘리트를 약화시키는 것을 목표로 했다 (Lankov 2002, pp. 22-33; Weathersby 1993, p. 21).

실제로 소련과 그 공산 동맹국들이 1945년 말과 1946년까지 북한에서 맞닥뜨린 정치적 반대는 대부분의 동유럽국가에서 직면했던 것보다 (반드시 더 널리 퍼져 있는 것은 아니었지만) 더 개방적이고 노골적이었던 것으로 보인다. 1945년 11월, 소련의 약탈에 대한 학생들의 항의는 신의주 공산당 사무실에 대한 공격으로 이어졌고, 신탁통치문제는 항의의 열정을 더욱 부추겼다. 1946년 3월까지, 서울을 근거로 한 백의사(白衣社, White Shirt Society)[***] 같은 급진적인 반공산주의자들의 활동은 더 이상 시위와 선전 전단의 배포에 국한되지 않고 공산주의 지도자와

....

[**] 역자 주) 1945년 12월 16일부터 25일까지 소련의 모스크바에서 미국·영국·소련의 3개국 외상이 한반도의 신탁통치문제를 포함한 7개 분야의 의제를 다룬 회의.

[***] 역자 주) 염응택이 1942년 평양에서 조직한 비밀독립운동단체 대동단(大同團)이 모체로, 그 관련자들이 월남하여 1945년 11월 서울에서 재조직한 단체이며 반공·반탁·반북을 기치로 테러·암살·첩보 활동을 전개했다.

소련 군인에 대한 무장 공격도 포함했다 (Cathcart and Kraus 2008; Lebedev 2018, pp. 75-83). 이러한 상황은 소련 점령이 전시 패배의 불가피한 결과로 받아들여져 독립적인 미래를 협상하는 문제가 발생하지 않았으며, 때때로 발생하는 자발적인 지역 폭력 행위가 북한에서처럼 정치적으로 집중되지 않은 동독이나 헝가리의 상황과 대조를 보였다 (Borhi 2004, pp. 83-85; Naimark 1997, pp. 382-384).

그러한 반대에 대응하여 소련은 북한 지역 공산주의 지도자들에게 더 많은 공식 권위를 위임했지만, 실제로 이러한 조치들은 (대부분의 동유럽 국가들보다 훨씬 이른) 1946년 중반까지 북한정치체제가 진정한 다원주의 요소를 상실했음을 의미했다. 따라서 동유럽 기준으로 보아도 북한의 전후 준민주적인 막간은 극히 짧고 제한적이었다. 1945년 5월 동독의 소련 당국이 사회민주당, 기독민주당, 자유민주당의 설립을 승인한 반면, 신탁통치문제가 교착 상태에 빠지기 전 몇 달 동안 북한에서는 조선민주당만이 법적 지위를 부여받았으며, 천도교청우당(CYFP: Chŏndogyo Young Friends Party)의 결성은 소련의 조선민주당 탄압 이후에야 이루어졌다 (Lankov 2002, p. 106; Prichard 2000, pp. 36-37).

1945년 이전이나 이후에 북한에서 경쟁적인 다당제 선거가 전혀 실시되지 않았기 때문에, 북한의 신생 비공산주의 정당은 제2차 세계대전 훨씬 이전에 보수, 자유, 농업, 사회 민주 정당이 거의 모든 동유럽국가(알바니아 제외)에서 확고하게 확립된 정치의식의 요소가 된 것과 같은 방식으로 뿌리를 내릴 수 없었다. 북한의 첫 지방선거(1946년 11월)와 남한의 첫 전국선거(1948년 5월과 1950년 5월)에서 이례적으로 많은 수의 공식 무소속 후보가 나온 것은 북한에서 합법적인 정치적 반대의 문이 완전히 굳게 닫혔을 때, 국민의 정당 선호의 발전이 아직 초기 단계에 있음을 보여주었다 (Kim 2013; Mobrand 2019, p. 25). 다시 말해, 1946년 이후 북한 공산 레짐에 대한 조직적 반대가 없었던 것은 그 지도부에 대한 지지보다는 오랫동안 확립된 다당제 선거정치의 전통이 부재했던 것이 더 결정적인 역할을 했다.

민족 정통성과 민족 통일의 복합성

신탁통치 관리에 대한 소련의 강제력 사용으로 김일성과 북한 공산주의자들은 비공산주의 정당에 대한 노골적인 지배력을 확립할 수 있었으나, 소련의 명령에 따른 모스크바협정**의 수용으로 한국의 국익을 배반했다는 비난에 노출되었기 때문에 그들의 정치적 명성에도 손상을 주었다 (Weathersby 1993, pp. 21–22). 해방 후 초기에, 북한 당국은 아직 적대적 선전을 완전히 진압할 수 없었다. 그래서 예를 들면 1946년 12월 25일 소련 군정의 책임자 시티코프(Terenty Shtykov)는 전국에 나도는 전단 때문에 김일성의 기분이 우울했다고 자신의 일기에 기록했는데, 그 전단은 김일성과 이승만을 각각 소련의 앞잡이와 미국의 앞잡이라고 비난했고, 북한 당국이 소련으로 식량을 유출한다고 고발했으며, 소련군이 중국 국민당 군대로 대체될 것이라고 주장했다 (Shtykov 2004, p. 261).

한국 민족주의자들의 그러한 비난에 대응하여 소련 당국과 북한 공산주의자들은 김일성을 뛰어난 민족 영웅으로 그리는 노력을 강화했다 (Tertitskiy 2018, pp. 223–224). 김일성의 게릴라 활동에 근거하여 그에 대한 개인숭배를 창조하는 첫 조치들은 일찍이 1945년 12월에 취해졌으나, 1946~1948년에 이 과정은 소련이 점령한 동유럽에서 거의 유사한 사례가 없을 정도로 빠른 속도로 발전했다. 예를 들면, 1946년 10

....

**   역자 주) 1945년 12월 소련의 모스크바에서 미국·영국·소련의 3개국 외상이 체결한 제2차 세계대전 전후 처리 문제에 관한 협정으로 한반도 문제와 관련 신탁통치안이 포함되어 있다.

월 북한에서 새로 개교한 첫 번째 대학은 즉시 그의 이름을 따서 명명됐지만, 헝가리에서는 1949~1952년에서야 당국이 공산당 지도자 라코시 (Mátyás Rákosi)의 이름을 따서 다양한 고등교육 학교와 기관의 이름을 지었다 (Apor 2017, pp. 169–170; Tertitskiy 2015a, p. 215). 전사한 만주게릴라들과 다른 혁명열사들의 고아들을 위해 1947년 10월에 설립된 만경대학원은 소련의 수보로프 군사학교(Suvorov Military School)를 모델로 한 것으로 보이나, 1948년 북한 정권은 그 학교를 김일성의 고향으로 옮기고 그의 동상을 학교에 세워 김일성과 연결시켰다 (Lankov 1998, p. 104; Lim 2009, p. 21).

　소련 당국은 또한 북한에서 일종의 '선택적인 민족주의'의 육성을 꾀했다. 이 민족주의는 크렘린이 자신의 이익에 대한 위협으로 간주한 외세 (무엇보다, 일본과 미국)에 전적으로 대항하고 반러시아 또는 반소련적인 측면이 전혀 없는 민족주의이다. 1946년 12월 시티코프는 조선 공산주의자들이 초등 정치교육 과정에서 사용할 예정인 교과서의 내용을 설명했다. 특히, 그 책의 1895년 이전 부분은 계급투쟁보다는 조선이 오랜 역사 동안 겪은 다양한 외세 (몽골, 일본, 만주, 미국, 프랑스)의 침략과 개입에 중점을 두었다 (Shtykov 2004, pp. 262–265). 이러한 선택적인 역사 기술은 신생 동유럽 정권의 이데올로기적 입장과 많은 공통점이 있었다 (Myers 2015, p. 29). 예를 들면, 1944~1946년에 "민족주의적, 범슬라브주의 반독일 주제가 폴란드의 공산주의 선전을 지배"했던 반면, 스탈린은 후에 "미국이 후원하는 독일의 보복정책에 맞서 새로운 폴란드 국경을 지키기 위해 일어선 것으로 인정받았다"(Behrends 2004, pp. 163–164). 다른 움직임에서, 새로 창설된 조선인민군(KPA)의 규칙, 규정 및 구조는 소련의 모델을 철저하게 모방한 것이고, 북한의 국기는 소련군 사령부가 특별히 디자인한 것이다 (Tertitskiy 2016, p. 269, 2017b).

선택적이기는 했지만, 북한의 지도자들이 주장한 민족주의는 민족 통일에 관한 한 의심할 여지 없이 진정한 것이었다. 그들의 관점에서 소련 점령지역에서의 점진적인 주권국가의 형성(1947년 2월 북조선인민위원회 창설, 1948년 9월 조선민주주의인민공화국 선포)은 1945년 이후 영토 분단의 영속을 의미하지 않았다. 그와는 반대로, 그들은 북한을 국가의 유일한 합법정부이며, 따라서 공산주의가 통치하는 통일 한국의 핵심으로 생각했다. 이러한 관점은 소련의 입장과는 부분적으로만 일치했는데, 소련의 지도자들도 남쪽의 대한민국을 불법적이라고 여겼으나 처음에는 무력으로 통일을 달성하려는 북한의 시도를 지지하는 것을 꺼렸기 때문이다 (Weathersby 1993, pp. 23–24).

통일 준비는 여러 측면에서 초기 북한의 국내정책에 영향을 미친 것으로 보인다. 한편으로는, 아마도 다양한 좌파 정당들의 융합을 가속화 했을 것이다. 북한에서 조선공산당(북조선공산당을 말함 – 역자 주)과 조선신민당(중국에서 중국공산당 지휘 아래 싸웠던 공산주의자들로 구성된 연안파가 이끈 정당)**은 1946년 7월에 합당하여 북조선노동당을 설립하였다. 1946년 11월 남쪽의 세 좌파 정당들(조선공산당, 남조선신민당, 조선인민당 – 역자 주)이 남조선노동당을 창건하였다. 이어 1949년 6월 북조선노동당과 남조선노동당이 합병하여 조선노동당이 되었다. 흥미롭게도 1946년에 공산당과 사민당 간 합병이 일어난 유일한 동유럽국가는 동독이었는데, 소련이 이 과정을 획책해 나가는데 비슷하게 적극적인 역할을 했다 (Jeon and Kahng 1995, p. 92; Naimark 1997, pp. 277–281). 여타 '인민민주주의'***는 1948년까지 이 단계에 도달하지 않았다.

....

** 역자 주) 1946년 2월 8일 북조선 임시인민위원회의 부위원장으로 선출된 김두봉이 동년 2월 16일 중국 연안에서 만난 공산주의자들과 함께 마오쩌둥의 신민주주의(新民主主義) 사상에서 이름을 따 창당한 정당.

*** 역자 주) 제2차 세계대전 후 소련 스탈린 정권이 창안한 약소국 공산화 혁명 모

다른 한편으로, 북한 지도자들은 남쪽의 여론에 부정적 영향을 미칠 수도 있는 급진적인 경제 조치를 자제하기로 결정했다. 1948~1949년에 대부분의 동유럽 정권(레짐)은 강제적인 농업 집단화 캠페인을 시작하고 대부분의 소규모 민간기업을 국유화했지만, 북한은 이를 따르지 않았다. 1952년 조선노동당 고위 간부 장시우는 헝가리 관리들에게 북한과 남한의 잠재적 지지자들을 소외시키지 않으려는 열망에서 북한 당국이 통일될 때까지 집단화를 연기하기로 했다고 말했다 (Szalontai 2005, p. 28). 마찬가지로, 민간 무역은 1952년 봄에 여전히 전체 무역량의 65퍼센트를 차지할 정도로 경제의 중요 부문으로 남아 있었다.[5] 다시 한번, 북한의 정책은 1952년 4월에야 농업 집단화가 시작된 동독의 상황과 많은 공통점이 있었다. 초기에 "소련 지도자들은 여전히 서구 열강과의 가능한 합의를 찾고 있었으며" 그러한 조건 아래서 "동독에서의 집단화는 서독 농민들 가운데 지지를 받을 기회를 제거할 수도 있었다"(Naimark 1997, p. 166).[6]

한국전쟁 이전 및 전쟁 중 국가-사회 갈등

이상으로 볼 때, 한국전쟁이 발발했을 때 북한 정권(레짐)은 완전한 공산주의체제를 구현하기에는 거리가 멀었지만, 미그달(Migdal 1988)의 국가-사회관계 유형론을 사용한다면 발전 초기 단계에서도 '강한 국가'로 규정될 수 있을 것이다. 1949년 8월, 조선인민군(KPA)의 병력은 8만이었다 (보병 5개 사단, T-34 탱크 33대, 전투기 48대). 내부 보안

델 개념으로, 공산주의자들이 프롤레타리아 독재의 공산화로 이행하는 과정에서 노동자·농민·소상공인·지식인 등 다양한 계급을 연합하여 인민민주주의 정권을 세워 사회주의 혁명의 객관적 조건을 달성하려는 체제를 의미한다.

군은 2만 8,000명의 경찰과 1만 4,000명의 국경 경비대로 구성되었는데, 1924~1945년 기간 중 일본 식민 경찰이 전체 조선에 간부 1,304명과 비간부 1만 8,482명이었던 점을 고려한다면 꽤 많은 수였다 (Chun 1957, p. 82). 정치적 억압의 범위는 다음의 통계 데이터로 가늠할 수 있다. 1948년에 보안 기관은 총 2,734명이 연루된 1,248건의 '정치적 사건'을 수사했다. 1949년 전반부에 보안 기관은 총 2,781명에 영향을 미친 665건의 새로운 수사에 착수했다. 그중 622명이 테러, 356명이 간첩 행위, 212명이 주의 전환, 11명이 태업, 221명이 정부 전복 음모, 66명이 반역죄, 1,133명이 적대 선동 혐의로 기소되었다.[7]

스탈린주의 동유럽 독재체제의 기준으로 봐도 매우 높은 이 숫자는 북한이 그 레짐들보다 더 깊은 사회적 뿌리를 갖고 있었다는 관념에 의구심을 제기한다. 북한과 거의 비슷한 인구를 가졌던 헝가리에서는 1951년 1월부터 1953년 7월까지 31개월 동안 총 2,166명이 테러, 간첩 행위, 주의 전환, 태업, 음모 등 혐의로 체포되었는데, 이는 이 기간에 정치범 체포 발생 정도가 헝가리보다 북한이 3.5배 높았음을 시사한다 (Gyarmati 2010, p. 276).

동유럽과 마찬가지로, 북한 당국은 일부 정치적 '사건'을 선택해 여론 조작을 위한 공개 재판을 개최했다. 이 재판의 기능은 주민들을 위협하고 어떤 종류의 반대도 남한 당국에 의해 선동된 전복 행위로 보여주기 위한 것이었다. 예를 들면, 1949년 3월에 실제 및/또는 '테러범'으로 추정되는 16명에 대한 재판이 남서부에 있는 해주시에서 열렸다. 이 재판은 분명히 그곳에서 실패로 끝난 이전의 무력 저항 시도에 대한 대응이었다. 미국 중앙정보국(CIA: Central Intelligence Agency)의 보고서에 따르면, "반체제 북한군에 의한 제한된 행동이 1월 19일 해주에서 발생해서 1월 24일까지 계속됐다. 50명의 저항세력이 해주 북쪽의 산중 거점으로 철수했다."[8] 1950년 이전 북한에서 실제 저항이 어느 정도 발생했는지, 얼마나 많은 '사례들'이 당국에 의해 조작되었는지, 그리고 어떤 행동이 대한민국에 기반을 둔 반공산주의 단체에 의해 직접 고무되었는지를 평가하기는 어렵다.[9] 그럼에도 불구하고, 가끔 발생한 무력 저항과 특히 1949년 5~9월의 남북 간 국경 충돌은 아마도 억압이 강화된 원인이 되었을 것이다.

그러나 한국전쟁 이전의 기간 중 정권의 억압 조치들은 국가의 사회에 대한 통제를 강화하는데 중심적인 역할을 하였지만, 전쟁 중 그것들은 불안정 요인이 되었다. 일찍이 1950년 7월 전쟁에 겁먹은 상인들이 거래를 중단한 사실에 화난 북한 당국은 "일부 민간 상인들에 대해 억압 조치를 취했으나" 소련 대사관이 냉담하게 지적한 바와 같이 "이 조치는 민영시장의 상태에 뚜렷한 개선을 가져오지 못했다."[10] 당 국가(Party-state)가 아직 통제하고 있었던 이 시기에 새로 생겨난 대중의 불만은 구두 비판에 머물렀으나, 조선인민군이 진격하는 유엔(UN)군으로부터 완전히 후퇴하던 1950년 9~10월에는 그 상황이 급격한 변화를 겪었다. 북한의 침략 후 이승만정부가 취했던 조치와 마찬가지로 공황상태에 빠진 북한 당국은 (조선민주당 지도자 조만식을 포함) 정치범들을 처형하고 상당한 수의 다른 조선민주당원들과 천도교청우당원들을 죽였다. 국내의 북한 정권 반대세력이 한국군과 미군의 도착으로 고무되면서 북한 당국의 이러한 행동은 극렬한 분노, 저항, 응징을 촉발했다. 1956년 9월에 작성된 메모에서 당내 김일성 반대세력은 "퇴각 중에 북부 지역 모든 곳에서 봉기가 발생했다. 더욱이 많은 사람이 상황 정리를 위해 적대적 분열에 가담하거나 적의 압력을 받아 남쪽으로 넘어갔다"라고 지적했다.[11]

1951년 봄, 중국의 개입으로 북한 당국은 주민들에 대한 통제를 다시 시행할 수 있었으며, 나아가 짧은 유엔점령 기간 중 한-미군에 실제 협력한 사람들 또는 협력 의혹자들에 대해 새로운 탄압을 가하기 시작했다. 상기한 메모에 명기되어 있듯이, 당 간부들은 "적에게 하는 것처럼 수많은 사람을 처벌했고, 그 때문에 당과 정부 기관들은 광범위한 대중과 접촉이 끊겼다."[12] 1952년 10월, 조선노동당 중앙위원회 비서 박창옥은 탄압 캠페인 중 저지른 '과도한 행위'를 자아 비판적으로 외교단에 알렸다. 예를 들어, 만약 어떤 사람이 점령군의 명령에 따라 무급의 공공사업에 참여한 적이 있다면, 그 일이 강압에 의해서였거나 단 하루만이었어도 그는 반동분자로 낙인찍힐 위험이 있었다.[13] 이러한 탄압과 동시에 조선노동당 지도부는 60만 명의 당원 중 무려 45만 명에 대해 후퇴 기간 중 충성심이 흔들렸다는 이유로 당 처벌을 내렸다. 그렇게 처벌받은 당원 중 80~85퍼센트는 당원증을 버리거나 분실했기 때문에 징벌을 받았는데, 당 지도부는 그러한 행위를 패배주의 및 의리부동(義理不同)으로 간주했다 (Kim 1951, pp. 320–321; Scalapino and Lee 1972, p. 713).

지도부 차원에서는 조선노동당 중앙위원회 제3차 전원회의(1950년 12월)에서 숙청이 시작됐다. 이때 김일성은 (무정, 김일 등) 몇몇 고위 군 장교를 불법적인 처형 명령을 내리거나 미군의 공군력 우위로 조선인민군의 전쟁 승리가 불가능하다는 견해를 밝혔다는 이유로 교체했다. 대체로 당중앙위원회 정위원 3명과 후보위원 4명이 축출됐고, 정위원 6명이 후보위원으로 강등됐다.[14] 이러한 징계처분은 적어도 부분적으로는 1950년 9월 북한군 지도부에 대한 소련의 신랄한 비판에 자극을 받아 대응한 것이기 때문에 반드시 김일성 자신의 개인 권력 행사를 반영하는 것은 아니었다. 전하는 바에 따르면, 소련의 응징 가능성에 겁을 먹은 김일성은 조선인민군의 남한 완전정복 실패의 책임을 남한 공산당의 명목상 지도자인 박헌영 등 다른 사람들에게 전가하려고 했다. 김일성에게는 다행스럽게도 스탈린은 그를 버리는 선택을 거부하고, 김일성의 부하들에게 비판을 집중했다 (Bajanov 1995, p. 88; Mansourov 1995, p. 99, 1997, p. 300).

1951년 말과 1952년 초에, 김일성은 소련파 중 가장 거물인 허가이를 과잉조치**로 비판하는 과정에서 이러한 강경책을 부분적으로 뒤집고, 당 간부들에게 당원과 일반 시민들을 덜 심하게 대하라고 지시했다. 예를 들어, 많은 제명된 당원들이 복당되었다 (Scalapino and Lee 1972, p. 713). 그럼에도 불구하고, 최고 지도부는 군사 후퇴 기간 중 표면상 충성스러운 노동당 당원들, 위성 정당 당원들, 그리고 보통 시민들의 상당한 부분이 갑자기 180도 달라져서 북한 정권을 버리거나 심지어 등을 돌린 사실에 심하게 흔들렸을 것이다 (Lankov 2002, p. 116). 그들은 대중의 태도가 가변적인 것은 전쟁 전의 국가가 비록 억압적이지만 전시 상황에서 그 지배력을 유지할 수 있을 정도로 사회에 깊이 침투하지 않았다는 사실에 원인이 있다고 분명히 결론을 내렸다. 예를 들어, 군 내부에 초기부터 당 세포가 없었던 것이 조선인민군의 전시 성과에 악영향을 미쳤다고 선언했다.[15] 1951년 이후의 농촌 당원 모집 운동은 평범한 시골 마을에 2~3명의 당원만 있다면 당은 농촌 지역에서 충분히 강한 영향력을 유지할 수 없다는 고려가 강력한 동기로 작용했다. 1952년 10월까지 조선노동당의 당원 수는 마을당 8~9명으로 증가했다.[16]

'남로당파'의 숙청: 치명적인 선례

1950년 12월 김일성이 행한 숙청의 고위급 희생자들은 김일성 자신의 빨치산파를 포함해 다양한 분파에서 나와 이질적으로 이루어졌다. 그래서 이 조치는 전적으로 파벌 갈등으로서만 설명될 수 없다. 그러나 2년 후 김일성은 새로운 당내 숙청을 시작했으며, 이번에 그의 숙청 대상은 명확한 단일 파벌, 즉 전쟁 이전과 전쟁 중에 북한으로 온 남한 출신 공

....

** 역자 주) 유엔군 점령 지역 중 탈환한 지역에서 하부 당원들에게 내려진 무차별적인 징벌.

산주의자들(남로당파 – 역자 주)이었다. 여러 정황 증거는 이 갈등이 한국전쟁을 가능한 한 빨리 끝내려는 김일성의 계획을 둘러싸고 분출했다는 것을 보여주는데, 남로당 지도자들은 김일성의 계획이 민족 통일을 무기한 연기시킬 것이라는 이유로 그에 반대했다 (Szalontai 2005, p. 38; Wada 2001, pp. 78-79). 그러나 그 숙청은 또 김일성이 오랜 경쟁자이자 남조선노동당(SKWP, 약칭 남로당)의 지도자로 북한 부수상 겸 외상 박헌영을 제거할 수 있도록 했다.

남로당파에 대한 김일성의 공격은 1952년 12월에 시작됐다. 1953년 1/4분기에 간첩 행위, 반역죄 및 반국가 음모의 누명을 쓰고 몇몇 남로당 중요 인물들이 체포됐다. 정전협정 체결 1주일 후인 8월에 북한 당국은 12명의 남로당원(이승엽, 조일명 등)을 피고석에 앉혀두고 여론 조작을 위한 공개 재판을 열었다. 이 재판은 이전 동유럽의 여론조작용 공개 재판의 양식과 거의 일치하게 이행되었기 때문에 (즉, 피고인들은 여러 가지 조작된 믿을 수 없는 혐의에 대해 유죄를 인정하도록 강요당했다) 소련 보안 고문들의 개입하에 이뤄졌을 것이다. 더욱이 몇몇 중요한 소련계 조선인들 (즉, 당중앙위원회 조직부 부장 박영빈과 내무상 방학세)이 그 숙청에 핵심적 역할을 했다 (Lankov 2002, pp. 92-99; Szalontai 2005, p. 39).

소련계 조선인의 개입으로 김일성은 1950~1951년에 조중연합사령부(朝中聯合司令部) 부정치위원이었고 그와 경쟁한 연안파의 핵심 중 한 사람인 내무상 박일우를 방학세로 교체하였으며, 이에 따라 소련파와 연안파가 서로 싸우도록 만들었다.[17] 그렇지 않았다면, 연안파는 그 숙청에 연루되었던 것으로 보인다. 그 후 1956년 6월 이미 김일성과 충돌이 불가피한 상황이었던 연안파 리더 최창익은 여전히 박헌영과 이승엽[**]이

....
[**] 역자 주) 박헌영과 함께 남로당 창당에 참여했으며, 1953년 8월 숙청되기 전까지 북한 내각에서 사법상, 국가검열상 등을 역임했다.

"나쁜 사람, 인민의 적"이었다고 주장했다.[18]

여론조작용 공개 재판에 뒤이어 소련에서 '프라베르카(proverka, 검증)'로 알려진 절차인 당 문서에 대한 일괄 검증이 이어졌다. 1953년 12월 1일까지 조선노동당 당원의 18퍼센트(약 20만 명)가 이 과정을 거쳤으며, 그중 2만 2,000명이 어떤 위법행위든 간에 저지른 것으로 나타났다. 3,000명은 사기 수단으로 당에 가입했고, 3,600명은 해로운 활동에 연루됐으며, 4,500명은 국가 자금을 횡령했다. 이 단계에서 단지 401명의 당원이 축출되었으며 535명은 여러 가지 형태의 당 처벌을 받았다.[19] 1954년 7월까지 처벌받은 당원은 2만 7,000명에 달했으나 (그중 약 1,000명이 당에서 축출된 것으로 보임), 이 수치는 그 이전의 동유럽 검증과정과 비교하면 여전히 상당히 낮았다.[20] 예를 들어, 1949년 상반기에 헝가리의 '프라베르카(proverka)'는 당원 19만 407명 (당원 총수의 거의 1/5)의 축출과 당원 12만 5,672명의 후보당원 강등을 초래했다.[21]

1950년 12월에 있었던 당내 숙청의 부정적 영향으로 조선노동당 지도자들은 또 하나의 대규모 조직 개편이 역효과를 낳을 것으로 깨달았던 것으로 보인다. 그러나 숙청의 이러한 면면들은 김일성이 처음으로 집권당(조선노동당 – 역자 주)의 전체 파벌을 강력하게 탄압하고 날조된 혐의로 그 지도자들을 처형했다는 사실을 감출 수 없었다. 그들의 여론조작용 공개 재판은 이후 당내 숙청의 선례를 만든 돌이킬 수 없는 행위로 북한정치문화의 점진적인 변형에 있어 중요한 이정표였으며, 북한 당국은 탈스탈린화한 동유럽 정권들과는 달리 결코 희생자들을 복권시키지 않았기 때문에 더욱 그렇다. 그와는 반대로, 김일성은 분명히 그들의 무고함이 받아들여진다면 자신의 개인 권위가 심각하게 약화될 것이라는 이유로 흐루쇼프(Nikita Khrushchev)의 '비밀 연설'** 이후에도 계속해

....

** 역자 주) 1956년 2월 25일, 소련 공산당 제20차 대회에서 당중앙위원회 서기장 흐루쇼프가 스탈린 통치를 비판한 연설로 30년간 소련을 통치한 독재자 스

서 그들의 범죄 혐의를 되풀이했다. 1956년 4월 조선노동당 제3차 대회에서 김일성은 심지어 북한에서 개인숭배문제는 박헌영의 숭배에만 국한됐다고 주장하기까지 했다 (Lankov 2005, p. 62).

북한에서 소련이 헝가리와 불가리아에서와 같은 방식으로 희생자들의 복권을 요구하지 않았기 때문에 숙청에 대한 어떠한 재조사도 막으려는 김일성의 노력이 가능했다. 헝가리와 불가리아에서는 레이크(László Rajk)**와 코스토프(Traicho Kostov)***의 복권이 소련과 유고슬라비아 간 화해의 필수 요소였다 (McDermott and Stibbe 2015). 1956년 4월 19일, 김일성은 주북한 소련 대사 이바노프(Vasily Ivanov)에게 소련 지도자들이 1955년 12월에 통과됐으나 아직 미결 중인 박헌영에 대한 사형선고의 실행에 찬성하는지를 물었다. 이바노프가 진행하지 말라고 조언했을 때, 김일성은 이바노프의 전임자인 수즈달레프(Sergey Suzdalev, 1953~1955년)가 박헌영 사건에 관한 자신의 질문에 대해 모스크바로부터 아무런 답변을 받지 못했으며, 그래서 조선노동당 지도자들은 소련 당국이 박헌영의 운명에 무관심하다고 결론을 내렸다고 날카롭게 말했다. 이에 대응하여 이바노프는 소련정부가 박헌영 사건에 대해 불간섭 입장을 유지한다는 것을 김일성에게 확언할 수밖에 없었다.[22]

    탈린에 대한 격하 운동의 출발점.

**   역자 주) 헝가리 내무상과 외상을 역임한 공산주의 정치인으로 헝가리 공산당 권력투쟁 과정에서 1949년 9월 날조된 혐의로 공개 재판을 받고 같은해 10월 15일 처형됐다.

***   역자 주) 불가리아 공산당 중앙위원회 서기와 각료회의 의장을 역임한 공산주의 정치인으로 1949년 12월 정부 전복을 위한 지하조직 구성 등의 혐의로 공개 재판을 받고 처형됐다.

동유럽 탈스탈린화와 북한의 차이

이승엽의 비(非)복권은 소련의 탈스탈린화 과정(1953~1956년)이 동유럽보다는 북한에 훨씬 덜 영향을 미쳤다는 것을 드러냈는데, 동유럽에서는 알바니아 지도자들만이 이전의 숙청에 대한 재조사를 간신히 피했다. 대체로, 조선노동당 지도부가 '인민민주주의의 경험' — 즉, 스탈린주의 정책이 생성한 대중의 불만을 완화하기 위한 소련의 영향을 받은 '새로운 길' — 을 고려할 준비는 약간의 경제적 양보에 국한되어 있었다. 예를 들어, 1953년 12월, 북한정부는 1953년 이전의 농촌 부채를 무효화했으며 의무적인 육류 납품을 폐지했다. 그에 반해서, 김일성은 새로운 소련의 '집단지도체제' 모델을 채택하기를 몹시 꺼려했다. 1953~1954년에 수상과 제1서기 직책을 동시에 맡고 있던 동유럽 지도자들은 그 지위 중 하나를 포기할 수밖에 없었으나 김일성은 그에 따르지 않았다(Szalontai 2005, pp. 47-48, 58). "김일성은 여전히 당중앙위원회 위원장과 정부 수반의 직책을 겸하고, 조선인민군 최고사령관이며, 다수의 다른 정부 및 당 기구 대표를 맡고 있다"라고 1955년 1월 소련의 한 보고서는 비판적으로 지적했다.[23] 1956년에 주북한 소련 대사관 참사 페트로프(A.M. Petrov)는 "개인(김일성 – 역자 주)에 대한 지나친 숭배는 [한국]전쟁 중에는 어느 정도 설명할 수 있고 받아들여질 수 있지만, 지금은 점점 더 발전의 장애물이 되고 있다"라는 견해를 피력했다.[24]

　김일성이 자신의 권위를 축소하는 것에 대해 확고하게 반대한 것은 그 과정이 당내 경쟁자들에게 한국전쟁과 특히 그의 전시 성과에 관해 불쾌한 의문을 제기하도록 고무시킬지도 모른다는 우려가 영향을 미쳤을 것이다. 결국, 그의 연안파 경쟁자들은 김일성이 승리한 최고사령관이라고 묘사한 서사를 비판하는 실제 군사 사건을 충분히 간파하고 있었다. 1954년, 경제 및 경제학 연구소가 전쟁 자료를 요청했을 때, 김웅 국방

부상**은 "모든 군사작전은 … 중국인민지원군 사령부가 지휘했으며 김일성은 관여하지 않았다"라고 공개적으로 말했다.[25] 김웅은 의심이 많은 김일성이 그를 최용건으로 교체한 1951년 중반까지 조중연합사령부의 부사령관이었다 (Shen and Xia 2018, p. 53). 1956년 9월, (중국으로 – 역자주) 망명한 연안파 반체제 인사들은 "수많은 제대, 송환 군인들과 38선 지역의 주민들 덕분에, 누가 전쟁을 시작했는지는 이미 비밀이 아니다"라고 지적하고, 김일성이 "조선인들에게 비할 데 없는 고통과 사상자를 초래한 조선에서의 전쟁에 대한 책임을 져야 한다"라고 결론을 내렸다.[26]

당 내부로부터의 그러한 도전에 직면하여, 김일성은 북한 인민의 사고방식이 여러 측면에서 불만족스럽다는 이유로 국가 권력을 강화하고 이데올로기 교육을 심화시키는 과정을 강구했다. 1955년 4월에 개최한 조선노동당 중앙위원회 전원회의에서, 김일성은 세 혁명***으로 단련된 러시아의 프롤레타리아와 농민 계급과는 달리 소련군의 도움으로 기성 권력을 받아서 혁명 투쟁으로 단련되지 않은 조선 노동계급과 조선 농민의 고유 특성에 관한 자신의 견해를 피력했다. 그렇기는 하지만, 소수의 빨치산은 조선에서 항일 무장 투쟁을 벌였는데, 이는 그가 속했던 만주게릴라 운동을 지칭하는 것이며, 이러한 전통을 머릿속에 심어줌으로써 노동계급과 농민 간 동맹의 약점을 해결할 수 있었다.[27] 조선노동당의 다른 파벌, 특히 김일성의 게릴라 활동 과장에 분개했던 연안파 (Shimotomai

....

** 　역자 주) 한국의 국방부 차관에 해당함. 2023년 말 현재 북한에서 군사 분야를 담당하는 부처인 국방성은 1948년 9월 민족보위성으로 출범하여 1972년 12월 인민무력부, 1998년 9월 인민무력성, 2000년 9월 인민무력부, 2016년 7월 인민무력성, 2020년 11월 국방성으로 명칭을 변경해왔다.

*** 　역자 주) 율리우스력으로 1917년 2월 러시아에서 로마노프 왕조가 세운 제국을 무너뜨린 2월 혁명, 같은 해 블라디미르 레닌 등 급진공산주의 분파 볼셰비키가 주도한 10월 혁명, 그리고 1918년 11월부터 1922년 10월 사이 혁명파(적군)와 반혁명파(백군) 간 러시아 내전에서 적군의 승리로 1922년 12월 소비에트 연방이 탄생한 것을 의미한다.

2007, p. 459) 뿐만 아니라 대중도 희생시키면서 과거의 만주게릴라들을 미화한 이런 초엘리트주의적 태도는 나중에 북한의 엄격한 신분 차별(성분)의 계급제도로 나타났다.

인민의 이익을 자신의 거대한 목표에 종속시키기를 마다하지 않는 김일성의 태도는 1954년 11월에 시작한 경제정책에서도 나타났다. 지도부의 자급자족 산업화 프로그램에 자금을 대기 위하여 당국은 소작농들에게 중과세와 알곡 납품 할당량을 부과하고, 민간 알곡 거래를 금지했으며, 신속한 집단화 운동(농업협동화를 말함 – 역자 주)에 착수했다. 이는 생활수준을 개선하려는 소련의 새로운 구상과는 정반대의 접근이었다. 1955년 초까지 이러한 조치들은 기근을 초래했고, 결국 강력한 대중의 불만을 발생시켰다. 2월에 박영빈**은 소련 외교관에게 "기근이 특히 심한 지역에서 반정부 벽보와 전단이 나타나기 시작했으며" 몇몇 경우에는 "공개적인 폭동"도 발생했다고 말했다 (Lankov 2020). 또 다른 소련계 조선인 송진파는 "많은 사람이 알곡 수매문제와 알곡 제품 민간 거래 금지에 조선노동당과 정부가 저지른 과오에 대해 이야기하였는데," 이러한 조치들이 "상당한 수의 도시 인민들에게 … 생계수단이 없게" 만들었기 때문이라고 말했다.[28]

커지는 지도부 내부의 균열

식량 위기는 조선노동당 지도부 내부의 잠재적 균열을 공개적 불화로 변형시키는 과정을 자극했던 것 같다. 김일성이 지도부에게 농촌 상황에

....

** 역자 주) 연해주 출신 고려인으로 소련 공산당의 지시로 북한에 파견, 소군정 시기부터 북한 정권 수립 초기까지 소련파의 주요 인물로 활동했으며 당 정치위원회 위원, 조직부장, 선전선동부장 등 요직을 역임하다 소련으로 귀국한 인물.

대해 잘못 알렸다고 하는 하급 관리들에게 책임을 전가하려 했던 반면, 몇몇 소련파와 연안파 인사들은 김일성의 개인숭배와 독재 통치방식이 하급 간부의 과장된 수확 보고에 직접적인 책임이 있다고 결론을 내렸다. 왜냐하면, 그 보고는 위기가 대재앙의 정도에 이를 때까지 문제가 감춰지는 '건강하지 못한 아부와 굴종의 환경'을 만들어냈기 때문이다.[29] 그들은 소련의 전반적인 탈스탈린화 환경으로부터는 물론 1955년 봄 소련이 사실상 김일성에게 강경 경제정책을 뒤집으라고 강요한 사실로부터 힘을 얻을 수 있었다. 6월에 북한정부는 농업세를 내렸고, 의무적 알곡 납품을 유예했으며, 민간 알곡 거래를 다시 합법화하였다 (ibid.).

실제로, 김일성의 경제정책에 대한 소련의 비판적인 평가는 대부분 여러 소련계 조선인들이 소련 대사관에 제공한 비밀 정보에 근거하고 있었는데, 이는 김일성이 소련파를 제5열(적과 내통하는 집단 – 역자 주)로 여기도록 유도한 것 같다. 비슷한 맥락에서 김일성과 그의 추종자들은 연안파 간부 박일우를 '마오쩌둥의 개인 비서'라고 경멸적으로 불렀다 (Jin 2012, p. 55). 이 용어는 북한에 주둔하고 있던 중공군의 위압적인 태도를 향한 분노를 나타내는 것이었다. 사실 "중국인민지원군(CPVA: Chinese People's Volunteer Army)이 불법적으로 일반인은 물론 남일, 방학세, 박정애 등 고위 북한군 장교를 구금하고 심문하는 사례가 많았다" (Shen and Xia 2018, pp. 116–117).

이때 소련파와 연안파 중 김일성에게 비판적인 인사들은 어쨌든 일부에 불과했는데 그들은 김일성에 대항하여 서로 협력할 준비가 되어 있지 않았으며, 그래서 김일성은 두 파벌 간 싸움을 붙일 수 있었다. 1955년 4월, 소련 보고서는 박일우와 방호산 등 몇몇 중요한 연안파 인사들이 1952년 이후 자신들이 소외된 것에 대해 소련파를 비난했으며, "소련파가 북한 군대와 정부 기구의 지휘 지위를 차지하고 김일성은 소련군과 다른 고문들에 전적으로 의존하고 있다"라고 투덜거렸다고 언급했다.[30]

결국, 1953년 허가이의 몰락 이후 가장 영향력이 있는 소련파 지도자 박창옥은 연안파 지도자 최창익이 김일성에게 그(박창옥 - 역자 주)와 박영빈을 당에서 축출할 것을 반복해서 촉구했다고 불평했다.[31]

김일성은 연안파와 소련파를 차례로 공략했다. 1955년 4월, 김일성은 박일우, 김웅과 방호산이 한국전쟁 중 소련 군사 고문들을 중공군 지휘부의 눈 밖에 나도록 했으며 지금은 지도부가 연안파를 차별한다는 '부정확한 견해'를 퍼뜨리고 있다는 이유로 그들을 공격했다.[32] 그다음 1955~1956년 겨울, 김일성은 박창옥, 박영빈, 그리고 소련파의 다른 중요 인물들이 조선의 문화 전통을 희생하면서 소련 문화를 미화했다는 구실로 그들과 정면으로 부딪쳤다. 이러한 혐의는 분명히 반대파를 고립시키기 위해 조작된 것으로 그들의 실제 '잘못'은 물론 다른 데 있었다. 예를 들어, 박일우는 김일성의 강경한 국내정책을 반대했고, 박창옥, 박영빈, 그리고 송진파는 김일성의 개인숭배를 축소하려고 했다 (Lankov 2005, pp. 32–49; Shimotomai 2007, p. 459).

흐루쇼프가 스탈린의 개인숭배와 정치적 범죄를 맹렬히 비난한 '비밀 연설'을 한 1956년 2월 소련 공산당 제20차 대회의 여파로 김일성은 정치적 자유화를 문화적, 경제적 민족주의로 효과적으로 대체할 수 있는 정책을 계속 추구했다. 정권 초기에 구축한 '선택적 민족주의'와는 달리 이 민족주의는 미국 및 일본에 대항할 뿐 아니라 소련의 문화적 영향에도 대항하는 것이었다 (Lankov 2005, pp. 56–59). 1956년 4월 제3차 조선노동당 대회에 파견된 소련대표단 대표 브레즈네프(Leonid Brezhnev)는 조선노동당 지도자들의 과장된 당 대회 연설은 공산 국가들이 북한에 제공한 대규모 경제원조를 거의 인정하지 않았고, 북한 정권의 농업에서의 어리석은 실수를 언급하지 않았으며, 주민의 최악의 생활 상태를 무시하고, 김일성을 둘러싼 개인숭배는 없다는 믿을 수 없는 주장을 했다고 보고했다. 본질적으로, 북한지도부는 소련 공산당 제20

차 대회의 사상은 북한에 그대로 적용할 수 없으므로 '기계적으로 모방하지' 말아야 하는 '외국의' 영향이라는 입장을 취했다.[33] 북한에서 소련의 영향을 축소함으로써 김일성은 사실상 1석 3조(一石三鳥)의 효과를 거뒀다. 그는 정권의 국내적 정통성 주장을 강화했다. 그는 소련파 경쟁자들의 신용을 떨어뜨렸다. 그리고 그는 당 간부, 지식인과 학생은 제외하고 일반 북한 주민들이 북한정치에 영향을 미치는 소련의 탈스탈린화의 본질을 이해하지 못하도록 했다.

정치적, 경제적 개혁을 희생하면서 독재적 민족주의를 고취함으로써 김일성은 서로 모순되고 궁극적으로 그와 당내 비판자 간 갈등을 한계점에 이르게 한 두 과정에 시동을 걸었다. 한편으로, 이 정책으로 김일성은 1945년 이후 입당해 소련파와 연안파의 특권적 지위에 분개한 토착 간부들 사이에서 그에 대한 지지를 촉진하고 그에 따라 그의 반대자들을 고립시킬 수 있었다 (ibid., pp. 217-221). 다른 한편으로, 소련 공산당 제20차 대회로 힘을 얻었으나 김일성의 무반응에 좌절한 소련파의 박의완과 김성화 같은 비판자들은 김일성과의 직접적인 대립이 필요하더라도 북한정치에 질적 변화를 초래하기 위한 노력을 강화하기로 결단을 내렸다 (Person 2006, pp. 26-29).

대립에서 숙청으로

조선노동당 제3차 대회에서 김일성 숭배를 바로 잡는 데 실패한 것을 처음 공개적으로 비판한 인사는 연안파의 이상조였는데, 그는 소련 주재 북한 대사로서 다가오는 김일성의 소비에트사회주의연방공화국(USSR, 소련 – 역자 주) 방문 중에 그에게 압력을 가할 것을 소련정부에 요청했다 (Lankov and Selivanov 2019, pp. 236-237; Person 2006, pp.

29-32). 김일성의 소련 블록 방문 기간동안(1956년 6월 1일~7월 19
일), 소련파와 연안파의 김일성 비판자들은 처음으로 김일성에 대항하여
힘을 합쳤다. 6월 초 소련파 김성화는 최창익과 주북한 소련 대사 이바노
프 간 비밀회동을 주선했으며,[34] 그 회동에서 최창익은 힘주어 다음과 같
이 말했다.

> 일부 소련계 조선인들이 그들의 업무에서 많은 실수를 저질렀다
> … 그러나 그것이 모든 소련계 조선인들에게 반하는 행동의 근거
> 가 되지는 않는다. 그들은 대부분 부여된 임무를 용감하고 능숙하
> 게 수행하고 있다.

당내 김일성 비판자들이 탈스탈린화를 반대하는 김일성을 이길 힘이 충
분하지 않다는 점을 지적하면서 최창익은 소련 지도부에게 "상황의 개선
을 도와달라"고 요청했다.[35] 7월에, 소수의 다른 연안파와 소련파 반대
자들은 (예를 들어, 이필규, 윤공흠, 박창옥) 소련 외교관들과 비슷한 대
화를 했다 (Lankov 2005, pp. 78-85). 소련파와 협력해 소련 대사관
내부로부터의 지지를 구하기로 한 연안파의 전례 없는 결정은 아마 그들
의 고립이 커지고 특히 중국 대사관의 무관심한 태도에 영향을 받았을
것이다 (Shen and Xia 2018, p. 97).

반대자들이 제기한 문제는 다음과 같은 주요 주제로 묶을 수 있다. (1)
지도부의 잘못된 경제정책, (2) 김일성 숭배 및 그의 독재 통치 스타일의
지속, (3) 모든 다른 [항일] 투쟁 그룹을 희생하는 김일성파의 미화, (4)
반대자들이 경쟁자로 여기는 탐탁하지 않은 특정 인사들에 대한 김일성
의 의존 (예를 들어, 최용건, 박금철, 한설야, 이종옥, 강영찬), (5) 개인
의 자질 대신에 그가 속한 파벌에 근거한 지위의 배분 등이다. 따라서 경
제정책에 대한 논쟁이 갈등의 주요 요소였지만 원칙에 입각한 정책 입장
의 역할이 과장되어서는 안 된다.

전술한 주제 중 4개는 직접적 또는 간접적으로 인사 조작과 관련이 있었다. 자신의 독재적 지위를 충분히 이용하여 김일성은 자신의 게릴라 동지들(최용건, 박금철)뿐 아니라 항일 투쟁에 거의 또는 전혀 기여하지 않았고 경력은 전적으로 김일성에 대한 '아첨꾼 같은' 충성심에 의존하고 있었던 '어두운 과거'를 가진 많은 사람(한설야, 이종옥, 강영찬)도 승진 시켰다. 이 두 그룹에 대한 김일성의 선호는 연안파의 항일 투쟁에 대한 기여를 효과적으로 깎아내렸으며, 이것이 최창익과 이필규가 왜 자신의 지위에 부적합한 인물들의 긴 명부를 나열했고, 왜 허위 과장된 김일성의 게릴라 무훈에 관해 불평했으며, 왜 이필규가 자신의 혁명 업적을 길게 설명했고, 왜 연안파가 소련파보다 반(反)김일성 음모에 더 중요한 역할을 했는가 (Lankov 2005, p. 75에서 강조된 현상)를 설명하는 데 도움이 될 것이다.[36)]

1956년 8월 30일 조선노동당 중앙위원회 전원회의에서 윤공흠과 소수의 다른 반대자들은 김일성의 정책을 비판하려고 시도했지만, 그들은 어쩔 도리가 없을 정도로 수적으로 열세였다. 전 게릴라들과 신흥 토착 관료들뿐 아니라 몇몇 중요한 연안파와 소련파 인사들(김창만, 방학세, 남일)이 김일성의 편을 들었기 때문이다. 그 다음날, 김일성이 자신의 비판자들을 당에서 축출했으나 연안파 반대자 중 4명은 가까스로 중국으로 탈출했다. 정치적 위기에 대응하여 소련과 중국 지도자들은 합동 대표단(미코얀[Anastas Mikoyan]과 펑더화이[彭德懷])을 평양에 파견했다. 9월 20~23일, 미코얀과 펑은 김일성에게 숙청된 반대자들을 당 중앙위원회에 다시 받아들이라고 강요했으나, 그들은 그 이전에 강제로 사임을 당했던 헝가리와 불가리아의 '작은 스탈린들'과 같은 방식**으로 김일성

....

** 역자 주) 1956년 7월 18일 스탈린주의자 헝가리 공산당 총서기 마차시(Rákosi Mátyás)의 강제 해임과 1956년 4월 18일 스탈린주의자 불가리아 공산당 전 총서기이자 불가리아 총리 체르벤코프(Valko Chervenkov)의 강제 해임을 말한다.

을 권력에서 제거할 의향이 없음을 분명히 밝혔다 (Jin 2012, pp. 56-66; Lankov 2005, pp. 121-142; Person 2018; Shen and Xia 2018, pp. 96-105).

　그러한 상황에서 중국-소련의 개입은 북한정치에 일시적인 영향을 미쳤을 뿐이다. 1957년 8월, 김일성은 당내 반대자들에 대해 새로운 공격을 시작했으며, 이번엔 숙청의 범위가 1956년 8월 당중앙위원회 전원회의에서 그에게 공개적으로 반항했던 고위 간부들에 한정되지 않았다. 그와는 반대로, 단계적으로 확대된 숙청 운동은 김일성대학에서 시작하여 종국적으로 전체 당원에 영향을 미치는 정도로 더 넓은 사회의 곳곳을 점차로 뒤덮었다. 김일성은 분명히 '소련파 및 연안파'와 직접 연계된 여부와는 상관없이 어떠한 반대자라도 뿌리 뽑으려 했다. 실제로 일반 노동자와 농민보다 소련과 동유럽의 탈스탈린화에 관해 더 알고 있었던 지식인과 학생 사이에서는 특히 반대하는 목소리가 존재했다. 때때로 등장한 비판 전단들로 판단하면, 숙청은 더 큰 불만을 발생시켰으나 결국 김일성은 소련파와 연안파의 영향을 완전히 진압할 수 있었다. 1957년 중반에서 1958년 중반까지 3,912명의 당원이 조선노동당에서 축출되었고, 1958년 10월에서 1959년 5월까지의 기간에 비밀경찰이 약 10만 명의 '적대 및 반동분자'를 '밝혔다.' 그중 대부분은 공식으로 기소되기보다는 '재교육을 받았다.' 1960년 1월, 당국은 35명의 주요 당내 반대자에 대한 비밀재판을 열었고, 이후 최창익, 박창옥, 그리고 소수의 다른 인사들이 처형되었다 (Lankov 2005, pp. 149-183; Shimotomai 2011, p. 129).

　특히, 북한지도부는 숙청을 수행하는 데 보안 기관과 당 관료체제에 전적으로 의존하지 않았다. 희생자들은 또 공개 '비판 모임'을 받았는데, 그 모임에서 동료들은 희생자들을 고발하고 규탄하도록 압력을 받았다. 이 방법은 소련의 스탈린주의 관례보다는 중국의 반우파 운동(反右派運動, 1957년 6월~1958년 5월)의 기법과 훨씬 더 공통점이 있었으며, 김일성이 숙청을 시작한 날짜 또한 비판적인 중국 지식인을 탄압하기로 한 마오쩌둥의 결정으로부터 그가 용기를 얻었음을 보여주었다 (Lankov 2005, pp. 150, 159). 정말로, 1957년 6월 21일 북한 대사 이영호는 조선노동당 지도자들이 "인민의 모순을 올바로 해결하는 방법에 대한 마오쩌둥의 보고서를 학습"했다고 마오쩌둥에게 말했다 (Shen and Xia 2018, p. 116). 이렇게 하여 북한정치체제는 탈스탈린화한 공산주의 정권뿐 아니라 그 본래의 소련 스탈린주의 모델로부터 점점 더 많은 차이를 보여주었다.

성분제도의 창조

1957~1959년의 숙청으로 김일성은 또한 1955년 4월 당중앙위원회 전원회의에서 그가 처음 표명했던 견해를 반영하는 방식으로 북한사회를 재편할 수 있었다. 북한 정권 첫 10년 동안, 사회적 특권과 사회적 차별 시스템은 소련 스타일의 계급 분류에 바탕을 두었다. 예를 들어, 1951년 10월 교육성 부상은 공산주의 외교관들에게 상인과 지주의 자식들은 대학에 들어가더라도 당국이 임금노동자의 자식들에게 주는 수당, 무료 의복과 다른 특권을 받을 수 없다고 말했다.[37] 1953년에 노동자는 청년 동맹원 120만 명의 10퍼센트를 차지했으며, 농민은 56퍼센트, 지식인은 7퍼센트, 근로자는 14퍼센트, 그리고 상인은 단지 0.09퍼센트를 차지했다.[38] 1956년에 김일성대학 학생의 단지 3퍼센트만이 상인 또는 지주 출신이었다.[39]

　　탈스탈린화한 동유럽국가에서는 사회적 차별의 강도가 점차 약화하였으나, 북한은 그렇지 않았다. 그와는 반대로, 1957년 5월 조선노동당 상무위원회는 전체 주민을 각 개인의 정치적, 군사적 기록에 따라 이전의 계급분류보다 세밀하게 규정하고 조사해 새로운 계층과 그 하위계층으로 재분류하는 결정을 내렸다 (Lankov 2005, p. 181). 1958년 12월부터 1960년 말까지, 당국은 모든 주민의 식민지 시대로부터 뿐 아니라 한국전쟁과 당내 갈등 중 취한 입장에 특히 유의한 사회적, 정치적 배경을 꼼꼼하게 조사했으며, 또 각 개인이 자신의 친척 활동에 책임을 지도록 했다 (Collins 2012, p. 21). 새로 규정된 '믿을 수 없는' 사람 계층(적대 계층 – 역자 주)에는 구 지주와 상인은 물론 '구(舊)' 지식인, 친일 부역자, 전시 북한이 점령된 기간 중 한국군-미군 부역자, 남한으로 간 북한 주민의 친척, 북한 당국이 송환을 거부한 한국전쟁 남한 포로, 전쟁 중 적에 잡혔다가 정전 후 북한으로 돌아온 조선인민군 병사, 전쟁 전 또는 전쟁 중 북한으로 온 남한 주민, 그리고 심지어는 북한의 초청으로 일본에서 귀환한 조선인(재일동포 – 역자 주)이 포함되었다.[40]

그 조사 결과는 최고지도부에조차 충격적이었다. 1961년 3월 27일자 연설에서 김일성은 "인민의 단지 약 0.5퍼센트만이 남한에 사는 친척, 일본이나 미국의 부역자였던 친척, 또는 계급과는 거리가 먼 친척이 없다"라고 공표했다. 김일성이 내부의 적을 너무 광범위하게 규정하는 것은 경제건설을 방해할 것이라는 근거로 가벼운 부역자들에 대한 관용을 주장하기는 했지만, 그의 성명은 주민의 70~75퍼센트가 '동요하는' (즉, 적어도 부분적으로 믿을 수 없는) (동요계층 – 역자 주) 또는 구제 불능일 정도로 적대적인 (적대계층 – 역자 주) 사람으로 분류되는 계층 구조가 만들어지는 전조가 되었다 (Szalontai 2005, p. 168).

소련 정권이 1920년대에 만들고 "소련의 1928~1931년 '문화 혁명' 때 벌인 '계급전쟁'에서 도구"가 된 사회계층과는 달리 북한의 다중 분류 체계(흔히 성분제도로 알려진)는 농업의 완전 집단화와 소규모 민간기업의 국유화가 이뤄지기 전이 아니라 이뤄진 후에 생겼다 (1957~1958년). 그래서 그 체계의 주된 기능은 겉으로 사회적 변화를 촉진하기보다는 구조적 불평등체제를 영구화하는 것이었다. '신뢰할 수 없는' 사람들의 수가 유난히 많고, 특히 한국전쟁 중의 활동에 따른 하위 범주가 많다는 것은 전시 중 당의 포기로 인해 조선노동당 지도자들이 크게 흔들렸다는 것을 의미했다. 1958년 당 지도부는 1950년에 간부들이나 그들의 친척들이 미군이 들어오기 전에 도망가지 않고 적의 점령지역에 남아있었다는 이유로 다수의 간부를 교체했다 (Szalontai 2005, p. 126). 조사의 시기와 '적대'계층에 '파벌주의자'를 포함한 것은 성분 분류사업 또한 1955~1956년에 자신의 권위에 도전했던 당내 반대자들의 실제적 또는 잠재적 지지자 모두를 제거하려는 김일성의 의도에 영향을 받았다는 것을 의미했다 (Collins 2012, p. 42).

주민의 분류를 마무리 짓는 데 10년이 걸렸다. 1970년까지 총 51개 하위계층(부류 – 역자 주)이 만들어졌고, 개인들의 신분(성분 – 역자 주)은 주기적으로 재조사되었으며, 이 과정은 아마 반복되는 당내 숙청으로 영향을 받았다. 완성된 형태의 성분제도는 1994~1998년의 기근 때까지 대체로 변하지 않았는데 5개의 성분 집단으로 이루어졌다. (1) 특수계층(통치계급 – 역자 주)으로 김일성의 친족과 생존한 만주게릴라를 포함한 김일성의 권력 핵심층, (2) 핵심계층으로 한결같이 충성하는 간부, 전쟁 희생자와 혁명 투사의 친족, 1945년 이전 노동자의 후손 등, (3) 기본군중(계층 – 역자 주)으로 일반 노동자와 농민, 하위 관료와 일반 당원, 1945년 이후 지식인, (4) 복잡계층으로 구 지식인과 소상공인, 송환된 조선인민군 포로, 월남자 가족 등, (5) 적대계층으로 구 자본가와 구 지주, 친일 부역자와 친미 부역자, 숙청된 당원, 전과자 등이다. 첫 두 부류를 합쳐 핵심계층으로, 세 번째와 네 번째 부류를 합쳐 동요계층으로 분류하면, 핵심계층, 동요계층, 적대계층의 전체 주민 중 비중은 핵심계층 25~30퍼센트, 동요계층 40~45퍼센트, 적대계층 28~30퍼센트 정도로 추정된다 (ibid., pp. 25, 115-118; Hunter 1999, pp. 4-5; Lankov

2013, pp. 41-42).

한 사람의 개인 신분은 그의 조상 전래의 성분 (부계 조상의 사회적 배경과 과거 정치적 기록에 근거하여 규정)과 그의 사회적 성분 (직업과 개인 성과를 의미)의 상호작용으로 형성되었다. 실제로 조상 전래의 성분은 개인이 접근할 수 있는 교육 수준, 직업 유형, 식량 배급, 거주 지역을 효과적으로 제한했다. 결국, 한 사람의 신분은 (반드시 그 개인의 직업은 아닐지라도) 그 후손에게 세습된다. 예를 들어, 핵심계층의 구성원만이 고등교육을 받을 자격이 있었다. 복잡 또는 적대 성분에 속한 사람은 평양으로부터 배제되었으며, 종종 외진 산악 지역으로 추방되었다 (Collins 2012, p. 6; Hunter 1999, pp. 4-5; Tertitskiy 2015b). 사회인류학의 용어로 조상 전래의 성분 분류는 한 사람의 성취 신분의 범위를 심하게 제약하는 귀속적 신분집단으로 정의할 수 있다 (사회적 성분).

성분제도: 비유와 영감의 원천

란코프(Lankov 2013, p. 41)는 "김일성의 북한은 놀랍게도 고정적이고 세습적인 계급제도 (또는 전근대 유럽에서 때때로 알려진 '신분제') 질서를 가진 전근대 사회를 연상시켰다"라고 말했다. 다른 저자들도 비슷하게 북한의 귀속 신분집단을 인도의 카스트제도(Tertitskiy 2015b), 남아프리카공화국의 아파르트헤이트(Collins 2012, p. 99), 그리고 조선왕조 (1392~1910년) 아래의 한국에서 존재했던 세습 사회계층(Armstrong 2003, p. 73; Demick 2009, pp. 26-27; French 2007, pp. 40-41; Oh and Hassig 2000, p. 4)과 비교했다. 이들 유사사례 중 조선왕조의 세습 사회계층은 특히 흥미로운데, 식민지 이전의 한국과 북한 간 직접적인 역사적 지속성을 의미하기 때문이다. 이 설명에 따르면, 김일성의 강력한 민족주의 정서가 조선의 신유학의 계층적 개념을 닮은 신전통주의체제를 창조하도록 고무시켰던 것과 같이, 공산주의레짐에서 왕조 또는 신 세습 레짐으로의 북한 사회·정치체제의 점진적 변화는 한국의 전근대 과거 유산에 의해 영향을 받았다.

그렇기는 하지만, 북한의 귀속 신분집단 내의 한 개인의 위치를 좀 더 자세히 살펴보면 조선의 세습 계급과는 중요한 차이가 있음을 보여준다. 그 차이는 성분제도를 인도의 카스트제도 또는 남아프리카공화국의 아파르트헤이트와 구별해주는 것과 마찬가지다. 첫째, 성분제도는 상향 이동에 엄청난 장애가 되지만, 국가에 의해 전적으로 규정된 한 사람의 신분은 그 사람이 정치적 범죄를 저지르면 언제라도 당국에 의해 강등될 수 있다. 그러한 상황에서 한 사람의 개인적 신분은 상향 이동과 하향 이동이 모두 제한되고 사람의 신분이 일단 등록되면 국가에 의해 자의적으로 변경될 수 없는 전통에 입각하거나 혈통에 입각한 체제에서보다 훨씬 더 불안정하고 취약했다. 조선에서 한 사람의 양반 신분은 법적으로 규정되지 않고 사회적으로 결정되었으며, 따라서 양반 신분과 연관되어 받은 지위가 반드시 사회적으로 수용되지는 않았고 양반 신분이 남계(男系)를 통해서만 계승되지도 않았다 (Deuchler 2015).

둘째, 경찰이 주민의 성분 파일을 갖고 있었기 때문에 주민은 반드시 자신의 구체적 신분을 알지는 못했으며, 레짐은 신분 차이를 명확하고 눈에 띄게 보여주는 (조선의 사회적으로 차별화된 형법, 복장 규정, 호패에서 나타냈던 바와 같이, Han 2004, pp. 116–117, 122–123; Rhim 1974, p. 141; Seth 2016, p. 159) 대신에 공공 영역에서 그것을 감추려는 경향이 있었다. 초등과 중등 교육에서, 다양한 성분 계층에 속한 어린이들이 공식적으로 서로 구별되지 않았으며, 체계적인 차별은 경제 활동 연령에 도달하거나 대학에 지원할 때에야 비로소 시작되었다 (Demick 2009, p. 28; Hunter 1999, pp. 3–8, 54).

셋째, 국가는 조선의 자치 조직 (예를 들어, 지방 품관들이 조직한 유향소[留鄕所], 농촌 마을의 조직인 두레, 상인들의 조합인 시전[市廛], 보부상 조합, 그리고 분리된 백정[白丁] 마을)과 유사한 집단제도를 만들기 위해 개개의 성분 계층과 하위계층을 허용하지도 필요하지도 않았다. 조선의 자치 조직은 전근대 국가의 한정된 행정 및 재정 능력에 따라 존재할 수 있었거나 (존재할 필요가 있었다) (Shin 2014).

마지막으로, 한 개인의 조상 전래 성분과 사회적 성분은 조선에서보다 덜 직접 연관되어 있었는데, 조선에서 (군역, 장사, 가죽 제조 같은) 특정 직업은 선천적으로 다른 직업보다 사회적 위신이 떨어졌다 (Seth 2016, pp. 175-181). 예를 들어, 광부는 공식적으로 북한 노동계층의 특권 부류로 대우하였지만, (송환되지 않은 남한 출신 전쟁 포로 같은) 복잡 또는 적대계층에 속한 사람들도 종종 광산에서 일하도록 강요당했다 (Demick 2009, p. 25; Hunter 1999, p. 144).

조선의 귀속 신분제도와 북한의 성분제도 간 역사적 지속성이 있다는 주장이 과장되어서는 안 된다. 더욱이 중국 공산 정권이 만든 계급 범주가 더 가까운 비유이며 더 유사한 영감의 원천이었던 것 같다. 중국공산당도 주민을 세 개의 주 계층으로 분류했기 때문이다. 중국의 계층 분류는 첫째, 적색 계층으로 혁명계급(당 간부, 군인, 혁명열사)과 프롤레타리아계급(노동자, 빈농과 중하층 농민)으로 나뉜다. 둘째, 일반 계층(중농, 지식인, 사무원 등으로 동요하거나 중립적인 것으로 추정)이다. 셋째, 흑색 계층으로 착취계급(자본가, 지주, 부농)과 반동계급(관리, 군인, 국민당 정권 당원, 반혁명 운동가, 우익인사)으로 나뉜다. 이 계층 분류는 "주민의 경제적 상태와 남성 가장의 정치적 활동의 조합에 근거하여 각 가구에 부착"됐고 "남계를 통해 상속되었으며," 하지만 "개인의 행동 또는 재조사로 인해 항상 수정"될 수 있었다 (Walder 2015, pp. 109-113).

첫 번째 조사로 성분제도의 기초를 놓은 1958~1959년에 북한의 정책은 예를 들어 대약진운동과 천리마운동 간의 유사점에서 볼 수 있듯 이 마오쩌둥주의에 의해 크게 영향을 받았으며, 따라서 성분제도의 설계 자도 중국 모델에서 영감을 얻었을 수 있다. 그러나 중국의 세 개 주 계 층의 비중은 북한의 그에 상당하는 계층의 비중과는 달랐다. 혁명계급 은 도시 주민의 4.4퍼센트, 프롤레타리아계급은 77.8퍼센트, 일반 계층 은 14.4퍼센트, 그리고 흑색 계층은 3.4퍼센트를 차지했다 (ibid., pp. 109-113). 따라서 '동요' 및 '적대' 집단의 비중은 중국보다 북한이 훨 씬 높았다. 이는 대중의 지지에 근거하는 대신 시의적절한 외부 개입을 통해 처음에 권력을 얻고 다음엔 더 강력한 권력을 갖게 된 북한의 지도 자들이 중국의 동지들보다 대중의 충성심에 대해 더 강한 의구심을 품고 있었다는 것을 보여주었다.

초기 게릴라 연합: 불안정한 균형

마지막 단계의 주민 분류 과정(1966~1970년)은 대체로 북한정치의 다 른 두 구조적 변화, 즉 1967~1969년의 대규모 당내 숙청과 김정일 후계 과정의 시작과 동시에 일어났다. 이 세 가지 변화는 사실상 서로 직접 밀 접한 관계에 있었는데, 김일성 가족의 정치적 역할 증가는 여전히 이질 적인 구 게릴라 집단 내부에서 긴장을 발생시켰다. 구 게릴라 집단의 많 은 사람과 갈등이 증가하면서 김일성은 더 많은 권위를 그의 친척에게 위임하였고, 숙청된 '종파주의자'의 부하와 친척은 성분제도의 낮은 계 층으로 격하되었으며, 김일성의 대가족과 88여단의 전 대원들은 점점 더 핵심계급의 뚜렷한 부분이 되었다.

　이러한 변화 간의 연계는 조사할 가치가 있는데, 흔히 사용되는 두 개 의 학문적 설명 모델, 즉 만주 항일 투쟁의 전통에 뿌리를 둔 '게릴라부

대 국가' 모델(Wada 1998)과 조선의 유교적 유산에 영향을 받은 신전통
주의 '가족국가' 모델(Cumings 1982; Lee 1976; Suzuki 1992)[41]이 양
립할 수 없음을 드러내기 때문이다. 다시 말해, 김일성이 의존한 정통성
과 네트워크 구축의 다른 두 원천, 즉 김일성의 게릴라공동체 내부에서의
위치와 그의 가족 유대관계는 반드시 조화롭지는 않았다. 1967~1969년
에 있어서와 같이 어떤 경우에는 두 개념이 실제로 서로 충돌했다. 따라
서 김일성이 게릴라부대의 연대를 희생하면서 북한 엘리트들에게 자신
의 왕조적 계승을 강요했기 때문에 '게릴라 왕조'(Buzo 2018)와 '빨치산
가족국가'(Kwon and Chung 2012)의 두 개념은 심지어 서로 양립할 수
없는 용어를 함께 사용한 모순어법으로 여겨질 것이다.

1953년에서 1961년까지, 전 88여단 대원들, 김일성의 만주게릴라들
과 협력하여 1936~1938년 한반도 동북 변방에서 항일운동을 한 갑산공
작위원회의 전 구성원을 포함한 다른 전 게릴라들, 김일성의 친척 등 세
그룹의 정치적 위상을 보면, 처음에는 김일성 친척이 두 게릴라 그룹보
다 쳐졌으나 대체로 세 그룹이 평행선을 달렸다. 세 그룹 모두 남로당파,
소련파와 연안파의 제거나 주변화로부터 혜택을 받았기 때문이다.

예를 들어, 1955년에 88여단 대원이었던 최용건과 갑산파 지도자 박
금철이 당 부위원장에 선출되었는데,[42] 김일성의 동생 김영주는 이미
당 중앙위원회 조직지도부의 간부였다. 1958~1959년, 김일성 정권은
전 게릴라들의 무공을 미화하는 대대적인 선전 캠페인을 시작했으며 김
영주는 1960년 조직지도부장, 1961년 당 중앙위원이 되었다 (Lankov
2005, pp. 204-205; Lim and Yoo 2013, p. 352). 1953~1957년의
당내 충돌 기간 중 김일성과 이 세 그룹의 고도의 결속은 그들 간 일정한
균형을 만들었다.

소련-북한 간 마찰의 재개와 대규모 군비 증강의 시작(1962~1964년)
은 북한의 대중국 경사가 1956년 최창익에 반대하여 김일성 편에 섰던

김창만과 하앙천 같은 살아남은 연안파의 위상을 일시적으로 신장시켰던 것 외에는 이 균형에 거의 변화를 가져오지 않았다. 이 시기에 김일성 개인숭배는 계속 커졌으나, 1963~1964년에 박금철과 다른 갑산파 운동가들의 항일 위업도 공식적으로 기념되었다 (Ra 2019, p. 35).[43] 1965년 7월, 헝가리 대사관은 보천보혁명박물관의 전시품들은 박금철, 최용건, 그리고 이미 사망한 박달의 역할에도 역점을 두었다고 보고했다.[44] 이 시기에 북한의 선전은 국가 이데올로기 '주체(Juche)'를 김일성의 개인 창작품으로서보다는 조선노동당 지도부의 집단적 생산물로서 제시했다 (Myer 2015, p. 94).

그러나 마침내 이 그룹들이 동시에 떠오른 것은 권력의 최고정점을 향한 그들 간 경쟁을 자극할 수밖에 없었다. 결국, 김영주와 김정일이 두각을 드러낸 관료 경로 (조직지도부와 선전선동부)는 박금철과 그와 관련된 몇몇 다른 간부들의 주요 권력 기반이던 똑같은 기관이었다. 설상가상으로 김영주의 항일 투쟁 업적 결핍은 갑산파의 미화된 과거와는 뚜렷하게 대비되었다 (Lim 2009, pp. 38-39).

이 불안정한 힘의 균형을 결국 뒤엎은 것은 1964년 이후 소련-북한 간 화해와 김일성의 남한에 대한 대립정책(1966~1968년)이었다. 1965년 중반부터 김일성 개인숭배가 점차 축소되었다. 처음에는 당역사박물관에 김일성의 어린 시절 전시품이 덜 두드러졌으며, 대중매체에서 김일성의 이름이 전보다 덜 자주 언급되었다.[45] 1965~1966년 겨울까지 김일성에 대한 시와 노래의 수가 줄어들었으며, 1966년 상반기에 김일성 동상과 초상화 일부가 여러 공공건물과 미술박물관에서 제거되었다.[46] 이러한 변화는 적어도 부분적으로는 (김일성 우상화를 혐오한 것으로 잘 알려진) 소련 지도자들에게 좋은 인상을 주려는 북한의 의도에 따른 것으로, 같은 시기에 북한의 선전은 소련 진영과의 경제적, 문화적 협력에 관한 관심이 증가하였고 '주체'와 '자력갱생(self-reliance)' 사상이 이러

한 목적과 양립될 수 있다고 강조했다.[47]

그러나 김일성 개인숭배의 감소와 다른 지도자들과 특히 박금철의 위업에 대한 지속적인 인정 간의 대비는 당내 여러 지도자들의 김일성에 대한 '존경심 부족'으로 여겨지고 오해될 수 있어서 당 엘리트 내부에서 암묵적인 긴장을 조성했다.[48] 한 중국 외교관은 말했다.

> 현 구조에서 볼 때 매우 혹독한 항일 투쟁의 시기에 조선 내에서 위대한 영웅적 행위로 작전을 수행하고 견디어낸 유일한 지도자인 박금철이 조선민주주의인민공화국의 혁명적 사회주의 건설의 모든 공이 김일성에게 돌아가는 것을 받아들이지 않는 것은 지극히 합리적이다. 김일성은 혁명의 전 기간을 중국과 소련에서 훨씬 온화한 조건에서 지냈다.[49]

게릴라 연대의 붕괴

몇몇 저자(Buzo 2018, p. 51; Lim 2009, p. 38; Person 2013)는 김일성과 박금철 그룹의 충돌은 경공업과 생활수준을 희생하면서 군비지출과 중공업 투자를 증가시키려는 김일성의 노력에 대한 박금철의 반대가 촉발했다는 견해를 제시했다. 그러나 대규모 경제·국방 병진 노선을 공식적으로 시작한 1962년 12월의 당중앙위원회 전원회의(조선노동당 중앙위원회 제4기 제5차 전원회의 – 역자 주)나 더욱더 많은 군비지출 증가를 결정한 1966년 10월의 당 대표자회(조선노동당 제2차 대표자회 – 역자 주)는 박금철 그룹에 대해 직접 부정적인 영향을 미치지 않았다는 점을 알 수 있다. 당 대표자회는 7명의 새로운 군 및 보안 관련 인물(예를 들어, 민족보위상 김창봉, 조선인민군 총참모장 최광, 해군 제독 이영호, 사회안전상 석산)을 정치위원회로 진입시켰으나, 그들이 대체한 사람들은 대체로 박금철 그룹과 연계가 없는 관료들이었다(예를 들어, 정일룡, 이종옥, 이주연 같은 고급기술관료, 김창만, 하앙천 같은 전 연안파 간부, 전 소련계 남일). 이와는 대조적으로, 박금철과 그와 연계된 인물(이효순, 김도만, 박용국)은 많은 군부 강경 인사들의 선출로 상대적 영향력이 확실히 줄어들기는 했으나 정치위원회와 비서국에서 지위 변화를 겪지 않았다 (Buzo 2018, p. 64; Hamm 1999, p. 142; Shinn et al. 1969, pp. 220-224).[50]

그러므로, 김일성과 박금철 간의 잠재된 긴장을 파국으로 몰고 간 문제는 단순히 북한의 군비증강 가속화가 아니라 남한에 대한 조선인민군 특공대 습격의 범위와 횟수를 증가시키는 김일성의 결정이었던 것으로 보인다. 미국중앙정보국(CIA) 보고서에 언급된 바와 같이, 1966년 10~11월에 비무장지대(DMZ)에서 단지 '7차례의 소규모이나 계획적인' 습격이 있었지만, 1967년 3월 중순에는 그 공격이 "놀라운 수준으로 치솟았다."[51] 특히 김일성의 박금철 그룹과의 첫 공개적인 대립은 정확히 같은 기간(1967년 3~4월)에 발생했으며, 그가 숙청한 중요 간부 중 한 사람은 당중앙위원회 대남정책 담당 비서 이효순이었다 (Person 2013; Suh 1989, pp. 227-228; Tertitskiy 2017a, pp. 83-84). 1968년 10월, 한 북한 외교관은 헝가리 동료에게 이효순이 남한 저항 운동을 잘못 이끌었다고 말했다. "그가 출당된 다음 무장 게릴라전이 남한에서 일어나기 시작했다"(Szalontai 2012, p. 143). 이러한 무장 투쟁으로의 변화는 김일성이 이효순을 대체한 인물이 조선인민군 총정치국장 허봉학이었다는 사실과 직접 관련이 있었다 (Hamm 1999, p. 143).

박금철 그룹의 숙청은 김일성 개인숭배의 극적인 부활을 유발하였는데, 이제 김일성 숭배는 그의 부모와 조부모를 둘러싼 사후 숭배를 창작하는 것과 결합하였다. 처음으로 주체가 김일성의 개인 창조물로 제시되었고, 김영주는 "오로지 김일성사상만을 받아들이는 것이 허용되는 …

유일사상체계 10대원칙**을 수립했다 (Lim and Yoo 2010, p. 343).
김일성을 단지 특별히 카리스마가 있는 군사와 정치지도자로서 보다는
위대한 이론가이자 '혁명 혈통'의 일원으로서 극찬함으로써 북한의 선전
은 김일성을 (자신의 권위를 주로 항일 투쟁 기록에 토대하는) 다른 전
게릴라들과 더욱 구별하였으며, 점점 더 그의 친척들의 중요한 정치적
역할을 정당화하였다. 새롭게 시행된 역사 서술에서 김일성과 오래전 죽
은 박달은 갑산파의 업적을 모두 자신들의 것으로 인정받았으며, 이전
에 찬양된 전근대 민족 영웅들(예를 들어, 이순신)의 중요성은 그들의 위
신이 김일성에게 경쟁이 되지 않도록 점차 경시되었다 (Kim 1979, pp.
104-109; Lee 2010, p. 351, 359). 따라서 김일성은 게릴라 연대와 민
족 전통의 함양조차도 '가족국가'의 창출이라는 목적에 효과적으로 종속
시켰다.

　　그럼에도 불구하고, 김일성은 몇몇 다른 그룹과 협력하여 박금철 그
룹을 제거하였다. 그 그룹은 전 88여단 (최용건, 김일, 박성철, 최현, 오
진우), 88여단이나 갑산파와 연계가 없던 전 게릴라로 군에서 지위를 차
지한 인물들 (김창봉, 김광협, 허봉학, 석산), 그리고 김일성 자신의 친
척, 특히 김영주 등이다. 즉, 1967년의 숙청은 1952~1953년의 숙청과
1955~1956년의 숙청만큼이나 연합형성을 한 사례였다. 그때마다 희생
자들은 고립되고 수적으로 열세였으며, 효과적인 저항을 할 기회도 없었
다. 동시에 박금철 그룹의 제거는 이미 분열된 게릴라 엘리트 내부에서
또 다른 균열을 낼 새로운 숙청의 선례를 만들었다.

　　1968~1969년에 김일성이 수행한 뒤따른 숙청은 박금철 그룹에 대한
숙청보다 훨씬 더 규모가 컸었던 것 같다. 가장 눈에 띄는 희생자들은 김

....

** 　역자 주) 김영주가 처음 제기한 10대원칙을 일부 보완하여 1974년 4월 김정일
　　이 '당의 유일사상체계확립의 10대원칙'으로 발표했으며, 39년만인 2013년 6
　　월 '당의 유일적령도체계확립의 10대 원칙'으로 개정되었다.

창봉, 최광, 김광협, 허봉학, 이영호, 석산 등으로 3년도 되기 전에 권력을 잡았던 바로 그 군과 보안 간부들이었다. 그들의 제거는 김일성의 남한에 대한 대립정책의 대실패가 촉발했던 것 같다. 즉 청와대 습격 실패(1968년 1월), 대한민국에서 북한의 간첩망 붕괴(1968년 7월), 울진-삼척 공비 침투의 실패(1968년 10~12월) 등이다. 1966~1967년에 북한의 적대적 행동은 베트남전쟁으로부터 영감을 얻었으나, 이제는 전쟁이 단계적 축소 국면에 들어가면서 조선노동당 지도자들은 베트남문제에 몰두한 미국의 상황을 이전보다 덜 활용할 수 있었다. 특히 숙청의 길을 연 1968년 11월의 당중앙위원회 전원회의는 공식적으로 다음의 입장을 채택했다.

> 조선노동당은 대내적으로나 대외적으로 남한의 상황을 남베트남의 상황과 동일시하려는 시도를 반대한다. … 당분간 남한에서는 혁명적 상황이 없으며, 그것은 막 성숙하는 과정에 있다.
>
> (Szalontai 2012, p. 151)

그러나 김일성이 숙청된 군 지도자들을 대체한 인물들, 즉 신임 민족보위상 최현, 총참모장 오진우, 사회안전상 김병하는 그들의 전임자들처럼 같은 기간(1966~1967년)에 출세했으며, 그들은 아마도 이제는 뒤집은 [대남] 대립정책과 비슷하게 연관되었을 것이다. 예를 들어, 오진우(당시 민족보위성 부상)는 1967년 4월 조선인민군 총정치국장이 됐으며, 갑산파 숙청 운동에서 중요한 역할을 했다.[52] 따라서, 숙청된 지도자들과 그들의 후임자들 간 가장 중요한 구분은 숙청된 지도자들이 대개 88여단에 소속되어 있지 않았던 반면에 후임자 중 많은 사람이 88여단의 소속원이었다는 점이다.[53] 또다시 주요 정책 변화를 둘러싸고 엘리트 내부의 갈등이 분출했으나, 그 갈등은 전적으로는 아니지만 대체로 파벌을 따라 전개되었다.

빨치산 가족국가에서 가족 내 숙청으로

1967~1969년 숙청의 끝 무렵에 최고 지도부의 구성은 극적인 변화를 겪었다. 1961년 9월에 열린 조선노동당 제4차 대회에서 중앙위원회 최고위급 위원 20명 중 5명만이 전 88여단 소속원이었던 반면에 1970년 11월 제5차 당 대회에서는 중앙위원회 맨 위 10개 자리 중 7개를 전 88여단 소속원들이 차지했으며, 8번째 자리는 김영주가 차지했다 (Yang 1994, pp. 339-341). 동시에, 김일성은 김정일과 김성애(그의 두 번째 부인이자 여성동맹 위원장)를 중앙위원회로 끌어들였고, 양형섭(그의 조카 김신숙의 남편)과 최용진(최용건의 동생)을 정치위원회로 충원했으며, 허담(또 다른 조카 김정숙의 남편)을 외무상으로 임명했다. 신임 사회안전상 김병하는 김일성의 또 다른 친척과 결혼했다.[54] 이러한 의미에서 북한은 '빨치산 가족국가'가 됐으나, 이 용어는 김일성파의 최고위 지도자들이 다른 많은 전 게릴라들을 숙청한 대가로 권세를 얻었으며 이제는 원 게릴라공동체의 한 부분만을 대표했다는 사실을 모호하게 한다.

점점 더 많은 수의 자기 혈족과 인척을 권력의 정점에 올림으로써 김일성은 분명히 당 엘리트를 강화하고 그들의 완전한 충성심을 확실히 하려고 했으나, 역설적으로 이 과정은 처음에 역효과를 낳았다. 더 많은 친척에게 다양한 기관의 자리가 주어질수록(예를 들어, 김신숙은 사회과학원 부원장이 됐고, 김성애의 형제들은 평양시 당 위원회와 내각의 기관에 배치됐다),[55] 그들은 출세를 위해 서로 더 경쟁하는 경향이 있었다. 이는 게릴라그룹이 소련파와 연안파 경쟁자들을 진압한 후 몇 년 뒤 그들의 초기 결속이 무너지기 시작한 것과 마찬가지였다. 특히 김일성의 사망한 첫째 부인 김정숙의 장남 김정일의 잠재적 후계자로서의 점진적 부상은 김일성의 핵가족 내부에서 긴장을 발생시켰다. 김일성의 둘째 부인 김성애가 자기 자식과 친척의 지위를 높이려 하고 김정숙 개인숭배를 희생시키면서 자신의 개인숭배를 구축했기 때문이다 (Lim 2009, pp. 50-51). 그러한 상황에서 김일성의 자식 중 누구를 그의 후계자로 선택하는가는 그의 대가족 중 열외가 된 사람들과 그들의 후원자-고객 네트워크를 소원하게 만들 수밖에 없었다. 이러한 장애가 김일성의 승계 계획 추진을 단념시키지는 못했지만, 그는 신중하게 추진해야 했다. 김정일의 영향력 행사 지위의 특이점, 즉 1970년대 초 그는 공식적으로 대중 앞에 모습을 드러내지 않았고 대중매체는 그에 대해 암호화된 언급(김정일을 '당중앙'으로 지칭 - 역자 주)만을 한 것은 이데올로기적 유보라기보다는 그와 같은 현실적인 고려를 반영했던 것으로 보인다 (Buzo 2018, pp. 74-75).

1973년 9월 김정일이 중앙위원회 사상 담당 비서로 임명되면서 힘의 균형은 그에 유리하게 기울어졌다. 1974년 2월 김정일은 정치위원회 위원으로 선출되었고, 1974년 11월 그의 어머니는 전례 없는 거창한 의식으로 기념되었으며, 1975년까지 그의 초상화가 교실 같은 공공장소에 선택적으로 전시되었다. 이러한 전개와 동시에 김성애와 그의 형제들은 영향력을 많이 상실했고, 김영주는 1990년대 초까지 대중의 시야에서 사라졌다 (Buzo 2018, p. 74; Lim 2009, p. 51).[56]

그러나, 김정일의 빠른 부상은 새로운 권력투쟁을 초래한 다른 엘리트 구성원들의 반발을 일으켰던 것 같다. 1976년 4월, 김정일의 위치는 여전히 확고해 보였고, 김일성의 생일 기념행사는 김일성 개인숭배에 새로운 양상을 더하면서, 총리 직위는 김정일 지지자들에 합류했던 박성철에게 넘어갔으며, 김정일에게 비판적 태도를 보였던 국가부주석 김동규는 대중의 시야에서 사라졌다.[57] 그러나 얼마 지나지 않아 김정일에 대한 개인숭배는 갑자기 쇠퇴하였다. 1976년 7월, 헝가리 대사관은 두세 달 전에 당국이 공공장소에서 김정일의 초상화와 인용문을 제거하기 시작했다고 보고했다. 한여름까지 당국은 그 과정을 완료했으며, 일부 살림집에서만 여전히 아버지[김일성]와 아들[김정일]의 초상화를 함께 장식했다.[58] 이 과정의 시점은 어떤 사건이 일어나든 김정일을 일시적으로 퇴각시킬 수는 있지만, 그것이 1976년 8월의 판문점 도끼 살해사건**은 아니었다는 것을 보여준다.[59] 만수로프(Mansourov 2006, p. 57)에 따르면, 1976년 6월 김동규는 전 게릴라들을 희생하면서 강압적으로 자기의 젊은 부하들을 승진시키는 김정일을 공개적으로 비판하고, 승계 과정을 더 천천히 더욱 점진적으로 할 것을 요구했다.

이런 모든 것들은 드러내지 않고 계속 진행 중인 권력투쟁을 시사했다. 1977년 4월부터 1979년 2월까지 이론잡지 『근로자』는 김정일을 언급하지 않았으며(Buzo 2018, p. 75), 1978년 2월 16일 김정일의 생일은 이전보다 덜 화려하게 기념되었고 김정숙의 묘에는 몇 개 안 되는 화환만 놓였다.[60] 그런데도, 1977년 하반기에 힘의 균형은 김정일의 반대자들에 불리하게 기울어졌다. 김성애는 지위 유지는 허용되었으나 대체로 대중의 시야에서 사라졌다.[61] 이 시기에 일시적 또는 영구적으로 강등된 고위 지도자 중 세 사람(양형섭, 김일성 삼촌의 사위인 이용무, 그리고 아마도 인민무력부 부부장 장정환)***이 김일성 친척의 외곽세력에 속해 있었다. 이러한 연계는 그들을 김정일 그룹과 겨루게 하도록 보였지만, 또한 그들을 어느 정도 보호했을 수도 있다. 양형섭과 이용무는 1980년대에 정치적 복귀가 허용됐지만, 전 88여단 소속원이었으나 친척이 아닌 김동규는 훨씬 더 가혹한 징벌을 받았고 다시 나타나지 않았다. 마지막으로, 1979년에 김성애의 아들 김평일과 김영일, 그리고 사위 김광섭은 해외 주재 외

** 역자 주) 1976년 8월 18일, 판문점 공동경비구역에서 미루나무 벌목 작업을 지휘하던 미국인 유엔군 장교 2명을 조선인민군 수십 명이 살해한 사건.

*** 역자 주) 한국의 국방부에 해당하는 북한의 행정부처는 1948년 9월 북한 정권 수립 시 민족보위성으로 출범했으나 1972년 12월 사회주의헌법 채택과 함께 인민무력부로 개칭되었다. 이후 1998년 9월 헌법 개정에서 인민무력성으로 개칭되었고, 2000년 9월 인민무력부 이름으로 환원되었다가 2016년에 인민무력성으로 다시 개칭되어 현재에 이르고 있다.

교관 파견을 통해 명예 추방되었다 (Gause 2011, p. 60; Kim and Lee 1980, p. 254; Lim and Yoo 2013, pp. 352–353; Mansourov 2006, p. 57). 따라서 그 숙청은 김정일을 김일성의 후계자로 공식 세우는 근거를 준비하기 위한 목적이었던 것으로 보이지만, 또한 아마도 외교, 군사 정책 및 남북관계를 둘러싼 논쟁에 영향을 받았을 것이다.

숙청에서 권력 강화로: 김일성 시대의 마지막 단계

1980년 10월 제6차 당 대회에서 김정일이 공식적으로 등장할 때까지, 북한정치 엘리트의 가장 중심부는 한 무리의 전 88여단 소속원들과 김일성 대가족의 특정 가지로 좁혀졌다. 김일성 대가족이란 '빨치산 가족국가'를 다소 선택적으로 정의한 것으로 볼 수 있는데, 제6차 당 대회 이전 최근의 숙청으로 영향을 받은 사람 중에 전 88여단 중요 인물 1인과 김일성의 친척들이 포함되어 있었기 때문이다. 이처럼 좁은 권력의 집중은 잠재적으로 불안정과 사회·정치적 고립의 위험을 수반했는데, 김일성의 가장 가까운 전우들인 최용건, 김일과 최현이 장기간 건강이 나빴기 때문에 더욱 그랬다.[62]

그렇지만 김일성 통치의 마지막 단계(1980~1994년)에서 당 엘리트의 최고위층은 1952~1953년, 1955~1960년, 1967~1969년 및 1975~1977년의 숙청에 필적하는 어떤 큰 변동도 겪지 않았다. 그와는 반대로, 몇몇 지도자들은 매우 오랜 기간 자신의 지위를 유지했다. 예를 들면, 오진우는 1976~1995년까지 인민무력부장이었고, 김영남은 1983~1998년까지 외교부장**이었다. 마찬가지로, 김일성에서 김정일

....

** 　역자 주) 1972년 12월 사회주의헌법 채택으로 내각이 정무원으로 개칭되고 외무성은 외교부로 개칭되었다. 이에 따라 외무상은 외교부장으로 직책 변경되었

로의 이행은 전적으로 순탄한 과정은 아니었지만 레짐의 안정을 보존할 수 있을 정도로 성공적으로 이루어졌다.

일련의 오랜 숙청이 반복되는 엘리트 내부 분열, 사회·정치적 고립 및 붕괴로의 하향 나선이 아니라 마침내 권력의 강화와 안정화로 이어졌는지를 설명하기 위해서는 다음과 같은 요인들을 고려할 필요가 있다. 첫째, 특정 전 게릴라와 김일성 가족 일부 분파에 의한 불만에도 김일성 사망 거의 20년 전에 김정일을 후계자로 확실하게 선택한 것은, 김일성 재임 마지막 시기나 그의 사후에 스탈린의 소련, 마오쩌둥의 중국, 호자(Enver Hoxha)의 알바니아에서 일어난 것 같은 불안정한 권력투쟁의 위험을 최소화했다. 1970년대까지 김정일은 30대였으며, 고위 정치에서 적극적인 역할을 할 정도로 경험이 있었으나 게릴라 세대가 사망한 이후 레짐의 장기적 지속성을 보장할 수 있을 정도로 젊었다.

둘째, 원 게릴라공동체의 위축과 김일성의 대가족 내부의 분열이 병행하면서도 상호 관련이 있는 새 세대 지도자들의 등장으로 서로의 영향을 제한하며 균형이 이루어졌다. 새 세대 지도자들은 점차 고령의 당 엘리트를 보충할 수 있으나 그들의 출세는 전적으로 김일성과 김정일 덕분이었다. 이 새로운 엘리트 그룹의 형성 과정은 전적으로 성분제도의 원칙에 따랐으나, 북한 당국이 전사한 만주게릴라와 다른 혁명열사의 고아들을 위한 만경대학원을 설립한 1947년에 이미 시작됐다. 1960년대와 1970년대까지, 만경대학원 졸업생들은 관료적 위계질서에서 행정과 외교 경험을 충분히 쌓을 정도로 지위가 올랐고, 당내 숙청에도 관여하여 처음에는 88여단 소속원의 지배를 그리고 나중에는 김정일의 승계를 보장할 수 있었다.

1980년 10월 조선노동당 제6차 대회에서 새로 추가된 정치위원회 위

....

다. 1998년 9월·김일성헌법 채택으로 정무원은 내각으로 외교부는 외무성으로 개칭되었고, 외교부장은 외무상으로 직책이 환원되었다.

원 중에는 이미 몇 명의 만경대학원 졸업생이 포함됐다. 그들은 최영림 (1983~1985년 부총리), 강성산(1984~1986년과 1992~1997년 정무 원총리), 김환(1987~1990년과 1992~1998년 부총리), 김강환(1980 년대 군 부총참모장과 당중앙위원회 군사부장), 오극렬(1979~1988 년 군 총참모장), 연형묵(1988~1992년 정무원총리) 등이다. 김영남 (1983~1998년 외교부장)은 또 다른 졸업생 김두남의 형이었다 (Gause 2004, 2006; Lim and Yoo 2013). 핵심 계층의 상층 부류로서의 특권 적 지위 때문에 새 세대 지도자들은 성분제도에 도전하는 대신 그것을 지키는 데 이해관계가 있었다.

이렇게 세심하게 조정된 엘리트 보충과정은 김일성의 북한을 스탈린 의 소련 및 마오쩌둥의 중국과 구별 지었다. 소련에서는 일련의 반복된 숙청에서 고령의 볼셰비키 계층이 몇 번에 걸쳐 새로 훈련받은 간부들의 집단으로 교체되어 스탈린 생전에는 그들 간의 권력 강화 가능성이 거의 없었다. 그리고 중국에서는 마오쩌둥과 그의 연안계 동료 간 대립이 처 음에는 무장 홍위병들의 갑작스러운 정치무대 진출을 초래했으며 다음 에는 군사적 지배로, 그리고 마침내 그들의 행정 경험이 필수 불가결한 것으로 판명된 많은 숙청된 간부들의 복권으로 이어졌다. 마찬가지로, 김일성의 엘리트 보충과정은 북한을 단일 대가족(예를 들면, 니카라과의 소모사[Somoza] 가문과 도미니카공화국의 트루히요[Trujillo] 가문)의 정치적, 경제적 지배가 사회의 체계적인 구조조정으로 보다는 전통적 엘 리트의 점진적 주변화로 이어진 술탄적 레짐과 차별화시켰다. 시리아와 이라크의 바트주의(Baathist) 정당 국가들이 [북한의 경우와] 더 가까운 비유로 여겨질 수 있는데, 그 두 나라에서는 통치 가문과 그들의 친족 네 트워크를 포함하는 권력의 중심부가 더 광범위한 '핵심 계층'에 의해 뒷 받침되었기 때문이다. 그 핵심 계층, 즉 시리아의 알라위파(Alawites)와 이라크의 수니파(Sunni Arabs)는 적어도 부분적으로는 대다수 국민으로부터 문화적으로 고립된 종교적 소수집단에서 뽑은 안정적인 엘리트 후보군을 제공했다. 그러나, 이 레짐들은 김일성의 북한에서 일어난 것과 같은 정도로 사회에 침투하고, 통제하며, 구조를 재편하지 않았다.

결론

결론적으로, 우리는 1980년대에 이르러 북한에 존재하게 된 정치체제는 한국 전통의 자연적 성장도 아니었고 극도로 야심 있는 한 개인의 창조물도 아니었다고 말할 수 있다. 이미 서술한 바와 같이, 레짐의 형성 단계(1945~1950년)에서 국가-사회관계는 일부 학자들이 시사한 것보다 덜 조화로웠고, 성분제도는 마오쩌둥의 중국보다 조선왕조와 공통점이 훨씬 적었으며, '빨치산 가족국가' 개념은 1967~1969년의 숙청이 게릴라 엘리트를 갈라놓았다는 중요한 흔적을 과소평가할 가능성이 있다. 마찬가지로, 애초부터 김일성의 정책이 그가 1980년에 달성한 그 특정한 성과를 의도적으로 지향하고 있었다고 가정하는 것은 오해의 소지가 있다. 이러한 설명은 1967~1980년 시기보다는 북한의 정치적 진화의 초기 단계들에 적용 가능성이 작기 때문이다. 특히 전시 유엔사령부의 점령은 북한 지도자들에게 완전히 놀라운 일이었지만, 성분제도의 특권 계층과 차별받는 계층 모두 주민들의 전시 충성도 평가에 대한 강한 집착을 반영했기 때문에 주민들을 명백히 신뢰할 수 없다는 그들의 충격은 북한의 사회·정치적 발전에 장기적 영향을 미쳤을 것이다.

그러나 북한정치체제의 중요한 하나의 특징은 김일성 시대 내내 변하지 않았다. 1946년 중반경부터 주민의 대부분이 다른 견해를 표현하기는커녕 들을 법적 또는 반(半)법적 기회를 계속해서 박탈당했다. 따라서 동유럽에서 발생했던 것과 같은 방식으로 비공산주의 정당이 뿌리를 내릴 수도 있는 정치적 공간이 없었으며, 1949년까지 동유럽 기준으로 보아도 억압이 비정상적으로 심해졌고 한국전쟁 중에는 더욱더 뚜렷해졌다. 탈스탈린화의 짧은 시기(1953~1954년) 동안, 극히 일부의 고위 간부와 지식인만이 소련 블록에서 떠도는 신사고를 알고 있었으며, 소련 지도자들은 동유럽 스탈린주의 통치자들에게 압력을 가했던 것과 같은 방식으로 김일성에게 정책을 재검토하도록 강요하지 않았다. 박금철과 다른 게릴라들이 정당하게 김일성과 함께 주목을 받을 수 있었던 기간도 비슷하게 짧았고, 그 이후의 독재정권은 사상적 획일주의를 그 어느 때보다 강조한 시기였다.** 이러한 조건들이 아마도 북한사회 내의 지지보다 레짐의 장기 안정에 더 중요한 역할을 했을 것이다.

....

** 역자 주) 1970년 11월 주체사상을 당의 공식 이념으로 채택하고, 1972년 사회주의헌법에 명시했으며, 1974년 4월 '당의 유일사상체계 확립의 10대 원칙'을 발표하였다.

주

1) 이 장은 많은 점에서 *Kim Il Sung in the Khrushchev Era* (Szalontai 2005)에서 내가 한 관찰을 비판적으로 재평가한 것이다. 그 책 발간 이후, 공개적으로 접근 가능한 러시아, 중국 및 동유럽 기록물의 범위가 극적으로 확대되었으며, 이는 특히 1945~1950년 시기 북한의 국가 형성에 대해 더 깊게 이해할 수 있도록 했다. 새로운 증거에 비추어 볼 때, 이전 나의 결론 일부를 정교하게 다듬거나 수정하거나 포기하고, 나의 분석에 몇 가지 새로운 각도를 덧붙일 필요가 있었다. 특히, 나는 헝가리 기록물에 대한 이전의 의존을 줄이기 위하여 이용 가능한 러시아 일차자료를 활용하려고 노력했다.
2) 이 그룹들에 대한 보다 상세한 것은 Lankov (2002), Jin (2012), Shen (2015)과 Selivanov (2017)를 참조할 것.
3) "Soviet Report on Communists in Korea, 1945," 1945, History and Public Policy Program Digital Archive, AGShVS RF, f. 172, op. 614631, d. 23, pp. 21−26. Trans. Gary Goldberg. Available at: http://digitalarchive.wilsoncenter.org/document/114890
4) "Untitled memorandum on the political and morale situation of Soviet troops

in North Korea and the economic situation in Korea," January 11, 1946, History and Public Policy Program Digital Archive, Archives of the Russian General Staff, op. 480, 29, st. 5, p. 2, pa. 21, k. 35. Trans. Gary Goldberg. Available at: http://digitalarchive.wilsoncenter.org/document/114893

5) Hungarian Legation to the DPRK, Report, February 25, 1953, Hungarian National Archives (Magyar Nemzeti Levéltár, MNL), XIX-J-1-k (Administrative Documents), Korea, 1945–1964, 9. doboz, 18/g, 00347/1/1953.

6) 북한과 동독의 통일정책 간에는 하나의 중요한 차이가 있었다. 동독은 전체 독일을 대표한다는 상징적 주장을 제도화하지 않았다. 이와 대조적으로 1948년 8월 북한 제1기 최고인민회의(SPA) 선거는 명목상 남한에까지 확장되었다. 최고인민회의 대의원 572명 중 360명이 남쪽 지역을 대표한다고 지정되었다. 이러한 공식은 북쪽 정부가 (남쪽 경쟁자와 마찬가지로) 실제로 통제하는 지역뿐만 아니라 전체 국민에 대한 주권의 주장을 의미했다. 그런 주권 주장은 한국전쟁의 전조가 되었다. 다음을 참조할 것. "The Democratic People's Republic of Korea (A Brief Memorandum)," December 26, 1955, History and Public Policy Program Digital Archive, AVPRF, f. 0102, op. 11, p. 65, d. 45. Trans. Gary Goldberg. Available at: http://digitalarchive.wilsoncenter.org/document/115706

7) "Telegram from Shtykov to Stalin," September 15, 1949 (in Russian), History and Public Policy Program Digital Archive, CWIHP archive. Available at: http://digitalarchive.wilsoncenter.org/document/119383

8) CIA, "Uprising in Haeju, North Korea," Information Report, January 26, 1949, in CIA Electronic Reading Room (CERR).

9) 북한 지도자들은 1946년 이후로 미국과 남한 당국을 상대로 한 남조선노동당의 대립 활동을 적극적으로 지지했다 (Jeon and Kahng 1995, p. 92). 북한에 대한 남한의 게릴라 작전에 대해서는 다음을 참조할 것. Aid (2000, pp. 31–32); Mansourov (1997, p. 108).

10) "The Political Situation in Korea during the Period of Military Operations," August 11, 1950, History and Public Policy Program Digital Archive, AVPRF, f. 0102, op. 6, p. 21, d. 47, pp. 29–40. Trans. Gary Goldberg. Available at: http://digitalarchive.wilsoncenter.org/document/114916

11) "Letter from Seo Hwi, Yun Gong-heum, Li Pil-gyu, and Kim Gwan to the Chinese Communist Party Central Committee," September 5, 1956, History and Public Policy Program Digital Archive, GARF, f. 5446, op. 98, d. 721, l. 170–190. Trans. Gary Goldberg. Available at: https://digitalarchive.wilsoncenter.org/document/120173

12) Ibid.

13) Hungarian Legation to the DPRK, Report, October 22, 1952, MNL, XIX-J-1-k, 11. doboz, 27/a, 012603/1952.

14) Hungarian Legation to the DPRK, Report, January 31, 1953, MNL, XIX-J-1-j (Top Secret Documents), Korea, 1945–1964, 12. doboz, 27/a, 00489/1951; Hungarian Legation to the DPRK, Report, March 21, 1953, MNL, XIX-J-1-j, Korea, 1945–1964, 5. doboz, 5/c, 00338/2/1953.

15) Hungarian Legation to the DPRK, Report, March 21, 1953, MNL, XIX-J-1-j, Korea, 1945–1964, 5. doboz, 5/c, 00338/2/1953.

16) Hungarian Legation to the DPRK, Report, October 22, 1952, MNL, XIX-J-

1-k, Korea, 1945-1964, 11. doboz, 27/a, 012603/1952.

17) "Information on the Situation in the DPRK," April 1955, History and Public Policy Program Digital Archive, Russian State Archive of Contemporary History (RGANI), f. 5, op. 28, d. 314, l. 34-59. Trans. Gary Goldberg Available at: http://digitalarchive.wilsoncenter.org/document/114590

18) "Memorandum of Conversation with Choe Chang-ik," June 8, 1956, History and Public Policy Program Digital Archive, RGANI, f. 5, op. 28, d. 410, l. 210-214. Trans. Gary Goldberg. Available at: http://digitalarchive.wilsoncenter.org/document/114132

19) "Record of Conversation between I. Biakov, First Secretary of the Soviet Embassy to the DPRK, and Pak Yŏngbin, the head of the KWP CC's Organizational Department," December 28, 1953 (in Russian), in T'ongil munhwa yŏnkuso 2002, file KM010601, p. 11.

20) "Diary Report of S.P. Lazarev, Chargé d'Affaires ad interim of the Soviet Embassy to the DPRK," July 20, 1954 (in Russian), in 통일문화연구소 2002, file KM010502, p. 24.

21) Mátyás Rákosi, "Report to the Second Congress of the Hungarian Working People's Party," February 25, 1951. Available at: https://mek.oszk.hu/04300/04351/04351.htm#22

22) "Memorandum of Conversation between Vasily Ivanov and Kim Il Sung," April 19, 1956, History and Public Policy Program Digital Archive, AVPRF, op. 12, p. 68, d. 5, l. 64-65. Trans. James F. Person. Available at: http://digitalarchive.wilsoncenter.org/document/111639

23) "Memo about the Situation in the DPRK," January 17, 1955, History and Public Policy Program Digital Archive, AVPRF, f. 0102, op. 11, p. 65, d. 45. Trans. Gary Goldberg. Available at: http://digitalarchive.wilsoncenter.org/document/115798

24) Hungarian Embassy to the DPRK, Annual Report, March 1, 1956, MNL, XIX-J-1-j, Korea, 1945-1964, 4. doboz, 5/a, 003133/1956.

25) "Record of a Conversation with Comrade Ryu Seong-hun, Rector of the DPRK Cabinet of Ministers Institute of the Economy and Economics," April 12, 1955, History and Public Policy Program Digital Archive, RGANI, f. 5, op. 28, d. 314. Trans. Gary Goldberg. Available at: http://digitalarchive.wilsoncenter.org/document/116316

26) "Letter from Seo Hwi, Yun Gong-heum, Li Pil-gyu, and Kim Gwan to the Chinese Communist Party Central Committee," September 5, 1956.

27) "Record of Conversation with Chairman of the Jagang Provincial People's Committee Illarion Dmitriyevich Pak [Pak Ch'angsik]," April 5, 1955, History and Public Policy Program Digital Archive, RGANI, f. 5, op. 28, d. 314, Trans. Gary Goldberg. Available at: http://digitalarchive.wilsoncenter.org/document/116309

28) "Record of a Conversation with Editor of the Journal "Novaya Koreya" Song Jin-hwa [sic]," April 4, 1955, History and Public Policy Program Digital Archive, RGANI, f. 5, op. 28, d. 314. Trans. Gary Goldberg. Available at: http://digitalarchive.wilsoncenter.org/document/116314

29) "Record of a Conversation with Illarion Dmitriyevich Pak, Chairman of the

Jagang Provincial People's Committee," April 13, 1955, History and Public Policy Program Digital Archive, RGANI, f. 5, op. 28, d. 314. Trans. Gary Goldberg. Available at: https://digitalarchive.wilsoncenter.org/document/116308

30) "Information on the Situation in the DPRK," April 1955.

31) "Memorandum of Conversation with the DPRK Vice Premier of the Cabinet of Ministers and Member of the KWP CC Presidium, Pak Chang-ok," March 12, 1956, History and Public Policy Program Digital Archive, RGANI, f. 5, op. 28, d. 410, l. 73–85. Trans. James F. Person. Available at: http://digitalarchive.wilsoncenter.org/document/111637

32) "Record of Conversation with Chairman of the Jagang Provincial People's Committee Illarion Dmitriyevich Pak," April 5, 1955.

33) "Record of the Third Congress of the Korean Workers' Party by L.I. Brezhnev," April 30, 1956, History and Public Policy Program Digital Archive, GARF, f. 5446, op. 98, d. 721, l. 221–228. Trans. Gary Goldberg. Available at: https://digitalarchive.wilsoncenter.org/document/120183

34) "Memorandum of Conversation between Kim Sung-hwa and Ambassador Ivanov," June 7, 1956, History and Public Policy Program Digital Archive, RGANI, f. 5, op. 28, d. 410, l. 210. Trans. Gary Goldberg. Available at: http://digitalarchive.wilsoncenter.org/document/114131

35) "Memorandum of Conversation with Choe Chang-ik," June 8, 1956, History and Public Policy Program Digital Archive, RGANI, f. 5, op. 28, d. 410, l. 210–214. Trans. Gary Goldberg. Available at: http://digitalarchive.wilsoncenter.org/document/114132

36) Ibid.; "Memorandum of Conversation with the head of the department of construction materials under the DPRK Cabinet of Ministers, Li Pil-gyu," July 20, 1956, History and Public Policy Program Digital Archive, RGANI, f. 5, op. 28, d. 410, l. 304–308. Trans. James F. Person. Available at: http://digitalarchive.wilsoncenter.org/document/113366; "Report by N. T. Fedorenko on a meeting with DPRK Ambassador to the USSR Ri Sang-jo," May 30, 1956, History and Public Policy Program Digital Archive, RGANI, f. 5, op. 28, d. 412, l. 190–196. Trans. Gary Goldberg. Available at: http://digitalarchive.wilson-center.org/document/111641. 이 현상은 또한 Lankov (2005, p. 75)에서 부각되었다.

37) Hungarian Legation to the DPRK, Report, October 27, 1951, MNL, XIX-J-1-k, Korea, 1945–1964, 9. doboz, 18/g, 01939/1952.

38) Hungarian Legation to the DPRK, Report, October 7, 1953, MNL, XIX-J-1-k, Korea, 1945–1964, 6. doboz, 12/a, 011216/1953.

39) Hungarian Embassy to the DPRK, Report, April 14, 1956, MNL, XIX-J-1-k, Korea, 1945–1964, 9. doboz, 18/g, 025/25/4–5/1956.

40) Hungarian Embassy to the DPRK, Report, June 1, 1964, MNL, XIX-J-1-j, Korea, 1945–1964, 13. doboz, 27/a, 004092/1964.

41) 이 모델들의 개관에 대해서는 다음을 참조할 것. Kwon and Chung (2012, pp. 16–20).

42) Hungarian Embassy to the DPRK, Report, December 25, 1955, MNL, XIX-J-1-j, Korea, 1945–1964, 4. doboz, 5/a, 00609/1956.

43) 실제로, 중국 외교관들이 공인한 게릴라 신화의 발전은 북한이 조선 해방에 미친 소련의 지배적인 역할을 점차 인정하기를 꺼린 것과 잘 맞아떨어졌다. 다음을 참조할 것. Hungarian Embassy to the DPRK, Report, December 5, 1962, MNL, XIX-J-1-j, Korea, 1945-1964, 6. doboz, 5/e, 009240/1962.

44) Hungarian Embassy to the DPRK, Report, July 11, 1965, MNL, XIX-J-1-j, Korea, 1965, 73. doboz, IV-245, 004015/1965.

45) Hungarian Embassy to the DPRK, Report, August 17, 1965, MNL, XIX-J-1-j, Korea, 1965, 73. doboz, IV-100, 001819/3/1965.

46) Hungarian Embassy to the DPRK, Report, January 26, 1966, MNL, XIX-J-1-j, Korea, 1966, 74. doboz, IV-71, 001500/1966; Hungarian Foreign Ministry, Memorandum, (no date), MNL, XIX-J-1-j, Korea, 74. doboz, 1966, IV-109, 002542/5/1966.

47) Hungarian Embassy to the DPRK, Report, August 17, 1965, MNL, XIX-J-1-j, Korea, 1965, 73. doboz, IV-100, 001819/3/1965.

48) "Telegram from Pyongyang to Bucharest," June 13, 1967, History and Public Policy Program Digital Archive, Archive of the Romanian Ministry of Foreign Affairs. Trans. Eliza Gheorghe. Available at: http://digitalarchive.wilson center.org/document/116707

49) "Telegram from Pyongyang to Bucharest," July 28, 1967, History and Public Policy Program Digital Archive, Archive of the Romanian Ministry of Foreign Affairs. Trans. Eliza Gheorghe. Available at: http://digitalarchive.wilson center.org/document/116710

50) 정치위원회와 비서국의 전체 명단은 다음을 참조할 것. www.kolumbus.fi/ taglarsson/dokumen-tit/prkburo.htm

51) CIA, "North Korean Intentions and Capabilities with Respect to South Korea," Special National Intelligence Estimate No. 14-2/67, September 21, 1967, p. 2, in CERR.

52) CIA, "Kim Il-Sung's New Military Adventurism," Intelligence Report, November 26, 1968, pp. 15-24, in CERR.

53) 전 88여단 대원이었으며 부인이 김일성의 친척인 총참모장 최광은 중간 사례에 해당한다. 그는 1969년에 숙청되었으나 1980년에 정치국 재합류가 허용되었다.

54) Hungarian Embassy to the DPRK, Report, December 15, 1970, MNL, XIX-J-1-j, Korea, 1970, 55. doboz, 81-25, 002263/5/1970; Hungarian Embassy to the DPRK, Report, September 4, 1972, MNL, XIX-J-1-j, Korea, 1972, 59. doboz, 81-108, 003118/1972; Hungarian Embassy to the DPRK, Report, January 25, 1973, MNL, XIX-J-1-j, Korea, 1973, 69. doboz, 81-22, 001450/1973.

55) Hungarian Embassy to the DPRK, Report, September 4, 1972, MNL, XIX-J-1-j, Korea, 1972, 59. doboz, 81-108, 003118/1972.

56) Hungarian Embassy to the DPRK, Report, November 27, 1974, MNL, XIX-J-1-j, Korea, 1974, 66. doboz, 81-25, 006048/1974.

57) Hungarian Embassy to the DPRK, Report, April 26, 1976, MNL, XIX-J-1-j, Korea, 1976, 81. doboz, 1, 003197/1976; Hungarian Embassy to the DPRK, Report, June 17, 1976, MNL, XIX-J-1-j, Korea, 1976, 82. doboz, 2, 003878/1976.

58) Hungarian Embassy to the DPRK, Report, July 20, 1976, MNL, XIX-J-1-j, Korea, 1976, 81. doboz, 1, 00704/1/1976.

59) 임(Lim 2009, p. 82)이 시사하는 바와 같다.
60) Hungarian Embassy to the DPRK, Telegram, February 24, 1978, MNL, XIX-J-1-j, Korea, 1978, 80. doboz, 81-1, 001702/1978.
61) Hungarian Embassy to the DPRK, Telegram, February 28, 1978, MNL, XIX-J-1-j, Korea, 1978, 80. doboz, 81-2, 001873/1978.
62) Hungarian Embassy to the DPRK, Report, January 25, 1973, MNL, XIX-J-1-j, Korea, 1973, 69. doboz, 81-22, 001450/1973; Hungarian Embassy to the DPRK, Telegram, October 31, 1973, MNL, XIX-J-1-j, Korea, 1973, 69. doboz, 81-22, 001450/9/1973.

참고문헌

Aid, M. 2000. "US Humint and Comint in the Korean War: From the Approach of War to the Chinese Intervention," in R. Aldrich, G. Rawnsley, and M-Y. Rawnsley (Eds.), *The Clandestine Cold War in Asia, 1945−65: Western Intelligence, Propaganda and Special Operations*, London: Frank Cass, pp. 17−63.

Apor, B. 2017. *The Invisible Shining: The Cult of Matyas Rakosi in Stalinist Hungary, 1945−1956*, Budapest: Central European University Press.

Armstrong, C. 2003. *The North Korean Revolution, 1945−1950*, Ithaca, NY: Cornell University Press.

Bajanov, E. 1995. "Assessing the Politics of the Korean War, 1949−1," *Cold War International History Project Bulletin*, no. 6−7, pp. 54, 87−91.

Balazs, G. 2009. "A nemzeti bizottsagok mủödése Pest megyeben," paper presented at a workshop held in the Archives of Pest County.

Behrends, J. 2004. "Exporting the Leader: The Stalin Cult in Poland and East Germany (1944/45−956)," in B. Apor, J. Behrends, P. Jones, and E. Rees (Eds.), *The Leader Cult in Communist Dictatorships: Stalin and the Eastern Bloc*, Houndmills: Palgrave Macmillan, pp. 161−178.

Borhi, L. 2004. *Hungary in the Cold War 1945−1956: Between the United States and the Soviet Union*, Budapest: Central European University Press.

Buzo, A. 2018. *The Guerilla Dynasty: Politics and Leadership in North Korea*, London: Routledge.

Cathcart, A. and Kraus, C. 2008. "Peripheral Influence: The Sinǔju Student Incident of 1945 and the Impact of Soviet Occupation in North Korea," *Journal of Korean Studies*, vol. 13, no. 1, pp. 1−27.

Chun, C. 1957. "Korea under Japanese Colonial Administration," master's thesis, Boston University, Boston.

Collins, R. 2012. *Marked for Life: Songbun, North Korea's Social Classification System*, Washington, DC: The Committee for Human Rights in North Korea.

Cumings, B. 1981. *The Origins of the Korean War I: Liberation and the Emergence of Separate Regimes 1945–1947*, Princeton, NJ: Princeton University Press.

Cumings, B. 1982. "Corporatism in North Korea," *Journal of Korean Studies*, vol. 4, pp. 269–294.

Demick, B. 2009. *Nothing to Envy: Ordinary Lives in North Korea*, New York: Spiegel and Grau.

Deuchler, M. 2015. *Under the Ancestors' Eyes: Kinship, Status, and Locality in Premodern Korea*, Cambridge, MA: Harvard University Press.

French, P. 2007. *North Korea: The Paranoid Peninsula – A Modern History*, London: Zed Books.

Gause, K. 2004. "The North Korean Leadership: System Dynamics and Fault Lines," in K. Oh and R. Hassig (Eds.), *North Korean Policy Elites*, Alexandria, VA: Institute for Defense Analyses.

Gause, K. 2006. "North Korean Civil-Military Trends: Military-First Politics to a Point," report, Strategic Studies Institute, Carlisle, PA.

Gause, K. 2011. *North Korea under Kim Chong-il: Power, Politics, and Prospects for Change*, Santa Barbara, CA: Praeger.

Gyarmati, G. 2010. "A Rakosi-korszak: Rendszervalto fordulatok evtizede Magyarorszagon, 1945–956," doctoral thesis, Hungarian Academy of Sciences, Vac.

Hamm, T-Y. 1999. *Arming the Two Koreas: State, Capital, and Military Power*, London: Routledge.

Han, H-S. 2004. "Women's Life during the Chosŏ Dynasty," *International Journal of Korean History*, vol. 6, pp. 113–162.

Henderson, G. 1968. *Korea: The Politics of the Vortex*, Cambridge, MA: Harvard University Press.

Hunter, H. 1999. *Kim Il-song's North Korea*, Westport, CT: Praeger.

Jeon, H-S. and Kahng, G. 1995. "The Shtykov Diaries: New Evidence on Soviet Policy in Korea," *Cold War International History Project Bulletin*, no. 6–7, pp. 69, 92–93.

Jin, G. 2012. "'The August Incident' and the Destiny of the Yan'an Faction," *International Journal of Korean History*, vol. 17, no. 2, pp. 47–76.

Kim, C. 1973. "Parties and Factions in Korean Politics," doctoral thesis, University of Massachusetts Amherst, Amherst, MA.

Kim, H-G. 1979. *Modern History of Korea*, Pyongyang: Foreign Languages Publishing House.

Kim, I. 2018. *Rewriting Revolution: Women, Sexuality, and Memory in North Korean Fiction*, Honolulu, HI: University of Hawai'i Press.

Kim, I-P. and Lee, D-B. 1980. "After Kim: Who and What in North Korea," *World Affairs*, vol. 142, no. 4, pp. 246–267.

Kim, I-S. 1951. "On Some Defects in the Organizational Work of Party Organizations. Report to the Fourth Plenary Meeting of the Central Committee of the Workers' Party of Korea, November 1, 1951," in I-S. Kim, *Selected Works*, vol. I [1976], Pyongyang: Foreign Languages Publishing House, pp. 313–349.

Kim, S. 2013. *Everyday Life in the North Korean Revolution, 1945–1950*, Ithaca, NY: Cornell University Press.

Krakovsky, R. 2015. "Building the Idea of the Common Good in People's Democracies: A Case Study of Communist Czechoslovakia in the 1950s," *Cahiers du monde russe*, vol. 56, no. 2–3, pp. 1–24.

Kwon, H. and Chung, B-H. 2012. *North Korea: Beyond Charismatic Politics*, Lanham, MD: Rowman & Littlefield.

Lankov, A. 1998. "Soviet Influence on the North Korean Education System and Educational Practice," *SNU Journal of Education Research*, vol. 8, pp. 97–118.

Lankov, A. 2001. "The Demise of Non-Communist Parties in North Korea (1945–1960)," *Journal of Cold War Studies*, vol. 3, no. 1, pp. 103–125.

Lankov, A. 2002. *From Stalin to Kim Il Sung: The Formation of North Korea, 1945–1960*, New Brunswick, NJ: Rutgers University Press.

Lankov, A. 2005. *Crisis in North Korea: The Failure of De-Stalinization, 1956*, Honolulu, HI: University of Hawai'i Press.

Lankov, A. 2013. *The Real North Korea: Life and Politics in the Failed Stalinist Utopia*, Oxford: Oxford University Press.

Lankov, A. 2020. "Trouble Brewing: The North Korean Famine of 1954–955 and Soviet Attitudes toward North Korea," *Journal of Cold War Studies*, vol. 22, no. 2.

Lankov, A. and Selivanov, I. 2019. "A Peculiar Case of a Runaway Ambassador: Yi Sang-Cho's Defection and the 1956 Crisis in North Korea," *Cold War History*, vol. 19, no. 2, pp. 233–251.

Lebedev, V. 2018. "In Search of Law and Order: Soviet Occupation of North Korea and the Creation of the North Korean Police Force (1945–1946)," master's thesis, Korea University, Seoul.

Lee, D-B. 2010. "Portrayal of Non-North Koreans in North Korean Textbooks and the Formation of National Identity," *Asian Studies Review*, vol. 34, no. 3, pp. 349–369.

Lee, M. W. 1976. "Rural North Korea under Communism: A Study of Socio-cultural Change," *Rice University Studies*, vol. 62, no. 1.

Lim, J-C. 2009. *Kim Jong Il's Leadership of North Korea*, London: Routledge.

Lim, J-C. and Yoo, H-Y. 2010. "Institutionalization of the Cult of the Kims: Its Implications for North Korean Political Succession," *Korean Journal of Defense Analysis*, vol. 22, no. 3, pp. 341–354.

Lim, J-C. and Yoo, H-Y. 2013. "The North Korean Patrimonial Elite," *Korea Observer*, vol. 44, no. 2, pp. 339–363.

Lindenberger, T. 2003. *Volkspolizei: Herrschaftspraxis und offentliche Ordnung im SED-Staat 1952–1968*, Cologne: Bohlau Verlag.

Mansourov, A. 1995. "Stalin, Mao, Kim, and China's Decision to Enter the Korean War, September 16–October 15, 1950: New Evidence from the Russian Archives," *Cold War International History Project Bulletin*, no. 6–7, pp. 94–119.

Mansourov, A. 1997. "Communist War Coalition Formation and the Origins of the Korean War," doctoral thesis, Columbia University, New York.

Mansourov, A. 2006. "Emergence of the Second Republic: The Kim Regime Adapts to the Challenges of Modernity," in Y-W.

Kihl and H-N. Kim (Eds.), *North Korea: The Politics of Regime Survival*, London: Routledge, pp. 37–57.

McCune, G. 1947. "Post-War Government and Politics of Korea," *The Journal of Politics*, vol. 9, no. 4, pp. 605–623.

McDermott, K. and Stibbe, M. (Eds.) 2015. *De-Stalinising Eastern Europe: The Rehabilitation of Stalin's Victims after 1953* Houndmills: Palgrave Macmillan.

Mevius, M. 2005. *Agents of Moscow: The Hungarian Communist Party and the Origins of Socialist Patriotism 1941–1953*, Oxford: Oxford University Press.

Migdal, J. 1988. *Strong Societies and Weak States: State-Society Relations and State Capabilities in the Third World*, Princeton, NJ: Princeton University Press.

Mobrand, E. 2019. *Top-down Democracy in South Korea*, Seattle, WA: University of Washington Press.

Myers, B. 2015. *North Korea's Juche Myth*, Busan: Sthele Press.

Naimark, N. 1997. *The Russians in Germany: A History of the Soviet Zone of Occupation, 1945–1949*, Cambridge, MA: Belknap Press of Harvard University Press.

Oh, K. and Hassig, R. 2000. *North Korea through the Looking Glass*, Washington, DC: Brookings Institution Press.

Pal, Z. 2019. "Az 'utolso csatlos,' avagy kiserlet Magyarorszag kollektiv megbelyegzesere," *Hitel*, vol. 32, no. 2, pp. 67–84.

Person, J. 2006. "'We Need Help from Outside': The North Korean Opposition Movement of 1956," Cold War International History Project Working Paper, no. 52, Woodrow Wilson Center Press and Stanford University Press, Washington, DC and Stanford, CA.

Person, J. 2013. "The 1967 Purge of the Gapsan Faction and Establishment of the Monolithic Ideological System," NKIDP e-dossierno. 15, viewed 1 December 2019, available at: www.wilsoncenter.org/publication/the-1967-purge-the-gapsan-faction-and-establishment-the-monolithic-ideological-system

Person, J. 2018. "North Korea in 1956: Reconsidering the August Plenum and the Sino-SovietJoint Intervention," *Cold War History*, vol. 19, no. 2, pp. 253–274.

Pritchard, G. 2000. *The Making of the GDR: From Antifascism to Stalinism*, Manchester: Manchester University Press.

Ra, J-Y. 2019. *Inside North Korea's Theocracy: The Rise and Sudden Fall of Jang Song-thaek*, Albany, NY: State University of New York Press.

Rhim, S-M. 1974. "The Paekchong: 'Untouchables' of Korea," *Journal of Oriental Studies*, vol. 12, no. 1–2, pp. 30–40.

Scalapino, R. and Lee, C. 1972. *Communism in Korea*, vols. I–II, Berkeley, CA: University of California Press.

Selivanov, I. 2017. "The Soviet Koreans in the Service of the Regime of Kim Il Sung: 1945–955 (based on Materials in the Personal Files of the CPSU Central Committee)," *Journal of Contemporary Korean Studies*, vol. 4, no. 2, pp. 137–156.

Seth, M. 2016. *A Concise History of Premodern Korea: From Antiquity through the Nineteenth Century*, Lanham, MD: Rowman & Littlefield.

Shen, Z. 2015. "On the Eighty-Eighth Brigade and the Sino-Soviet-Korean triangular relationship – A Glimpse at the International Antifascist United Front During the War of Resistance Against Japan," *Journal of Modern Chinese History*, vol. 9, no. 1, pp. 3–25.

Shen, Z. and Xia, Y. 2018. *A Misunderstood Friendship: Mao Zedong, Kim Il-sung, and Sino-North Korean Relations, 1949–1976*, New York: Columbia University Press.

Shimotomai, N. 2007. "Pyeongyang in 1956," *Cold War International History Project Bulletin*, no. 16, pp. 455–463.

Shimotomai, N. 2011. "Kim Il Sung's Balancing Act between Moscow and Beijing, 1956–972," in T. Hasegawa (Ed.), *The Cold War in East Asia 1945–1991*, Stanford University Press and Woodrow Wilson Center Press, Stanford, CA and Washington, DC, pp. 122–151.

Shin, M. (Ed.) 2014. *Everyday Life in Joseon–Era Korea: Economy and Society*, Leiden: Brill.

Shinn, R-S., Folan, J., Henderson, J., Hopkins, M., Knobloch, E., and Younglof, R. 1969. *Area Handbook North Korea*, vol. 550, no. 81, Washington, DC: U.S. Government Printing Office.

Shtykov, T. 2004. *Shwittŭiko'u ilgi, 1946–948 –Dnevnik T.F. Shtykova, 1946–1948*, Kwach'ŏn: Kuksa P'yŏnch'an Wiwŏhoe.

Strong, A. 1949. *In North Korea: First Eye–Witness Report*, New York: Soviet Russia Today.

Suh, D-S. 1989. "Arms and the Hammer and Sickle: Kim Il Sung and the Rise of the Partisan Generals in the 1960s," *Korean Journal of Defense Analysis*, vol. 1, no. 2, pp. 217–239.

Suzuki, M. 1992. *Kita Chōsen: shakai shugi to dentō no kyōmei* [North Korea: Socialism in Resonance with Traditionalism], Tokyo: Tokyo daigaku shuppankai.

Szalontai, B. 2005. *Kim Il Sung in the Khrushchev Era: Soviet-DPRK Relations and the Roots of North Korean Despotism, 1953–1964*, Stanford University Press and Woodrow Wilson Center Press, Stanford, CA and Washington, DC.

Szalontai, B. 2012. "In the Shadow of Vietnam: A New Look at North Korea's Militant Strategy, 1962–1970," *Journal of Cold War Studies*, vol. 14, no. 4, pp. 122–166.

Tertitskiy, F. 2015a. "The Ascension of the Ordinary Man: How the Personality Cult of Kim Il-sung Was Constructed (1945–1974)," *Acta Koreana*, vol. 18, no. 1, pp. 209–231.

Tertitskiy, F. 2015b. "*Songbun* and the Five Castes of North Korea," *NK News*, 26 February, viewed 1 December 2019, available at: www.nknews.org/2015/02/songbun-and-the-five-castes-of-north-korea/?c=1512005427012

Tertitskiy, F. 2016. "Star and Stripes: History of the North Korean Flag and its Place in State Ideology," *Journal of Contemporary Korean Studies*, vol. 3, no. 1–2, pp. 265–284.

Tertitskiy, F. 2017a. "1967: Transition to Absolute Autocracy in North Korea," in A. Cathcart, R. Winstanley-Chesters, and C. Green (Eds.), *Change and Continuity in North Korean Politics*, London: Routledge, pp. 82–94.

Tertitskiy, F. 2017b. "A Study of Soviet Influence on the Formation of the North Korean Army," *Acta Koreana*, vol. 20, no. 1, pp. 195–219.

Tertitskiy, F. 2018. "A Blatant Lie: The North Korean Myth of Kim Il-sung Liberating the Country from Japan," *Korea Observer*, vol. 49, no. 2, pp. 219–238.

Wada, H. 1998. *Kita Chōsen: Yugekitai Kokka no Genzai* [North Korea: Partisan State Today], Tokyo: Iwanami.

Wada, H. 2001. "East Asia and the Cold War: Reinterpreting Its Meaning in the New Millennium," in C-I. Moon, O. A. Westad, and G-H. Kahng (Eds.), *Ending the Cold War in Korea: Theoretical and Historical Perspectives*, Seoul: Yonsei University Press.

Walder, A. 2015. *China under Mao: A Revolution Derailed*, Cambridge, MA: Harvard University Press.

Weathersby, K. 1993. "Soviet Aims in Korea and the Origins of the Korean War, 1945–950: New Evidence from Russian Archives," Cold War International History Project Working Paper, no. 8, Woodrow Wilson Center Press & Stanford University Press, Washington, DC and Stanford, CA.

Yang, S. C. 1994. *The North and South Korean Political Systems: A Comparative Analysis*, Boulder, CO: Westview Press and Seoul: Seoul Press.

제3장

생존의 마스터들:
적대적 세계 속의 북한 리더십

란코프(Andrei Lnakov)

김정일 권좌에 오르다

위대한 지도자 김일성이 1994년 7월 8일 사망하고 그의 아들 친애하는 김정일이 북한의 최고지도자로서 그의 아버지 지위를 물려받았다. 김일성은 북한 국가가 심각한 도전에 직면했을 시기에 사망했다. 본질적으로, 1989~1991년 공산주의 진영이 붕괴하면서 김일성이 수십 년 동안 성공적으로 운영하던 세계는 사라졌으며, 나라의 [경제] 자립 주장을 찬양하는 수십 년간의 요란스러운 선전에도 불구하고 실제에 있어서 북한은 공산주의 진영의 거의 모든 국가들 보다, 그리고 실제로 대다수의 세계 최빈국보다 더 해외원조 — 주로 소련 — 에 의존하고 있었다 (Eberstadt 2015, pp. 48-51).

이는 김일성이 답례를 거의 주지 않으면서도 소련으로부터 원조를 받는 데 능숙했기 때문이다. 중국-소련의 경쟁을 교묘하게 이용함으로써 김일성은 북한의 원조 극대화 외교를 위한 많은 기회를 창출했다. 그러나 소련과 중국은 1980년대 후반에 화해했으며, 글로벌 냉전 또한 끝났다. 이처럼 새로운 상황에서 소련도 중국도 북한 레짐을 유지하기 위해 돈을 쓸 필요가 별로 없다고 생각했다. 1990~1991년에 이러한 소련의 직접적·간접적 원조의 갑작스러운 중단은 경제적 재앙을 초래했다. 북한 통계의 심각한 문제 때문에 그 재앙의 정확한 규모는 명확하지는 않지만, 모든 관찰자가 그것이 심각했었다는 데 동의한다. 남한의 중앙은행인 한국은행은 1991~1999년의 시기에 북한의 국내총생산(GDP: Gross Domestic Product)이 37.6퍼센트 감소했고 (Bank of Korea 2019), 2000년까지 비군사 부문 산업 생산량은 1990년 수치의 50퍼센트에 불과한 것으로 추정하였다 (Im 2010, p. 164).

김정일은 1942년 2월 16일 소련에서 김유라로 태어났는데, 당시 그의 아버지는 소련군 위관 장교로 복무했다. 그의 가족은 1945년 북한으로 돌아왔다. 김정일의 어머니(김정숙 – 역자 주)는 그가 7살 때 분만 중에 사망했다. 김정일은 해외 경험이 거의 없는 성장 과정을 거친 후 적령기에 김일성대학에 들어갔다. 대학에서 그는 정치경제를 전공했으나, 오해해서는 안 된다. 미래의 지도자는 단지 소련식 스탈린주의 경제학의 축약본을 공부했을 뿐이다. 그러나 이것은 전혀 중요하지 않았는데, 1960년대 후반까지 그의 아버지 김일성은 장남에게 권력을 이양하는데 이전에 어떤 공산주의 국가도 시도하지 않았던 무언가를 하기로 했기 때문이다. 이 단계는 많은 사람에게 이상하게 보였지만 시간의 맥락을 고려하면 매우 일리가 있었다. 김일성은 1953년 스탈린의 사망 후에 소련에서 발생한 일에 충격을 받은 게 분명하다. 스탈린 사망 후 흐루쇼프(Nikita Khrushchev) 치하에서 소련의 새 지도부는 스탈린 통치의 많은 측면, 특히 그의 개인숭배와 만연한 국가 테러의 사용을 맹렬히 비난했다. 김일성은 그의 유산이 그보다 더 오래가는 것을 보장하기 위해서는 결코 이 유산에 의문을 제기하지 않을 후계자가 필요하다는 것을 알았다. 그러므로 1960년대 후반 김정일은 권력 상승을 시작했다. 그는 문화 업무를 전문으로 조선노동당에서 일하기 시작했으며, 1970년대에 그의 아버지 숭배를 그대로 반영한 개인숭배가 그를 둘러싸고 구축되기 시작했다. 1980

년대 초반까지 김정일은 후계자로 확실하게 굳어졌고, 당과 국가 경영에서 아버지의 일상 업무 일부를 인계받기 시작했다. 1994년 김일성 사망 후, 김정일은 북한 국가를 완전히 장악했다 (Breen 2004, pp. 41–66).

붕괴하는 경제와 개혁의 딜레마

1994년 김정일은 어떤 동맹국도 없이 무너지는 경제를 안고 국가의 책임을 맡았다. 따라서 그가 선택한 전략은 레짐 생존이란 엄청난 과업에 확고히 종속되었다. 외부 관찰자들에게 매우 놀랍게도, 그는 온갖 악조건들에도 불구하고 이 작업에 성공했다. 많은 외부 관찰자들은 김일성 가족 레짐의 붕괴가 임박했다고 자신 있게 예측했었다. 그러나 이 성공은 대체로 북한 주민들이 짊어져야 했던 큰 대가를 치르고 얻은 것이다. 언뜻 보기에 레짐의 경제문제는 단순하고도 충분히 시험을 거친 해결책이 있었다. 즉 중국식 개혁이다. 1970년대에 중국 역시 암울한 상황에 봉착했었으나, 중국공산당의 단단한 정치적 통제 아래 시장경제로의 전환은 전례 없는 경제성장을 가져왔고 결국 중국을 강력하고 점점 더 부유한 국가로 변형시켰다. 이러한 전략은 일반 시민과 중국의 과두 지배층 모두에게 이익이 되었으며, 베트남에서 모방하였을 때 비슷한 결과를 낳았다. 따라서 사람들은 그러한 정책이 북한에도 매력적일 것으로 추정했다.

　그러나 중국의 성공에 대해 잘 알고 있음에도 불구하고 김정일은 이 방식을 단호히 거부했고, 그가 중국의 길을 따르는 것을 꺼리는 게 분명해지자 관찰자들은 김정일을 '비합리적'이라고 비난하기 시작했다. 그러나 그에 대한 이러한 판단은 잘못된 것이었다. 김정일과 그의 참모들은 중국의 길이 북한 엘리트에게 자멸을 초래하지는 않더라도 매우 위험하다고 볼 타당한 이유가 있었다. 이는 북한과 중국·베트남 간에는 종종 간과되는 주요한 차이가 있기 때문이었다. 그것은 북한의 최대 숙적인 남한의 놀라운 성공인데, 1995년 1인당 국내총생산(GDP: Gross Domestic Product)이 북한보다 7배 더 크고 그 규모가 계속 확대되고 있는 것으로 추정되었다 (Maddison 2006, pp. 304, 355). 2017년 남한의 1인당 국내총생산은 북한의 25배였다 (Kyodo Tsushin 2018). 만약 북한이 중국식 개혁에 착수하면, 그처럼 극적으로 성공한 남한의 존재는 북한에 엄청난 잠재적 위협이 되는 것으로 여겨졌다. 평양의 의사결정자들은 대중들이 그러한 남한과의 경제력 차이를 알지 못하게 하는 것을 레짐 생존의 주요 조건으로 보았으며 여전히 그렇게 보고 있다. 그리고 이러한 인식은 아마도 충분한 근거가 있을 것이다.

이와 대조적으로, 중국공산당에게 국제적 고립은 결코 생존의 필수적 전제조건이 아니었다. 중국의 대중들은 지나치게 위험한 정치적 결론에 도달하지 않고도 선진국이 누렸던 번영을 배울 수 있었고 또 배웠다. 그리고 다소 특이한 대만의 경우를 제외하고, 중국은 중국 국민을 영도하는 리더십 경쟁에 직면하지 않았다. 북한에서는 사정이 달랐으며 여전히 다르다. 남한 경제체제의 성공은 김일성가 통치(Kimist rule)의 정당성에 대한 인식을 직접 위협하며, 평범한 북한 주민들이 그 체제에 접근하려는 유혹을 느끼는 것이 분명하다. 실제로 1990년 독일 통일로 이어진 과정은 그러한 위협이 진짜였다는 것을 증명했다. 독일 통일 당시 동독과 서독 국가 간 1인당 국내총생산의 비율은 1 대 2 또는 1 대 3에 불과했는데, 이는 오늘날 북한과 남한 간 1 대 25의 극심한 격차와는 크게 달랐다 (Halle Institute 2016, p. 40). 그러나, 동서독 간의 낮은 1인당 국내총생산 격차는 통일과 반공산주의를 외친 동독 혁명을 소련이 진압하지 않을 게 확실해지자 1989년 동독 주민이 레짐을 실질적으로 무너뜨리는 것을 막지 못했다. 북한의 엘리트들은 동독의 붕괴를 만약 자신들이 너무 관대하여 외부로부터 북한으로 정보가 유입되는 것을 허용하면

무슨 일이 일어날 수 있는지에 대한 경고로 볼 충분한 이유가 있었다.

그러므로, 2011년 사망할 때까지 김정일은 기본적으로 기존 체제가 계속 가동하도록 그가 할 수 있는 모든 것을 했다. 특히 2002~2005년 사이에 두드러진 시장 지향적 개혁에 대한 단기적인 시도가 있었지만, 그것들은 일관성이 없었으며 결국 번복되는 경우가 많았다 (Han 2019). 전반적으로, 김정일과 그의 정부는 가능한 한 레닌주의 중앙계획경제체제를 고수해야 한다는 전제하에 행동했다. 기존 법률과 규정이 명백하게 집행 불가능해질 때, 실제로 당국이 수많은 위법행위를 눈감아 줄 의향이 있었더라도, 그 법률과 규정은 문서상으로 남아 있었다. 그러한 행동의 주요 이유는 정치적, 이데올로기적 안정을 보장한다는 것이었으며, 모든 급진적 변화는 본질적으로 위험하다고 여겨졌다.

아래로부터의 시장화

그렇지만, 중앙정부에 의해 시행된 체계적인 시장 지향 개혁의 부재가 김정일 통치의 북한이 변하지 않은 채 머물러 있었다는 것을 의미하지는 않았다. 그와는 반대로, 변화가 발생했는데, 그 변화는 비록 위로부터 직접 작동되지는 않았지만 대체로 자발적인 것으로 아마도 정부의 바람과 의도에 반해서 발생했다. 이러한 변화는 북한경제의 붕괴가 대규모 식량 부족을 초래했던 1990년대의 지독한 재난으로부터 생긴 것이다. 비료를 구할 수 없었으며, 심화되는 에너지 부족으로 인해 전기 펌프가 가동되지 않았다. 1992~1993년부터 농촌에서 식량 배급이 중단되었으며, 1995년에는 특권을 누리던 평양을 포함한 주요 도시들에서도 식량 배급의 심각한 문제가 관찰되었다. 적어도 1957년 이래 식량배급제(PDS: Public Distribution System)가 대다수 주민의 주식인 곡물의 공급자였다는 점을 고려하면, 그러한 문제는 비참한 결과를 가져왔다. 1995~1996년에 대규모 홍수로 인해 수확량의 상당 부분이 파괴되면서 본격적인 기근이 시작되었다. 당시 북한은 주민들의 생존을 위해 약 550~600만 톤의 곡물이 필요했으나, 1995년에 곡물 생산량은 300만 톤 아래로 떨어졌다 (Haggard and Noland 2007, pp. 35-36). 사실상 기근을 의미했으며, 이 상황은 1999년까지 북한을 황폐하게 했다. 그 당시 북한의 기근 규모에 관한 과장된 보고서들이 있었는데, 그 보고서들은 종종 200만 명에서 300만 명 사이의 주민들이 사망했다고 언급했다 (Crossette 1999). 후속 연구들은 훨씬 더 적은 추정치를 보여 주었으며, 지금은 1996~1999년 기간에 북한에서 평상시 보다 약 50~90만 명 이상의 사망자가 더 발생한 것으로 추산하는 것 같다. 이 수치는 처음의 추정치보다는 낮지만 북한 전체 인구의 대략 2~4퍼센트를 차지했으므로 여전히 매우 큰 수치이다.[1]

기근 중에 북한정부는 정치적·군사적 중요 지역에 가용자원을 집중하기로 했다. 수도에서 폭동이 일어나면 레짐 안정에 심각하고 직접적인 위협이 될 것이므로 평양에 특별한 관심을 기울였다. 한편 작은 도시와 시골, 특히 외딴 지역에 사는 주민들은 대체로 알아서 살도록 내버려졌다. 예상대로, 경찰(국가 보위와 사회안전기관 - 역자 주), 엘리트 군부대, 일부 군산복합체(군수공장 - 역자 주) 같은 그들의 충성심이 레짐 안정에 가장 필수적인 사회 집단들에는 완전한 또는 거의 완전한 배급을 주었다. 정치적 고려에 따라 정부는 기존의 경제체제를 공식적으로 포기하지 않기로 선택했다. 그러나 정부의 말과 행동에 상관없이 기존 체제는 더 이상 작동하지 않고 해체되기 시작했다. 대부분의 경우, 정부의 규정과 기존 규칙을 엄격하게 지키며 살던 사람은 굶어 죽을 확률이 매우 높았다. 새로운 상황에서 북한 주민들은 정부에 의해 대개 버려진 채 생존하는 방법을 찾아야만 했다.

1990년대에 북한 주민들은 그들의 사회에서 수십 년 동안 부재했거나 무시되었던 시장경제를 자연발생적으로 재발견했다고 말할 수 있다. 1990년대 초 기근이 처음 발생했을 때 시장의 수와 규모가 극적으로 늘어나기 시작했다. 이러한 증가는 비록 속도는 달랐을지라도 그 이후 계속됐다 (Haggard and Noland 2011, pp. 45-80). 엄밀히 말하면, 거의 모든 민간경제활동이 2002년까지 계속 불법이었으며, 2002년 여름 시장 활성화 개혁의 조용한 시행 이후에도 많은 민간 거래가 불법으로 간주됐다. 예를 들면, 쌀과 다른 곡물의 자유로운 판매에 대한 금지 조치를 포함한 이전의 반시장 규제가 계속 유지되었으나, 사실상 시행이 중지됐다. 시장 활동의 증가에 눈을 감기로 한 결정이 정부가 의도적으로 했던 것인지, 아니면 기존의 규제를 집행하는 당국의 무능력을 단지 반영했던 것인지는 분명하지 않을 수 있다. 아마도 두 요인이 복합적으로 작용했던 것 같다.

이러한 민간경제활동에 대한 초기 자본 투자의 원천을 살펴보면, 대개 가족관계를 통해 중국 인맥이 있는 북한 주민들이 매우 큰 역할을 한 것에 놀라게 된다. 많은 북한 주민들이 중국에 친척이 있으나, 과거에는 그러한 연결로 인해 북한정부가 그들을 의심과 사소한 차별의 대상으로 삼았다. 예를 들면, 김일성 정권하에서 그런 사람들은 보통 고위직에 오를 자격이 없었다.

그러나 1990년대에 중국과의 연결이 갑자기 차별의 원천에서 엄청난 보너스로 바뀌었다. 중국에 인맥이 있는 사람들은 종종 중국의 친척과 친구로부터 쉽고 싸게 돈을 빌릴 수 있었다. 그들은 또한 중국의 교역 네트워크를 이용할 수 있었고, 적어도 중국 시장에 관한 전문적인 조언을 기대할 수 있었다.

2010년경까지 중국과의 국경은 여전히 놀라울 정도로 허술하고 보호도 제대로 되지 않았다. 그래서 1990년대 후반에 국경 무역이 번성하기 시작했고, 소비재와 식품류가 중국에서 북한으로 대량으로 유입되었다. 그 대신, 북한 상인들은 약초, 해산물, 그리고 금을 포함 일부 광물과 금속 같은 품목들을 중국으로 밀무역하는 데 종사했다 (Hastings and Wang 2018). 취약한 국경 통제는 또한 중국으로의 대규모 노동 이주를 가능하게 했다. 1990년대 후반과 2000년대 초, 상당수의 북한 주민들이 중국의 경제활황에 육체노동자로서 돈을 벌기 위해 국경을 넘었다. 그중 일부가 마침내 한국으로 왔으나, 대다수는 몇 개월 또는 몇 년 동안 중국에 남아서 북한으로 돌아가기 전까지 모든 종류의 불법적인 미숙련노동에 종사했다. 일부 난민(탈북민 – 역자 주)은 중국 공안에 체포되어 [북한에] 인도됐지만, 다른 많은 난민들은 조용히 북한으로 돌아갔기 때문에 그들의 장기 부재를 북한 당국이 알지도 못했다. 그들은 보통 중국에서 번 돈을 가족을 부양하거나 장사를 시작하는 데 사용했다 (Lankov 2004).

　예상대로, 시장경제의 재등장은 상당한 소득 불균형을 낳았다. 1990년대 후반까지 북한의 부유층이 등장하기 시작했는데, 그들은 그 어느 때보다 큰 규모의 기업가 활동의 산물이었다. 북한의 법은 모든 종류의 사기업을 금지했기 때문에 기업가의 야심이 있는 북한 주민들은 국영기업이나 정부 기관 등 어떤 종류의 정부 기관으로부터 사업 등록을 얻어야 했다. 어떤 경우에는 군부대와 당 위원회가 이용될 수도 있었다. 기업가는 사업을 위해 국가기관으로 등록한 후 자금을 투자하고 사업을 개발하고 관리했다. 그러한 기업은 서류상 국영으로 간주하였지만 실제로는 기업가의 사유재산이었다. 기업가들은 그들이 등록한 정부 기관에 일정한 액수의 돈을 내야 한다는 것이 예상되었고 여전히 그렇다. 보통 그러한 계약은 고정된 금액을 일정한 간격을 두고 지불할 것으로 기대하였다. 정부 기관이나 국영기업은 그들의 자회사로 등록한 사기업의 일상 활동을 통제할 방법이 없었기 때문에 지불금을 수익의 몫으로 조정하는 것은 비현실적이었을 것이다. 이러한 지불은 뇌물에 해당하지 않고 공식적으로 이루어지며 "새로 설립된 기업의 이익"으로 표시된다. 시간이 지나면서 그와 같은 가짜 국영기업의 수가 증가했다. 보통 가짜 등록을 통해 국영기업으로 위장한 규모가 큰 사기업들은 어업, 레스토랑, 그리고 시내 수송 산업에서 특히 흔했다 (Lankov et al. 2017).

민간자본과 국가 간 다른 형태의 상호작용도 있었다. 어떤 경우에는 개인들이 투자가 성공하고 대여금이 상환될 것이라는 가정 아래 국영기업에 투자 융자를 해주었다. 어느 정도 그러한 협력이 북한의 주택 건설 부흥에 중요한 역할을 했는데, 2008년경에 시작하여 2012년경 가속화됐다. 국영기업들이 주택을 건설하지만, 이 기업들은 개인들이 공급한 투자 자본을 사용한다. 그리고 아파트를 팔고, 투자자들은 수익금을 받는다 (Hong 2014, pp. 43-45). 이것은 북한에서 1990년대 이래 부동산 시장이 생겨나서 꾸준히 성장했기 때문에 가능한 일이다. 전체적으로 보아, 2000년대 초반까지 민간 부문이 여전히 공식 인정되지는 않았지만 규모가 커지고 성장했다. 일부 추정에 따르면, 김정일 통치 말년에 민간 부문이 북한 전체 국내총생산의 30~50퍼센트에 달했을지도 모른다 (Yi et al. 2013, pp. 70-73, 163). 또한, 1998~2008년에 비공식 경제 활동의 소득 비중이 북한 가구 전체 소득의 78퍼센트에 달한 것으로 추정되었다 (Kim and Song 2008, p. 373).

아래로부터의 시장화에 대한 정부의 입장

1990년대의 사회 혼란과 경제위기는 국내 여행허가 행정사례에서 보듯이 북한정부의 효율성과 규칙 집행능력에 심각한 타격을 주었다. 1960년대 후반부터 북한 공민(시민 - 역자 주)은 먼저 보안국(경찰청 - 역자 주)으로부터 허가를 받지 않고는 그들의 거주지를 떠날 수 없었으며, 과거에 이 규칙은 엄격하게 집행되었다. 그러나 1990년대에 민간 상거래의 규모가 상당히 증가했기 때문에 훨씬 더 많은 북한 주민들이 전국을 자유롭게 여행할 필요가 있었다. 따라서 그들은 허가 없이 그런 여행을 떠나기 시작했으며, 보안 순찰대의 검문을 받을 때마다 부피가 큰 상품 꾸러미와 함께 검문소를 통과할 수 있도록 약간의 뇌물을 제공하였다. 더욱이 그들은 여행허가증이 거의 즉시 발급되게 하려고 관리들에게 뇌물을 주기 시작했다. 기근 기간 역시 크게 고통을 받은 하급 관리들은 뇌물을 받지 않으면 자신과 가족들이 정말로 실제적인 기아 위협에 직면할 것이기 때문에 기꺼이 그러한 뇌물을 받았다.

김정일 시대 동안 많은 다른 사회적·정치적 생활 영역에서 비슷한 사례를 볼 수 있었다. 예를 들면, 1960년대 이래 북한은 [주파수를] 조정할 수 있는 라디오의 사유(개인 소유)를 엄격하게 금지해왔다. 그러나 1990년대를 기점으로 이러한 금지령은 더는 효율적으로 시행되지 않았다. 일부 북한 주민이 집에 금지된 주파수 조정 라디오를 갖고 있어 유죄 판결을 받더라도 대개 그 문제는 비교적 작은 뇌물을 줌으로써 해결할 수 있었다. 이와 비슷하게, 2000년대 초반 이후 남한 비디오가 북한에 대량으로 밀려들었고, 부분적으로는 비디오 재생산 기술이 싸졌기 때문에 많은 북한 주민들이 중국에서 들어온 값싼 비디오 재생기를 살 수 있었다. (Kretchun and Kim 2011). 그러한 통제와 감시체제의 붕괴에 직면하여 김정일정부는 필수적이라고 보는 분야에 집중하기로 했다. 예를 들어, 여행 통제는 간헐적으로만 집행된 데 반해 평양으로의 여행은 계속 엄격하게 통제됐다. 북한 수도로의 접근을 허용하는 특별 형태의 여행허가증을 얻기 위해 훨씬 많은 돈을 뇌물로 써야 했으며, 불법적으로 평양에 도착하는 것은 비록 지난 수십 년보다 덜하기는 했으나 여전히 위험했다.

국가의 자생적인 경제변화에 대한 김정일의 태도는 시간이 지나면서 바뀌었다. 1994년부터 2002년경까지 시장화에 대해 불간섭주의적 접근을 채택했다고 대략 말할 수 있다. 그리고 2002~2005년은 아마 박봉주와 몇몇 다른 최고 관료들이 이끈 더 명백하고 포괄적인 경제개혁의 옹호자들이 영향력이 컸던 짧은 분수령 기간이었다. 이 기간은 2002년 7·1조치를 시작으로 일련의 개혁으로 특징지어졌다. 이러한 조치들은 어느 정도 1980년대 초 중국의 개혁을 연상시켰으나 상당히 덜 급진적이었다. 무엇보다도 국영기업의 더 큰 자율성이 인정되었으며 시장 규제가 더 많이 완화되었다. 그러하긴 하지만 2002년 개혁의 범위는 아마도 외부 관찰자들에 의해 과대평가되었을 가능성이 높다. 왜냐하면, 어느 측면에서는 이 개혁들이 유용했던 반면, 상당한 정도로 이미 일어난 변화들을 뒤늦게 받아들인 것이며 정부는 그 변화들을 통제하거나 뒤바꿀 수 없다는 것을 알고 있었다.

그러나, 2005~2009년 시기는 시장화를 되돌리려는 한결같은 시도로 다시 특징지어졌다. 이 기간 내내 북한정부는 시장화를 반전시켜 되도록 많이 김일성 시대 중앙계획경제체제를 복원하는 것을 목표로 일련의 반개혁 조치를 도입했다.

무엇보다도 2005년에 정부는 식량배급제가 곧 최대한의 가동을 시작할 것이라고 선언했다. 곡물 판매를 금지한 1957년의 규칙을 집행하려는 시도가 있었으며, 몇몇 시장 거래 제한 조치들이 도입되었다. 여러 조치 중에서도 신체가 튼튼한 남성은 시장 거래 참여가 금지되었고, 그 제한은 더 나아가 현지 상황에 따라서 40세 또는 45세 이하의 여성에게로 확대되었다 (Lankov 2009). 상황을 되돌리려는 이러한 노력은 불행하게 끝난 2009년 11월의 화폐개혁에서 절정에 달했다. 이 조치는 구화폐를 아주 짧은 시간 안에 회수하는 전형적인 몰수 개혁을 의도한 것이었다. 구화폐는 신화폐로 교체될 예정이었으나, 교환 한도가 처음에 미화 30달러 상당으로 너무 낮게 설정되었다. 그렇게 함으로써 거의 모든 현지 상인들, 적어도 북한 화폐로 저축금을 보관한 상인들이 화폐개혁의

결과로 거의 모든 저축금을 빼앗기고, 전체 시장경제가 사라질 것이라고
가정했다. 정부는 또한 갑작스러운 시장경제 해체 이후 북한 주민들이
국영기업으로 돌아가고 명령경제가 다시 가동하기 시작할 것으로 희망
했을 것이다 (Nanto 2011).

　이러한 희망은 근거가 없었으며, 곧 정부가 구체제를 더는 운영할 수
없다는 것이 명백해졌다. 국내 곡물 시장의 혼란과 동시에 심각한 식량
부족이 생겨났으며, 대중의 불만 징후가 엘리트 사이에서도 관찰할 수
있었다. 그래서 2010년 초반에 정부는 후퇴하여 시장경제를 겨냥했던
2005~2009년의 제한 조치들을 폐지했다. 화폐개혁에 책임이 있던 고
위 당료 박남기가 희생양이 됐으며 바로 처형됐다. 그리고 전례가 없는
행동으로 고위 북한 당국자가 2010년 2월 평양에서 열린 하급 간부 군중
모임 연설에서 반(半) 공개사과를 했다 (Ri 2011, pp. 220-291). 그다음
에 시장경제에 대한 공식적인 태도는 1994~2002년의 상태로 돌아갔다.
김정일은 시장경제의 존재와 더 큰 성장을 장려하지도 않고 막지도 않으
면서 눈감아 주는 태도를 다시 시작했다.

안보 보장과 외교 수단으로서의 핵무기

김정일의 생존정책의 중요한 한 부분은 핵무기 능력을 획득해서 향상시
키기 위한 지속적인 노력이었다. 핵프로그램은 김일성 치하에서 1960년
대에 시작되었으나, 북한 핵 과학자들이 2006년 첫 번째 성공적인 핵실
험으로 이어진 주요 돌파구를 연 것은 김정일 치하에서였다. 맨 처음부
터 북한의 핵프로그램은 여러 가지 목표를 추구하였는데, 그 상대적 중
요성은 시간이 흐르면서 변해왔다. 근본적으로, 네 가지 주요 전략적 목
표를 식별할 수 있다.

- 외세의 공격과 심각한 국내적 위기 시 외세의 개입 가능성을 억지
- 약한 주변 국가를 위한 효율적 외교 수단의 개발로 경제적·정치적 양보를 대가로 핵무기 프로그램 일부를 늦추거나 동결하기로 약속하지만 절대 포기 안 하는 것이 특징
- 정통성 강화로 핵프로그램은 국내적으로 심리적 안정감을 주는 것 같고, 선전원들이 현 지도부 효율성의 증거로서 쉽게 제시할 수 있음. 게다가 인지된 핵무기개발 필요성은 대부분의 일반 북한 주민들이 겪은 심각한 경제적 어려움을 정당화하는 변명으로 사용할 수 있음.
- 북한에 유리한 조건으로 한반도의 통일로 가는 가능한 길

가장 중요한 것으로, 북한의 핵무기개발 프로그램은 북한에 비교적 값싸고 고도로 효율적인 억지수단을 제공한다. 김정일과 그의 후계자 김정은 아래에서 북한의 지도자들은 그들이 미국이 주도하는 외세공격의 실질적 가능성에 직면해 있다고 정말로 믿는 것 같았으며, 물론 미국의 이란에 대한 위협뿐 아니라 아프가니스탄 침공(2001년)과 이라크 침공(2002년)은 그러한 걱정을 불식시키는 데 도움을 주지 못했다.

　게다가 북한의 지도자들은 2011년 리비아 시나리오로 묘사될 수 있는 상황, 즉 국내 소요와 현지 세력을 지원한 외세 개입이 복합적으로 발생한 이후의 레짐 붕괴에 대해 우려할 만한 이유가 있다. 북한은 리비아 지도자 가다피(Muammar Gaddafi)가 최근 역사에서 경제적·정치적 양보를 대가로 핵무기개발 프로그램을 포기하는 데 동의한 유일한 지도자라는 것을 강하게 염두에 두고 있으며, 핵무장한 리비아 레짐은 북대서양조약기구(NATO)의 반란군에 대한 항공 지원을 억제하기에 충분한 위협이 되었을 것으로 믿는다. NATO의 항공 지원은 가다피 레짐의 궁극적인 붕괴에 중요한 역할을 했다. 가다피의 몰락과 처형 이후 얼마 안 되어 북한의 공식 논평은 다음과 같이 언급했다.

현 리비아의 위기는 국제사회에 심각한 교훈을 준다. 과거 미국에
의해 많이 선전된 '리비아의 핵 폐기'는 미국이 '안전보장'과 '관계
개선' 같은 달콤한 말로 리비아를 구슬려 무장을 해제하고 그다음
에 힘으로 집어삼킨 공격의 방식이라는 것이 드러났다.

(『조선중앙통신』 2011)

비슷한 성명이 그 후 수년간 여러 번 반복되었다. 북한은 1인당 명목 국
내총생산이 미화 약 1,000~1,300달러에 불과한 작고 가난한 나라로서
미국이나 다른 군사 강국과의 대결에서 조금이라도 승산이 있을 재래식
군사력을 발전시킬 능력이 사실상 없으며, 따라서 핵무기 프로그램 외에
는 실행 가능한 대안이 없는 것 같다.

　둘째로, 핵프로그램은 북한외교에 있어서 효율적인 협상 카드였다.
명목 국내총생산과 인구 규모의 면에서 북한은 예멘, 잠비아 또는 세네
갈 같은 국가에 가깝다. 이러한 비교로부터 북한이 핵무기 프로그램으
로 인하여 국제정치문제에 관해 자기 위상을 훨씬 뛰어넘는 성과를 거두
고 있다는 것을 알 수 있다. 김정일 통치하에서 북한은 미국과 제네바합
의(Geneva Framework Agreement)를 체결한 1994년부터 핵무기를
효율적인 협상 수단으로 사용하는 능력을 보여 주었다. 합의서의 조건에
따라 북한은 핵시설을 국제 관리 하에 두고 가동을 동결하기로 약속했
다. 그 대가로, 북한은 매년 정기적으로 50만 톤의 중유 공급과 전력 생
산을 위한 2기의 경수로 건설을 약속받았다. 경수로 건설 사업은 시작되
었으나, 결코 완공되지 않았다. 미국, 남한, 일본, 그리고 다른 주요 국가
들이 기근 중에 북한에 식량을 보내려 한 의향 역시 암묵적으로는 핵프
로그램을 동결하는 북한의 의향과 밀접하게 관련이 있었다. 2002년 미
국이 [북한이] 핵무기에 사용할 고농축우라늄(HEU: Highly Enriched
Uranium)을 생산하는 병행 비밀프로그램의 증거를 탐지했을 때 이 합
의는 무너졌다. 그러나 6자회담(2003~2009년) 같은 다른 협상들이 이

어졌는데, 이 역시 외교적 압력을 비껴갔으며 때때로 경제적 이익을 낳았다 (Pollack 2003).

셋째로, 핵무기는 또한 북한의 국내 선전에서 널리 이용되고 있다. 대부분은 아닐지라도 많은 북한 주민들이 그들의 나라가 정말로 핵무기가 필요하다고 믿는 것 같으며, 핵무기 능력을 획득하려는 정부의 노력에 상당히 호의적이다. 그뿐만 아니라, 핵무기개발 성공은 적어도 국가 행정의 필수적인 한 분야에서 정부 효율성의 증거로 널리 여겨지고 있으며, 이는 계속되는 경제난에 대한 인내심의 수준을 높일 수 있다.

마지막으로, 장기적으로 북한 핵무기는 북한이 한국전쟁 미완의 과업, 즉 김일성가 체제하에서 한반도 통일을 완성할 수 있는 시나리오를 제시한다. 북한 지도자들은 궁극적으로 그들이 미국을 타격할 수 있는 대륙간탄도미사일(ICBM)과 다른 운반시스템을 개발하면 한미동맹을 '분리하여' 약화시킬 수 있을 것으로 기대할 만한 이유가 있다. 왜냐하면, 미국이 서울을 보호하기 위해 샌프란시스코를 희생하려 하지 않으리라고 추정하기 때문이다. 미국의 핵우산이 상실되면 남한은 북한 주도의 통일을 수용하거나 북한에 유리한 일종의 연합을 기꺼이 받아들일 가능성이 더 클지도 모른다.

김정은 취임하다

무슨 이유에서인지 김정일은 그의 말년까지 후계자 지명을 꺼렸다. 후계자 지명에 관한 확실한 결정은 2009년경에서야 이루어졌는데, 그해 8월 김정일이 그의 육체적 능력에 강하고도 명백한 영향을 미친 심각한 뇌졸중을 겪은 직후였다. 김정일은 다른 여성들과의 관계에서 얻은 여러 자식 가운데 알려진 아들 중 셋째인 김정은을 선택했다. 처음에 이 선택은 사람들을 약간 놀라게 했으나, 때가 되면서 김정일이 영리한 선택을 한 것이 분명해졌다. 어떤 형태의 자세한 지식이 아닌 김정은의 젊음(2011년 12월 김정일 사망 시 김정은은 27세였음)에 근거한 외부 관찰자들의 초기 의구심과는 달리 김정은은 순조로운 권력 이행을 확실히 할 수 있었고, 매우 불리한 상황에서 미국, 중국 및 다른 주요 국가들을 성공적으로 다루는 유능한 외교관임을 입증했다. 또한, 그의 경제정책은 적어도 그의 통치 초기에는 건전한 사회적·정치적 논리에 기초를 두었고 의도한 결과를 낳았다. 끝으로, 김정일은 그의 권력이 실제로나 잠재적으로 위협을 받는다고 보았을 때는 언제든지 강경하고 잔인할 수 있다는 것을 행동으로 보여 주었다.

김정은은 1984년에 태어났다. 그의 어머니는 1960년대 일본에서 북한으로 간 교포** 가정 출신의 무용수였는데, 북한의 기준(성분 분류 - 역자 주)에 따르면 정치적으로 의심스러운 배경이었다. 1990년대에 북한의 최고 엘리트 자녀들이 일정 기간 해외 유학 생활을 하는 게 흔한 일이었다. 김정은은 스위스의 고등학교에서 공부하도록 보내졌으며, 그는 그곳에서 가명으로 공부하며 몇 년을 보냈다.[2] 이 점에서 김정은은 점점 스탈린주의화 된 1950년대 후반과 1960년대의 평양에서 성장한 그의 아버지와 매우 다르다. 김정은은 겉보기에는 소련식 국가사회주의의 잠재력에 대한 환상이 거의 없으며, 오늘날 유일한 대안은 어떤 형태의 시장경제라는 것을 아마 이해할 것이다. 그는 외국어를 하며 현대 세계가 어떻게 움직이는지 상당히 잘 알고 있다.

김정은의 주요 정치적 목표는 분명하고 합리적이다. 즉 김일성가의 권

....

**   역자 주) 북송 재일교포, 소위 '재일조선인북송사업'은 1958년 8월, 인도 콜카타에서 북한적십자회와 일본적십자사 간 합의에 따라 1959년 12월 14일부터 1984년까지 9만 3,339명의 재일동포가 북한으로 영주 귀국한 사업으로 1961년까지 초기 2년간 전체의 80퍼센트가 북한으로 이주했다.

력 장악을 유지하는 것이다. 그는 레짐 붕괴는 그와 그의 가족, 그리고 전체로서 엘리트층에 참담한 결과를 가져올 것을 알고 있으며, 그의 상대적 젊음은 52세에 권력을 잡고 국가를 위협하는 위기에 시달렸던 그의 아버지가 따른 것보다 장기적 전략을 선호한다. 물론 나라의 경제발전을 확보하는 것도 역시 그의 의제 중 하나이지만 이것은 부수적 목표이다. 왜냐하면, 아무리 경제적으로 성공해도 그것이 지배 엘리트의 몰락을 초래한다면 그만한 가치가 없을 것이기 때문이다. 이것이 많은 다른 사람 중에서도 트럼프(Donald Trump) 미국 대통령이 북한이 경제적 이익을 얻기 위하여 비핵화를 받아들일 것이라고 잘못 판단한 근본적 이유이다.

내부로부터의 위협에 대처하기: 친위쿠데타 미연 방지

김정은의 권력 장악에 대한 세 가지 주요한 잠재적 위협이 있다. 즉 (1) 친위쿠데타, (2) 시민저항, 그리고 (3) 외부 공격이다. 첫 번째 위협과 관련하여, 김정은은 매우 어린 나이에 갑자기 권력을 물려받았으며, 그 자신에게는 없는 오랜 국정운영 경험이 있는 나이가 두 배 정도인 사람들에게 둘러싸여 있었다. 그러므로, 김정은은 엘리트 음모 위협을 매우 심각하게 받아들여야 했다. 2011년 12월 그의 아버지 장례 중 김정은은 세 명의 최고위 장성들과 네 명의 최고위 민간 관료들과 함께 그의 아버지 영구차 옆에서 걸었다. 3년 후에 그 일곱 명 중 다섯 명이 사라졌다. 적어도 두 명이 처형됐고, 다른 사람들은 사라졌거나 정치적으로 보잘것없는 자리로 이동했다 (Harlan 2013). 이중 가장 중요한 사람은 그의 고모부이자 평양 정치의 오랜 '숨은 실력자' 장성택이었는데, 2013년 12월 그의 공개 체포와 처형은 엘리트층에 극적인 메시지를 보냈다. 잠재적 위협에 대한 또 다른 움직임은 2017년 2월 쿠알라룸푸르 공항에서 그의 형 김정남의 공개암살로 이어졌다. 김정남은 1990년대 후반 이후 중국의 보호 아래 마카오와 중국에서 자진 망명 생활을 하고 있었다. 장성택과 김정남에 대한 조치는 종종 북한 지도자의 '비합리성'을 나타내는 것으로 제시되었다 (Smith and Kim 2017). 그러나 그 조치는 이것 이상의 의미가 있다. 희생자들은 김일성가 중 독자적 정치인이 되려고 하는 조짐을 보였던 단 두 명이었으며, 때때로 그들은 공개적으로 그렇게 행동했다. 두 사건에서 모두 그들은 또한 중국과 긴밀한 관계를 유지했다. 다시 말해서, 그들은 발생 가능한 음모의 중심이 될 수 있던 통치 가문의 두 사람이었으며, 이것이 그들의 운명을 결정지었다.

숙청뿐만 아니라, 김정은은 최고위 군 및 보안 관료들을 자주 재배치함으로써 자신의 통제력을 강화했다. 예를 들면, 그의 아버지와 할아버지 아래서 인민무력부장**의 평균 임기는 거의 10년이었지만 김정은 아래서는 11개월에 더 가까웠다. 분명히 이러한 조치는 어떤 장성도 김정은의 권력에 도전할 만큼 강력한 권력 기반을 구축할 수 없도록 보장하기 위한 것이었다. 그러나, 김정은의 숙청에 관해 이야기하는 데 있어서 신중할 필요가 있다. 자주 사용되는 표현인 '공포 정치'는 사람들을 호도하는 것으로, 김정은 통치 아래 일반 주민에 대한 억압의 수준은 이전 시대와 비슷하였지만 거의 모든 실제의 숙청 대상은 최고위 군 또는 보안 관료이거나 아니면 지배하는 김일성 가문의 지나치게 독자적인 인물들이었다. 김정은의 숙청은 잔인하였지만, 계획적으로 그런 것이다. 젊은 지도자는 군부가 자신의 권력에 도전할 수 없고 또 그럴 의지가 없다는

....
**   역자 주) 한국의 국방부 장관에 해당하는 직위로, 그 명칭은 1948년 9월 민족보위상으로 시작해 1972년 12월 인민무력부장으로 바뀌었고, 1998년 9월 인민무력상, 2000년 9월 인민무력부장으로 각각 바뀌었다. 김정은 집권 후 인민무력부장 명칭을 유지하다가 2016년 7월 인민무력상을 거쳐 2020년 1월 초 국방상으로 바뀌었다.

것을 확실하게 하기를 원했다.

내부로부터의 위협에 대처하기: 시민저항 위협의 중화

민중 저항으로 인한 도전 위협을 제거하기 위하여, 김정은은 경제적 측면에서 가짜 공산주의 미사여구로 그런 움직임을 계속 포장할 필요가 있을지라도 중국과 베트남의 발자취, 즉 시장경제의 발전을 따라갈 필요가 있다는 것을 아마도 이해했을 것이다. 1990년대에 김정은의 아버지는 대규모 경제개혁에 착수하지 않기로 전략적인 결정을 내렸으나, 어쩔 수 없이 장기계획 비전을 세워야 하는 상황에서 김정은은 그런 사치를 누릴 여유가 없다. 향후 40년 내지는 50년 동안 지배 권력에 계속 남아 있기 위해서 그는 경제성장 과정을 유지할 필요가 있다. 남한과 북한 간 격차는 계속 증가할 것이며, 적어도 그것이 어떤 제한적인 방식으로든 해결되지 않는 한 북한 레짐의 장기 생존은 점점 더 가능성이 작아질 것이다.

그러나, 김정일 아래에서 북한이 직면했던 주요 제약들은 김정은 아래서도 그 어느 때보다 중요한 것으로 남아 있으며 오히려 더 악화하였다. 북한이 해가 갈수록 점점 더 큰 체제 위협이 되고 있는 남한과 지역 경제의 역동성이라는 현실에 직면해 있기 때문이다. 중국식 개혁 프로그램은 레짐 생존을 위한 전략으로써 점점 더 성공할 가능성이 작은 것 같고, 일반 북한 주민들은 점점 더 외부 세계에 관해 알게 되며, 그리고 그들은 점점 더 뇌물로 공식 처벌을 피할 수 있으므로 정부에 대한 두려움도 잃어가고 있다. 이 경우, 혁명과 레짐 붕괴의 결과가 발생할 가능성이 더 커질 것이고, 뒤이어 (만약 중국정부가 그 위기에 개입하기로 하면) 친중국 레짐이 등장하거나 남한의 조건으로 남한과 통일하는 독일식 통일이 등장할 것이다. 친중국 레짐의 등장은 바람직하지 않지만, 남한과의 독일식 통일은 김정은과 북한 엘리트층의 거의 모든 개개인에게 극히 위험하다. 움직일 수 있는 여지가 거의 없는 상황에서 김정은은 개방 '없는' 개혁을 선택했다.

경제개혁은 세 가지 주요 정책에 초점을 두었다. 즉 (1) 농업에서 현장책임제도, (2) 산업에서 경영 자율성의 증가, 그리고 (3) 민간 시장의 암묵적 허용이다. 농업 분야에서 2012년 6월 28일 '농업에서의 6·28 방침'으로 알려진 일련의 지침은 새로운 농업관리체계를 도입했는데, [협동농장의] 농장원들이 5~6명으로 이뤄진 소규모 작업팀(분조 – 역자 주) 단위로 일하도록 하였다. 대부분 작업팀은 그들이 여러 해 경작할 수 있는 일정한 경지를 할당받을 것이다. 농장원들은 거의 반세기 동안 그랬던 것처럼 고정된 곡물 배급을 받지 않는다. 그 대신에 그들은 전체 수확의 일정 몫을 국가에 내고 (알려진 바에 따르면, 위치와 다른 조건에 따라서 30~70퍼센트), 나머지는 갖는다. 이것은 개혁 초기 단계 중국의 정책을 꽤 연상시켰다 (Kim, Sŏn and Im 2013, pp. 115-119; Ward 2018).

이 조치는 2014년 5월 30일 [공장, 기업소, 상점 등의] 지배인(관리인을 의미 – 역자 주)이 상당한 수준의 자율성을 부여받는 새로운 산업정책으로 이어졌고, 중앙계획은 축소되었다. 기업이 대폭 축소된 계획 할당량을 초과해 생산한 모든 것은 시장에서 시장가격으로 팔 수 있었다. 국영기업은 또 시장에서 원자재와 물자를 구입할 권리가 주어졌다. 마지막으로, 지배인은 노동자를 고용하고 해고하며 그들의 임금을 결정하는 것이 허용되었다.

시장에 관해서 김정은은 민간 시장 활동에 대해 매우 관대한 태도를 유지했지만, 민간 시장 활동은 공식적으로 거의 인정받지 못했다. 그렇기는 하지만, 국가기관은 일부 프로젝트를 위한 민간자본 유치를 허용받았고 실제로 권장 받기도 했다. 김정은이 권력의 자리에 오르기 직전인

2010년 인공위성 사진은 북한에 200개의 상설시장이 존재함을 보여 주었고, 2018년까지 상설시장 수는 두 배 이상 증가해 약 480개가 되었다 (Melvin 2018).

그러나 중국의 경제개혁이 상당한 수준의 정치적 자유화를 수반했지만, 북한 레짐은 이 수준의 완화에 접근하는 것은 용납할 수 없을 정도로 위험하다고 보고 있다. 그래서 많은 시장 지향의 변화를 선택적으로 채택해오면서 또한 특히 그 변화들이 국가의 고립을 유지하는 것과 관련 있으므로 전통적 수준의 정치적 감시와 통제를 유지하고 심지어 강화해 왔다. 김정은의 초기 정책 조치 중 하나는 수십 년 동안 놀랍게도 구멍이 많았던 중국과의 국경을 따라 넘나드는 이동에 대한 통제를 극적으로 증가시킨 것이다. 국경수비대원의 수가 상당히 늘어났고, 그들이 현지 주민들과 친밀한 관계를 맺지 못하도록 자주 순환 배치했으며, 폐쇄회로 TV가 설치되고 새 울타리가 세워졌다.

게다가 김정은은 탈북을 막기 위해 꽤 효율적인 선전 캠페인도 시작했다. 탈북문제는 그의 아버지 아래서는 전혀 거론되지 않았다. [체제 논리상] 주민들이 자칭 '지상의 낙원' 북한을 떠나 북한 대중매체가 수십 년 동안 '자본주의 지옥' 남한이라고 묘사한 곳으로 가서는 안 되기 때문이었다. 그러나 김정은 아래서의 국가 선전은 이것을 뒤집어엎고 탈북자들이 남한에서 고난을 겪는다고 선전했다. 사실 많은 탈북자가 남한 사회에 적응하는 데 큰 어려움에 직면한다. 김정은 정권은 탈북자들을 적이나 반역자가 아니라 음모를 꾸민 미국과 그의 남한 괴뢰의 희생자가 되어 부유할지는 모르나 착취적이고 매우 비도덕적인 나라에 간 순진한 사람들이라고 선전하였다. 새로운 국경감시 정책과 북한의 개선된 경제상황과 결부되어 그러한 선전은 탈북자수의 꾸준한 감소로 판단할 때 효과가 있었던 것 같다. 2011년 총 2,706명의 탈북자가 남한에 왔으며, 2018년까지 그 수는 1,137명으로 떨어졌다 (통일부 2019).

김정은은 또한 외부 세계에 관한 정보의 확산을 억제하기 위한 체계적 캠페인을 주재하였다. 남한의 비디오 제품을 밀반입, 복사, 판매하다 잡힌 사람들은 이전보다 훨씬 가혹한 처벌을 받을 뿐만 아니라 정보통신기술에 대한 엄격한 통제가 가해졌다. 일반적 인식과는 달리, 북한 가정에서 컴퓨터가 이제는 드물지 않다. 2018년에 약 18퍼센트의 가정이 컴퓨터를 소유한 것으로 추정되었는데, 대개 중국에서 수입한 중고품이었다. 단순히 민간의 모든 정보통신기술(IT) 접근을 금지하기보다는 2015년경부터 시작해서 북한의 모든 컴퓨터 장치는 리눅스 기반 '붉은 별' 운영체계를 갖추도록 하였다. 이 운영체계는 정부의 서명, 즉 인증이 없는 오디오, 비디오 및 텍스트 파일을 열 수 없다. 다시 말하여, 리눅스 '붉은 별' 운영체계가 설치된 컴퓨터 장치는 밀반입된 영화나 텔레비전쇼를 보고, 또는 정부 검열로 사전승인을 받지 않은 책을 읽거나 음악을 듣는 데 사용할 수가 없다는 것을 의미한다. 더욱이, '붉은 별' 지원 컴퓨터는 무작위로 스크린샷을 찍어 메모리에 저장하므로 당국이 컴퓨터 화면에 이전에 무엇이 있었는지 확인할 수 있다. 말할 필요조차 없이 북한에서 모든 컴퓨터는 등록해야 하며 정기적인 조사를 받아야 한다.

물론, '개방 없는 개혁' 전략은 많은 모순을 내포하고 있다. 국가의 고립을 유지할 필요성이 글로벌 금융 및 투자시장에 대한 북한의 접근에 심각하게 영향을 미쳐왔으며, 현재의 유엔제재가 해제되더라도 계속 그럴 것이다. 그런데 유엔제재의 해제는 북한 핵무기 프로그램의 중요성을 고려할 때 있을 것 같지 않다. 그렇다면 아마도 이 '개방 없는 개혁'정책은 중국이나 베트남에서 목격했던 지속적인 성장률에 근접하는 어떤 성장도 산출하지 못할 것이다. 그러나 김정은과 북한의 의사결정자들이 직면하고 있는 총체적 상황을 고려할 때, 그들은 선택의 여지가 거의 없다.

외부로부터의 위협에 대처하기

김정은이 직면하고 있는 세 번째의 위협은 외세에 의한 외부의 군사행동 위협이다. 우리가 언급한 바와 같이 아프가니스탄, 이라크, 그리고 특히 리비아의 경험에서 북한지도부는 공격에 대한 자신들의 취약성에 관하여 근거 없는 걱정이 아니었음을 확인했으며, 이 점에서 김정은은 그의 아버지와 똑같은 도전에 직면하여 핵에 기반을 둔 억지력 개발로 비슷하게 대응했다. 김정일 시대와의 주요한 차이는 김정은 아래서 핵과 미사일 프로그램이 가속화되었다는 것이다. 2013년 이래 북한은 점점 더 많은 수의 미사일시스템과 2017년의 열핵 폭탄을 포함해 핵폭탄들을 성공적으로 실험했다.[3]

북한 기술자들이 핵폭발 장치의 무기화에 성공했는지는 분명하지 않지만, 그들이 이 분야에서 상당한 진전을 이루고 있다고 믿을 만한 충분한 근거가 있다. 2017년 북한은 두 유형의 대륙간탄도미사일(ICBM)을 성공적으로 시험했는데, 그중 더 발전된 유형인 화성-15형은 미국 영토 어느 지역이라도 목표물을 타격할 수 있는 것으로 여겨진다. 게다가 북한 기술자들은 잠수함 발사 탄도미사일시스템으로 중대한 돌파구를 마련했다 (Kristensen and Norris 2018). 이것은 2017년경까지 북한이 러시아와 중국에 이어 핵탄두로 미국 도시를 타격할 수 있는 능력을 확보한 세 번째 나라가 되었음을 의미한다.[4]

그러나 2017년 초 미국은 여러모로 매우 특이한 성격의 새 대통령을 선출했다. 선거운동 시절부터 트럼프는 북한문제에 많은 관심을 보였으며, 그것을 자신의 의제의 주요 부분으로 만들었다. 그는 북한의 대륙간탄도미사일(ICBM) 및 핵실험에 대해 말로만으로도 전례 없이 호전적으로 대응했으며, 이는 북한의 위협은 "세상이 본 적이 없는 화염과 분노"에 직면할 것이라고 경고한 트윗에서 절정에 이르렀다. 한동안 북한 핵

시설에 대한 미국의 공격이 가능해 보였다. 트럼프 대통령이 어느 정도까지 엄포를 놓았는지 아니면 어느 정도까지 자기가 한 말에 진심이었는지 분명하지 않지만, 그의 성명은 북한의 지도자들뿐 아니라 남한과 중국의 지도자들도 불안하게 만들었다. 짧은 기간 동안, 중국은 북한에 대해 강경한 태도를 보이면서 북한과의 교역을 상당히 줄이고, 2016~2017년 유엔 안전보장이사회가 승인한 역대 가장 강력한 제재도 이행했다. 더욱이, 2017년 5월 이후 좌파 민족주의자 문재인정부 아래서 남한은 미국과 북한 간 대화와 접촉을 제안하면서 중재자 역할을 하기 시작했다.

북한 지도자들은 미국의 새 정책이 자신들에게 정말로 위험하다고 보았기 때문에 공식적으로 비핵화 회담으로 제시된 회담에 참여했다. 북한 정부가 핵무기를 포기할 의사가 없다는 것은 의심할 여지가 거의 없었지만, 회담 과정이 분명히 전략적으로 유리하다고 판단되었다. 그 회담은 2018년 6월 싱가포르에서 열린 사상 첫 미북정상회담과 그 밖의 여러 외교적 만남으로 이어져 정면 대립을 피하는 데 도움이 되었다. 북한의 관점에서 이 회담들은 국가와 새 지도자[김정은]의 국제적 위신을 높이는 데 유용했다. 그러나 무엇보다도 그 회담들은 귀중한 시간을 버는 데 도움을 주었다.

결론

자주 반복되는 외부의 인식과는 달리, 김정일과 김정은의 정책들은 어떤 의미에서든 비합리적이지 않았다. 그것들은 레짐 생존이란 압도적으로 중요한 목표에 종속하였으며, 이 목표를 기준으로 측정하면 아주 잘 작동했다. 심각한 경제위기와 모든 동맹국의 상실에도 불구하고 김일성 가문은 내부의 도전을 방지하였고, 권력 장악을 유지하였으며, 외세의 공격 가능성을 점점 희박해지게 했다. 이러한 성취에 대한 비용은 많은 기근 희생자들과 정치범 수용소 수감자들을 포함한 보통 사람들이 치렀으나, 북한 레짐은 그들에게 책임을 지지 않는다. 북한 레짐은 자신의 생존을 위해 싸우고 있으며, 그것은 너무나 중요하다. 김일성 일가 레짐이 장기적으로 지탱할 수 있는지에 대한 의문은 여전히 남아 있다. '개방 없는 개혁' 정책은 많은 경우 상당히 잠정적이고 불확실한 실험으로 남아 있다. 그러나 진정한 생존의 마스터들인 김일성 일가의 행적으로 볼 때, 이러한 노력이 실패할 운명이라고 간주하는 것은 시기상조다.

주

1) 기근의 정도와 그 결과에 대해서는 Goodkind et al. (2011)에서 다루어지고 있다.
2) 현재 김정은의 유년기와 청소년기에 관한 최고의 저서는 Fifield (2019)이다.
3) 이 논문을 쓸 당시 북한은 2018년 4월에 스스로 선언한 핵실험 유예를 준수하고 있다.
4) 물론 기술적으로 영국과 프랑스도 이러한 능력을 가지고 있다.

참고문헌

Bank of Korea. 2019. *Pukhan chuyo kyŏngjae chipyo pigyo* [North Korea: A Comparison of the Main Economic Indicators], available at: www.bok. or.kr (accessed December 2019).

Breen, M. 2004. *Kim Jong-il: North Korea's Dear Leader*. 2nd edn, Hoboken, NJ: Wiley.

Crossette, B. 1999. "Korean Famine Toll: More Than 2 Million," *The New York Times*, 20 August 1999, p. 6.

Eberstadt, N. 2015. *North Korea's "Epic Economic Fail" in International Perspective*, Seoul: Asian Institute for Policy Studies.

Fifield, A. 2019. *The Great Successor: The Divinely Perfect Destiny of Brilliant Comrade Kim Jong Un*, New York: Public Affairs.

Goodkind, D., West, L., and Johnson, P. 2011. "A Reassessment of Mortality in North Korea, 1993–2008," paper presented at the annual meeting of the Population Association of America, Washington, DC, March 31–April 2.

Haggard, S. and Noland, M. 2007. *Famine in North Korea: Markets, Aid, and Reform*, New York: Columbia University Press.

Haggard, S. and Noland, M, 2011, *Witness to Transformation: Refugee Insights into North Korea*, Washington, DC: Peterson Institute for International Economics.

Halle Institute. 2016. *The Economic Integration of East Germany*, Halle: Halle Institute for Economic Research (IWH).

Han, K. 2019. *Pukhan kyŏngje kaehyŏk-kwa kwanlyŏn chŏngch'i* [North Korea's Economic Reforms and Related Policies]. Seoul: Pukhan yŏnguso.

Harlan, C. 2013. "In North Korea, Kim Jong Un Rises and Advisers Are Shoved Aside," *The Washington Post*, December 13, available at: www.washingtonpost.com (accessed October 2019).

Hastings, J.W. and Wang, Y. 2018. "Informal Trade Along the China-North Korea Border," *Journal of East Asian Studies*, vol. 15, no. 2, pp. 181–203.

Hong, M. 2014. "Pukhan-ŭi ap'at'ŭ kŏnsŏl-kwa tosi chŏngch'i" [The Construction Market of Apartment Complexes in North Korea and Its Urban Policy], *KDI pukhan kyŏngjae ribyu*, no. 8, pp. 35–62.

Im, K. 2010. *Pukhan kyŏngjae kaebal kyaehwaek surip pangan yŏngu: Paet'ŭnam saryae-rŭl chungsim-ŭro* [Taking the Example of Vietnam: Research on North Korea's Economic Development Planning], Seoul: T'ongil Yŏnguwon.

KCNA. 2011. "Foreign Ministry Spokesman Denounces US Military Attack on Libya," Korea Central News Agency, 22 March 2011, available at: http://kcna.co.jp/item/2011/201103/news22/20110322-34ee.html (accessed October 2014).

Kim, B. and Song, D. 2008. "The Participation of North Korean Households in the Informal Economy: Size, Determinants, and Effect," *Seoul Journal of Economics*, vol. 21, no. 2, pp. 361–385.

Kim, Y., Sŏn, T. and Im, S. 2013. *Pukahan-ŭi nongŏp kaehyŏk choch'i punsŏk-kwa chŏnmang* [Analysis and Prospects of North Korea's Agricultural Reform Policy]., Seoul: Hankuk nongch'on kyŏngje yŏnguwon.

Kretchun, N. and Kim, J. 2011. *A Quiet Opening: North Koreans in a Changing Media Environment*, Washington, DC: Intermedia.

Kristensen, H.M. and Norris, R.S. 2018. "North Korean Nuclear Capabilities, 2018," *Bulletin of the Atomic Scientists*, vol. 74, no. 1, pp. 41–51.

Kyodo, Tsushin. 2018. "North Korea's Economy Grew 3.7% in 2017, Pyongyang Professor Estimates," *Japan Times*, 13 October 2018, available at: www.japantimes.co.jp (accessed October 2019).

Lankov, A. 2004. "North Korean Refugees in Northeast China," *Asian Survey*, vol. 44, no. 6, pp. 856-873.

Lankov, A. 2009. "Pyongyang Strikes Back: North Korean Policies of 2002-08 and attempts to Reverse 'De-Stalinization from Below'," *Asia Policy*, no. 8, pp. 47-72.

Lankov, A., Ward, P., Yoo, H. and Kim, J. 2017. "Making Money in the State: North Korea's Pseudo-State Enterprises in the Early 2000s," *Journal of East Asian Studies*, vol. 17, no. 1, pp. 51-67.

Maddison, A. 2006. *The World Economy*, Paris: OECD Development Centre.

Melvin, C. 2018. "North Korean Market Update," *North Korean Economy Watch*, blog post, 5 February, available at: www.nkeconwatch.com/2018/02/05/north-korean-market-update/(accessed December 2019).

Ministry of Unification. 2019. *Ch'oekŭn hyonghwang* [Current Situation], ROK Government, available at: www.unikorea.go.kr/unikorea/business/NKDefectorsPolicy/status/lately/ (accessed December 2019).

Nanto, D. 2011. "The North Korean Economy After the 2009 Currency Reform: Problems and Prospects," *International Journal of Korean Studies*, vol. XV, no. 2, pp. 105-126.

Pollack, J.D. 2003. "The United States, North Korea, and the End of the Agreed Framework," *Naval War College Review*, vol. 56, no. 3, pp. 11-49.

Ri, C. 2011. *Hyŏkmyŏng sunkyŏlsŏng-ŭl kanghwahae nakasinŭn nanal-e* [Days of Strengthening the Purity of Party Ranks], Pyongyang: Chosŏn rotong tang ch'ulp'ansa.

Smith, A. and Kim, S. 2017. 'Kim Jong Un's Half-Brother Killed: Why Would He Be Assassinated?' *NBC News*, 16 February, available at: www.nbcnews.com/news/north-korea/kim-jong-un-s-half-brotherkilled-why-would-he-n721201 (accessed December 2019).

Ward, P. 2018. "How N. Korean Literature Offers Hints at Major Agricultural Reforms Taking Place," *NK News*, 3 September 2018, available at: nknews.org, (accessed December 2019).

Yi, S., Yang, M., Kim, S., Yi, Y., Im, K. and Cho, P. 2013. *Pukhan kyŏngje chaengjŏm punsŏk* [An Analysis of Controversial Issues in North Korean Economic Studies], Seoul: Sanŏp yŏnkuwon.

제4장

김정은체제의 정치경제와 이데올로기

프랑크(Rüdiger Frank)

서론: 정치와 경제의 불가분성

김정은은 1948년 북한이 수립된 이래 그의 할아버지 김일성(통치 기간 1948~1994년)과 그의 아버지 김정일(통치 기간 1994~2011년)에 이어 세 번째 지도자로서 2011년 12월 정권을 장악했다. 이 장은 그 이후 일어난 경제정책 분야의 주요 발전에 대해 논의할 것이다. 그 목적은 현실 세계에서의 그러한 변화가 이데올로기와 얼마나 밀접하게 연결되어 있는가, 즉 전반적으로 체제를 정당화하는 내러티브의 맥락에서 북한 국가가 경제정책을 수립하는 방식을 설명하는 것이다. 이 장이 다루려고 하는 보다 구체적인 문제들은, 김정은 시대에 어떤 경제 관련 주요 정책 변화들이 공식적으로 발표되었는가? 이것들이 공식 보고와 통계에 어떻게 반영되었는가? 김정은 치하에서 북한 경제정책의 일반적 방향은 무엇인가? 등이다. 이를 위하여 많은 자료가 분석될 것이다. 그중에는 지도자 [김정은]의 연례 신년사 같은 정례 행사에서 나온 자료와 연례 최고인민회의 회기의 재정 및 경제 보고가 포함된다. 이 데이터 세트는 2019년 현재 김정은의 가장 길고도 단연코 가장 중요한 특별 연설 중 하나인 2016년 5월 조선노동당 제7차 대회에서의 김정은의 보고로 보완될 것이다.

이러한 분석의 관련성은 정치경제의 진리에 기반을 두고 있다. 즉 경제는 정치와 독립적으로 존재하지 않으며, 그 역도 마찬가지이다. 제대로 기능하는 경제는 정책을 이행하는 데 필요한 자원을 제공한다. 경제가 더 잘 기능할수록 정부는 더 많은 정책 선택지가 있으며, 경제가 제대로 기능하지 않으면 통치자가 달성할 수 있는 범위를 제한할 수 있다. 이것이 결국 경제제재를 국제적으로 적용하는 막후의 주요 이유 중 하나다 (Hufbauer et al. 2007). 다른 한편으로, 정치적 고려는 그 자체로 정부가 특정한 유형의 경제 행위를 촉진하거나 억제하기 위하여 종종 매우 효과적으로 다양한 메커니즘을 활용하기 때문에 경제적 선택지를 제한할 수 있다. 이러한 일은 보편적인 성격을 갖지만, 각각 다른 정치체제는 경제에 영향을 미치기 위하여 다른 도구를 선택하는 경향이 있다. 조세, 화폐 공급, 이자율과 보조금 같은 간접적 수단이 자유민주주의체제에서 자주 적용되는 데 반해 권위주의체제 국가는 종종 직접적인 명령과 통제에 의존한다 (Kornai 1992, p. 97ff).

북한은 후자의 유형에 속하지만, 지금까지 수십 년 동안 시장 수단을 또한 실험해 왔다 (Smith 2015, p. 211ff). 따라서 관찰할 수 있는 실제로 선택한 경제정책 수단을 보면 북한정치경제의 근본적이고 변화하는 성격을 더 잘 이해할 수 있다. 기근 이후의 1990년대 후반 이후 줄곧 북한은 때때로 '개혁'이란 용어를 정당화할 정도로 [경제의] 조정을 허용해 왔다. 이에는 2002년 7월 조치 중 대규모 성과제 재편성 (Frank 2005), 2012년 농업 작업팀의 규모 축소**와 그들이 시장에 자유롭게 팔 수 있는 수확량의 비율 확대, 산업에서 사실상 계획과 시장의 이중 시스템 도입 (Pak 2013, p. 16ff; Koh 2014, p. 33), 공장 관리인에게 운영 자율성의 점진적 위임 (Ward 2018) 등이 있다.

....

** 역자 주) 협동농장의 말단 단위인 분조를 세분화해 4~5명의 인원으로 축소해 운영하는 영농방식인 포전담당제를 의미.

인권, 인도적 문제 및 안보의 관점에서 북한이 국제 사회의 주요 관심 국으로 남아있음을 고려할 때, 북한정치경제에서의 주요 경향을 충분히 이해하는 것은 국제 행위자들이 위협과 기회를 더 정확하게 파악하고 적절한 정책을 마련하는 데 도움을 준다. 북한에서는 다른 모든 곳과 마찬가지로 국내 정치와 청중이 중요하다. 따라서 레짐의 자기 인식과 지도자가 관영 매체를 통해 자국민들에게 전달하는 메시지에 주의를 기울일 필요가 있다.

기조 확립: 연례 신년사, 2012~2019년

전통의 부활

2013년에 김정은은 그의 아버지 김정일 치하에서 중단되었던 텔레비전으로 중계되는 신년 연설의 관행을 부활시켰다. 김정일은 그의 재임 기간 중(1994~2011년) 북한 주요 신문들의 불특정 집필진이 작성한 신년 공동사설에 의지했다. 이러한 관행은 메시지를 다소 모호하게 만들었다. 그 내용은 여전히 계획에 따른 것이었고 지도자의 권위로 발표되었지만, 신년 공동사설은 지도자의 매체 직접 등장에 따른 개인적 영향력은 부족했다.

2012년: 새 지도자가 그의 통치를 공고히 하다

텔레비전으로 중계되지 않은 마지막 신년 메시지[공동사설]는 김정은이 취임한 지 2주 후인 2012년 1월에 발표됐다 (KCNA 2012). 그 사설은 젊은 후계자의 정통성 강화를 추구했으며, "슬픔을 힘과 용기로 바꾸자"

라고 촉구했다. 주요 이데올로기적 문제 중 하나는 이전 두 지도자를 중심으로 한 숭배를 결합해 나중에 김일성-김정일주의라고 불리는 것을 형성하려는 시도였다. 북한의 해방자, 창설자이자 옹호자의 우뚝 솟은 이미지를 가진 김일성과 냉전 종식 이후 그러한 업적을 지키는데 노력한 새 지도자로서의 아버지 김정일을 하나의 이데올로기적 개념으로 결합한 것은, 강력하고도 즉각적인 [김정은의] 정통성을 강요하는데 편리한 메커니즘을 제공했다. 이러한 시도는 후에 전국적으로 김일성 동상을 그가 아들과 함께 있는 모습을 보여주는 소위 쌍둥이 동상으로 개조한 것에서도 볼 수 있다.

경제 분야에서는 소위 '인민생활 향상'에 중점을 두었다. 이것은 2010년과 2011년 신년 사설의 핵심 주제였으며, 2011년 12월 28일 김일성광장에서 열린 김정일 추모 군중집회의 앞줄에서 볼 수 있던 구호 중의 하나였다. 그 이후 증명되었듯이, '인민생활 향상'은 새 지도자의 국내정책에 있어 중심사상 같은 것이 되었다. 핵과 미사일 프로그램을 계속 밀고 나가면서 그는 점차 경제에 역점을 두었다. 그러나 고전적 사회주의 방식에서처럼 중화학공업 생산 같은 생산재가 아니라 농업과 경공업의 소비재와 생산물에 초점을 맞췄다. 2012년 신년 사설에서 '강성국가 건설의 초미의 문제'라고 극적으로 묘사하며 식량문제에 초점을 맞추었다. 사설은 경제관리를 명령경제에서 시장 메커니즘으로 이동하는 패러다임의 변화 조짐은 없었으며, 오히려 '단숨에'라는 구호 아래 구식의 대중동원 운동을 강조하였다.

2013년: 신년 연설로 복귀

2013년 1월, 김정은은 그의 첫 신년 연설을 했다 (KCNA 2013). 새 지도자는 너무 개혁 성향으로 보이지 않도록 크게 애썼다. 그는 사회주의,

선군, 주체 같은 보수적인 용어를 강조했다. '단숨에' 구호가 다시 언급되면서 구식의 대중동원에 대한 통치자의 지속적인 지지를 보여주었다. 그는 관료들에게 "낡은 사고방식과 틀에서 벗어날 것"을 요구하면서 또한 당 사업을 "1970년대처럼 화선식으로(1970년대 전선에서 했던 방식으로 - 역자 주)" 수행할 것을 촉구했다. '김정일애국주의'를 모든 실천활동에 철저히 구현하라는 김정은의 요구는 당 이데올로그들이 그의 아버지를 북한의 판테온(금수산태양궁전 - 역자 주)에 추가해 김일성은 해방자, 김정일은 옹호자로 숭배하도록 했음을 암시했다.

지난해의 새로운 업적으로 자랑스럽게 제시된 것 중에는 북한에서 사망한 두 지도자의 묘를 공식적으로 일컫는 금수산태양궁전과 2012년 가을 김정은이 도입한 학교 교육의 1년 추가(이에 따라 12년제 의무교육 시행 - 역자 주)이 있었다. 지나고 나서 보니, 신년사의 국방 관련 구절을 보면,** 우리는 또한 폭풍 구름이 어떻게 모이고 있는지를 알 수 있었다. [신년사 한 달 후] 2013년 2월 북한은 김정은 치하에서는 처음인 3차 핵실험을 하였으며, 그 후 몇 주 동안 점점 더 호전적인 발언들이 평양과 워싱턴 사이에서 오갔다. 이 격렬한 말의 전쟁, 무기 실험과 군사 기동훈련은 김정은이 2013년 3월 [31일] 선군정책의 사실상 종료를 선언했다는 사실에 대한 서방의 시각을 거의 차단했다. 그때 김정은은 '병진' 노선으로 알려진 경제건설과 핵무력 건설을 병행하여 발전시키는 새로운 노선을 발표했다.***

....

** 역자 주) 2012년 개정 헌법에 '핵보유국'을 명기하고, 신년사에서 국방력 강화의 중요성을 강조하며 '혁명무력의 강화 발전', '우리식의 첨단무장장비 생산 확대'를 언급하여 핵과 미사일 개발에 박차를 가할 것을 시사.

*** 역자 주) 이 노선과 함께 북한은 4월 1일 '자위적 핵보유국의 지위를 더욱 공고히 할 데 대하여'라는 법령을 채택하여 사실상 영구적인 핵보유를 규정한 공식 핵정책을 마련했다.

2014년: 경제와 핵무기

이 새로운 정책 노선에 따라서, 2014년 신년사(KCNA 2014)는 전년과 비교해 훨씬 덜 고전적인 이데올로기적 표현을 담았으며, 더 자주 경제 발전을 강조했다. 사회주의, '선군', '주체' 같은 이데올로기적 용어 사용의 총계는 2013년 36회에서 2014년 16회로 줄어든 반면에 '경제'와 '건설' 용어의 총계는 29회에서 37회로 늘어났다. 그러나 대외경제관계를 개선하려는 북한의 시도는 장성택 사건으로 인해 부정적인 영향을 받았다. 김정일의 여동생 남편(장성택 - 역자 주)은 이전에 매우 영향력이 있는 것으로 보였고, 흔히 북한 권력 서열의 제2인자로 거론되었다. 무엇보다도 중요한 것은, 그는 중국과 밀접한 관계를 맺고 있었으며 중국과의 경제협력 확대를 주창했다. 2013년 12월 그의 체포와 뒤이은 당 신문(『노동신문』 - 역자 주)의 강렬한 비난, 공개 재판, 그리고 처형은 양자 간 분위기를 크게 악화시켰다. 북한과 중국 간 관계가 다시 돈독해지기 위해선 2018년까지 다소 시간이 걸렸다. 아마도 장성택의 몰락이 국내 정치에 미친 파장을 반영하듯, 당 관료들은 "우리 제도를 좀먹는 이색적인 사상과 퇴폐적인 풍조를 쓸어버리기 위한 투쟁을 강도 높이 벌일 것"을 요구받았다.

2014년 신년사의 가장 주목할만한 특징 중 하나는 핵프로그램에 대한 반복적인 언급이었다. 김정은 치하의 첫 핵실험이 2013년 2월에 일어났으며 이에 따라 유엔과 미국의 강화된 제재가 이어졌다. 중국과의 불편한 양자관계와 결합하여 이는 김정은의 경제발전 목표에 중대한 장애가 되었다. 신년사에서 김정은이 국내경제와 건설 프로젝트를 아주 자세하게 언급한 것은 그가 외부 경제 투입을 국내 수요와 국내 시장에 초점을 강화하는 케인스식으로 대체하려는 의도를 보여준다. 김정은은 또한 그의 신년사에서 처음으로 에너지 절약의 필요성을 강조한 것처럼 국제제재의 영향을 분명히 알고 있었다.

2015년: 기념일의 해

2015년은 두 개의 주요 기념일이 있는 해였다. 1945년에 나라가 해방되고, 같은 해 해방 후 상황에서 조선노동당의 원조 조직(조선공산당 북조선분국 – 역자 주)이 창립되었다. 신년사(KCNA 2015a)에서 김정은은 당의 '어머니' 본성을 강조하고, 당료들에게 "권력 남용과 관료주의를 없애고" 인민들이 "어머니를 믿는 것처럼" 당을 반드시 믿게 하라고 요구했다. 돌이켜 생각해 보면, 이것은 1980년 이후 처음 개최하는 제7차 당대회의 서막이었다.

경제정책에서, 김정은은 제재의 영향과 국내 자원과 기술에 더 의존할 필요성을 언급하면서 현대 과학기술에 '확고한 우선순위'를 두겠다고 선언했다. 북한의 주체정책 맥락에서 표준적 접근법인 '자립경제'를 이상적인 경제라고 말했다. '전기 부족'과 '불리한 자연조건' 같은 경제적 어려움에 대한 언급에도 불구하고, 김정은은 농업과 경공업 부문에서의 기본적 요구 달성은 덜 강조하고, 인민들의 식생활과 소비재 이용의 질적 향상에 대한 요구는 더 강조했다. 이는 [김정은이] 경제적 성과에 기반한 정치적 정통성은 끊임없고 가시적인 진전을 요구한다는 것을 이해했을 뿐만 아니라 소비자 지향의 경제성장에 초점을 둘 필요성을 의식했다는 것을 보여주었다.

신년사에는 '패배주의, 보신주의, 요령주의'를 없애자는 요구와 함께 현대화의 달성과 과거 관행에서의 결점 극복을 향한 여러 호소가 포함됐다. 동시에 새로운 용어 '조선속도'를 포함해 이미 익숙한 구식의 대중동원을 통한 경제관리 관행도 담겼다. 최고지도자가 된 지 3년 후, 김정은은 따라서 현대화주의자와 전통주의자의 혼합 이미지를 보여주었다. 그러나 '사회주의 기업책임 관리제'를 확대하기 위해 2014년 5월 새 경제정책이 발표되었다는 것에 특히 주의해야 한다. 그의 연설문 사이사이에 김정은은 이 새로운 접근법을 넌지시 언급하였으나 급진적 개혁의 인상이나 중국식 사회주의 시장경제의 도입을 피하려고 다시 조심했다.

2016년: 당 대회를 위한 준비

김정은이 2016년 신년 연설을 했을 때, 제7차 당 대회가 그해 말에 개최될 것이라고 이미 발표되었다 (KCNA 2015b). 이 행사는 아래에서 더 자세하게 논의될 것이다. 그러나 제7차 당 대회는 2010년 9월 제3차 당 대표자회 소집에서 시작된 과정을 마감했다는 점에 유의할 필요가 있다. 그 당 대표자회는 [1966년 제2차 회의 이후] 44년 만에 개최되었으며, 여기에서 김정은은 대중에게 소개되고 그의 첫 공식 칭호(군 대장 – 역자 주)와 직위(당 중앙군사위원회 부위원장과 당 중앙위원 – 역자 주)를 받았다. 1990년대 초 이래 활동이 감축된 다소 비정상적인 상태에 있었던 조선노동당은 2016년까지 점진적으로 북한의 지배정당으로서 전통적인 무소불위의 지위로 회복되었다.

2016년 신년사는 곧 있을 당 대회의 영향을 강하게 받았으며, 따라서 당의 각계각층에 특별히 중요한 역할을 부여했다 (KCNA 2016). 그렇지만 김정은이 군에 대한 당의 최고권위에 의심의 여지를 남기지 않아야 할 필요가 있다고 생각한 것은 주목할 만하다. 즉 그는 "인민군은 당의 유일적 영군체계가 확고히 선 혁명적 당군으로 더욱 강화 발전해야 한다"라고 말했다. 이는 2003년에 선군정치를 "노동계급보다 군을 우선시하는 [군사선행의 정치]"라고 설명한 김정일의 말과 대조가 된다 (KCNA 2003). 또한, 이전의 연설들과 비교해 주목할 만한 것은 청년의 역할에 대한 반복적인 강조였다. 혁명적 이상과 젊은 나이 그 자체를 연관시키는 것은 사회주의체제에서 흔한 일이지만 김정은이 청년세대를 강조한 것은 우려할 만한 사상적 타락의 징후로 해석될 수 있다.

경제정책의 관점에서, 우리는 기존의 중앙통제와 대중동원의 방법과 새롭고 분권화된 시장 기반의 접근법을 결합한 복합 접근을 지속한 것에 주목한다. 이전과 같이 품질의 향상이 김정은의 호소 중심에 있었다. 경제 부문 중에서는 건설 부문이 '국력과 문명의 높이를 직관적으로 보여주는 척도'라며 특별히 관심을 받았다. 국제제재에 대응하여 '자강'이 다시 강조되었는데, 이번에는 널리 적용되는 수입대체 전략의 의미에서뿐 아니라 다음과 같은 경고를 동반했다.

사대와 외세의존은 망국의 길이며 자강의 길만이 우리 조국, 우리 민족의 존엄을 살리고 혁명과 건설의 활로를 열어나가는 길입니다.

그래서 김정은 치하에서 2019년 현재 28개의 경제특구·개발구 중 24개가 설치되었다는 사실(Clément 2018)에도 불구하고 그의 신년사에는 대외무역이나 경제특구(Special Economic Zone)에 대한 언급이 없었다. 이는 김정은의 국내경제에 대한 강조가 대체로 지경학적 상황에 기인했음을 시사한다.

2017년: 특이한 겸손

2017년 신년사(RS 2017)의 가장 두드러진 특징은 마지막 부분의 극적이고 감정적인 개인적 호소였다. 김정은은 시청자들에게 직접 연설하기 위해 처음으로 인칭대명사 '나'를 사용했으며, 심지어 "인민을 어떻게 하면 더 높이 떠받들 수 있겠는가 하는 근심"과 어떻게 "능력이 따라서지 못하는 안타까움과 자책 속에 지난 한 해를 보냈는가"를 말하기까지 했다. 이와 같은 과장된 겸손은 한국 또는 동아시아 정치에서는 드문 일이

아니지만, 북한 지도자가 그러한 식으로 인민의 공감과 지지를 구하는
것은 매우 드문 일이다. 요구 목록으로 끝냈던 이전의 신년사와는 달리
2017년 신년사에서 김정은은 자신에게 말을 돌려 다음과 같이 감정적으
로 약속했다. 나는 "맑고 깨끗한 마음으로 우리 인민을 충직하게 받들어
나가는 인민의 참된 충복, 충실한 심부름꾼이 될 것을 새해의 이 아침에
엄숙히 맹약하는 바입니다." 김정은이 현재 자신이 그러한 '존재'가 아니
라 그러한 사람이 '되겠다'라고 말한 것에 주목할 필요가 있다. 추가 증거
가 없는 사건 간의 인과관계를 설정하는 것은 문제가 있지만, 그럼에도
불구하고 2016년 8월 런던 주재 북한대사관 부대표 태영호의 한국 망명
은 평양의 권력집단에 큰 충격을 안겨주었다.

경제와 관련해서 김정은은 2016년에 각각 70일과 200일 동안 지속
한 두 차례의 연속된 노력 동원 운동의 성공을 보고했다. 그 이후 유사한
운동은 없었으며, 이는 그 운동이 제7차 당 대회와 직접 연관이 있었고
1950년대의 경제발전 전략으로 돌아가지 않는다는 것을 보여준다. 북한
의 원유 수입에 대한 국제제재가 강화된 상황에서 김정은이 이른바 '탄
소하나(C1) 화학공업' ― 원유 이외의 다른 자원에서 연료와 화학물질을
추출하는 공정 ― 을 자세히 언급한 것은 흥미로웠다.

김정은은 또한 탈냉전의 사회주의 계획 메커니즘 붕괴 이후 '정상 상
태'를 확립하기 위한 노력을 계속했다. 1990년대 초 제3차 7개년 계획
종료 이후 처음으로 국가경제발전 5개년 전략으로 불리는 또 하나의 장
기 발전계획이 2016년 5월에 발표됐다. 많은 자세한 내용은 제공되지 않
았지만, 김정은은 신년사에서 이 계획을 언급하고 자력갱생, 자력자강
같은 전통적 구호 아래 수행할 것을 선언했다.

2018년: 외교적 폭풍 앞의 고요

김정은의 2018년 신년사(RS 2018a) 중 가장 널리 인용되는 언명은 미국 본토가 열핵탄두를 장착한 그의 미사일 타격 사정권 안에 있으며 '핵 발사 단추'가 그의 사무실 책상 위에 항상 놓여 있다는 발언이었다. 미국의 도널드 트럼프 대통령은 나중에 "나 역시 핵 단추를 가지고 있다. 그러나 내 것은 그의 것보다 훨씬 더 크고 강력하며, 내 단추는 작동한다!"라고 선언함으로써 김정은의 발언에 대해 어쩔 수 없이 대응했던 것으로 유명하다 (Trump 2018).

김정은은 2017년 말 격화된 언쟁, 핵과 미사일 실험, 그리고 군사 훈련에 따른 북한에 대한 강화된 제재의 영향을 인정했다. 그는 '유례없는 엄혹한 도전'과 '생존을 위협하는 제재와 봉쇄의 어려운 생활'에 관해 언급했다. 북한경제는 핵무기와 미사일 개발 프로그램과 연관된 부문에만 초점을 두기보다는 이제는 공개적으로 북한의 모든 경제 활동을 대상으로 하는 철저한 제약으로 인해 크게 고통을 받고 있는 것 같다. 중국의 국제제재 참여 확대는 특히 북한에 고통스러운 것이었다. 아래에서 보는 바와 같이 북한은 수출이 줄어들었고 따라서 어느 때보다 외화를 더 적게 벌었다. 수출금지 품목에는 석탄, 해산물과 섬유 같은 주요 생산품이 포함되었다. 북한은 특히 국내 생산이 없는 중요 자원인 원유의 수입 또한 줄었다.

김정은의 대응 전략은 자력갱생을 새로이 강조하고 또한 경제관리의 분권화로의 신중한 전환을 지속하는 것이었다. 특히 신년사에서 그가 강조한 구체적인 경제 프로젝트 중에는 동해안의 거대한 새로운 휴양지(원산갈마해안관광지구 – 역자 주) 건설이 있었다. 그 휴양지는 상당한 수의 외국 관광객이 올 것으로 기대할 수 있을 때만 경제적으로 의미가 있을 수 있다. 나중에 드러난 것처럼, 북한은 2018년에 미국뿐만 아니라 상당히 많은 유료 방문객을 제공할 능력이 있는 중국과 한국에 손을 뻗었다.

2019년: 경제를 위하여

2019년 신년사(RS 2019)는 다사다난했던 한 해 후에 나왔다. 2011년 12월 집권한 후 2018년 3월까지 김정은은 한 차례의 공식 해외 방문도 없었으며 한 차례의 정상회담도 갖지 않았다. 그러나 2018년에는 단 6개월 안에 중국과 한국의 최고지도자를 각각 세 차례 만났으며 미국의 최고지도자를 한 차례 만났다. 2018년 6월의 싱가포르 정상회담은 북한의 최고지도자와 미국의 현직 대통령 간 사상 최초의 만남이었다. 그 과정은 김정은이 2018년 신년사에서 한 제안에 대응한 한국의 문재인 대통령에 의해 촉진되었다. 김정은은 2018년 신년사에서 "우리는 [올림픽 경기대회에] 대표단 파견을 포함하여 필요한 조치를 취할 용의가 있다."라고 말했다 (RS 2018a).

특히 2018년 김정은이 가진 일련의 정상회담 중 첫 번째는 중국의 시진핑과 가진 회담이었다. 이 회담은 북한의 핵실험과 미사일 실험 때마다 지속해서 냉각됐던 북한과 이웃 강대국 중국의 관계를 회복시켰으며, 여기에는 정치적 및 경제적 차원을 포함한다. 전략적으로, 중국은 자국의 동부 측면을 확보하고 글로벌 차원의 주요 적대국 미국을 자국의 국경으로부터 가능한 한 멀리 밀어내는 데 오랜 전략적 이해관계를 가지고 있다. 한편, 경제의 측면에서 중국은 북한의 가장 중요한 무역 상대국이다. 이러한 이해관계에 기반한 두 정부 간의 긴밀한 협조는 따라서 놀라운 일이 아니다.

2018년에 일곱 차례의 정상회담을 할 수 있었고 중국으로부터 강력한 정치적·경제적 지원을 보장받은 것에 토대를 둔 김정은의 자신감 증대는 여러모로 2019년 신년사에 반영되었다. 김정은은 정상회담들을 북한의 국제적 위신을 높이는 중요한 동력으로 보았으며 그 회담들이 북한 창건 70주년에 열렸음에 주목하였다. 한편, 2018년 북한의 가장 중요한 이데올로기적 결정, 즉 '경제건설에 총력을 집중할 데 대한 새로운 전략적 노선'의 선언이 또한 김정은의 신년사에서 두드러지게 언급되었다. 이 노선은 2013년에 선군정치 노선을 대체했던 경제건설과 핵무력 건설을 동시에 발전시키는 병진 노선을 사실상 종료시켰다. 그러나 경제에 전념하는 이 노선을 시행하는 주된 방법은 적어도 신년사의 언어로 판단하면 비교적 상투적이었다. '자립경제', '우리 자체의 힘과 자원' 또는 '자력갱생' 같은 용어들이 여러 차례 반복되었다. 그리고 '근로자들의 자각적 열의와 창조력'이 우호적으로 언급되었지만, '통일적 지도' 같은 관리방법과 5개년 발전 전략이 설정한 목표 달성 호소에서 국가의 책임과 통제가 강조되었다. 그럼에도 불구하고, 신년사의 행간에서 경제적 의사결정의 추가적인 분권화에 대한 어떤 경향을 감지할 수 있었다. 예를 들면, '도, 시, 군들'이 '자기 지방의 다양한 에너지자원을 효과적으로 개발 이용할 것'을 요청하거나 '농사의 주인인 농장원들의 의사와 이익을 존중할 것'을 요구하는 것 등이다. 김정은에 의해 또한 언급된 '사회주의분배원칙'은 모든 사람에게 그의 실제 기여에 따라 대가를 지급하는 것을 말한다. 이는 원칙적으로 시장경제에서의 분배와 그렇게 크게 다르지 않지만, 공산주의 필요에 따른 분배원칙과는 거리가 멀다.

대외 및 남북관계 문제에서 사실을 자신의 관점에서 해석하는 전형적인 북한 방식의 태도를 보였고, 실질적인 남북대화의 재개에도 김정은은 절실히 필요한 남한과의 경제협력을 요청하지 않았다. 그 대신에 그는 제안된 것을 너그럽게 받아들였다. 그는 북측이 "남측 기업인들의 어려운 사정과 … 남녘 동포들의 소망을 헤아려 아무런 전제조건이나 대가 없이 개성공업지구와 금강산관광을 재개할 용의"가 있다고 선언했다. 또한, 그의 발언 중에는 양자관계의 정상화를 향한 모든 노력과 비핵화 대화를 끝내고 그 대신 중국에 기울 것이라며 미국에 대한 위협으로 해석될 수 있는 내용이 있었다. 즉 "우리로서도 어쩔 수 없이 부득불 나라의 자주권과 국가의 최고이익을 수호하고 조선[한]반도의 평화와 안정을 이룩하기 위한 새로운 길을 모색하지 않을 수 없게 될 수도 있다."라는 것이다. 이러한 주장은 중국이 어느 시점에서 제재 이행의 준수를 기꺼이 중단하고 따라서 공개적으로 미국에 도전할 때만 현실성이 있을 것이지만, 평양의 전략가들은 바로 그것, 즉 그들이 1990년대 이전의 행동 패턴으로 돌아갈 수 있게 해줄 냉전 2.0(신냉전 – 역자 주)을 기대할 가능성이 있다.

신년사 요약

2011년 김정은이 정권을 장악한 이후 신년사들은 단기와 장기의 정치적 우선순위에 대한 통찰력을 제공하며, 중요한 이데올로기적, 경제적 발전을 시사해준다. 우리는 김정은이 그의 아버지보다 훨씬 더 공개적으로 나타나고, 이데올로기 면에서 자신의 정통성을 확보하기 위해 두 전임자를 하나의 실체로 합치려고 노력하며, 경제적 측면에서 인민의 생활을 현저하게 개선하겠다는 약속에서 그가 채택한 새로운 리더십 스타일에 주목한다. 국가권력의 주요 기구로서 조선노동당의 기능 정상화는 주목할 만하며, 비록 공식적으로는 그렇게 다루어지지는 않았지만 사실상 아버지의 정책으로부터 이탈한 것이다.

 세월이 흐르면서 김정은의 관심은 자신의 권력을 확보하는 것에서 나라의 국내 및 대외정책 의제를 적극적으로 형성하는 것으로 옮겨 갔다. 여기에는 북한 핵무기 프로그램을 지속하는 것뿐 아니라 선군정치를 종료하고 경제에 명시적이고 배타적인 우선순위를 설정한 것이 포함된다. 김정은 치하에서 기존 시스템의 질적인 변화를 목표로 한 개혁은 시작되

지 않았으나, 1990년대 중반의 기근 이후 발생한 시장화를 되돌리지도
않았다. 그는 농민의 자영지(매우 작은 규모의 농지인 뙈기밭 − 역자 주)
확대, 협동농장의 분조(말단 작업 단위 − 역자 주) 규모 축소, 중국과 베
트남의 '이중 계획'을 연상시키는 기업의 새로운 경제관리체계(사회주의
기업책임관리제 − 역자 주) 등 다수의 중요한 양적 변화를 시작했다.

    더 나아가 우리는 구식의 보수적인 사회주의 미사여구와 때때로 당료
들에 대한 혹독하고 공개적인 비판으로 보완된 새로운 사상이 병존하고
[김정은이] 북한사회의 약점과 결함을 놀라울 정도로 솔직하게 인정한 점
에 주목한다. 핵무기 능력의 향상, 북한의 핵보유국 선언, 그리고 특히 트
럼프 대통령 행정부 출범 이후 중국의 전략적 지원 제공 의지의 증가에
비추어 볼 때, 김정은은 세월이 흐르면서 점점 자신감을 보여주고 있다.

레짐의 경제적 자기 인식:
최고인민회의 회기와 예산보고서

김정은의 신년사 분석으로 도출한 통찰력을 보완하기 위해서는 북한의
또 다른 정기 행사를 검토하는 것이 유용하다. 북한의 의회인 최고인민
회의는 내각 총리와 재무상 같은 국가 최고 대표들의 국가 경제와 국가
예산에 관한 연설이 있다. 특히 국가 예산 연설은 정기적으로 경제에 대
한 양적 정보가 제공되는 드문 기회다.[1]

경제정책의 주요 발전

김정은의 신년사와 마찬가지로, '인민의 생활수준 향상'은 모든 최고인
민회의 회기에서 두드러지게 등장했다. 그러나 세부 사항은 달랐으며 농

업과 경공업에 대한 강조에서부터 교육의 진흥, 2017년 내각 총리가 말한 '심각한 전력 부족'의 극복 (Pak 2017), 그리고 더 다양한 식단의 공급에 이르기까지 여러 가지였다.

전략적 측면에서, 대외무역, 합작 투자, 경제발전 및 무역지대에 대한 강조를 포함해 광범위한 문제들을 알 수 있다. 2017년 보고에 나타난 세입증가율의 감소(약 5퍼센트에서 2017년에는 1.4퍼센트에 불과)는 김정은 집권 이후 상당히 강화된 경제제재의 영향을 보여주는 드문 준공식적인 양적 지표이다. 수입 원유를 국내에서 구할 수 있는 다른 자원으로 대체하려는 시도인 이른바 탄소하나 화학공업도 2016년 이래 주요 항목이었다.

2017년 최고인민회의 회기는 김정은이 2016년 5월 제7차 당 대회에서 발표한 5개년 발전계획 (ibid.)의 업적에 대한 내각 총리의 보고를 처음으로 포함했다. 관광산업이 2018년 전략 부문으로서 직·간접적으로 강조되었는데, 아마도 중국과의 양자관계가 상당히 개선되었기 때문이었을 것이다 (Pak 2018). 다양한 출처에서 나온 여행자 수가 반드시 일치하지는 않고 단둥 경유 신의주 일일 방문객과 북한 일주일 여행자를 합한 것으로 보이지만 그 결과가 빠르게 나왔다. 2019년 5월 한국의 언론매체는 2012년에 23만 7,000명이었던 북한 방문 중국 여행자 수가 2018년에는 놀랄 정도로 늘어나 120만 명에 달했다고 보도했다. 다만 믿을 수 있는 데이터가 없는 상태에서 많은 분석가는 그 수치의 정확성을 의심하고 있다.

2018년에 국가 수입의 원천으로서 관광산업이 성장한 것처럼 보이지만 '지방 부문' 즉 도와 시, 군에서 나올 예산 수입의 예상 비중은 2011년 16.1퍼센트에서 2017년 26.7퍼센트로 크게 성장한 이후 처음으로 줄었다 (Ki 2017). 그러한 수치는 중앙에서 통제하지 않는 경제 부문은 예전처럼 역동적이지 않았다는 것을 의미한다. 그것이 제재의 결과였든 정책의 전환이었든 간에 체계적 변화의 가능성이 큰 추세는 중단되었다. 그 결과, 2019년 최고인민회의 보고서에 다시 등장한 핵심적 이데올로기 용어는 자력갱생이었다 (Kim 2019).

김정은 치하에서 경제 관련 최고인민회의 연설과 국가 예산보고의 또 다른 주목할 만한 요소는 스포츠 관련 시설과 프로그램에 대규모 투자를 함으로써 스포츠를 전략적 분야로 끌어올린 것이다. 이전에 스포츠에 매우 높은 우선순위를 부여하지 않은 점에서 북한은 수십 년 동안 동독이나 소련 같은 국가사회주의 나라 중 다소 이례적이었다. 그 두 나라는 국제 스포츠 행사에 성공적으로 참여해서 얻을 수 있는 소프트파워와 국제적 인정을 광범위하게 이용하려 했다. 최고인민회의 연설들에서는 '청년'에 대한 언급이 두드러지게 나타났는데 아마도 이와 관련이 있을 것이다. 즉 한국 드라마, 중국 합작 기업, 시장과 소비주의의 지속 존재, 그리고 신 중산계급과 나머지 주민 간 눈에 띄게 벌어지는 격차를 경험하며 성장한 (청년)세대의 충성심 확보를 목표로 한 북한정부의 노력을 보여주고 있다.

국내총생산 성장의 대리 지표로서 국가 예산의 증가

북한경제는 사실상 국가 소유이다. 이것은 집단화가 모든 사적 소유 그 자체를 없애지 않았으나 농민들이 경작지를 '자발적으로' 합쳐 집단으로 경작하도록 강요했다는 사실에도 불구하고 농업에도 해당한다. 400개 이상의 시장에서 이루어지는 식량과 다른 소비재의 활발한 거래 (Cha and Collins 2018), 물류의 확대, 주거권 (국가주택이용허가증 – 역자 주) 거래 회색시장 등 성장하는 준 민간경제[사경제] 또한 공급 체인을 통해 국가와 밀접하게 연계되어 있다. 특히, 도매, 수입·수출과 건설업 같은 대규모의 소위 '사적' 경제 활동은 보통 기업의 새로운 경제관리체계**의 틀 속에서 국가 행위자에 의해 이루어지고 있다.

국가 예산은 준 민간 부문이나 군부에 의해 운영되는 경제 부문인 소위 '제2경제'를 포함하지 않는다 (Minnich 2008, p. 270). 따라서 우리가 그 명목상 규모를 알더라도 절대적 관점에서 국가 예산은 북한경제의 실질 규모에 대한 매우 정확한 지침을 제공하지 않는다. 그러나 위에서 언급된 바와 같이 여러 부문의 밀접한 상호 관련성으로 볼 때, 국가 예산은 북한경제 수행에서의 변화를 알 수 있는 유용한 대리 지표라고 보는 것이 타당하다. 만약 국가 예산이 증가하면 경제도 성장하고 그 역도 마찬가지이다.

이전 회계연도의 예산보고서에 제공된 주요 거시경제 지표들은 세입과 세출의 항목들이다. 세출은 국가가 의도적인 적자 지출을 했는지, 또는 균형 예산의 인상을 심어주려 했는지를 보여주지만 경제성장을 추정하는 목적에는 덜 유용하다. 그러나 핵심 용어는 세입이다. 절대 수치는 제공되지 않지만 매년 상대적인 변화가 보고된다. 따라서 예산보고의 전형적인 설명은 예를 들면, "지난해 국가 예산 수입 계획은 전년도보다 4.6퍼센트 증가한 101.4퍼센트로 성공적으로 달성됐다"(Ki 2019)와 같다. 이 수치를 국내총생산 성장의 대리 지표로 간주하면, 아래와 같이 연례성장률 곡선을 그릴 수 있다.

도표 4.1은 잠재적으로 흥미로운 몇 가지 진전을 암시한다. 우선, 그것은 직선이 아니다. 이는 이 데이터가 단지 북한의 선전이라는 가능한 주장을 약화한다. 북한의 선전임을 배제할 수는 없지만 그런 경우에는 2008~2012년 기간처럼 더 일정한 성장률을 예상할 것이다. 그러나 성장률 곡선은 몇 개의 하락, 특히 2005~2006년과 2012~2013년에 비교적 큰 폭으로 하락한 것을 보여준다. 더욱이, 김정은 시대 이래 비교적

....

** 　역자 주) 2019년 4월 11일 개최한 최고인민회의 제14기 1차 회의에서 개정한 사회주의헌법 제33조에 규정된 '사회주의기업책임관리제'를 의미.

도표 4.1 국가 예산 수입의 연 성장률, 2005~2018년 (%)

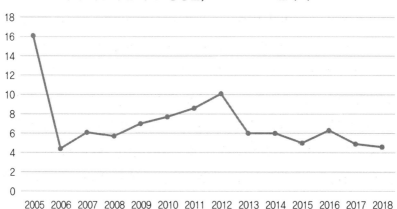

출처: 『노동신문』과 『조선중앙통신』, 필자 자료수집.

완만한 성장률(6퍼센트)을 보여주고 있다. 이러한 현상은 경제적 쇠퇴의
징조로 해석될 수 있거나 아니면 새 지도자 아래서 보다 경제적 현실주
의를 취하고 있는 것으로 볼 수 있다. 마지막으로, 2016년 이래 감소하
고 있는 성장률은 특히 2017년 이후 강화된 경제제재와 북한의 경제성
장 간에 인과관계는 아니더라도 적어도 상관관계가 있음을 의미한다. 최
고인민회의 보고에 근거한 이런 성장률은 한국은행이 발표한 북한의 국
내총생산 성장률에 대한 더 비관적인 추정치와 극명하게 대조를 이룬다.

  그러한 데이터에서의 문제는 그것들을 증명할 방법이 거의 없다는 것
이다. 어떤 경제에서도 국내총생산 데이터는 세무 기록, 국영기업의 대
차대조표, 세관 신고 등 통상적으로 국가만이 접근할 수 있는 정보에 근
거하여 모은다. 북한의 경우, 세관 신고를 제외한 어느 것도 이용할 수
없다. 세관 신고와 관련, 이 데이터는 소위 역 통계를 통해 접근할 수 있
다. 다시 말해서, 북한의 무역 상대방이 자국에 북한과의 수입과 수출에
대해 신고한다. 그러나 2018년 북한 무역의 95퍼센트 이상이 중국과 이
루어진 것이다 (KOTRA 2019, p. 44). 그런데 중국은 한반도에 강력한

전략적 이해관계가 있으며, 따라서 중국인이 신고한 무역액의 정확성에 관해 심각한 의문이 존재한다. 이것은 북한의 경제성장에 관한 한국은행의 추정치에 어느 정도 의문을 제기한다. 왜냐하면, 한국은행 추정치는 상술한 수치들, 그리고 도표 4.2가 보여주듯이 특히 수출액과 강한 상관관계가 있는 것 같기 때문이다.

국가 예산보고도 어떤 다른 이용 가능한 공식 기록도 북한의 국내총생산이 어느 정도로 투입과 대외무역 수입에 의존하고 있는지 말해주지 않는다. 자립과 자급자족경제라는 공식적인 설명은 현실을 제대로 묘사하기보다는 이상에 가까운 것이지만, 북한은 실제 예를 들어 원유가 주요 수출상품인 이란보다 대외무역에 덜 의존하고 있다. 2018년 10월 매우 드문 준 공식적 발표에서 한 북한경제학자는 일본 매체와의 인터뷰를 통해 북한의 국내총생산이 2016년 296억 달러에서 2017년 307억 달러로 증가했다고 말했는데, 이는 3.7퍼센트의 성장률을 보인 것이다 (Talmadge 2018). 그러한 발표는 걸러서 들어야 할 필요가 있지만, 이와 같은 성장률은 국가 예산 데이터에 근거한 국내총생산 성장률과 더

도표 4.2 북한의 수출, 2005~2018년 (단위: 억 달러)

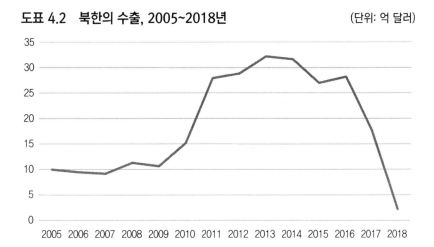

출처: 대한무역투자진흥공사(KOTRA).

가깝게 일치하며 한국은행의 추정치와는 극명한 대조를 이룬다.

그러나 도표 4.1은 성장률과 예상치가 두 자리 숫자에 달했던 2002~2005년 개혁 기간의 낙관적 상황과 또 김정일 집권 마지막 시기에 보고된 성장률과 예상치와 비교하면 김정은 치하에서 그 비율들은 비교적 평범했음을 보여주고 있다. 특히 2018년 이후 김정은이 어느 시점에는 실제의 공식 성장률에 반영돼야 하는 그의 약속, 즉 경제 집중과 인민생활 향상의 약속을 반복했음을 고려할 때, '새로운 평범한 성장'이 얼마나 오래 지속할 것인가는 두고 봐야 한다.

더 나아가 데이터는 2008년 이래 북한 국가가 수입보다 더 많은 돈을 쓸 계획이었다는 것을 시사한다. 그러나 계획된 세입증가율과 계획된 세출 증가율 간 격차는 계속 줄어들었으며 2019년에 1.6퍼센트에 달했다 (2018년 2.1퍼센트). 이는 재정 규율을 강화하는 신호로 해석될 수 있다. 일반적으로, 실제 또는 '달성한' 세입액의 수치는 대개 계획된 수치보다 높으므로 세입보다 더 높은 세출 증가율은 의도적인 적자 지출을 보여주는 것이 아니다. 이것은 사회주의의 전형적인 '계획의 초과달성'을 의미하며 또한 적어도 공식 수치에 따르면 더 균형 잡힌 예산과 때로는 약간의 흑자로 이어진다. 재정 건전성에 관한 점을 더 설명하기 위해서, 도표 4.3은 김정은 집권 시기 내내 달성한 세입의 누적액이 변함없이 누적 세출 성장보다 높았음을 보여주고 있다. 그러나 2013년 이래 누적 세출 곡선이 계획된 세입 곡선을 넘어섰다. 이는 계획이 초과 달성될 것이라는 기대가 내재했음을 나타내는데, 그 기대는 의도적으로 낮은 목표를 세웠거나 아니면 장래 목표에 모험을 걸었음을 시사하고 있다.

정기 최고인민회의 회기 중의 연례 경제보고와 예산보고가 김정일 치하의 북한정치경제에 관해 말해주는 것을 요약하면, 인민 생활수준 향상이나 전략목표와 발전과 같이 김정은 연설의 중요한 측면은 자주 최고인민회의 보고에 더 자세하게 다루어지고 있다. 최고인민회의 보고는 또한

도표 4.3   북한의 국가예산 누적 증가율, 2004~2019년

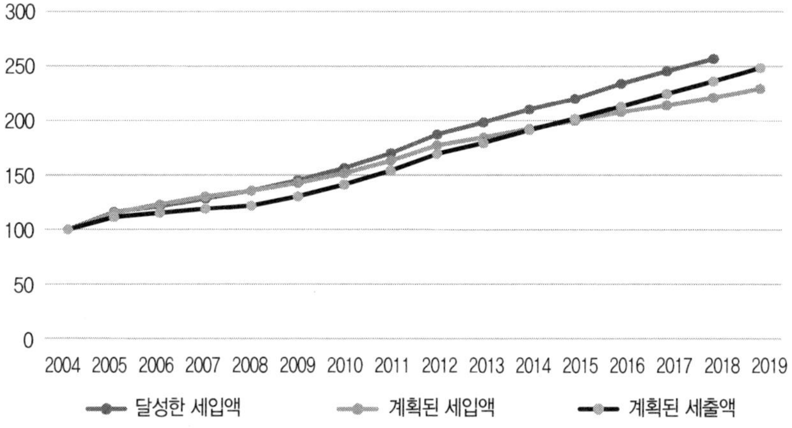

출처: 『노동신문』과 『조선중앙통신』, 필자 자료수집.
비고: 기준연도 2004 = 100.

거시경제문제와 국가가 통제하는 북한경제 부문의 민간 영역 내부 작동
방식에 관한 양적 정보를 제공해 준다. 정기적인 공식 국내총생산 통계
대신에 다양한 국가 예산 증가율을 사용하면 흥미로운 결과를 생산한다.
특히 한국의 분석가들이 생산하는 데이터보다 더 낙관적인 그림을 보여
준다. 대외무역액 수치의 신뢰성과 관련성에 관해 여러 가지 미해결 문
제와 의문이 남아있으나, 그렇다 하더라도 부분적으로는 그 정기적 성격
때문에 신년사와 최고인민회의 보고는 북한경제에 관한 우리의 이해를
상당히 개선해주며 기타 수시 행사와 간행물을 검토하는데 기반을 마련
해준다. 그러한 문서 하나가 아래에서 논의될 것이다.

북한사회의 철저 분석: 김정은의 제7차 당 대회 보고

2016년: 36년 만의 첫 번째 당 대회

공산당이 권력을 독점한 국가사회주의체제에서는 정기적인 당 대회가 표준 절차이다 (Kornai 1992). 그러한 행사는 보통 5년마다 열린다. 북한은 그 규칙을 엄격하게 따르지는 않았으나, 그런데도 36년간의 휴지기에 들어가기 전 1946~1980년 기간 중 6차례의 당 대회를 개최했다. 1980년에 중국에서는 덩샤오핑(鄧小平)의 개혁이 초기 단계에 있었으며, 고르바초프(Mikhail Gorbachev)는 소련의 지도자가 되기 5년 전으로 그에 앞서 3명의 전임자가 있었고, 한국은 광주항쟁을 막 유혈 진압한 군사 권위주의 국가였으며, 사회주의 진영은 여전히 매우 단단해 보였고 독일은 통일되기 10년 전이였다는 사실을 고려하는 것은 유용하다. 북한에서는 김일성이 14년** 더 최고지도자가 될 예정이었고, 김정일은 이제 막 준 공식적으로 그의 후계자로 지명되었다. 또 고난의 행군을 유발한 기근도, 핵무기 프로그램도, 미사일 프로그램도, 경제적 가치 창출도, 시장화도, 남북한정상회담도, 경제특구도, 심지어 합영법도 없었다. 김정은은 태어나지도 않았다.

북한 내외에서 일어나고 있던 엄청난 변화에도 불구하고 당 대회를 개최하지 않은 것은 아주 이례적인 일이었다. 그에 따라 정치국을 포함한 당의 지도적인 기구에 선거로 새 구성원을 보충할 수 없어서 구성원이 잇따라 사망하면 그 기구가 작동하지 않게 되는 매우 실제적인 결과가 많이 초래되었다. 따라서 2015년 10월 제7차 당 대회 개최 발표는 큰 기대를 낳았다 (Frank 2015). 2016년 5월 제7차 당 대회가 열렸을 때 모

** 역자 주) 1980년 10월 제6차 당 대회에서 국가주석으로 재추대되어 1994년 7월 사망할 때까지의 기간을 의미.

든 기대가 충족되지는 않았으나, 북한 경제발전의 이데올로기적 차원에서는 이정표로 볼 수 있다.

2016년 5월 8일의 김정은 보고(조선노동당 제7차 대회에서 한 중앙위원회 사업총화보고 – 역자 주)는 한글 원문 (Kim 2016)으로 약 1만 4,000 단어, 영어로 3만 단어가 넘는 것으로서 표준 학술 논문 또는 서적의 장 길이의 세 배였다.[2] 그의 연설 5개 장에 대한 자세한 분석은 프랑크의 논문 (Frank 2016)에서 볼 수 있다. 이 절에서는 정치경제와 이데올로기의 주제에 관해서 주요 사항에 대해서만 논의할 것이다.

중국과의 양자관계: 우호관계인가 정략결혼인가?

중국은 종종 북한의 유일한 동맹국이자 왜 제재가 효력이 없는가의 주원인으로 그려지고 있다. 특히 북한의 대외무역 대부분이 중국과의 무역이라는 사실은 베이징이 만약 그렇게 원한다면 평양을 자신이 원하는 정책에 따라서 행동하도록 강요할 수 있다는 주장의 기반을 이룬다. 이러한 배경에서 보면, 김정은의 이웃에 대한 짧지만 가혹한 구두 공격은 주목할 만하다. "우리 이웃에 불고 있는 부르주아 자유와 '개혁'과 '개방'의 더러운 바람에도 불구하고, 우리는 선군 총구의 정신이 날게 하고 우리가 선택한 사회주의의 길을 따라서 전진했다." 이러한 입장이 2016년 이후 상당히 변했다고 기대할 수 없으며, 따라서 2018년 이래 양자관계가 해빙되고 있다고 인용되는 증거는 신중하게 다루어야 한다.

반당, 부정부패, 세도와 관료주의와의 국내 투쟁

그러나 김정은은 그의 비판을 중국에 한정하지 않았다. 특히 그의 연설 제5장과 마지막 장에서 김정은은 정교하게 그리고 혹독한 용어로 국내적

병폐를 날카롭게 비판했다. 그의 연설에서 세도와 관료주의, 부정부패를 언급하는 용어들이 11차례 이상 나타났다. 비판의 어조와 범위를 느끼기 위해서 그의 연설을 상당히 자세하게 인용할 가치가 있다.

> 특히 당 일꾼들 속에서 나타나는 세도와 관료주의, 부정부패행위들을 빠짐없이 들춰내야 하며 당 일꾼의 모자를 쓰고 세도와 관료주의를 부리고 부정부패행위를 하는 자들에 대해서는 당적 규율을 엄하게 적용하여야 합니다. … 당 조직들과 당 일꾼들은 당 사업을 회의와 문서로 대치하는 사무실적사업방법과 일본새에 종지부를 찍고 현장정치사업, 사람들의 마음과의 사업으로 방향전환을 하여야 합니다. … 소방대식일본새를 없애고 … 제기될 수 있는 문제들을 사전에 요해하여 미리 대책을 세워야 합니다. 일군들은 오분열도식일본새를 없애고, 모든 사업을 끈기 있게 밀고 나가 끝장을 보아야 합니다 (여기에서는 김정은 총화 보고의 한글 원문 일부분을 인용함 – 역자 주).

연설의 어느 시점에서 김정은은 지도자들(김일성과 김정일 – 역자 주)에 대한 공개적 배신행위를 암시하기도 했다.

> 위대한 수령님들의 권위, 당의 권위를 훼손시키거나 그에 도전하는 자그마한 요소도 절대로 융화묵과하지 말고 비타협적인 투쟁을 벌이며 당과 수령에 대한 온갖 계급적 원수들의 공격과 비난을 철저히 짓부숴버려야 합니다 (여기에서는 김정은 총화 보고의 한글 원문 일부분을 인용함 – 역자 주).

보안 카메라가 설치된 김일성과 김정일의 동상 주변에 보안 조치가 강화된 것을 고려하면 지도자의 권위에 대하여 심각한 우려가 있는 것 같았다.

김정은 치하의 신정통주의 경제정책?

시장개혁의 확대를 기대했던 사람들에게 실망스러운 구절은 김정은이
전형적인 스타하노비테 운동**인 1958년 용어 '천리마'의 개량판인 새
용어 '만리마'를 언급한 것이었다.[3] 김정은은 노골적으로 인민들에게 '10
년의 과업을 단 1년 이내'에 완수할 것을 독려했다. 이것은 분권화되고,
개별적인 물적 인센티브가 거의 완전히 무시되었던 개혁 이전의 경제정
책으로 돌아가는 것이다.[4] 제7차 당 대회 직전의 70일 전투 생산 운동과
당 대회가 끝난 며칠 후 발표된 200일 전투 운동을[5] 결합해 보면 우리는
아주 신정통주의 접근법처럼 보이는 것과 마주치게 된다. 이른바 '대중
노선'을 적용한 이전의 예들로는 '평양 속도', '조선 속도', '단숨에' 등이
있었다. 그러나 김정은이 국가 경제의 균형적 발전을 반복해서 옹호했다
는 것도 주목해야 한다. 이 문제에 대한 북한 내부의 토론은 오락가락했
으며, 따라서 이것이 이 주제에 대한 마지막 말이 아닐 수도 있다.[6] 그렇
지만, 어떤 부문도, 심지어 중공업 부문도 만성적으로 침체한 경제를 위
한 만병통치약으로써 선정되지 않았다는 것이 주목할 만하다.

과학과 기술의 중시

북한이 과학과 기술에서 세계의 리더가 되고 있다는 김정은의 주장은 선
전 영역에 속한다. 그럼에도 불구하고, 북한 국가는 다수의 관련 투자를
하였다. 가장 널리 알려진 것 중에는 대동강의 섬에 세운 새로운 과학센
터와 '미래 과학자'를 위해 세우고 그 이름을 딴 평양의 새롭고 현대적인
주택 지구가 있다. 총화 보고에서 김정은은 "국가예산편성에서 과학기술

....

** 역자 주) 소련의 5개년 경제발전계획 중 1935년 시작된 노동자 생산성과 효율
　　성을 높이기 위한 대중동원 운동.

발전사업비의 몫을 체계적으로 늘여야 한다"라고 분명하게 강조했다. 미래 연구개발 노력에서의 핵심 기술 또는 군사적 용어를 사용하면 '주 타격 방향'으로서 김정은은 정보기술, 나노기술, 생물공학, 신재료, 대체에너지, 우주기술, 핵기술 등을 나열하고 이 분야에 힘을 집중할 것을 강조했다. 이러한 조치들이 갖는 실용적 의미는 과학기술이 '경제발전의 길을 열어야' 한다는 김정은의 요구에서 드러났다. 이와 관련해서 에너지 생산이 가장 중대한 분야로서 강조되었다. 이런저런 야심에 찬 목표 달성을 위하여 김정은은 과학기술 부문의 연구자 수를 당 대회가 끝난 후 '3배 이상' 늘일 것이라고 선언했다. 필요한 과학기술 인재를 육성하기 위하여 전국적으로 지방 과학기술센터(기관, 기업소, 공장, 협동농장들의 과학기술보급실 – 역자 주)들이 건설되고 평양의 새 중심기지인 과학기술센터(과학기술전당 – 역자 주)와 인트라넷으로 연결될 것이다.

이에 덧붙여, "과학 연구기관들과 대학들이 첨단기술 제품을 생산하여 연구개발 자금문제를 해결해나가야 한다"라고 한 김정은의 요구는 특기할 만하다. 이는 국가가 연구개발 자금을 충분히 지원할 수 없거나 꺼리기 때문에 관련 기관들이 자체적으로 자금을 마련하도록 요구한 것을 의미한다. 이는 첨단기술 스타트업 간의 경쟁으로 쉽게 이어질 수 있는데, 규모의 경제라는 이름으로 독점이 만연한 고전 사회주의경제에서는 꽤 특이한 일이다. 각기 다른 북한 기업들이 생산하는 각기 다른 브랜드의 휴대전화와 태블릿컴퓨터(아리랑, 삼지연, 평양, 울림)가 존재하는 현실은 그런 방향을 가리키고 있다.

계획된 경제발전: 이니셔티브, 창의성과 대외무역 의존의 감소

"우리나라가 정치군사 강국의 지위에 올라섰지만 경제 부문은 아직 응당한 높이에 이르지 못하고 있습니다"라고 냉정하게 말한 후 김정은은

2016년부터 2020년까지의 국가경제발전 5개년 전략을 발표했다. 이것
은 그의 총화 보고 중 또 다른 하이라이트이다. 그러한 경제계획 기간
은 1990년대 초까지 사회주의 국가로서 북한의 본질적인 특성이었다.[7]
2011년 초 어떤 장기 10년의 국가 경제발전전략계획을 막연하게 암시했
던 것 (KCNA 2011)을 제외하면, 약 25년 동안 어떤 정기 계획도 공표되
지 않았다. 따라서 북한은 여러 해 동안 정치국이 없는 사회주의 국가였
을 뿐 아니라 계획이 없는 중앙계획 국유경제였다.

국가경제발전 5개년 전략에 관해 제공된 내용은 상세하지 않았다. 그
러나 그것은 수십 년 전 중국과 베트남의 '이중 계획'과 유사한 전략을 암
시한 것으로 해석될 수 있는 것을 포함했다. 즉 기업이 국가가 정한 할당
량을 완수하면 곧 개별 생산을 할 수 있도록 허용하는 것이다. 김정은은
"지방들에서 자체의 힘으로 살림살이를 꾸려나가기 위한 작전을 주도 세
밀하게 하고 지방경제를 특색있게 발전시킬 것"을 요구했다. 그의 연설
후반부에서, 김정은은 기업체들이 경영권을 강화하고 생산을 정상화하
기 위해 기업활동을 주동적, 창발적으로 할 수 있도록 조건을 충분히 보
장해주라고 요구했다.

보기 드물게 중국에 대한 무역 의존의 국가적 불안을 공개적으로 인정
하면서 김정은은 '대외무역에서 일변도[일방적임]'를 개선해야 할 필요
성을 지적했다. 제재에도 불구하고, 그는 국제 경제교류에 큰 희망을 걸
었다. 즉 김정은은 "가공품 수출과 기술무역, 봉사무역의 비중을 높이는
방향에서 무역구조를 개선하여야 합니다. 합영, 합작을 … 조직하여 선
진기술을 받아들이고 나라의 경제를 발전시키는 데 이바지하도록 하여
야 합니다"라고 말했다. 관광산업이 더 자세한 설명 없이 대외경제관계
에서 전략 분야의 하나로 강조되었다.

결론: '선군정치'에서 '경제발전을 위하여'로

김정은이 권력의 자리에 올랐을 때, 북한은 여전히 공식적으로 선군정치 시대의 한가운데 있었다. 이렇게 군사에 경제적 우선순위를 두고 동시에 당의 관리역할이 축소된 것은 소련 붕괴 이후 어려운 시절에 대한 김정일의 대응이었다. 1990년경에 북한은 소련의 핵우산뿐만 아니라 국제정치적 지지와 원유, 기술 및 광범위한 생산재 수입에 대한 특혜적 접근도 상실했다. 북한은 1990년대 중반 큰 기근으로 나타난 그 충격을 간신히 견뎌냈다.

북한 레짐은 상실한 소련의 핵우산을 자체 핵무기 프로그램으로 대체하는 노력을 강화하고 제한적인 시장경제 요소를 받아들이는 것으로 대응했다. 이 전략은 작동했지만, 대가가 따랐다. 특히 9·11 테러사태 이후의 새로운 글로벌 환경에서 대량살상무기(WMD) 프로그램은 북한이 일본, 대만, 한국 및 중국이 성공적으로 적용한 동아시아 발전모델을 따를 수 없도록 막는 혹독한 경제제재를 초래했다. 위에서 논의된 바와 같이 완만한 경제성장률뿐만 아니라 수입 및 수출 제한에 대처하기 위한 경제정책은 이러한 상황에 대한 증거를 제공해준다. 지금까지 독특하게 경제적으로 평등한 사회에서 이제 신중산층에 대해 말할 수 있을 정도로 비록 제한적이긴 하지만 경제적 자유를 환영하는 북한사회의 부분이 증대했다. 그로 인한 이데올로기적 모순이 김정은의 연설에 반영되었다.

집권한 지 2년도 되지 않아 김정은은 2013년 선군정치의 종료를 선언하고 그것을 병진으로 알려진 경제와 핵무기의 병행발전 노선으로 대체했다. 이것은 정상 상태로의 복귀로 볼 수 있다. 왜냐하면, 군사와 경제를 동시에 발전시키려는 분명한 열망이 19세기 후반 이후 한국의 정치적 전략의 중추였기 때문이다. 사실 병진은 거의 새로운 것이 아니라 오히려 19세기 후반 일본의 근대화 구호 '부국강병(fukoku kyōhei)'을 강하게 연상시킨다. 이 개념은 조선 왕조 개혁주의 엘리트들에 의해 촉진되었으며 (Sin 2007), 약 한 세기 후 1960년대 박정희 치하에서 한국 근대화의 좌우명이 되었다. 이런 관점에서 볼 때, 북한이 창건 당시부터 군사에 특히 강한 초점을 둔 것을 부인할 수 없지만 '선군'은 김정은이 끝낸 변칙이었다.

그러나 단지 5년 후 2018년 4월 조선노동당 제3차 총회(중앙위원회 제7기 제3차 전원회의 — 역자 주) 보고에서 "경제건설과 핵무력 건설을 병진시킬 데 대한 전략적 노선이 내세운 역사적 과업들이 빛나게 수행되었다"라고 선언하면서 한 단계 더 나아갔다. 그는 "전당, 전국이 사회주의 경제건설에 총력을 집중하는 것이 조선노동당의 전략적 노선이다"라고 천명했다. 그리고 결정서 "혁명 발전의 새로운 높은 단계의 요구에 맞게 사회주의 경제건설에 총력을 집중할 데 대하여"가 채택됐다 (RS 2018b).

이러한 노선 변화의 근거는 주목할 만하다. 핵 및 대량살상무기 프로그램과 경제발전 간의 연관성을 인식하도록 하기 때문이다. 북한 측이 제시한 주장은 간단하다. 즉, 충분하게 강력하고 신뢰할 수 있는 핵 억제력을 확보했으므로 이제는 국가 안보를 걱정할 필요가 없으며, 따라서 인민의 복지를 증진하기 위해 모든 자원을 경제에 집중할 수 있다는 것이다.

이러한 태도가 얼마나 진정성이 있는지 그리고 그것이 다시 바뀔 것인지에 상관없이 김정은 치하에서 북한의 발전 전략이 '100퍼센트 군사'에서 '100퍼센트 경제'로 얼마나 빠르게 이동했는지 놀라운 일이다. 이것이 2011년 이후 북한 경제정책의 일반적인 방향이었다. 100퍼센트 경제가 '뉴노멀'일 것인지는 분명하지 않으며, 군사와 경제 간 50/50의 접근을 지지해온 오랜 역사적 시각에서 볼 때 사실 의심스럽다. 게다가 우리는 공식 이데올로기적 노선과 실제 정책을 동일시하지 않도록 유의할 필요가 있다. 그 둘은 밀접하게 관련이 있지만, 일치하지 않는다.

김정은 시대의 단 하나 가장 중요한 경제 관련 정책 변화를 찾는 일은 어려운 과업이다. 그러나 농업과 산업에서 더 분권화된 관리 방식은 분명히 이런 맥락에서 보아야 할 것이다. 공식 경제보고와 통계가 보여주듯이 새 지도자 치하의 북한에서 개혁을 향한 '빅뱅' 접근법은 없었다. 때때로 심지어 속도 전투와 자립경제 같은 아주 정통적인 접근법들도 장려되었다. 중국 사례는 완전히 지지가 된 적이 없으며, 가끔 노골적으로 비판되었다. 논의된 바와 같이 북한에 관한 경제 통계는 신뢰할 수 없으며 출처에 따라 매우 다른 그림을 제공하고 있다. 그럼에도 불구하고 교육을 잘 받고 훈련된 노동력과 풍부한 천연자원을 보유하고 중국, 한국과 일본 같은 경제 강국과 지리적으로 인접한 이 산업국가(북한)가 자신의 잠재력에 훨씬 못 미치고 있다는 것은 분명하다. 현재의 국제제재 레짐에 대한 해결책을 찾지 못하고 또 평양의 의사결정자들이 개혁 노력에서 더 대담해지지 않는 한 북한은 계속해서 그럴 것이다.

주

1) 때때로 일 년에 한 번 이상의 그러한 최고인민회의 회의가 있다. 예산보고를 하는 정기 회기는 보통 3월 또는 4월에 열리고 있다.
2) 서방 미디어의 분석은 당 대회 기간 중 북한 국가가 발표한 훨씬 짧은 2,000단어의 요약에만 초점을 두었다. 수 주 후 연설 전문의 영어판이 제공될 때 서방에서의 관심은 이미 사라진 지 오래였으며, 따라서 연설의 중요한 내용은 대체로 주목받지 못했다.
3) 이유는 간단하다. 즉 현재의 정책 상황에서 정부가 충분히 이용할 수 있는 자본 및 기술 투입의 증가가 없으므로 생산성을 증가시키기 위한 노력의 초점은 나머지 요소인 노동에 달려있다. 비시장체제에서는 물질적 인센티브가 저개발 상태에 있어서 상징과 구호의 창조를 포함해 이데올로기적 동기나 아니면 모범 노동자, 작업 단위 또는 공장을 상징으로 보여주는 것이 지배적이다.
4) 북한경제에서 상당한 체계적 변화는 1990년대 말에 시작되었으며 종종 1990년대 중반 기근의 결과로 여겨지고 있다. 프랑크(Frank 2005)를 참조할 것.
5) 의도적으로 군국주의적 용어를 사용하여 인민들은 더 빨리 더 오래 일하도록 요구받았다.
6) 그러한 논의에 대한 자세한 분석은 박(Park 2016)을 참조할 것.

7) 북한의 공식 경제계획은 다음과 같다. 1947년 1년 계획, 1949~1950년 2개
년 계획, 1954~1956년 2개년 계획, 1957~1961년 5개년 계획, 1961~1970
년 7개년 계획 (연장됨), 1971~1976년 6개년 계획, 1978~1984년 7개년 계획,
1987~1993년 7개년 계획; 이(Lee 1993)를 참조할 것.

참고문헌

Cha, V. and Collins, L. 2018. *The Markets: Private Economy and Capitalism in North Korea?* Washington, DC: Center for Strategic and International Studies, available at: https://beyondparallel.csis.org/markets-private-economy-capitalism-north-korea (accessed August 23, 2019).

Clement, T. 2018. "China's Economic Engagement Strategies Towards a Reforming DPR Korea," PhD thesis, University of Vienna and University of Lyon, available at: www.theses.fr/2018LYSE2051 (accessed August 23, 2019).

Frank, R. 2005. "Economic Reforms in North Korea (1998–004): Systemic Restrictions, Quantitative Analysis, Ideological Background," *Journal of the Asia Pacific Economy*, vol. 10, no. 3, pp. 278–311.

Frank, R. 2015. "The 7th Congress of the Korean Workers' Party in 2016: Return to a New Normal or Risk a Take-Off?" *38 North*, 11/2015, U.S.-Korea Institute at the School of Advanced International Studies (SAIS), Johns Hopkins University, available at: http://38north.org/2015/11/rfrank111115 (accessed August 23, 2019).

Frank, R. 2016. "The 7th Party Congress in North Korea: An Analysis of Kim Jong Un's Report," *The Asia Pacific Journal*, 14/14/8, available at: https://apjjf.org/2016/14/Frank.html. (accessed October 8, 2019).

Hufbauer, G. C., Schott, J. J., Elliott, K. A. and Oegg, B. 2007. *Economic Sanctions Reconsidered*, 3rd edn. Washington, DC: Peterson Institute for International Economics.

KCNA. 2003. 로동신문 편집국론설 선군사상은 우리 시대 자주위업의 필승불패의 기치이다 [*Rodong Sinmun* Editorial: The Military First Ideology Is a Victorious and Invincible Banner of Our Era's Cause of Independence]. Korean Central News Agency, March 22, 2003, available at: www.kcna.co.jp/calendar/2003/03/03-22/2003-03-22-011.html (accessed August 22, 2019).

KCNA. 2011. "State General Bureau for Economic Development to be Established," Korea Central News Agency, January 15, 2011, available at: http://kcna.co.jp/item/2011/201101/news15/20110115-13ee.html (accessed October 8, 2019).

KCNA. 2012. 위대한 김정일동지의 유훈을 받들어 2012년을 강성부흥의 전성

기가 펼쳐지는 자랑찬 승리의 해로 빛내이자 [Let This Year 2012 Shine as a Year of Proud Victory, a Year When an Era of Prosperity Is Unfolding, True to the Teachings of the Great Comrade Kim Jong il]. Korean Central News Agency, January 1, 2012, available at: www.kcna.co.jp/calendar/2012/01/01-01/2012-0101-013.html (accessed March 26, 2013).

KCNA. 2013. 김정은동지께서 2013년 새해를 맞으며 신년사를 하시였다 [Comrade Kim Jong un Gave a New Year Address to Welcome the New Year 2013]. Korean Central News Agency, January 1, 2013, available at: www.kcna.co.jp/calendar/2013/01/01-01/2013-0101-018.html (accessed 31 December 2013).

KCNA. 2014. 경애하는 김정은동지의 신년사 [New Year Address by Respected Comrade Kim Jong un]. Korean Central News Agency, January 1, 2014, available at: www.kcna.kp/kcna.user.article.retrieveNewsViewInfoList.kcmsf (accessed January 1, 2014).

KCNA. 2015a. 경애하는 김정은동지의 신년사 [New Year Address by Respected Comrade Kim Jong un]. Korean Central News Agency, January 1, 2015, available at: www.kcna.kp/kcna.user.special.getArticlePage.kcmsf (accessed October 23, 2015).

KCNA. 2015b. 조선로동당 중앙위원회 정치국 당 제7차대회를 소집할것을 결정 [Decision of the Politburo of the Central Committee of the Korean Workers' Party on Holding the 7th Party Congress]. Korean Central News Agency, October 30, 2015, available at: www.kcna.kp/kcna.user.article.retrieve NewsViewInfoList.kcmsf (accessed November 1, 2015).

KCNA. 2016. 경애하는 김정은동지의 신년사[New Year Address by Respected Comrade Kim Jong un]. Korean Central News Agency, January 1, 2016, available at: www.kcna.kp/kcna.user.special.getArticlePage.kcmsf (accessed September 12, 2016).

Ki, K. H. 2017. 조선민주주의인민공화국 주체105(2016)년 국가예산집행의 결산과 주체 106(2017)년 국가예산에 대하여 [On the Fulfillment of the State Budget of the DPRK for Chuch'e 105 (2016) and on the State Budget for Chuch'e 106 (2017)]. Report at the SPA session. *Rodong Sinmun*, April 12, 2018, available at: www.rodong.rep.kp/ko/index.php?strPageID=SF 01_02_01&newsID=2017-04-12-0006

Ki, K. H. 2019. 조선민주주의인민공화국 주체107 (2018)년 국가예산집행의 결산과 주체108 (2019)년 국가예산에 대하여 [On the Implementation of the DPRK State Budget for Chuch'e 107 (2018) and on the State Budget for Chuch'e 108 (2019)]. *Rodong Sinmun*, April 12, 2019, available at: www.rodong.rep.kp/ko/index.php?strPageID=SF01_02_01&newsID=2019-04-12-0011

Kim, C. R. 2019. 최고인민회의 제14기 제1차 회의에서 한 내각총리의 선서[Testimony by the Prime Minister during the First Session of the 14th SPA]. Speech at the SPA Session. *Rodong Sinmun*, April 12, 2019, available at:

www.rodong.rep.kp/ko/index.php?strPageID=SF01_02_01&newsID=2019-04-12-0009

Kim, J. U. 2016. 조선로동당 제7차 대회에서 한 당중앙위원회 사업총화 보고[Report on the Work of the KWP Central Committee]. *Rodong Sinmun*, May 8, 2019, available at: www.rodong.rep.kp/ko/index.php?strPageID=SF01_02_01&newsID=2016-05-08-0001

Koh, J. S. 2014. *Is North Korea Really Changing?* Seoul: Korea Institute for National Unification. Kornai, J. 1992. *The Socialist System: The Political Economy of Communism*. Princeton, NJ: Princeton University Press.

KOTRA. 2019. 2018 북한 대외무역 동향 [Trends in North Korea's Foreign Trade in 2018]. Seoul: Korea Trade and Investment Promotion Agency, available at: https://news.kotra.or.kr/common/extra/kotranews/globalBbs/249/fileDownLoad/68187.do (accessed October 8, 2018).

Lee, D. W. 1993. "Assessing North Korea's Economic Reform: Historical Trajectory, Opportunities, and Constraints," *Pacific Focus*, vol. VIII, no. 2, pp. 5–29.

Minnich, J. 2008. "National Security," in Robert L. Worden (Ed.), *North Korea: A Country Study*, Washington, DC: Library of Congress, pp. 235–305.

Pak, H. C. 2013. 북한의 '새로운 경제관리체계' (6·28방침)의 내용과 실행 실태 [Contents and Implementation of North Korea's New Economic Management System (the 6.28 Policy)]. *KDI Review of the North Korean Economy*, October 2013. Seoul: Korea Development Institute, pp. 14–35.

Pak, P. J. 2017. 국가경제발전 5개년 전략 수행을 위한 내각의 주체105 (2016)년 사업정형과 주체 106 (2017)년 과업에 대하여 [On the Work of the Cabinet for Juche 105 (2016) and Its Tasks for Juche 106 (2017) for the Implementation of the Five-Year Strategy for the Development of the National Economy]. Report at the SPA session, *Rodong Sinmun*, April 12, 2017, available at: www.rodong.rep.kp/ko/index.php?strPageID=SF01_02_01&newsID=2017-04-12-0005

Pak, P. J. 2018. 국가경제발전 5개년 전략 수행을 위한 내각의 주체106 (2017)년 사업정형과 주체 107 (2018)년 과업에 대하여 [On the Work of the Cabinet for Juche 106 (2017) and its tasks for Juche 107 (2018) for the Implementation of the Five-Year Strategy for the Development of the National Economy]. Report at the SPA session, *Rodong Sinmun*, April 12, 2018, available at: www.rodong.rep.kp/ko/index.php?strPageID=SF01_02_01&newsID=2018-04-12-0005

Park, P. 2016. *Rebuilding North Korea's Economy*. Seoul: Kyungnam University.

RS. 2017. 신년사 [New Year address], *Rodong Sinmun*, January 1, 2017, available at: www.rodong.rep.kp/ko/index.php?strPageID=SF01_02_01&newsID=2017-01-01-0001 (accessed June 25, 2018).

RS. 2018a. 신년사 [New Year address], *Rodong Sinmun*, January 1, 2018, available at: www.rodong.rep.kp/ko/index.php?strPageID=SF01_02_01 &newsID=2018-01-01-0001 (accessed August 22, 2019).

RS. 2018b. "3rd Plenary Meeting of 7th C.C., KWP Held in Presence of Kim Jong Un," *Rodong Sinmun*, April 21, 2018, available at: www.rodong.rep.kp.

RS. 2019. 신년사 [New Year address], *Rodong Sinmun*, January 1, 2019, available at: www.rodong.rep.kp.

Sin, T. J. 2007.왕과 신하, 부국 강병을 논하다 [Korea's King and His Vassals Discuss Rich Country-Strong Army]. P'aju: Sallim Ch'ulp'ansa.

Smith, H. 2015. *North Korea: Markets and Military Rule*. Cambridge: Cambridge University Press.

Song, C. Z. 2015: "The Use of Nationalist Ideology in the Economic Development of South Korea: Implications for the East Asian Development Model," in S. Hua and R. Hu (Eds.), *East Asian Development Model: 21st Century Perspectives*, New York: Routledge, pp. 21–43.

Talmadge, E. 2018. "Economist: NKorea Eying Swiss, Singaporean-style Success," *AP News*, October 29, 2018, available at: https://apnews.com/ c874f3a400eb459daac89b9d46909810 (accessed August 23, 2019).

Trump, D. J. 2018. Twitter post, January 2, 2018, 01:49 p.m., available at: https://twitter.com/realdonaldtrump/status/948355557022420992 (accessed August 23, 2019).

Ward, P. 2018. "Markets under Kim Jong Un: Understanding the New Scope of DPRK Enterprise", NK Pro, available at: www.nknews.org/pro/north-korean-markets-under-kim-jong-un-understandingthe-new-scope-of-dprk-enterprise/.

Yun, H. C. 2019. 北관광 중국인 120만 명, 1년 새 50% 급증 [1.2 Million Chinese Tourists in North Korea, Rapid Increase of 50% over One Year], *Chosŏn Ilbo*, May 27, 2019, available at: http://news.chosun.com/site/data/html_dir/2019/05/27/2019052700242.html. (accessed August 23, 2019).

Zickel, R. and Iwaskiw. W. 1994. *Albania: A Country Study*, Washington, DC : Federal Research Division, Library of Congress.

제2부

북한경제

북한 경제계획시스템의
구조적 변화

워드(Peter Ward)

서론

높은 수준의 자립과 국가통제 같은 경제정책의 핵심 특징들이 존속하고 있음에도 불구하고 1990년대 이후 북한경제는 큰 변화를 겪었다. 그 시기 경제 붕괴와 고난의 행군이라는 기근에 직면하여 북한지도부는 1980년대 중반 처음으로 착수한 대외무역과 경공업에서의 시장 상업활동의 확산을 허용했으며 또한 민간경제활동을 통한 물리적 생존과 관련된 많은 불법 행위를 묵인했다. 시간이 흐르면서 당과 국가의 지속적인 이데올로기적 적대감에도 불구하고 그러한 관행이 체제에 내재화되었다. 그러나 시간이 지남에 따라 경제의 더 높은 구조적 수준에서도 중요한 변화를 낳았는데, 이러한 관행의 많은 요소가 기업과 국가 계획 수준에서 정상화되고 심지어 합법화되었다. 이러한 변화의 본질은 경제에 대한 국가통제의 중요한 특성들이 시장 메커니즘에 의해 파괴되는 것이다.

국가통제의 뿌리는 매우 깊다. 농업 집단화 및 1958년 후반 선언된 '상공업의 사회주의적 개조'의 완성과 함께 북한은 아마 세계에서 가장 탈화폐화된 산업경제로서 형체를 갖추었고, 이는 어쩌면 호자(Enver Hoxha) 치하의 알바니아만이 비교될 수 있을 것이다(Kaser and Schnytzer 1982;

Zickel and Iwaskiw 1994, pp. 156-158). 탈화폐화와 더 나아가 산업
생산뿐만 아니라 거의 모든 소비재와 서비스의 탈상품화 시도는 따라서
김일성 시대 북한경제의 핵심 특징이었다. 화폐, 시장과 시장가격은 배급
표, 할당 주문, 그리고 행정적으로 설정된 가격에 의해 기능적으로 거의
완전하게 대체되었다 (Hunter 1999; Park 2002). 소비경제는 시장에 아
무런 역할이 부여되지 않고 배급제도를 통해 관리되었으며, 경제는 역시
시장이나 민간 상업활동에 아무런 역할이 부여되지 않고 중앙계획 메커
니즘과 행정명령을 통해 규제되었다 (Lee 2002; Choi 2010).

그렇지만 실제로는 시장이 완전히 배제될 수 없었으며 북한경제의 주
변부에서 계속해서 존재했다. 개인이 생산한 식품을 파는 농민 시장과
국영 외화상점은 거기에 접근할 수 있는 사람들에게는 예외적인 소매장
소였으며, 필요한 허가증을 받고 거래 가능한 상품이 있는 기업은 자본
주의국가와 약간의 경화 무역이 허용되었다 (Choi 1991). 김일성 치하에
서 이러한 북한경제의 두 주변부 요소가 1980년대 중반 변화가 발생하
기 시작한 지점이다. 일부 기업과 가정이 부업을 할 수 있게 허용되었고
대외무역 부문 역시 약간의 자유화를 경험했다 (Lee 1990; Yun 2018).
이는 소매점과 일부 식당을 포함한 서비스 부문의 요소들이 핵심 성과척
도를 물질적 생산에서 현금 이윤으로 전환했으며, 매우 중요한 것은 자
체 가격을 설정할 수 있도록 허용되었음을 의미했다 (Yun 2018).[1] 그
러한 변화, 즉 시장가격과 이윤 기반의 성과 평가는 그 후 1980년대 후
반에 대외무역 부문으로 확산하였고, 특히 소비에트 진영 붕괴 이후에
는 국내 소비경제의 대부분과 대외무역으로 퍼져나가는 것처럼 보였다
(Lee et al. 2013; Ward and Green 2020).

이 장은 두 절로 구성된다. 1절에서는 계획과 경제 행정에서의 물자공
급체계를 다룬다. 먼저 소련형 경제에 관한 일반 원칙을 살피고, 다음으
로 특히 김일성 치하(집권 기간: 1945~1994년) 북한경제를 살펴볼 것

이다. 경제체제의 뿌리, 그것을 김일성이 어떻게 수정했는지, 그리고 그
것이 실제로 어떻게 기능했는지를 검토할 것이다. 그 초점은 이 시대 경
제관리의 주요 특징들로서 캠페인에 의한 생산에의 과도한 의존, 보편적
인 배급제도, 과도한 중앙집중화와 만성적인 원조 의존에 둘 것이다. 2
절에서는 1980년대 중반에 시작하여 행정명령, 행정적으로 설정된 가
격, 그리고 물자균형계획이 어떻게 점차 실제로 '자금계획'(이윤)과 시장
가격으로 대체되었는가를 논의할 것이다.

물자균형계획과 김일성체제의 북한경제

북한의 경제체제는 소련의 이론과 실제로부터 차용한 것이다. 앞으로 보
게 되겠지만 비록 어떤 측면에서는 그 아바타의 좀 더 극단적인 형태였
으나, 명령, 행정적으로 설정된 가격, 물자 균형에 의한 할당 등 그 필수
시스템은 대체로 변하지 않았다. 엘먼(Michael Ellman 2014, p. 23)은
소련식 경제계획의 가장 두드러진 특징으로서 생산수단의 국가 소유, 정
치적 독재, 단일 계급제도, 명령 계획, 그리고 화폐, 이윤, 가격 및 은행
의 부차적인 역할을 들었다.

대다수 생산자산에 대한 국가 소유는 거대한 정부 관료기구가 행정명
령에 근거하여 자원을 할당하고 생산목표를 설정하는 것을 고려하면 소
련형 경제에서 필수 조건으로 여겨진다 (Kornai 1992, p. 274). 만약
생산수단이 관료기구와 국가생산자에 의해 소유되고 통제되지 않는다
면 이것은 가능하지 않을 것이다. 정치적 독재의 요소는 더 자세한 설명
이 거의 필요하지 않다. 다만, 경제정책을 정치적 배경과 별개로 평가하
려는 것은 항상 어리석은 일이며 특히 높은 수준의 국가통제권이 스탈린
이든 김일성이든 지도자 개인에게 있을 때 특히 그렇다는 것에 유의해야

한다. 모든 의미 있는 권력이 궁극적으로 지도자의 손을 거치는 체제에서는 예하 단위가 절대적으로 상부 단위에 보고해야 하고 수평적 의사소통은 엄격하게 금지되어야 한다. 마찬가지로, 명령에 기반한 계획의 집행이 필수적인 것으로 여겨졌고, 이는 계획이 국가의 상위계층으로부터 하위계층을 거쳐 공급기관, 상점, 농업생산 단위 등으로 내려오는 명령의 형태를 취한다는 것을 의미했다. 그것들은 단순히 지시적일 수 없으며 기업관리인들과 경제관료들에게 어떤 생산 결정을 내릴지에 대한 지침을 제공하는 것만으로는 안 되었다. 왜냐하면, 마르크스-레닌주의의 '합리적인 과학적 계획' 아래서 계획시스템의 명령적 성격은 계획 자체보다 더 중요하게 보였기 때문이다.

동시에 계획과 경제 행정에서의 물리적 단위에 대한 최우선적인 강조는 돈, 은행, 가격과 이윤의 부차적인 역할을 의미했다. 소련, 중국, 그리고 북한을 포함한 소련형 경제에서는 서로 다른 두 가지 형태의 돈, 즉 현금과 비현금이 있었다.[2] 전자는 가계에 임금을 지급하고 가계소비에 사용되었고 지폐와 동전의 형태를 취했으며, 후자는 국영은행의 경리 대장과 국영기업, 집단농장 및 다른 국영단체의 회계장부상으로만 존재했다. 이러한 두 가지 형태의 돈은 교환할 수 없었고, 국영은행만이 한 종류를 다른 종류로 바꾸는 것이 허용되었다. 이러한 것이 '원에 의한 통제' 또는 소련의 경우는 '루블에 의한 통제'라고 불렸으며, 국영기업과 집단농장 같은 국영단체 간, 그리고 국영단체와 가계 간의 모든 금융거래의 중개자로서 국영은행의 주된 역할을 강조했다 (DeMaris 1963; Wilczynski 1978, pp. 30-31, 57; Go 2004, pp. 8-9). 은행은 자본주의국가의 은행이 하는 것처럼 투자 결정이나 재원 배분 결정을 하지 않았다.

가격은 시장에서 기업과 가계 간의 상호작용을 통해서보다는 국가 가격 결정기관에 의해서 행정적으로 책정되었다. 이윤은 가격체계의 인공물이었으며, 일부 산업은 생산품에 대해 더 높은 가격을 책정해야 했고 투입 가격은 더 낮았기 때문에 다른 산업보다 더 높은 수익을 올렸다. 이러한 모든 것은 가격이 종종 생산의 실제 상대적 사회적 비용(예: 저렴한 투입물 대신 비싼 투입물 사용)을 반영하지 않았고 실제의 유효수요도 반영하지 않았다는 것을 의미한다. 노브(Alec Nove)의 말에 의하면, 그 가격은 "효용도 희소성도 반영하지 않는다"(1987, p. 176). 자원은 협상(계획협상), 배급제도(행정명령), 비공식 메커니즘(연줄, 암시장 등)을 통해 배분되었기 때문에 가격과 이윤은 자원 배분에 중요한 역할을 하지 않았다. 그것들의 주된 용도는 회계 목적, 생산량 측정, 기업, 농장 및 여타 국가기관의 회계를 감사하는 것이었다 (ibid., p. 175; Ellman 2014, p. 32).

김일성이 발전시킨 경제는 1945년 8월 일본 식민통치로부터 한반도가 해방된 이후 소련의 후원 아래 형성되기 시작했으며 위에서 서술한 노선에 따라 대단히 체계화되었다. 약 90퍼센트의 산업 생산이 1946년 말까지 국유화되었고 (Jeon 1999, pp. 93-94), 농업의 집단화가 급속히 진행됨에 따라 고도로 농촌화된 인구의 가계생산이 급속도로 줄어들었으며, 민간 상업 역시 꾸준히 약화되었다 (ibid., pp. 98-100). 이미 '인민민주주의'가 된 나라 — 현실적으로 말하면, 소련의 점령 아래 신흥 소련형 경제를 주도하는 마르크스-레닌주의 정당의 독재하에 있는 나라 — 에서 최초의 전국적인 연간 경제계획이 1947년에 시작되었다 (Lankov 2002, pp. 8-9).[3]

이러한 경향은 한국전쟁 후 김일성이 모든 형태의 비국유 경제활동, 즉 독립적인 시장행위자와 개인 농민을 완전히 없애 버리는 캠페인을 시작하면서 가속화되었다. 표 5.1은 모든 경제 생산 중 민간 부문의 비율이 1945년 80.9퍼센트에서 1956년 11퍼센트로 떨어지고 1958년까지 민간 부문이 거의 사라졌음을 보여준다. 이처럼 북한은 1945~1953년 동안의 혼합경제에서 1958년까지 완전한 국유, 명령경제로 나아갔다.

정치적 리더십 이외에도 전후 재건에 대한 요구가 여기에서 중요한 요

표 5.1   분야별, 소유형태별 사회총생산 비중 (현금 기준)   (단위: %)

연도	총 사회총생산			산업			상업			농업		
	국가	공공	민간	국가	공공	민간	국가	공공	민간	국가	공공	민간
1945	18.9	0.2	80.9	72.4	0	27.6	0.1	3.4	96.5	0	0	100.0
1949	43.7	3.9	52.4	85.5	5.2	9.3	27.9	28.6	43.5	3.2	0	96.8
1953	45.1	5.4	47.5	86.2	9.9	3.9	32.0	35.5	32.5	8.5	0	91.5
1956	60.2	28.8	11.0	89.9	8.1	2.0	53.9	33.4	12.7	9.6	65.4	25.0
1959	68.1	31.9	0	89.5	10.5	0	76.6	23.0	0.4	–	–	–
1960	69.1	30.9	0	89.7	10.3	0	78.8	20.4	0.8	16.1	83.9	0

출처: Lim (2008, p. 35), Unification Board (1996, pp. 119-125)에 근거.

인이다. 한국전쟁(1950~1953년)은 북한을 완전히 파괴하여 주택 재고와 교통 인프라 및 농업 인프라는 말할 것도 없이 대부분의 자본 재고, 산업 시설의 대량 파괴를 초래했다. 명령적 계획, 정치적 독재와 국가 소유에 기반한 소련형 경제는 재건에 아주 적합한데, 그러한 경제에서는 전후 동유럽과 한동안 소련에서 증명되었던 것처럼 국가가 생산수단에 대한 통제와 자본과 노동을 효과적으로 배분할 수 있는 능력을 활용한다 (Harrison 2002). 그래서 북한의 재건은 소비재와 서비스보다 중공업과 특히 군수물자 생산에 압도적으로 집중하는 스탈린주의 청사진에 따라 착수되었다 (Buzo 2018, pp. 46-49).[4] 소비보다 고정자본자산에 대한 투자를 우선시하는 정도가 소련형 계획의 필연적 결과가 아니었을지도 모르지만, 그것은 마르크스-레닌주의 신속 경제발전 모델을 따른 다른 국가들의 우선순위를 아주 많이 반영한 것이다. 그러나 북한이 군수물자 생산을 지원할 수 있는 산업에 주력한 정도는 극단적이었다.[5]

1958년까지 국가의 수중에 경제 권력을 강화하고 김일성은 천리마운동에 착수했다. 천리마운동은 장시간 노동, 더 빠른 속도, 충격파 작업

전술과 이데올로기적 자극의 대대적인 홍보를 통해 생산력과 생산성 향상을 목표로 한 스타하노프 노동 동원 운동이다 (Lee 2000, pp. 27-29; Buzo 2018, pp. 43-44). 이 운동은 그 이후 생산율과 생산량의 급속한 증가를 목표로 한 많은 동원 캠페인의 원형이 되었다. 김일성 시대에 그러한 운동이 24차례 이상 있었는데, 김정일이 당 이데올로기와 경제적 동원에서 더 중요한 역할을 하기 시작한 1970년대 중반 이후 실제로 그 빈도가 증가하였다.[6] 이러한 동원 운동은 생산량을 양적으로 증가시키는 것을 목표로 했다. 그러나 이전에 관리직에서 일한 적이 있는 북한 난민들이 기억하듯이 그러한 동원 운동의 즉각적인 효과는 경제 단위의 운영 방식을 변화시키는 것이었으며, 이것이 공급과 출하에 있어서 심각한 혼란의 원인이었다 (Yang 2002, pp. 202-203). 다른 북한 난민들은 이 동원 운동들이 또한 노동자와 그들이 작동한 기계를 소진해버렸다고 기억하였다 (ibid., pp. 143-144). 그렇다면 전반적으로 볼 때, 이러한 대중동원은 매우 즉흥적이고 비경제적인 작업방식을 초래하고 기업 간 및 부문 간 효과적인 협조를 막음에 따라서 장기적 계획을 비효과적인 것으로 만들어버렸다 (Lee 2000, pp. 28-29).

김일성식의 작업방식은 경제 단위의 관리운영도 포함했으며, 1960년에 김일성은 1956년 마오쩌둥의 중국에서 시행된 체계와 유사한 당 위원회의 집체적 기업 관리운영 체계인 대안의 사업체계를 시행했다 (Cha 1999, p. 233). 일부 학자들은 이 변화를 경제적 의사결정을 더욱 정치화한 것으로 보았으나 (Lee 2000, p. 59; Yang 2002, pp. 86-87), 다른 학자들은 그 체계가 새롭지도 특별하지도 않고 기존의 스탈린주의 방식과 일치한다고 생각했다 (Cha 1999; Park 2002, pp. 15-16).[7] 경제의 조직 관점에서 보면, 대안의 사업체계는 전문성보다 이데올로기 ─ 명백하게 '전문가'보다 '공산주의자' ─ 를 지나치게 강조했기 때문에 더 큰 비효율을 초래했을지 모르지만, 소련의 선례와 특별히 근본적으로 단

절된 것은 아니었다. 그렇지만 확실히 대안의 사업체계는 경제 단위들이
중앙의 계획 결정에 더 잘 반응하도록 하려는 목적이 있었고 효과가 있
었다.[8]

전반적인 경제계획시스템의 실제적 위계 구조는 소련계 한인 간부들
의 지휘하에 소련 점령군 행정청이 시행한 소련의 원형을 계속해서 따랐
다. 도표 5.1은 1985년까지의 북한 국가계획시스템의 위계 구조를 그림
으로 표현한 것이다. 실선은 하부 기관에 대한 행정권한을 표시한다.

이 조치들의 집합적 효과는 북한의 명령경제가 소련경제나 중국경제
보다 더 중앙집권화되었다는 것을 의미했다. 지령적 지표(생산단위가 달
성할 의무를 지는 지표 – 역자 주)의 수는 마오쩌둥 치하의 중국이나 스
탈린 치하의 소련보다 훨씬 많았다 (Yang 2001, pp. 161-164). 다시
말하여, 기업 목표에 대한 계획과 통제의 권한이 계획 위계 구조상 개별
기업 위에 있는 조직에 거의 전적으로 주어졌고, 가장 중요한 결정은 위
계 구조상 최고 기구의 승인이 필요했다. 그 체계에서 물자공급에 대한
통제도 마찬가지였는데, 1970년대까지 물자에 대한 통제 권한은 대체로
정무원(내각)과 그 관련 부처가 행사하였다 (ibid., pp. 164-165).[9]

중앙집권화는 지도자와 엘리트층의 필요를 충당하는 독립된 경제에
상당하는 것을 만들기 위해 국가 자원을 책정함으로써 그 전형을 보여주
었다 (Yang 2002, pp. 205-206). 때때로 궁정경제로 불리는 이 부문은
경화 획득을 위해 그 생산품을 수출할 수 있는 기업을 포함했는데, 수출
로 획득한 경화는 지도자와 엘리트층의 소비욕구를 위해 1974년에 설립
된 39호실을 주로 통해서 조선노동당의 조직들에 배분되었다 (Mikheev
1993; Kim, K.J. 2007). 또한, 군대와 보안 기관의 공급을 위한 '제2경
제'도 생겨났다 (Mikheev 1993; Chong 2006).[10] 그리고 알려진 바에
따르면 궁정경제와 군사경제는 각각의 기관 책임자가 있는 독립된 영지
처럼 기능하나 조직적으로는 민간 국가 경제와 같은 노선 — 명령형 계

도표 5.1   북한 경제계획시스템의 행정적 위계구조 (1985년까지)

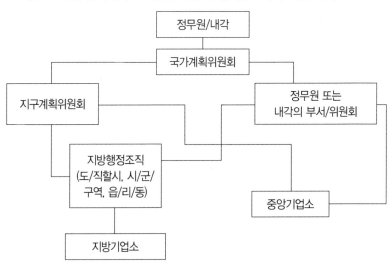

획과, 중앙집중식 자원 배분 시스템을 가진 중앙집중식 의사결정 — 에 따라 운영되었다 (Kim, K.J. 2007; Yang 2008).

　경제계획이 여러 곳으로 분할되고 산업이 지나치게 중앙집중화하는 것과 함께 소비 부문에서의 자원 배분도 관료적 통제를 특징으로 하게 되었다. 1958년에 식량배급제가 다시 도입되었으며, 많은 다른 소비재가 또한 김일성 시대에 걸쳐서 배급되었다.[11] 사회주의진영의 다른 지역과 유사한 발전을 보이면서도 그보다 훨씬 더 나아가 소비재 대부분은 1970년대에 배급제의 대상이 되었다 (Choi and Koo 2003). 이는 군수물자 생산 규모에 의해 초래된 경제의 지속적인 자기잠식, 그리고 압도적으로 국가 명령과 통제에 기반해 이데올로기적으로 추진되는 경제조직 체계가 지방 단위로 확장됨으로 인해 증가하는 식량 및 소비재의 부족 현상을 반영한 것이다.[12] 이러한 시스템에 갇혀서, 소련의 원조와 신용은 점점 줄어들고 평양은 글로벌 기술, 금융 및 투자시장에서 북한을 사실상 고립시킨 외화 채무 부담을 지게 됨에 따라서 1970년대 북한의 경제관리는 증가하는 물자부족에 대해 최소한으로 대응했다 (Buzo 2018, p. 77).[13] 1980~1983년 사이에 북한의 최대 무역상대국들인 소련과 중국과의 교역조건이 급속하게 위축되었다 (Eberstadt, Rubin and Tretyakova 1995, p. 92). 북한은 외국의 투자를 얻기 위하여 중국의 조언을 받아 합영법을 통과시켰으며 (Eberstadt 2010, p. 89), 이것은 당시에 중국이 장려하려고 한 일련의 실험 중 일부였다.[14] 또한, 대외무역시스템을 개혁하고 소비재 생산에 인센티브를 주었으며, 이런 움직임들은 함께 진화하여 시장화를 이끌면서 계획시스템을 근본적으로 개편할 것이다. 이러한 변화들은 다음 절에서 좀 더 논의될 것이다.

동시에 1985년에 기업관리시스템이 1965년 이후 처음으로 큰 변화를 겪었다 (도표 5.2). 다공장/다기업 연합체 (연합기업소)가 사전의 몇 가지 실험적 이행을 거친 후 계획시스템을 개선하기 위한 시도의 하나로써 도입되었다. 연합기업소는 1960년대와 1970년대에 소련과 여러 동유럽국가에서 시도했던 공장/기업연합체 — 동독의 수직통합형 '국영기업(Kombinat)'[15]과 러시아의 '산업연합체(ob'edineniya)'[16] — 를 본떠서 만든 경제개혁의 제도적 형태이자 접근법이었다.

북한의 연합기업소는 독립적인 회계시스템 아래 자체의 예산을 책정하는 재정적 독립성을 부여받았다. 이는 북한판 소련의 '원가회계'시스템이었는데, 1946년부터 여러 차례에 걸쳐 북한에 도입되었으며 (Yang 2002, pp. 351-352), 연합기업소가 더 큰 효율성과 더 효과적인 생산계획을 달성할 목적으로 직접 국가 계획 당국과 접촉할 수 있었다는 것을 의미했다. 이해관계가 있는 경제문제는 임금 및 가격 설정과 실수입에 대한 통제로 비교적 간단했으나 정치적으로 복잡하고 성가신 것이었다. 김일성 치하에서 국가는 그런 문제에 대한 통제를 기업에 양도할 준비가 되어 있지 않았다. 그런 양도가 수반했을 통제력의 상실과 잠재적인 사회적 영향을 고려했을 때 그것은 아마도 소득 불평등을 초래했을 것이

도표 5.2 당 지도기관의 행정적 위계 구조 (1985년 이후)

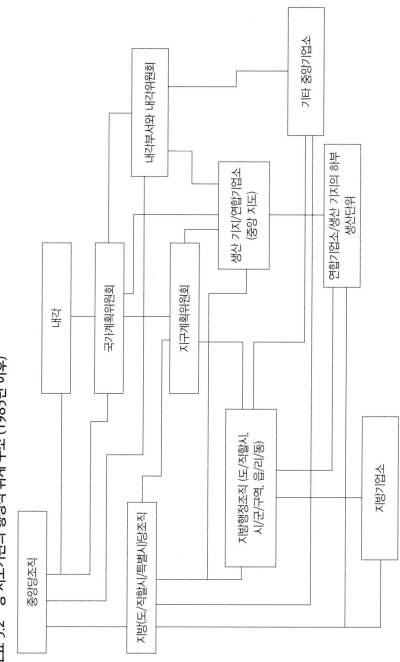

다. 따라서, 배분 결정과 가격은 연합기업소 스스로에 의해서가 아니라 중앙에서 계속 설정되었고, 임금도 국가 규범에 맞추어 정해졌다. 다시 말하여 임금, 가격과 자원 배분에 대한 중앙통제의 기본적인 것들은 계속 변하지 않았으며, 그래서 가격은 비용과 맞지 않았고 생산은 산업과 소비자 수요를 지향하지 않았다. 처음에 이러한 발전을 환영했던 미사여구의 대부분이 1987년까지 사라졌고, 경제 기구와 우선순위는 근본적으로 변하지 않았다 (Park 2002, pp. 16–21).

소비재 생산과 대외무역에서 실질적 변화가 시작되었다. 소비재 생산은 경제정책과 실제 경제 생산량에서 상대적으로 미미한 부분을 차지한 반면, 대외무역에서 시장유인책의 사용은 궁정경제 운영을 위한 지속적인 자원의 흐름을 보장하는 데 필요하게 된 것 같다 (Yang 2008). 그러나 다른 소련형 경제가 시장 기반 경제에 계속 뒤처지는 것처럼, 경제적 쇠퇴 과정이 계속해서 가속화되었다. 북한의 국내총생산 관련 공식 발표 (미국 달러화 기준)는 1980년대 중후반에 1인당 국내총생산 성장이 정체되었음을 보여주고 있는데, 1986년 2,400달러에서 1988년 2,530달러로 성장한 후 1991년 2,460달러로 감소했다 (대한민국 통일원 1996, p. 66).[17] 이듬해 북한 관리들은 자신들의 1인당 국내총생산이 1992년 950달러에 달할 정도로 절반 이상 감소했다고 보고 있다 (IMF 1997, p. 7). 이 수치들은 각각 다른 환율에 의존한 것일 수 있으나 쇠퇴하는 경제성과에 대한 북한정부의 생각을 어느 정도 보여주고 있다. 경제 쇠퇴에는 여러 가지 원인이 있으나 김일성-김정일이 그 중심에 있는 체제의 정치적 논리로 거슬러 올라갈 수 있다. 김씨 통치자들은 통제하고, 중앙집권화하며, 군사화하고, 자신들의 위신을 얻으려는 프로젝트에 돈을 쓰려는 강한 욕망이 있었다.[18]

북한 경제계획 과정의 조정

이러한 경제적 쇠퇴는 보조금을 받던 소련 무역의 철수와 함께 전면적인 붕괴로 변했으며, 이는 결과적으로 북한의 계획시스템, 특히 비농업 부문에서 이미 나타나기 시작한 유형의 변화를 촉진했다. 그 변화는 북한 경제의 선별된 부분에서 주요 메커니즘으로서 행정명령과 물자 균형을 시장과 현금거래가 대체하는 것이다. 중앙집권적 명령의 겉모습은 대체로 유지되었지만, 탈북자 증언과 심지어 김일성-김정일 저작을 포함한 북한의 공식 간행물은 1980년대 중후반에도 계획시스템이 주변부에서 변하기 시작했음을 보여주고 있다. 이러한 변화는 1990년대 위기 중에 산업과 도시경제의 다른 여러 부문으로 퍼졌고 2002년 이후 부분적으로 합법화되었으며, 김정은 시대에 계획 방법론의 핵심 부분이 되었다.

중앙계획시스템과 시장화시스템 간의 관계를 이해하는 핵심은 상품 구색 갖추기/조합(assortment)의 역할이다. 시장경제에서 적정하게 상품의 구색을 갖추는 것(상품조합)이 사업성공의 중요한 열쇠인 것처럼, 중앙계획경제에서는 경제 단위가 생산하고 인도해야 할 각양각색의 품목들을 정확하게 규정하는 것이 양적으로는 물론 질적으로도 생산목표의 달성을 보장하는 중요한 열쇠다. 그것이 '경제의 실제 운영 계획'이다 (Gregory 1990, p. 90). 여기에서 들 수 있는 하나의 사례는 각각 다른 유형과 질의 석탄 인도를 규정한 상품조합계획(assortment plan)에 의해 더 깊고 더 높은 질의 석탄광을 개발할 의무가 없는 한, 더 싸고 빠르게 인도할 수 있는 질 나쁜 지표면 석탄을 채굴함으로써 순전히 양적 할당량을 이행하는 광산 기업일 것이다. 상품조합계획 아래서는 여전히 이윤 동기가 약한 데 반하여, 기업은 여전히 물량과 금전상으로 비용을 최소화하고 생산량을 최대화할 것이 기대된다. 그리고 그러한 계획은 기업들이 하위 생산공정 사용자의 효율성에 영향을 주는 방식으로 그렇게 하

는 것을 막기 위해 고안되었다.[19]

북한에서 상품조합계획은 엄격하게 계획되고 실행된 적이 없는 것으로 보이며, 그 결점들은 수뇌부로부터 주기적인 비판의 대상이 되었다. 품질과 다양성을 희생하면서 생산량의 최대화를 추구한 관리자들의 계획시스템 '도박놀이'는 다른 소련형 경제에서처럼 북한경제에서도 분명히 고착화된 문제였다. 그러나 가격이 계속 국가에 의해 설정되고 대부분의 기업 간 거래가 상당한 현금 지출을 초래하지 않으면서 모든 거래가 국영은행을 통해 중개되는 한,[20] 김일성 자신이 1981년 제2차 7개년 계획(1978~1984년)의 철강 생산목표에 관해 한 연설에서 지적한 바와 같이 (Kim, I.S. 2007, p. 363), 금액상으로 측정된 생산량 지표의 달성은 여전히 이루어질 수 있었으며, 동시에 전반적인 계획에 상당한 손상을 줄 수 있었다.

이것이 8월 3일 인민소비품 생산 운동(이하 '8·3운동')**의 배경이다. 이 운동은 실제로 더 많은 주변적인 생산 결정을 기업에 위임하는 실험으로서 1984년에 처음 시작한 일련의 진화된 정책이었다. 8·3 제품들은 소위 '합의/협의 가격' 아래 공급과 수요에 따라 가격이 매겨졌다. 하지만 이 가격은 국정 소매 가격에서 약 50퍼센트 정도의 인상 한도가 설정되었다.[21] 품질 관리를 위한 노력은 제품의 시장성에 달린 것으로 보았기 때문에 해당 경제 단위에 대한 상품조합계획은 없었으며, 그 대신에 그들의 중앙경제계획에 대한 기여는 금액으로 계산한 생산량에 따라서 평가되었다. 기업은 단지 생산한 것에 대한 세금을 내야 했으며, 따라서 8·3 생산에 참여한 노동자들 자신도 금액상으로 이행해야 할 계획, 즉 판매 목표 내지는 '계획분'이 있었다.

....

**   역자 주) 1984년 8월 3일 김정일이 평양시 경공업 제품 전시장을 시찰하며 폐자재 및 부산물을 이용한 인민소비품 생산 운동을 전국적으로 확대·실시하라고 지시한 것을 계기로 시작하였고, 그 제품에 8·3 인민소비품이라는 칭호가 붙여졌다.

또 다른 변화는 소위 '개인 부업'과 '집단 부업'의 장려였다. 8·3 활동은 '부업'의 한 형태였고, 8·3운동은 일반적인 부업활동과 연관되었던 것처럼 보인다. 이런 활동에는 소비재를 만들고 서비스를 제공하기 위해 지역주민단체(인민반)의 후원 아래 조직된 지역단체뿐 아니라 가정 바깥에서 또는 자신들의 텃밭에서 일하는 결혼한 여성 — 국가의 직장 배치가 필요하지 않았던 여성 — 도 포함됐다. 부업은 새로운 관행이 아니었으나, 1980년대 후반 일찍이 1987년에 부업집단과 개인이 지방정부 산하 지역의 특수목적 소매점 또는 '직매점'과의 협상을 통해 합의가격을 정할 수 있도록 허용되었다 (Kang 1987). 이런 매점들에서는 가격 상한은 있었으나 국가가 가격을 정하지 않았다고 북한 난민(탈북자)들은 확인해 주고 있다 (Yang 2001, p. 366).[22] 자금을 자체조달하고 부분적으로 자율적으로 음식을 공급하는 식당도 1987년부터의 공식 간행물에서 비치긴 했지만 (Kang 1987), 부업의 범위가 1989년까지 '집단으로 운영하는 식당'을 포함하도록 확장되었다 (Chang 1991).

북한의 공식 수치는 1989년 기준으로 전체 소매판매의 약 9.5퍼센트만이 8·3운동 기업에서 발생했으며, 여전히 수십만 명의 노동자만 참여하고 있음을 보여주고 있다 (Lee 1990, p. 462). 그러나 이러한 수치는 많은 노동자가 가격 상한을 피하려고 적어도 생산물 일부를 시장으로 전용했을 것을 고려할 때 저평가했을 가능성이 있다. 그러나 농민 시장에서 약간의 부업 생산물 매출은 합법적이었고, 1989년의 한 연설에서 김일성 자신이 집단농장의 고기잡이 부업 단위에 초과 어획량을 농민 시장에 팔 것을 지시했다 (Kim, I.S. 2010, p. 49). 시장에 내다 팔기 위한 가정에서의 가축사육 같은 다른 형태의 부업도 북한 역사의 대부분 기간에 합법적이었다. 하지만 때때로 가격 상한 또는 금지 조치를 통해 규제되었는데, 이러한 규제는 특히 곡물 같은 특정 유형의 생산물 판매에 적용되었다. 다음과 같이 생각하는 것이 합리적 가정이다. 즉 관행이 합법화되거나 적어도 은연중에 제재를 받을 때 그 관행은 더욱 넓게 퍼질 가능성이 있으며, 따라서 부분적으로는 국가 행위의 결과로서, 또 부분적으로는 그러한 행위가 촉발한 새로운 계획으로 인하여 1980년대 후반에 시장의 규모와 중요성이 커졌다고 타당하게 결론을 내릴 수 있다. 그러나 알려진 바로는 1980년대 후반 현재 시장 상거래는 여전히 대체로 국민생산의 한계요소들인 가정과 기업의 폐기물/잉여 자재 활용에 한정되어 있었다 (Choi and Koo 2003). 그러나 이것이 1980년대 초부터 변하기 시작했다.

대외무역과 시장의 확산

공식적으로 자립을 고수하고 있음에도 불구하고, 북한경제는 항상 해외원조와 흔히 원조무역과 유사한 양허무역에 크게 의존하였다. 그러나 1980년대 후반 북한은 소련과의 양허무역에 크게 의존하는 것에서 거의 강요된 자급자족 경제로 급속하게 이행하였다 (Eberstadt et al. 1995).[23] 1991년 이러한 이행의 한 부분으로 새로운 대외무역 기구와 관리체계가 도입되었는데, 대외무역 계획 작성은 점차 8·3운동의 경우처럼 금액상의 계획 달성, 즉 수입 목표로 정의되었다.[24] 양문수(2008)는 어떻게 적어도 일부 무역회사들이 가격책정 및 독립적인 예산을 가지고 국가와 독립적으로 행동하기 시작했는가를 설명하며, 사실상 그가 인용한 자료(탈북자 인터뷰 – 역자 주)는 그러한 관행이 널리 퍼졌다고 생각하고 있다. 이것은 부분적으로는 1990년대 초 자신의 은행계좌를 가진 지방 무역회사의 설립을 포함한 무역체계에 대한 공식적인 조직 변화의 결과일 수도 있다. 그러나 경제위기로 인한 국가능력의 붕괴가 준독립적인 무역회사의 부상을 설명해주고 있는 것 같다 (ibid., pp. 5-7). 국가에 대한 그 회사들의 주요한 책임은 '현금계획' 즉 수입 목표의 달성이 되었다. 당 권력층과 잘 연결된 주요 무역회사(무역총회사와 권력기관 산하 무역회사 – 역자 주)들은 수출입품목 및 수량 계획을 포함한 무역 계획을 이행하는 한 종종 기업(광산, 공장, 농장, 수산사업소 등 생산기지 – 역자 주)과 협력하거나 수익성 있는 자원에 대한 통제권(수출입허가권과 쿼터를 포함하는 의미의 와크 – 역자 주)을 획득했으나 이러한 계획의 실제 집행은 간헐적이었던 것처럼 보인다 (ibid.). 더욱이 많은 무역회사가 현금 판매 수입을 얻기 위해 국영은행시스템을 우회한 거래를 했을 것이다 (Lankov et al. 2017).

1990년대 초 소련과의 양허무역의 상실은 북한경제에 큰 공급 쇼크를 초래했다. 국가공급체계가 더는 필요한 많은 필수 투입을 제공할 수 없었으며, 따라서 많은 국영기업 (그리고 기타 국가기관)이 스스로 살아가도록 방치되었다 (Lee 2003). 이런 이유로 기업들은 대체로 상품조합계획을 무시했고, 생산될 수 있는 것은 시장가격으로 팔렸지만, 계획은 공식가격으로 이행되면서 계획된 수입과 실제 수입 간 차이가 생겨났다. 이러한 일들은 적어도 국내와/또는 해외에서 시장성이 있는 자원에 접근할 수 있을 정도로 운이 좋은 회사들에 해당하는 것이었다. 사실 김정일 스스로 많은 경공업 기업들이 상품조합계획을 이행하지 않고 기근 중에 금액상으로만 계획을 이행했다고 공개적으로 인정했다.[25] 8·3운동은 이러한 변화의 촉매제 역할을 했던 것으로 보인다. 이석기는 다음과 같이 주장하고 있다.

그 [8·3운동] 이전에는 액상계획은 사실상 물적계획의 화폐적 표현에 불과하였다. … 그러나 8·3 인민소비품제도가 생긴 후부터 기업들에게는 주된 생산품을 통한 현물계획의 달성이냐, 금액상에서 유리한 8·3인민소비품에 주력하여 액상계획을 달성하느냐 하는 선택지가 생긴 것으로 보인다.

(Ibid., p. 108)

생산품을 사고 판매할 때 시장가격의 사용이 지방 경공업 부문(보통은 불법적으로)과 서비스 부문(때때로 합법적으로)에서 1990년대에 널리 퍼진 것으로 보인다 (Yang 2002; Lee 2003; Han 2011, pp. 39-65).[26] 탈북자 인터뷰 정보는 기업들이 중앙통제에 있든 지역/지방 통제에 있든 상관없이 1990년대에 생산물 조합을 결정할 수 있는 훨씬 더 많은 자유가 있었음을 보여주고 있다 (Lee 2003, p. 111). 대안중기계공장 같은 기업은 수요가 많고 단가가 높은 제품에 생산활동을 집중할 것이며 (ibid., p. 112), 또한 시장가격으로 판매하기 위한 불법적인 계획 외 생산을 할 것이다.[27] 그러한 계획 외 생산은 또 그 시설의 주요 운영과는 무관했을지 모른다. 즉 예를 들어, 미디어 회사가 생산에 필요한 자재를 얻을 수 있으면 시장에 내다 팔 화장지를 생산할 수도 있다.[28] 더욱이 어떤 기업들은 여전히 국가공급체계로부터 나오는 자재를 사용하여 가동했을 것이며, 1990년대 위기의 여파로 그러한 기업의 수는 실제로 늘어났을 것이다.

모든 기업이 동등하게 설립되는 것은 아니며 과거에도 동등하지 않았다는 점에 유의해야 한다. 이석기 등(2018, pp. 132-149)은 북한의 계획 유형 분류(기업을 범주화하고, 범주별로 작동방식을 분석하는 것을 의미 - 역자 주)가 필요하다고 주장하고 있다. 즉 (완전계획형의) 대형 발전소 등 인프라 기업은 주로 (물적 생산의) 용량 기반 현물계획을 하며, (부분계획형의) 중간 규모 국영기업은 현물과 금액 기반을 혼합한 계획을 짜고, 다른 나머지 많은 기업은 대체로 금액 기반의 계획을 한다. 란코프 등(Lankov et al. 2017)이 설명한 준국영기업의 문제도 있다. 즉 국가기구의 보호 테두리 안에서 존재해야 하는 사실상 부분적으로 민영화된 기업들이 널리 퍼지고 늘어나는 현상이다 (Yang and Yoon 2016).

그 기업들은 대체로 금전적 측면에서 운영되는 것처럼 보인다 (Lankov et al. 2017; Lee et al. 2018, pp. 149-153).

그럼에도 불구하고, 계획체계가 실제로 작동하는 방식에 대한 변화는 탈북자 조사에서 확인되었다. 즉 비록 북한 전체에 대해 통계적으로 유의미하지는 않으나 그래도 기업 생산에 대한 국가와 당의 중앙통제는 1990년대에 붕괴하였고, 금전적 측면에서만 계획 이행이 당국에 의해 널리 수용되었으며, 기업은 생산품 대부분을 시장가격에 불법적으로 팔았다는 것을 보여주고 있다 (Yang 2006). 그러한 판매는 현금으로 이뤄지면 국영은행시스템에 의해 직접 중개되지 않을 것이고, 따라서 기업관리인과 노동자가 계획가격과 시장가격 간 스프레드**의 수익금을 챙길 수 있게 한다.[29]

이러한 관행 중 일부는 2002년 7월 1일 공식적이며 공개적으로 인정되었는데, 이날 북한정부는 다양한 '개선 조치'***를 발표하였다. 비록 일부 제품에 가격 상한이 있었고 많은 상품이 여전히 국정가격으로 팔게 되어 있었지만 2002년의 조치와 2003년의 후속 조치는 국영기업이 생산품 일부를 (국정가격이 아닌) 시장가격으로 국내 소비시장과 도매시장에 팔도록 허용하였다 (Yang 2006, pp. 99-100, 2008, pp. 7-8).[30] 그 외에 2000년 이후 도입된 일부 개혁은 기업 간(B2B 시장) 시장가격의 사용을 허용한 것 같으나, 공식적으로 이러한 거래의 범위는 매우 제한적이었다 (Ward 2018a).[31] 이것이 실제로 시장이 널리 이용되지 않았다는 것을 의미하지는 않는다. 하지만 가용한 공식 자료는 별로 시장가격으로 이뤄진 거래가 성행했다는 것을 보여주지 않는다.[32] 실제로 금액상의 기

....

** 역자 주) 은행에서 개인이나 기업에 대출해줄 때 기준금리에 덧붙이는 가산금리를 말하나 여기서는 두 가격 간 차이를 의미한다.

*** 역자 주) 7·1 경제관리개선조치를 말하며, 주된 내용에는 가격 및 임금 현실화, 공장·기업소의 경영자율성 확대, 근로자에 대한 물질적 인센티브 강화 등의 조치를 포함한다.

업계획은 여전히 대체로 국정가격에 기반을 두어야 했으나, 탈북자 소식통에 따르면 실제 판매는 종종 시장가격으로 이루어졌다고 한다 (Park et al. 2016, pp. 135, 144–145).

실제 가격체계는 대체로 개혁되지 않은 채로 남아 있었으며, 이것은 오늘날까지도 북한의 많은 기업에 해결되지 않은 성가신 법률문제로 남아 있다. 법적으로 기업은 보통 생산량의 대부분에 대해 가격을 매기는 것이 금지되어 있으나 명령기반 계획은 기업이 필요한 투입물을 획득하거나 노동자들에게 생활임금을 지급하는 데 필요한 이익을 창출하는 것을 허용하지 않는다. 이것은 기업이 법을 위반하여 시장을 이용하고 주로 금액상으로 계획을 이행할 수밖에 없음을 의미한다 (Lim 2013; Park et al. 2016). 그렇기는 하지만, 특히 김정은이 권력에 오른 이후 국가는 확립된 관행과 법률 사이의 간격을 더욱 좁히기 위해 움직였다. 이제 김정은 치하에서 일어난 법적인 변화에 대해 알아본다.

김정은 시대 계획수립 개혁

김정은이 권력을 잡은 이후 북한정부는 현존하는 북한 경제생활의 현실 일부를 인정하는 여러 차례의 공식적인 법률 개정을 단행했다. 이러한 변화는 '사회주의 기업책임 관리제(SERMS: Socialist Enterprise Responsibility Management System)'라는 포괄적 용어로 묶을 수 있다. 그 변화는 기업, 농업생산단위와 기타 불특정 단체가 중앙/지방 계획 시스템 바깥에서 행한 생산에 대해 자체의 가격을 정하는 것이 허락되도록 규정한 2014~2015년에 제정하고/또는 개정한 일련의 법률로 법적인 근거를 갖는다 (Ward 2018a, 2018b).

'기업계획'이라는 개념은 실제로 김정은 시대의 새로운 창조물은 아니었으며 적어도 2000년대 이후 존재했다 (Sŏ et al. 2005). 그러나, 그러한 계획수립의 범위는 대체로 가격, 제품 개발과 노동 관련 문제가 최소한 법적으로 적어도 명목상으로 기업의 범위 밖에 있는 비상업적 결정에 제한되어 있었던 것처럼 보인다. 그러나 김정은 치하에서 기업계획은 이제 이러한 분야 모두와 그 이상을 포함하며, 기업은 자신이 개발하고 공급원이 되는 제품의 가격을 정하는 것뿐 아니라 다른 기업과의 계약 (소위 '주문 계약'과, 외견상 연관된 '판매 계약'과 '교환 계약')을 협상하는 것도 자유롭게 되었다.[33] 지난 20년 이상에 걸쳐 북한경제가 어떻게 변화했는가를 고려해 볼 때, 기업이 가격을 책정할 수 있는 이 새로운 계약 메커니즘과 법률규정은 북한에 현존하는 기업관리의 현실을 인정한 것이다.

중요한 것은, 기업 자체가 개발하는 제품의 가격은 8·3운동 제품 가격에 사용된 것과 같은 용어인 '합의가격'으로 알려져 있으며, 산출 방식은 여전히 실효가격 상한선의 적용을 받으나 마찬가지로 시장 지향적인 것으로 보인다 (Tu 2018).[34] 이석기 등(2018, pp. 83–84)은 또한 국정가격도 시장가격과의 격차를 축소하기 위해 변화했다고 지적하고 있다. 가격 현실화는 따라서 (1) 확장된 기업계획 및 합의가격의 메커니즘을 통한 일부 가격결정의 분권화와 (2) 시장가격에 맞추어 국정가격 수정의 두 방식을 통해 진행되었다. 그러나 얼마나 자주 국정가격이 시장가격의 동향을 반영하여 수정되었는지는 불분명하다.

김정은 치하에서 또 다른 개혁의 주요 측면은 대외무역 권한을 다른 비무역회사/대외무역성 관련 기관으로 확대하고, 그 기관들에 금액상만의 계획을 합법화한 것이다. 2015년에 개정된 무역법은 비중앙계획지표, 즉 기업계획 생산이 전적으로 금액으로 계산한 계획, 즉 생산물 조합 계획 없이 전적으로 적용될 수 있도록 허용했다. 그러나 그 후 2018년에 통과된 무역법 개정안은, 외국과 거래할 때 기업이 개발한 제품의 가격을 설정하는 것을 포함해 무역 허가를 받은 기업에 부여된 일부 권한을 빼앗아 대외무역성으로 다시 돌려주었음을 보여주고 있다. 이러한 일은 앞으로의 경제개혁 전망에 우려스러운 조짐이다 (Ward 2019).

향후 경제에 대한 국가의 통제정도가 어떻게 변동할 것인지는 좀 더 지켜보아야 할 것이다. 경제의 일부 부문은 지배적이지는 않더라도 다른 부문보다 더 중요한 것으로 보이는데, 특정 인프라와 전력과 수송 같은 일부 네트워크 산업은 많은 다른 분야보다 더 중앙명령을 통해 계획을 수립하고 있다. 대체적인 경험으로 보아, 무역기업과 각종 무역회사와 같이 지방기업과 소규모 기업은 전반적으로 더 시장화되고 주로 금액상 계획을 한다. 동시에, 중앙정부의 자원 배분에 주로 의존하는 기업이나 기관들은 주로 중앙의 물자기반 계획에 의해 계획을 수립할 가능성이 더 크다.

결론

김일성이 건설한 경제는 경제활동이 최고지도자, 당, 군대와 정부의 의지에 철저히 좌우되는 국영기업과 집단농장으로 특징지어졌다. 통제는 두 개의 핵심 메커니즘, 즉 생산수단의 소유와 모든 생산의 계획화를 통해 행사되었다. 생산계획은 물자균형계획, 즉 행정명령, 국정가격과 배급제도의 형태를 취했으며, 그 결과로 생긴 소련형 시스템은 현저하게 비효율적이었고 지나치게 중앙집권적이었다.

그 시스템은 군대와 엘리트층에 공급하는 별도의 경제영역이 등장하면서 1970년대에 변화하기 시작했다. 그러나 1980년대가 되어서야 그 시스템에 더 중요한 변화가 나타나기 시작했다. 그 변화는 부분적으로는 정권의 조치였지만 또한 아래로부터의 변화시도로 인한 것이었다. 그

다음에 소련과 사회주의진영의 붕괴는 북한경제의 광범위한 붕괴를 초래했다. 명령경제는 대체로 시장경제에 흡수되기 시작했고, 기업은 주로 자신의 계획 중 현금요소를 이행할 수 있는 능력으로 평가되었다. 이것은 많은 불법 활동과 합법/불법 경계선상의 활동을 가져왔으나, 이러한 많은 활동은 김정은 치하에서 개혁을 통해 부분적으로 합법화된 것으로 보인다. 그러나 기본적인 행정적 가격책정체계와 가정 밖의 모든 생산적 자산의 국가독점 소유는 개혁되지 않은 북한체제의 특징으로 남아 있다. 그리고 그것들은 계속해서 북한 경제생활의 많은 분야에서 광범위한 부패와 불법적인 활동의 근원이 될 것이다.

주

1) 탈북자 증언 및 공식 자료가 제공하는 이에 대한 충분한 증거가 있다. 논의를 위해서는 Lee (1990)와 Yun (2018)을 참조할 것. 공식 자료로부터의 다른 증거는 아래에서 더 논의될 것이다.
2) 이러한 명확한 구분이 북한에 존재한다. 북한 용어로는 현금화폐와 무현금화폐이다.
3) 1946~1993년까지의 북한 경제계획과 그 공식 발표 결과에 대한 자세한 내용은 Unification Board (1996, pp. 1–65)를 참조할 것. 1945~1953년 기간에 대한 유용한 경제 데이터는 Scalapino and Lee (1972, pp. 416–417)를 참조할 것.
4) 김일성 통치 기간 북한경제의 구성과 성장의 추정치에 대해서는 Eberstadt (2010, pp. 75–84)를 참조할 것.
5) 코르나이(Kornai, 1992, pp. 165–171)는 왜 군사생산이 국가사회주의 경제시스템의 고유한 특징인가에 대해 설득력 있는 논거를 제공하고 있다. 북한 군대의 규모에 관한 최근의 평가에 대해서는 Tak (2018)을 참조할 것.
6) 김일성 치하 대중동원 운동에 대한 비교적 포괄적인 목록에 대해서는 내외통신사 (1995, pp. 107–111)를 참조할 것.
7) 북한의 공장체계에서 일했던 사람들의 설명 역시 계획이 충족되지 않았을 때 공장관리인과 당비서는 일자리를 잃거나 더 나빠진 것처럼 공장체계는 높은 수준의 관리자 교체가 특징이라고 지적하고 있다 (Yang 2001, pp. 208–209). 1990년대의 상황에 대한 탈북자 조사들은 공장관리인들이 핵심 의사결정자로 재등장했고 그들과 당비서들 간 갈등이 자주 일어났음을 보여주고 있다 (Yang 2006, p. 85).

8) 이 시기에 이른바 청산리 방법 아래 농업 분야에서도 비슷한 변화가 도입되었다. 청산리 방법은 대안의 사업체계처럼 물질적 인센티브에 대한 당의 통제의 중요성을 강조했다 (Scalapino and Lee 1972, pp. 562–566).

9) 혼란스럽게도, 이에 앞서 '지방 공장'이 확대되는 명백한 분권화의 시도가 선행되었다. 1958년 모든 산업의 국유화에 이어, 1960년대 초에 군마다 평균 10개의 지방 공장을 설립하기 위한 대공세가 있었다 (Choi 1998, pp. 260–261). 1967년까지 북한에는 약 2,000개의 지방 공장이 있는 것으로 알려졌고, 이 분야는 빠르게 확대되어 1980년까지 군마다 18개 이상, 1990년까지 군마다 25개의 지방 공장이 있었으며 1994년 현재 전국적으로 약 4,000개의 공장이 있었다 (Lee 1998, p. 8). 일반적으로 이 공장들은 수십 명의 종업원을 가진 소규모 공장이었으며 일부 상당히 큰 공장도 있었다 (ibid., p. 11). 1980년대 초의 이용 가능한 데이터는 그중 31.6퍼센트는 일용품, 19.6퍼센트는 직물과 섬유, 16.2퍼센트는 식품, 그리고 나머지 32퍼센트는 다른 물품을 제조하거나 생산하였음을 보여주고 있다 (North Korea Research Center 1983, p. 883, cited in Yang 2003, p. 216). 그렇지만 그 공장들은 같은 형태의 계획의 대상이었으며 가격 설정 또는 현금 유동성에 대한 통제권이 없었음을 유념해야 한다.

10) 군산복합체의 구조와 그 공급체계에 관한 가장 유용한 자료의 하나는 탈북 이전 제2경제 분야에 종사했던 전 북한 관료의 자서전이다. Ko (2002)를 참조할 것. 그의 설명에 따르면, 군산복합체와 그것을 위해 공급하고 자금을 조달하는 기업을 관리하는 위원회인 제2경제위원회는 북한경제의 40퍼센트, 수출 사업의 45퍼센트를 통제하고 있으며, 민간경제 내의 기업으로부터 군사 주문을 관리하는 사무실을 두고 있다 (ibid., pp. 23–23).

11) 공식 자료는 소비재에 대한 '명령체계'의 존재를 언급하고 있으나 당 간부들에 대한 특혜를 포함해 물품이 실제로 가정에 할당된 방법에 관한 상세한 내용은 거의 없다. 예외적인 사례는 1986년 김일성이 행한 한 연설로, 그 연설에서 김일성은 당 간부들에 대한 특별배급제도의 존재를 언급하였고 그것이 간부들이 나라의 경제적 어려움을 해결하는데 관심이 부족하기 때문이라고 비난하고 있다 (Kim, I.S. 2009b, p. 203). 일반 주민의 경우, 배급제도는 최소한 국경지역에 사는 사람들에서는 1980년대 중반에 무너지기 시작한 것으로 보인다. 황해남도 해주시에서 배급제도가 어떻게 작동했고 무너졌는지는 Kwak (2012)을 참조할 것.

12) 통계의 부족으로 인해 다소 추측에 의한 평가이기는 하지만, 결정적 전환점, 즉 북한이 그 체제의 한계를 넘어 돌이킬 수 없는 경제 쇠퇴의 과정으로 들어간 지점은 1970년대 후반에 도달하기 시작했다는 일반적인 합의가 있는 것 같다. 또한, 연간성장률이 실제로는 1960년대에 줄어들기 시작했다고 상정한 더 최근의 추정치가 있다 (Kim, Kim and Lee 2007).

13) 북한의 외채 규모에 대해서는 Yang Moon-soo (2012)를 참조할 것.

14) 오진영(O Jin-yeong, 2004, pp. 103–110)은 덩샤오핑이 1983년 중국을 방문한 김정일에게 중국의 개혁과 개방에 관해 이야기해주려 그를 개인적으로 만났음을 보여주는 문서를 인용하고 있다. 1983년 이후 2년 동안 5,000명 이상의 북한인들이 당시에는 새로운 중국의 정책을 배우기 위해 중국을 방문한 것으로 추산되었다 (ibid., p. 110). 중국의 정책을 모방하려는 약간의 시도가 합영법에서 분명히 드러났다 (Eberstadt 2010, p. 89). 더욱이 황장엽의 회고와 북한의 공식 김정일 전기는 김환(정치국 위원)과 농업연구사 박철 등 몇몇 당 간부가 중국의

농업 개혁을 옹호했다는 이유로 숙청되었음을 보여주고 있다 (Buzo 1999, pp. 166-167; Han 2009, p. 92). 이 기간 내내 김일성은 분명하고 공개적으로 상당한 개혁 제안에 대해 적대적이었다 (Buzo 1999, p. 144ff).

15) 그래닉(Granick, 1975, pp. 133-233)은 1970년 동독에서 현지 조사를 수행했으며 동독의 수직적으로 통합된 대규모 국영기업이 어떻게 작동했는지에 대한 분석을 제공하고 있다. 동독은 1972년까지 공업, 건설 및 무역에서 소련형 경제계획이면서도 많은 준민간 및 민간기업을 보유했던 국가인 흥미로운 사례이다 (ibid., pp. 136-137).

16) 보통 산업연합체로 번역되는 *Ob'edineniya*는 다수의 관련 기업들을 합병하여 대규모 기업으로 만드는 것으로 1973에 도입되었다. Dunmore (1980)을 참조할 것.

17) 북한의 공식 추정치는 김 등(Kim et al. 2007, p. 573)이 산출한 1989년 추정치 2,258달러와 매우 유사하다. 이 시기 북한의 공식 국내총생산(GDP) 통계는 다소 일관성이 없다. 그 개요에 대해서는 Eberstadt (2007, p. 31)를 참조할 것. 북한의 국내총생산에 대한 정의도 전혀 분명하지 않으며, 따라서 이 수치들은 조심해서 다뤄야 한다.

18) 트리구벤코(Trigubenko, 1991, p. 60)는 그녀가 논문을 쓸 때 군산복합체가 소련에서는 생산량의 단지 8퍼센트를 차지한 데 비해 북한에서는 약 30퍼센트를 차지했다고 말하고 있다. 비생산적인 위신을 위한 프로젝트에 대한 과도한 지출은 북한 관리의 언급에서 증명되고 있다. 에버스타트(Eberstadt 2010, p. 90)는 1990년에 북한 관리들이 1980년대의 주요 댐 건설 프로젝트인 서해갑문에 40억 달러가 든 반면에 북한 주최 1989년 제13차 세계청년학생축제에 47억 달러가 들었다고 주장한 것으로 전하고 있다.

19) 소련형 계획에서의 이 문제는 Ellman (1973) and Nove (1987)에서 잘 논의되어 있다.

20) 여기에서 나는 소련형 경제에서의 돈의 '수동적 역할', 즉 돈은 계산의 단위이지 가치의 저장 또는 기업 간 효율적인 교환 수단이 아니라는 전통적 견해를 반영하고 있다. 더 새로운 분석들은 이 경우가 은행에 있는 돈을 사용해 소비재를 구매할 수 있는 것처럼 보이는 기업이 있는 소련에 해당하는지에 의구심을 제기한다 (Kim 2002; Harrison and Kim 2006). 1965년에 김일성(Kim Il Sung 2001, p. 147)은 기업과 여타 국가기관이 소비재를 구매하기 위한 비현금 자금의 사용을 금지하기까지 했는데, 이는 돈 빼돌리기가 문제였음을 시사한다. 그러나, 이는 여전히 돈이 북한경제 내 대부분의 거래에서 적극적인 역할을 했다는 것을 의미하지 않는다.

21) '합의가격'의 사용과 합의가격이 생산자와 소비자 간 합의를 반영하고/또는 생산자에 의해 설정된다는 사실은 북한 문헌에서 공개적으로 인정되고 있다. 합의가격에 대한 북한의 정의와 국영가격과 합의가격 간 다양한 차이의 사례에 대해서는 Yun (2018, pp. 30-33)을 참조할 것. 8·3운동이 북한 언론에서 어떻게 묘사되고 왜 그러한 주요 변화를 나타내는지는 Lee (1990)의 논문을 참조할 것. 8·3 생산과 다른 부업을 장려하면서도 국가가 세수의 몫을 받도록 보장하려는 규정이 또한 1989년에 공개되었다 (Yang 2001, pp. 365-370). 북한 신문 『민주조선』은 1989년 8월 11일과 21일 이 규정에 관한 기사를 게재하였다.

22) 이용 가능한 자료로부터 국영은행이 처음에 8·3운동 작업반과 소매점 간 중개기관으로 활동했는지는 불분명하다. 그러나 일반 시민들 사이에 북한 은행시스템에 대한 신뢰 부족이 널리 퍼진 상태에서 국영은행이 1990년대에 대부분의

8·3운동 작업반에 대해 그러한 역할을 하지는 않았을 것이다.

23) 1970년대부터, 북한지도부는 전능한 대외무역부를 정점에 둔 소련형 모델에서 벗어나 대외무역시스템을 분권화하는 실험을 시작했다. 무역 부문은 다층적으로 되어있는데, 종합무역회사(총무역회사)가 때때로 무역회사를 관장하고, 그 무역회사는 종종 지점(기지)을 관장하였다. 이러한 무수히 많은 기관은 총국, 중앙당 산하 지도국, 국가 또는 군사 기구, 또는 내각 성/위원회에 의해 관장되었다 (Yang 2008). 더욱이, 1980년 이후 지방정부도 자체의 '외화획득사무소'(외화벌이사업소)를 조직할 수 있는 권한이 있었다. 이 사업소들은 지방정부 관리 아래 들어왔으며, 지방정부의 활동은 무역성의 지방정부무역관리국에 의해 감시되었다 (ibid., pp. 11-12). 김정일 시대에는 무역성 산하 '무역기업들'만이 무역에 종사하도록 허용되었음에 특히 주의해야 한다. 대외무역은 물질상 및 금액상으로 계획되었으며, 무역 계획 (흔히 '와쿠' 라고 알려짐)을 가진 기업들만이 외부 세계와 합법적으로 무역하는 것이 허용되었다.

24) 무역회사들은 상품조합계획을 할당받았고 여전히 많은 회사가 할당받을 것이지만, 많은 회사는 자체 가격을 설정하고 수출이 허용된 상품의 품질과 양에 관한 규칙에 편법을 허용하는 액상계획으로 작동하는 것으로 믿어진다. 지방 무역기업들은 대체로 액상계획에 기반하여 작동하고 있는 것으로 보이며 (Lim 2013, p. 54), 39호실 산하 기업도 역시 마찬가지다 (Yang 2008, p. 18).

25) 2011년 7월 연설에서 김정일(Kim Jong Il 2015, pp. 347-348)은 다음과 같이 말했다.
여러 성, 중앙 기관, 공장 및 기업소가 고난의 행군[1994~1999년의 기근을 일컫는 북한의 공식 명칭] 동안 모든 것이 불충분하고 어렵다고 주장하면서 단지 금액상으로 그들의 계획을 이행했으며, 유용하고 질 좋은 일용품을 거의 생산하지 않았다.

26) 국가 상업 기업(도매와 소매)은 1984년에 자체적 '자원기반'을 설립하는 권한을 부여받았고, 여기에서 8·3운동의 일부로서 상품을 생산하였다 (Kim Jong il 2011b: 10). 그리고 1995년까지 국가 상업 기업은 자원기반에서의 생산물을 '합의가격'으로 파는 것이 허용되었다 (Ri 1995).

27) 경제생활의 현실과 동떨어진 일련의 공식 경제제도와 함께 부패도 주요 문제로 보고되었다는 것은 놀라운 일이 아니다. 뇌물 수수에 대한 가계 지출은 1996~2007년 기간에 매년 가계 수입의 약 9.0퍼센트에 달한 것으로 추정되었다 (Kim and Koh 2011). 필자는 산업에서의 부패 수준에 관한 추정치를 찾을 수 없었으나, 그와 비슷했거나 한층 더 높았을 것으로 보아도 무방하다.

28) 이 사례는 익명을 요구한 북한을 자주 방문한 사람이 필자에게 제공한 것이다.

29) 필자와의 대화에서 많은 탈북자는 그러한 관행이 비록 여전히 불법적이지만 오늘날 북한경제가 어떻게 기능하는가를 보여주는 완전히 정상적인 부분이 되었다고 말했다.

30) 2002~2003년부터의 공식적인 북한 규정에 대해서는 Lim (2008, pp. 272-283)을 참조할 것. 또한, 기업이 소비자나 국가 상업 기업에 상품을 팔 때 국가가 기업이 시장가격을 사용할 수 있도록 허용하는 범위에 대해 정책입안자들 간의 토론이 있었다는 증거를 Chŏng (2006)과 같은 2000년대의 공식 문헌에서 볼 수 있다. 이 논문을 작성할 당시 북한에서 '계획가격'이 '시장가격'과 공존할 수 있도록 하는 방법의 문제는 여전히 미해결 상태로 남아있는 것으로 보인다.

31) 김정일은 2000년 5월 기업 간 생산재 시장의 설립을 요구했다 (Kim Jong-il

2013, p. 201). 당의 경제정책 노선에 관한 한 북한 서적은 2005년 현재 기업 간 시장의 범위와 한계를 설명하고 있다 (So et al. 2005). 그러나 그것들은 입수 가능한 공식 문헌에서는 거의 논의되지 않고 있다.

32) 그러나 기밀로 분류된 북한의 법률참고서(*Reference Volume for Cadres in the Field of Legal Struggle* 2009, RVFLS; *법투쟁부문 일군들을 위한 참고서*)은 기업에 의한 시장가격의 불법 사용이 2009년 현재 심각한 문제임을 내비치고 있다. 이러한 사례들로는 생선을 시장가격에 팔아 상품조합계획을 위반한 기업, 지역의 국가 봉사판매점에서 일하면서 큰돈을 벌기 위해 시장가격으로 요금을 청구하는 시계수리공, 국영가격 대신 시장가격으로 요금을 청구하는 목재 가공공장 등이 있다 (ibid., pp. 225, 256, 313). 필자가 입수한 '1급 비밀'로 분류된 또 다른 서적 (*Educational Materials for Prosecutorial Personnel*, EMPP; *검찰일군들을 위한 교양자료*)은 2008년 현재, 군사적 이중 용도 가능성이 있는 방사성 물질 질산토륨이 국내시장에서 불법으로 거래되어 중국으로 밀반입되었음을 보여주고 있다 (EMPP 2010, pp. 49-50). 심지어 통제된 물질이 국내 및 해외 시장에서 불법적으로 거래되고 있다면, 이는 2000년대 말까지 시장가격 형성과 시장 거래가 얼마나 광범위하게 이루어졌는지를 보여주는 징후이다.

33) 이러한 변화에 대해서 한국어로는 그중에서도 Yang (2017), Lee et al. (2018)을, 영어로는 Ward (2018a, 2018b)와 Ward et al. (2019)를 참조할 것.

34) 합의가격은 여전히 국가 설정 도매가격에 기반을 두어야 한다. Tu (2018, p. 141)에 따르면, 신제품이 개발되었을 때, 신제품(f)의 '합의가격(Af)'은 국가 설정 도매가격(Sf)에 제품 f와 유사한 제품(sim)의 합의가격(Asim)을 그 유사제품에 대해 국가가 설정한 도매가격(Ssim)으로 나눈 값을 곱한 가격과 같아야 한다. 이를 수식으로 표현하면 $Af = Sf \times (Asim/Ssim)$이다. 따라서 국가 설정 도매가격은 여전히 합의가격이 정해지는 기반이며 적어도 공식적으로는 가격통제가 유효하다는 것을 의미한다.

참고문헌

영어

Buzo, Adrian. 1999. *The Guerilla Dynasty: Politics and Leadership in North Korea*. London: I.B. Tauris Publishers.

Buzo, Adrian. 2018. *The Guerilla Dynasty: Politics and Leadership in North Korea* 2nd edn. London: Routledge.

Choi, Soo-young. 1991. "North Korean Trade 1946-1988: Structure and Performance", unpublished PhD dissertation, Northeastern University, Boston.

DeMaris, E. Joe. 1963. "Lenin and the Soviet 'Control by the *Ruble*' System", *Slavic Review*, vol. 22, no. 3, pp. 523-529.

Dunmore, Timothy. 1980. "Local Party Organs in Industrial Administration: The Case of the Ob'edinenie Reform", *Soviet Studies*, vol. 32, no. 2, pp.

195−217.

Eberstadt, Nicholas. 2007. *The North Korean Economy: Between Crisis and Catastrophe*, London: Transaction Publishers.

Eberstadt, Nicholas. 2010. *Policy and Economic Performance in Divided Korea during the Cold War Era, 1945−91*, Washington, DC: The AEI Press.

Eberstadt, Nicholas, Rubin, Marc and Tretyakova, Albina. 1995. "The Collapse of Soviet and Russian Trade with the DPRK, 1989−1993: Impact and Implications", *The Korean Journal of National Unification*, vol. 4, pp. 87−104.

Ellman, Michael. 1973. *Planning Problems in the Soviet Union: The Contribution of Mathematical Economics to Their Solution, 1960−1971*, Cambridge: Cambridge University Press.

Ellman, Michael. 2014. *Socialist Planning*, Cambridge: Cambridge University Press.

Granick, David. 1975. *Enterprise Guidance in Eastern Europe: A Comparison of Four Socialist Economies*, Princeton, NJ: Princeton University Press.

Gregory, Paul. 1990. *Restructuring the Soviet Economic Bureaucracy*, Cambridge: Cambridge University Press.

Harrison, Mark. 2002. "Economic Growth and Slowdown". In Edwin Bacon and Mark Sandle (eds), *Brezhnev Reconsidered*, Basingstoke: Palgrave Macmillan.

Harrison, Mark and Kim, Byung-Yeon. 2006. "Plans, Prices, and Corruption: The Soviet Firm under Partial Centralization, 1930 to 1990", *The Journal of Economic History*, vol. 66, no. 1, pp. 1−41.

Hunter, Helen-Louise. 1999. *Kim Il-song's North Korea*, New York: Praeger Publishers.

IMF. 1997. *Democratic People's Republic of Korea: Fact-Finding Report*, Washington, DC: International Monetary Fund.

Kaser, Michael and Adi Schnytzer. 1982. "The Economic System of Albania in the 1970s: Developments and Problems", in Alec Nove, Hans-Hermann Hohmann and Gertraud Seidenstecher (eds), *The East European Economies in the 1970s*, Oxford: Butterworth-Heinemann.

Kim, Byung-Yeon. 2002. "Causes of Repressed Inflation in the Soviet Consumer Market: Retail Price Subsidies, the Siphoning Effect, and the Budget Deficit", *Economic History Review*, vol. 55, no. 1, pp. 105−127.

Kim, Byung-Yeon, Kim, Suk Jin, and Lee, Keun. 2007. "Assessing the Economic Performance of North Korea, 1954−1989: Estimates and Growth Accounting Analysis", *Journal of Comparative Economics*, vol. 35, pp. 564−582.

Kim, Byung-yeon and Koh, Yumi. 2011. "The Informal Economy and Bribery in North Korea", *Asian Economic Papers*, vol. 10, no. 3, pp. 104−117.

Koh, B. C. 1993. "The War's Impact on the Korean Peninsula", *The Journal of American-East Asian Relations*, vol. 2, no. 1, pp. 57−76.

Kornai, Janos. 1992. *The Socialist System: The Political Economy of Communism*, Princeton, NJ: Princeton University Press.

Lankov, Andrei. 2002. *From Stalin to Kim Il Sung: The Formation of North Korea, 1945–1960*, London: C. Hurst & Co.

Lankov, Andrei, Ward, Peter, Yoo, Ho-yeol and Kim, Ji-young. 2017. "Making Money in the State: North Korea's Pseudo-State Enterprises in the Early 2000s", *Journal of East Asian Studies*, vol. 17, no. 1, pp. 51–67.

Lee, Hy-Sang. 1990. "The August Third Program of North Korea: A Partial Rollback of Central Planning", *Korea Observer*, vol. 21, no. 4, pp. 457–474.

Lee, Hy-Sang. 2000. *North Korea: Strange Socialist Fortress*, New York: Praeger Publishers.

Mikheev, Vasily. 1993. "Reforms of the North Korean Economy: Requirements, Plans and Hopes", *Korean Journal of Defense Analysis*, vol. 5, pp. 81–95.

Nove, Alec. 1987. *The Soviet Economic System*, London: Unwin Hyman.

Rutland, Peter. 1985. *The Myth of the Plan*, Chicago: Open Court Publishing.

Scalapino, Robert and Lee, Chong-sik. 1972. *Communism in Korea: Part 1, Movement*, Berkeley, CA: University of California Press.

Tak, Sung Han. 2018. "The Actual Size of the North Korean Military: Estimations and Forecasts", *The Korean Journal of Defense Analysis*, vol. 30, no. 3, pp. 319–335.

Trigubenko, Marina Ye. 1991. "Industry of the DPRK: Specific Features of the Industrial Policy, Sectoral Structure and Prospects", paper presented at International Symposium on the North Korean Economy, 1991.9.30–10.1, Session III.

Unification Board. [통일원]. 1996. *Volume of North Korean Economic Statistics* [북한경제통계집]. Seoul: Unification Board.

Ward, Peter. 2018a. "Markets under Kim Jong Un: Understanding the New Scope of DPRK Enterprise. *NK Pro*, available at: www.nknews.org/pro/north-korean-markets-under-kim-jong-un-understanding-the-new-scope-of-dprk-enterprise/

Ward, Peter. 2018b. "Price Setting in North Korea: From Marketization to Institutionalization", *NK Pro*, available at: www.nknews.org/pro/price-setting-in-north-korea-from-marketization-to-institutionalization/

Ward, Peter. 2019. "Strengthening State Control, North Korea Partially Scraps Foreign Trade Reforms", *NK Pro*, available at: www.nknews.org/pro/strengthening-state-control-north-korea-partially-scraps-foreign-trade-reforms/?t=1576131171003

Ward, Peter, and Green, Christopher. 2020. "From Periphery to Centre: Synthesizing a History of North Korean Marketization", in Adam Cathcart, Christopher Green, and Steven Denney (eds), *Decoding the Sino-North Korean Borderlands*, Amsterdam: Amsterdam University Press.

Ward, Peter, Lankov, Andrei and Kim, Jiyoung. 2019. "Capitalism from Below with North Korean Characteristics: The State, Capitalist Class Formation, and Foreign Investment in Comparative Perspective", *Asian Perspective*, vol. 43, no. 3, pp. 533-555.

Wilczynski, Jozef. 1978. *Comparative Monetary Economics: Capitalist and Socialist Monetary Systems and Their Interrelations in the Changing International Scene*, Oxford: Oxford University Press.

한글

Cha, Mun Seok. [차문석]. 1999. 북한의 공장관리체제와 절정기 스탈린주의 – 대안의 사업체계에 대한 새로운 해석 [The Factory Management System in North Korea and High Stalinism: A New Interpretation of the Taean System], 북한연구학회 [*The Journal of the North Korean Research Association*], 3 (2), 227-250.

Chang Chŏng-hyŏn. [장정현]. 1991. 협동식당의 본질적특징과 그 역할 [The Fundamental Features of Collective Restaurants and their Role], 경제연구 [*Economic Research*] vol. 3, pp. 36-39.

Choi, Bong Dae, and Kab Woo Koo. [최봉대, 구갑우]. 2003. 북한 도시 '농민시장' 형성 과정의 이행론적 함의: 1950~1980년대 신의주, 청진, 혜산의 사례를 중심으로 [Farmers' Markets in Sinuiju, Chungjin and Hyesan in North Korea, 1950s-1980s], 현대북한연구 [*Contemporary North Korea Research*], vol. 6, no. 2, pp. 133-187.

Choi, Jiyoung. [최지영]. 2010. 북한의 계획이론 변화에 대한 연구 [A Study on the Change of the Planning Theory in North Korea], 통일문제연구 [*Research on Unification Issues*], vol. 22, no. 2, pp. 321-352.

Choi, Soo-young. [최수영]. 1998. 북한의 제2경제 [*North Korea's Second Economy*], 통일연구원 연구보고서 [Korean Institute of National Unification Research Report], pp. 97-20.

Chŏng, Gwang-min. [정광민]. 2005. 수령경제·자력갱생·기근 [*The Political Economy of North Korean Famine: The Leader Economy, Self-reliance and Famine*]. Seoul: Sidaejeongsin.

Chŏng, Myŏng-nam. [정명남]. 2006. 집단주의경제관리의 중요특징과 그 우월성을 높이 발양시키는데서 나서는 기본요구 [The Important Features of Collectivistic Economic Management and the Basic Requirements in Upholding Its Superiority], 경제연구 [*Economic Research*], vol. 2, pp. 12-14.

Chung, Yeon Wook. [정연욱]. 2019. 북한 인플레이션에 관한 연구: 시장가격 변동을 중심으로 [Inflation in North Korea: A Study of Market Prices], unpublished PhD dissertation, Seoul: University of North Korean Studies. *Educational Materials for Prosecutorial Personnel (1)*. [검찰일군들을 위한 교양자료 1]. 2010. Pyongyang: Central Prosecutor's Office.

Go, Il-dong. [고일동]. 2004. 북한 재정위기의 본질과 세입관리체계의 변 [The Essence of North Korea's Fiscal Crisis and Changes to Its Tax Revenue Management Framework], KDI 북한경제리뷰 [*KDI North Korean Economy Review*], October.

Han, Hyeon-suk. [한현숙]. 2011. 경제위기 이후 북한 지방산업공장 운영체계 변화에 관한 연구 [Changes in the Management System of Local Industrial Factories in North Korea After the Economic Crisis], unpublished Master's thesis, University of North Korean Studies, Seoul.

Han, Ki Bum. [한기범]. 2009. 북한 정책결정과정의 조직행태와 관료정치: 경제개혁 확대 및 후퇴를 중심으로 (2000−2009) [The Organizational Behavior and Bureaucratic Politics in North Korea's Decision-making Process: Expansion and Retreat of Economic Reform, 2000−2009], unpublished PhD dissertation, Kyungnam University, Changwon.

Han, Ki Bum. [한기범]. 2019. 북한의 경제개혁과 관료정치 [*North Korea's Economic Reforms and Bureaucratic Politics*], Seoul: North Korea Research Center.

Jeon, Hyeon Soo. [전현수]. 1999. 산업의 국유화와 인민경제의 계획화: 공업을 중심으로 [The Nationalization of Industry and the Planning of the People's Economy: Focusing on Industrial Industries], 현대북한연구 [*Contemporary North Korea Research*], vol. 2, no. 1, pp. 63−121.

Joung, Eun-lee. 2012. 북한무역회사에 관한 연구 [Research on North Korean Trade Companies], 통일부 신진연구자 정책과제 [*2012 Ministry of Unification New Researcher Policy Work*].

Kang, Yŏng-wŏn. [강영원]. 1987. 가내작업반, 부업반의 본질과 특징. [The Essence and Features of Household Work Groups nd Side-Work Groups], 경제연구 [*Economic Research*], vol. 4, pp. 38−42.

Kim, Il Sung. [김일성]. 2001. 당사업을 강화하며 나라의 살림살이를 알뜰하게 꾸릴데 대하여 [On Strengthening Party Work and Being Frugal], in 김일성전집 40 [*The Complete Works of Kim Il Sung*, vol. 36]. Pyongyang: Korean Workers' Party Press.

Kim, Il Sung. [김일성]. 2002. [1968년 인민경제계획을 성과적으로 수행하기 위한 몇가지 과업에 대하여] [On Several Tasks in Successfully Carrying Out the People's Economic Plan for 1968], 김일성전집, in [*The Complete Works of Kim Il Sung*, vol. 40]. Pyongyang: Korean Workers' Party Press.

Kim, Il Sung. [김일성]. 2003. [사회주의경제관리를 개선하기 위한 몇가지 문제에 대하여] [On Several Problems in Improving the Management of the Socialist Economy], in 김일성전집 51 [*The Complete Works of Kim Il Sung*, vol. 51], Pyongyang: Korean Workers' Party Press.

Kim, Il Sung. [김일성]. 2005. 의약품을 더 많이 생산공급할데 대하여 [On Producing and Supplying More Pharmaceuticals], in 김일성전집 60 [*The Complete Works of Kim Il Sung*, vol. 60]. Pyongyang: Korean Workers' Party Press.

Kim, Il Sung. [김일성]. 2006. 수매사업을 개선강화할데 대하여]. On Improving and Strengthening Procurement Work], in 김일성전집 66 [*The Complete Works of Kim Il Sung*, Volume 66], Pyongyang: Korean Workers' Party Press.

Kim, Il Sung. [김일성]. 2007. 북부지구 금속공장들의 생산정상화에서 나서는 몇가지 문제에 대하여 [On Several Problems in Normalizing Production at Metallurgical Factories in the Northern Regions], in 김일성전집 73 [*The Complete Works of Kim Il Sung*, vol. 73], Pyongyang: Korean Workers' Party Press.

Kim, Il Sung. [김일성]. 2009a. 전국농업대회에 참가한 농업부문책임일군들과 한 담 [Discussion with Responsible Officials Participating in the National Agricultural Congress], in 김일성전집 81 [*The Complete Works of Kim Il Sung*, vol. 81], Pyongyang: Korean Workers' Party Press.

Kim, Il Sung. [김일성]. 2009b. 경공업을 발전시켜 인민생활을 더욱 높이자 [Let's Develop Light Industry and Further Raise Living Standards], in 김일성전집 84 [*The Complete Works of Kim Il Sung*, vol. 84], Pyongyang: Korean Workers' Party Press.

Kim, Il Sung. [김일성]. 2010. 수산업을 더욱 발전시키며 소금생산을 늘일데 대하여 [On Developing the Fishing Industry Further and Raising Salt Production], in 김일성전집 88 [*The Complete Works of Kim Il Sung*, vol. 88], Pyongyang: Korean Workers' Party Press.

Kim, Jong Il. [김정일]. 2010. 인민경제계획화사업에 대한 당적 지도를 강화할데 대하여 [On Strengthening Party Leadership in People's Economic Planning Work], in 김정일 선집 (증보판) 4 [*The Collected Works of Kim Jong Il* (Expanded Edition), vol. 4], Pyongyang: Korean Workers' Party Press.

Kim, Jong Il. [김정일]. 2011. 주민들에 대한 상품공급사업을 개선하는데서 나서는 몇가지 문제에 대하여 [On a Number of Issues in Improving the Supply of Commodities to Residents], in 김정일 선집 (증보판) 11 [*The Collected Works of Kim Jong Il* (Expanded Edition), vol. 11], Pyongyang: Korean Workers' Party Press.

Kim, Jong Il. [김정일]. 2013. 중요공업부문들을 현대적기술로 개건하며 나라의 경제를 추켜세우는 데서 나서는 몇가지 문제에 대하여 [On a Number of Issues in Reconstructing Core Industrial Sectors with Modern Technology and Improving the Country's Economy], in 김정일 선집 (증보판) 20 [*The Collected Works of Kim Jong Il* (Expanded Edition), vol. 20], Pyongyang: Korean Workers' Party Press.

Kim, Jong Il. [김정일]. 2015. 질좋은 여러가지 상품들을 더 많이 생산하여 인민들에게 정상적으로 팔아줄데 대하여 [On Producing More Good Quality and a Wider Variety of Commodities and Selling Them to the People on a Normalized Basis], in 김정일 선집 (증보판) 25 [*The Collected Works of Kim Jong Il* (Expanded Edition), vol. 25], Pyongyang: Korean Workers' Party Press.

Kim, Kwang Jin. [김광진]. 2007. 북한경제의 달러화와 김정일 '궁정경제'

[Dollarization of North Korean Economy and Kim Jong Il's "Royal Court Economy"], 통일연구 [*Korean Unification Studies*], vol. 11, no. 2, pp. 3–28.

Kim, So-young. 2017. 경제위기 이후 북한 농업부문의 계획과 시장 [Plan and Market in North Korea's Agriculture After the Economic Crisis] unpublished doctoral thesis, University of North Korean Studies, Seoul.

Ko, Chŏng-song. [고청송]. 2002. 김정일의 비밀살상무기공장 [*Kim Jong Il's Secret Weapons of Mass Destruction Factory*]. Seoul: Dusol.

Kwak, Myeong-il. [곽명일]. 2012. 북한 '지역시장'의 형성과 발전에 관한 연구: 해주시장 사례를 중심으로 [A Study of the Emergence and Development of "Regional Markets" in North Korea – Focused on the Case of Haeju], unpublished doctoral thesis, University of North Korean Studies, Seoul.

Lee, Jeong-cheol. [이정철]. 2002. 사회주의 북한의 경제동학과 정치체제 – 현물동학과 가격동학의 긴장이 정치체제에 미치는 영향을 중심으로] [The Economic Dynamics and Political System of Socialist North Korea: The Influence on the Political System of the Tension Between Material and Price Dynamics], unpublished doctoral thesis. Seoul National University, Seoul.

Lee, Seok-gi. [이석기]. 1998. 북한의 지방공업 현황과 발전전망 [The Current State of North Korea's Regional Industries and the Prospects for Their Development]. Seoul: 산업연구원 [Korea Institute for Industrial Economics & Trade].

Lee, Seok-gi. [이석기]. 2003. 북한의 1990년대 경제위기와 기업 행태의 변화: 생존추구형 내부자 통제와 퇴행적 시장화 [North Korea's Economy Crisis in the 1990s and Change in Enterprise Behaviour: Survival Seeking-Type Insider Control and Regressive Marketization], unpublished PhD dissertation, Seoul National University, Seoul.

Lee, Seok-gi, Gwon Tae-jin, Min Byeong-gi, Yang Moon-soo, Lee Dong-hyeon, Lim Gang-taek, and Jeong Seung-ho. 이석기, 권태진, 민병기, 양문수, 이동현, 임강택, 정승호]. 2018. [김정은 시대 북한 경제개혁 연구 – '우리식 경제관리방법'을 중심으로 [*Research on Kim Jong Un-era North Korea – Focusing on Our Style of Economic Management Methods*], Sejong: 세종: 산업연구원 [Korea Institute for Industrial Economics & Trade].

Lee, Seok-gi, Yang Moon-su, Kim Seok-jin, Lee Yeong-hun, Lim Gang-taek, and Jo Bong-hyeon. [이석기·양문수·김석진·이영훈·임강택·조봉현]. 2013. 북한 경제 쟁점 분석 [Analysis of Major Debates in North Korea Economics], 산업연구원 [*Korea Institute for Industrial Economics and Trade*] 연구보고 [*Research Report*], 2013–673.

Lee, Young Hoon. [이영훈]. 2015. 북한의 화폐금융 현황 및 최근의 금융조치 평가: 인플레이션, 달러라이제이션, 사금융을 중심으로 [The Current State of North Korean Monetary Finance and an Evaluation of Recent Financial Measures: Inflation, Deflation and Private Finance], 북한연구학회보 [*North Korean Studies Review*], vol. 19, no. 2, pp. 95–129.

Lim, Gang-taek. [임강택]. 2013. 북한경제의 비공식(시장) 부문 실태 분석: 기 업활동을 중심으로 [An Analysis of the Current State of the Unofficial Sector (Market) of the North Korean Economy: Focusing on Enterprise Behaviour], KINU 연구총서 [KINU Research Report], pp. 13–11.

Lim, Su-ho. [임수호]. 2008. 계획과 시장의 공존: 북한의 경제개혁과 체제변 화 전망 [The Coexistence of Plan and Market: North Korean Economic Reform and Prospects for Systemic Change], Seoul: Samsung Economic Research Institute.

Naewae tongsinsa. [내외통신사]. 1995. 북한실상종합자료집: 탈북자의 증언 을 통해 본 북한사회 [General Collection of Materials About the Real North Korea: North Korean Society Through the Testimonies of North Korean Refugees], Seoul: Naewae tongsinsa Buseol Bukhan munjae yeonguso.

North Korea Research Center. [북한연구소]. 1983. 북한총람: 1945–1982 [North Korea Handbook: 1945–1982], Seoul: North Korea Research Center.

O, Jin-yeong. [오진용]. 2004. 김일성시대의 중소와 남북한 [Sino-Soviet and Inter-Korean Relations in the Kim Il Sung Era], Seoul: Nanam Publishing.

Park, Hyeong-jung. [박형중]. 2002. 북한의 경제관리체계: 기구와 운영·개혁과 변화 [North Korea's Economic Management Framework: Organizations, Operations, Reform and Change], Seoul: Haenam.

Park, Young-ja, Jo Jeong-a, Hong Jae-hwan, Hyeon In-ae, and Kim Bo-geun. [박영자, 조정아, 홍제환, 현인애, 김보근]. 2016. 북한 기업의 운영실태 및 지 배구조 [The Operational Realities of North Korean Enterprise and their Corporate Governance], KINU 연구총서 [KINU Research Report].

Reference Volume for Cadres in the Field of Legal Struggle. [법투쟁부문 일군들 을 위한 참고서]. 2009. Pyongyang: Ministry of People's Security Publishing House.

Ri, Dong-hyŏn. [리동현]. 1995. 상업기업소에서의 원료기지조성과 그 중요특 성 [The Creation of Resource Bases by Commercial Enterprises and Their Important Features], 경제연구 [Economic Research], vol. 2, pp. 38–42.

Sŏ, Jae-yong, Pak Jae-dong, and Chŏng Su-ung. [서재영, 박제동, 정수웅]. 2005. 우리 당의 선군시대 경제사상해설 [Interpreting Our Party's Songun Era Economic Ideology], Pyongyang: Korean Workers Party Press.

Suh, Dong-man. [서동만]. 2005. 북조선사회주의체제성립사 1945–1961 [The History of the Formation of North Korea's Socialist System, 1945–1961], Seoul: Sunin Books.

Tu, Gwang-ik. [두광익]. 2018. 기업체들에서의 가격제정방법 [Price Calculation Methods in Enterprises], 김일성종합대학학보 철학 – 경제편, [Kim Il Sung University Journal of Philosophy and Economics], vol. 64, no. 3, pp. 137–141.

Unification Board. [통일원]. 2006. 북한경제통계집 [Volume of North Korean Economic Statistics], Seoul: Unification Board.

Yang, Moon-soo. [양문수]. 2000. 북한 기업의 행동 패턴: 비교 경제 체제론적 접 근 [Patterns of North Korean Enterprise Behaviour: A Comparative Economic Systems Transition Theory Approach] 현대북한연구 [*Contemporary North Korea Research*], vol. 3, no. 1, pp. 217–253.

Yang, Moon-soo. [양문수]. 2001. 북한과 중국의 계획화시스템의 비교 [A Comparison of Planning Systems in North Korea and China], 경제학연구 [*Economic Research*], vol. 49, no. 1, pp. 147–180.

Yang, Moon-soo. [양문수]. 2002. 북한경제의 구조: 경제개발과 침체의 메커니즘 [*The Structure of the North Korean Economy: Mechanisms of Economic Development and Stagnation*], Seoul: Seoul National University Press.

Yang, Moon-soo. [양문수]. 2003. 북한의 자립적 지방경제의 형성과 발전: 1950~80년대 [The Formation and Development of Independent Local Economics in North Korea: 1950s–1980s], 북한연구학회보 [*North Korean Studies Review*], vol. 7, no. 2, pp. 207–238.

Yang, Moon-soo. [양문수]. 2004. 북한 기업 관리·운영 현황 및 발전방안] The Current Situation Regarding North Korean Enterprise Management and Operations and a Development Plan] *Korea Exim North Korea Economic Review*, vol. Winter, pp. 1–27.

Yang, Moon-soo. [양문수]. 2006. 1990년대 이후 북한의 기업지배구조 변화: 제도경제학적 접근 [Changes in North Korean Corporate Governance Post-1990: An Institutional Economics Approach], 통일정책연구 [*Unification Policy Research*], vol. 15, no. 1, pp. 73–103.

Yang, Moon-soo. [양문수]. 2008. 북한 무역의 제도와 실태 [The Institutions and Current State of North Korean Foreign Trade], *KDI Research Report*.

Yang, Moon-soo. [양문수]. 2012. 북한의 대외채무 문제: 추세와 특징 [North Korea's External Debt Problem: Trends and Characteristics], KDI 북한경제리뷰 [*KDI North Korean Economy Review*], vol. 3, pp. 18–37.

Yang Moon-soo. [양문수]. 2017. 김정은 집권 이후 개정 법령을 통해 본 '우리식경제관리방법' ["Economic Management System in Our Style" Observed through the Revised Laws in the Kim Jong Un Era], 統一 政策 硏究 [*Unification Policy Research*], vol. 26, no. 2, pp. 81–115.

Yang, Moon-soo and Yun In-joo. 2016. 북한 기업의 사실상의 사유화 － 수준과 추세에 관한 정량적 분석 [De Facto Privatization of North Korean Enterprises: A Quantitative Approach on Level and Trend], 통일연구 [*Unification Policy Research*], vol. 20, no. 2, pp. 45–88.

Yun, Gyeong-eun. [윤경은]. 2018. 북한 "8월3일인민소비품"생산운동 연구 [A Study on the August 3 People's Consumer Goods Production Movement of North Korea], unpublished Master's thesis, University of North Korean Studies, Seoul.

시장과 국가 사이: 북한의 취약한 농업과 식량공급

실버스타인(Benjamin Katzeff Silberstein)

서론

2019년 초 북한정부는 국제사회에 식량 원조를 위한 '긴급 요청' 메모를 보냈다.[1] 세계식량계획(WFP: World Food Program)은 2019년 5월 초 적어도 북한 주민의 40퍼센트가 긴급하게 도움이 필요하다면서 비슷한 요청을 했다.[2] 비록 이 식량 원조 요청들이 과거에 종종 그랬던 것처럼 과장되었는지는 모르지만, 독립적인 정보원들이 확인한 바로는 많은 단체에 식량 상황은 2019년에 그 이전 몇 년보다 훨씬 심각한 것으로 보였다.[3] 북한정부는 2018년의 수확량 부족과 다가오는 식량 부족을 악천후와 미국이 주도한 유엔 경제제재의 영향 때문이라고 책임을 돌렸다. 식량 원조를 요청하면서 북한은 2018년 봄 기온이 사상 최고였고 변덕스러운 강우, 가뭄과 갑작스러운 홍수가 문제를 악화시켰다고 주장했다.[4] 경제제재와 관련 세계식량계획은 경제제재가 북한의 농기계 예비부품, 연료와 비료 수입을 더 어렵게 만들었다고 동의했다.[5]

그러나 여러 가지 면에서 2019년의 식량 부족에 대한 이러한 경고는 더 깊고 체계적인 문제를 상징적으로 보여주었다. 북한정부가 심각한 식량 부족을 경고한 것은 처음이 아니었고 일상적으로 그런 경고를 하며,

176

식량 상황은 1990년대 이래 만성적으로 취약했다. 그러므로 특정 기상 조건과 제재가 주된 요인이라는 설명을 액면 그대로 받아들이기가 어렵다. 과거에 나쁜 기상 조건이 너무 일상적으로 인용되어 정기적인 현상이 되었으며, 한국 같은 동일 지역에 있는 어떤 다른 나라도 악천후 또는 외부 경제 조건 때문에 수확량 부족이나 다가오는 식량 부족을 정기적으로 경고하지 않는다. 더욱이 제재가 전반적인 경제에 상당한 영향을 미치고 특히 북한에 대한 연료와 원유의 판매와 이전을 제한하였지만,[6] 식량 부족은 국제사회가 2017년 북한에 대한 전례 없는 제재 레짐을 실시하기 훨씬 전부터 주기적으로 발생하였다. 2019년의 식량 부족 경고는 그 이전 몇 년 동안의 경고와 마찬가지로 북한의 식량공급과 농업에 관한 중대한 사실을 부각해준다. 바로 체제 그 자체가 대체로 북한의 문제 원인이다.

북한은 1990년대에 엄청난 기근을 겪었는데, 소련의 붕괴로 촉발되었으며 중국은 점차 석유와 같은 중요한 재화를 우호 조건으로 공급하기를 꺼렸다.[7] 북한의 식량공급은 주로 외부 원조 투입물과 국내 농업정책 변화의 조합을 통해서 1990년대와 2000년대 초반부터 개선되었다. 가장 중요한 변화는 북한체제에서 시장 메커니즘에 대한 공간이 점차 넓어지는 것이었고, 그 체제 내에서 식량생산에 더 강한 경제적 인센티브가 주어지고 계획 수립에 독립성이 부여되었다. 그러나 '시장'과 '시장 메커니즘' 간의 차이에 유의하는 것이 여전히 중요하다. 2000년대 초반부터 계속해서 북한정부는 실물 소비재 시장의 확대를 허용하고 장려하기도 했으며, 이 시장의 대부분은 공식 북한경제의 제도적 틀 내에서 운영되고 있다.[8] 이러한 시장의 도입은 아마도 북한 주민 대다수에 대한 소비재와 식량공급에 있어서 가장 근본적인 안정화 메커니즘일 것이다.[9] 그러나 시장 메커니즘은 또한 경제 전반에 도입되고 점점 더 큰 공간이 부여되었으며, 이 과정은 2011년 이후 김정은 치하에서 가속화되었다. 그러한 메커니즘은 농부, 개인, 관리인, 기업 및 기타 주체가 생산을 계획하고, 자기 주도로 나아가며, 적어도 수익 일부를 자유롭게 처분할 수 있도록 더 많은 자율성을 부여했다. 하지만 이러한 변화의 정도는 여전히 불분명하다. 그러나 분명한 것은 근본적으로 북한의 식량공급체계가 빈약한 체계적 설계, 부패, 계획 압력 및 할당량, 임의적 몰수와 같은 약탈적인 국가 관행, 사유재산 보호 결여, 그리고 적지 않게는 스스로 초래한 경제적 고립 때문에 억제된 상태에 있다는 것이다.

역사적 배경

북한 식량공급의 구조적 문제는 거의 국가 그 자체만큼 오래된 역사적 뿌리가 있다. 이 뿌리는 북한의 이데올로기, 군사 및 외교 전략에서 찾을 수 있으나 주로 경제정책의 선택에 그 뿌리가 있다. 1945년 일본 제국의 몰락 이후 소련 점령 당국의 후원과 강력한 지도하에 초기 북한 레짐은 소위 '부유한' 지주[10]로부터 농지를 몰수하여 과거에 가난했던 농민들에게 재분배하기 위한 토지개혁 프로그램을 추진하였다. 특히 소련의 사례와 비교하면, 북한의 토지개혁은 비교적 저항이 낮았다.[11] 이는 상당 부분 한반도가 미국 점령지역과 소련 점령지역으로 각각 나뉘어서 지주들이 남하하면서 토지개혁 조치에 반대투표를 할 수 있었고 많은 지주가 북한에 머물러 저항하기보다는 남하하였기 때문이다.[12]

한국전쟁(1950~1953년) 이후 북한정부는 농지를 완전히 국가통제하에 두고 농업생산의 전면적인 경제계획을 도입하기 위해 신속한 집단화 과정을 시작했다.[13] 김일성은 몇십 년 전 소련 스탈린의 산업화 전략과 유사한 방식으로 농업생산 대부분을 책정하여 급속한 산업화를 위한 자금 조달을 추구했다. 한국전쟁이 끝나고 1950년대 후반까지 북한의 지배 정당인 조선노동당 내에서 경공업 생산과 국민 생활수준에 우선순위를 둘 것인가 아니면 중공업 부문과 무기 제조에 더 강한 역점을 둘 것인가를 두고 논쟁이 격렬했다.[14] 이 투쟁은 매우 이데올로기적이었다. 김일성은 독자적인 무기 제조능력이 경제, 외교와 정치에서 진정한 독립을 이루는 유일한 길이라고 보아 중공업 노선을 위해 열심히 싸웠다. 반면에 많은 김일성 반대자들은 계획에 있어서 소비재에 더 강한 역점을 두기를 선호했는데, 이는 탈스탈린 시대 소련의 정책과 훨씬 더 조화를 이루었다. 더욱이 상호경제원조위원회(Comecon: Council for Mutual Economic Assistance)**의 지배하에서 소련은 독자적인 산업 능력을 건설하기 위한 북한의 어떠한 움직임도 선호하지 않았고 북한을 사회주의 경제블록에 통합하는 경제적 접근법을 원했다.[15]

다른 공산주의 국가들과 비교해서 한국전쟁 직후 시기 북한의 집단화는 지나치게 빨랐으며, 많은 사회주의 동맹국들은 북한의 집단화가 너무 극단적이라고 비판했다.[16] 1954년에 농업협동조합이 급격하게 늘어나면서 식량생산이 줄어들었다. 북한 주재 헝가리 외교관은 북한의 북부와 남부지역에서 굶어 죽은 사람들이 있으며 농촌 인구 중 많은 사람이 풀을 먹고 중독되어 헝가리와 폴란드정부가 운영하는 병원들에 실려 갔다고 보고했다.[17] 식료품 민간 교역을 금지하는 가장 가혹한 조치의 일부가 축소되고 소련, 동유럽과 중국으로부터 증가하는 원조량이 도착하면서 상황은 안정화되었지만 레짐은 계속해서 농업의 완전한 집단화를 추구했다. 1958년에 정부는 집단화가 완전히 완료되었으며, 북한의 모든 농장이 농업집단화(북한은 '농업협동화' 용어를 사용 – 역자 주)되었다고 선언했다. 모든 농사일은 집단적으로 이루어졌고, 모든 농기구와 토지는 협동조합의 소유가 되었으며 협동조합은 엄격한 국가의 통제하에 들어

<hr>

** 역자 주) 미국 중심의 유럽부흥계획인 마셜계획에 대응하는 차원에서 소련 주도로 1949년 출범한 공산권 경제협력기구로 1991년 해체되었다.

왔다.[18] 1년 전 1957년 식량배급제(PDS: public distribution system)가 농부를 제외한 모든 사람에게 확대되었다.[19] 다시 말해서, 1950년대 후반부터 식량의 생산과 분배를 거의 완전하게 하나의 통일된 국영체계 아래 두었다.

북한 레짐에 있어서 농업의 집단화는 몇 가지 이데올로기적 목표에 도움이 됐다. 북한을 소련의 힘으로부터 독립시키고 자신의 지도력을 지키기 위하여 김일성은 북한의 식량생산 자립화를 시도하고 전반적인 경제적 자급자족정책을 추구했다. 정치와 경제에서 모두 자립/자급자족에 기운 김일성의 경향은 1950년대 중후반부터 의심할 여지 없는 국가 도그마로서 북한의 공식 이데올로기인 '주체'의 발흥으로 확고해졌다.[20] '주체'에는 강한 이상주의 의식과 사람은 그가 직면할 거의 모든 자연의 장애물을 극복할 수 있다는 믿음이 있다. 따라서 북한의 영토와 지리가 산업화와 경제적 자립을 가로막는 것을 용납할 수 없었다.

그러나 북한의 영토는 식량생산에 적당하지 않다. 북한 영토의 약 80퍼센트가 산악이며 경작지가 부족하다. 레짐이 경제적 자급자족을 선택한 것을 고려할 때, 비교적 작은 경작지로부터 매우 많은 양의 식량을 억지로 짜내야만 했다. 따라서 농업생산은 곧 광범위한 화학비료의 사용과 대규모의 관개 기술에 의존하게 되었다. 북한은 산업용 비료 제조에서 빠르게 높은 생산능력에 도달했으나,[21] 관개와 화학비료 제조는 공장과 기계식 물 펌프에 연료를 공급하기 위해서 대규모의 석유 소비에 의존해야 한다. 1980년대 후반과 1990년대 초반, 북한은 소련과 중국으로부터 석유 보조금의 상당 부분을 잃었으며, 북한 농업에 미친 그 영향은 대단히 파괴적이었다. 아래에서 더 논의된 바와 같이, 북한의 수확량 수치는 종종 신뢰할 수 없는 것으로 악명이 높으며 자료에 따라서 크게 다르다. 유엔 식량농업기구(Food and Agriculture Organization of the UN)의 데이터베이스에서 얻은 다음의 통계는 1990년대 중반 이전의 수확량 수

치를 과장했을 수도 있다 (도표 6.1). 그 통계는 또한 1994년부터 1995
년까지 얼마나 가파르게 감소했는지 과장했을 수도 있다. 아마도 북한정
부는 이 수치를 보고했고 홍수와 악천후라는 조건이 1990년대 중반 고
난의 행군 시기 기근의 주된 원인이었다는 주장을 강조하기 위해 수확량
감소를 과장했을 것이다. 그렇지만 1990년대 중반 북한의 수확량이 엄
청나게 감소했다는 것은 논란의 여지가 없다.

2000년대 북한의 식량생산

1990년대 후반 실제의 기근 상황이 완화된 이후, 북한의 식량 상황은 식
량과 비료 원조, 기상 상황의 호전, 관리 방법에 대한 국가통제의 완화 같
은 여러 가지 요인을 통해 개선되었다.[22] 특히 1990년대 후반과 2000년
대 초반, 북한과의 경제교류와 협력 증대를 설정한 한국의 진보정부는 상
당한 양의 식량과 비료를 북한에 지원했다. 그러나 2006년의 미사일과

도표 6.1　식량 생산량, 1990~2017년, 곡물 (제분된 쌀 상당량), 만 톤 기준

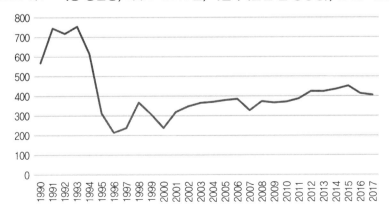

출처: 유엔 식량농업기구 (FAO).

핵실험 등 2000년대 북한의 일련의 군사도발은 한국과 다른 원조국들이 지원을 재고하고 축소하도록 만들었다. 한국은 또한 비료 수송을 중단했고, 아니나 다를까 북한의 식량생산은 감소하였다.[23] 글로벌 식량 가격의 인상뿐 아니라 2006년과 2007년의 악천후도 북한의 국가 생산 및 분배체계에 식량이 부족하도록 만들었다. 이 절은 농업관리체계의 변화와 시장의 부상에 대해 다루지만, 북한정부가 1990년대와 2000년대 초반의 기근과 식량 부족을 경제체제의 상당한 변화가 없어도 극복될 수 있는 일시적인 어려움으로 보았다는 역사적 서술에 유의하는 것은 중요하다.

그러나 북한정부는 2000년대 초반 농업생산과 식량 분배체계를 기근 이전의 상태로 복원하려는 시도를 몇 차례 했다. 예를 들어, 2005년 말 북한정부는 민간 곡물 거래 금지를 발표하고 식량배급제의 부활을 시도했다.[24] 그래서 국내 및 국제적 사건이 결합하여 2006년과 2007년 무렵에 수확량이 감소하는 원인이 되었고, 아마도 이미 2005년에도 그랬을 것이다.[25] 그 뒤 생산량 수치는 안정화되기 시작했고 2010년쯤을 시작으로 증가하였다. 따라서 비록 기근 이후 농업 관리와 계획정책에서 변화가 일어났지만, 북한 국가는 여전히 1970년대 후반 이후 중국의 농업생산성을 근본적으로 변혁한 것과 같은 대규모의 포괄적인 개혁을 시행하지 않았다. 마찬가지로 곡물 수입 관행도 변하지 않았고, 대부분의 선진 산업국과는 달리 북한은 정책적으로 계속해서 국제무역시스템 밖에 있으며 식량공급의 대부분을 국내생산에 의존하는 것을 선택하고 있다.[26] 비록 2010년 무렵 이후 북한의 수확량은 대체로 개선되었지만, 북한의 식량생산량은 지속적인 부족과 불안정 상태에 들어섰다고 말하는 것 또한 사실이다. 처음에 북한의 기근을 초래한 동일한 구조적 문제들이 여전히 대체로 지속하고 있다.

도표 6.2와 6.3은 유엔 식량농업기구 자료에서 인용한 2009~2017년 기간 북한의 총 식량생산량을 보여준다. 여기에서 '총'은 각 년도 생산된

식량의 전체 무게를 말한다. 수확량 수치를 이해하기 위해서는 약간의 방법론적 문제를 고려할 필요가 있다. 일반적으로 식량생산량 수치는 '곡물 상당량'으로 측정된다. 즉 콩, 감자 등 농작물의 수확량은 해당 농작물의 상대적 칼로리 함유량에 근거하여 곡물 무게에 상당하는 수치로 계산된다. 이러한 계산의 목적은 전체 가용한 식량에 대한 균일하고 일관성 있는 척도를 만들려는 것이다.[27] 따라서 제분되지 않은 곡물 상당량의 총 식량생산량은 제분된 생산량 수치만큼 유용한 척도가 아니다. 2009년에서 2019년 사이 제분되지 않은 생산량 수치와 제분된 생산량 수치의 차이는 평균적으로 85만 톤이었다.[28] 도표 6.2와 6.3은 몇 개의 다른 데이터 출처의 자료로 편집한 같은 기간의 식량생산량 수치를 보여준다.

도표 6.2와 6.3이 보여주듯이 북한의 식량생산은 2010년부터 개선되기 시작했다. 식량 상황은 결코 안정적이지 않았지만, 1990년대보다는 비교할 수 없을 정도로 낫다. 2010년 이후 수확량은 제분된 곡물 상당량 기준으로 400만 톤에서 500만 톤 사이를 오르내렸다. 이러한 생산량은 북한이 자급하기에 충분하지 않지만, 적어도 2010년 이래 대부분의 세

도표 6.2   총 식량 생산량, 2009~2018년 (미제분), 만 톤 기준

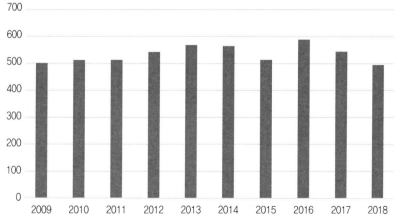

출처: 유엔 식량농업기구 (FAO).

도표 6.3 총 식량 생산량, 2009~2019년 (제분), 만 톤 기준

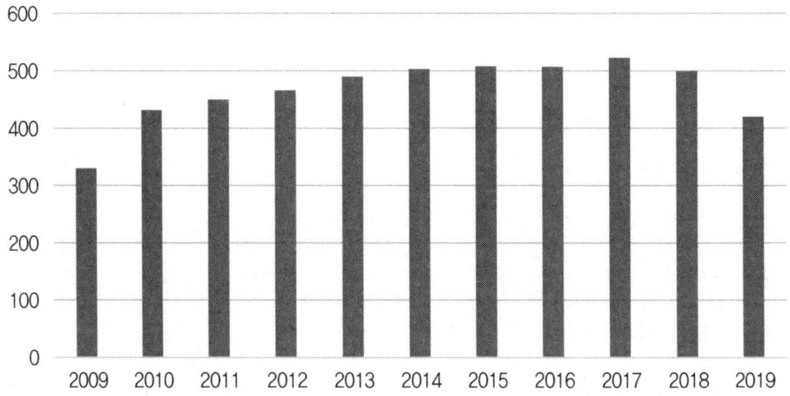

출처: 유엔 식량농업기구 (FAO).

월 동안 북한은 인간의 일상적 생존을 위해 필요한 최소한의 수준을 조금 넘는 수준으로 식량을 생산할 수 있었다.[29] 다음 절이 논의하는 바와 같이, 총 식량생산량 수치는 결코 북한 식량 소비의 완전한 그림을 보여주지 않는다. 우리는 또 북한의 연간 식량생산능력의 진정한 한계가 무엇인지 아직 충분히 알지 못한다. 간단히 말해서, 농업정책이 불분명하고 자의적이며, 투입물은 부족하고, 비료의 수입과 원조에 의존하고 있다. 이와 같은 상황에서는 가장 유리한 기상 상황에서도 북한의 농업체계가 얼마나 생산할 수 있는지 불분명하다. 그러나 총 식량생산량 수치는 적어도 어떤 특정한 해에 상대적으로 가용한 식량을 짐작하게 해준다. 생산량 수치의 변화는 가장 중심이 되는 정보이다. 그러나 2010년부터 계속된 수확량 증가는 그 기간 기상 상황이 특히 유리했던 것으로 드러나면 규칙이 아닌 예외임이 증명될 것이다.

식량생산량 측정 방법론과 그 중요성

지금까지 1990년대 이후 북한의 식량생산 추정량과 북한을 만성적인 식량 불안정 상황으로 만든 체계상의 문제를 논의했다. 그러나 수확량 수치에 대한 다소 자세한 검토를 해도 우리는 대략적이고 부분적인 이야기를 할 수 있을 뿐이다. 부드럽게 말해서 북한에 대한 양적 데이터와 통계는 드물고 질적으로도 형편없다. 놀랜드(Marcus Noland)가 쓴 것처럼, "소수점이 붙어 있는 북한에 관한 어떤 데이터도 신뢰해서는" 안 된다.[30] 1960년대에 북한이 점점 더 호전적으로 되고 국제적으로 고립되면서 사실상 통계 자료의 발표를 중단했다.[31] 북한의 영구적인 비상사태와 거의 모든 북한 방문자에 대한 엄격하고 만연한 통제로 인해 식량생산량을 추정하는 일을 맡은 기관은 농업생산과 전반적인 식량 안보를 추정하고 모니터하는 능력을 강하게 제한받는다.

유엔 기관들은 그들의 접근이 지난 몇 년에 걸쳐 북한의 모든 도에서 원조물자 분배를 모니터할 수 있을 정도로 꾸준히 개선되었다고 주장하고 있다. 그러나 그 기관들은 각 도 내의 어느 곳에 모니터링 방문을 할수 있는가에 대해서 여전히 크게 제약을 받고 있다. 특히 중국과 한국과 각각 국경을 접하고 있는 자강도와 강원도 같은 국경 지역의 상당 부분은 여전히 국제기관 모니터링의 손이 닿지 않는 상태로 남아 있다.[32] 가장 중요한 것은 유엔 직원들이 항상 북한정부 관리들, 즉 '국가기관 직원'[33]과 동행하며 정부와 독립적으로 조사 면접이나 현장 모니터링을 수행할 수 없다는 점이다. 정부가 바람직하지 않다고 생각하는 어떤 행동이나 발언에 대한 국가 감시와 징벌이 일상생활의 일상적인 부분인 북한과 같은 국가에서는 조사 응답자는 정부의 설명에 반하는 발언을 한다면 자신의 안전을 두려워할 것이다.[34]

모니터링 접근이 개선되었을 수는 있지만, 상당히 정확한 수치를 수집하는 사안은 핵심문제로 남아 있다. 하지만 여기서도 북한의 식량 안보를 모니터하는 유엔 기관은 수확한 지역, 수확량과 생산량 수치, 그리고 다른 농업 공급 투입 정보 같은 공식 수치들을 교차 점검할 수 있다. 예를 들어, 이 수치들을 삼각측량기법으로 계산하기 위해 인공위성 사진과 기상 데이터를 사용하고 있다.[35] 그렇지만 전반적으로 분석가들은 항상 그들에게 주어진 데이터의 특성으로 인한 한계를 유념하고, 따라서 부단히 이 수치들을 신중하게 교차 점검할 필요가 있다.

권리문제로서의 식량

누가 식량에 접근할 수 있고, 얼마나 많이, 그리고 몇 번? 북한의 일반 대중은 얼마나 많은 식량을 소비하고 어떻게 식량을 획득하는가? 북한의 전체적인 식량생산능력에 관한 질문은 확실히 중요하지만, 가장 중심적인 질문은 분배에 관한 것이다. 경제학자 센(Amartya Sen)이 지적한 유명한 말처럼, 기근은 단순히 사람들이 생존하기에 일반적으로 식량이 너무 적을 때 발생하지 않는다. 흔히 기근은 사람들이 생존하기에 식량이 너무 부족하기 때문이 아니라 일부 인구가 식량에 대한 접근을 상실하기 때문에 발생한다. 센은 이것을 '권리 접근법'[36]이라고 부르며, 이는 북한에서의 식량생산 및 식량에 대한 접근문제를 이해하는데 매우 유용한 접근법이다. 우선, 북한 주민들이 평년에 소비하는 식량 대부분은 국내에서 생산되며, 여유분이 적기 때문에 꽤 적은 생산량 감소도 잠재적으로 일부 집단에 끔찍한 결과를 가져올 수 있다. 다시 말하여, 누가 식량에 접근할 수 있는가를 결정하는 것이 북한이 얼마나 많은 식량을 생산할 수 있는가보다 거의 틀림없이 훨씬 더 중요한 문제다.

　이 문제는 북한의 경우 두 가지 이유로 특히 복잡하다. 첫째, 북한체제는 실제로는 이론상으로 기능하는 것과 매우 다르게 기능한다. 이론상으로, 북한은 식량 배급량조차 국가가 정하고, 각 구역의 배급소를 통해 나눠주며, 배급제(Public Distribution System)의 제도 내에서 작동하는 중앙계획경제로 남아 있다. 우리는 이것이 앞에서 언급한 뉴욕의 주유엔 북한대표부의 2019년 메모에 반영되어 있음을 볼 수 있다. 그 메모는 예상되는 식량 부족으로 인하여 "1월부터 육체 또는 사무직 노동자 가족 1인당 평균 식량 배급량이 (국가 식량공급 기준인 500g과 비교하여) 300g으로 줄어들 것이라고 말했다.[37] 그러나 실제로 1990년대 중반 기근의 결과로 중앙경제계획의 상당 부분이 와해하였기 때문에 그 제도의 일상적인 작동은 그리 간단하지 않다.

둘째, 시장체제와 경제정책 전반에 대한 북한의 이중적인 태도는 북한 주민들을 위한 식량 조달의 제도적 규칙을 결정하는 것을 매우 어렵게 만든다. 국가가 시장과 시장 활동을 점차 합법화·공식화하고 종종 광범위하고 투명한 법적 변화보다는 명령을 통하기 때문에 북한 주민의 대부분이 어떻게 식량과 음식물을 획득하는가에 대한 신뢰할 수 있는 완전한 모델을 설명하는 것이 사실상 불가능하다. 또한, 중국과 국경이 가까운 북부지역에서는 시장 무역이 더 널리 퍼져 있는 반면에 흔히 북한의 '쌀농사 지대'로 불리는 남부 지방에서는 더 많은 사람이 농촌에 살고 있어서 상당한 지역적인 차이가 있다.[38]

배급제는 이론적으로 세 채널 구조를 따라 작동한다. 일반 배급제는 주민 대부분에 쌀과 잡곡을 배급하며, 농민은 집단 농장에 심을 씨앗과 새싹을 받는다. 또 다른 세 번째 채널은 일반 배급 채널에서 공급되는 주식보다 의류, 가전제품 및 기타 상품과 같은 더 고급스러운 물품을 배급한다.[39]

배급제의 기본 배급은 정치적/사회적 신분, 직업 할당, 인구 변동 같은 요인에 기반하고 있다. 따라서 정치적, 사회적 계층이 높을수록 그러한 배급에 접근하는 데 있어 더 우선순위를 받는다. 다만, 광부와 같은 중노동을 하는 노동자는 실제로 하루에 800g을 받는데, 정부 고위관리보다 100g이 많다.[40] 다른 한편으로는, 평양이 나머지 지역보다 훨씬 더 낫다.[41] 협동농장원들은 주식을 공급받지 않는 대신 보통 농장 생산물의 한 몫을 차지하게 되며, 따라서 배급제에 의존하지 않는다. 배급체계가 계획한 대로 기능할 때 사람들은 그냥 포대와 직장에서 나눠주는 배급표(양권 − 역자 주)를 갖고 자기 구역의 배급소에 가서 자기 몫을 받는다.[42]

그러나 북한의 식량이 고갈되면서 배급제는 나라 대부분에서 그야말로 가동을 멈추었다. 시장과 물물교환이 대체로 그 자리를 차지하게 되었지만, 식량 배급이 실제로 어떻게 움직였는지는 여전히 불확실하다. 탈북자와 일부 뉴스원은 배급제가 실제 의미심장할 정도로 소멸했다고 생각하는 반면에 배급이 특정 집단에만 이루어지고 있다고 말하는 사람도 있다.[43] 예를 들어, 2016년의 한 탈북자 조사에서 응답자의 22퍼센트는 북한에서의 주 식량원이 시장 거래였으며 19퍼센트는 소토지 농사였다고 대답했다. 2013년에는 시장 거래가 36퍼센트를 넘었고 소토지 농사는 27.8퍼센트였다.[44] 이러한 보고는 어느 정도는 배급제가 대부분 북한 주민에게 중요한 식량원으로서 기능을 중지했다고 추정하고 있다.[45] 2008년 한국에서 탈북자를 대상으로 수행한 한 조사 연구는[46] 응답자의 10퍼센트 미만이 2005년과 2008년 사이에 주 식량원으로서 배급제에 의존했다고 보고했다.[47] 이 조사의 조사 기간 내내 시장은 계속해서 가장 중요한 식량원으로 보고되었고, 주민 자신의 (아마도 텃밭과 소토지) 농사 활동과 물물교환이 다른 주 식량원이었다.[48] 적어도 우리는 다수는 아니더라도 많은 북한 사람들이 주 생계 공급원으로 배급제보다는 시장체제에 의존하고 있다고 결론을 내릴 수 있을 것이다.[49]

약간의 예외를 제외하고는 2000년대 초 이후 시장화는 북한 경제발전에서 일반적인 경향이었다. 북한에서 시장이 완전히 금지된 적은 없었으나, 1990년대 이전에 시장은 주변적인 역할만을 했다. 북한이 완전한 중앙계획을 시행한 이후에도 농민들은 국가가 의무화한 할당량 이외의 생산물을 도시의 일정한 장날에 파는 것이 허용되었으며, 주민들은 기본 배급표 이외의 적은 추가 수입을 그런 생산물 구매에 사용할 수 있었다.[50] 결국, 기근에서 생존하기 위한 관행에서 생겨나 2000년대 초부터 정규화된 일련의 개혁을 통해서 시장은 북한의 식량경제에서 중심적 위치를 차지하게 되었다.

북한의 미시경제 상황에 관한 정보가 흩어져 있어서 오늘날 북한의 배급제 역할과 시장에 관해 각각 정확하게 설명하는 것은 사실상 불가능하다. 그러나 비교적 적은 가용한 자료에 근거하면, 판매 또는 물물교환에 의한 민간 공급과 함께 배급제는 일반 주민의 여러 식량원 중 하나이며, 배급은 신뢰할 수 없고 불규칙하다. 국가기관과 일부 국영기업의 종업원들은 보상 일부로 식량 배급을 받는다.[51]

여기에서 권리의 문제가 발생한다. 배급제는 대부분의 북한 주민들에 대한 식량공급의 주 채널로는 거리가 멀기 때문에 북한정부가 각 계층의 주민에 대한 식량으로 설정한 일일 고정배급량은 기껏해야 이데올로기적 열망에 불과하다. 일부 주민은 배급을 받지만, 우리는 얼마나 많은 사람이, 얼마나 많이, 얼마나 자주 받는지 알지 못한다. 따라서 북한 식량 생산량의 전체 수치는 상대적으로 제한된 데이터 수치이다. 그것은 동향에 관한 한 가치가 있다. 북한정부가 측정한 지역의 수확량이 일정한 퍼센트만큼 증가했으면, 텃밭과 개인이 경영할 수 있는 다른 소토지를 포함해 모든 경작지에서 같은 변화가 일어난다고 추정하는 것이 합리적이기 때문이다.

정부의 수확량 수치에 영향을 미치는 기후와 다른 요인들이 논리적으로 나라 전체의 식량생산에 같은 방식으로 영향을 미쳐야 한다. 그러나 누가 실제로 식량을 소비할 수 있는가, 즉 센(Amartya Sen)의 언어를 사용하면, 누가 식량에 권리가 있는가는 다른 문제이다. 시장을 조사하지 않으면, 북한에서 누가 얼마만큼의 식량을 소비하고 어떻게 그것을 획득하는가에 대한 정확한 이해가 불가능하다. 더욱이, 경제적 기회에 대한 접근이 사회적 배경에 크게 근거하고 있다. 북한의 사회-경제적 체제는 대단히 계층화되어있다. 사회적, 경제적 특권은 주로 개인 자신의 노력이 아니라 성분 계층사다리의 자기 위치에 더 중요하게 달려 있다. 성분체계는 각 개인을 정치적 충성심과 부모의 지위에 근거하여 정치적 신뢰성의 계층으로 분류하고 있다.[52] 시장경제의 부상은 기근 이전보다 오늘날의 북한에서 평양 엘리트층을 제외하고는 물질적 부와 가족 배경 간의 상관관계가 낮음을 의미한다. 그렇기는 하지만, 앞서 언급한 탈북자 조사에 따르면 경제적 기회는 사회적 지위와 위치, 권력과의 연줄, 그리고 특히 가족 배경과 거의 일치한다.[53] 최고위 정치 계층은 기근 중에 특별 배급 채널이 있었으며, 북한의 사회구조에 어떤 극단적인 변화가 없다면 그들의 필요는 항상 국가의 특별한 최우선 순위일 것이다.[54]

김정은 치하의 농업: 변화, 그러나 어느 정도?

대체로 북한정부의 농업과 식량생산에 대한 정책은 2000년대 초 이후 자유화 쪽으로 기울었다. 그러나 김정은 치하에서 이 과정은 아직 전체를 아우르는 경제개혁의 과정으로 발전하지 않았다. 레짐 스스로는 일어나고 있는 변화를 '자유화 조치' 또는 '개혁'으로 부르지 않는 대신 '개선'이라고 부른다.[55] 이 모든 것이 중요한 까닭은 '개선'은 전통적인 제도적 규칙을 계속 고수하면서 좀 더 점진적이고 꾸준한 변화를 의미하지만 '개혁'은 과거와의 단절을 함축하기 때문이다. 이것은 단지 의미론적 차이라고 주장할 수 있지만, '개선', '명령', 또는 '조치'는 모두 북한에서 경제

관리정책의 변화를 함의하기 위해 흔히 사용되는 용어들로 '개혁' 보다
더 쉽게 뒤집힐 수 있다. 그 용어들은 또 전국적으로 일관성이 떨어지는
방식으로 시행될 가능성이 높다.

이러한 용어의 차이는 김정은 치하의 경제정책 변화를 논의할 때 명
심하는 것이 중요하다. 김정은 치하에서 전반적인 농업생산 개선의 상
당 부분이 정책 변화의 덕택일 가능성이 있지만, 1970년대 말 이후 중국
의 덩샤오핑 치하에서 처음 도입된 것과 같은 광범위하고 전면적인 농업
개혁은 아직 없었다. 그렇지만 중요한 변화가 발생했다. 북한경제에서의
광범위한 범위의 시장 메커니즘 대부분과 마찬가지로 농업정책에서의
변화 대부분은 김정은이 권력을 잡기 전에 시작됐으나, 그는 기존의 정
책과 방향을 더 진전시켰다. 농업정책의 변화에 관해 우리가 가진 많은
정보는 완전히 검증될 수 없는 일화적인 정보에 근거하고 있다. 그러나
그것의 대부분은 어떤 경우에는 북한의 선전매체를 포함해 너무나도 다
양한 출처에 의해 보고되었다.

예를 들어, 2013년에 친북한 조선계 일본 신문『조선신보』(재일본조
선인총연합회 중앙상임위원회 기관지 – 역자 주)는 김정은의 가장 중심
적인 경제정책 변화의 하나인 '우리식 경제관리'의 제목 아래 경제 변화
에 관한 기사를 보도했다.[56] 이 관리정책 패키지의 핵심 아이디어는 노동
당 관리와 중앙의 계획자보다는 기업과 집단 농장의 하급 관리인이 생산
계획을 결정하고 노동자의 경제적 유인 동기를 높이기 위하여 생산에 따
라 보상을 계획하도록 하는 것이었다.[57] 결정적으로 2012년 이후 정부는
소위 '포전담당책임제'를 실험하고 있는데, 협동농장의 생산단위 규모를
10~25명(분조 – 역자 주)에서 세분화하여 3~6명으로 축소하였으며,
생산물의 70퍼센트는 국가가 수급하고 30퍼센트는 분조의 농장원들이
현물로 분배받도록 하였다.[58] 국가가 단순히 수확량의 70퍼센트를 자체
적으로 유지하는 것은 현실적이지 않기 때문에 그와 반대되는 보고에도

불구하고 이 사실만으로도 배급제가 어떤 형태나 형식으로 계속 존재하고 있음을 말한다는 것에 주목할 필요가 있다. 농장은 또 농업 기계와 물자에 투자하고 시장가격에 근거하여 투입물 구매를 자체로 계획하는 것이 허용되고 활성화되었다.

　북한의 선전매체는 생산단위의 농민들에게 유연성이 주어지면 그들의 창조적 기술을 높일 것이라고 포전담당책임제를 환영했다.[59] 이러한 변화의 배후에 있는 주요 아이디어는 농민들이 수확한 것의 더 많은 몫을 가질 수 있게 허용함으로써 그들이 더 열심히 일하고 더 많이 생산하도록 장려하려는 것이다. 그러나 이러한 정책 변화가 어떤 영향을 미쳤는지를 말하는 것은 너무 이르다. 우리는 또 그 정책들이 실제로 어떻게 시행되었는지 그리고 북한 전국에 걸쳐 어느 정도 달랐는지를 정확하게 알지 못한다. 북한 내부 소식통에 따르면, 개혁의 결과로 생산성이 올랐으나[60] 동시에 이러한 변화의 시행에 문제가 없는 것은 아니다. 북한 정부 관영 뉴스통신사인 조선중앙통신(KCNA: Korean Central News Agency)은 2018년 말 조선노동당 중앙위원회 부위원장 박봉주가 일부 농장의 '문제점'을 비판하고 농장원들이 정책 변화가 제시한 가능성을 충분히 활용하지 못하고 있다고 말했다고 보도했다.[61] 더욱이 국가가 차지하는 수확량의 몫은 실제 생산량이 아니라 수확 이전의 추정치에 기반한다. 따라서 만약 수확량이 예상보다 적은 것으로 드러나면, 정부가 차지하는 실제의 몫은 보통 30퍼센트 보다 훨씬 클 것이다.[62]

　요컨대, 1990년대 기근 이후 농업관리에서의 정책 변화는 농업생산에 긍정적인 영향을 미쳤을 것이다. 동시에 어떤 확실한 결론을 내리기에는 이러한 변화의 실제에 관해 알려진 것이 너무 적다. 그 밖의 정부정책의 모든 면과 마찬가지로 농업관리가 법적 변화보다는 칙령과 명령에 달려 있으므로 지방 관리들은 위에서 내려오는 명령을 어떻게 해석하고 시행하는가에 있어서 많은 재량을 갖고 있다. 북한 농민들이 영농에서 점점 더 많은 독립성이 주어졌다는 것은 농업생산성을 계속 증가시킬 가능성이 있다. 그러나 지금까지는 패러다임 전환을 이야기할 만큼 변화가 충분하지 않다.

결론

북한의 식량 상황과 농업은 1990년대와 2000년대 초의 파국적인 시기 이후 상당히 개선되었다. 국가는 농민들에게 생산 계획에서 더 많은 자율성을 부여했으며, 시장체제의 부상은 대체로 사라진 배급제보다 더 효율적인 식량생산과 분배체계를 제공하는 데 매우 중요했다. 동시에 북한 농업은 매우 비효율적이고 외부의 충격에 취약한 채로 남아 있다. 김정은 치하에서 도입된 농업개혁은 그 체계를 더 효율적으로 만드는 데 기여했다. 그러나 농업체계에 대한 더 포괄적이고 근본적인 개혁이 없는 상태에서 농업생산량 수치는 부족함과 더 부족함 사이를 계속 오갈 것이다. 북한경제체제는 지난 몇 년 사이에 상당히 변했으나, 그 근본적인 비효율성은 대체로 남아 있다.

주

1) 그 메모에 관한 뉴스 보도는 다음을 볼 것. Phil McCausland and Dan DeLuce, "Top North Korean Official Says Country Faces Major Food Shortages," *NBC News*, available at: www.nbcnews.com/news/north-korea/top-north-korean-official-says-his-country-faces-major-food-n973361 (accessed September 5, 2019). 2019년 9월 5일 현재 NBC가 올려놓은 메모는 다음의 웹페이지에서 볼 수 있음. www.documentcloud.org/documents/5744152-NK-Food.html.
2) World Food Program, "Democratic People's Republic of Korea (DPRK) – FAO/ WFP Joint Rapid Food Security Assessment," May 2019, available at: www.

wfp.org/publications/democratic-peoples=republic-korea-dprk-faowfp-joint-rapid-food-security-assessment (accessed September 5, 2019).

3) Ha Yoon Ah, "Food Situation Worsening in South Pyongan Province: Government Officials Failing to Receive Rations," Daily NK, March 14, 2019, available at: www.dailynk.com/english/food-situation-worsening-in-south-pyongan-province-government-officials-failing-to-receive-rations/ (accessed September 5, 2019).

4) 긴급 식량 원조 요청 메모에 대해서는 각주 1)을 볼 것. 강우량과 여타 기상 조건에 대해서는 다음을 볼 것. World Food Program, "DPRK Joint Rapid Food Security Assessment", p. 17.

5) Ibid., p. 6.

6) Benjamin Katzeff Silberstein, "The North Korean Economy and U.S. Policy: Stability Under 'Maximum Pressure,'" in *The East Asian Whirlpool: Kim Jong Un's Diplomatic Shake-Up, China's Sharp Power, and Trump's Trade Wars*, edited by Gilbert Rozman, Joint U.S.-Korea Academic Studies (Washington, DC: Korea Economic Institute of America, 2019), pp. 275–301.

7) 기근과 그 구조적 원인의 개관에 대해서는 다음을 볼 것. Stephan Haggard and Marcus Noland, *Famine in North Korea: Markets, Aid, and Reform* (New York: Columbia University Press, 2009).

8) Benjamin Katzeff Silberstein, "Growth and Geography of Markets in North Korea: New Evidence from Satellite Imagery" (Washington, DC: U.S.-Korea Institute at SAIS, October 2015); Philip H. Park, *Rebuilding North Korea's Economy: Politics and Policy* (Seoul, Republic of Korea: Kyungnam University Press, 2016).

9) 그러나 이러한 시장의 중심성을 과장하지 않는 것이 중요하다. 이른바 북한의 시장화 과정에 대한 증거의 상당 부분은 지리적으로 북한 북부지역 출신이 압도적인 남한의 탈북자를 대상으로 한 조사 연구에서 나온 것이다. 지리적으로 인접한 지역에서 중국과의 교역이 훨씬 더 흔하므로 중국과 국경을 접한 북부지역이 남부지역보다 비교적 더 번창하는 시장체계를 가졌다는 것은 놀라운 일이 아니다.

10) 역사적으로, 사회주의 토지개혁 사례에서 대규모 토지를 소유한 부유한 지주와 어느 정도 규모의 토지를 소유한 비교적 가난한 농부 간의 구분은 종종 흐릿했다. 이에 대한 자세한 내용은 다음을 참조할 것. Chong-Sik Lee, "Land Reform, Collectivization, and the Peasants in North Korea," *The China Quarterly*, no. 14 (1963), pp. 65–81.

11) In the Soviet case, for example, peasant resistance was so strong that in places the struggle practically assumed the dimensions of a civil war within the North. See Lynne Viola, *Peasant Rebels under Stalin: Collectivization and the Culture of Peasant Resistance* (New York: Oxford University Press, 1996).

12) 김성보, 『북한의 역사 1: 건국과 인민민주주의의 경험』 (서울, 대한민국: 역사비평사, 2011), pp. 87–88.

13) Chong-Sik Lee, "The 'Socialist Revolution' in the North Korean Countryside," *Asian Survey*, vol. 2, no. 8 (1962), pp. 9–22.

14) 이태섭, 『북한의 경제 위기와 체제 변화』(서울, 대한민국: 선인, 2009), pp. 17-18.

15) 이러한 논의와 갈등에 대한 개관에 대해서는 다음을 참조할 것. Balázs Szalontai, *Kim Il Sung in the Khrushchev Era: Soviet-DPRK Relations and the Roots of North Korean Despotism, 1953-1964* (Washington, DC: Woodrow Wilson Center Press, 2006), Chapters 2 and 3.

16) Ibid., p. 72.

17) Ibid., p. 65.

18) Lee, "The Socialist Revolution," p. 9.

19) 김병로, 김성철, "북한사회의 불평등 구조와 정치사회적 함의" (서울: 통일연구원, 1998), p. 53.

20) 주체사상은 북한의 자급자족정책을 이해하는 데 중요하기는 하지만 일부 관찰자들이 생각하는 것과 같은 결정적인 비중을 차지하지는 않는다. 마이어스(B. R. Myers)가 보여 준 것처럼, 외부자들은 북한의 이데올로기적 목표로서 '주체'와 자립의 중요성을 종종 과대평가하며, 그렇게 함으로써 의도적이든 아니든 북한의 국가 프로젝트를 낭만적으로 묘사하고 있다. 다음을 참조할 것. B. R. Myers, *North Korea's Juche Myth* (Busan, Republic of Korea: Sthele Press, 2015).

21) 이에 대한 자세한 내용은 예를 들어 다음을 참조할 것. Lee, "Land Reform."

22) 이 절의 정량 부분은 주로 2010년경부터의 시기에 초점을 맞춘다. 그 이유는 단지 이 글을 쓸 당시 유엔식량농업기구(FAO)와 유엔세계식량계획(WFP) 보고서에서 매우 중요한 정보를 얻을 수 있는 시기였기 때문이다.

23) Stephan Haggard and Marcus Noland, "Famine in North Korea Redux?," *Journal of Asian Economics*, vol. 20, no. 4 (September 1, 2009), pp. 384-395.

24) Ibid., p. 389.

25) 흔히 있는 일이지만, 북한에 관한 수치는 사실을 보여주지 않는다. 해거드와 놀랜드(Haggard and Noland)의 계산(각주 23과 24 참조)은 2005/2006 마케팅 연도에 수확량이 급격하게 감소했음을 시사하나 유엔식량농업기구(FAO) 자료의 수치는 2007년에만 감소한 것으로 보여주고 있다.

26) 북한 국가에서 식량이 우선순위가 낮은 것에 대한 설명으로는 예를 들어 다음을 참조할 것. Benjamin Katzeff Silberstein, "The Problem with Aid to North Korea is Bigger Than Diversion," *38 North*, December 6, 2018, available at: www.38north.org/2018/12/bkatzeff-silberstein120618/ (accessed September 15, 2019).

27) 이에 대한 자세한 내용은 다음을 참조할 것. Randall Ireson, "Why Headlines about DPRK Agricultural Production Miss the Point," *38 North*, May 6, 2016, available at: www.38north.org/2016/05/ireson050616/ (accessed September 18, 2019).

28) 여러 출처에서 모은 자료에 기반한 필자의 계산. 구체적인 수치와 출처에 대해서는 필자에게 문의하기 바람.

29) Haggard and Noland, "Famine in North Korea Redux?," op. cit., p. 386.

30) 전부 인용하면 다음과 같다. "먼데일(Walter Mondale) 전 미국 부통령은 북한 전문가라고 주장하는 사람은 거짓말쟁이이거나 바보라고 말한 적이 있다. 나의 당연한 추론은 소수점이 붙어 있는 북한에 관한 어떤 데이터도 신뢰하지 말라는 것이다." Marcus Noland, "Famine and Reform in North Korea," *Asian*

Economic Papers, vol. 3, no. 2 (2004), pp. 1-40, footnote 5 참조.

31) 이 문제에 대한 철저한 검토에 관해서는 다음을 참조할 것. Nicholas Eberstadt, *The North Korean Economy: Between Crisis and Catastrophe* (New Brunswick, NJ: Transaction Publishers, 2009), Chapter 2. 필자가 이 책의 2009년 판 작성에 참여한 이후, 어떤 부분은 변화가 있으며 북한은 인구 조사와 일부 다른 데이터수집 같은 문제에 대하여 국제 통계기관과 약간 더 가깝게 작업하기 시작했다. 그러나, 북한이 자국에 관한 통계 데이터를 국가 기밀로 취급하는 기본적인 문제는 여전히 남아 있다.

32) 이 글을 작성할 당시의 가장 최신 정보에 대해서는 다음을 참조할 것. 유엔 인도주의업무조정국(United Nations Office for the Coordination of Humanitarian Affairs, UNOCHA). *DPR Korea 2015: Needs and Priorities*, 2015. available at: https://reliefweb.int/ report/democratic-peoples-republic-korea/dpr-korea-2015-humanitarian-needs-and-prior-ities (accessed September, 26, 2019). See map on p. 21.

33) Ibid., p. 20.

34) 2011년에 북한제재 전문가이자 인권옹호자인 스탠튼(Joshua Stanton)은 한 유엔세계식량계획(WFP) 관리를 인터뷰했다. 인터뷰에서 그 관리는 그해 북한에 파견된 한 유엔 평가팀에는 한국어를 할 줄 하는 사람을 포함했으며, 북한정부에서 파견한 북한인 관리는 식량 안보에 관해 북한 민간인을 인터뷰할 때 어느 시점에서 방을 나가달라고 요청받았다고 말했다. Joshua Stanton, "Interview: Marcus Prior of the World Food Program, on Food Aid to North Korea," *One Free Korea* (blog), July 2, 2011, available at: http://freekorea.us/2011/07/02/interview-marcus-prior-of-the-world-food-program-on-food-aid-to-north-korea/#sthash.s0fC74kE.bANS6s9C.dpbs (accessed September 12, 2019). 그러나 북한처럼 엄격한 감시환경에서는 그와 같이 겉보기에 진전된 것 같은 조사 과정이 실제로 중요한지는 분명하지 않다. 정부 감시와 억압이 불러일으키는 공포 분위기가 너무 널리 퍼져 있고 강력하므로 해당 정부 관리가 단지 나가 있다는 이유로 정부의 목적과 상관없이 응답자가 갑자기 마음 놓고 자신이 원하는 대로 직설적이고 투명할 것으로 가정할 수 없다. 전체주의 사회에서의 조사 연구의 문제로서 이에 관한 자세한 설명에 대해서는 다음을 참조할 것. Monique Skidmore, "Darker than Midnight: Fear, Vulnerability, and Terror Making in Urban Burma (Myanmar)," *American Ethnologist*, vol. 30, no. 1 (2003), pp. 5-21.

35) 다음을 참조할 것. World Food Program of the United Nations, "Democratic People's Republic of Korea (DPRK) - FAO/WFP Joint Rapid Food Security Assessment," available at: www.wfp.org/.../democratic-peoples-republic-korea, p. 5.

36) 센(Amartya Sen)은 몇몇 자신의 저술에서 이 이론을 펼쳤다. 사례와 설명에 대해서는 다음을 참조할 것. Amartya Sen, *Food, Economics, and Entitlements* (Helsinki, Finland: World Institute for Development Economics Research, United Nations University, 1987), p. 8.

37) Kim Song, "Urgent Food Assistance Called for", undated memo to the United Nations by the North Korean legation. Published by NBC News, February 20, 2019, available at: www.nbcnews.com/news/north-korea/top-north-

korean-official-says-his-country-faces-major-food-n973361 (accessed January 8, 2020).

38) 이는 북한 전체에 걸친 경제 환경의 차이에 관한 매우 광범위하고 일반적인 성격 규정이다. 예를 들어, 북한의 서부 중심(수도 평양의 북쪽)에 있는 평성은 북쪽의 국경도시인 신의주와 비교적 부유한 수도인 평양과 모두 고속도로로 연결되어 있어서 도매와 유통의 중심지로 알려져 있다. 시장의 지리학에 대해서는 다음을 참조할 것. Katzeff Silberstein, "Growth and Geography."

39) 배급제에 관한 훌륭한 개관은 다음을 참조할 것. Fyodor Tertiskiy, "Let Them Eat Rice: North Korea's Public Distribution System," *NK News*, October 29, 2015.

40) 이 수치에 대한 총람표는 다음을 참조할 것. Haggard and Noland, *Famine in North Korea*, op. cit., p. 54.

41) Tertitskiy, "Let Them Eat Rice," op. cit.

42) 주로 2018~2019년에 필자가 남한에 있는 상당수의 탈북자와 나눈 대화에 따른 것임.

43) 각주 42와 다음을 참조할 것. 김현아, "식량 배급제," *Radio Free Asia*, October 16, 2017, www.rfa.org/korean/commentary/ae40d604c544/cu-hi-10162017132838.html (assessed September 24, 2019).

44) 서울대학교 통일평화연구원, 『북한사회변동 2017』, 연구보고서 (서울: 서울대학교 통일평화연구원, 2018), p. 85.

45) 예를 들어, ibid. p. 38, p. 95 등을 참조할 것.

46) Stephan Haggard and Marcus Noland, *Witness to Transformation: Refugee Insights into North Korea* (Washington, DC: Peterson Institute for International Economics, 2011), p. 161.

47) 조사 결과는 ibid. p. 52를 참조할 것. 해거드와 놀랜드(Haggard and Noland)는 2005년부터 조사가 시행된 (아마도) 2008년까지의 시기를 '긴축 기간'으로 칭하고 있다. p. 47을 참조할 것.

48) Ibid., p. 52.

49) 북한사회의 미시경제 행태와 사회규칙에 관한 대부분의 연구는 지리적으로 극히 왜곡된 경향이 있어서 문제가 있다. 위에서 언급한 조사 연구의 2017년도 표본은 모든 조사 참여자 중 매우 큰 74퍼센트가 북부의 양강도 출신으로 2013년의 58퍼센트(p. 20)에서 많이 증가했다. 이러한 왜곡은 한국에 사는 탈북자 중 북부지역 출신이 전반적으로 과도 대표되고 있음을 반영하는 것이다. 그러나 그 응답 비율이 너무 높아서 지리적 왜곡을 이유로 무시할 수는 없다.

50) 예를 들어, 박(Philip H. Park)은 북한 레짐은 역사적으로 경제관리에서 보통 믿어지고 있는 것보다 훨씬 더 시장 메커니즘을 사용하는 경향이 있다고 주장했다. Philip H. Park, *Rebuilding North Korea's Economy: Politics and Policy* (Seoul, Republic of Korea: Institute for Far Eastern Studies at Kyungnam University, 2016). 농민 시장의 역할이 점진적으로 성장한 것에 대해서는 다음을 참조할 것. Haggard and Noland, *Famine in North Korea*, op. cit., pp. 172-173.

51) 하윤아, "열악한 식량사정 호소한 북…권력기관 배급마저 무너지나," *Daily NK*, March 3, 2011, www.dailynk.com/%EC%97%B4%EC%95%ED%95%9C-%EC%8B%9D%EB%9F%89%EC%82%AC%EC%A0%95-%ED%98%B8%EC%86%

8C%ED%95%9C-%E5%8C%97%EA%B6%8C%EB%A0%A5%EA%B8%B0%EA%
B4%80-%EB%B0%B0%EA%B8%89-%EB%A7%88%EC%A0%80-%EB%AC%B4/
(accessed September 26, 2019).

52) 성분제도에 관한 훌륭한 분석에 대해서는 다음을 참조할 것. 김병로, 김성철, 『북
한사회의 불평등 구조와 정치사회적 함의』 (서울: 민족통일연구원, 1998); 현인
애, "북한의 주민등록제도에 관한 연구," 석사학위 논문, 이화여자대학교, 2008.

53) 『북한사회변동 2017』, p. 83.

54) 기근 연도에 관해서는 다음을 참조할 것. *Haggard and Noland, Famine in
North Korea*, op. cit., p. 53.

55) 예를 들어, 공식적 시장화 과정의 결정적인 부분은 기업의 가격설정과 임금을
자유화한 김정일의 2002년 "7.1 경제관리 개선조치"였다.

56) 리태호, "'우리식의 경제관리방법'의 완성을/내각 관계자 인터뷰", 『조선신보』,
2013.5.10, available at: http://chosonsinbo.com/2013/05/0510th-4/ (accessed
September 27, 2019).

57) 실제로, 많은 유사한 변화가 오랫동안 진행되었다. 김정은 통치 이전의 일부 이러
한 변화의 개요에 관해서는 다음을 참조할 것. Philip H. Park, ed., *The Dynamics
of Change in North Korea: An Institutionalist Perspective* (Seoul: Kyungnam
University Press, 2009).

58) 이 정책의 개관에 대해서는 다음을 참조할 것. 홍제환, 『김정은 정권 5년의 북한
경제: 경제정책을 중심으로』 (서울: 통일연구원, 2017.12.31) 연구총서 17-18,
p. 63.

59) 하나의 예로서, 전명길, "포전담당책임제와 과학농사의 주인", 『노동신문』, 2015.
5.11, p. 5.

60) 예를 들어, 다음을 참조할 것. 하윤아, "북 일부지역 농민들, '포전담당제' 실시
에 근로의욕 상승." *Daily NK*, October 4, 2018.

61) 조선중앙통신, "제4차 전국농업부문열성자회의 개최," 『조선중앙통신』, 2018.
12.27.

62) Kim Yoo Jin, "State Orders Farmers to Supply More Food to the Military,"
Daily NK, January 11, 2019.

참고문헌

Bank of Korea 2013. "Gross Domestic Product Estimates for North Korea
in 2012," July 12, Seoul: Bank of Korea. See the World Bank's estimates
of trade as a percentage of GDP, available at http://data.worldbank.org/
indicator/NE.TRD.GNFS.ZS.

Chŏn, Myŏng-il. 2015. "P'ojŏ Damdang Ch'aegimjewa Kwahangnongsaŭ Chuin"
[The Masters of the Field Responsibility System and Scientific Farming],
Rodong Sinmun. May 11.

DeLuce, Dan and McCausland Phil. 2019. "Top North Korean Official Says

Country Faces Major Food Shortages." *NBC News*. Available at: www. nbcnews.com/news/north-korea/top-north-korean-official-says-his-country-faces-major-food-n973361 (accessed September 5, 2019).

Eberstadt, Nicholas. 2009. *The North Korean Economy: Between Crisis & Catastrophe*. New Brunswick, NJ: Transaction Publishers.

Ha, Yoon Ah. 2011. "Yŏakhan Singnyang Sajŏg Hosohan Puk···Kwŏlyŏ Kigwan Paegŭ Majŏ Munŏjina" [Amid North Korean Appeals about Dire Food Situation, Distribution Fails even to State Organs], *Daily NK*, March 3.

Ha, Yoon Ah. 2018. "Puk Ilbujiyŏ Nongmindŭ, 'P'ojŏdamdangje' Silssie Kŭloŭyok Sangsŭg" [Farmers in Some Areas of North Korea Say Workers' Motivation Increased under the Field Responsibility System], *Daily NK*, October 4.

Ha, Yoon Ah. 2019. "Food Situation Worsening in South Pyongan Province: Government Officials Failing to Receive Rations." *Daily NK*, Available at: www.dailynk.com/english/food-situationworsening-in-south-pyongan-province-government-officials-failing-to-receive-rations/ (accessed September 5, 2019).

Haggard, Stephan, and Noland, Marcus. 2008. "Authors' Response: Famine in North Korea − Reprise," *Asia Policy*, no. 5, pp. 203−221.

Haggard, Stephan, and Noland, Marcus. 2009a. *Famine in North Korea: Markets, Aid, and Reform*, New York: Columbia University Press.

Haggard, Stephan, and Noland, Marcus. 2009b. "Famine in North Korea Redux?" *Journal of Asian Economics*, vol. 20, no. 4 (September 1), pp. 384−95.

Haggard, Stephan, and Noland, Marcus. 2011. *Witness to Transformation: Refugee Insights into North Korea*, Washington, DC: Peterson Institute For International Economics.

Hong, Jae-hwan. 2017. "Kim Jŏg-ŭ Chŏggwŏ 5nyŏŭ Pukhan'gyŏgje: Kyŏgje Jŏgch'aegŭ Chungsimŭro" [The North Korean Economy under Kim Jong Un's Five Years in Power: The Central Economic Policies], *Korean Institute for National Unification Research Series*, December 31, 2017, pp. 17−18.

Hyŏn, In-ae. 2008. "Pukhanŭ Chumindŭgnokchedoe Kwanhan Yŏ'gu" [Research on the Citizen Registration System of North Korea], MA thesis, Ewha Womans University.

Institute for Peace and Unification Studies (IPUS). 2017. "Pukhan Sahoe Byŏdong 2017" [Changes in North Korean Society, 2017], Research Report. Seoul, Republic of Korea: Institute for Peace and Unification Studies.

Ireson, Randall. 2016. "Why Headlines About DPRK Agricultural Production Miss the Point," *38 North*, May 6, available at: www.38north.org/2016/05/ireson050616/

Katzeff Silberstein, Benjamin. 2015. "Growth and Geography of Markets in North Korea: New Evidence from Satellite Imagery," Washington, DC: U.S.-Korea Institute at SAIS.

Katzeff Silberstein, Benjamin. 2018. "The Problem with Aid to North Korea

Is Bigger than Diversion," *38 North*, December 6, 2018. Available at: www.38north.org/2018/12/bkatzeffsilberstein120618/.

Katzeff Silberstein, Benjamin. 2019a. "The North Korean Economy and U.S. Policy: Stability under 'Maximum Pressure,'" in Gilbert Rozman (Ed.), *The East Asian Whirlpool: Kim Jong Un's Diplomatic Shake-Up, China's Sharp Power, and Trump's Trade Wars*, Joint U.S.-Korea Academic Studies. Washington, DC: Korea Economic Institute of America, pp. 275–301.

Katzeff Silberstein, Benjamin. 2019b. "The North Korean Economy in April 2019: Sanctions Are Pinching – But Where and How Much?," *38 North*, April 19, 2019. Available at: www.38north.org/2019/04/bkatzeffsilberstein041919/

Katzeff Silberstein, Benjamin. 2019c. "North Korea's Food Situation: Bad but Not Catastrophic: 38 North: Informed Analysis of North Korea," *38 North*, May 29, 2019. Available at: www.38north.org/2019/05/bkatzeff silberstein052919/

Kim, Byŏng-no and Kim, Sŏng-ch'ŏ. 1998. "Pukhansahoeŭi Pulp'yŏgdŭg Kujowa Chŏgch'isahoejŏ Hamŭi" [The Unequal Structures of North Korean Society, and its Socio-Political Implications], *T'ongil Yŏ'guwŏ Yŏ'guch'ongsŏ*.

Kim, Hyŏn-a. 2017. "Singnyang Baegŭche" [The Food Distribution System], *Radio Free Asia*, October 16, 2017. Available at: www.rfa.org/korean/commentary/ae40d604c544/cu-hi-10162017132838.html (accessed September 24, 2019).

Kim, Song. "Urgent Food Assistance Called for," undated memo to the United Nations by the North Korean legation. Published by *NBC* News, February 20, 2019. Available at: www.nbcnews.com/news/north-korea/top-north-korean-official-says-his-country-faces-major-food-n973361 (accessed January 8, 2020).

Kim, Sŏng-bo. 2011. *Pukhanŭi Yŏksa 1: Kŏn'gukkwa Inminminjujuŭi Kyŏghŏ*, Seoul, Republic of Korea: Yŏksabip'yŏgsa1.

Kim, Yoo Jin. 2019. "State Orders Farmers to Supply More Food to the Military," *Daily NK*, January 11.

Korean Central News Agency. 2018. "4th National Meeting of Activists in Agricultural Field Held," *Korean Central News Agency*, December 27.

Lee, Chong-Sik. 1962. "The 'Socialist Revolution' in the North Korean Countryside," *Asian Survey*, vol. 2, no. 8, pp. 9–22.

Lee, Chong-Sik. 1963. "Land Reform, Collectivisation and the Peasants in North Korea," *The China Quarterly*, no. 14, pp. 65–81.

Noland, Marcus. "Famine and Reform in North Korea," *Asian Economic Papers*, vol. 3, no. 2, pp. 1–40.

Myers, B. R. 2015. *North Korea's Juche Myth*, Busan, Republic of Korea: Sthele Press.

Park, Philip H. (Ed.). 2009. *The Dynamics of Change in North Korea: An*

Institutionalist Perspective, Seoul: Kyungnam University Press.

Park, Philip H. 2016. *Rebuilding North Korea's Economy: Politics and Policy*, Seoul, Republic of Korea: Kyungnam University Press.

Ri, Tae-ho. 2013. " 'Uri Sigŭ Kyŏgje Gwalli Bangbŏ' ŭ Wansŏgŭ/Naegak Kwan'gyeja Int'ŏyu" [Interview with Official from the Cabinet about the Perfection of the Our-Style Management Method], *Choson Sinbo*, May 10, 2013. Available at: http://chosonsinbo.com/2013/05/0510th-4/ (accessed September 27, 2019).

Sen, Amartya. 1987. *Food, Economics, and Entitlements*, Helsinki, Finland: World Institute for Development Economics Research, United Nations University.

Skidmore, Monique. 2003. "Darker than Midnight: Fear, Vulnerability, and Terror Making in Urban Burma (Myanmar)," *American Ethnologist*, vol. 30, no. 1, pp. 5–21.

Stanton, Joshua. 2011. "Interview: Marcus Prior of the World Food Program, on Food Aid to North Korea," *One Free Korea* (blog), July 2, 2011. Available at: http://freekorea.us/2011/07/02/interview-marcus-prior-of-the-world-food-program-on-food-aid-to-north-korea/#sthash.sOfC74kE.bANS6s9C.dpbs. (accessed September 12, 2019).

Szalontai, Balazs. 2006. *Kim Il Sung in the Khrushchev Era: Soviet–DPRK Relations and the Roots of North Korean Despotism, 1953–1964*, Washington, DC: Woodrow Wilson Center Press.

Tertiskiy, Fyodor. 2015. "Let them Eat Rice: North Korea's Public Distribution System," *NK News*, October 29.

United Nations Office for the Coordination of Humanitarian Affairs (UNOCHA). 2015. *DPR Korea 2015: Needs and Priorities*. Available at: https://reliefweb.int/report/democratic-peoples-republic-korea/dpr-korea-2015-humanitarian-needs-and-priorities (accessed September 26, 2019).

Viola, Lynne. 1996. *Peasant Rebels under Stalin: Collectivization and the Culture of Peasant Resistance*, New York: Oxford University Press.

World Food Program of the United Nations. 2019. *Democratic People's Republic of Korea (DPRK) – FAO/ WFP Joint Rapid Food Security Assessment*. Available at: www.wfp.org/publications/democratic-peoplesrepublic-korea-dprk-faowfp-joint-rapid-food-security-assessment (accessed September 5, 2019).

Yi, T'ae-sŏ. 2009. *Pukhanŭi Kyŏngje Wigiwa Ch'eje Pyŏhwa* [North Korea's Economy Crisis and Systemic Change], Seoul, Republic of Korea: Sŏnin.

Yu, Chong-Ae. 2007. "The Rise and Demise of Industrial Agriculture in North Korea," *The Journal of Korean Studies*, vol. 12, no. 1, pp. 75–109.

제7장

북한의 글로벌경제와의 상호작용

헤이스팅스(Justin Hastings)

북한은 흔히 전체주의적이고, 편집증적이며, 세상으로부터 고립되어 있다고 묘사되고 있다 (Hassig and Oh 2009). 이러한 고정 관념의 어느 것도 전적으로 부정확하지는 않다. 그러나 정말로 외부 세계와 단절된 나라는 무기력한 상태에서라도 북한만큼 오랫동안 생존할 수 없었을 것이다. 이 장에서 나는 김정은이 권력을 잡은 이후 북한이 어떻게 세계에 진출해왔는가에 특히 초점을 맞춰 북한의 글로벌경제와의 상호작용을 살펴볼 것이다. 북한의 국제무역 의존도는 세계 기준으로는 낮다. 즉 무역은 어떻게 그 수치를 계산하는가에 따라 달라지겠지만, 아마도 국내총생산의 40퍼센트 정도에 불과할 것이다 (Bank of Korea 2013).[1] 그러나 북한이 거래하는 것, 글로벌경제와 상호작용하는 방법, 그리고 이것이 북한의 미래에 주는 의미 때문에 흥미롭다.

그 미사여구에도 불구하고, 북한은 생존하기 위해 오래전부터 글로벌경제로 방향을 돌렸는데, 이러한 경향은 1990년대의 고난의 행군 기근 이후 강조되었다. 대내적 요인과 대외적 요인이 결합하여 북한이 국제경제에 참여하도록 이끌었으며, 그것은 꽤 창의적인 것으로 국가와 비국가 행위자 간, 공식 무역 및 경제활동과 비공식 무역 및 경제활동 간, 그리고 합법과 불법 간의 경계를 모호하게 만들었다. 대내적으로 고난의 행군은 매우 모호한 비즈니스 환경에서 경제활동을 통해 살아남은 새로운 세대의 북한 주민들을 양산했다. 대외적으로 북한 행위자들은 북한 국가의 미사일과 핵무기개발에 대응하여 계속 강화된 제재를 상대해야만 했다. 나는 북한이 어떻게 국제경제와 상호작용하는지가 북한의 정치적, 경제적 궤도에 미치는 영향에 관한 토론으로 마무리할 것이다.

역사적 맥락

냉전

냉전 시대에 북한은 대체로 다른 공산주의 국가들의 원조에 의존하였다. 대부분의 다른 공산주의 국가들이 중국 또는 소련의 영향권으로 들어가도록 강요되었으나 북한은 소련과 중국 사이를 오갈 수 있는 정책을 추구했다. 따라서 기술적 전문성과 공산주의 블록 내 양허 조건에 따른 무역의 측면에서 북한이 받는 경제적 혜택을 극대화하고 외교정책에서 행동 자유의 폭도 극대화하였다 (Armstrong 2013). 냉전이 끝나면서 북한이 무역과 투자처로 볼품이 없어지고 경제발전 수준에서 남한이 계속 북한을 능가하는 점을 고려하면, 북한의 이러한 정책은 특히 중요했다.

　북한은 자기 나름의 방식으로 국제무역에 문을 열려고 시도하는 것으로 대응했다. 외국의 투자를 장려하기 위해 1984년 합영법을 제정했으며 (Abrahamian, See and Wang 2014), 북한에 동조하는 재일본 조선인들은 총련(재일본조선인총연합회, 일본 거주 조선인들의 친북한 단체)으로부터 이미 북한에서 사는 친척들에게 돈과 물자를 보내고 또 북한에서 사업을 시작하라고 권장되었다 (Kim, H. 1998; Kim 2008). 북한경제가 허우적거리면서 북한 외교관들은 외교 거점과 특권을 활용한 술,

마약과 여타 영리 목적 물품의 밀수를 포함해 필요한 모든 수단을 통하여 돈을 마련하라고 강요되었다 (Lankov 2007, pp. 256-258). 이렇게 하여 합법적 및 비합법적인 많은 방법이 수립되었으며, 이를 통해 북한은 국제경제와 계속 관계를 맺고 있다.

1990년대와 고난의 행군

1991년 소련이 붕괴하면서 소련은 북한에서 기술 전문가들을 철수시켰으며, 냉전의 여파로 러시아는 북한에 대한 판매에 대해 경화 결제를 요구하기 시작했다 (Zacek 1998, p. 84). 북한의 국제무역은 붕괴하였고, 비료 집약적인 농업생산과 전력 생산은 새로운 물자와 전문 기술로부터 단절되었으며, 공장은 가동을 멈추고 농작물은 망치면서 가뜩이나 힘들었던 시대는 참담한 시대가 되었다. 그리고 수십만 명의 북한 주민들이 굶어 죽었다. 김정일에 의해 완곡하게 '고난의 행군'으로 불린 대기근 중에 북한 내부의 명령경제는 붕괴하였고 보통의 북한 주민들은 스스로를 지켜야 했다 (Cha 2012, pp. 120-124, 186-189).

북한의 대응은 부분적으로는 냉전 시기에 했던 것을 더 강하게 밀어붙이는 것이었다. 총련은 북한경제를 지원하도록 계속 압력을 받았고, 따라서 1990년대 대부분 기간에 일본은 실제로 북한의 가장 큰 무역 상대국이었다 (Kim, H., 1998, p. 126; Noland 1998, p. 192; Quinones 2003, pp. 171-172). 북한은 1990년대 초 북동지역에 나진-선봉 특별경제구역(Special Economic Zone)의 창설을 통해 국제 투자를 장려하는 방향으로 시험적 조치를 했으나, 고난의 행군 기간에 그곳을 매력적인 투자지역으로 만드는 노력을 거의 하지 않았다 (Reilly 2014, pp. 905-907). 북한 국가는 또 모든 방법을 동원해 돈을 버는 데로 자원을 돌렸다. 북한은 파키스탄을 비롯해 여러 나라에 부품과 전문 기술을 팔기 위해 소형무기, 미사일과 핵무기의 전문 기술을 이용했다 (Hastings 2016, pp. 70-80). 또한, 북한은 헤로인과 필로폰을 포함 북한에서 생산한 마약을 국가 자원을 이용하여 해외 구매자들에게 수출하기 시작했다. 외교관이 외교 행낭을 통해 전달하는 것처럼, 북한 선박들은 마약 밀매 네트워크의 다음 체인(보통은 일본의 조직범죄 네트워크)으로 마약을 전달하는 일에 강제로 동원되었다 (Hastings 2015).

　북한사회 전역에 절망이 자리를 차지하면서 글로벌경제와 상호작용하는 창의적 방법을 찾으려는 움직임도 일어났다. 민간 주민들, 주로 여성들이 처음에 자신의 식구들이 생존하려는 방법으로 민간 시장(장마당)에서 가정용품을 팔기 시작했다 (Haggard and Noland 2007). 수만 명의 북한 주민들이 식량과 물자를 구하기 위해 북한을 떠나 중국으로 갔고, 중국에 있는 친척과 연이 있는 가정들은 식량, 생필품 및 사업 기회를 얻기 위해 그 연줄을 이용할 수 있었으며, 이는 처음으로 완전하게 북한 주민들을 위한 민간 국제무역으로 이어졌다 (Lankov 2007, pp. 220-221, 231, 284-285). 기계, 장비와 볼트로 고정할 수 없는 모든 것에 접근할 수 있는 국가 관리들은 유휴 품목을 중국 구매자들에게 팔아서 자신과 자신의 작업 단위를 먹여 살리려고 했다 (Suh 2008, pp. 23-26). 많은 북한 주민들이 살아남은 수단은 북한 내외에서 경제활동에 종사하는 새롭고 창의적인 방법을 찾아내는 것이 되었다.

고난의 행군으로부터 회복

장마당은 주민에게 공급하는 북한 국가의 특권에 대한 도전이었고, 직접적인 국가통제 밖 경제활동의 중심이었다. 그렇기 때문에 김정일은 장마당과 더 일반적으로는 고난의 행군으로부터 등장한 민간 및 준 민간기업의 폭발적인 증가와 격렬한 관계를 맺었다. 고난의 행군으로 한창 고통을 받고 있을 때, 여행허가, 노동자들을 작업 단위에 머물도록 강요하기, 배급제를 통한 식량 통제와 같은 국가통제시스템 대부분이 망가졌다 (Haggard and Noland 2007, 2010a; Kim et al. 1997, pp. 85, 87). 북한이 회복되자 북한 정권은 부분적으로만 성공적이기는 했지만 통제권을 재확립하려고 시도했다. 국경 넘기가 점차 축소되었고, 시장이 열리는 빈도가 줄었으며, 서서히 시장 참여가 나이든 여성에게 제한되었다. 시장에 대한 통제를 강화하기 위해 김정일의 통치는 2009년 11월 재앙적인 통화 재평가를 시행했는데, 이 조치는 많은 북한 주민들이 평생 모은 돈을 사실상 쓸어버렸다. 그들은 대부분 장마당에서 주로 북한 원화로 사업을 한 보통의 주민들이었다 (Haggard and Noland 2010b).

국제무역에서 북한인들은 고난의 행군 시기에 발전시킨 교역 네트워크와 방법을 심화하고 확장했다. 북한 국가의 모든 요소가 북한이 비교우위를 가진 노동력과 상품을 수출하여 돈을 벌고 북한의 무기 프로그램에 필요한 기술과 물자를 도입하는 쪽으로 방향을 틀었다. 고려항공사는 무역으로 마카오와 동남아시아 비행을 했고 (Lintner 2001), 북한 외교관들은 합법적·불법적 무역의 중개자 노릇을 했으며, 북한 선박들은 무기와 마약을 수출했다 (Hastings 2016). 2003년의 확산방지구상 (Proliferation Security Initiative)**과 2006년 유엔제재와 같은 국제사회의 감시가 시작되자, 북한은 나라 밖에서 국가 자원을 아주 노골적으로 사용하는 것에서 물러나 외국의 중간상에게 더 심하게 의존하기 시작했다. 이에 따라 마약 밀매를 위한 국유 인프라의 사용은 2007년까지 끝난 것으로 보이며 (Hastings 2015), 2006년부터 일본이 점차 북한과의 무역을 금지하면서 중국과 대만의 브로커들이 북한을 대신하여 상품을

**   역자 주) 대량살상무기, 그 운반체계와 관련 물자가 확산 우려 국가 및 비국가 행위자에게 밀매되는 것을 막으려는 목적으로 도입된 국제협력체제로 2003년 5월 31일 출범했다.

사고파는 데서 중요 역할을 하게 되었다 (Hastings 2016).

김정은

2011년 말 김정일이 사망한 이후 그의 아들이자 후계자인 김정은이 시장과 국제무역이 계속되도록 허용하면서 정치적 통제를 강화하려고 시도하는 이중 정책을 추구하는 것이 명백해졌다. 김정은 통치 초기 몇 년 동안 김정은이 아버지의 충신들을 자신의 충신들로 교체하면서 관리들의 숙청이 상당히 증가했다. 김정은은 또 부패한 관리들의 자체 네트워크 구축을 최소화하고 불법적인 국경 통과를 엄격히 단속하는 방법으로 국경 관리들의 보직을 빈번하게 교체했다.[2] 이러한 조치들은 북한 무역업자들에게 국제무역, 특히 밀수나 국가 관리 매수에 의존하는 민간 및 혼합형 무역을 좀 더 어렵게 만드는 효과를 가져왔다. 동시에 김정은은 대체로 장마당을 내버려 두었다. 김정은 치하에서 2009년의 통화 재평가와 같은 일은 일어나지 않았으며, 북한 관리들은 그들의 외국 거래처들에게 북한이 사업을 위해 계속 개방되어 있다는 사실을 알리기 위해 애를 먹었다 (Fenghuangwang 2013). 김정은 통치가 진전되면서 평양은 또한 상당한 발전을 보였는데, 이것은 아마 국제무역을 포함해 어떤 식으로든 북한의 사업 활동으로 자금이 조달된 것으로 보인다 (Collins 2016).

경제발전은 김정은의 병진 노선 — 핵이 뒷받침된 국방 안보 태세와 경제발전의 동시 추구 정책** — 두 갈래 중 하나인데, 다른 하나인 핵무기개발은 두 갈래가 어느 정도 서로 상충함을 의미했다. 2013년 한반도의 긴장을 전례 없는 수준으로 올린 일련의 움직임***과 2016년 및 2017

....

** 역자 주) 2013년 3월 31일 노동당 중앙위원회 전원회의에서 발표한 경제건설 및 핵무력 건설 병진 노선을 말함.

*** 역자 주) 2012년 12월 북한의 장거리 미사일 실험에 대한 2013년 1월 유엔의

년 북한의 핵실험과 미사일 실험에 따라 유엔은 (그 시점까지 북한 수입의 주된 합법적인 출처였던) 해산물, 광물 및 섬유의 수출 금지를 포함해 북한에 대한 제재를 더 엄격하게 조였으며, 중국은 주기적으로 국경무역을 엄하게 단속했다 (Blanchard 2013; Bradsher and Cumming-Bruce 2013; Hastings and Wang 2018). 평양에 건축 붐이 있던 점을 고려하면 분명히 어디로부터인지 돈이 들어왔으나 (이것은 김정은이 돈을 주로 평양 엘리트층에 집중했음을 의미했다), 북한의 시장 또한 제재 강화로 시달리는 것 같았다 (Ryall 2018). 북한은 점점 더 협력하는 나라들이 적어져서 제재를 견뎌내기 위해 더 극단적인 조치에 의존하거나 아니면 우방국과 적대국에 대해 매력 공세를 펼쳐 제재 완화를 추구해야 할 가능성에 직면했다.

북한의 사업방식

내부 및 외부 추진요인

북한 주민들이 외부 세계와 사업하는 방식은 고난의 행군 이후 점진적으로 발달한 대내외적 추진요인들에 의해 형성된다. 북한 내부에서 북한 주민들은 사회의 거의 모든 수준에서 생존의 필요성에 직면하고 있다. 공식 임금(원화)은 미미하고, (식량이 조금이라도 배급될 때) 배급소에서 나눠주는 식량은 주민들을 먹여 살리기에 충분하지 않기 때문에, 북한 주민들은 보통 돈을 벌고 식량과 생활에 필요한 다른 품목을 획득하

대북제재 결의 2087호 채택, 2월 12일 북한의 3차 핵실험, 3월 5일 북한의 '정전협정 백지화' 선언, 3월 7일 유엔의 대북제재 결의 2094호 채택, 3월 31일 북한의 경제건설과 핵무력 건설 병진 노선 채택 등이다.

기 위해 사업에 종사해야 한다. 만약 성공하지 못하면, 북한 주민들은 자신 또는 가족을 먹여 살리는 데 어려움을 겪을 가능성이 높고, 만약 윗사람에게 수입을 가져다주지 못하면, 정치적 문제에 봉착할 것이다.

또한, 북한 주민들은 자신, 사업 파트너, 그들을 보호하는 관리들이 모두 예고 없이 다른 곳으로 이동되거나 숙청될 수 있고 (불법적) 사업 활동에 대한 국가의 전반적인 태도가 변할 수 있으므로 '정치적 불확실성'의 환경에서 활동하고 있다. 이러한 상황은 개별적으로는 국영 무역회사 밖의 대부분 사업의 불법성으로 인해 더 심각해진다. 민간 시장의 존재가 2002년 7월 발표된 개혁안을 통해 공식적으로 인정되었지만 (Choi 2007, pp. 1-2), 시장 참여자들이 북한 국가와 충돌할 가능성은 항상 존재한다. 실제로 사업에 종사할 자격이 있는 사람들조차 북한체제 내에서 필요한 것을 얻기 위하여 불법적인 활동을 해야 한다. 사업 활동에 대한 정치적 위험을 피하려고 민간 및 혼합형 행위자들은 뇌물과 종종 밀수와 같은 범죄 활동과 관련된 국가 관리들과 관계를 맺어야 한다 (Lankov and Kim 2008; Hastings 2016, pp. 97-124; Lankov et al. 2017).

국외에서도 북한 무역 네트워크는 역시 '불법'과 씨름하고 있다. 유엔과 일방적인 제재는 북한 이외의 어떤 나라에 의해서도 교역되면 일상적이고 합법적이라고 간주할 석유, 해산물, 광물, 사치품, 특정 유형의 기계와 첨단 기술 같은 특정 상품에 대해 무역을 금지하거나 엄격한 무역 규제를 부과하고 있다. 북한의 대량살상무기와 미사일 프로그램과 직접 연루된 다른 상품들 역시 제재로 금지되고 있다. 이 모든 일의 결과는, 2016년 유엔제재가 시작된 이후 북한의 사업 거래는 처음부터 끝까지 표준 절차를 거의 따르지 않는다는 것이다. 은행과 회사를 통한 돈세탁이든지, 유령회사의 활용이든지, 제3자 브로커의 개입이든지, 거래되는 상품의 본질을 감추든지 간에 항상 약간의 범죄 요소가 존재하고 있다. 다시 말하여, 그 자체로 불법적인 거래가 없어도 그 거래에 북한 주민이 관여하기 때문에, 그 거래를 지지하는 어떤 불법 행위가 있을 가능성이 있다.

그러나 합법적이고 공식적인 무역에서도 북한은 '국제금융'에서 어려움에 직면하고 있다. 북한은행들은 대체로 투자와 무역에 자본을 공급할 준비가 되어 있지 않으며, 북한은 차관 채무 불이행의 오랜 역사로 인해 수십 년 동안 국제 차관을 받는 것이 어려웠다. 또한, 북한에 대한 금융제재 조치는, 이론상으로 북한 회사들이 무기 프로그램에 (또는 섬유와 해산물 같은 교역이 금지된 다른 품목들에) 자금을 대거나 공급하기 위해 금융 기관을 이용하는 것을 막기 위해 고안되었는데 가장 위험을 감수하는 소규모 은행을 제외하고는 모든 은행을 겁주어 북한 업계와 거래하지 못하도록 하는 효과가 있다. 정상적이고 합법적인 금융 거래라도 그 거래가 북한 기업들과 관련이 있으면 자금세탁이 된다. 기업이 북한 기업 및 개인과 거래하거나 북한으로 송금 또는 북한 밖으로 송금하는 것에 대한 은행의 제한을 피하기 위해 기업이 사용해야 하는 전략으로 인해서 자금세탁이 된다.

마지막으로 북한 사람들은 소위 "북한 '브랜드'"를 마주한다. 즉 상대방은 북한 사람이 이상하고 기이하며, 다른 나라들은 가지 않을 곳을 기꺼이 가고 제공하지 않을 서비스를 제공한다고 인식하고 있다. 이러한 현상은 '은둔의 왕국'으로서 북한의 매력을 이용하는 (Strangio 2010; Kang 2014; Thompson 2014) 북한의 식당과 같은 평범한 사업에서 볼 수 있다. 또 북한이 고품질 헤로인 생산으로 명성을 쌓은 마약, 그리고 북한이 개발도상국이 살 수 있는 가격으로 재화와 서비스를 제공할 용의가 있는 미사일, 소련 시대의 군사 장비(와 그 유지), 군사 훈련과 경찰 훈련 등의 사업에서도 볼 수 있다.

이러한 대내외적 추진요인의 결과는 한 국가의 국제경제 참여에 대한 전통적인 사고방식을 거스르는 북한 특유의 사업방식이다. 첫째, 북한의 무역 네트워크는 합법과 불법 간의 경계를 모호하게 만든다. 북한은 여전히 공식적으로 명령경제이고 회사와 토지의 사적 소유가 계속 불법이어서 공식적으로 허가를 받은 국영 무역회사 이외에 많은 사업 활동은 나라 '내에서' 불법이다. 동시에 북한정부는 '불법적' 사업 활동의 결과로서 연쇄적으로 전해지는 뇌물에 의해서 조성된 돈이 필요하며, 또 국민을 부양하기 위해서 이러한 '불법적' 무역이 필요하다 (Park 2011, pp. 214-215).

둘째, 북한 사람들은 형식상의 절차와 비공식 간의 경계를 모호하게 만든다. 유일하게 공식적으로 인정된 사업체는 국가 소유이기 때문에 다른 모든 사업 활동은 당연히 장부에 적히지 않는다. 북한 국가는 공정한 중재자가 아니고 분쟁 해결 메커니즘이 취약하거나 아예 존재하지 않기 때문에 공식 계약된 관계조차 상당한 비공식적인 요소를 가지고 있다. 이에는 계약 집행을 뒷받침하는 사회적 네트워크와 사적인 행위자가 공식적인 지위를 획득할 수 있도록 하는 비공식적인 관계가 있다. (사업의 지위와 무역의 성격 측면에서) 형식상의 절차는 약간의 정치적 보호를 제공하지만, 북한 내부의 부패 수준은 무역업자가 관리에게 뇌물을 주고 사업 활동이 합법적이든 불법적이든 상관없이 영업활동을 보호할 수 있는 관계를 발전시켜야만 할 정도이다. 그 결과 합법성과 형식상의 절차를 추구해야 할 것인지의 문제가 비용과 이익의 문제가 된다. 북한 사람들에게 합법성과 형식상의 절차가 최적의 무역 전략인지 항상 명확한 것은 아니며, 북한과 중국 간 밀수는 특히 북한인과 중국인에게 모두 정치적 불확실성과 무역에 관련된 기타 비용과 같은 사업 활동과 관련된 일부 위험을 완화하는 방법으로 볼 수 있다 (Hastings and Wang 2018).

셋째, 북한 무역 네트워크는 국가와 비국가 행위자 간 구분을 모호하게 만든다. 북한 내에서 국영 무역회사는 무역 권리를 다른 행위자에게 임대할 수 있으며, 공식적으로 국영기업으로 등록한 회사가 민간 회사로 운영되는데 '사실상의' 소유자가 국영 지위와 정치적 보호를 대가로 국

가관리에게 수수료와 이익의 일정 부분을 납부한다. 북한 외부에서 국제
경제와 관계를 맺는 데 있어서 훨씬 더 중요한 것은, 북한 국영회사는 제
재로 인하여 재외공관과 북한의 국유 선박 같은 국가 특권과 자원을 이
용하고 제재 집행자의 정밀 조사를 받거나, 그렇지 않으면 그러한 것 없
이 민간 회사로 활동할 수밖에 없다. 이러한 활동에는 그들의 무역 거래
가 성공적인 결과를 거두도록 상업 운송과 금융 인프라 또는 북한 기업
의 관여를 숨기기 위한 (그래서 제재 집행을 피하기 위한) 제3자 민간 회
사에 의존하는 것을 포함한다 (Hastings 2016, pp. 10-14).

국제경제와의 상호작용은 어떻게 작동하는가

국내 및 국제적으로 이러한 북한의 사업방식의 특성을 고려할 때, 북한
사회의 여러 층위는 북한 국가의 특권과 자원에 대한 접근에 따라서 각
각 다른 방식으로 국제경제와 관계를 맺는다. 최근에는 제재가 더 엄격
해지면서 이러한 특권이 현저하게 줄어들었으며, 매우 다양한 북한 사업
기관들이 국제무역에 종사하기 위해 경쟁하고 있다.

　민간 시장 네트워크, 즉 민간 시민 (또는 독자적으로 활동하는 국가 관
리)의 이익을 위해 상품을 수입하고 수출하는 무역 네트워크와 보통 장
마당에서 사고파는 사람들은 대체로 중국의 친척과 사업 파트너와의 사
회적 유대에 의존한다 (Lankov and Kim 2008; Hastings and Wang
2017). 기업이 공식적으로 국유이지만 사실상 사기업으로서 운영하는
혼합 네트워크는 관리인이 지위에 대한 대가를 국가 관리에게 지급하거
나 국가 관리가 독자적으로 사업을 하기 때문에 역시 국가 특권과 자원
을 활용할 수 있다. 하지만 이는 사업 활동에 대한 정치적 보호와 기업을
후원하는 국가기관이 쏟을 수 있는 장비와 인프라에 국한될 수도 있다.
그만큼 외부 세계와 접속하는 데 있어서 사회적 유대관계도 중요할 것으

로 보인다 (Lim and Yoon 2011). 주요 국영기업들은 그들이 가진 무역 권리와 거래에 내장된 중앙으로부터의 정치적 보호를 고려하면 이론적으로 국제경제와 관계를 유지하는 가장 좋은 위치에 있으며, 국가의 외교 및 병참 자원에 접근할 수도 있다. 이러한 자원은 그 기업들이 중국 동북부 이외의 지역에 전방 회사와 지점을 세워 동북아시아가 아닌 나라들과 거래를 함으로써 북한으로부터 멀리 떨어져 운영할 수 있게 한다 (Hastings 2016, pp. 70–92).

북한 밖에서 북한 국가의 정치적 보호는 북한 외교공관이 제공할 수 있는 것 이외에는 의미가 없으며, 실제로 전 세계에서 무역에 종사하고자 하는 경제적 행위자들에게는 매우 해롭다. 오히려 북한 기업들은 탈북이나 강제집행 조치로 인해 거래가 실패할 위험이 있는 누구와도 거래할 용의가 있는 고위험 시장 거래와 북한 기업이 여러 거래에 걸쳐 관계를 유지하는 일련의 제3국 브로커의 혼합에 의존한다. 중국 조선족 기업의 경우는 공통의 민족적 유대로 인해서, 순수 제3국 브로커의 경우는 반복적인 사업 거래로 인해서 비교적 높은 수준의 신뢰가 쌓일 수 있다 (Park 2014; Park and Walsh 2016). 그러나 비시장 유대의 구축에 시간과 노력이 걸림을 고려할 때, 이러한 유대 형성은 북한경제 행위자들이 브로커를 바꾸려 하는 경우 그들이 갖는 융통성을 줄인다. 한편 엄중한 제재 환경에서 북한 주민들과 반복적으로 거래하는 위험을 기꺼이 감수하는 행위자의 수는 무한하지 않다.

국가 지원을 받는 사업 거래에서 북한 국영기업은 실제로 상품을 다루는 구매자와 공급자보다는 수송을 위해서뿐 아니라 외교 행낭과 (위장 회사의 기지로서 기능할 수 있는) 공관에 접근할 수 있는 브로커로서 외교 자산을 계속 이용한다. 예를 들면, 2013년의 한 거래에서 북한 국영기업은 (이집트 군부와 연계된 가능성이 있는) 이집트의 한 회사에 스커드 미사일 부품을 공급했는데 고려항공편으로 부품을 베이징으로 운송했다. 그 부품을 받아 운송을 계속한 회사는 룡성무역으로 불렸는데, 베이징 주재 북한 대사관에 근거지를 두었다. 따라서 국가의 외교적 특권과 자원이 수송과 브로커 역할로 복무했다 (Panel of Experts 2016: paragraph 71).

제재가 강화됨에 따라, 비공식 네트워크에 의존하는 경제적 참여, 합법과 불법, 국가와 비국가 지위의 차이를 없애는 접근 방식의 일환으로 북한은 북한 밖에서 사업을 하기 위해서 제3국 브로커들에 의존하게 되었다. 그 브로커들은 실제로는 제3국 기업처럼 보이게 설정된 북한인 행위자일 수 있다. 2017년에 기술된 한 사건에서 명목상 말레이시아 회사인 글로컴(Glocom)이 중국에서 에리트레아로 수송된 장비의 브로커로 활동했다. 글로컴은 말레이시아, 싱가포르, 북한에 대리인이 있던 다른 두 회사의 전방 회사였으며, 북한 국적자가 이끌었으나 말레이시아에 등록되어 있었다 (Panel of Experts 2017: paragraphs 72–83).

이 브로커들은 또한 종종 그들이 있는 나라에서 오며, 따라서 이러한 의미에서 북한은 국제적 참여의 성공을 다른 나라에 넘겨주고 있다. 이것은 북한의 오래된 관행이며, 김정은이 권력에 오르기 전부터의 일이다. 북한 기업이 상품을 사고파는데 광범위하게 의존하는 중국과 북한 국경지역의 중국인 브로커와 마찬가지로 1990년대까지 북한에 돈과 재화를 보낸 총련의 역할이 이를 증명한다. 2013년 한 중국 조선족 브로커는 북한의 거래 상대방들(이들 자신이 종종 다른 북한 기업들을 위한 브로커들이기도 함)에게서 비료와 소비재 같은 일상적인 품목부터 정밀기계와 화학제품 같은 제재를 위반할 수 있는 품목에 이르는 상품 주문을 받은 것에 관해 설명했다. 주문을 받은 후 그 브로커의 회사는 세계 곳곳의 공급자들에게 발주하고 그 상품들이 최종 소비자로서 북한 기업들에 수송되도록 할 것이다. 만약 공급자들이 브로커의 회사로 배송하지 않으면, 그 브로커는 전방 회사, 다른 중국인 브로커, (중국의 대학 실험실 같은) 기관 등 의심을 덜 받고 배달을 받을 수 있던 그의 네트워크를 작동시켰을 것이다. 상품들이 중국 동북부지역에 도착하면 중국 및 북한 세관을 거쳐 북한에 배달될 것이다.[3]

제3국 브로커들은 또한 더 먼 곳에서 북한과 협력한다. 예를 들어, 대만 사업가 몇 명이 2000년대 초 여러 번의 거래에 걸쳐 북한 기업을 위해 미국에서 장비를 획득하여 홍콩과 대만을 거쳐 운송한 것으로 2013년 미국에서 기소되었다 (US Department of Justice 2013). 마찬가지로, 2017년 이후 두드러지게 된 다수의 선박 대 선박 석유 이송이 제3국 브로커들, 특히 대만 선주들, 해운업자들, 그리고 석유 브로커들에 의해 주선되었다 (Panel of Experts 2018, paragraphs 63-66). 이와 유사하게 2017년에 한국계 오스트레일리아 시민이 오스트레일리아 시드니에서 체포되어 북한을 위해 브로커 역할을 한 혐의로 기소되었다. 그는 북한 석탄의 동남아시아 판매뿐 아니라 미사일, 미사일 기술 및 북한에 의한 군사 훈련의 다른 나라에 대한 판매를 주선하려고 시도한 혐의를 받았으며, 모든 일이 오스트레일리아를 떠나지 않고 이루어졌다 (Snow, Saulwick and Massola 2017).

북한 주민들은 또한 직접 밀수를 통해 국제경제와 관계를 맺고 있다. 제재가 집행되는 메커니즘은 보통 수입 또는 수출 승인 단계에서나 국경검문소에서 세관신고서와 최종 소비자증명서의 정밀 조사를 포함한다는 점을 고려하면, 부분적으로나 전체적으로 법적 절차와/또는 검문소를 우회하는 무역인 비공식 무역은 제재하에서도 국제경제와 관계를 맺는 관련 수단이 되었다. 국제경제 관여의 비공식적 성격은 무역 네트워크가 글로벌한 수송수단을 이용할 수 없으며 육상 또는 해상으로 수송될 수 있는 것에 제한된다는 것을 의미한다. 실제로 이것은 약간의 예외를 제외하고는 북한 주민들의 비공식 무역과의 직접적인 연루는 중국의 국경 또는 북한 연안의 배에서 끝난다는 뜻이다. 북한 주민들이 국경검문소 또는 공식적인 채널을 통해서 일어나고 북한 행위자나 상품(또는 북한을 위한 상품)을 정확하게 식별해야 하는 제재 집행을 피할 수 있는 한, 이것은 북한 주민들에게 강점이 된다. 제3국 브로커(그들 대부분은 중국인)에 대한 의존이 확대되고 북한 주민들, 특히 북한 중앙정부의 허가 없이 무역하는 사람들이 상당한 수준의 위험을 무릅쓰고 무역해야 한다는 점은 약점이 된다.

마지막으로, 북한 기업들이 거래의 성격을 감추고 군사 장비, 무기 및 물품의 구매자와 판매자를 찾은 경험은, 북한이 실제로 물품을 북한 내부 또는 외부로 옮기는 것을 걱정할 필요 없이 국제경제와 상호작용할 수 있는 방법의 하나는 자신들이 브로커 역할을 하거나 아니면 국제 사업 거래의 브로커 역할을 하는 북한인이 아닌 사람들과 관계를 맺고 있음을 의미한다. 예를 들어, 2010년의 한 사례를 보면, 홍콩의 한 중국 국적자가 대만, 일본, 중국, 홍콩, 미국 및 덴마크에 있는 공급자 기업들에 주문을 내고 그 기업들은 중국 다롄에 있는 중국 국적자가 운영하는 무역회사에 무기 관련 물품들을 수송했다. 그리고 그 회사는 그 물품들을 시리아정부를 대신하는 시리아의 기업에 상업적으로 수송했다. 북한 기업, 구체적으로 말하면 북한의 주요 국영 무기 수출회사인 조선광업개발무역회사(KOMID)가 중국 무역회사와 연결되어 있었고 시리아의 대리인을 통해 시리아정부로부터 그 물품들에 대한 주문을 받았을 가능성으로 그 거래에 연루되어 있었다. 그러나 북한 기업은 실제로 그 무기 관련 물품들을 접촉하지 않았고, 그 물품들은 북한에 들어온 적도 없다(Panel of Experts 2018, paragraph 130).

미래에 대한 영향

북한이 국제경제와 상호작용하는 방법이 북한의 미래에 미치는 영향은 무엇인가? 어쩌면 아이러니하게도 북한이 겪는 경제적 고통의 많은 부분이 제재하에서도 존재하는데, 이는 북한의 국제적 행태가 궁극적으로 정치적 논리 (그리고 더 구체적으로 말하면, 김정은의 전략적 논리)를 따르기 때문이다. 북한의 국제적 행태의 경제적 논리는 특히 북한이 국제상거래를 발전시키거나 계속 관여하는 데 필요한 것이 북한의 지배적인 정치적 또는 전략적 목표와 상충할 때 그 한계 내에서 작동해야만 한다. 북한의 경제적 행위자들의 역사는 따라서 나쁜 (그리고 악화하는) 상황을 어떻게든 극복하려고 애쓰는 역사이다.

2017년 이후 공해에서의 선박 대 선박 석유 이송의 급격한 증가는 유엔제재에 직면한 북한이 풍부한 계략을 갖고 있음을 보여주는 하나의 사례다. 유엔제재는 북한 선박의 국제 항구 출항을 효과적으로 금지하였고, 북한에 대한 석유 수출을 대폭 축소하였으며, 외국 선박의 북한 항구 기항을 제한하였다 (Panel of Experts 2018, paragraphs 63, 65, 66). 그러나 해상에서의 석유 이송은 특별히 효율적인 석유 획득 방법은 아니며, 대량으로 증가했을지라도 북한이 어떻게 해상에서의 석유 밀수를 통해 필요한 석유를 모두 공급할 수 있는지 알기 어렵다. 그것은 북한 선박의 자유로운 항해나 북한 항구의 가동보다 핵무기 실험과 미사일 발사를 더 중요하다고 결정한 레짐의 제약 내에서 활동하는 북한의 경제 행위자의 사례다.

또한, 북한이 제재를 피해 가는 '방법'은 역설적으로 북한을 제재 집행에 더 취약하도록 만들었다. 첫째, 북한의 무역에 대한 관여를 위장하려고 제3국 브로커들에 의존하는 것은, 그들이 북한을 대신해 어느 정도의 위험을 감수하는 반면에 만약 변절이나 체포로 인해 그들을 더는 사용할 수 없다면 북한이 거래의 실패를 받아들여야 한다는 것을 의미한다. 북한이 구매자 또는 판매자로서 어느 정도의 실패를 다룰 수 있는지 불분명하지만, 거래를 성사시키는 비용은 아마 무시해도 될 정도는 아닐 것이다. 둘째, 비공식 무역은 계약을 실행하고 정치적 보호를 제공하며 분쟁을 해결하기 위해서 사회적 유대에 의존해야 하므로 규모가 제한될 가능성이 있다 (Haggard, Lee and Noland 2012; Haggard and Noland 2012; Hastings and Wang 2018). 그 사회적 유대가 단절되는 한, 북한은 비공식 무역에 관여하는 능력이 감소하는 것을 목격하기 쉽다. 무역 네트워크를 뒷받침하는 사회적 유대의 목적은 무역이 제재를 포함한 정치적 폭풍을 무사히 헤쳐나가게 하는 것이지만, 그 유대는 파괴할 수 없는 것은 아니며 북한이나 다른 나라에 의하여 끊어질 수 있다.

여기에 최근에 다소 줄어든 숙청과 국경관리들의 후원 네트워크 구축 능력을 떨어뜨리기 위해서 그들을 비교적 빠르게 전근시키는 정책이 많은 비공식 무역 네트워크들의 지속에 불리하게 작용했다. 이 네트워크들은 김정은이나 그의 측근들에 의해 직접 통제되었을 가능성이 낮으므로 어느 정도 이것은 김정은이 의도한 것 같지만, 일반 북한 주민에게 지속적으로 공급할 수 있는 무역 네트워크의 능력에 피해를 준다.

중국도 비공식 무역을 지지하는 사회적 유대를 끊을 수 있다. 제3 국가들이 계속해서 북한과의 무역을 금지함에 따라서 북한 무역 네트워크는 중국에 있는 북한인 브로커들이나 중국 또는 홍콩에 있는 실제로는 중국 시민인 브로커들을 사용하는 것에 더욱 의존하게 되었다. 북한의 공식 무역 통계는 이처럼 중국에 대한 의존의 증가를 반영하는데, 북한의 공식 무역의 90퍼센트가 중국과의 무역으로 추정된다 (Liu 2018). 많은 비공식 무역이 공식 무역 내에 감춰져 있거나 육상 국경을 넘는데 북한이 허용하는 공식 무역은 두 곳뿐이기 때문에 선박 대 선박 이송을 제외하고는 대부분의 비공식 무역은 중국도 관련되는 것이 비교적 확실할 것이다. 그러나 이러한 현상은 북한을 중국의 압력에 취약하게 만든다. 중국은 종종 제재의 집행을 느슨하게 한다고 비난을 받지만, 부분적으로는 일시적으로 북한을 국제경제로부터 단절시킴으로써 북한이 경제적 고통을 느끼도록 할 수 있는 많은 수단을 갖고 있으며 사용하고 있다. 물론 이러한 일이 북한을 설득하여 핵무기를 포기하게 하기는커녕 북한의 행동을 실질적으로 변화시킬 수 있는 능력으로 이어지지는 않지만, 북한의 국제경제와의 상호작용에 영향을 미친다.

예를 들면, 2017년 북한이 핵무기와 미사일 실험 소동을 벌인 중에 중국정부는 몇몇 새로운 유엔제재에 동의했을 뿐 아니라 제재 위반을 확인한다는 구실을 내세워 국경검문소에서 전체적인 공식 무역을 둔화시켰다. 상하기 쉬운 식품처럼 빠른 수송이 필요한 무역 상품의 경우, 이러한 조치는 무역업자의 경제적 손실과 시장에서의 이탈을 가져왔다.[4] 동시에 중국은 밀수업자들에게 정부가 더는 '나쁜 밀수'(마약과 무기)와 '좋은 밀수'(그 밖의 모든 것, 특히 생계에 필요한 상품)를 구분하지 않을 것이며 모든 밀수를 엄중히 단속할 것이라고 통보했다.[5] 중국정부는 국경을 넘는 밀수 네트워크들에 정치적 보호를 제공한 중국국경 관리들을 멀리 이동시킴으로써 한 단계 더 나아갔다.[6] 종합하면, 이러한 조치들은 제재 집행 단속을 통해 밀수 네트워크가 계속 운영될 수 있도록 하는 사회적 네트워크를 부수는 효과가 있었다.

보다 일반적으로 말하면, 북한이 특히 중국 브로커들에 의존하는 것은 조선민주주의인민공화국 무역 네트워크가 그 중국 브로커들이 북한과 거래하는데 흥미를 잃게 되면 영향을 받기 쉽다는 것을 의미한다. 중국정부가 2017년 단속 중에 일어난 것처럼 일시적으로라도 중국 브로커들에게 북한 사업을 거두어들이라고 명령하기 때문이거나, 또는 특정 물품들에 대한 새로운 금지는 그 물품들뿐 아니라 다른 물품들도 브로커들이 교역으로 이익을 내지 못하게 하여 결국 시장 이탈을 초래하기 때문

이다. 예를 들면, 식량 수입의 경우 북한은 식량이 제재를 받기 때문이
아니라 (식량은 한 번도 제재를 받지 않았다) 그 식량을 공급하는 브로커
들이 중국정부에 의해 중단되었기 때문에 식량 부족에 의한 충격으로 고
통을 받을 수 있다. 중국 브로커들의 활동이 중단된 이유는 중국정부의
제재 집행이 무역 절차를 훨씬 더 지루하게 만들었기 때문이거나, 또는
새롭게 금지된 물품들이 그 브로커가 북한 전체적으로 이익을 내는 운용
능력을 축소하였기 때문이다.[7] 중국 브로커가 북한에서 철수하면, 북한
에 대한 식량 수출의 부대 사업도 사라진다. 이러한 현상은 왜 북한이 제
재하에서 식량 수출에 매력 없는 곳이 되었는가에 관한 중국 브로커들의
다음과 같은 발언들에서 볼 수 있다.

> 제재 중 식량에 대한 영향은 비교적 미미했지만, 이미 지루해진 절
> 차가 더욱더 지루해져서 많은 사람이 제재 중 식량 수출을 꺼리게
> 되었다.[8]

> 모든 경제제재는 북한에서 사업하는 더 많은 사업가가 북한 사업
> 을 중단하는 원인이 될 것이다. 그 결과, 경제제재 이후 북한에 곡
> 물을 수출하는 무역업자들의 수가 더 줄어들고, 수출되는 식품의
> 양은 당연히 적어졌으며, 북한의 민간 암시장에서의 식량 가격은
> 자연스럽게 상승하게 된다.[9]

실제로 제3자 브로커 전략을 통해 국제경제와 관계를 유지하는 북한의
능력은 무한히 유연하지는 않으며, 그 전략 자체가 역설적으로 어느 측
면에서는 제재를 받지 않는 분야에서조차 북한경제를 더욱더 제재 집행
에 취약하게 만든다.

정치적 영향

북한의 국제경제와의 상호작용은 또 북한 국가가 이용 가능한 정치적 선택지에 어느 정도 제약을 가할 가능성이 있다. 고난의 행군 이후 북한의 국내 경제적 변화는 여러 부류의 기업가들을 만들었다. 한 부류는 국가와 그들의 일차적인 상호작용이 사업을 계속할 수 있는 권리를 위해 뇌물을 바치는 부류이며, 다른 부류는 그들의 부가 (다른) 국가 관리들과의 연줄을 통한 국가 내의 지위와 수입 또는 수출에 대한 접근권에 의존하는 부류이다. 북한 내 최고위층 엘리트들의 생각을 아는 것은 거의 불가능하지만, 김정은이 이런 기업가들의 지지를 얻거나 아니면 적어도 그들의 돈을 버는 능력을 차단하여 그들을 완전히 소외시키지 않도록 할 필요성을 인식하고 있다는 징후가 있다. 그들 사업의 성격에 따라서 기업가들은 무너지는 북한경제로 피해를 본 북한 주민들을 고용할 수도 있다. 광물 수출을 제한하는 제재의 효과에 대해 평한 한 북한 인사의 말을 빌리자면,

> 만약 장기적인 수출 제한이 광물 회사를 파산시키면, 무고한 많은 노동자가 수입원을 잃을 것이다. 다양한 방식으로 수출회사와 연계된 상인들과 주민들이 새로운 일자리를 찾으려고 악전고투할 것이다. 김정은은 이것이 초래할 분노를 무시할 수 없다.
>
> (Seol 2016)

정치적 고려에 따라 무역 네트워크가 계속 가동하게 하는 김정은의 필요성은 우선 2013년 '병진' 노선의 존재를 설명해준다 (Chung, Kim and Moon 2016). 김정은 레짐은 경제발전을 명목상으로 우선순위에 두고 2018년 1월 이후 대립과 무기 개발에서 벗어나 지금까지 성공하지는 못했으나 투자를 유치하거나 최소한 제재 집행을 완화할 수 있도록 대한민

국 및 미국과의 더 우호적인 관계 추구로 그 중심축을 돌렸다. 또한, 김정은 치하에서 빠른 속도로 핵무기와 미사일 실험을 한 것은 그가 북한 권력 구조 내에서 조선노동당에 특권을 준 것과 같이 군대를 자기편에 두려는 방법으로 보일 수 있었지만, '병진' 노선과 2018년 이후 경제발전에 우선순위를 둔 것은 당 엘리트층, 더 일반적으로는 (군부 내 엘리트층을 포함한) 엘리트층의 이익을 위한 작은 선물로 볼 수 있는데, 이는 그들에게 사업기회를 제공함으로써 그들의 지지를 유지하기 위한 것이다. 제재가 이러한 사업기회를 침해하는 한, 김정은에게 문제가 생긴다.

장기적 영향

북한이 국제경제와 상호작용하는 방식은 또 제재가 해제되고 북한이 국제사회에 받아들여지는 미래에도 장기적인 정치경제적 영향을 미칠 가능성이 있다. 시장가격에 맞춘 공식가격의 설정, 무역허가증 발급의 완화(이것은 이론상으로 무역권에서 2차 시장을 약화해야 함), 시장에 준공식적 지위 부여 등 '사실상' 경제의 많은 부분을 공식화하려는 북한 국가의 시도는 모두 북한경제의 근본적인 문제를 해결할 수 없었다. 즉 국가는 비교적 공평하게 계약을 집행하고 분쟁을 해결할 수 있는 시스템에 접근하는 어떠한 것도 제공할 의지가 없고 능력도 없다. 더욱이 국가는 실제로 그러한 시스템을 발전시키지 않을 강력한 유인 동기가 있다. 왜냐하면, 성공하기 위해서는 사회적 연줄과 정치적 보호가 너무 결정적이어서 많은 국가 관리들이 기업에 제공하는 그들의 '서비스'(뇌물을 받는 대가로 제공하는 특혜와 정치적 보호를 의미 - 역자 주)를 기반으로 부를 쌓기 때문이다.

소련 붕괴의 여파로 국가 관리자들과 정치적으로 연결된 경영자들은 국영회사의 자산을 빼앗거나 민영화하는 국영회사를 인수할 수 있었고 그에 따라 오늘날 러시아경제를 지배하는 올리가르히**가 출현했다 (Goldman 2003). 북한의 오래된 장비의 대부분은 낡았거나 냉전이 끝날 무렵에 싸게 팔렸으며, 국가 관리들이 약탈할 수 있는 것이 얼마나 더 남아있는지 의문이다 (Suh 2008, pp. 23-26). 따라서 옛 소련과는 달리 북한의 사업 엘리트들은 무역 네트워크의 통제, 수출할 수 있는 광물 같은 자원에 대한 접근, 또는 지위를 이용한 정치적 보호의 판매로부터 부를 쌓는다. 북한이 제재로부터 자유롭지만 레짐이 그대로 있는 시나리오 상황이라면, 북한 엘리트층은 해외 투자자와 무역업자가 그들의 투자를 보호하는데 필요한 권력 구조에의 접근을 통해 이익을 얻을 수 있을 것이다. 권력과 더 연결된 엘리트들은 또 (아마도) 수출할 수 있는 천연자원의 통제로부터 계속 이익을 얻을 수 있을 것이다. 그러나 북한 레짐이 붕괴한 상황이라면, 많은 비즈니스 엘리트들은 통제할 수 있는 주요 산업 자산이 아무것도 없는 상태에 놓이게 될 것이다.

대신에 북한은 다음의 두 상황에서 이월할 자산이 있다. 하나는 북한 레짐이 개방한 (제재는 줄어든) 상황이다. 다른 하나는 북한 레짐이 즉 적대적인 국내적 및 국제적 사업 환경에서 수십 년 이상의 활동으로 구축된 북한 사업가들의 나라 안팎에서의 경험, 다른 기업과의 유대관계, 그리고 제재 또는 더 일반적으로 말해 모든 합법적 레짐을 피하는 경로와 방법에 대한 지식을 붕괴시키는 상황이다. 북한 기업들이 암시장 및 준 암시장 활동을 탐색하기 위해 이러한 기술을 활용하는 방법은 북한 주민들이 상품 자체는 전혀 건드리지 않고 불법 거래를 가능하게 하는 중개업 네트워크에서 볼 수 있다.

___

** 역자 주) 과두제를 뜻하는 그리스어 ὀλιγάρχης에서 유래한 용어로 신흥 재벌 집단을 의미한다. 러시아에서 이들은 경제적 힘뿐만 아니라 정치권과 유착하여 정치적 영향력도 키우는 한편 부패의 온상이 됐다. 푸틴 집권 이후 일부는 정치적 권력을 상실했으나 정권에 충성하는 올리가르히는 계속 긴밀한 관계를 유지하고 있다.

더욱이 북한 국가가 불법 네트워크를 통제하는 쪽으로 기울어졌더라도 그렇게 할 수 있을 것인지 분명하지 않다. 국제제재에 직면하여 국가 특권과 자원을 무역을 위해서 사용하기가 더 어려워지게 된 역설적인 상황은 따라서 북한 기업들이 자체의 사업 관계를 구축하고 북한 국가가 지원을 중단하더라도 계속 이용될 수 있는 상업적 경로와 방법을 이용해야 한다는 것이다. 예를 들면, 북한 중앙 국가가 밀수를 위한 국유 수송 인프라의 사용을 중지한 이후 북한으로부터의 마약 밀수는 수정된 형태로 계속됐다 (Hastings 2015). 마찬가지로, 2013년 김정은의 고모부 장성택이 숙청된 여파로 해외에서 북한으로 소환된 많은 북한 사업가들은 그냥 잠적했다 (Ahn and Kang 2013).

국가체제 전환 이후에도 불법 무역에 종사할 수 있는 행위자들이 지속해서 존재하는 것은 다른 나라들에서도 흔한 일이다. 예를 들면, 남아프리카의 핵무기 프로그램 종료 이후에 실업 상태에 빠진 남아프리카 회사들은 리비아를 위한 압둘 카디르 칸(Abdul Qadeer Khan) 핵확산 네트워크에 공급하는 데 관여하게 되었다 (Albright and Hinderstein 2005; Salama and Goren 2006; Hastings 2012). 북한에 있어서 국제사회의 일원으로 받아들여지거나 붕괴하는 북한의 최종 결과는 다음과 같을 것이다. 즉 북한 사람들이 국제경제에 관여하는데 불법 수단을 지속하지만, 이제는 세계의 다른 나라들과 북한 간의 거리뿐만 아니라 세계 전역의 많은 다른 지점 간을 이어주는 네트워크를 가지게 될 것이다.

북한 밀수 네트워크들이 제재를 피하려고 중국과 북한 간 상품을 이동시킬 수 있지만, 그것이 반드시 그들의 주된 목적은 아니며 이는 북한의 미래 정치경제에 영향을 준다. 북한 레짐의 성격을 고려할 때, 밀수 네트워크들은 제재가 해제되더라도 계속될 가능성이 높다. 북한 국가에 있어서 아이러니는 북한과 중국 간 가동하고 있는 밀수 네트워크들이 중국의 제재 집행을 피하기 위해서만큼 북한 국가를 피하려고 존재한다는 것이다. 북한 내에서, 그리고 북한과 외부 세계 간 합법적인 (그리고 준 합법적인) 무역을 하기 위해서 공식적인 지위와 사회적 네트워크가 필요하다는 것은 합법적 무역에 종사하는 허가를 받지 못한 민간기업과 국가 관리는 보통 일상적 물품을 사고팔기 위해서 밀무역에 관여해야 한다는 것을 의미한다.

놀랍게도 식량이 북한정부를 우회하여 북한으로 밀수입되는데, 이는 밀수업자들이 식량을 수입하는 공식 허가가 없거나, 또는 북한 내에서 식량이 배급제를 통한 공급에서 우선순위가 높지 않은 평양 이외의 지역과 군부 외부의 주민들에게 공급하기 위해 적절하게 분배되지 않기 때문이다. 마찬가지로, 유엔에 의해 광물 수출이 금지되기 전에도 북한에서 밀수되는 상품의 대부분은 철광석 및 기타 광물들이었는데, 이는 밀수업자들이 북한 내 광산에 접근할 수 있었지만 광물 수출 허가를 받지 않았기 때문이다 (Hastings and Wang 2018).

밀수는 또 북한인과 중국인 모두에게 북한의 정책 불확실성에 대한 헤지(위험 회피 수단 – 역자 주)로써 사용된다. 예를 들어, 한때 북한이 갑자기 해산물 수출을 금지했으며 이에 따라 공식 무역에만 의존했던 사업체들이 계절용 해산물 생산에 대한 투자에서 큰 손실을 보았다. 그러나 검문소를 피한 사람들은 계속 무역을 할 수 있었다.[10] 부패나 비효율 또는 그 모두의 원인으로 국경에서 지체되는 것 역시 무역업자에게 손실을 초래한다. 해산물의 경우, 그러한 지체는 상품을 부패하게 할 수 있다. 결과적으로 국경검문소를 피해 나가는 무역이 그와 같은 지체를 더 잘 피할 수 있다.[11]

마지막으로, 북한에서 사업을 하는 데 내재된 부패는 무역업자들 자신이 때때로 밀수를 공식무역보다 비용이 덜 드는 대안으로 본다는 것을 의미한다. 즉 무역의 합법성에 상관없이 뇌물은 여전히 필요하다. 그리고 때때로 필요한 뇌물과 뇌물을 받아야 할 관리의 수가 압록강이나 두

만강을 건너는 국경검문소를 피하는 거래 또는 바다에서의 선박 대 선박 이송 거래에서 덜 부담이 되는 경우가 있다 (ibid.).

북한경제와 그 연장선에서 북한경제의 글로벌경제와의 상호작용이 발전한 방식은 어느 나라에서나 경제적 관여의 주요 원천이 되었을 것이다. 즉, 북한에 대한 외국인 투자 자체에 문제를 초래한다. 북한의 노동과 인프라문제는 의심할 여지 없이 투자를 방해하는 한편, 북한 기업이 적응한 정치적 불확실성과 불법은 외국 회사들로부터의 장기 투자에 대한 주요 장애물이다. 낙후된 북한은행에 의해 부과된 자금조달의 제한과 금융제재가 장기 자본 프로젝트에 특히 문제인 반면에 북한 바깥에서 제재를 피하는 북한 무역 네트워크의 능력은 외국 회사가 북한 영토에 자산을 직접 투자할 것을 요청받을 때 쓸모가 없다. 더욱이 사업 분쟁에 대해 판결을 내릴 수 있는 국가기관이 없이 외국 투자자는 그들의 북한 사업 파트너와 사회적 유대에 지배를 받게 되며, 이는 투자를 억제할 수 있다 (Haggard and Noland 2012; Hastings and Wang 2017). 예를 들어, 2012년 중국회사 시양(Xiyang, 西洋集團)의 철광석 가공처리 벤처사업**의 엄청난 실패는, (시양에 따르면) 수송과 기반 시설의 높은 비용뿐만 아니라 거의 끊임없는 북한 파트너의 뇌물과 선물 요구, 북한 중앙정부에 의해 최종 거부된 사회적 유대관계에 의존한 투자승인절차, 시양에 경화로 보상하지 못하는 북한정부의 명백한 무능력 내지는 무의지, 그리고 마지막으로 가공처리 시설의 몰수 결과로서 발생했다 (21st Century Business Herald 2012a, 2012b; Kuang 2012; Zhongguo Ziyang Jituan 2012).

이와 같은 열악한 투자 환경은 북한의 사업 파트너들이 위험을 최소화하기 위한 자신의 생존전략을 추구하도록 만들며, 이는 궁극적으로 북한

....
** 역자 주) 북한 황해남도 옹진군 옹진철광에 2억 4,000만 위안을 투자해 철광석 선광공장을 건설했지만 북한이 일방적으로 계약을 파기하였다.

의 투자 기회에 해를 끼친다. 그렇지 않으면 북한에 투자했을 많은 중국 기업들이 종종 수입과 수출을 자제하고, 몰수나 자신에게 불리하게 부는 정치적 바람으로 인한 비용과 잠재적 손실을 최소화하기 위해서 북한에 인력, 재화 및 금전 형태로의 자신의 물리적 존재를 최소화하고 있다. 중국 기업들이 북한 파트너들과 거래할 때, 그들은 보통 북한에 들어갈 필요가 없도록 국경에서 거래할 것과 물품 전달 시점에 현금 경화를 교환할 것을 주장하고 있다. 심지어 북한에 투자하고 있는 기업들은 종종 북한 기업들이 얻을 이익을 최소화하기 위한 조치를 취하고 있다. 이러한 일은 자동차 수리 작업 같은 자본지출이 적은 서비스, 가발이나 담배 같은 부가가치가 적고 부패하지 않는 상품을 만드는 공장에 의존하는 사업의 형태를 취할 수 있거나, 또는 몰수에 대비한 방지책으로서 북한 사람들이 아직 보유하지 않은 운용 전문성이 필요한 특정 건설기계 같은 장비를 이용한다 (Hastings and Wang 2018).

요약하면, 수십 년 동안 북한은 고립과 편집증이라는 평판에도 불구하고 국제경제와 상호작용하는 독특한 방법을 발전시켜왔다. 북한이 국제경제와 관계를 맺는 방식의 결과는 어려운 상황에 직면하여 회복탄력성에 기반을 둔 일련의 관행들이다. 즉, 북한인들은 밖에서는 제재에 대처하고 안에서는 양면적이고 억압적이며 제대로 기능하지 않는 국가에 대처하는 창의적인 방법을 찾는 대외경제 통합으로 가는 길을 창조했다. 동시에 북한이 글로벌경제에 진출하는 방식이란 정치적 선택이 제한되고, 다른 나라들부터 다양한 압력을 받기 쉬우며, 정상적인 무역과 발전으로 보다는 부패, 제한된 투자, 그리고 계속되는 불법 행위로 특징지어지는 장기적인 미래를 마주한다는 것을 의미한다.

주

1) 국내총생산에서 차지하는 백분율로서의 세계은행(World Bank)의 무역 추정치
는 다음을 볼 것. http://data.worldbank.org/indicator/NE.TRD.GNFS.ZS.
2) Interviews with informal Chinese traders #1, #2, #3, #4, #6, #7, #12, July
2016.
3) Interview with Chinese import-export trader, November 2013.
4) Interviews with Chinese businessmen #23, #29, October 2017.
5) Interview with Chinese businessman #24, October 2017
6) Interview with Chinese businessman #24, October 2017.
7) Interviews with Chinese businessman #23, #30, October 2017.
8) Interview with Chinese businessman #9, October 2017.
9) Interview with Chinese businessman #10, October 2017.
10) Interview with Chinese businessman #14, July 2014.
11) Interviews with informal traders #5, #9, #12, #13, July 2016.

참고문헌

21st Century Business Herald. 2012a. "Xiyang Jituan 2.4 Yi Touzi Chaoxian:
Zhou Furen Zishu 'Beitao' Shimo," 25 August.
21st Century Business Herald. 2012b. "Xiyang Jituan Touzi Chaoxian Ling
meikuang Shimo," August 17, 2012.
Abrahamian, A., See, G. and Wang, X. 2014. "The ABCs of North Korea's
SEZs," Washington, DC: US-Korea Institute, School of Advanced Inter-
national Studies, The Johns Hopkins University.
Ahn, S. and Kang, J. 2013. "North's Agents in China Are Disappearing,"
Korea JoongAng Daily, December 13.
Albright, D. and Hinderstein, C. 2005. "Unraveling the A.Q. Khan and Future
Proliferation Networks," *The Washington Quarterly*, vol. 28, no. 2, pp.
111–128.
Armstrong, C. 2013. *Tyranny of the Weak: North Korea and the World, 1950–
1992*, Ithaca, NY: Cornell University Press.
Blanchard, B. 2013. "China Steps up Customs Checks, but North Korea Trade
Robust," *Reuters*, April 30.
Bradsher, K. and Cumming-Bruce, N. 2013. "China Cuts Ties with Key North
Korean Bank," *Reuters*, May 7.
Cha, V. 2012. *The Impossible State: North Korea, Past and Future*, New York:
Random House.
Choi, S. 2007. *North Korea's Agricultural Reforms and Challenges in the Wake*

of the July 1 Measures, Seoul: Korea Institute for National Unification.

Chung, Y., Kim, Y. and Moon, K. 2016. "State Strategy in the Kim Jong-Un Era: The 'Byongjin' Policy of Pursuing Economic and Nuclear Development," *Korea Observer*, vol. 47, no. 1, pp. 1–33.

Collins, R. 2016. "Pyongyang Republic," Washington, DC: American Enterprise Institute.

Fenghuangwang. 2013. "Chaoxian: Zhangchengze Shijian Bu Hui Yingxiang Jingji Jiang Yin Waizi Fazhan Tequ," *Fenghuangwang*, 17 December.

Goldman, M. 2003. *The Piratization of Russia: Russian Reform Goes Awry*, New York: Routledge.

Haggard, S., Lee, J. and Noland, M. 2012. "Integration in the Absence of Institutions: China-North Korea Cross-Border Exchange," *Journal of Asian Economics*, vol. 23, no. 2, pp. 130–45.

Haggard, S. and Noland, M. 2007. *Famine in North Korea: Markets, Aid, and Reform*, New York: Columbia University Press.

Haggard, S. and Noland, M. 2010a. "Reform from Below: Behavioral and Institutional Change in North Korea," *Journal of Economic Behavior & Organization*, vol. 73, no. 2, pp. 133–52.

Haggard, S. and Noland, M. 2010b. "Winter of Their Discontent: Pyongyang Attacks the Market," Washington, DC:Peterson Institute for International Economics.

Haggard, S. and Noland, M. 2012. "Networks, Trust, and Trade: The Microeconomics of China-North Korea Integration," PIIE Working Paper 12–. Washington, DC: Peterson Institute for International Economics.

Hassig, R. and Oh, K. 2009. *The Hidden People of North Korea: Everyday Life in the Hermit Kingdom*, Lanham, MD: Rowman and Littlefield.

Hastings, J. 2012. "The Geography of Nuclear Proliferation Networks: The Case of AQ Khan," *Nonproliferation Review*, vol. 19, no. 3, pp. 429–450.

Hastings, J. 2015. "The Economic Geography of North Korean Drug Trafficking Networks," *Review of International Political Economy*, vol. 22, no. 1, pp. 162–193.

Hastings, J. 2016. *A Most Enterprising Country: North Korea in the Global Economy*. Ithaca, NY: Cornell University Press.

Hastings, J. and Wang, Y. 2017. "Chinese Firms' Troubled Relationship with Market Transformation in North Korea," *Asian Survey*, vol. 57, no. 4, pp. 618–640.

Hastings, J. and Wang, Y. 2018. "Informal Trade Along the China-North Korea Border," *Journal of East Asian Studies*, vol. 18, no. 2, pp. 181–203.

Kang, T. 2014. "New North Korean Staffed Restaurant Opens in Amsterdam," *NK News*, 27 January.

Kim, H. 1998. "Japan in North Korean Foreign Policy," in S. Kim (Ed.), *North Korean Foreign Relations in the Post-Cold War Era*, Oxford: Oxford University Press, pp. 116–189.

Kim, K. (Ed.) 2008. *North Korea's External Economic Relations*, Seoul: KINU Research Monograph. Korea Institute for National Unification.

Kim, S. (Ed.) 1998. *North Korean Foreign Relations in the Post-Cold War Era*, Oxford: Oxford University Press.

Kim, S., Young, T., Oh, S., Lee, H. and Lee, G 1997. *North Korea in Crisis: An Assessment of Regime Sustainability*, Seoul: Korea Institute for National Unification.

Kuang, J. 2012. "Xiyang Jituan Chaoxian Xiangmu Jiufen Weixi Chengnuo 3000 Wan Ouyuan Que Bian Meiyuan," *21st Century Business Herald*, 12 October.

Lankov, A. 2007. *North of the DMZ: Essays on Daily Life in North Korea*, Jefferson, NC: McFarland & Company, Inc.

Lankov, A. and Kim, S. 2008. "North Korean Market Vendors: The Rise of Grassroots Capitalists in a Post-Stalinist Society," *Pacific Affairs* vol. 81, no. 1, pp. 53–72.

Lankov, A., Ward, P., Yoo, H. and Kim, J. 2017. "Making Money in the State: North Korea's Pseudo-State Enterprises in the Early 2000s," *Journal of East Asian Studies*, vol. 17, no. 1, pp. 51–67.

Lim, J. and Yoon, I. 2011. "Institutional Entrepreneurs in North Korea: Emerging Shadowy Private Enterprises under Dire Economic Conditions," *North Korean Review*, vol. 7, no. 2, pp. 82–93.

Lintner, B. 2001. "The Macau Connection: The Former Portuguese Colony Was a Terrorist Base for Pyongyang," *Far Eastern Economic Review*, October 25.

Liu, Z. 2018. "North Korea Still Looking to China for Economic and Political Security, Analysts Say," *South China Morning Post*, April 28.

Noland, M. 1998. "The External Economic Relations of the DPRK and Prospects for Reform," in S. Kim (Ed.), *North Korean Foreign Relations in the Post-Cold War Era*, Oxford: Oxford University Press.

Panel of Experts. 2016. "Report of the Panel of Experts Established Pursuant to Resolution 1874 (2009)," United Nations Security Council, New York, February, 24.

Panel of Experts. 2017. "Final Report of the Panel of Experts Submitted Pursuant to Resolution 2276 (2016)," United Nations Security Council, New York, February 27.

Panel of Experts. 2018. "Final Report of the Panel of Experts Submitted Pursuant to Resolution 2345 (2017)," United Nations Security Council, New York, March, 5.

Park, H. 2011. "Commercial Engagements of the Party-State Agencies and the Expansion of Market in the 1990s in North Korea," *Journal of Korean Unification Studies*, vol. 20, no. 1.

Park, J. 2014. "The Key to the North Korean Targeted Sanctions Puzzle," *The Washington Quarterly*, vol. 37, no. 3, pp. 199–214.

Park, J. and Walsh, J. 2016. "Stopping North Korea, Inc.: Sanctions Effectiveness and Unintended Consequences," Security Studies Program, MIT, Cambridge, MA.

Quinones, K. 2003. "Beyond Collapse: Continuity and Change in North Korea," in E. Choi, E. Kwan, and Y. Merill (Eds.), *North Korea in the World Economy*, New York: RoutledgeCurzon.

Reilly, J. 2014. "China's Market Influence in North Korea,2 *Asian Survey*, vol. 54, no. 5, pp. 894–917.

Ryall, J. 2018. "From Paper to Fuel, North Koreans Endure Widespread Shortages as Sanctions Take Their Toll," *The Telegraph*, February, 23.

Salama, S. and Goren, N. 2006. "Special Report: The A.Q. Khan Network: Crime…And Punishment?" *WMD Insights*, March.

Seol, S. 2016. "Trucks Loaded with Mineral Extracts Blocked from Entering China," *Daily NK*, March 7.

Snow, D., Saulwick, J. and Massola, J. 2017. "Alleged North Korean Agent Arrested in Sydney, Charged with Trying to Arrange Sale of Missile Technology," *Sydney Morning Herald*, December 17.

Strangio, S. 2010. "Kingdom Kim's Culinary Outposts: Inside the Bizarre World of Asia's North Korean Restaurant Chain," *Slate*, March 27.

Suh, J. 2008. "Economic Hardship and Regime Sustainability in North Korea," Seoul: Korean Institute for National Unification.

Thompson, N. 2014. "Inside One of North Korea's Secretive Slave Restaurants," Available at: Vice.com.

U.S. Department of Justice. 2013. "Press Release: Taiwanese Father and Son Arrested for Allegedly Violating Us Laws to Prevent Proliferation of Weapons of Mass Destruction," news release, May 6.

Zacek, J. 1998. "Russia in North Korean Foreign Policy," in S. Kim (Ed.), *North Korean Foreign Relations in the Post-Cold War Era*, Oxford: Oxford University Press.

Zhongguo Xiyang Jituan. 2012. "Xiyang Jituan Zai Chaozian Touzi De Emeng," Available at: Sina.com.cn, http://blog.sina.com.cn/s/blog_916fb56901017b75.html.

제3부
대외관계

적들이 이것을 가능하게 했다: 1948년 이후 중국-북한관계

제8장

캐스카트(Adam Cathcart)와 임유진(Yujin Lim)

서론

1951년 1월, 김일성은 운명의 지점에 섰다. 중국인민지원군(CPV: Chinese People's Volunteers)과 잔존 북한군은 서울을 재점령하게 한 공격을 전개했으며, 김일성은 이 공격을 모든 외국 군대가 한국에서 축출될 때까지 계속해야 한다고 강력하게 공개적으로 주장했다 (Li Qingshan 2008, p. 213). 중국의 지원은 대체로 마오쩌둥이 승리한 중국공산당(CCP: Chinese Communist Party) 내의 내부 토론의 결의에서 나온 것이다 (Chen 2001a, 2001b). 그러나 1951년 겨울과 봄의 군사작전이 엄청난 인명 희생에도 기대에 미치지 못한 후 병참 및 정치적 난관의 부담으로 인해 중국은 조기 정전을 향한 유엔의 제의를 계속 거부하면서도 한국통일에 대한 그들의 약속을 제한하였다 (Shen and Xia 2011). 1953년 여름 펑더화이(彭德懷)가 대규모 총공격을 준비하였지만, 동시에 이루어진 정전 협상은 7월 26일 정전협정으로 이어져 군사 공격을 막았으며 결과적으로 중국인민지원군은 북한의 재건이라는 새로운 역할을 맡게 되었다 (Zhang 2001, p. 107). 중국인민지원군은 결국 1958년 북한을 떠났으며, 북한은 1961년에 중국과 상호안보조약을 체결했다.

1950년 말 중국의 한국전쟁 개입은 1930년대 만주에서 공동의 항일 게릴라 활동을 돌아보게 하는 오랫동안 자리 잡은 양국 간 협력을 배경으로 나온 것이었다. 중국 동북부지역 내전에서 중국 공산주의가 승리한 지 약 30년 후 1978년에 마오쩌둥의 후계자 화궈펑(華國鋒)이 평양에서 다음과 같이 말한 것은 그럴만한 이유가 있었다.

> 우리의 혁명전쟁 시기에, 창바이산(長白山, 백두산[白頭山]을 중국
> 에서 부르는 이름 – 역자 주)에서, 만리장성 양측에서, 그리고 양
> 쯔강 양안에서 조선 인민의 훌륭한 아들들과 딸들이 중국 인민들
> 과 어깨를 맞대고 싸웠다.
>
> (Hua 1978, p. 15)

그러나 이러한 오랜 연대와 이후 수십 년 동안의 그에 대한 의례적인 언급에도 불구하고, 이 시기 중국-북한동맹의 기반은 개인적 우의보다는 공동의 적이었다.

김일성은 중국어를 구사했으며 일본의 새 괴뢰국가인 만주국의 변방, 중국 동북부지역에서 성장했다. 한홍구가 설명하듯이 김일성의 젊음은 중국인 동료들과의 교류에서 매우 실용적인 장점이었는데, 그들은 김일성이 나이가 더 들고 충성심이 덜한 파벌에 뿌리가 있다고 보지 않았다. 김일성은 동북지역 중국공산당 주요 지도자들과의 관계를 잘 활용하였고 1930년대 중반 중국공산당 동만주특별위원회의 반(反)한인 숙청이라는 최악의 상황에서도 생존하는 분명한 능력을 보여주었다 (Han 1999, pp. 173, 183-184, 275-276). 김일성은 마오쩌둥과 중국 지도부를 넘어 중국공산당과 상당히 좋은 관계를 유지했으며, 중국에 대한 그의 생각은 특별히 마오쩌둥 중심적이지 않았다 (Koh 1978, pp. 133-134). 중국 내전 중 김일성의 중국공산당 주 접촉점은 당 동북국(中央東北局), 특히 천원(陳雲)과 가오강(高崗)이었다. 가오강이 1954년 숙청된 데 반해

(Mehnert 1963, pp. 252-253), 천원은 고위 간부이자 덩샤오핑(鄧小平)의 협력자로서 그와 부침을 공유하면서 당의 원로로 오랜 경력을 누렸다.

마오쩌둥의 조선(Korea)에 관한 생각에 대해서 학자들의 분명히 일치된 견해는 없다. 선즈화(沈志華)는 '천조주의(天朝主義, Tianchaoism)' 가설을 제기했는데, 참신한 것처럼 보이나 실제로는 꽤 오래된 사고의 연장선에 있는 것으로 조선에 대한 마오쩌둥의 관점은 근본적으로 신 조공체제였다 (North 1960; Mehnert 1963, pp. 404, 493). 이러한 생각은 중국 동쪽 변방에 있는 조선 왕조가 행한 수 세기에 걸친 방어적 역할을 서술하는 의례적 표현인 '입술과 이빨(唇齒)'의 관계로 요약되었으나, 마오쩌둥의 초기 저작들은 그가 조선에 관해 거의 관심이 없었음을 보여주고 있다.[1] 확실히 마오쩌둥은 중국의 한인들을 일시적인 이주민 이상으로 보지 않았으며 내륙 아시아의 티베트인과 몽골인, 그리고 동북지역의 만주인 같은 소수 민족에 훨씬 큰 관심을 두었다. 1930년대 중반 상하이와 모스크바의 중국공산당 위원회는 내륙 깊숙이 옌안(延安)**에 있었던 마오쩌둥보다 훨씬 더 중요한 한인 공산주의 망명자들의 주요 접촉 통로였다.[2] 따라서 마오쩌둥의 한국전쟁에서의 행동은 어떤 양면성이 있었다. 힘으로 개입할 준비가 되어 있었지만, 김일성의 강경한 전면 공격 전략보다는 교착 상태를 인정하고 협상을 통한 해결을 따를 의사도 있었다. 비슷한 양면성이 문화혁명 기간에도 나타났다. 공세적인 혁명 추구 이외에는 중대한 문제가 걸려있지 않았을 때 마오쩌둥은 중국-북한 국경지역에서 무력충돌이 일어날 정도로 양자관계의 악화를 방치했다 (Schram 1960). 그와 같은 오락가락함이 양자관계에서 지속적인 불확실성의 기조로 유지되었다.

마오쩌둥 자신은 김일성이 소련이 점령한 북한에서 크게 두드러질 때

....

** 역자 주) 중국 산시성 북부의 도시이다. 중국 공산군 장정의 종착지로 1935년부터 1948년까지 중국공산당의 근거지였다는 이유로, '혁명의 성지'라 불린다.

까지 그에 대해 잘 알고 있지 못한 것 같다. 이 문제는 한국전쟁 이전과 전쟁 중 그들이 몇 차례 만나면서 해결되었다. 중국 동북지역에서의 공산주의 저항에 대한 마오쩌둥의 관여는 지엽적이었으며, 중국 동북지역의 안보와 구조에 대한 그의 실질적인 첫 번째 개입은 1945년 12월 동북부의 거점지역에 관한 중대한 논쟁을 해결하기 위해 발을 내디딘 것이었다. 1948년 10월과 11월 중국공산당이 중국 동북지역에 대한 통제를 강화한 이후 중국-북한 접촉이 그에 따라 가속화되었다 (Cathcart and Kraus 2008). 류사오치(劉少奇) 등이 전력 공급과 압록강 국경의 수풍댐에 관해 북한 간부들과 협상했으며, 국경을 넘는 이동이 늘어났다. 그러나 낮은 수준에서의 유대는 마오쩌둥과 김일성이 서로를 완벽한 동지로 보았다는 것을 의미하지 않았다. 마오쩌둥은 중국 동북지역 빨치산 활동에 깊이 신경을 쓰지 않았으며, 옌안의 한인들은 일말의 의심을 받게 되는 경향이 있었다.

북한에서도 신중을 기했는데 김일성은 김두봉이 이끈 소위 연안파와 공통점이 거의 없었으며 그들과의 경쟁으로 두려워할 것이 많았다. 그렇지 않았다면, 중국 지도부에 대한 김일성의 진짜 생각이 무엇이었는지 그리고 시간이 흐르면서 어떻게 변했는지 알기 어렵다. 1950년 12월 펑더화이(彭德懷)에게 북한군에 대한 통제권을 상실한 것은 김일성에게 굴욕적인 사건이었으나 교훈을 준 좌절이었을지도 모른다. 만약 김일성이 소련의 지원을 받은 중국의 전쟁에 이용됨으로써 그의 권위가 실제로 떨어졌다면, 그는 유엔군에 대항하는 3자 동맹을 구축하는 맥락에서 그렇게 하고 있었다.

한국전쟁에서 26만 명의 중국군이 1950년 10월 북한으로 들어왔으며 (Li 2014, p. xxviii), 중국군 병력은 1951년 4월까지 95만 명으로 증가했다. 전쟁은 또 양국 간에 대규모의 문화 외교와 서로를 지지하는 선전을 촉발했다. 중국의 농촌 가정에서 조선의 포스터를 찾을 수 있었으며,

〈습격(Raid)〉이나 〈침략자를 무찔러라(Hit the Invaders)〉 같은 영화제작이 중국과 북한의 협력을 찬양했다 (Starobin 1955, p. 140). 양국에서 소련의 제2차 세계대전 경험이 모델로 받아들여졌지만, 그러한 모델화는 북한 주민들에게는 특히 예민한 것이었다.[3] 1953년 5월 1일, 김일성은 다음과 같이 말했다.

> 만약 쏘련과 중화인민공화국이 지도하는 인민민주주의 나라들의 지원이 없으면 우리는 전쟁을 성과적으로 계속 진행할 수 없다. 적들은 이 우호관계를 약화하려고 온갖 수단을 쓰고 있다. 그러나 우리는 레닌과 스딸린 동지의 가르침에 확고하게 충실하고 있기 때문에 그들은 우리를 형제국가들과 떨어뜨릴 수 없다.[4]

박정애와 김두봉 같은 친중국 고위인사들이 공개적으로 모습을 드러냈으며,[5] 이 기간에 많은 문화 협력이 있었는데, 북한 내에서 중국의 혁명 관행이 일반적으로 눈에 띄게 표출되었다. 소련의 제2차 세계대전 서사가 북한에 널리 퍼져 있었지만, 1955년에 북한 사람들은 북한판 『백모녀(White-Haired Girl)』**와 중국공산당을 미화하는 이야기를 포함해 다양한 친중국 책자들을 발행했다.[6]

한국전쟁 후 5년간, 특히 북중관계에 관한 논의는 첫째, 1956년 8월 위기와 그에 따른 숙청과 둘째, 중국의 북한 경제재건 참여의 두 가지 패턴으로 나뉘는 경향이 있다. 그러나 다른 주제들도 있으며, 1950~1959년의 기간을 구 지주계급에 대한 반대 투쟁, 농업 부문의 통제, 그리고 두 나라의 스탈린 격하 거부가 지식인에 미친 문화적 영향과 같은 분야가 동시 병행적으로 강화된 시기로 이해할 수 있다. 모든 외부 세력에 대

** 역자 주) 백모녀(白毛女, Bai Mao Nu): 중국 민속에서 전래한 이야기를 바탕으로 1940년에 작곡된 첫 번째 서구 스타일 현대 고전 오페라로 후에 영화, 베이징 오페라, 발레 등으로도 제작되었다.

항하는 상호 방위가 이러한 모든 과정이 전개될 수 있도록 했다.

북한과 중국은 아시아 주변에 미군을 영구 주둔시키는 것은 "건전한 군사전략이 아니다"라고 말한 덜레스(John Foster Dulles) 국무장관의 1954년 1월 12일 연설을 주목했다. 합동참모회의 의장 래드포드(Arthur W. Radford) 제독이 1953년 12월 연설에서 제시한 권고에 기반해 덜레스 국무장관은 "지역 방위는 대량 군사억제력으로 더욱 강화되어야 한다 … 침략을 억제하는 방법은 자유 세계가 자신이 선택한 장소와 수단으로 기꺼이 그리고 강력하게 대응하는 것이다"라고 말했다 (Dulles 1954, p. 108). 북한은 이 연설을 "세계를 정복하기 위하여 동맹국과 식민지 해방 투쟁을 탄압하려는 목적을 가진" 도발로 해석했다 (Heo 1987, p. 415). '미쳐 날뛰는' 미국의 군사적 팽창이라는 온갖 수식에도 불구하고 1950년대 북한의 분석가들은 미국의 군사 배치와 국방비 지출을 분명히 주의 깊게 관찰했으며 (ibid., p. 419), 미국의 공식 발표를 해석하는 데 있어서 세밀하게 접근했다. 한편, 남한은 '핵전쟁의 제물'이자 서방 국가가 자국의 땅과 결정, 그리고 자원을 탈취하도록 내버려 두는 비애국적인 나라로 묘사되었다 (ibid., p. 423).

1958년 초에 세 차례 걸쳐 진행된 중국인민지원군의 최종적인 북한 철수에 관한 최근의 연구는 그 철수가 마오쩌둥이 세운 계획에 따라 이뤄졌으며 선전문제가 철수를 지지한 김일성의 결정에 강하게 작용했음을 시사해준다 (Tian 2014). 가장 중요한 고려사항은 유엔에서의 미국에 대한 압박이었다. 즉 대한민국은 미군의 한반도 철수에 전혀 준비되어 있지 않은 것으로 이해되고 있었기 때문에 북한에서 군대를 철수함으로써 중국은 미국을 그 지역에서 악의적인 패권국으로 보이게 할 수 있었다. 중국과 북한은 이제 모든 외국 군대의 철수를 요구하고 그렇게 하지 않은 미국을 부각할 수 있었다.

북한의 안보 관련 지식인들은 한반도에서의 군대 철수나 철수를 준비

하는 평화조약 협상에 관해서 미국의 불성실함을 본보기로 보일 순간을
강조하기 위해서 1956년을 계속 이용하고 있다 (Ri 2016). 아이러니하
게도 1956년 조선민주주의인민공화국의 외국 군대 철수 요구는 주한 외
국군 중 한 대규모 집단(즉 중국인)의 지도자들과 긴밀하게 조율되었고,
김일성이 민족주의적으로 돌출된 순간으로 보이는 것은 중국과 잘 조정
되었다. 마오쩌둥과 저우언라이(周恩來)**는 그들이 북한 내정에 간섭했
다는 인식에 대해 미안해하였으나, 1956년 말 북중관계의 약화에 관한
소문을 국내외적으로 확산하는데 훨씬 더 관심이 있었다. 따라서 헝가리
봉기의 진동 속에서 모든 관계자가 북한으로부터의 중공군 완전 철수에
합의했다. 마오쩌둥은 나중에 나온 자료에 따르면 '강대국 우월주의자'
로 보이지 않도록 신경을 썼다고 한다.[7]

북한 내부에서 중공군의 북한 철수는 평화적으로 통일문제를 해결하
는 데 있어서 새로운 단계를 연 영광스러운 결말로 묘사되었다. 『민주조
선』(1958)은 "이러한 주도권은 조선문제를 평화적으로 해결하고 동양
에서 평화를 강화하려는 인민의 끊임없는 노력의 또 다른 표현으로, 조
국의 평화통일을 더욱 촉진하는 중요한 발걸음이 될 것이다"라고 주장했
다. 북한 언론의 사설들은 중공군 철수는 미군이 남한에 주둔할 근거를
제거했으며, 이제부터 주한미군을 평화통일의 장애물로 간주할 것이라
고 주장했다.

1960년에 출간된 한 북한 서적이 묘사한 바와 같이 북한은 '선제적으
로' 중공군의 철수를 부추겼으며 중공군이 북한에 더 주둔할 "구실을 남
겨놓지 않았다"(Jeon 1960). 그렇게 함으로써 북한은 평화통일의 달성
을 기대하며 남한을 향한 경제적·사회적 발전의 시늉을 하면서 남쪽 청

....

** 역자 주) 중화인민공화국이 수립된 1949년 10월 1일 국무원 총리에 취임하여
마오쩌둥 정권의 제2인자로서 1976년 1월 8일 사망 시까지 26년 동안 자리를
지킨 중국공산당의 정치인이다.

중들을 향해 자신의 위치를 잡았다. 북한 정권수립 기념의 일환으로 북한은 쌀 15만 석(2,400만 kg 상당), 해산물 1만 톤, 신발 400만 켤레를 포함해 남한에 다양한 원조를 주겠다고 제안했다 (ibid., p. 98). 아마도 그 제안은 그것이 절대 요구되지 않으리라는 것을 알면서 이뤄졌을 것이다. 왜냐하면, 미국정부와 남한정부는 최고인민회의를 통해 이뤄진 '모든 진정한 제안을 거부했으며' 북한은 이 움직임을 터무니없는 반응으로 간주했기 때문이다 (ibid., p. 96).

1958년 미국이 남한에 전술 핵무기를 도입한 것은 동북아시아의 안보 도전에 대한 경각심을 높였으며 그 다음 해 중국-북한 전략적 관계의 배경이 되었다. 1958년에 중국인민지원군은 신의주를 통해 귀국했고, 주 저항선의 방어와 북한 철도 네트워크의 재건을 축하했다 (Li 2008, pp. 527-537). 다음 해에 중국의 전쟁 공헌 기념비가 평양에 세워졌으며, 1961년에 북한과 중국은 북한의 국방과 외교 전략의 초석이 된 우호협력 및 상호원조조약을 체결했다. 어떤 측면에서 이 조약은 북한에 더 많은 행동의 자유를 주었는데, 이는 모스크바와 베이징 간의 분열이 커지기 시작하면서 북한이 요구하여 기꺼이 취한 것이다.

1966년 여름 문화혁명이 중국 동북지역으로 확산했을 때, 김일성은 국경을 따라 설치된 홍위병의 확성기가 자신을 귀찮게 한다고 반복해서 불평했다. 마찬가지로 김정일은 아주 중요한 1968년의 혜산 방문 중 그러한 확성기로 인해 방해를 받았다. 김일성은 북부 국경지역이 때때로 훨씬 짧고 훨씬 더 중무장한 남한과의 경계보다 그를 더욱 불안하게 한다고 화를 냈다. 정말로 셴과 샤(Zhihua Shen and Yafeng Xia)는 1969년에 두만강을 따라 일어난 중공군의 무장 습격에 관한 단편적인 증거들을 찾아냈다 (Shen and Xia 2018, pp. 190-191).

북한은 확성기를 '내정 간섭'으로 규정하고 그 해체를 1969년 9월 북중대화의 첫 번째 전제조건으로 내세웠다 (Mao 1969; Shen and Xia

2018, p. 193). 옌볜 조선족 자치주로부터 북한으로 유입되는 정보는 더 나아가 1968년에 홍위병 가운데 반한(조선) 민족주의가 극에 치닫고 있었음을 보여주었을 것이다. 신동조가 증명한 것처럼 옌볜에서의 문화혁명은 어떠한 한국(조선)문화의 징후에 대해서도 적대적이었고 마오쩌둥의 조카 마오위안신(毛遠新)이 개인적으로 주도했다 (Shin 2016). 김일성에 충성한다는 추정을 이유로 중국 국경 내에서 이뤄진 조선족에 대한 박해는 조선노동당의 핵심 관심사는 아니었으나, 양국 간 우호관계와 지정학을 넘어서 중국의 민족정치는 적절치 않은 것처럼 보였으며 김일성과 일부 고참 간부들에게 나쁜 기억을 촉발했을 수도 있다. 폴락(Jonathan Pollack)은 김일성이 문화혁명을 '집단 미치광이'로 보았다고 서술했으나 (Pollack 2011, p. 68) 그는 문화혁명에 대해 공개적인 불만을 표출할 수 없었다. 그러나 비공개로는 "그들이 우리를 수정주의자로 중상모략하지만 우리는 침착함을 유지한다"라며 김일성은 분노를 억제하지 않았다 (Shen and Xia 2018, p. 179).

그러나 1970년 4월 저우언라이가 북한을 방문한 이후 김일성은 그의 자세를 다소 누그러뜨렸으며, "문화혁명으로 인해 중국에는 여전히 상당한 혼란이 있다"고 말하면서 그것이 "중국에 이로울지 모르나 북한에서 그것을 일으키는 것은 불가능하다"라고 한 소련 동지에게 말했다 (Zakharov 1970, p. 2). 셴과 샤(2018)는 1968년에 북한이 모욕을 당했다는 두 개의 핵심 증거를 말하고 있지만, 그 모욕이 북한에 과연 도달했는지를 확인할 방법은 없다. 영국 기록물은 이 시기 북한과 중국 간 잠재적 국경 충돌의 일부를 서술하고 있으며 (Foreign and Commonwealth Office 1969), 북한은 1966~1969년 문화혁명의 절정기에 국경지역에서 분명히 심한 압박을 느꼈음이 분명하다. 중국의 마오쩌둥주의에 대한 이데올로기 투쟁은 대북관계의 완전한 파탄과 국경지역의 긴장 고조를 초래했으나, 이러한 관계 파탄은 나중에 과도한 소련의 영향을 균형 잡아야 할 북한의 필요성과 남한에 반하는 조치에 대해 중국의 지원을 받아야 할 필요성에 따라 완화되었다.

　　1970년 북중관계를 궁극적으로 구출해 부활시킨 것은 공동의 적으로 초점을 되돌린 것이었다. 저우언라이와 캉성(康生)**은 알바니아 동지들에게 두 옛 동맹국 간 관계를 부활시킨 것은 "우리의 적이었다"라고 말했다 (Hazbiu 1970). 1970년 4월 저우언라이는 해외에서의 그의 권위가 부분적으로는 마오쩌둥과 그의 후계자로 추정되는 린뱌오(林彪)***에게 목소리를 낼 수 있는 그의 능력에 달려 있음을 알았다. 따라서 그는 강경론자들에게 대중 메시지의 상당 부분을 통제하도록 허용했다 (Brun 1978). 북한과의 관계를 재설정하는데 한일관계에 초점을 두는 것이 효과가 있는 것 같았다. 즉, 소련 수정주의자들에 대한 선언의 필요와 그들을 공격할 필요를 밀어내고, 문화혁명의 해로운 영향을 완화했다. 그 후 오래지 않아 원조패키지가 평양으로 전달되었고, 저우언라이는 1972년 2월 닉슨 대통령의 방문으로 이어진 미국과의 협상을 위한 의사소통 채널을 수립했다. 저우언라이와 김일성 사이의 이러한 관계에도 불구하고 하위 수준에서의 상호작용은 여전히 어려웠던 것 같다. 북한인 인사들이 중국 사관학교에서 쫓겨났고 중국의 북한에 대한 식량과 상품 수출이 감소하였다 (Pollack 2011, p. 68). 따라서 중국공산당 제9차 당 대회와 1970년 저우언라이와 김일성의 만남은 1970년대 초에 지속한 통일전선의 재개를 가져왔다.

　　1972년 미중 화해는 동아시아의 대외관계 분위기에 변화를 초래했다. 중국과 미국은 한반도평화 유지의 중요성을 의식하였다. 상하이 코뮈니

** 　역자 주) 마오쩌둥 치하 중화인민공화국의 정치가로 공안기관과 정보기관장을 역임하였다.

*** 역자 주) 마오쩌둥 치하 중화인민공화국의 군인이자 정치가로 국방부장과 원수를 역임함. 마오쩌둥에 저항해 쿠데타를 시도했다가 실패한 후 소련으로 망명하던 도중 비행기 추락사했다.

케(Shanghai Communiqué)**의 두 단락은 한반도와 지역의 평화에 관한 일반적인 조항을 담고 있다. 김일성은 "중국 인민과 전 세계 혁명 인민의 위대한 승리"라면서 그 두 나라의 화해 결정을 지지했다 (Chen 200b, pp. 273-275). 명백히 드러났듯이, 김일성은 무력 전복 공격보다는 남한의 정치 변동을 통해 한반도 통일을 달성하기 위해 이 기회를 이용하기를 원했다. 북한은 통일 과정은 한반도에서의 미군 철수가 필연적이라고 계속 생각했으며 이 견해를 중국은 계속 공유했다. 하지만 중화인민공화국은 김일성이 그랬던 것처럼 미국인들을 '패배자'라고 부르지 않았다.[8] 키신저(Henry Kissinger) 미국 국무장관이 1971년 미국은 '상당한 비율'의 병력을 남한으로부터 철수할 계획을 세웠다고 말했을 때 이 열망이 강화되었다.[9]

1980년대 초는 북한 리더십 구조가 권력세습 중심으로 결집된 시기였으며, 아직 최대 동맹국들로부터 필수적 추인을 받는 과정에 있는 시기였다. 1982년 김일성이 70세가 되면서 그는 적어도 부분적으로는 북한의 가까운 동맹국과 이웃 국가로부터 자신의 후계자에 대한 지지를 얻는 데 집중했다. 김정일 승계 뉴스는 처음에 미지근한 반응을 얻었으며 1980년대 사회주의 진영의 변화, 특히 소련과 중국의 변화로 어려운 상황이 가중되었다. 대충 평가하면 중국과 북한 간 다소 느슨해진 유대가 중국의 문화혁명 이후 회복 중이었을 것이라고 주장할 수 있을지 모르나, 덩샤오핑의 경제개혁 프로그램과 해외 투자에 대한 개방으로의 비교적 빠른 중심축 이동은 북중관계의 분열을 강화했을 뿐이다. 1980년대 중반까지 동북아시아의 가장 큰 두 공산당은 그 어느 때보다도 서로 사이가 나빴으며, 특히 이데올로기적 문제를 두고 불화했다. 북중 동맹의

....

** 역자 주) 1972년 2월 21일부터 2월 28일까지 있었던 리처드 닉슨 미국 대통령의 중화인민공화국 공식 방문 중 공동 발표한 외교 성명으로, 양국 간 외교관계의 수립과 아시아·태평양지역의 평화, 타이완문제 등에 관한 내용을 담고 있다.

전성기는 오래전 지나갔으며, 세대 간의 충성 맹세선언에도 불구하고 양자관계는 불확실한 미래에 직면했다.

　1980년대 중반 많은 서구의 분석가들은 북한이 중국의 '개방과 개혁'에 유사한 경제 모델과 중국의 감독 아래 시장형 경제로의 이행을 받아들일 것으로 예상하거나 적어도 희망하는 경향이 있었다.[10] 그러나 동시에 미국의 분석가들은 북한이 중국을 믿을 수 없는 동맹국으로 본다고 인식했다. 중국의 외부세계와의 연계와 특히 마오쩌둥주의자 이후 지도부 아래서의 남한과의 연계는 분명히 동북아시아의 오랜 사회주의 동맹국 북한에 대한 중화인민공화국의 공약을 약화했다. 소련, 중국 및 북한 간 삼각관계를 생각해보면, 북한이 대중국정책에 큰 관심을 가질 때 소련과의 상호작용의 리듬과 강도도 마찬가지로 속도를 더 냈다. 김정일의 계승을 배경으로 북한은 중국이 점점 더 미국과 '수정주의' 관계를 갖는 것에 관한 우려를 균형화하기 위해 소련과의 긴밀한 관계를 선택했다. 중국과 미국은 정보를 공유했고, 군과 군관계를 발전시켰으며, 많은 글로벌문제에서 협력했다. 북한은 여전히 중국으로부터 약간의 지원을 바랐으나, 겉보기에 워싱턴의 실존하는 적에게 접근하는 중국은 북한 지도자들에게 혼란스럽고 화나는 일이었다.

　1980년대 말 소련의 원조가 중단되기 시작하고 중국이 1992년 남한을 공식 승인하면서 사정이 정말로 북한에 더 나쁜 쪽으로 변했다. 문화적으로 말하면, 북한은 이미 동구권의 정보로부터 상당히 차단되어있었기 때문에 소련의 붕괴를 무사히 헤쳐나갔으나 중국의 남한 승인을 특히 배신행위로 보았다. 그렇지만 1991년 가을 김일성이 중국을 방문했을 때 그는 중국의 유교 회귀에 호의를 보이고 장쩌민(江澤民)**과 유대를 맺으려고 특히 애를 썼다.[11]

....

** 　역자 주) 1세대 마오쩌둥, 2세대 덩샤오핑 등에 이은 중화인민공화국의 3세대 정치지도자로 중국공산당 총서기, 중앙군사위원회 주석, 국가 주석을 역임하였다.

그렇지만 다른 관찰자들은 상황이 나빠지고 있는 것으로 보았다. 평양
으로부터의 한 헝가리 평가는 북중관계가 아주 부드럽지 않았으며 북한
의 경제개혁이 핵심 걸림돌이었음을 시사했다. 또한, 평양의 외교계에서
는 덩샤오핑이 김일성 접견 시 다음과 같이 말했다는 여러 소문이 돌았
다. 덩샤오핑이

> 김일성에게 덩 자신이 그랬던 것처럼 막후 영향력 행사 지위에 있
> 으면서 자리에서 물러나 다른 사람에게 명목상 권력을 넘겨주라고
> 충고했으며 김일성은 그의 80세 생일, 즉 1992년 4월 15일에 그
> 렇게 하겠다고 대답한 것으로 전해졌다.[12]

1990년대에 북중관계에서 많은 위기가 있었으며 재균형이 이루어졌다.
이에는 1992년 중국의 남한 공식 승인과 중국 국경지역에 상당한 인도
주의적 문제를 초래한 1994~1997년의 기근 등이 포함된다. 북한의 핵
프로그램 진전과 2006년 이후의 공공연한 핵실험은 중국에 또 다른 문
제를 일으켰으나, 중국이 종종 북한을 억제하려고 시도하는 상황 속에서
도 양국 간 당 유대는 강화되었고 중국은 북한을 유지하려는 확고한 의
지를 갖고 있다. 2010년 김정은의 등장과 2012년 그의 공식 집권은 중
국에 도전이 되었지만, 이해할 수 없는 수수께끼는 아니었다. 김정은 통
치 첫 6년 동안 양국 정상 간 만남이 없었으나, 그 이후 김정은은 관계
를 발전시켰으며 2019년 시진핑(習近平)**의 북한 방문으로 절정에 올랐
다. 그의 할아버지와는 달리 김정은은 중국어를 할 줄 모르며 이 분야에
서 사회적 네트워크가 부족하다. 그는 문화적으로 중국보다는 서구에 더
지향되어있는 것처럼 보인다. 그렇지만 제재에도 불구하고 북한의 사업

....
** 역자 주) 2012년 11월 중국공산당 중앙위원회 총서기와 중앙군사위원회 주석,
2013년 3월 중화인민공화국 주석에 취임한 후 현재까지 집권 중인 중국의 최고
지도자이다.

은 발전해 왔고, 중국어 교육과 두 나라 간의 과학 교류 같은 작은 일들이 김정은에게 중요한 것 같다. 이에는 김정은의 처가 중국의 음악 예술학교에 다녔고 중국의 퍼스트레이디와 친구로 보이는 것과 같이 문화 교류가 포함된다. 김정은은 국경 인근 중국경제특구와의 협력에 상관없이 북부 국경지역을 개발하려는 의지가 확고하다. 김정은이 국경을 넘는 범죄와 이주를 통제해야 할 필요성은 그의 할아버지보다는 아버지와 훨씬 더 많은 공통점이 있다. 그러나 국경을 넘는 이동을 완전히 법적 통제 아래 두었던 적은 거의 없다.

중국의 북한과의 관계 역사를 회고하면, 마오쩌둥의 낭만주의가 중국에 돌아올 것 같지 않고, 아니면 한반도 군사개입을 지지하는 데까지 나아갈 것 같지는 않다. 시진핑은 특히 '일대일로' 계획에서 자신을 대담하고 선견지명을 가진 사람으로 묘사했다. 그러나 한반도에 대한 중국의 의도는 남북한 간 노골적인 무력충돌 또는 미국과 북한 간 적대감의 폭발을 무력화하려 한다는 점에서 여전히 부정적이다. 김정은으로서는 할아버지의 남북관계정책 요소들을 유지하는데 열심인 것처럼 보이지만, 남북한 간 경제적·문화적 관계는 1960대와 1970년대 이후 대체로 역전되었다. 미중관계 화해를 찬양하고 남북한 간의 자유로운 여행과 통신을 주장한 1972년 김일성의 행동은 김정은에 의해 반복되거나 다시 거론되지는 않을 것 같다. 막대한 경제력이 없이도 김정은은 강력한 반부패 캠페인을 수행하고, 인민을 효과적으로 통제하며, 경제개혁을 닮은 무언가를 하는 와중에도 정치교육에 중심을 두는 그의 능력을 통해 시진핑에게 깊은 인상을 줄 수 있다. 시진핑과는 달리 김정은은 영구 지도자로 간주되기 위하여 헌법을 수정할 필요가 없다. 김정은이 현재 진행 중인 한반도 분단에 대한 북한의 대응과 양국이 국경을 따라 공유하는 국제무역 및 사회주의의 형태를 형성하는 데 있어 중국의 역할 증대에 어떻게 접근할 것인가는 향후 지켜보아야 할 일이다.

주

1) 마오쩌둥의 한인 혁명가들에 대한 첫 번째의 명백한 격려 중 하나는 스노우 (Edgar Snow)의 부정확한 통역으로 인해 약간의 모욕을 동반했다.

   > 우리가 상실한 모든 영토를 되찾는 것은 중국의 당면과제이다. … 이는 만주를 당장 되찾아야 한다는 것을 의미한다. 그러나 전에 중국의 식민지였던 조선은 포함하지 않는다. 하지만 상실한 중국 영토의 독립을 회복하고 만약 조선인들이 일본 제국주의 쇠사슬에서 벗어나기를 원하면, 우리는 그들의 독립 투쟁을 열렬하게 도울 것이다.

   > (Mao 1936)

   마오쩌둥은 서대숙의 *Communism in Korea, 1918-1948*에서 중국 북부지역 한인 학생들이 그와 장제스(Jiang Jieshi, 蔣介石)에게 보낸 메모의 대상으로서 단지 한 차례 언급되었다. 한홍구는 마오쩌둥을 1930년 장시(Jiangxi, 江西)에서 숙청된 동료들을 죽인 부정적인 사례로 서술하고 있으나 중국공산당에 의해 김일성이 박해받았던 민생단 사건과는 그를 전혀 연결하지 않고 있다.

2) 한홍구(1999, p. 201)는 김일성이 모스크바 여행 경험이 있던 우 핑(Wu Ping)으로부터 1935년 1월 또는 2월의 장정에 대해 어떻게 배웠는지 설명하고 있다.

3) 한 북한 주민은 "소련에 편지 쓰기 프로젝트를 홍보하고 '전시 위대한 소련 인민들의 투쟁'을 주제로 순회 강연을 하고 있었다"고 한다. 다음을 볼 것. "Association Members Urged to Assist in Victory," *Soviet-Korean Culture*, vol. 16, no. 201, April 22, 1953, CIA (1953), North Korean Press Summary에 요약되어 있음. CIA-RDP80S01540R003000040008-2.

4) "May Day Statement by Kim Il Sung,"『조국 전선(*The Fatherland Front*)』, 2 May 1953, No. 174, p. 1, 강문석이 편집한 주간지, CIA (1953), North Korean Press Summary에 요약되어 있음. CIA-RDP80S01540R003000040008-2.

5) "May Day Celebration Meeting in Pyongyang,"『조국 전선(*The Fatherland Front*)』, May 2, 1953, No. 174, p. 3, CIA (1953), North Korean Press Summary에 요약되어 있음. CIA-RDP80S01540R003000040008-2.

6)『외국 무력간섭과 국내 전쟁 시기에 있어서의 공산당(*Communist Party During the Period of Foreign Armed Intervention and Civil War*)』(로동당출판사, 1955); 또한, 다음을 볼 것.『소련의 위대한 조국 전쟁 시기에 있어서의 공산당(*The Communist Party and the Great Patriotic War of the USSR*)』(로동당출판사, 1955). CIA-RDP80-00809A000700240139-0에서 인용, 'North Korean Publications, 1946-1955,'; 조선기자동맹전국위원회 (All-Korea Committee of Korean Journalists League), 그리고 중국공산당 찬양 이야기.『백모녀(*White-Haired Girl*)』. 조선기자동맹전국위원회 (All-Korea Committee of Korean Journalists League); Hua Kang,『중국민족해방운동사(*History of the Liberation Movement of the Chinese People*)』, vol. 1, translated from Chinese (평양: 로동당출판사, 1955).

7) 1956년 9월 마오쩌둥의 유고슬라비아 공산주의자 연맹 대표단에 대한 연설 (편집자 번역 "역사적 교훈을 끌어내고 대국주의에 반대하라"), *Mao Zedong On Diplomacy*, 중화인민공화국 외교부와 중국공산당 중앙위원회 당문헌연구센터

편찬 (Bejing: Foreign Languages Press, 1998), pp. 198-199. 이 연설은 아마도 마오쩌둥이 동료들에게 "다리 사이에 꼬리를 끼고 행동하라"는 어머니의 말을 인용한 유일한 경우일 것이다.

8) Kim, Il Sung, "On Some Problems Concerning the Internal and External Policies of the Workers' Party of Korea and the Government of the Republic: Interview with the Managing Editor of the Japanese Newspaper *Asahi Shimbun* and the Correspondent of the *Kyodo Press*," September 25 and October 8, 1971, p. 251.

9) Memcon Zhou Enlai-Kissinger, Beijing 22 October 1971, 4:15-8:28p.m. *FRUS Vol E-13 Documents on China 1969-1972*, Document #44. Available at: http://history.state.gov/ historicaldocuments/frus1969-76ve13/d44

10) 다음 절은 다음 글에서 재구성한 것임. Adam Cathcart and Charles Kraus, "China's 'Measure of Reserve' towards Succession: Sino-North Korean Relations, 1983-1985," *SinoNK.com*, China-North Korea Dossier No. 2 (February 2012).

11) McLaren in Peking to FCO, "China/DPRK: Visit of Kim Il Sung," 25 October 1991. UK National Archives, FCO 21/4803.

외교부 브리핑에서 장(Zhang) 부국장은 다음과 같이 말했다. 경제적 내지는 정치적 고려로 일정이 정해진 것이 아니라 김일성이 공자의 집과 산동성 방문을 원했고 자신의 고향 방문을 오래전 초청한 장쩌민의 초청을 받아들여 일정이 정해졌다.

12) 그 평가는 더 나아가 "헝가리인들은 중국과 러시아의 평가에 근거하여 상당한 양의 외부 원조나 철저한 경제개혁이 없으면 북한은 앞으로 2년 후 생존할 수 없다고 별도로 결론을 내렸다"라고 결론 짓는다. M.D. Reilly, Seoul, to I. Davies, head of Far East Division, "Visit of Kim Il Sung to China," 5 November 1991, UK National Archives, FCO 21/4803 (London: Foreign and Commonwealth Office, 1991).

참고문헌

Brun. 1978. 'Untitled Report from Brun, Polish Intelligence Station Tokyo, Concerning Hua Guofeng's Visit to Pyongyang,' Polish Institute of National Remembrance. AIPN, 0211/600/D, obtained by Marek Handerek and translated by Jerzy Giebultowski, in North Korea International Documentation Project website, https://digitalarchive.wilsoncenter.org/document/208554

Cathcart, Adam and Kraus, Charles. 2008. "Internationalist Culture in North Korea, 1945-950," *Review of Korean Studies*, vol. 11, no. 3, pp. 123-148.

Cathcart, Adam and Kraus, Charles. 2012. "China's 'Measure of Reserve' towards Succession: Sino-North Korean Relations, 1983-1985," China-

North Korea Dossier No. 2, *SinoNK.com* (February).

Chen Jian. 2001a. "Re-reading Chinese Documents: A Post-Cold War Inter-
pretation of the Cold War on the Korean Peninsula," in *Ending the Cold
War in Korea: Theoretical and Historical Perspectives*, Seoul: Yonsei Uni-
versity Press, pp. 171-191.

Chen Jian. 2001b. *Mao's China and the Cold War*, Chapel Hill, NC: University
of North Carolina Press.

CIA (Central Intelligence Agency). 1953. "North Korean Press Summary,"
CREST Digital Archive, doc. No. CIA-RDP80S01540R003000040008-2.

DPRK Chosun Issue Research Center. 1981. *The Handbook on South Chosun*
Pyongyang: Shidaesa.

Dulles, John Foster. 1954. "The Evolution of Foreign Policy: Speech to the
National Press Club on January 12, 1954," *Bulletin of the US Department
of State*, vol. XXX, no. 761 (January 25), pp. 107-114.

Foreign and Commonwealth Office. 1969. "Democratic People's Republic of
Korea; Chinese and Korean Border Dispute," United Kingdom National
Archives, FCO 21/603.

Foreign and Commonwealth Office. 1991. M.D. Reilly, Seoul to I. Davies,
head of Far East Division, "Visit of Kim Il Sung to China," United Kingdom
National Archives, FCO 21/4803.

Han, Hongkoo. 1999. "Wounded Nationalism: The Minsaengdan Incident
and Kim Il Sung in Eastern Manchuria," PhD dissertation, University of
Washington.

Hazbiu, Kadri. 1970. "Brief Summary of Conversation between Comrades
Zhou Enlai and Kang Sheng on 16 June 1970 with Myself and Comrade
Xhoxhi Robo," National Archives of Albania, AQSH, F.14/AP, M-PKK,
V. 1970, Dos. 5, Fl. 1-10. Trans. Elidor Mehilli. Wilson Center Digital
Archive. Available at: https://digitalarchive.wilsoncenter.org/document/
117305

Heo, Jong Ho. 1987. *The Far East Policy of the United States and Chosun*,
Pyongyang: Social Science Publisher.

Hua, Guofeng. 1978. "Speech at Pyongyang Mass Rally, Moranbong Stadium,"
7 May, *Peking Review*, no. 19, pp. 12-15.

Jeon, Pil Su. 1960. *For Organizing the Front Line of Unification in South
Chosun and Saving the Country from the United States*, Pyongyang:
Workers' Party of Korea Publishing House.

Kim, Eun-Jeong. 2016. "North Korea's Response to US Army Propaganda
Leaflets during the Korean War," *War and Society*, vol. 35, no. 4, pp. 298-
314.

Kim, Il Sung. 1966. "Speech to the Workers' Party of Korea," October 5.

Koh, B. C. 1978. "The Impact of the Chinese Model on North Korea," *Asian
Survey* vol. 18, no. 6 (June), pp. 626-643.

Li, Qingshan. 2008. *Zhiyuanjun yuanChao jishi* [The Chinese People's Volunteers: A Documentary History of Aiding Korea], Beijing: Zhonggong dangshi chubanshe.

Li, Xiaobing. 2014. *China's Battle for Korea: The 1951 Spring Offensive*, Bloomington, IN: Indiana University Press.

Mao, Zedong. 1936. "Interview with Edgar Snow on Japanese Imperialism," 16 July 1936, in Stuart R. Schram and Nancy J. Hodes (Eds.), *Mao's Road to Power: Revolutionary Writings 1912–1949*, Volume V, *Toward the Second United Front, January 1935–July 1937*, Armonk, New York: M.E. Sharpe, 1999, pp. 258–266.

Mao, Zedong. 1956. "Remarks to a Delegation of League of Communists of Yugoslavia, September 1956 (editors' translation "Draw Historical Lessons and Oppose Big-Nation Chauvinism"), in *Mao Zedong on Diplomacy*, compiled by PRC Ministry of Foreign Affairs and CCP Central Committee Party Literature Research Center, Bejing: Foreign Languages Press, 1998.

Mao, Zedong. 1963. "Meeting with Delegation from *Rodong Sinmun*," 25–6 April 1963, in *Chronology of Mao Zedong (毛泽东年谱)*, Vol. 5, 1961.07–1966.09, Beijing: Central Archives Press, 2013, pp. 211–212.

Mao, Zedong. 1969. "Conversation with North Korean Official Choe Yong-geon (excerpt), 1 October 1969, at the Tiananmen Gate," *Zhonghua Renmin Gongheguo Shilu*, vol. 3, part 1, p. 522, in Wilson Center Digital Archive, https://digitalarchive.wilsoncenter.org/document/111509

Mehnert, Klaus. 1963. *Peking and Moscow*. Trans. Leila Vennewitz. London: Weidenfeld and Nicolson.

Minju Chosun. 1958. 이 땅에 남긴 중국 인민 지원군의 공훈은 영생 불멸하리라! [The Exploits of the Chinese People's Volunteers on This Land Will Be Immortal!] Editorial, March, 15, p. 1.

North, Robert C. 1960. "Peking's Drive for Empire: The New Expansionism," *Problems of Communism*, vol. 9, no. 1, pp. 23–30.

Pollack, Jonathan. 2011. *No Exit: North Korea, Nuclear Weapons and International Security*, London: Routledge.

Ri, Yong Phil. 2016. "Conclusion of a U.S.-North Korea Peace Agreement the Most Pressing Issue: DPRK's Institute for American Studies Calls for Peace Agreement Without Denuclearization," *NK News*, July 4. Available at: www.nknews.org/2016/07/conclusion-of-a-u-s-north-korea-peaceagreement-the-most-pressing-issue/ (accessed September 29, 2019).

Schram, Stuart. 1960. "The 'Military Deviation' of Mao Tse-tung," *Problems of Communism*, vol. 9, no. 1, pp. 49–56.

Shen, Zhihua and Yafeng Xia. 2011. "Mao Zedong's Erroneous Decision During the Korean War: China's Rejection of the UN Cease-fire Resolution in Early 1951," *Asian Perspectives*, vol. 35, no. 2, pp. 187–209.

Shen, Zhihua and Yafeng Xia. 2018. *A Misunderstood Friendship: Mao Zedong, Kim Il Sung and Sino-North Korean Relations, 1949–76*, New York: Columbia University Press.

Shin, Dong Jo. 2016. "Factional Violence and Ethnic Relations in a Korean Borderland: Mao Yuanxin's Cultural Revolution in Yanbian, 1966–1968," *Modern China Studies*, vol. 23, no.2, pp. 141–162.

Starobin, Joseph R. 1955. *Paris to Peking*. New York: Cameron Associates.

Tian, Wuxiong. 2014. "Tongsheng yiqi: Zhongguo 1958 nian cong Chaoxian quanbu tuijun fang'an de xingcheng," /同声异汽: 中国1958年从朝鲜全部退军方案的形成" [Different Intentions with One Voice: The Making of Chinese Troops' Withdrawal Package from the DPRK in 1958], Harvard-Yenching Institute Working Paper Series. Available at: https://harvard-yenching.org/features/hyi-working-paper-series-tian-wuxiong (accessed 29 September 2019).

Zakharov, M. S. 1970. "Col. Mieczysław Białek, 'Record of Conversation of the Marshall of the Soviet Union Com. Zakharov with Com. Kim Il Sung during Com. Zakharov's Visit in the DPRK'," June 10, 1970, History and Public Policy Program Digital Archive, AIPN, 2602/8901. Obtained by Marek Hańderek and translated by Jerzy Giebułtowski. Available at: https://digitalarchive.wilsoncenter.org/document/208551

Zhang, Shuguang. 2001. "China's Korean War Lessons and the Cold War Mentality: A Strategic-Culture Perspective," in O. A. Wested and C.-Y. Moon (Eds.), *Ending the Cold War in Korea: Theoretical and Historical Perspectives*, Seoul: Yonsei University Press, pp. 91–114.

제9장

핵무기와
북한의 외교정책

스미스(Shane Smith)

2013년 북한 최고지도자 김정은은 "정밀 소형 핵탄두의 생산과 그 운반 수단의 생산을 늘릴 것과 더 강력하고 진전된 능력을 적극 발전시키기 위한 핵무기 기술을 끊임없이 개발할 것"을 공약했다. 오늘날 북한은 그 약속을 지키고 있는 것처럼 보인다. 15개에서 60개 사이의 무기를 제조할 수 있는 충분한 핵분열물질이 있는 것으로 추정되며, 몇 년 내에 100개를 제조하기에 충분한 핵분열물질을 갖게 될 것이다 (Gentile et al. 2019). 여섯 차례의 핵실험을 했으며, 그중 TNT 100kt을 훨씬 넘는 폭발력을 산출한 것으로 알려진 2017년의 핵실험은 '수소폭탄'을 소유했다는 북한의 주장에 신빙성이 있도록 만들었다 (Pabian, Bermudez and Liu 2017). 그리고 북한은 다양한 미사일 실험을 했는데, 이는 북한이 조만간 지구상 어느 곳에 있는 목표라도 그 핵무기로 타격할 수 있다는 것을 시사한다 (Missile Defense Project 2018). 비핵화 대화에도 불구하고 이제 북한은 그 능력을 더 확장하고 작전 배치할 준비도 되어 있다.

여러 가지 면에서 핵무기는 북한의 외교정책을 정의하게 되었다 (Smith 2018). 그 뿌리가 1950년대로 거슬러 올라가는 북한의 원자력 야망은 수십 년 동안 강대국 및 이웃 국가와의 관계를 형성했다 (Pollack 2011). 1990년대 초부터 북한은 안보와 외교 목표를 증진하기 위한 주요 도구로 핵 위협과 비핵화 약속을 번갈아 하며 사용했다. 김정은 치하에서 북한은 핵무기개발을 가속화 했고, 점점 더 대담한 핵 위협과 선제적 핵 위협까지 했으며, 북한 지도자와 미국 대통령 간 첫 정상회담을 확보하기 위해 비핵화의 가능성을 드러내기도 했다. 이러한 과거사로부터 북한의 외교정책에서 핵무기의 역할은 향후 극적인 변화 없이 무기고에 있는 핵무기의 수의 증가, 다양화 및 정교화와 함께 늘어날 개연성이 있다고 결론을 내리는 것이 합리적일 것이다.

이 장은 북한의 전략 독트린과 핵능력의 공동 진화를 탐구한다. 키신저(Henry Kissinger, 1957, p. 7)의 말을 빌리자면, 지난 30년 이상에 걸쳐 북한이 어떻게 "권력을 정책으로 바꾸었나," 즉 핵프로그램이 공헌한 목적과 정책과의 상관성 규명과 그 역사가 미래에 관해 말하는 것을 검토할 것이다. 이를 위해서 어떻게 북한이 전략적 결과에 영향을 미치는 잠재적 및 실제적인 핵무기의 힘을 활용해 왔는가를 이해하기 위한 분석틀에 기반하고 업데이트할 것이다. 이 장은 북한이 많이 필요한 정치적, 외교적 및 경제적 이익을 획득하기 위해서 어떻게 핵 위협과 비핵화 약속을 지렛대로 활용해 왔는가, 그리고 어떻게 지난 20년 이상에 걸쳐 주로 적대국들을 억제하고 강압하기 위하여 정책을 채택하고 핵능력을 건설해 왔는가를 추적할 것이다. 그러나 아래에 제시된 증거는 북한이 현재 더 강력하고 잠재적으로 위험한 핵 전투 전략을 추구하고 있음을 시사한다. 그 전략이란 미국 도시들에 대한 보복 위협을 사용해 미국의 개입을 억제하면서 이웃 국가들에 제1 타격을 가할 수 있게 하는 전략을 말한다. 북한이 한 차례 이상 분명히 제시한 바와 같이 목표는 핵무기를 선제적 방식으로 사용하는 것, 즉 "한반도와 동북아시아의 국제정세를 좌지우지하는 것"이다 (Mansourov 2014). 그러나 북한은 상당한 장애물에 직면해 있으며 북한이 그러한 야망을 달성할 수 있는가를 의심할 만한 충분한 이유가 있다.

핵무기의 흐름: 추진 요인, 동기와 이해관계

북한의 핵프로그램은 오랫동안 여러 가지 동기를 반영해왔다. 그 동기는 2014년 북한 외교부 대변인의 한 성명 중 다음의 말에 잘 드러나 있다.

> 조선민주주의인민공화국의 핵무력은 국가의 주권과 민족의 존엄을 수호하는 강력한 보검이며 평화와 안보를 지키고 경제를 건설하며 인민 생활수준을 향상하는 데 힘을 쏟기 위한 확실한 보장이다.
>
> (『조선중앙통신』 2014)

이러한 이해관계는 아주 확고하고 얽혀 있어서 한 전문가는 "국가 자체와 핵무기가 응축된 의도의 상징으로 결합하여 있다"라고 말하고 있으며, 이는 왜 많은 관찰자가 북한이 결코 핵프로그램을 대규모로 포기하지 않을 것인지 의심하는 이유를 설명하는 데 도움이 된다 (Hayes 2012). 그러나 북한의 동기를 광범위한 세 가지 국가목표, 즉 안보, 외교 및 정치적 목표로 분류하면 북한의 전략적 목적과 핵 관련 결정을 파악하는 데 도움이 된다.

북한 지도자들은 핵무기가 안보 목적, 주로 미국의 공격에 대한 억제력으로써 필요하다고 일관되게 주장했다. 2005년 북한이 핵무기를 보유했다고 발표했을 때, 외무성은 다음과 같이 선언했다.

> 미국이 핵 몽둥이를 휘두르면서 우리 제도를 기어이 없애버리겠다는 기도를 명백히 드러낸 이상 우리 인민이 선택한 사상과 제도, 자유와 민주주의를 지키기 위해 핵무기고를 늘이기 위한 대책을 취할 것이다. 우리는 이미 부시 행정부의 증대되는 대조선 고립압살정책에 맞서 핵무기전파방지조약(핵확산금지조약 – 역자 주)에서 단호히 탈퇴하였고 자위를 위해 핵무기를 만들었다.
>
> (『조선중앙통신』 2005)

이와 유사하게, 2006년 첫 번째 핵실험을 앞두고 북한 외무성은 "핵무기는 미국의 공격 위협으로부터 국가의 최고 이익과 조선 민족의 안전을 수호하기 위한 믿을 수 있는 전쟁억제력을 제공할 것이다"라고 설명했다 (『조선중앙통신』 2006). 김정은 역시 2018년 신년사에서 미국을 억지하는 것이 주된 추진 요인이라고 분명히 말했다.

> 우리 국가의 핵무력은 미국의 그 어떤 핵 위협도 분쇄하고 대응할 수 있으며 미국이 모험적인 불장난을 할 수 없게 제압하는 강력한 억제력으로 됩니다. … 미국은 결코 나와 우리 국가를 상대로 전쟁을 걸어보지 못합니다.
>
> (『로동신문』 2018)

북한 지도자들이 핵무기를 남한에 대한 안보 목표를 달성하는 데 핵심적인 것으로 보는 증거도 있다. 수십 년 동안 북한은 남한보다 재래식 군사력의 우위를 유지했다. 화학탄을 장착할 수 있는 수 천문의 대포로 서울을 완전히 파괴할 수 있다. 많은 전문가는 이를 남한의 잠재적 공격에 대한 강력한 억제력으로 생각했다. 그러나 이런 우위는 지난 세대에 걸쳐 약화하였다. 조선인민군은 1950년대, 1960년대 및 1970년대에 중국과 소련에서 제조된 많은 구형 무기체계를 배치하고 있다. 이 무기체계의 능력과 자원은 북한의 경제적, 외교적 고립의 증가와 함께 점점 줄어들었다. 그 사이 남한은 이제 세계 최대의 경제와 가장 현대적인 사회 중의 하나이며 그에 걸맞은 유능한 군대를 보유하고 있다 (Hackett and Fitzpatrick 2018). 상대적 쇠퇴에 직면하여 북한은 핵무기를 "한반도에서 균형을 회복하는" 방법으로 보았다고 존 박(John Park 2013, p. 169)은 주장하고 있다.

북한의 많은 성명은 핵무기가 적들을 억제할 뿐만 아니라 강제하는 데 사용할 수 있고 필요할 경우 무력으로 한반도를 통일하는 데 도움이 된

다고 믿고 있음을 시사하고 있다. 김정은이 "핵무기는 조선 통일의 대의
를 진전시키는 보검이다"라고 주장했을 때 그는 더 공격적인 성향을 내
비쳤다 (Mansourov 2014). 더 극적으로는 조선아시아태평양평화위원
회란 아이러니한 명칭을 가진 기구의 대변인이 2017년 불길하고 아주
은근한 핵 위협을 가했다.

> 남조선 괴뢰군은 반역자이며 미제의 주구다. … [그리고] 화공공격
> 으로 가혹하게 응징하고 쓸어버려 더는 생존할 수 없도록 해야 한
> 다. 그제야 전 조선 민족은 세계에서 자랑스러운 통일된 영토에서
> 번창할 수 있다.
>
> (KCNA Watch 2017)

확실히 북한은 한반도에서 그들이 받아들일 수 없다고 주장하는 정치적,
영토적 처리방식에 도전하기 위하여 외교적 도발 및 재래식 군사도발과
결합해 핵 위협을 자주 사용해왔다. 핵능력이 늘어남에 따라서 북한이
"한반도와 동북아시아의 국제 동향에 [대응할 뿐만 아니라] 그것을 좌우
하기 위하여" (Mansourov 2014) 핵무기 사용의 명시된 목표를 향해 더
공격적인 목표를 달성하기 위해 핵전략을 조정할 것으로 추정하는 것은
타당하다.

외교적 이해관계도 북한의 핵무기개발 의사결정의 원인이 된 것 같다.
북한은 핵무기가 국제적 위상과 위신을 높이는 길을 제공한다는 신념을
절대 감추지 않았다. 북한은 오래전부터 자신의 핵능력이 다른 핵 강국
들과 '대등한 지위'를 허용한다고 주장해왔다. 2016년 북한 국영 텔레비
전은 네 번째 핵실험을 다음과 같이 발표했다.

> 역사에 남을 수소탄 시험이 가장 완벽하게 성공함으로써 조선민주
> 주의인민공화국은 수소탄까지 보유한 핵보유국의 전열에 당당히

올라서게 되었으며 우리 인민은 최강의 핵 억제력을 갖춘 존엄 높은 민족의 기개를 떨치게 되었다.

(『조선중앙TV』 2016)

정말로 북한은 핵프로그램을 지렛대로 활용하여 2018년과 2019년에 김정은의 트럼프(Donald Trump) 대통령, 푸틴(Vladimir Putin) 대통령, 시진핑(習近平) 국가주석과의 정상회담 등 강대국과 직접적이고 세상의 이목을 끄는 회담을 얻어냈다.

북한이 오래전부터 경제적 이익을 위해 핵 외교를 사용해왔다는 증거가 있다. 스미스(Hazel Smith 2015, pp. 294−311) 같은 일부 전문가는 북한 지도자들이 항상 경제적 고려를 안보에 종속시켜왔으나 기록에 따르면 그들이 어느 정도는 핵 위협을 국제사회로부터 경제적 원조를 유인하는 방법으로 간주해왔다고 설득력 있게 주장하고 있다. 이는 북한이 다른 나라로부터 금전, 에너지 및 식량을 뜯어내기 위해 핵 갈취와 위협 책략을 사용하는 '공물 추구 외교'의 뿌리가 깊다는 에버슈타트(Nicholas Eberstadt 1999, pp. 51−52)의 북한외교 특징 묘사와 일치할 것이다. 그의 판단에 의하면, "신뢰할 수 있는 군사적 위협"을 유지하는 것이 "이제 북한 경제전략의 핵심, 바로 생존전략의 핵심에 있다." 핵 위협이 경제적, 금융적 이익을 위한 거래와 협박의 외교적 도구인 것이다.

정치적 정통성과 김씨 정권에 대한 지지를 강화하는데 핵무기가 수행하는 역할을 이해하기 위해서는 북한정치문화의 두 핵심 개념, 즉 '주체'와 '선군(military-first)'을 강조할 가치가 있다. '주체'는 자존, 자결과 최고 지도자에 대한 무조건적 충성을 강조하는 북한의 지배적인 계율이다. '선군' 정치는 무엇보다도 군사적 이익에 도움이 되는 방식으로 정부와 사회를 재구성하기 위하여 1997~1998년 김정일이 도입했다. '선군'을 통해서만 '주체'가 실현될 수 있다. 이것들은 오랫동안 이데올로기적 도구 이상이었다. 그것들은 또 김씨 정권이 정통성을 유지하는 북한 국가와 사회의 조직원리였다. 2019년 사회주의헌법 개정에서 반영된 바와 같이 김정은이 최근에 경제적 우선순위를 위하여 선군 정치를 덜 강조했지만, 군사력은 여전히 북한 지도부의 전형적인 특징이며 거버넌스체제를 뒷받침하고 있다 (Buzo 2018).

핵무기는 '주체'와 '선군'에 깊이 내재하여 있으며 그것들을 강화한다. 북한 지도자들은 자주적인 조선 인민의 진정한 보호자로서 자신을 내세우기 위해 핵무기를 이용하며, 동시에 남한이 미국의 지배 아래 있다고 묘사한다. 다른 경제적, 기술적 및 군사적 지표들이 형편없는 가운데, 핵무기는 아마도 북한 정권이 남한에 대한 위대성과 우월성을 주장하는 유일하게 관찰 가능한 증거일 것이다. 북한 군부에 있어서 핵무기는 사기를 북돋우고 따라서 김씨 정권이 군사력을 보강하여 잠재적인 통일의 길을 제공하는 힘의 원천이다. 북한 핵프로그램에 대해 자체적으로 생성한 위기는 핵무기가 미 제국주의에 대한 유일한 방어자라는 국내적 서사를 제공해 북한 정권에 대한 국내적 지지를 결집할 수 있음을 시사하는 증거도 있다 (Byman and Lind 2010).

핵전략과 국가목표

북한은 국가목표를 달성하기 위해 핵전략을 어떻게 조정할 수 있을까? 핵전략은 교리, 지휘·통제, 능력의 세 가지 구성 요소로 분류할 수 있다 (Sagan 2000). 핵교리는 핵무기의 목적을 반영하며, 언제 그리고 어떻게 사용될 수 있는가에 대한 계획으로 구성된다. 핵교리는 일반적으로 핵무기와 전략, 기획 문서와/또는 표면상으로 의도를 암시하는 훈련연습에 관한 선언적 정책 또는 공개 성명을 통하여 밝혀진다. 지휘·통제(C2:

command and control)는 정부 지도자들이 핵무기를 사용해야 한다고 결정한 시기와 방법으로만 사용되는 것을 보장하기 위하여 핵무기가 어떻게 한 국가의 더 광범위한 군 구조에 통합되는지와 관련이 있다. 지휘·통제체계의 증거는 조직 구조, 지휘권 및 훈련연습뿐만 아니라 공개 성명에서 알 수 있다. 능력은 무기고의 크기, 형태 및 특징을 포함한다. 능력의 추정은 보통 관찰된 실험, 알려진 생산 시설, 공개 성명, 상공 관찰 이미지 분석 및 국가적 평가의 조합에 근거하여 이루어진다.

기존 연구는 기본적으로 북한을 이끄는 네 가지의 선택가능한 핵전략이 있음을 시사하고 있다 (Narang 2014; Smith, S. 2015).[1] 그것들은 무엇보다도 먼저 교리적, 작전적 및 능력 관련 결정을 인도하는 일차적인 전략적 동기에서 나온다. 첫 번째 전략은 주로 정치적, 외교적 또는 경제적 국가목표를 달성하려는데 목적이 있다. 이 전략은 실제의 핵무기 능력을 요구하지 않기 때문에 네 전략 중 진입장벽이 가장 낮다. 그것은 핵무기 제조능력을 보여주는 프로그램의 기술적 요소를 요구할 뿐이다. 미래의 언젠가 핵무기를 개발할 수 있는 수단을 보유하는 것은 그런 능력의 실현을 막는 데 관심이 있는 사람들로부터 양보를 얻으려 하거나 국내 정치적 소비용으로 그런 능력의 진전을 보려는 지도자들에게 협상 지렛대와 위신을 제공한다. 고급 기술이나 프로그램 요소는 여러 경우에 협상 또는 정치적 목적을 위하여 보여줄 수 있으나 실제의 능력, 교리, 계획 또는 지휘·통제체계에 대한 '사전(ex ante)' 요구사항은 없다.

두 번째의 '촉매전략'은 더 전통적인 안보 목표에 초점을 두나 제한된 핵능력을 반영하는 경향이 있다. 이 전략은 지역적 위기를 국제화하거나 근본적으로 제3자 행동을 '촉진하려고' 잠재적인 분쟁의 글로벌 이해관계를 높이기 위해 핵전쟁의 두려움을 이용하도록 설계되었다. 이 전략은 핵 충돌이 직접 또는 간접적으로 자국의 이익에 심각하게 영향을 미치는 적어도 한 강대국의 두려움과 적대국을 억제하여 안정을 회복함으로써 그 이익을 보호하기 위해 기꺼이 개입하는 그 강대국의 의지에 달려있다. 외부의 개입을 믿을 수 있게 강제하기 위해서 이 전략은 핵전쟁이 적어도 기술적으로 가능하다고 다른 나라들을 납득시킬 것을 요구한다. 즉 향후 핵무기를 제조할 능력만이 아니라 실제의 핵무기 능력을 보여주어야 한다. 핵무기의 수가 많거나 수준이 높을 필요는 없다. 목표물에 무기를 전달할 가능성이 있는 단순한 계획·명령구조를 가진 소수의 조잡한 핵무기가 대기하고 있는 것만으로 전쟁이 핵무기 사용단계로 확대될 수 있다는 인상을 심어주기에 충분할 것이다.

'확증전략보복' 또는 '최소억지' 전략은 주로 정권을 위협하는 고도의 공격과 강압을 억제하는 것을 목표로 한다. 앞선 두 전략에서 최소한으로 필요한 것보다 큰 무기고가 필요한 것으로 생각된다. 1차 공격에서 살아남아 목표물이 한 개이든 두 개이든 수십 개이든 파괴하여 적에게 '감당할 수 없는 비용'을 안겨주기에 충분한 무기를 확보하려면 여분의 양이 중요하기 때문이다. 목표가 적군을 패배시키는 것이 아니라 감당할 수 없는 보복 비용을 제기하려는 것이기 때문에 대(對)도시전략** 무기 내지는 종종 매우 큰 인구 또는 인프라 중심지를 겨냥하는 무기만으로 구성될 수 있다. 이 전략은 작고 견고하거나 이동하는 군사 목표를 위험에 빠뜨릴 필요가 없으며 훨씬 큰 정확성과/또는 가변적인 폭발력을 가진 파괴 무기를 요구한다.

이 전략은 본질에서 보복적이기 때문에, 핵탄두와 전달체계가 반드시 조립되어 작전 운용을 위해 준비될 필요는 없으나 지휘·통제체계는 상대방이 보복이 확실하다고 믿게 할 필요가 있다. 그 조치들에는 공격을 받은 이후에도 작동할 수 있도록 공격을 견딜 수 있게 무기체계를 분산,

....

** 역자 주) 핵무기의 공격 목표를 대도시 등 정치·경제·산업의 중추에 두고 또한 이것에 심각한 타격을 주는 능력을 유지함으로써 적의 행동을 억제하는 전략.

은폐 또는 견고화하는 것 등이 있는데 결코 쉬운 일이 아니다. 그래서 지휘·통제는 핵작전을 수행할 수 있는 상비군 하부구조와 조직을 수반하는 경향이 있다. 그러나 발사 권한은 여전히 최고 수준의 정치지도부 수중에만 고도로 집중될 수 있다. 운용 결정에 대한 중앙집중의 적극적인 통제를 유지하는 것은 핵무기가 국가 권한의 지시에 의해서만 사용될 수 있도록 보장하기 위해서 많은 절차적, 기술적 및/또는 물리적 조치들을 포함하는 경향이 있다.

마지막으로, 전쟁 수행 전략은 핵무기의 선제 사용을 위협함으로써 적군을 강제하고 물리치기까지 할 뿐만 아니라 레짐을 위협하는 공격을 억제하기 위해 만들어진 것이다. 그 전략은 아마도 확증 보복보다 더 강력하고 생존 가능한 제2격(반격) 능력을 요구한다. 왜냐하면, 핵무기가 선제 사용된 이후에도 레짐을 위협하는 공격을 억제해야 하기 때문이다. 그러나 노골적으로 보복하는 대(對)도시전략 위협에 유일하게 의존하기보다는 적의 군사력과 기지에 대한 제한적 공격을 위해 소위 전술 핵무기를 추가하는 것이 차별적인 특징이다. 그것은 광범위한 능력, 즉 생존 가능한 전략군과 제한사용 능력뿐만 아니라 다양한 충돌 시나리오에서 그것들을 선제적으로 사용하는 작전 능력을 갖추는 것을 의미한다. 과거에 이 전략을 채택한 국가들은 생존 가능성, 대응성과 작전적 유연성을 극대화하기 위하여 핵무기를 작전사령부에 분산하거나 전진 배치하고 발사 권한을 정치 및 군 지도부의 하층부에 사전 위임하는 경향이 있었다. 그러한 상황에서는 핵무기는 더 광범위한 군사 교리와 계획에 고도로 통합되기 쉽다.

북한의 진화하는 핵전략

지난 30년 동안 북한은 이 모든 네 가지 전략의 요소들을 채택했다. 북한의 선언적 정책과 능력은 변하는 상황과 목적을 반영해왔다. 그러나 북한 레짐의 말과 행동은 반드시 하나의 전략적 틀 내에서 깔끔하게 일치하지는 않는다. 예를 들면, 북한은 과거에 합리적 판단에 따르면 위협을 수행할 수 있는 필수 능력이 부족했기 때문에 신뢰할 수 없는 것으로 여겨지는 과장된 핵 위협을 했다. 북한은 마찬가지로 아마 정치적 또는 외교적 목표를 진전시키기 위해서 비핵화 약속을 했다. 그러나 그 약속은 곧 북한의 기본 전략은 다른 방향을 향해 있다는 것을 보여주는 실험과 연습으로 손상되었고 따라서 약속의 신뢰성에 의문이 제기되었다.

이와 같은 불일치로 일부 관찰자는 북한이 일관된 핵전략이 없다고 결론 내렸을 것이다. 즉 북한의 관련 결정은 김정은 레짐의 변덕스러운 개인적 기분에 달려있다는 것이다. 그러나 북한의 핵프로그램이 전략적 논리에 의해 움직이지 않는다고 추정하는 것은 잘못된 판단이다. 북한은 경제제재, 외교적 고립, 이웃 국가 및 미국과의 군사적 긴장 고조의 심각한 비용을 치르면서 수십 년 동안 세 지도자에 걸쳐 핵프로그램을 건설해 왔다. 자원이 희소하고 무력충돌의 위험이 있음을 고려할 때, 북한 지도자들은 확실히 핵 투자와 활동의 비용과 편익을 신중하게 따져야 한다. 정말로 여러 증거의 종합 평가는 북한이 오래전 광범위한 핵 개발 프로그램을 건설하기로 전략적 결정을 했다는 것을 보여주고 있다. 북한은 꾸준히 핵능력을 개발해 왔고, 정책을 채택해 왔으며, 운영 기반시설을 건설해 왔다. 이러한 일들은 장기 투자가 필요하며 북한이 최소한의 핵전략에서 가장 야심적인 핵전략으로의 결연한 길, 즉 주로 정치적, 외교적 또는 경제적 이익을 목적으로 한 전략으로부터 공세적인 전쟁 수행 전략으로 들어섰음을 시사해준다. 그러나 가파른 장애물이 남아 있으며 북한이 그러한 목표들을 완전히 달성할 수 있을지는 불확실하다.

정치적, 외교적 및 경제적 목표를 위한 전략

정말로 과거에 북한은 정치적, 외교적 및 경제적 목표에 우선순위를 두었을 수 있다. 1994년에서 2007년 사이에 북한은 에너지 지원, 식량 원조, 외교적 대화, 안전보장, 제재 완화, 그리고 경제적 혜택을 받는 대가로 핵프로그램을 동결하거나 불능화하였다. 특별히 1994년의 미북제네바합의 같은 일부 합의들은 일시적으로라도 북한이 핵능력을 확대할 수 있는 능력을 제한했다. 그 당시 북한은 정치적, 외교적 및 경제적 필요를 위해서 핵프로그램의 자산가치를 처분할 수밖에 없다고 느꼈을 수도 있다. 북한은 역사적 강대국 후원자인 소련의 붕괴와 자국 국내 경제의 붕괴를 동시에 헤쳐나갔다. 1994년에서 1998년 사이에 북한은 현대 역사에서 최악의 기근을 겪었으며 대체로 정부 배급체제의 실패로 인해 대규모 기아가 발생했다. 내치어스(Andrew Natsios)는 그 기간에 북한 스스로 생성한 핵 위기와 협상은 내부 분열을 모면하고 국내적 신뢰의 와해에 직면한 김정일 레짐에 대한 지지를 결집하려는 시도였었다고 결론을 내리고 있다 (Crossette 1999). 그 핵 위기와 협상은 북한이 절실하게 필요한 경화와 원조를 국제사회로부터 얻어내기 위해 만들어졌다고 생각하는 사람들도 있다 (Eberstadt 1999). 북한의 핵 호전성과 협상은 그 두 목표에 도움이 되었다고 결론을 내리는 것이 타당하다.

북한은 아마 1990년대와 2000년대 초에 보다 야심적인 핵전략을 확실하게 채택하는 데 필요한 기술적 또는 운영적 수단이 없었을 것이다. 미국 정보기관들은 북한이 1990년대 초에 1992년 이전에 생산한 플루토늄을 사용한 1~2개의 폭탄을 가졌을 것으로 추정했다 (CIA 2002). 그러나 북한이 가질 수 있었던 능력이 무엇이든 간에 입증되지 않았다. 북한은 2006년까지 첫 번째 핵실험을 하지 않았다. 무기고가 비축되지 않아서 핵프로그램의 운영은 최소한으로 엄격하게 통제되어 중앙집권하에 이루어졌을 것이다. 관료 체계상 인민무력부**의 하급 조직인 핵·화학방위국의 한 단위가 핵 연구 프로그램 관리에 책임이 있는 것으로 추정되었다 (Scobell and Sanford 2012). 그러나 그 단위가 핵무기를 사용하는 군사작전을 기획하거나 수행하는 권한을 가졌다는 증거는 없다.

김정은 치하에서 북한은 핵능력이 상당히 증가함에 따라 자국의 핵프로그램이 팔아 넘겨질 수 있다는 개념을 단호하게 배격하였다. 예를 들어, 2013년 3월 [31일] 조선노동당 중앙위원회 전체회의에서 채택한 노선('경제건설과 핵무력 건설 병진 노선' – 역자 주)에서 북한은 "선군 조선의 핵무기는 결코 미국의 딸라와 바꾸려는 상품이 아니며 … 정치적 흥정물이나 경제적 거래물이 아니다. 우리의 핵무력은 … 절대로 포기할 수 없고 억만금과도 바꿀 수 없는 민족의 생명이며 통일조선의 국보"라고 주장했다 (『조선중앙통신』 2013).

그러나 특히 2018년과 2019년의 일부 공개 성명과 외교활동을 통해 보면 북한은 미국으로부터의 일정한 양보를 대가로 자국의 핵무기 프로그램에 대한 제약을 받아들일 의사가 남아있는 것처럼 보일 것이다. 예를 들어, 2019년 트럼프 대통령과의 하노이 정상회담 전에 김정은은 한 기자로부터 "당신은 비핵화할 준비가 되었습니까? 핵무기를 포기할 준비가 되어있습니까?"라는 질문을 받았다. 김정은은 "만약 내가 그럴 의지가 없다면, 나는 지금 여기 없을 겁니다"라고 대답했다" (The White House 2019). 정상회담이 합의 없이 끝난 후, 북한 외무상 이용호는 북

....

** 　역자 주) 한국의 국방부에 해당하는 부처로 1948년 9월 민족보위성으로 출범하여 1972년 12월 인민무력부, 1998년 9월 인민무력성, 2001년 9월 인민무력부, 2016년 6월 인민무력성, 2020년 11월 국방성으로 명칭이 변경되었다.

한은 회담에서 제재 일부의 해제를 대가로 영변 핵 단지의 핵물질 생산 시설을 폐기할 것과 핵실험과 대륙간탄도미사일(ICBM) 시험발사를 영구적으로 중지할 것을 제안했다고 말했다 (Riechmann, Kim and Lucey 2019).

한편으로 하노이 정상회담에서 북한이 제의했다고 이용호가 말한 제안은 경제적 양보를 대가로 미래의 핵 및 미사일 능력을 협상할 잠재적 의지를 내비친 것이다. 보도는 영변시설의 폐기는 실제로 북한의 유일하게 알려진 플루토늄 제조원을 폐쇄하고, 고농축 우라늄의 생산 속도를 잠재적으로 늦추며, 고성능 수소폭탄을 설계하는 데 사용되는 몇 개의 삼중수소 공급원 중 하나를 차단했을 것임을 시사하고 있다 (Panda and Narang 2019). 핵실험 및 대륙간탄도미사일 시험발사의 일시 정지(모라토리엄)는 또 북한이 더 고급 능력을 개발해나가는 것을 제약했을 것이다. 다른 한편으로 이용호가 말한 북한의 제안은 영변 핵 단지 바깥에 있는 미사일 및 핵물질 생산 시설은 물론 기존의 능력을 그대로 남겨두었을 것이다. 다시 말하여, 그 제안은 김정은이 그의 2018년 신년사에서 이미 달성했다고 주장한 것에 실질적인 영향을 미치지 않았을 것이다. 즉, 김정은은 북한이 그의 "전략적 목표를 성공적으로" 달성한 "각종 핵 운반 수단과 함께 초강력 열핵무기"를 보유하고, 그것들은 "그 어떤 힘으로도 그 무엇으로도 되돌릴 수 없다"라고 말했다. 김정은의 2018년 신년사 발언과 그 이후 회담에서 현존하는 능력에 대한 협상 회피는 김정은의 가장 중요한 전략목표가 본질에서 더 이상 정치적, 외교적, 또는 경제적이지 않다는 것을 시사하고 있다.

촉매전략

실제로 북한의 전략적 강조점은 오래전 더 직접적인 안보 이익을 충족시키는 것으로 전환했다. 북한의 핵전략은 2006년 첫 번째 핵실험을 한 직후 촉매 모델을 반영하기 시작했다. 북한은 신뢰할 수 있는 군사적 경고를 전달하기보다는 국제언론의 헤드라인을 장식하고 주목을 받는데 관심을 나타내는 과장된 핵 위협을 하기 시작했다. 주목할만한 하나의 사례가 2013년 위기 중에 있었는데, 당시 북한의 텔레비전은 '미국 본토 타격 계획' 도면을 브리핑하는 군 최고위 간부들에 둘러싸인 김정은의 모습을 방송했다. 그 타격 계획 도면은 북한에서 캘리포니아, 텍사스 및 워싱턴의 목표물까지 이르는 모의 미사일 궤도를 보여주었다. 그 그림은 북한이 그런 공격을 감행할 수 있을지에 매우 회의적인 많은 전문가에 의해 조롱받았다 (Hudson 2013). 김정은이 자기 마음대로 할 수 있는 미사일 능력에 대해 속고 있거나 아니면 외국 지도자들이 그 그림에 속을 수 있다고 그가 믿지 않는 한, 그 목표는 더 간접적일 가능성이 있다. 즉 세상에 갈등이 핵전쟁으로 확대될 수 있고 그 결과는 한반도에 국한되지 않을 것이라고 상기시키려는 것이다. 그러한 목표는 강압적 목적을 위해 핵전쟁이란 망령을 지렛대로 활용하나 협박을 실행하는 군사적 수단이 한정되어있는(아래에서 논의) 촉매전략과 일치한다.

강대국들, 특히 미국과 중국은 한반도의 안정에 많은 것이 걸려 있다. 핵 위기 확대를 위협함으로써 북한은 대부분 전쟁이 미국과 중국을 반대편으로 끌어들일 수 있으므로 그 위협이 안정을 회복하려는 중국 또는 미국의 행동을 촉진할 수 있음을 알게 되었을 것이다. 미국과 중국에 전쟁에 따른 비용은 엄청나게 클 것인데 반해 그 두 나라에 이전의 상태와 안정으로 돌아가는 것은 특별히 큰 비용이 들지 않는다. 한반도에서의 핵 확대 망령은 2010년 북한의 남한에 대한 뻔뻔한 공격 — 대한민국 해군 초계함 천안함의 침몰과 연평도 포격 — 후에 거의 틀림없이 '촉매' 효과가 있었다. 전 미국 국방장관 게이츠(Robert Gates, 2014, p. 407)는 자신의 회고록에 그 위기들에 대해 다음과 같이 기록하고 있다. "중국이 그 상황을 가라앉히기 위하여 북한 지도자들과 관여한 증거가 있으며," 자신과 오바마(Barack Obama) 대통령, 클린턴(Hillary Clinton) 국무장관, 멀린(Mike Mullen) 합참의장 등은 모두 남한 측에 '불균형' 보복을 하지 않도록 경고하기 위하여 전화를 걸었다. "우리는 무력 교환이 위험하게 확대될 수 있을 것으로 우려했기 때문이다."

촉매전략이 예상할 수 있듯이 북한은 2006년 실험을 통해서 핵폭발 능력을 보여주었으나 그 능력의 군사적 효용성은 모호한 채로 남아 있었다. 무기고가 있는 한 그 무기고는 단지 몇 개의 믿을 수 없는 무기가 있었을 것이다. 일부 보도는 북한의 첫 번째 핵실험이 실제로는 실패였을 것으로 시사하여 북한이 운용 가능한 핵무기 설계를 가졌는지 의심을 불러일으켰다 (Burns and Gearan 2006). 동시에 증거는 또한 북한의 핵프로그램이 철저한 중앙집중 통제 아래에 있으며 군사화되지 않았음을 시사했다. 2009년에 국제위기그룹(International Crisis Group)은 북한이 만든 어떤 핵무기든 확증 보복 또는 전쟁 수행 전략에 필요할 복잡한 핵 운용을 수행할 수 있는 군사 조직으로 아직 이전되지 않았다고 평가했다 (International Crisis Group 2009). 그렇지만, 점증하는 직접적인 핵 위험과 더불어 북한의 핵실험과 시연은 아무리 제한적이라도 핵무기를 사용하려는 의지와 능력을 전달하는 전략을 나타낸 것이다. 그렇게 함으로써 한반도의 모든 위기에서 직면하게 될 강대국들의 이해관계를 제고시켰다.

확증 보복

북한이 촉매전략을 넘어 확증 보복전략을 모색하고 있다는 증거가 2012
년경부터 증가하기 시작했다. 그때쯤이면 일부 전문가들은 북한이 비록
정확도와 신뢰도는 낮지만 단·중거리 스커드 또는 노동 미사일의 변형
미사일로 운반될 수 있는 핵탄두를 만드는 능력을 보유한 것으로 평가하
고 있었다 (Albright and Warlond 2012). 북한은 또한 핵탄두와 운반
체계의 비축을 양, 질 및 다양성에서 빠르게 확대할 수 있는 인프라를 갖
춘 것으로 생각되었다 (Wit and Ahn 2015). 북한은 2009년과 2013년
에 두 번째와 세 번째 핵실험을 했는데, 폭발량이 점차 높아졌지만 아직
은 비교적 낮았다. 북한은 또 미국뿐 아니라 한국과 일본의 전략 표적을
위험에 처하게 할 수 있는 더 강력한 장거리 로켓에 역점을 둔 집중적인
미사일 시험 프로그램을 시작했다. 그때 즈음하여 북한은 생존 가능성을
염두에 둔 새로운 운반체계를 설계하고 있었던 것이 분명했다. 북한은
적에 의해 쉽게 표적이 될 수 있는 고정된 장소의 미사일에 의존하기보
다는 도로 이동식 체계를 개발하고 있었다. 그렇게 하는 것은 북한이 제1
타격을 무장해제당하지 않을 수 있게 핵무기를 산악 지대, 터널 및 지하
시설에 감추어 보호할 수 있게 할 것이다.

  그 이후 북한은 비포장도로로 이동할 수 있고 발사시간을 짧게 하는 고
체연료 로켓 기술을 진전시켜 발사 전 생존 가능성을 높였다 (Schilling
and Kan 2015). 마찬가지로, 북한은 적이 발견하기 어렵고 미사일 발사
각이 일부 미국, 한국 및 일본의 지역 미사일 방어를 회피할 수 있도록 한
해저 능력의 개발을 지원하기 위해 약 12번의 잠수함발사 탄도미사일 시
험발사를 수행했다. 광범위하게 의혹을 받는 북한 미사일, 특히 중·장거
리 미사일체계의 낮은 정확도는 그 미사일체계가 군사목표물에 대해서
는 효용성이 낮으며 도시 같은 큰 목표물에 가장 적합할 것이다 (Albert

2019). 북한의 2016년과 2017년 핵실험은 더 큰 폭발량을 보였으며 증폭 내지는 열핵무기 설계와 일치했다. 그러한 설계는 북한이 주요 인구 중심지를 타격할 수 있는 몇 개의 핵무기만으로도 잠재적인 전략적 비용을 적에게 부과할 수 있다.

북한의 선언정책도 2013년에 확증 보복전략의 언어를 반영하기 시작했다. 그해, 최고인민회의는 북한의 핵정책과 전략을 성문화한 "자위적 핵보유국의 지위를 더욱 공고히 할 데 대하여"라는 법령을 공포했다. 그 법은 핵무기가 "조선민주주의인민공화국에 대한 침략과 공격을 억제, 격퇴하고 '침략의 본거지들에 대한 섬멸적인 보복타격을 가하는데' 복무한다"라고 규정하고 있다 ("Law on Consolidating Position of Nuclear Weapons State Adopted" 2013: 이하 2013 최고인민회의 법령). 이 법이 공포되기 하루 전 김정은은 그 전략의 근거를 다음과 같이 제시했다.

침략자들과 침략의 본거지들에 대해 핵무력으로 정밀타격하는 능력을 확실히 갖추고 있으면 그들이 지구상 어디에 있든지 어떠한 적도 무모하게 공격을 할 수 없으며, 핵 타격 능력이 더 크고 더 강력할수록 공격을 억제하는 힘이 더 커질 것이다. 특히 미국이 우리에게 항시적으로 핵 위협을 가해오고 있는 조건에서 … 핵무력을 질량적으로 억척같이 다져나가지 않을 수 없다.

이러한 언어는 확증 보복전략의 교리를 분명하게 반영하는 것이다.

조직적으로, 북한은 2012년에 미사일 지도국을 전략로케트군 사령부(전략로케트군은 2014년 6월에 그 명칭이 '전략군'으로 바뀌었음 – 역자주)로 격상시켰다. 새로운 사령부의 창설은 더 넓은 군 구조 안에서 핵 작전을 개발, 기획, 통합하는데 더 큰 정치적·관료적 비중을 두는 것이었다. 일부 전문가는 당 중앙군사위원회에 직책이 있고 (National Institute for Defense Studies 2013) 김정은에 직접 보고하는 사령관을 둠으로써 조선인민군으로부터 자율성을 가지고 있는 것으로 믿고 있다. 김정은에 대한 직접 보고는 고도로 집중화된 지휘 구조를 강화하는 것으로, 역시 2013 최고인민회의 법령에 규정되었다. 즉 "조선민주주의인민공화국의 핵무기는 조선인민군 최고사령관[김정은]의 최종명령에 의하여서만 사용할 수 있다." 하위 지휘체계보다는 김정은의 수중에만 발사 권한을 둠으로써 북한은 전쟁전략과 관련된 보다 복잡한 핵 작전을 채택하는 데 제약을 받을 수 있다.

북한이 표면적으로는 확증 보복전략의 개발에 진전을 이루었지만, 이용가능한 증거의 차이로 볼 때 북한이 실행가능한 제2격 능력을 보유하고 있다는 결론을 내리기 어렵다. 첫째, 만약 김정은이 그 자신 또는 그의 군대와 의사소통하는 자신의 능력에 어떤 문제가 발생한다면 그가 과연 확실한 보복을 위한 핵무기 관련 권한을 위임할 것인지는 불분명하다. 그러한 권한위임은 내부 경쟁자에 대해 편집증적인 것으로 악명높고 군권을 철저히 장악하려고 하는 정권으로서는 무리일 수도 있다 (Smith 2018). 발사 권한의 사전위임은 적어도 상징적으로는 나라를 위해 그런 운명적인 결정을 내릴 수 있는 적절한 후계자를 특정할 수도 있다. 둘째, 이전의 핵 강국들이 해왔던 것처럼, 북한은 중앙통제를 강화하고 승인되지 않은 사용이나 전용을 막기 위해 평시에 핵무기와 운반체계를 분리하여 유지하는 것으로 널리 알려져 있다 (Narang and Panda 2017). 위기 시에 공격을 위한 핵체계를 결합하고, 분산시키고, 준비하기 위해선 반드시 극복해야 하는 많은 절차적, 물리적 및 기술적 장벽이 있다. 이를 위해선 엄청난 긴장 아래서 핵무기의 조립과 발사를 조율하는 고도로 숙련되고 신뢰할 수 있으며 훈련된 많은 사람이 필요하다. 나랑과 판다(Narang and Panda 2017)는 북한이 필요한 수단을 보유하고 있다는 것에 아직은 회의적인 이유가 있다고 생각한다. 셋째, 북한은 현재 핵 탑재가 가능한 이동식 발사대, 특히 대륙간탄도미사일용 이동식 발사대를 손가락으로 셀 정도로만 보유하고 있는 것으로 알려져 있다 (Kristensen and Norris 2018). 한편, 미국과 한국은 필요하면 북한의 이동식 미사일을 발사 전에 파괴하고 공중에서 요격하는 방어를 강화해 오고 있다 (U.S. Department of Defense 2019). 북한은 이러한 도전을 극복할 수 있을 것으로 보이지만, 종합해보면 그 도전요인들은 북한의 보복이 얼마나 확실할지에 대해 오늘날 의문을 제기한다.

핵전쟁 수행

북한이 계속해서 확증 보복전략의 필요조건을 충족하더라도, 북한의 공식 성명과 더 진전된 전달체계의 시험은 북한이 지역적 전투수행능력에 눈독을 들일 수도 있음을 시사한다. 이러한 열망은 2013 최고인민회의 법령에 나타나 있다. 그 법의 규정은 핵무기의 미래 역할이 공격뿐 아니라 침략에 대한 보복에 있음을 내비치고 있는데 짐작건대 더 낮고 의도적으로 모호한 사용 문턱을 제시한 것이다. 즉 "북한은 가증되는 적대세력의 '침략'과 공격위험의 엄중성에 대비하여 핵 억제력과 핵 보복 타격력을 질량적으로 강화하기 위한 실제적인 대책을 세운다"("Law on Consolidating Position of Nuclear Weapons State" 2013; 이탤릭체 추가).

조선노동당 중앙위원회(2013)는 2013 최고인민회의 법령이 채택되기 하루 전 전략적 보복만이 아니라 모든 분쟁에 걸친 전투에 핵전쟁 계획을 통합하도록 군부에 지시하는 보고서를 실제로 공개했다.

인민군대는 전쟁억제력과 전쟁 수행전략의 모든 측면에서 핵무력의 중추적 역할을 높이는 방향에서 전법과 작전을 완성해나가며 핵무력의 경상적인 전투 준비태세를 완비해나가야 한다.

(Ibid.)

2017년 신년사에서 김정은은 실제로 보복이 더는 북한의 핵전략을 지도하는 유일한 원칙이 아니라고 밝혔다. 그는 "핵무력을 중추로 하는 자위적 국방력과 선제공격능력을 계속 강화해나갈 것입니다"라고 말했다 (『로동신문』 2017). 김정은의 발언은 제한적이고 결정적인 방법으로 핵무기를 선제 사용하겠다는 북한의 위협의 역사를 반영하며, 전쟁 수행을 옵션으로 하는 오랜 야심을 보여주고 있다.

북한의 핵과 미사일개발은 또 이러한 야망을 반영하고 있다. 2019년 북한의 일련의 미사일 시험발사는 좀 더 정확하고 견고하며 방어를 뚫을 수 있는 점차 세련된 단거리 및 중거리 전달체계가 늘어나고 있음을 보여주고 있다. 일부 관찰자는 이 새로운 체계는 항공 및 미사일 방어 포대, 비행장, 항구, 지휘통신센터와 같은 군사목표물에 대한 선제응징공격 수행능력을 포함해 다양한 충돌 시나리오에서 북한에 더욱 큰 작전상의 유연성과 군사적으로 실행 가능한 옵션을 제공하도록 설계되었다고 시사하고 있다 (Lim 2019). 실제로, 북한은 2016년 핵 연습을 실시했는데, 국영 텔레비전은 이를 "남한의 작전구역에서 항구와 비행장을 선제공격하는 조건"을 모의실험한 것이라고 설명했다 (Kim 2016). 2017년에는 또 네 발의 미사일을 발사했는데, 이 미사일은 "비상사태 시 일본 내 미국 제국주의 침략군 기지에 대한 공격"을 연습했다고 주장했다. 루이스(Jeffrey Lewis, 2017) 같은 일부 전문가는 북한이 미국 도시들에 대한 확증 보복 위협을 통해 미국의 대응을 억제하면서 지역적 목표물에 대해 먼저 핵무기를 사용하는 공격적 전투 교리를 개발하고 있는 것으로 결론을 내렸다. 비록 그렇게 하는 것은 매우 비싸고 잠재적으로 엄청난 도전에 직면할 것이지만 이러한 평가는 합리적인 것으로 보인다.

북한은 실행 가능한 전투 전략을 채택하고 유지하는 것이 세 가지 주요 이유로 인해 어려울 것이다. 첫째, 이런 유형의 전략은, 확증 보복보다 훨씬 더 생존 가능성, 작전적 유연성과 전시 대응성을 극대화하기 위하여 대량의 핵무기를 배치하고 그것들을 사용하는 조건부 권한을 하급 정치·군사 지휘부 수중에 부여하는 것을 중시하고 있다. 그렇게 하는 것은 겉으로 보기에 특히 북한정부, 군 및 사회구조의 위계적 특성에 역행하는 것이다 (Smith 2018). 북한 헌법은 핵무기를 김정일의 '소중한 유산'으로 규정하고 있고, 노동당은 핵무기를 '국보'이며 '민족의 생명'이라고 명명했다. 핵무기에 대한 중앙통제를 포기하는 것은 모든 국력의 지렛대에 대해 엄격한 권한을 유지하는 김씨 정권의 역사적 경향과 모순된다. 일부 전문가는 북한이 평시에 엄격한 통제를 유지할 수 있고, 위기 시에 발사 권한을 신속하게 분산해 사전 위임하여 확증 보복에서 전투태세로 빠르게 전환할 수 있을 것으로 보고 있다. 그러나, 그렇게 하는 것은 검증되지 않은 작전능력과 극도로 스트레스를 받는 시기에 명령을 이행하는 경험이 부족한 인력에 의존하는 것을 의미한다 (Narang and Panda 2017). 그러한 접근은 지도부에 민첩한 전투 옵션을 제공하도록 의도된 전략의 가치를 착각하게 만드는 것이다.

둘째, 전투 전략은 비용이 많이 든다. 미국의 핵무기사업에 관한 한 연구 (Schwartz 1999)는 여러 공격용 무기체계의 유지로 핵무기고 비용이 얼마나 기하급수적으로 증가하는가를 보여주고 있다. 그 연구는 과거에 미국 핵 예산의 86퍼센트가 다양한 공격용 전달체계들을 배치하고, 명령을 받으면 그 체계들이 올바르게 수행하는 것을 보장하며, 또 그것들이 전용되지 않고 유효한 권한 없이 발사되지 않도록 보장하는 데 쓰인 것을 밝혀냈다. 그러한 유형의 비용은 무기체계 자체의 개발과 유지뿐만 아니라 그 무기체계를 보다 광범위한 군사 교리와 기획에 통합하는 데 필요한 훈련과 연습을 포함한다. 여기에서 중요한 것은 북한이 전투 전략에 필요한 무기체계의 준비태세를 갖추고 유지하는데 확증 보복에 필요한 것보다 훨씬 더 많은 재정적 비용에 직면할 것이라는 점이다. 자원이 한정되고 만성적인 경제적 및 식량 결핍에 처한 북한에 강건한 전투태세를 갖추는 것은 재정적으로 너무 큰 부담을 줄 수 있다. 물론 북한은 지름길을 택해 자국의 필요보다 훨씬 저렴한 조치를 취할 수 있다. 그러나 그렇게 하는 것은 확실성을 축소하고 전용 또는 승인되지 않은 발사의 위험을 증가시키는 것과 같은 그 자체의 위험이 있으며, 이는 의도한 전략적 목표를 약화할 것이다.

셋째, 전투태세는 확증 보복전략보다 더 큰 위험을 수반한다. 핵무기가 내부 경쟁자의 수중에 떨어지거나 전용되거나 허가 없이 발사될 수 있을 뿐만 아니라 외부의 반응 또한 북한에 대한 군사적, 재정적, 외교적 위험을 끌어올릴 수 있다. 국제제재는 느슨해지지 않을 것 같으며 북한이 이런 유형의 전략을 시행하는 조치를 하면 더 조여질 수도 있다. 그 전략은 내재적으로 확증 보복보다 더 공격적이고 위협적인 요소를 수반하기 때문이다. 전투 전략은 북한의 가장 중요한 후원국인 중국을 적대시할 수 있다. 과거 중국은 북한의 핵 도발에 대하여 경제적, 외교적 불이익을 부과하겠다는 의지를 보였다. 중요하게는 한국, 일본과 미국이 준비태세를 보장하기 위해 연습은 물론 공격 및 방어 능력 면에서 군사적 조치를 강화할 것이 예상되며, 이는 긴장을 고조시킬 수 있다. 그 긴장이 고조되면, 선언된 핵 사용 문턱이 전투 전략에서 낮아지고 선제공격에 대한 상호 간의 기대가 높아지므로 위기 불안정이 증가할 가능성이 있다 (Schelling 1966). 잠재적인 재정적 비용뿐만 아니라 미국, 한국 또는 일본의 선제공격을 자극하는 그러한 위험은 북한이 전쟁 야욕을 충분히 발휘하지 못하도록 억제할 수 있다.

결론

북한의 핵프로그램은 오랫동안 다양한 외교정책 이익에 도움이 되었다. 때로는 그 이익들은 북한이 주장하건대 국내적 위신과 정통성을 강화하고, 확증 전략 보복을 가능하게 하며, 보다 야심찬 전쟁전략을 수립하는 기반을 제공하는 잠재적인 열핵 장치를 시험할 때와 같이 중첩된다. 다른 때에는 그 이익들이 충돌한다. 예를 들어, 경제적 이익과 외교적 이익은 안보 관련 목표를 강화하는 조치를 하지 못하도록 하는 방식으로 핵 자제를 보임으로써 더 잘 이뤄질 수도 있다. 마찬가지로, 전투 전략의 추구는 경제적 비용이 들고 또 훨씬 더 강한 적들이 특히 위기 시에 호혜적 또는 확대 조치를 취하도록 자극함으로써 북한의 전반적인 안보를 약화시킬 가능성이 있다. 그 이유로 인해 북한의 핵 행태는 종종 모순적이고 일관성이 없는 것으로 보인다. 북한의 선언된 의도와 목표는 항상 행동과 일치하지는 않는다.

북한은 오래전 광범위한 이해관계를 충족시키기 위해 확장적인 핵프로그램을 구축하기로 전략적인 결정을 내린 것으로 보이며, 북한은 다른 시기에 다른 관심사를 충족시키기 위해 성장하는 핵능력을 활용해왔다. 그러나 30년에 걸친 북한의 능력, 조직발전과 정책선택은 주로 외교적, 경제적 및 정치적 이익에 도움을 주는 핵전략에서 더욱 군사적으로 공격적인 목표를 지향하는 핵전략으로 꾸준히 진전되었음을 보여주고 있다. 오늘날, 비록 북한의 보복능력이 얼마나 확실한지에 대한 약간의 의심이 남아 있지만, 증거는 북한이 신뢰할 수 있는 확증 보복전략을 가지기 일보 직전일 수 있음을 뒷받침하고 있다. 북한이 미국을 억제하는 확증 보복능력을 강화하기 위해 요구 사항을 계속 개발하고 있으면서도 최근 동향은 북한이 또한 지역적 전투 옵션을 추구할 것임을 보여주고 있다. 북한은 여전히 중요한 기술적, 경제적 및 안보 장애물에 직면해 있으나, 확증 보복과 전투 전략을 위한 보다 복잡한 핵 작전을 채택하는 데 있어서 북한이 직면할 가능성이 있는 주된 도전은 북한 거버넌스의 극히 위계적인 특성에서 비롯된다. 핵무기와 핵무기 사용 권한을 하급 당국의 수중에 맡기는 것은 모든 국력의 지렛대를 확실히 장악해온 김씨 정권의 역사와 역행한다. 만약 북한이 현재의 핵 경로를 계속한다면, 이것은 결국 북한이 극복해야 할 가장 높은 걸림돌이 될 수 있다.

주

1) 이 절은 스미스(Shane Smith 2015)에서 많이 가져왔다.

참고문헌

Albert, E. 2019. "North Korea's Military Capabilities Backgrounder," Council on Foreign Relations, available at: www.cfr.org/backgrounder/north-koreas-military-capabilities (accessed October 8, 2019).

Albright, D. and Warlond, C. 2012. "North Korea's Estimated Stocks of Plutonium and Weapons Grade Uranium," Working Paper, Institute for Science and International Security, August 16.

Burns, R. and Gearan, A. 2006. "U.S.: Test Points to N. Korea Nuke Blast," *The Associated Press*, October 13.

Buzo, A. 2018. *The Guerilla Dynasty: Politics and Leadership in North Korea*, 2nd edn. New York: Routledge.

Byman, D. and Lind, J. 2010. "Pyongyang's Survival Strategy: Tools of Authoritarian Control in North Korea," *International Security*, vol. 35, no. 1, pp. 44–74.

CIA (Central Intelligence Agency). 2002. Untitled report, November, available at: https://nsarchive2.gwu.edu/NSAEBB/NSAEBB87/nk22.pdf (accessed May 9, 2019).

Crossette, B. 1999. "Korean Famine Toll: More Than 2 Million," *The New York Times*, August 20, p. A6.

Eberstadt, N. 1999. "The Most Dangerous Country," *The National Interest*, vol. 57, September 1.

Gates, R. M. 2014. *Duty: Memoirs of a Secretary at War*, New York: Alfred A. Knopf.

Gentile, G., et al. 2019. *Four Problems on the Korean Peninsula: North Korea's Expanding Nuclear Capabilities Drive a Complex Set of Problems*, Santa Monica, CA: The RAND Corporation.

Hackett, J. and Fitzpatrick, M. 2018. "The Conventional Military Balance on the Korean Peninsula," Working Paper, the International Institute for Strategic Studies, available at: www.iiss.org/blogs/research-paper/2018/06/military-balance-korean-peninsula (accessed September 8, 2019).

Hayes, P. 2012. "The DPRK's Nuclear Constitution," NAPSNet Policy Forum, Nautilus Institute for Science and Sustainability, available at: nautilus.org/napsnet/napsnet policy-forum/the-dprks-nuclearconstitution/#axzz2j hUXzEj8 (accessed June 13, 2019).

Hudson, J. 2013. "Battle of the Maps: North Korea's Actual Missile Capability Vs. North Korea's Threatened Missile Capability," *Foreign Policy*, March 29, available at: https://foreignpolicy.com/2013/03/29/battle-of-the-maps-north-koreas-actual-missile-capability-vs-north-koreas-threatened-missile capability/. (accessed June 13, 2019).

International Crisis Group. 2009. "North Korea's Nuclear and Missile Programs," *Asia Report*, no. 168, June 18.

KCNA. 2005. "DPRK FM on Its Stand to Suspend Its Participation in Six-party Talks for Indefinite Period," KCNA, February 10, 2005.

KCNA. 2006. "DPRK Foreign Ministry Clarifies Stand on New Measure to Bolster War Deterrent," KCNA, February 10, 2006.

KCNA. 2013. "Report on Plenary Meeting of WPK Central Committee," KCNA, March 31, 2013.

KCNA. 2014. "Spokesman for DPRK FM Slams U.S. Frantic Anti-DPRK Campaign," KCNA, October 4, 2014.

KCNA Watch. 2017. "KAPPC Spokesman on DPRK Stand toward UNSC 'Sanctions Resolution,'" September 14, 2017, available at: https://kcnawatch.org/newstream/1505345461-35556086/kappc-spokesman-on-dprkstand-toward-unsc-sanctions-resolution/ (accessed July 23, 2019).

Kim, J. 2016. "North Korea Says Missile Test Simulated Attack on South's Airfields," *Reuters*, July 19, available at: www.reuters.com/article/usnorth korea-missiles-idUSKCN0ZZ2WO (accessed September 25, 2019).

Kissinger, H. 1957. *Nuclear Weapons and Foreign Policy*, New York: Council on Foreign Relations.

Kristensen, H. M. and Norris, R. S. 2018. "North Korean Nuclear Capabilities, 2018," *Bulletin of the Atomic Scientists*, vol. 74, pp. 41–51.

"Law on Consolidating Position of Nuclear Weapons State Adopted." 2013.

Available at: www.kcna.co.jp/item/2013/201304/news01/20130401-25ee.html (accessed November 15, 2019).

Lewis, J. 2017. "North Korea Is Practicing for Nuclear War," *Foreign Policy*, March 9, available at: https://foreignpolicy.com/2017/03/09/north-korea-is-practicing-for-nuclear-war/ (accessed October 1, 2019).

Lim, D. G. 2019. "North Korea's Recent Missile and 'Projectile' Tests Need Your Attention," *The National Interest*, August 20.

Mansourov, A. 2014. "Kim Jong Un's Nuclear Doctrine and Strategy: What Everyone Needs to Know", *NAPSNet Special Reports*, Nautilus Institute for Science and Sustainability, available at: https://nautilus.org/napsnet/napsnet-special-reports/kim-jong-uns-nuclear-doctrine-and-strategy-what-everyone-needs-to-know/ (accessed October 20, 2019).

Missile Defense Project. 2018. "Missiles of North Korea," *Missile Threat*, Center for Strategic and International Studies, available at: https://missilethreat.csis.org/country/dprk/ (accessed June 14, 2019).

Narang, V. 2014. *Nuclear Strategy in the Modern Era: Regional Powers and International Conflict*, Princeton, NJ: Princeton University Press.

Narang, V. and Panda, A. 2017. "Command and Control in North Korea: What a Nuclear Launch Might Look Like," *War on the Rocks*, available at: https://warontherocks.com/2017/09/command-andcontrol-in-north-korea-what-a-nuclear-launch-might-look-like/ (accessed September 25, 2019).

National Institute for Defense Studies. 2013. *East Asia Strategic Review*, Tokyo: National Institute for Defense Studies.

Pabian, F. V., Bermudez, J., and Liu, J. 2017. "North Korea's Punggye-ri Nuclear Test Site: Satellite Imagery Shows Post-Test Effects and New Activity in Alternate Tunnel Portal Areas," *38North.Com*, available at: www.38north.org/2017/09/punggye091217/ (accessed September 15, 2019).

Panda, A. and Narang, V. 2019. "The Hanoi Summit Was Doomed from the Start: North Korea Was Never Going to Unilaterally Disarm," *Foreign Affairs*, March 5, available at: www.foreignaffairs.com/articles/north-korea/2019-03-05/hanoi-summit-was-doomed-start (accessed October 10, 2019).

Park, J. S. 2013. "Nuclear Ambition and Tension on the Korean Peninsula," in A. Tellis, J. A. Denmark, and T. Tanner (Eds.), *Asia in the Second Nuclear Age*, Washington, DC: The National Bureau of Asian Research.

Pollack, J. D. 2011. *No Exit: North Korea, Nuclear Weapons and International Security*, New York: Routledge.

Riechmann, D., Kim, H. J. and Lucey, C. 2019. "US, North Korea Offer Dueling Accounts of Talks Breakdown," *AP News*, March 1, available at: www.apnews.com/3152b3e5854849829eaabb23d98403d3 (accessed October 20, 2019).

Rodong Sinmun. 2017. "New Year Address," January 1, 2017, available at: www.rodong.rep.kp/ko/index.php?strPageID=SF01_02_01&newsID=2017-01-01-0001 (accessed November 14, 2019).

Rodong Sinmun. 2018. "New Year Address," January 1, 2018, available at: www.rodong.rep.kp/ko/index.php?strPageID=SF01_02_01&newsID=2018-01-Rodong%20Sinmun%2001-0001 (accessed November 14, 2019).

Sagan, S. D. 2000. "The Origins of Military Doctrine and Command and Control Systems," in P. R. Lavoy, S. D. Sagan, and J. J. Wirtz (Eds.), *Planning the Unthinkable: How New Powers Will Use Nuclear, Biological, and Chemical Weapons*, Ithaca, NY: Cornell University Press, pp. 16–46.

Schelling, T. C. 1966. *Arms and Influence*, New Haven, CT: Yale University Press.

Schilling, J. and Kan, H. 2015. *The Future of North Korean Nuclear Delivery Systems*, Washington, DC: US-Korea Institute at SAIS.

Schwartz, S. I. 1999. "A Very Convenient Scandal," *Bulletin of the Atomic Scientists*, vol. 55, no. 3, available at: https://doi.org/10.2968/055003013

Scobell, A. and Sanford, J. M. 2012. *North Korea's Military Threat: Pyongyang's Conventional Forces, Weapons of Mass Destruction, and Ballistic Missiles*, Carlisle, PA: Strategic Studies Institute.

Smith, H. 2015. *North Korea: Markets and Military Rule*, Cambridge: Cambridge University Press.

Smith, S. 2015. *North Korea's Evolving Nuclear Strategy*, Washington, DC: US-Korea Institute at SAIS, available at: https://38north.org/wpcontent/uploads/2015/09/NKNF_Evolving-Nuclear-Strategy_Smith.pdf (accessed September 25, 2019).

Smith, S. 2018. "North Korea's Strategic Culture and Its Evolving Nuclear Strategy," in J. L. Johnson, et al. (Eds.), *Crossing Nuclear Thresholds: Leveraging Sociocultural Insights into Nuclear Decision-making*, New York: Palgrave Macmillan, pp. 227–250.

The White House. 2019. "Remarks by President Trump and Chairman Kim Jong Un of the Democratic People's Republic of Korea Before Expanded Bilateral Meeting," February 28, available at: www.whitehouse.gov/briefingsstatements/remarks-president-trump-chairman-kim-jong-un-democraticpeoples-republic-korea-expanded-bilateral-meeting/(accessed September 15, 2019).

U.S. Department of Defense. 2019. "2019 Missile Defense Review," available at: www.defnse.gov/portals/1/interactive/2018/11-2019-Missile-Defense-Review/The%202019%20MDR_Executive%20Summary.pdf (accessed May 9, 2019).

Wit, J. and Ahn, S. U. 2015. *North Korea's Nuclear Futures: Technology and Strategy*, Washington, DC: US-Korea Institute at SAIS.

제10장

북한의 핵외교

부진스키(Leszek Buszynski)

이 장은 핵무기 프로그램과 관련한 북한의 외교수행을 검토하고 북한의 적 미국과 북한의 동맹 중국과 비교하여 북한의 장점과 특별한 강점을 규명한다. 북한은 처음에는 비밀스럽고 소박한 프로그램으로부터 미국을 위협할 수 있는 현재의 핵 및 탄도미사일 능력에 이르기까지 핵프로그램을 개발하는 데 아주 성공했다. 북한의 폐쇄적인 정치체제는 그의 적 미국이 미디어와 정치적 조사의 대상이 되는 협상에 손을 벌리고 일하는 동안 자신의 의도를 감출 수 있음을 의미한다. 규칙적인 행동 양식으로서 북한은 일정한 혜택을 대가로 핵프로그램을 포기할 의사가 있다는 신호를 보냈으나 협상이 시작된 후에는 거두어드렸다. 때로 북한은 망설였으며 경제를 살리기 위해 합의를 추구하는 인사들과 군 강경파 간에 권력 투쟁의 조짐이 있는 것처럼 보였다. 그러나 강경파는 핵프로그램을 발전시키기 위한 시간을 벌기 위해 협상을 이용하는 의사결정을 지배했다.

가장 중요한 것으로, 북한은 러시아는 물론 중국의 지지를 이용할 수 있었다. 그 두 나라는 북한의 핵프로그램을 멈추게 할 수도 있었을 유엔 제재로부터 북한을 보호했다. 북한의 핵프로그램에 대한 반대에도 불구하고, 중국과 러시아는 미군의 한반도 주둔에 대응한 전략적 자산으

282

로 북한의 가치를 평가했다. 중국은 북한의 주요 후원국이었으며, 자국의 전략적 이해관계에 따라 김정은 치하에서 핵과 탄도미사일 실험이 너무 지나칠 때까지 북한의 행동을 용인할 수밖에 없었다. 그러더니 2016~2017년 북한에 대해 강경한 제재를 가하는 데 미국과 함께했으며, 이는 북한이 대한민국과 미국의 대통령과 정상회담을 하면서 북한외교에 새로운 장을 열었다. 북한의 모든 협상에서 북한의 핵외교는 적과 동맹 모두의 기대를 관리하는데 성공적이었다. 그 사이 북한은 핵프로그램을 진전시켰으나 이제는 이 정책의 전략적 한계에 가까워지고 있을지도 모른다.

북한외교의 특성

외교는 불리한 입장에서 효과적으로 수행될 수 없으며 협상은 힘을 기반으로 해야 한다는 주장이 종종 제기되고 있다. 그러나 북한은 핵과 탄도미사일 프로그램을 개발하는 데 있어서 자기보다 훨씬 강한 상대방들의 반대에도 불구하고 그들에 대항하여 외교를 효과적으로 수행해왔다. 물질적 측면에서 자신의 경쟁국보다 훨씬 약하지만, 북한은 초강대국 미국이 위협을 느낄 정도로 핵무기를 성공적으로 개발할 수 있게 한 확실한 이점을 가지고 있다. 상대방, 특히 미국이 협상의 모든 단계마다 자유롭고 종종 비판적인 미디어의 철저한 검토에 직면했던 반면에 폐쇄적인 정치체제를 가진 북한은 협상 의제를 감출 수 있었다. 더욱이 북한은 거의 망설이지 않고 위협이나 '벼랑 끝 전술'을 활용하였다. 미국 협상가들은 외교의 목적을 문제 해결이나 대중의 기대에 따라 문제를 최종적으로 해결하는 합의로 설정하는 외교 문화의 산물이다. 그러나 북한에 합의는, 자국의 협상가들이 그러한 대중의 기대와 협상이 깨져 문제에 대한 아무

런 합의나 해결책이 없을 것이라는 상대방의 두려움을 이용하는 일시적
인 목적이 있다. 벼랑 끝에서 갑자기 협상을 중단하겠다고 위협하거나
핵실험과 탄도미사일 발사를 감행함으로써, 북한은 상대방이 서둘러 협
상을 정상 궤도로 되돌리고 실제로 양보를 한다는 것을 재빨리 알게 되
었다. 북한은 역대 미국 행정부가 비판적인 의회와 미국 국민 앞에 자신
의 협상 입장을 정당화하려고 애를 씀에 따라서 협상의 진전과 합의에
대한 미국의 기대를 이용하는 법을 배웠다.

　북한은 훨씬 더 강한 상대방으로부터의 압력을 피하려고 자국의 행동
에 대한 어떤 축적된 믿음을 인위적으로 조작해왔다. 그런 믿음 중 하나
는 미국이 한반도의 평화를 방해했으며 북한은 미국의 적대감의 피해자
였다는 것이다. 그 피해자 증후군은 자국의 핵과 탄도미사일 프로그램이
미국의 위협과 적대정책에 대응해 필요한 보호조치라고 주장한 바와 같
이 특히 중국과 한국에서 북한이 어느 정도 동정심을 얻는 데 도움을 주
었다. 어떤 해결책이 가능하기 전에 미국의 적대정책이 종료되어야 한다
는 북한의 주장은 미국 협상가들이 북한에 대해 안보 보장을 제공하도록
하였으나, 이 요구의 모호성으로 인해 북한은 미국인들이 계속 추측하도
록 만들 수 있었다. 그런데 또 다른 믿음은 북한이 핵프로그램과 무기를
경제 원조 및 지원 약속과 맞바꿀 것이라는 생각으로, 이는 국제 관찰자
들에 의해 종종 북한에 투영된 기대였다. 서양인들과 실제로 중국인들은
한 국가 지도부의 합리적인 길은 경제발전과 국민의 생활수준을 향상시
키는 것이라고 생각했다. 그러나 북한지도부는 레짐 생존이라는 다른 의
제를 따르고 있으며, 역경에 처했을 때 경제 원조와 식량 원조에 대해 다
양한 요구를 했지만, 그들은 핵프로그램과 경제적 이득을 맞바꾸는데 전
혀 관심을 보이지 않았다.

　북한외교는 중국 및 러시아에 대한 북한의 지정학적 효용성에 의해 촉
진되었다. 그 두 나라는 유엔 헌장 제7장에 의거한 미국과 일본의 강력한

제재 압력에 대응하여 유엔 안전보장이사회에서 북한을 보호해왔다. 이 점에서 미국은 방해를 받아왔으며 북한에 대해 가장 가혹한 조치를 취할 수가 없었다. 그리고 미국은 엄청난 군사력에도 불구하고 군사 공격이 또 다른 한국전쟁과 한국에 대한 보복 공격을 위협할 수 있으므로 북한에 대해 이 자산을 사용할 수 없었다. 중국에 북한은 주한미군과 한미 동맹 및 미일 동맹에 대응하는 지정학적 자산이다. 중국의 관심은 이 전략적 자산을 보호하고 북한의 붕괴를 막기 위해 북한에 충분한 석유와 곡물을 제공하는 것이다. 중국은 북한이 외부 세계에 개방하고 미국과 국제사회의 지원을 받을 중국식 경제개혁을 택할 것으로 기대했으며, 북한 개혁의 맥락에서 핵문제가 해결될 것을 기대했다. 따라서 중국은 미국과 함께 북한에 대해 비핵화를 요구하지만 강력한 제재의 완화를 보장하는 유엔 결의안을 지지했다.[1] 러시아의 경우 한반도에 대한 자국의 영향력을 확보하려는 움직임을 보이고 있는 상황에서 유엔 안전보장이사회에서의 거부권 때문에 그 영향력은 무시될 수 없다. 러시아는 주한미군을 반대하는 데 있어 중국과 비슷한 목적을 공유하고 있으나 북한이 완전히 중국의 영향력 아래에 놓이는 것을 원하지 않는다.

북한은 중국 및 러시아에 대한 자신의 지정학적 중요성을 이해하는 것 같으며 자국외교의 특징이 된 놀라운 배짱과 뻔뻔함으로 행동하는 법을 배웠다. 북한은 상대방과의 외교 속도를 조정할 수 있었으며, 시의적절한 위협 공세를 펼침으로써 한반도 분쟁에 대한 끊임없는 공포를 유발했다. 정말로 북한은 자신의 외교를 특징짓는 의도적인 예측 불가능성과 기꺼이 벼랑 끝까지 가려는 의지를 길렀다. 협상은 질서 있고 체계적인 방식으로 해결책을 향해 나가야 한다는 믿음으로 교육받은 미국 외교관들은 이런 식으로 그들을 불안하게 만들려는 북한의 계산된 활동에 직면했다. 그들은 또 선출된 정부에 책임을 지고 있었으며 검증 및 사찰의 보고와 모니터링 같은 복잡한 핵 협상문제들을 너무나 자주 얼버무리는 정치평론가와 소셜 미디어의 압력을 받았다. 예측 불가능하고 변덕스러운 행동에 의존함으로써 북한은 비핵화의 복잡한 문제들을 무시할 목적으로 한반도평화에 대한 대중의 기대를 자극할 수 있었다. 이렇게 하여 북한은 역대 미국 행정부의 검증 가능한 비핵화 요구를 피해왔다.

북한의 외교적 목표는 무엇이었는가? 북한 외무성과 국영 미디어가 발표한 선언에 비추어 특정한 일관된 행동 패턴을 식별하고 입증할 수 있다. 북한은 핵무기를 지향하였으나 어느 시점에서는 흔들리고 망설였으며 그 길은 직선이 아니었다. 핵무기개발의 첫 단계에서 목표는 핵프로그램을 보호하는 것이었고, 비록 국제원자력기구(IAEA: International Atomic Energy Agency) 같은 국제기구에 기꺼이 양보하여 사찰을 허용하더라도 핵프로그램을 완전히 포기하지는 않았다. 1994년의 제네바합의(Agreed Framework)**로 북한은 플루토늄 핵프로그램을 동결했으나 그때 비밀리에 고농축우라늄(HEU: highly enriched uranium) 핵프로그램을 추구해 나갔다. 2003년 3월 부시 행정부가 이라크를 침공하고 비슷한 공격으로 북한을 위협한 후 북한이 핵무기를 향해 요동쳤을 때 둘째 단계에 도달했다. 그 결과는 2003~2009년간 이루어진 6자회담(자세한 내용은 아래를 참조할 것)의 시작이었으며 동시에 2006년 10월 북한의 첫 번째 핵실험이었다. 그렇기는 하지만 김정일 치하에서 북한은 2005년 9월과 또 2008년에 미국과 거의 합의에 도달했는데, 이는 국내적 권력 투쟁을 보여주는 조짐이었다. 안보이익이 다시 강한 영향을 미치고 북한이 핵프로그램을 완성하기 위한 시간을 벌기 위해 6자회담을 이용하면서 합의를 향한 진전이 무산되었다. 셋째 단계는 새 지도자 김정은 치하에서 도달했는데, 그는 미국 본토를 위협한 핵융합 핵무기와 대륙간탄도미사일(ICBM) 개발을 밀어붙였다. 미국을 위협함으로써 북

....

** 역자 주) 제네바합의의 공식 명칭은 Agreed Framework between the United States of America and the Democratic People's Republic of Korea이다.

한은 한반도로부터 안전한 거리에 있다는 미국인들의 의식을 제거하고 미국을 협상에 끌어들여 그 협상이 북한의 핵 지위를 '사실상(de facto)' 인정하는 결과를 초래하기를 기대했다.

북한 핵프로그램의 발전

북한의 핵프로그램은 김일성의 한국전쟁 경험과 1950년대에 미국이 남한에 전술 핵무기를 배치했을 때 미국의 핵 위협에 대한 그의 두려움의 결과이다. 북한은 1965년에 처음 소련이 제공한 작은 원자로를 받았으며, 영변의 핵 시설을 확장하기 시작했다. 그 후 1991년 9월 미국의 전술 핵무기가 남한에서 철수되었으나 북한은 핵프로그램을 계속했다.[2] 그 단계에서 북한은 핵프로그램을 조금씩 진전시키면서 자신의 핵프로그램을 보류하는 대신 대체 경수로와 외교적 승인 같은 미국으로부터의 혜택을 얻기 위한 협상 용의도 보였다. 1992년 7월과 9월 국제원자력기구가 북한의 핵시설을 사찰했을 때 국제원자력기구는 북한이 영변 원자로에서 신고한 것보다 더 많은 플루토늄을 추출한 것을 발견했다. 북한의 반응은 핵확산금지조약(NPT: Non-Proliferation Treaty)과 국제원자력기구와의 핵안전협정에서 탈퇴하는 것이었다. 그 협정에 따르면 영변 핵 단지에 대한 사찰이 수행되어야 한다. 북한이 국제원자력기구의 사찰을 거부했을 때 미국의 클린턴 행정부는 카터 전 대통령의 개입으로 전쟁을 피할 때까지 북한에 대한 군사 공격 방안을 고려했다. 당시 카터 전 대통령은 1994년 6월 평양을 방문하여 김일성으로부터 협상하겠다는 약속을 받아냈다.[3] 이 위기를 통해 미국은 북한을 다루는 데 있어서 직면한 많은 제약을 깨닫게 되었다. 미국은 한반도를 중국의 개입과 남한의 황폐화 가능성이 있는 전쟁에 빠뜨리지 않고 군사 공격에 의존할 수 없었으며 중국의 반대 때문에 유엔 안전보장이사회의 제재에 의존할 수도 없었다. 미국은 정말로 협상의 길을 따를 수밖에 없었으며, 이 교훈은 미국이 직면한 제약을 잘 이해하고 있는 북한에게 간과되지 않았다. 미국에 있어 합의는 문제의 해결을 향한 한 걸음이었으나, 북한에 있어 합의는 핵 프로그램을 확보하는 기회였다. 이러한 본질적인 해석의 불일치는 북한이 합의 전망이 해결에 대한 기대를 자극하고 시간을 버는 데 사용될 수 있다는 것을 이해하면서 후속 협상을 특징지었다.

1994년 10월 클린턴 행정부가 북한과 협상한 제네바합의는 북한의 핵프로그램 동결 의지에 기반하여 일시적인 휴전을 가져왔다. 그 당시에 미국 협상가들의 승리이자 핵확산금지조약에 협력하려는 북한의 의지를 입증하는 것처럼 보였다. 제네바합의는 문제의 해결로 이어지는 상호 단계의 순서 내지는 조정에 기반하여 북한과의 미래 협상 틀을 마련한 것으로, 그 후 북한이 반복적으로 되돌아오는 접근법이었다. 이 합의의 조건에 따라 북한은 원자로를 폐쇄하고 4~5년 안에 국제원자력기구의 특별사찰을 받아야만 했다. 그러면 미국은 북한의 가스 흑연 원자로를 대체하면서 '핵확산 방지'로 여겨지는 경수로(LWR: light water reactor) 부품을 전달한다. 다음으로 북한은 이전에 추출한 모든 플루토늄을 제거하고 그것을 북한 밖으로 보내며, 그에 따라 미국은 첫 번째 경수로를 인도한다. 이에 이어서 북한은 자신의 가스 흑연 원자로를 해체하고 두 번째 경수로를 받는데, 이는 10~11년 후의 미래다.[4]

클린턴 행정부는 제네바합의가 그 상황에서 최선의 거래였다고 선언했는데, 어느 정도 일리가 있었다. 북한 핵프로그램의 중지를 달성했으며, 혜택의 이행 순서는 북한의 약속 위반에 대한 보호 장치였다. 한 연구는 1994년 이전에 북한이 분리한 플루토늄은 적어도 10kg으로 1~2개의 핵무기 제조에 충분한 양이라고 추정했고, 제네바합의가 북한이 플루토늄을 더 분리하는 것을 막을 것으로 기대했다.[5] 그러나 어떤 비핵화 합

의 중에서도 가장 중요한 요소는 특별 현장 사찰 형식의 검증 가능성이
지만, 이 사찰이 매우 먼 미래로 미루어졌다. 그동안에 북한은 자신의 핵
활동을 방해할 적대적인 정밀 조사와는 관련이 없을 것이다. 북한에 제
네바합의는 사찰과 검증문제는 제쳐두고 기존의 핵프로그램 동결에 근
거하여, 미국과의 미래 합의의 모델이 되었다. 이러한 이행 순서는 미국
이 완전하고 검증 가능한 비핵화로 판단한 최종 결과에 주의를 끌지 않
음에 따라 실제로 북한에 유리하게 작용했으며, 상호 수용을 바람직한
결과로 만들었다. 그 과정에 지정된 최종 결과가 없으면, 이행 순서는 시
간이 지나면서 비핵화 달성 여부와는 상관없이 상호 합의 그 자체의 목
적을 높일 것이며, 상황에 따라 미 행정부는 한반도평화를 위해 이를 받
아들이도록 압력을 받을 것이다.

　　미국은 제네바합의가 북한 핵프로그램의 점진적 해체를 의미하는 것
으로 생각했으나 북한에 제네바합의는 핵프로그램을 은밀하게 계속하
는 기회였다. 제네바합의에 서명한 지 오래지 않아 북한은 파키스탄에
근거지를 둔 칸(A. Q. Khan)** 네트워크와 탄도미사일 기술과 고농축
우라늄 핵프로그램을 위한 원심분리기를 교환하는 협력을 하기 시작했
다. 1998년 미국 중앙정보국(CIA)은 칸 네트워크가 북한의 고농축우
라늄 핵프로그램을 위해 원심분리기, 가공되지 않은 우라늄 연료 및 여
타 부품을 공급했음을 알아냈다. 닉시(Larry Niksch)에 따르면, 북한은
2,000~3,000개의 원심분리기에 대한 대가로 7,500만 달러를 지불했으
며, 이 돈은 2000년에 전달됐다. 이 시기에 현대그룹의 기업, 현대아산
에 약속한 북한에서의 경제적 양허 및 사업권에 대한 대가로 북한이 받은
수억 달러의 자금이 이러한 구매자금을 조달하는 데 도움이 되었을 수도
있다.[6] 2004년 2월 4일이 되어서야 비로소 칸은 텔레비전에 등장해 북

....

** 　역자 주) '파키스탄 핵의 아버지'라고 불린 과학자로, 그의 지도하에 파키스탄은
　　1998년 5월 최초의 핵실험에 성공해 핵보유국이 되었다.

한에뿐만 아니라 이란과 리비아에도 핵무기 기술을 팔았다고 고백했다.[7] 2002년 10월 4일 미국 국무차관보 켈리(James Kelly)가 평양을 방문해 북한 당국자들에게 증거를 내밀었을 때 북한은 아마도 미국을 조롱하기 위하여 처음에는 고농축우라늄 핵프로그램의 존재를 인정했다가 나중에 부정했다.[8] 10월 12일 미국이 고농축우라늄 핵프로그램 존재에 대해 북한이 인정했다고 공개했을 때 큰 소동이 일어났으며 부시 행정부는 제네바합의를 버렸다. 부시(George W. Bush) 대통령은 이미 2002년 1월 29일 그의 일반 교서(미국 대통령이 매년 의회를 상대로 하는 국정 보고 – 역자 주)에서 북한을 '악의 축'으로 규정했으며, 2002년 9월 20일에는 핵, 생물 또는 화학 무기를 개발하는 테러리스트와 불량 국가로부터의 예상되는 위협에 대응하여 선제공격이 고려될 것임을 명시한 국가안보전략보고서(NSS: National Security Strategy)를 발간했다.[9] 이 선제공격 원칙에 따라 미국은 2003년 3월 이라크를 침공했으며, 이는 자신들이 미국의 다음 표적이 될 것을 두려워한 북한 지도자들에게 경각심을 불러일으켰다.

6자회담 중 북한은 핵무기를 향해 돌진하다

이 상황에서 북한은 제네바합의의 제약에서 이탈하여 미국의 공격으로부터 자신을 보호할 핵능력을 향해 밀고 나아갔다. 호전적인 수사에도 불구하고 부시 행정부는 한반도에서의 전쟁에 연루되고 싶지 않았으며, 마지못해 협상에 나섰다. 부시 행정부는 북한과 직접 협상할 마음이 없었으며 그래서 중국에 요청했다. 후진타오(胡錦濤)** 치하의 중국은 미국과 북한

....
** 역자 주) 중국공산당 지도자로서 제6대 중앙위원회 총서기이자 중화인민공화국 제6대 국가 주석을 역임했다.

이 함께 협상에 나오도록 기꺼이 중재자로 나섰다. 그 결과는 2003년 8월에 시작된 6자회담으로 미국, 북한, 남한, 중국, 일본 및 러시아가 참여했다. 이 회담에 큰 기대가 있었다. 남한에서는 노무현 대통령 지지자들이 6자회담을 한반도평화 레짐의 전조로 여겼다. 미국의 평론가들은 오래 기다리던 동북아시아지역 협력 과정, 즉 북한이 더 넓은 세계와 통합하고 '정상' 국가가 되도록 동기를 부여하는 과정의 기반으로 보았다.

현실은 훨씬 더 재미없고 실망스러웠다. 미국은 비핵화를 앞세우기를 원했으며 다른 나라들이 이 목표에 협력하기를 기대했다. 반면에 중국과 노무현은 북한에 대한 모든 위협을 제거하기를 원했지만, 그것은 어떻게든 달성될 수 있었고, 북한이 외부세계에 개방하고 비핵화에 따르도록 유도하기 위해 경제적, 안보적 인센티브도 원했다. 참여국 간 이러한 의견의 불일치는 북한을 굴복시키려는 미국의 노력을 방해했으며 북한이 협상 중에 의도적으로 무관심하게 행동할 수 있게 하였다. 종종 북한은 협상에 계속 참여하도록 회유되어야 했으며, 북한이 협상을 중단하겠다고 위협했을 때 북한이 협상에 머물도록 하는 방향으로 의제가 왜곡되었다. 협상에 대한 북한의 이러한 무관심은 다른 참여국들을 몹시 화나게 했으며 협상이 회를 거듭하면서 같은 제안의 변형이 되풀이해서 협상 테이블에 오르는 지경에 이르렀다.[10] 한편, 북한 핵프로그램의 긴박한 개발과 함께 진행된 6자회담은 북한에 시간을 벌어주었고 국제사회의 관심을 핵프로그램으로부터 멀어지게 하면서 북한이 의도적으로 시간을 끈 협상으로 기울게 하였다. 북한은 핵문제의 해결에 관심을 표명하고 그 진전에 대한 기대를 자극하는 제안에 반응을 보이면서 결정적인 점에 대해서는 모호하게 회피하면서 협상을 방해하였다. 2006년 북한이 첫 번째 핵실험을 했을 때 2003년에서 2006년까지 다섯 차례의 회담이 있었다.

2004년 6월 23일 미국 협상가들은 북한이 요구했던 모든 것을 제의한 것처럼 보이지만 비핵화 약속을 요구한 그들의 첫 번째 공식 제안을 협

상 테이블에 올렸다. 북한은 제네바합의가 약속한 난방용 중유 선적 재
개, 미국과 여타 참여국으로부터의 다자 안보 보장과 핵프로그램 해체 후
의 항구적인 안전보장을 제안받았다. 3개월의 준비기간 후 북한은 국제
원자력기구 사찰관의 복귀를 허용해야 할 것이다. 미국 국무부 바우처
(Richard Boucher) 대변인은 이 기간에 6자회담 참여국들이 "북한의 정
치적, 외교적 고립을 완화"할 것이라고 밝혔다.[11] 북한의 협상 대표 외무
성 부상 김계관은 미국의 제의를 거부하고 핵프로그램 동결에 대한 보상
을 요구했는데, 이는 협상을 제네바합의 이면의 기본적인 교환으로 되돌
리는 것이었다. 그러나 고농축우라늄 프로그램은 북한이 그 존재를 부인
함에 따라서 제외되었으며, 북한이 이전에 추출해서 핵무기에 사용될 수
있는 플루토늄 연료에 대한 언급은 없었다. 북한은 서두르지 않았으며,
협상을 계속하기 위한 충분한 관심을 두고 대응했다. 이것이 이 단계에서
북한의 주된 목적이었다. 2005년 2월 10일, 북한의 조선중앙통신은 북
한이 이제 핵 국가이며 북한은 "회담에서 긍정적인 결과를 기대할 수 있
는 조건과 분위기가 충분"할 때만 회담에 복귀할 것이라고 선언했다.[12]

2005년 9월 합의

2005년 9월 19일 합의**는 이러한 전개의 결과이며 오늘날에도 핵문제
해결의 기반으로 일컬어지고 있다. 이 합의에서 북한은 "모든 핵무기와
기존 핵프로그램"을 폐기하고 핵확산금지조약과 국제원자력기구 핵안전
협정에 복귀하기로 동의했다. 대신에 북한은 "에너지, 무역과 투자 분야

....

** 역자 주) 합의의 공식 영어 명칭은 Joint Statement of the Fourth Round of
the Six-Party Talks Beijing 19 September 2005이다. 한국어 약칭은 '9·19
공동성명'으로 이하 이 명칭을 사용한다.

에서 양자 간 및/또는 다자 간 경제협력"을 약속받았다.[13] 그렇지만 실제적 문제는 모호한 용어로 미정인 채로 남았다. 북한이 계속 고농축우라늄 프로그램의 존재를 부정함에 따라 '모든' 핵무기와 프로그램 문구가 문제였다. 또 다른 문제는 사찰과 검증문제로 언제, 어떻게 국제원자력기구의 사찰이 시작되고 무엇을 포함할 것인가의 문제였다. 국제원자력기구가 요구할 특별사찰에 대한 합의가 없으면 북한은 간단히 자신의 가장 중요한 핵 시설을 출입금지시킬 수 있다. 더욱이 북한은 그 합의를 미국과의 관계 개선과 연계했는데, 그 시기와 방법은 북한의 판단에 달려 있었다. 한 한국어 통역사는 그 합의를 '언어의 지뢰밭'이라고 불렀는데, 핵심 용어들의 한국어와 영어 의미가 달랐기 때문이다. 북한 협상가들이 특유의 모호성에 의지함에 따라서 영어판에서 명확한 것이 한국어판에서 의도적으로 모호해졌다.[14] 북한의 비핵화 약속 없이는 미국이 북한에 경수로를 제공하지 않으려 하고, 또 북한을 위해 돈세탁을 한 마카오의 방코델타아시아에 대해 미국 재무부가 제재를 가하면서 협상은 불가능하게 되었다. 그 은행의 북한 계좌 2,500만 달러가 동결되었고, 그 결과 북한은 2005년 11월 더 이상의 대화를 중단했다.

9·19 공동성명의 지지자들은 동 성명이 기회를 놓쳤으며 북한이 기꺼이 상당한 양보를 했다고 주장했다. 이것이 전 유엔 주재 미국대사 리차드슨(Bill Richardson)이 2005년 11월 평양을 방문했을 때 받았다고 주장하는 메시지였다.[15] 보다 일반적으로 다른 사람들은 김정일이 중국의 압력으로 흔들렸다고 주장했는데, 중국은 김정일이 협상을 마무리 짓고 조선노동당 내 일부 그룹의 지지를 받는 중국식 경제개혁을 시행하라고 압박해왔다. 그러나 어쨌든 분명한 것은 협상이 계속되었더라도 검증 및 사찰뿐만 아니라 고농축우라늄문제를 두고 협상은 휘청거렸을 것이다. 북한은 2006년 12월까지 6자회담에 복귀하지 않았으며, 이때쯤 북핵문제 상황은 중대한 변화를 겪었다. 북한은 첫 번째 핵실험을 했으며, 이에

대응하여 미국과 일본은 징벌적인 제재를 가하기 위하여 유엔 안전보장
이사회를 요청했다. 2006년 10월 14일 유엔 안전보장이사회는 첨단 군
사 장비의 거래 금지뿐만 아니라 핵무기와 다른 대량살상무기에 일조하
는 자재의 무역에 대해 제재를 가했다.[16] 그러나 중국과 러시아의 반대로
인하여 제재 결의의 집행은 회원국에 맡겨졌으며 북한의 주 후원국으로
서 중국은 제재 결의 집행에 기껏해야 미지근했다.

2008년 합의에 접근

2007~2008년 중 북한은 다시 한번 거의 합의할 뻔했으나 협상은 또다
시 중단되었다. 미국은 2007년 1월 베를린에서 북한과의 양자회담을 위
해 움직였으며, 이는 북한과의 양자회담을 거부하는 이전의 입장을 바꾼
것이다. 2007년 2월 6자회담 제5차 회담이 열려 미북 양자 간 협상을 지
지하고 9·19 공동성명을 이행하기 위한 행동계획**에 합의했다. 이 계획
하에 북한은 미국이 중유 지원을 개시하는 것과 교환해 영변에서의 모든
핵 활동을 중단한다. 다음으로 북한은 모든 핵프로그램에 대한 완전한
신고를 완료하고 추가적인 중유 지원과 교환하여 기존의 핵 시설을 해체
한다. 회담에서 또 비핵화, 경제·에너지 협력, 동북아시아 평화·안보체
제, 북한과 미국관계 정상화, 북한과 일본관계 정상화에 초점을 둔 5개
의 실무그룹 구성을 합의했을 때 신뢰가 높아졌다. 2007년 4월 미국은
방코델타아시아에 대한 금융제재를 해제하여 북한 계좌에 있는 2,500만
달러를 풀어주었고, 그 돈은 러시아 중개은행을 통해 빠르게 평양으로
송금되었다. 2007년 10월에 열린 6자회담 제6차 회담에서 참가국들은

....

** 역자 주) 계획의 공식 영어 명칭은 Initial Actions for the Implementation for
the Joint Statement이다. 한국어 약칭은 '2·13 합의'이다.

북한이 모든 자국의 핵프로그램에 대해 완전한 신고를 2007년 12월 31일까지 하기로 합의하였다. 2008년 6월 26일까지 핵 신고서가 제출되지 않았으며, 공개되지 않은 채로 남아 있다. 그러나 뉴스 매체의 보도는 그 신고서가 불완전하고 고농축우라늄 프로그램을 포함하지 않았다고 주장했다. 2008년 5월 8일 북한은 영변 핵시설 운영과 관련된 약 1만 8,000페이지의 기록을 미국에 제공했다. 그 기록은 북한이 총 약 30kg의 플루토늄을 추출했고 그중 2kg이 2006년의 핵실험에 사용되었음을 보여주었다. 따라서 적어도 15개의 핵폭탄에 충분한 물질이 남게 되었다.

2008년 10월 11일, 미 국무부는 북한과 '신고된 모든 시설과 상호 동의에 기반 신고되지 않은 시설에 대한 접근'을 허용하는 검증에 대한 합의를 협상했다. 그 합의는 '플루토늄 기반 프로그램과 모든 우라늄 농축 및 핵확산 활동'을 포함했다.[17] 그 검증 합의는 설명과 승인을 위해 6자회담에 제출될 예정이었다. 같은 날, 미 국무부는 북한을 국무부 지정 테러지원국 명단에서 해제했다. 북한은 115명이 사망한 1987년 11월 29일 대한항공 858기 폭파사건 이후 테러지원국 명단에 올랐다.

북한은 불완전하지만, 핵시설의 목록은 물론 플루토늄 프로그램에 관한 데이터를 처음으로 제공하는 합의에 이르기까지 부시 행정부와 상당한 거리를 두고 있었다. 북한은 국제원자력기구의 사찰과 검증을 기꺼이 받아들이고 영변 핵시설을 폐쇄하고 해체할 것이라고 선언했다. 북한은 2008년 6월 자국의 선의를 공개적으로 과시하여 영변의 냉각탑을 철거했다. 그러나 그 합의에는 중요한 내용이 빠졌다. 신고하지 않은 시설에 대한 검증은 북한의 동의가 필요하며 북한은 불시의 현장 사찰 또는 챌린지 사찰(일종의 강제 사찰 – 역자 주)을 강력히 반대했다. 미국 국무부는 핵물질 표본 추출과 법의학 시험에 의존할 준비가 되어 있었지만, 이것은 많은 것을 숨길 수 있는 만큼 대체 수단이 될 수는 없었다. 북한은 플루토늄 핵시설을 폐쇄할 의지가 있었으나 그 존재를 계속 부정한 고농축우라늄 프로그램은 포함하지 않았다. 북한 관리들이 로스앨러모스 국립연구소(Los Alamos National Laboratory) 전 소장 헤커(Siegfried Hecker)에게 고농축우라늄 시설을 보여준 2010년 11월에야 비로소 북한은 이 프로그램을 밝혔는데, 약 2,000개의 가스 원심분리기가 있었다.[18] 그 후 북한은 예정된 합의에서 물러났으며, 2008년 12월 6자회담 마지막 회의에서 미국의 검증에 대한 추가 설명 요구를 거절하고 광범위한 사찰을 준비할 비핵화 검증 프로토콜의 수용을 거부했다. 미국 국무부 라이스(Condoleezza Rice) 장관은 검증 프로토콜의 80퍼센트는 북한과 합의되었으나 일부 과학적 절차를 명확하게 하고 토양을 채취하기 위한 마지막 20퍼센트는 북한이 거부했다고 말했다.[19] 이것이 부시 행정부 아래서 열린 마지막 6자회담이었으며, 오바마 행정부는 북한이 탄도미사일 시험발사를 위협하고 두 번째 핵실험을 준비하던 2008년 11월 정부 이양 준비를 시작했다.

　무슨 일이 일어났나? 2004년 11월 라이스가 국무장관에 임명되고 힐(Christopher Hill)이 2005년 2월부로 6자회담 미국 수석대표가 된 이후, 미국은 협상의 돌파지점에 이르기 위해 상당한 협상의 융통성을 보여주었다. 그러나 한편에서는 소리 없고 감춰졌지만 여러 조짐이 북한 내부에서의 권력 투쟁을 가리키고 있었다. 2008년 8월 김정일은 뇌졸중으로 고생했으며 10월에 치료를 위해 파리에 갔다.[20] 누가 핵프로그램과 협상에 관해서 결정을 내리는가에 대해 약간의 불안감이 역력했다. 김정일이 정상적인 생활을 하지 못하게 된 동안 북한의 협상가들은 노동당 조직의 지침을 따랐다. 그들은 9·19 공동성명 조건으로 돌아가는 것을 목표로 경제 회복과 개혁을 강조하기를 원했다. 어쨌든 이 움직임은 북한의 협상 행태가 변덕스러워진 것처럼 북한지도부 내 강경파가 다시 영향을 미치면서 궤도를 이탈했다. 미 국무부 관리들은 북한 협상가들이 10월에 검증에 관해 구두로 합의한 것을 12월에 문서로 하는 것을 거부

했다고 말했다. 그리고 북한의 강경파는 2009년 5월 25일 두 번째 핵실
험을 진행했다.[21] 이는 또한 북한에 6자회담이 더는 쓸모가 없다는 것을
시사했다.

김정은 시대

2011년 12월 그의 아버지 김정일이 사망한 후 당시 27살인 김정은이 권
력을 장악했다. 아버지에 의해 이복형 김정남과 형 김정철을 제치고 선
택되어 김정은은 권력을 행사하는데 더 능력이 있다고 여겨졌으며 그의
취임과 함께 북한의 핵과 탄도미사일 프로그램은 가속화되었다. 2013년
2월 12일, 2016년 1월 6일, 2016년 9월 9일, 그리고 2017년 9월 3일 모
두 네 차례의 핵실험이 진행됐다. 2017년 9월 북한은 또 아마도 증폭 핵
분열 장치였을 것이지만 핵융합 장치를 시험했다고 선언했다. 북한은 핵
무기를 미사일 탄두에 탑재할 수 있게 소형화하는 기술을 개발했다는 선
언도 했지만, 이것을 확인해주지는 않았다. 2017년에 북한의 탄도미사
일 프로그램 개발에서 놀라운 진전이 있었다. 2017년 신년사에서 김정
은은 북한이 신형의 고출력 로켓엔진을 개발했다고 자랑스럽게 선언했
다. 그리고 2017년 5월, 북한은 이전에 보유하지 않았던 종류의 강력한
로켓엔진으로 화성-12형 1단 중거리 탄도미사일(IRBM: intermediate-
range ballistic missile)을 시험발사했다. 북한의 대륙간탄도미사일(ICBM)
시험발사가 뒤를 이었는데, 김정은은 7월 4일의 화성-14형 대륙간탄도
미사일 시험발사를 미국 독립기념일 선물이라고 말했다. 7월 28일과 11
월 28일에도 대륙간탄도미사일 시험발사가 이어졌다. 이 대륙간탄도미
사일들은 고도 2,500~4,500km에 도달하는 고각 궤도로 발사되었으며,
최대 사정거리 방식으로 발사되었다면 미국 본토에 충분히 도달할 것이

다. 엘먼(Michael Elleman 2017)은 북한이 화성 미사일의 위력과 사거리를 증대시킨 소련제 RD-250 로켓엔진을 우크라이나 또는 러시아나 아니면 두 나라 모두로부터 획득했다고 주장했다. 그것이 사실이라면, 그 로켓엔진이 북한으로 전달된 것은 유엔제재가 미사일 및 핵 기술의 북한으로의 수입을 막으려는 시도에 있어서 얼마나 불충분한지를 드러낸 것이었다.

　이러한 핵실험과 대륙간탄도미사일 시험발사의 동기는 무엇이었는가? 하나의 요인은 국내적인 것으로, 김정은이 매우 어린 나이에 권력의 자리에 올라서 그를 통제하고자 한 군부와 당내 기득권을 압도해야 할 강력한 필요가 있었다. 2013년 12월 김정은의 고모부 장성택의 처형은 북한지도부 내의 파벌 투쟁을 보여주는 것이었다. 장성택은 조선노동당 행정부장이었으며 중국과 돈벌이가 되는 거래관계를 발전시켰는데, 그는 나선 경제무역지대의 중국 개발업자들을 위해 석탄과 토지를 팔아 자신의 지지 세력에게 막대한 수익을 가져다주었다.[22] 그러나 군부는 수익에서 제외되었으며 그를 제거하라는 압력을 받은 것으로 알려졌다(Buzo 2018, pp. 236-237). 장성택의 처형으로 김정은은 평양의 대체 권력의 중심을 제거했으며, 중국과 협력하여 경제개혁에 우선순위를 두고 핵문제에 대한 합의를 독촉했을지도 모르는 그룹을 완전히 제거했다. 김정은에 대한 반대는 아버지 김정일에 의해 임명된 고위 장교들이 그에게 저항한 군부에서도 나왔다. 숙청된 것으로 알려진 사람들에는 조선인민군 작전국장 변인선, 국방상 현영철 등이 있다.[23]

　두 번째 요인은 이러한 권력의 과시가 미국이 북한을 핵보유국으로 취급하고 그에 맞춰 협상해야 한다는 것을 보장한다는 것이었다. 2017년 12월, 김정은은 북한이 "미국에 실제적인 핵 위협을 가할 수 있는 전략국가"이며 "북한 핵무력의 급속한 발전은 세계 정치 구도와 전략적 환경에 큰 영향을 미치고 있다"라고 말했다.[24] 미국에 위협을 과시함으로써 북한은 미국인들에 경종을 울려 그들이 협상에 나오게 할 것이었다. 북한은 자신이 거부 또는 수용할 수 있는 양보가 미국에 달려 있는 확실하게 유리한 위치를 차지할 수 있었다.

그렇지만 김정은은 지나치게 욕심을 부리다가 도를 넘었다. 트럼프 행정부는 미국을 한반도 충돌로부터 보호해온 거리가 사라진 북한의 위협으로 충격을 받았다. 공화당 상원의원 그레이엄(Lindsey Graham)은 북한이 대륙간탄도미사일로 미국을 계속 겨냥하면 트럼프 행정부는 전쟁에 나설 것이라고 발표했다.[25] 미국 의회의 다른 의원들로부터도 그와 유사한 공격적인 목소리가 들려왔으나 매티스(James Mattis) 국방부 장관은 꺼렸으며 위험성과 어려움을 지적했다.[26] 미국의 군사행동을 압박하는 제약은 미국의 모든 핵시설과 부지가 확인되지 않았다는 것으로, 일부는 지하에 있고 일격에 제거될 수 없기 때문이다. 게다가 북한이 자신의 대량살상무기(WMD) 사정거리 내에 있는 서울지역을 미사일과 포 사격으로 대량 보복할 것이기 때문에 남한에서 많은 사상자가 발생할 위험이 억제 요인이었다. 그러나 이번에는 중국에 위험하고 통제할 수 없는 북한에 대해 강경한 제재를 부과하는 데 중국이 미국에 동참했다. 중국은 이전에는 북한을 가혹하게 제재하는 것에 반대했으며 핵 또는 탄도미사일 기술의 획득과 그를 위한 재원조달을 방지하는 조치들만을 허용했다. 중국은 미국과 일본이 요청한 북한경제를 불안정하게 할 수 있는 조치들을 피해왔다. 이번에 중국은 김정은이 미국을 지나치게 밀어붙이면 그가 한반도의 안정을 위협할 수 있으므로 미국의 입장에 따랐다. 중국에 있어 강력한 제재는 김정은을 굴복시키는 수단이자 한반도의 상황을 통제하는 방법이었다. 그것은 중국이 자신의 입장을 바꾸어 비핵화에 관한 미국의 입장으로 돌아가는 것을 의미하지는 않았으나 이 방향으로의 노력을 지지했다. 김정은을 통제함으로써 중국은 자신이 항상 찾던 것, 즉 북한과 미국 간에 핵 및 탄도미사일문제를 해결하고 북한이 경제적 변화와 변혁으로부터의 이익을 얻도록 하는 합의를 홍보할 수 있었다. 중국의 협력으로 2017년 북한에 대한 제재를 강화한 세 개의 유엔 안전보장이사회 결의가 통과되었다. 2017년 8월 5일 결의 2371호가 통과되었으며 2017년 9월 11일에는 결의 2375호가 통과되었다. 2017년 12월 22일 통과된 결의 2397호는 북한의 11월 28일 대륙간탄도미사일 시험에 대응하여 미국이 초안을 잡은 것이다. 그 결의는 이전의 제재들을 재확인하고 북한의 원유 수입을 1년에 400만 배럴로 제한했다. 또 2019년에 정제된 석유 제품의 수입을 50만 배럴로 제한하고, 해외 북한 노동자 약 10만 명의 12개월 이내 송환을 명령하였으며, 북한의 수출금지 품목에 식료품, 기계 및 전기장치를 포함하도록 그 리스트를 확대했다.

인도적 지원을 위한 약간의 허용량과 함께 중국은 미국이 지금까지 북한에 부과된 가장 엄격한 제재의 초안을 작성하도록 용인했는데, 이는 북한에 대한 중국의 인내심이 바닥이 난 정도를 보여준 것이다. 다시 한번 미국은 북한에 대한 원유 공급을 종료하라고 중국을 압박했으며 또다시 중국은 이 요구에 반대했다. 그렇지만 제재는 심각한 영향을 미쳐서 북한의 대중국 수출과 수입 자금 조달능력을 축소했다.[27] 남한의 보고서는 식량생산 감소 등 북한경제의 위축 조짐을 주목했다. 한국은행은 2017년에 북한경제가 3.5퍼센트 위축되었다고 추정했다.[28] 북한은 방침을 바꿔 김정은이 등한시했던 중국과의 관계를 고쳐야만 했다. 지도자로서 그의 첫 중국 방문이자 첫 해외 방문은 2018년 3월 베이징 방문이었다. 그는 2018년 5월과 6월, 그리고 2019년 1월 세 차례 더 중국을 방문했다. 2018년 3월 방문에서 김정은은 추가 도발을 감행하지 않을 것이라고 중국 초청자들을 안심시키려 했으며 그의 대남 및 대미외교에 대한 그들의 지지를 요청했다. 남한 언론과 신화 통신은 김정은이 북한의 조치에 미국의 대응을 요구하는 단계적이며 동시 행동 조치를 수반할 '단계적·동시적 조치'에 따른 비핵화를 약속했다고 보도했다.[29] 그 단계적

·비핵화 제안은 중국의 기대에 따르는 것이었고 앞서 6자회담 중 제기되었으며 더욱이 이전의 제네바합의에 명시되어 있었다. 2017년 3월, 중국 외교부장 왕이(王毅)는 한미 군사연습의 중단과 교환하여 북한의 핵·미사일 개발 활동 중단을 요구하는 '쌍중단(雙中斷)' 제안을 발표했다.[30] 2018년 4월 21일, 김정은은 이런 단계적 접근에서 그의 첫 번째 조치를 발표했다. 그는 핵실험과 대륙간탄도미사일 시험발사를 중지하고 풍계리 핵실험장을 폐기할 것이며, 핵실험 중지는 세계적인 핵 군축을 위한 중요한 과정이라고 선언했다.[31] 이런 제스처로 김정은은 북한에 부과된 유엔제재를 해제할 의도로 단계적 조치 과정에 미국의 관심을 끌기 위해 움직였다.

단계적 조치는 완전하고 검증 가능한 비핵화를 먼 미래의 목표로 위치시켜 그 약속 이행을 주장하는 미국의 입장을 회피할 수 있다. 시작할 때 비핵화의 개념이 없으면 과정에서의 개별 조치들은 최종 목표에 대비해 의미 있게 비교되고 평가될 수 없으며, 진전을 평가할 수 있는 유일한 기준은 이런저런 합의가 될 것이다. 이런 식으로 북한의 접근법은 미국을 합의에 도달할 때까지 계속될 한 걸음 한 걸음의 조치들로 끌어들일 것이며, 이를 양측은 비핵화로 부를 수 있다. 북한은 핵 및 탄도미사일 실험의 종료를 선언할 것이고 핵실험장을 폐쇄하는 거창한 제스처를 취할 것이나, 북한은 또한 어떤 종류의 핵무기가 미국의 정책변화에 대비한 궁극적인 보장으로써 남아 있도록 명확히 할 것이다. 북한은 미국 대통령이 한반도평화를 선언하고 이를 감사하는 국제 청중 앞에서 대중적 승리를 주장하도록 유혹할 것이다. 일단 미국이 협상에 말려들면 북한은 과거에 그랬던 것처럼 여러 가지 다른 요구를 제기하여 협상의 우위를 점할 수 있을 것이다. 그러한 요구에는 북한이 반대하는 검증 조치에 대한 압박을 그만두는 합의, 한미 군사연습의 중단, 주한미군의 철수 등을 포함할 수 있다. 정말로 북한은 미국이 합의를 위해 매우 비싼 대가를 치르도록 할 것이다.

이 시점에서 김정은은 남북관계의 개선이 유엔제재와 비핵화를 고집하는 미국의 자세를 완화할 것을 희망하며 남한으로 눈을 돌렸다. 남북동족관계를 이용함으로써 북한은 남한에서의 통일에의 동경을 자기에게 유리하도록 이용할 수 있다고 기대했다. 더 친밀한 남북관계는 미국을 한반도평화의 장애물로 보이도록 할 정도로 비핵화를 하찮은 문제로만들 수 있었다. 2017년 5월 남한의 대통령으로 당선된 문재인은 북한에기회를 제공했다. 문재인은 노무현 대통령의 비서실장이었고 그의 남북관계정책을 수립하는 데 주도적인 역할을 했는데, 노무현의 대북 교류를지원하고 2007년 10월의 제2차 남북정상회담을 마련했다.[32] 노무현은북한과의 정상화된 관계를 위한 길을 닦으려고 의도했던 1990년대 후반김대중의 햇볕정책을 뒤따랐다. 문재인은 북한과의 관계 정상화가 비핵화를 가져올 것이라고 믿은 노무현의 전 측근들을 자신의 주위에 모았으며, 그들은 그에 따라 미국에 영향을 미치기를 기대했다. 그러한 인물의하나가 문재인의 대통령 특별보좌관이었던 문정인이며, 그는 북한이 비핵화를 향한 구체적인 조치를 취하면 북한에 대한 제재를 완화하는 생각에 동조했다.

북한은 2018년 1~2월에 남한에서 열린 평창 동계올림픽에 참가했으며, 선수와 임원 등 총 299명의 선수단을 파견해서 더 많은 조치가 남한과 북한을 더 가깝게 할 것이라는 희망을 남한에서 불러일으켰다. 2018년 4월, 5월, 그리고 9월에 문재인과 김정은 간 세 차례의 정상회담이 이어졌으며, 이는 남한에서 남북관계에 대한 기대감을 크게 높였다. 4월정상회담에서 두 지도자는 한반도의 평화와 번영, 통일을 위한 판문점선언에 서명했다. 이 선언은 "남(한)과 북(한)은 민족의 혈맥을 잇고 공동번영과 자주통일의 미래를 앞당겨 나갈 것이(며)" 따라서 "한반도에 더 이상 전쟁은 없을 것이며 새로운 평화의 시대가 열리었(다)"고 강조했으며,

동시에 남한과 북한은 "완전한 비핵화를 통해 핵 없는 한반도를 실현한다는 공동의 목표를 확인하였다."[33] 두 지도자는 남북공동연락사무소를 설치하고 북한의 비타협적인 태도로 인해 이전에 중단되었던 경제 사업들을 적극 추진해 나가기로 합의했다.[34] 문재인은 판문점선언에 대해 중국과 일본의 지지를 얻은 후 미국을 합류시키기를 희망했다.[35] 2018년 9월의 세 번째 정상회담에서 김정은은 영변 핵시설을 영구적으로 폐기할 용의가 있음을 표명하고 미국에 대해 북한에 대한 제재 완화와 안전보장 등 '상응 조치'를 취하라고 요구했다.[36]

　김정은은 경제 회복의 중요성을 강조하고 유엔제재만 풀리면 북한이 경제개혁을 수행할 것이라는 이미지를 남한에 투사하였다.[37] 2019년 1월 1일 신년사에서 김정은은 '경제건설 총력 집중'과 '민족 화해와 단결'을 요구했다.[38] 북한 사회과학원 경제연구소의 경제학자 리기성은 북한이 지역의 교통 중심지가 되려는 대계획을 모색하고 있으며 제재가 풀리고 정치 환경이 개선되면 스위스와 싱가포르 같은 나라를 따라가려고 한다고 주장했다.[39] 이러한 정상화에 대한 열망의 표현과 통일에 대한 전망이 문 대통령의 지지자들 사이에서 강한 호소력을 가지고 있었으며 미국을 방해물로 보게 하였다. 그렇지만 남한은 미국과 관계를 끊을 수 없었으며 중단된 북한과의 경제 프로젝트 부활에 대한 지지가 있었으나 유엔제재가 이를 막았다.[40] 문재인은 남북관계는 미북관계와 함께 개선되어야 한다는 것과 한반도 '평화레짐'에 대한 그의 꿈은 비핵화 협상의 진전에 달려있다는 것을 이해했다. 더욱이 남한과 북한 간의 화해 과정에는 한계가 있었다. 만약 그 과정이 지나치면 북한 정권은 경제적으로 번영하고 발전한 남한에 의해 위협을 느꼈을 것이다. 어떠한 현실성 있는 통일 시나리오에서도 북한 정권은 설 자리가 없을 것이며 이런 이유로 북한은 남한과 거리를 두고 있다. 과거 남한이 화해를 시도했을 때마다 북한은 다양한 형태의 도발 속에서 그 과정을 빠르게 끝냈다.

　북한의 핵과 대륙간탄도미사일 위협에 직면하여 오바마 행정부의 '전략적 인내'가 소극적으로 보였기 때문에 많은 미국인이 그에 불만을 품었으며 협상으로 복귀하라는 압력이 있었다. 판문점선언은 미국의 트럼프(Donald Trump) 대통령이 아주 예상치 못한 상황에서 2018년 6월 12일 싱가포르에서 김정은을 만날 수 있게 했다. 트럼프 대통령은 매티스(James Mattis) 국방부 장관과 상의하지 않고 또 볼턴(John Bolton) 국가안보보좌관의 조언에 반해 김정은을 만났다.[41] 트럼프 대통령은 공식적인 제도적 협상이 실패한 경우 개인외교가 성공할 수 있다고 희망하면서 의심의 여지 없이 홍보 승리를 기대했다. 한편 김정은에게 정상회담은 자신이 미국 대통령과 동등하며 핵무기와 대륙간탄도미사일로 미국을 위협한 자신의 노력이 성공했음을 보여주는 것이었다. 정상회담은 북한이 과거를 청산하고 새로운 관계의 정신에 따라 미국이 북한을 핵보유국으로 인정하는 것을 수반하는 이해를 미국과 협상하는 기회였다. 북한 외무성 부상이자 협상 수석대표인 김계관은 북한이 일방적으로 핵무기를 포기함으로써 또 하나의 리비아가 되지 않을 것이라고 미국에 통고하고, 무엇을 의미하는지 불분명하지만, 미국의 군사태세에 상응하는 변화를 요구했다.[42] 싱가포르에서 트럼프와 김정은은 '새로운' 양자관계에 합의했으며, 공동성명은 "트럼프 대통령은 북한에 안전담보를 제공할 것을 확언하였으며 김정은 위원장은 조선반도의 완전한 비핵화에 대한 확고부동한 의지를 재확인하였다"라고 언급했다.[43] 완전한 비핵화가 무엇을 의미하는지는 구체적으로 명시하지 않았으며 검증도 마찬가지였다. 공동성명의 일반화된 언급은 북한이 트럼프 대통령의 거래에 대한 열망을 이용할 수 있다고 생각하도록 한 이런 매우 중요한 문제들을 얼버무리고 넘어갔다. 이러한 관점에서 또 김정은에게 부여된 위상으로 보아 정상회담은 북한으로서는 성공이었다.

　제2차 트럼프-김정은 정상회담은 2019년 2월 27~28일 하노이로 예정되어 있었다. 이때까지 북한은 핵 및 대륙간탄도미사일 실험의 중단과 2018년 5월의 풍계리 핵실험장 폐쇄에 대해 적절하게 보상받지 못했다는 생각이 들었으며, 제재 완화를 요구했다. 이번에 트럼프 대통령은 둘째 날 회담장을 나가 버렸으며 미국이 거래에 절실하지 않다는 것을 보여주기 위해 회담을 포기하고, 김정은이 부분적인 비핵화를 대가로 '완전한' 제재 해제를 원했다고 기자회견에서 말했다.[44] 북한 외무상 리용호는 북한은 2016년 3월 이후 부과된 제재의 해제만을 원했다고 주장하고 북한은 기꺼이 핵 및 탄도미사일 실험을 중지하는 합의에 서명할 것이라고 말했다.[45] 평양에서의 언론 회견에서 북한 외무성 부상 최선희는 트럼프 대통령은 필요할 경우 제재를 원상태로 복원할 수 있다는 조건에서 제재 해제에 신축적 입장이었으나** 그의 참모들인 국무장관 폼페오(Mike Pompeo)와 국가안보보좌관 볼턴(John Bolton)에 의해 제약되었다고 주장했다.[46]

하노이 정상회담의 실패는, 북한이 합의에 도달하려는 미국의 의지를 오판했음을 보여주었으며, 트럼프 대통령이 북한의 핵무기와 탄도미사일 프로그램의 동결에 만족하지 않고 또 그것이 승리라고 말하지 않을 것이라는 점에 대해 대한민국과 일본을 안심시켰다. 남한의 언론은 정상회담의 실패가 김정은에게는 체면 손상을 의미하며 이에 따라 북한에서 정상회담 준비를 감독한 당중앙위원회 부위원장 김영철과 협상 대표 김혁철 등 정상회담 계획 수립에 관련된 관료들의 숙청을 초래했다고 보도했다.[47] 하여튼 볼턴과 폼페오가 비핵화를 전면에 주장함으로써 문제 해결의 길을 막았다는 비난을 받은 것처럼 미국인들은 북한을 다루는 방법

....

** 역자 주) 2019년 3월 15일 회견에서 최선희는 "트럼프 대통령은 합의문에 '제재를 해제했다가도 조선(북한)이 핵 활동을 재개하는 경우 제재는 가역적이다.'라는 내용을 포함시킨다면 합의가 가능할 수도 있다는 립장을 취하였(다)"고 발언했다.

에 관해 의견이 나뉘어 있었다. 대안적인 접근이 미국 대북정책 특별대표인 비건(Stephen E. Biegun)에 의해 제시되었는데, 그는 협상의 정체를 깨기 위해 북한의 핵무기와 탄도미사일 프로그램의 동결을 첫 단계로 하는 단계적 행동을 요구했다.[48] 남한 대통령과 마찬가지로, 비건은 북한이 고비를 넘겼고 미국이 더 유연하게 대처할 준비가 되어 있다면 협상의 기회를 열어주는 경제발전에 전념하고 있다고 생각했다.

미국은 곤란한 상황에 처해 있었다. 미국은 북한 핵무기와 탄도미사일의 즉각적인 폐기를 가져올 수 없었고, 북한을 핵보유국으로 인정할 수도 없었다. 미국의 북한 핵보유국 인정은 자신의 핵 비확산정책을 무너뜨리고 이란 핵프로그램에 대한 우려가 관심을 불러일으켰던 때에 이란을 비롯한 다른 핵확산 행위자를 부추길 것이다. 그것 자체가 미국이 북한의 경우 완전한 비핵화의 목표를 소홀히 하거나 그 목표에서 너무 벗어나는 것을 막을 것이다. 북한과의 모든 협상은 완전한 비핵화와 검증의 가능성을 지속하면서 북한의 행태를 유엔제재의 완화와 연계하는 순서 배열과정에 의지할 것이다. 그 협상들은 북한이 완전한 비핵화 약속을 회피하는 방법을 찾고 과거에 그랬던 것처럼 위협과 벼랑 끝 전술에 의존하여 미국을 시험함에 따라 어려움에 직면하게 될 것이다. 북한은 자신이 미국의 대북 '적대'정책으로 간주하는 한미 군사연습 중단이나 주한미군 철수 같은 협상을 질질 끌 다른 요구들을 제기할 것이다.

결론

북한의 외교는 권위주의 통치하의 고립된 작은 국가가 어떻게 시작 단계의 핵프로그램을 장거리 탄도미사일 지원 능력을 갖춘 핵무기로 전환할 수 있는가를 보여주었다. 북한은 국제사회가 마련한 핵확산 금지조치를 회피할 수 있게 한 예외적인 상황의 결합으로 인해 덕을 보았다. 첫째, 폐쇄적 정치체제는 북한이 자신의 의도를 효과적으로 감추고 협상 상대방의 비핵화에 대한 기대를 조작하는 외교를 수행할 수 있게 하였다. 북한은 상대방에게 합의의 가능성을 지속시키다가 철회할 이유를 찾아 더 많은 양보 및 그 입장에 대한 이해를 요구할 수 있었다. 이렇게 하여 북한은 핵프로그램 개발을 위한 시간을 벌었고 상대방이 자신에 대해 단호한 행동을 취하지 못하도록 막았다. 둘째, 북한은 가혹한 유엔 안전보장이사회 제재를 부과하려는 미국의 노력에 반하는 중국과 러시아의 지지를 얻었다. 강력한 유엔제재는 초기에 북한의 핵프로그램을 중단시켰을 수도 있다. 중국은 북한을 한반도 주둔 미군에 대응하는 전략적 자산으로 간주하며 북한의 핵 야망을 억제하려고 하지만 그것을 약화시키기 위해 결정적으로 행동하지는 않을 것이다. 중국의 지지는 북한에 매우 중요하지만, 북한도 중국의 전략에 차지하는 자국의 중요성의 성격을 이해하고 있으며 이를 북한은 공공연히 중국의 요구를 무시하면서 독자적으로 행동하는 지렛대로 활용하고 있다.

북한의 대중국관계는 김정은이 권력을 잡았을 때 나빠졌으나 그는 2017년 핵실험과 대륙간탄도미사일 시험으로 욕심을 내며 도를 지나쳤다. 그제서야 중국은 유엔제재를 가하는데 미국에 동조했다. 중국과 러시아가 2017년이 아니라 2006년에 강력한 제재에 동의했다면, 핵과 대륙간탄도미사일로 무장한 북한이라는 현 상황을 피할 수 있었을지도 모른다. 그렇기는 하지만 북한은 김정은이 트럼프와 두 차례의 정상회담을 했을 때 협상에서 몇 가지 유리한 점을 얻었을 수 있다. 그러나 김정은은 더 많은 것을 추구했다. 북한이 원하는 것은 핵보유국의 지위를 국제사회로부터 인정받는 것이다. 그러나 북한은 계속 이를 이룰 수 없을 것이다. 미국이 자신의 신뢰성, 동북아시아의 동맹국들, 그리고 이란 등 다른 확산국에 대한 정책을 훼손하지 않고는 달리할 수 없기 때문에 북한은 핵보유국으로서의 정통성을 부여받지 못할 것이다. 이 점에 있어서 북한의 외교는 그 한계에 도달했을 수 있으며 미국이 이 문제를 포기하도록 강요할 가능성은 낮다.

주

1) 중국의 역할에 대해서는 다음을 참조할 것. Fei-Ling Wang, "Between the Bomb and the United States: China Faces Nuclear North Korea," in Sung Chull Kim and Michael D. Cohen (Eds.), *North Korea and Nuclear Weapons: Entering the New Era of Deterrence* (Washington, DC: Georgetown University Press, 2017), pp. 157-177.

2) Michael J. Mazarr, "Going Just a Little Nuclear: Nonproliferation Lessons from North Korea," *International Security*, vol. 20, no. 2 (1995), pp. 92-122.

3) Joel S. Wit, Daniel Poneman, and Robert L. Gallucci, *Going Critical: The First North Korean Nuclear Crisis* (Washington, DC: Brookings Institution Press, 2004), pp. 226-227.

4) Statement by Defense Secretary William J. Perry, North Korea nuclear agreement: hearings before the Committee on Foreign Relations, United States Senate, One Hundred Fourth Congress, first session, January 24 and 25, 1995.

5) David Albright and Paul Brannan, *The North Korean Plutonium Stock*, February 2007, available at: www.isis-online.org/publications/dprk/DPRKplutoniumFEB.pdf

6) Larry Niksch, "North Korea's Weapons of Mass Destruction," in Young Whan Kihl and Hong Nack Kim (Eds.) *North Korea: The Politics of Regime Survival* (Armonk, NY: ME Sharpe, 2006), pp. 104-105, 112-113.

7) Catherine Collins and Douglas Frantz, "The Long Shadow of A.Q. Khan: How One Scientist Helped the World Go Nuclear," *Foreign Affairs*, January 31 2018.

8) David E. Sanger, "North Korea Says It Has a Program on Nuclear Arms," *New York Times*, October 17, 2002.

9) Karl P. Mueller et al., "Striking First: Preemptive and Preventive Attack in U.S. National Security Policy," Rand Corporation, 2006, available at: www.rand.org/content/dam/rand/ pubs/mono graphs/2006/RAND_MG403.pdf

10) 6자회담에 대해서는 다음을 참조할 것. Leszek Buszynski, *The Six Party Talks and the Nuclear Issue* (London: Routledge, 2013).

11) *China Daily*, "US Proposing Aid in North Korea Talks," June 24, 2004, available at: www.chinadaily.com.cn/english/doc/2004-06/24/content_342131.htm

12) *The New York Times*, "North Korea Says It Has Nuclear Weapons and Re-

jects Talks," February 10, 2005.

13) Text of N. Korea talks agreement, Monday, *CNN*, September 19, 2005, available at: http://edition.cnn.com/2005/WORLD/asiapcf/09/19/korea.north.text

14) 예를 들면, 베이징에서 발표된 성명은 6자회담의 목적을 "검증 가능한 한반도 비핵화"로 규정했는데, 이는 북한 정권이 북한에 대한 사찰을 '한반도'의 부분으로서 남한도 검증을 받아야 한다는 요구와 연계할 수 있게 했다. 북한은 "모든 핵무기와 기존 핵프로그램을 폐기하기"로 약속했으나, 그 번역은 한국어 동사 포기하다를 사용했다. 이는 모든 핵무기와 기존 핵프로그램을 해체하기보다는 핵무기를 제자리에 놓아두는 의미로 해석될 수 있다. Tong Kim, "No Wonder We Don't Agree," *The Washington Post*, September 25, 2005.

15) Cameron McLauchlan, "DPRK Won't Set Conditions on 6-Way Talks," *The Yomiuri Shimbun*, October 22, 2005.

16) "Security Council Condemns Nuclear Test by Democratic People's Republic of Korea, Unanimously Adopting Resolution 1718" (2006) United Nations Security Council SC/8853, October 14, 2006, available at: www.un.org/press/en/2006/sc8853.doc.htm

17) "U.S.-North Korea Understandings on Verification," *State Department Archive Office of the Spokesman*, Washington, DC, October 11, 2008, available at: https://2001-2009.state.gov/r/pa/prs/ps/2008/oct/110924.htm

18) Peter Crail, "N. Korea Reveals Uranium-Enrichment Plant," *Arms Control Today*, December 2010, available at: www.armscontrol.org/act/2010-12/n-korea-reveals-ranium-enrichment-plant

19) *The Korea Times*, "Rice Defends 6-Way Talks as Only Way to Denuclearize N. Korea," December 22, 2008, available at: www.koreatimes.co.kr/www/news/nation/2008/12/113_36500.html

20) Steven Erlanger, "Doctor Confirms Kim Jong Il Stroke," *New York Times*, December 11, 2008.

21) *The Korea Herald*, "Conservatives Are Reasserting in N.K.," December 18, 2008.

22) Yu Kun-ha, "Jang Song-thaek's Execution Bodes Ill for China," *The Korea Herald*, December 27=6, 2013, available at: www.koreaherald.com/view.php?ud=20131226000179&ACE_SEARCH=1

23) Lee Yong-soo, "Purge Halts Negotiations with N. Korea," *The Chosun Ilbo*, May 31, 2019, available at: http://english.chosun.com/site/data/html_dir/2019/05/31/2019053101574.html

24) Kim Rahn, "North Korea Can Pose 'Substantial Nuclear Threat to US,'" *The Korea Times*, December 22, 2017, available at: www.koreatimes.co.kr/www/nation/2017/12/103_241347.html

25) Erik Ortiz and Arata Yamamoto, "Sen. Lindsey Graham, 'Trump Says War with North Korea an Option,'" *NBC News*, August 2, 2017, available at: www.nbcnews.com/news/north-korea/sen-lindsey-graham-trump-says-war-north-korea-option-n788396

26) Barbara Starr, "Mattis Has a Crucial Task – Stopping Trump from Going to

War with North Korea," *CNN*, January 30, 2018, available at: edition.cnn. com/2018/01/30/politics/mattis-dunford-trump-north-korea/index.html

27) William Brown, "Special Report: North Korea's Shackled Economy," *The National Committee on North Korea*, available at: www.ncnk.org/resources/ briefing-papers/all-briefing-papers/special-report-north-koreas-shackled-economy-2018

28) Choe Sang hun, "Will Kim Jong Un Return to Brinkmanship? Weak Economy Is Forcing His Hand," *The New York Times*, March 6, 2019.

29) "Kim Jong Un Offers Conditional Denuclearization," *The Korea Times*, March 29, 2018, available at: www.koreatimes.co.kr/www/nation/2018/03/113_246370.html

30) "China Proposes 'Double Suspension' to Defuse Korean Peninsula Crisis," *Xinhua*, March 8, 2017, available at: www.xinhuanet.com//english/2017-03/08/c_136112435.htm

31) *South China Morning Post*, "North Korea Suspends Nuclear and Missile Tests, Gaining Praise from US President Donald Trump," April 21, 2018, available at: scmp.com/news/world/united-states-canada/article/2142727/ north-koreas-kim-suspends-nuclear-and-missile-tests

32) "Former Roh Aide Seeks to Retake Power," *The Korea Herald*, September 25, 2012, available at: www.koreaherald.com/view.php?ud=20120925000757& ACE_SEARCH=1

33) *Yonhap News Agency*, "Seoul Eyes Regional Support for Panmunjom Declaration of Peace," May 3, 2018, available at: https://en.yna.co.kr/view/ AEN20180503006100315

34) *The Japan Times*, "Full Text of Panmunjom Declaration," April 27, 2018, available at: www.japantimes.co.jp/news/2018/04/27/national/politics-diplomacy/full-text-panmunjom-declaration/

35) *Yonhap News Agency*, "Seoul Eyes Regional Support", op. cit.

36) 북한은 영변에 두 개의 운용 중인 원자로가 있다. 하나는 2메가와트 연구 원자로로 나중에 최대 7메가와트까지 확장될 수 있다. 다른 하나는 5메가와트 흑연 감속 원자로이다. 남한의 『2018 국방백서』에 따르면, 북한은 1980년대 후반 또는 1990년대 초, 2003년, 2005년, 2009년 등 최소 네 차례에 걸쳐 사용 후 연료봉을 재처리한 후 약 50kg의 무기급 플루토늄을 저장하고 있다. 북한은 또 '상당한' 양의 고농축우라늄을 보유하고 있다. *Yonhap News Agency*, "Yongbyon Nuke Complex Key Bargaining Chip for N. Korea," February 22, 2019, available at: https://en.yna.co.kr/view/AEN20190222002800315

37) Lee Je-hun, "Kim Jong Un Highlights Economic Development in Supreme People's Assembly," *Hankyoreh*, April 15, 2019, available at: english.hani. co.kr/arti/english edition/e_northkorea/890103.html

38) 김정은은 또 다음과 같이 말했다. "우리는 아무런 전제조건이나 대가없이 개성공업지구와 금강산관광을 재개할 용의가 있습니다." 다음을 참조할 것. "Kim Jong Un's 2019 New Year Address," *The National Committee on North Korea* (NCNK), January 1, 2019, available at: www.ncnk.org/resources/ publications/kimjongun_2019_newyearaddress.pdf/file_view

39) *The Korea Times*, "North Korea Eying Swiss, Singaporean-Style Success," October 29, 2018, available at: www.koreatimes.co.kr/www/nation/2018/10/103_257766.html

40) 남한과 북한을 연결하는 경제 프로젝트는 2004년 시작하여 2016년 문을 닫은 개성공업지구, 2008년에 중단된 금강산 관광 프로그램, 남한과 북한의 철도와 도로시스템을 연결하기로 한 2018년 12월의 합의 등을 포함한다.

41) John Hannah, "Singapore Was John Bolton's Worst Nightmare," *Foreign Policy*, June 21, 2018, available at: https://foreignpolicy.com/2018/06/21/singapore-was-john-boltons- worst-nightmare-north-korea-trump-kim/

42) Oren Dorell, "As Trump Summit at Risk, Here's What Kim Jong Un Wants," *USA Today*, May 16, 2018, available at: www.usatoday.com/story/news/world/2018/05/16/kim-Jong-un-north-korea-donald-trump-summit/614946002/

43) *Yonhap News Agency*, "N Korean Leader Kim Commits to Peninsula's Complete Denuclearisation in Joint Text," June 12, 2018, available at: en.yna.co.kr/view/AEN20180612017300315

44) *Yonhap News Agency*, "N.K. Leader Wasn't Ready to Accept Trump's 'Big Deal': Bolton," March 4, 2019, available at: https://en.yna.co.kr/view/AEN20190304000300315

45) *The Korea Herald*, "N. Korea Says It Wants Partial Sanctions Relief," March 1, 2019, available at: www.koreaherald.com/view.php?ud=20190301000006

46) *Yonhap News Agency*, "Trump Was Open to Easing Sanctions at Hanoi Summit: NK Official," March 26, 2019, available at: en.yna.co.kr/national/index

47) *The Chosun Ilbo*, "Lee Yong-soo Purge Halts Negotiations with N. Korea", May 31, 2019, available at: http://english.chosun.com/site/data/html_dir/2019/05/31/ 2019053101574.html

48) "Remarks on DPRK at Stanford University, Stephen Biegun, Special Representative for North Korea," *Department of State*, January 31, 2019, available at: www.state.gov/remarks-on-dprk-at-stanford-university

참고문헌

Buzo, A. 2018. *The Guerilla Dynasty: Politics and Leadership in North Korea*, 2nd edn. London: Routledge.

Elleman, M. 2017. "The Secret to North Korea's ICBM Success," *Survival*, vol. 59, no. 5, pp. 25–36.

제11장

오랜 우정의 부활:
현대 북한-러시아관계

린나(Anthony V. Rinna)

서론

조선민주주의인민공화국과 러시아 연방은 이제는 이데올로기적 결속에 얽매이지 않으며 1991년 소련의 종말과 냉전의 종식에 이은 양자관계 붕괴 이후 필요와 상호 이익에 따라 관계를 회복하였다. 북한이 러시아와의 관계를 재조정하려는 원동력은 중국에 경제적·정치적 지원을 상당히 의존하고 있고 외교적·경제적 고립이 증가하는 것에 대응하기 위한 북한정부의 열망에서 주로 나오는 것이다. 한편 러시아는 한반도에 대한 영향력의 회복을 자국의 지역적 및 글로벌 외교정책과 국내정책의 목표에 필수적인 것으로 보고 있다.

　안보와 경제가 북러 협력의 가장 중요한 두 영역이다. 그러나 한반도 갈등과 북한이 자초한 경제적 고립의 근본 이유 대부분이 종료할 때 비로소 북한과 러시아가 자신들의 합동 잠재력을 생산적으로 모색할 수 있을 것이기 때문에 안보문제가 경제보다 우선이다. 이러한 안보 측면은 북한이 계속 진행하고 있는 대량살상무기 획득의 평화적 해결과 그와 연관된 문제인 한반도에서의 무력충돌 발생의 방지에 가장 중요한 초점을 두며, 물론 러시아는 이를 중국과 긴밀하게 공유하고 있다. 경제영역에서는 러시아 극동의 천연자원 개발을 중심으로 한 풍부한 협력의 가능성 과 미래 언젠가 변화하는 북한경제의 잠재적 시장은 물론 한국 및 일본 시장으로의 국제 운송로로서의 북한의 잠재력이 러시아 극동의 지배적 인 경제 상황과 북한에 대한 유엔제재 레짐의 지속으로 인해 여전히 어 려움을 겪고 있다. 이러한 요인들 전부가 논쟁의 여지가 있는 북한, 남한 및 러시아 간 삼자 협력의 맥락에서뿐만 아니라 양자 수준에서의 북한과 러시아 간 교역관계의 강화를 방해하고 있다 (Rinna 2019a). 북러관계 는 양자 수준에서 증가하고 있지만 이러한 더 넓은 다자적 맥락의 렌즈 를 통해 보지 않는 한 충분하게 이해될 수 없다.

북한과 러시아 연방의 현재 관계는 1980년대 후반 고르바초프(Mikhail Gorbachev) 치하의 소련이 처음 시행한 정책 변화에 그 기원이 있다. 특 히 1988년 9월의 크라스노야르스크선언**은 한반도에 관한 소련의 중대 한 정책 대전환, 즉 대한민국과의 외교관계 수립을 위한 소련 외교의 시 작을 알리는 것이었다. 대한민국과의 관계를 정상화하려는 당시 소련의 움직임은 북한만을 외교적으로 승인하는 소련의 이전 정책의 종료를 시 사하는 것이었으나, 대한민국과 일본의 경제적·외교적 견인력을 얻기 위한 노력은 제한적 성공을 거두었으며, 1991년 이후 러시아 연방은 동 북아시아에서 자신의 영향력이 극심하게 축소된 현실에 직면했다. 특히 북러관계의 경우가 그랬다.

1991년 이후 북러관계에 대한 첫 번째 주요 시험은 영변 핵시설에 대

** 역자 주) 1988년 9월 16일 시베리아의 크라스노야르스크를 방문한 고르바초프 서기장이 아시아·태평양지역의 핵무기 동결과 해·공군력 감축 논의를 위한 다 자간 협상 개최 등 이 지역의 안보증진과 협력강화를 위한 7개 항의 평화제안 을 발표한 선언으로, 이 선언에서 고르바초프는 소련과 한국 간의 경제관계를 개선할 수 있는 국제적인 조건이 성숙하고 있음을 지적하고, 나아가 한반도 정 세의 전반적 개선을 도모하는 방책의 일환으로 한국과의 경제관계가 개선될 수 있다는 점도 강조했다.

한 국제원자력기구의 현장 사찰을 북한이 거부함에 따라 발생한 1994년의 위기와 함께 왔다. 북한의 현장 사찰 거부는 많은 사람에게 북한이 핵무기 프로그램 추구에 전념하고 있는 정도를 드러내는 것이었다. 이 위기는 북한과의 관계 재조정을 둘러싸고 러시아 외교정책 집단에서 혼란이 계속되는 시기에 등장했다. 관계 재조정 논의의 특정 원인은 1961년 '조소 우호협조 및 호상원조조약'의 유효성 지위였으며 그에 대해 견해가 엇갈리는 신호가 아주 많았다. 1994년 위기가 전개되면서 러시아는 북한의 행동을 비난하는 일반적인 국제여론에 합류했다. 그러나 동시에 러시아 관리들은 1961년 조약이 북러관계의 기반이라고 계속 주장하는 한편 러시아 정치인들은 러시아가 북한에 긍정적 영향력을 행사할 능력을 보유하고 있다고 말했다. 그러나 북한은 러시아가 수십 년 동안 막대하게 보조해온 경제적 지원을 냉전 종식 후 갑자기 철회한 것에 좌절하여 러시아의 그러한 접근에 대해 무시하는 반응을 보였으며, 이는 러시아가 1995년에 그 조약을 공식적으로 종료하게 하였다 (Denisov 2009, p. 109).

한편 대한민국의 주요 경제 강국으로의 부상도 러시아의 대북한관계에 영향을 주었다. 1990년대 동안 러시아는 어려움을 겪고 있는 러시아 경제에 경화 투자를 유치하기 위하여 한국과의 관계를 개선하려고 노력했으며, 한국은 이것이 제공한 남북한 갈등에서의 지렛대를 빠르게 인식했다 (ibid. p. 110). 이 지역에서 자신의 힘과 영향력이 줄어드는 것을 점점 더 깨닫는 가운데 1996년부터 러시아는 한반도에 대한 영향력 감소를 회복하기 위한 노력으로 남한 및 북한과의 관계에서 '등거리' 입장으로 후퇴하기 시작했다 (Shin 2014, p. 132). 그러나 옐친(Boris Yelstin) 대통령과 그의 참모들의 영향력이 약해지고, 푸틴(Vladimir Putin)이 권력을 장악함에 따라 러시아의 외교정책은 재구성되기 시작했으며 역사적으로 굳건한 러북관계를 제한적으로 재활성화하는 것이 확고한 우선순위가 되었다. 1998년에 1961년 조약의 승계 조약에 관한 협상이 시작됐으며, 2000년 2월에 '조러 친선·선린 및 협조에 관한 조약'(일명 '신조약')이 체결됐다. 이 조약은 동북아시아의 안보와 한반도의 평화적 통일 같은 목표를 들고 있으나 (Russian Ministry of Foreign Affairs 2000), 1961년 조약과는 달리 북한이 외부 침공을 받을 때 러시아가 의무적으로 군사적 개입(자동군사개입 – 역자 주)을 하는 조항이 빠졌다.**

2000년의 신조약이 쇠퇴하는 양자관계를 회복하기 위한 틀을 만들었지만, 그 조약에 따라 이루어진 실질적인 관계 발전은 거의 없었다. 김정일은 2001년과 2002년에 러시아를 방문했다. 그 때 김정일과 푸틴은 협력 파트너십을 확대하기로 합의했으며, 2001년 모스크바선언***에서 두 나라는 협력 파트너십이 지역 수준을 넘어 작동하기를 바라는 각각의 희망을 담아 글로벌 전략적 안정을 촉진하는데 협력하기로 했다. 부분적으로 북러관계의 정상화에 기반하여 러시아는 6자회담에의 참여를 확보했다. 6자회담은 북한의 핵무기 프로그램을 미연에 방지하기 위한 목적으로 또 1994년 제네바합의의 붕괴와 그 후 북한의 핵확산금지조약(NPT: Nuclear Non-Proliferation Treaty) 탈퇴로 촉발되어 수립된 북핵 협상으로 2003년에서 2009년 사이에 진행되었다. 김정일은 또 그의 통치 마지막 시기인 2011년 8~9월에 러시아를 마지막으로 공식 방문했다. 그러나 김정일 시대 후반기 동안 북러관계는 거의 변화가 없었으며, 이는 주로 북한의 핵무기 프로그램이 초래할 수 있는 영향이 러시아의 최우선 관심사였기 때문이다. 이에 따라 러시아는 2006년 북한의 첫 번째 핵실험 후 북한을 규탄하였으며 유엔 안보리 결의에 의한 대북한 경제제재를

··
** 역자 주) 그러나 푸틴의 북한 방문으로 2024년 6월 19일 체결한 북러 '포괄적인 전략적 동반자관계에 관한 조약' 제4조는 "어느 일방이 무력 침공을 받으면 타방은 지체 없이 군사적 및 기타 원조를 제공한다"고 규정해 사실상 '자동군사개입' 조항을 부활시켰다.
*** 역자 주) 2001년 8월 4일 김정일과 푸틴이 각각 서명한 '북한과 러시아 연방의 모스크바선언'.

계속 지지하였다.

2012년 김정은의 북한 최고지도자 계승은 북러관계에 새로운 자극을 주었다. 2015년, 북한 국방위원회 위원 최룡해가 일주일 동안 모스크바를 방문한 지 몇 개월 후 북한은 2015년을 러시아와의 '친선의 해'로 선언했다. 그해 동안 러시아와 북한은 이전에는 등한시되었던 여러 분야에서 쌍방 우호관계를 강화하는 조치를 취했으며, 이는 군사 교환과 북러 기업협의회의 설립으로 이어졌다. 양자관계의 발전은 김정은이 권좌에 오른 후 약 7년이 지난 2019년 4월 블라디보스토크에서 푸틴과 가진 첫 공식회담으로 절정을 이뤘다. 이 회담의 시기 선택은, 2019년 2월 미국 트럼프 대통령과의 하노이 정상회담 실패에 따른 대미국 외교의 교착, 유엔 안보리의 제재가 북한경제에 미친 지속적인 효과, 그리고 2018년이 시작된 이래 김정은이 이미 시진핑(習近平)과 세 차례 만났기 때문에 지역 국가와의 정상회담에 균형을 맞춰야 할 북한의 필요 등 여러 요인에 근거했을 것이다.

러시아의 아시아·태평양 전략에서의 북한

북한의 대러시아관계가 상승궤도를 탄 것은 러시아의 외교정책에서 아시아·태평양지역이 새롭게 강조된 것과 함께 발생했다. 1990년대에 대남한관계와 대북한관계 간 균형을 유지하려는 러시아의 시도는 대체로 러시아가 동북아시아에서 더 이상 무시할 수 없는 세력이 아닌 시기에 일어났다. 러시아가 북한과의 파트너십을 재조정하려는 노력의 근거는 자국의 영향력 지위를 재구축하려는 필요이며, 이는 2000년대 이후 점점 더 소위 '동방정책'의 모습으로 나타났다. 동아시아에서 자국의 영향력을 확대하려는 러시아의 시도는 아시아·태평양 국가들과 새로워진 경제관계의 촉진은 물론 지정학적 영향력의 재천명으로 이어졌다. 러시아에 있어 한반도에 대한 관여는 러시아 연방 아시아·태평양 전략의 경제와 안보 측면 모두에 영향을 미친다. 아시아·태평양지역 안보의 관점에서 러시아의 궁극적인 목표는 지역 다자안보 메커니즘의 설립으로 (Blank 2010, p. 15), 러시아는 이것을 한반도 안보의 실현과 유지에 필수적이라고 평가하고 있다. 러시아의 경제적 이익 추구에서 최근의 발전에는 블라디보스토크에서의 연례 동방경제포럼(EEF: Eastern Economic Forum) 개최가 있다. 이 포럼은 2018년 이후 더 넓은 아시아·태평양지역에서의 경제협력을 논의하기 위해 남한과 북한의 관리들을 한자리에 모으는 행사다.

그러나 아시아·태평양지역에 걸쳐 경제적·군사적 영향력을 투사하는 중국의 능력이 급속히 증가하면서 전략적 환경이 급격하게 변했다. 냉전 시기 동안, 그리고 1960년대 초 중소 분열에도 불구하고 중국과 소련은 미국 및 그 동맹국들과 대치하는 북한에 대해 필수적인 군사적·외교적 지원을 함께 제공했다. 옛 공산 블록체제는 사라졌지만, 미국의 냉전시대 동북아시아 동맹체제는 거의 그대로 유지되었다 (Chun 2013, p. 179). 그러나 또 넓은 전략적 의미에서 중국과 러시아 각각의 이익은 미국에 도전할 수 있는 중러 블록의 재등장을 차단할 수 있을 만큼 극명하게 갈라졌다 (Davydov 2017, p. 104). 여기에서 가장 큰 요인은 한반도를 핵심 전구(戰區)로 간주하는 역사적으로 내재한 러시아의 인식이다. 즉 러시아는 특히 중국과 미국의 지역 경쟁이 증대하는 시대에 한반도에 대한 관여가 더 넓게는 동북아시아에 걸쳐 자국의 영향력을 확대할 수 있게 한다고 보고 있다 (Shin 2014, p. 139). 그러나 러시아는 지금 중국의 국력이 이 지역에서 미국의 핵심 이익에 도전하고 있는 주요 변화에 직면해 있으며 (Balakin 2014, p. 126), 따라서 러시아는 자국이 한반도문제에 실질적으로 관여하지 못하면 그것이 더 넓은 동아시아·태평양지역에서의 영향력 추구를 약화할 것으로 생각하고 있다 (Ha and Shin 2006, p. 13).

북한의 안보와 러시아 연방의 이익

한반도 안보의 맥락에서 러시아의 가장 중요한 목표는 한반도에서의 새로운 충돌을 피하는 것으로, 한반도에서의 충돌은 러시아 연방 아시아·태평양지역의 전반적인 발전에 엄청난 위험을 수반하기 때문이다 (Blank 2015, p. 2). 한반도 안보위기의 관점에서 러시아는 한반도에 기득권을 가진 지리적으로 인접한 행위자이지만 대체로 독자적으로는 결과에 영향을 줄 수 없다. 냉전 직후 러북관계의 악화는 북한 핵문제가 발발한 처음부터 한반도에 대한 영향력을 활용하는 러시아 연방의 능력을 제약했다. 한편 자국 안보의 관점에서 북한은 러시아를 특별히 관련 파트너 그 자체로 여기지 않았으며, 이는 부분적으로는 북한이 옛 소련으로부터 받았던 안전보장이 러시아로부터는 부족했기 때문이다.

한반도문제에 대한 러시아 입장의 주요 측면 중 하나는 갈등을 평화적으로 해결하는 전략을 둘러싸고 미국과 견해 차이가 심하다는 것이다. 러시아는 북한의 도발적인 행위를 비난하지만, 현 상황의 책임이 북한에 대한 철벽같은 안전보장의 결여에 있다고 보며, 따라서 그 책임이 궁극적으로는 미국에 있다고 생각하고 있다 (Stefanovich 2018). 완전한 한반도 비핵화를 주장하는 미국과는 대조적으로 러시아정부는 공식적으로 북한의 비핵화를 주장하지만, 러시아 관리들은 사적으로는 북한이 실제로 핵억제력의 가능성을 희생할 것인가에 대해 회의적 견해를 밝히고 있다. 더욱이 러시아정부는 자국군이 북한의 미사일 시험발사에 대응하여 한반도 인근 부대를 자주 출동시켜야 하지만 북한의 대량살상무기를 러시아의 국가안보에 대한 직접적인 위협으로 보지 않는다 (Gabuev 2017, p. 250). 러시아에 있어서 북한의 대량살상무기 능력으로부터의 최대 위험은 러시아 국가안보에 대한 직접적인 위협보다는 미국의 오판이 북한에 대한 군사행동을 촉발할 수 있다는 사실이다 (Weitz 2015, p. 4).

한반도 안보에 대해 미국과 현저하게 다른 러시아의 입장은, 한반도에서의 러시아의 전략적 이익에 대한 중국의 도전에도 불구하고 러시아가 한반도 관련 외교에서 자국의 입지를 활용하기 위해 중국과 협력적 파트너십을 유지하는 이유를 부분적으로 설명하고 있다. 이 점에서 중국, 북한 및 러시아 간 상호연결 관계는 최근의 중러 전략적 파트너십의 발전은 물론 냉전 시대 역사적 유산의 일부로서 존재한다. 더욱이 한반도 안보에 대한 중국정부와 러시아정부 간 협력은 공동의 이익뿐만 아니라 1998년 중러우호조약에 규정된 중러 전략적 파트너십에 의해 주도되고 있으며 앞서 언급한 러시아의 아시아·태평양정책에 대한 새로운 강조로 더 큰 힘을 받고 있다. 중국과 러시아는 한반도 비핵화의 달성은 물론 북한체제의 갑작스러운 붕괴 방지를 포함하는 한반도에 대한 상호 목표를 공유하고 있다. 이러한 목표들을 통합시키는 것이 지역 안정을 유지하는 무엇보다 중요한 과제이며, 이는 중러의 경제적 이익에 도움을 준다. 다시 말해 러시아의 한반도 전략은 근본적으로 6자회담 재개 추진은 물론 북한과 대한민국 간 균형 외교전략을 유지하는 중국의 정책에 맞추어 조정되어 있다 (Lee 2005, p. 17).

미국 또한 한반도문제에 대해 중국과 러시아를 결속시키는 공통분모이며, 이 두 나라는 한반도의 군사적 긴장 축소를 목표로 한 대화를 강력하게 주장해왔다. 가장 주목할 만한 구체적인 중러 협력 사례는 2017년 여름 중국정부와 러시아정부가 제안한 '로드맵'이다. 이 로드맵은 단기적으로 미국과 한국이 연례 연합 군사훈련을 중단하는 대신에 북한이 미사일 시험발사를 중단할 것을 요구했다. 장기적으로 중러의 로드맵은 한국전쟁 당사자 간 공식적인 평화협정의 체결을 대가로 북한 비핵화를 구상하였다. 러시아의 관점과 유사하게 중국은 외교협상을 미국의 일방적인 군사행동을 막는 방법으로 보았다. 실제로 이것이 6자회담을 촉진하는 데 있어서 중국의 주요 동기였다 (Arbatov and Mikheev 2005, p. 19). 더욱이 유엔제재의 부과를 지지했음에도 불구하고 중국과 러시아는 또한 북한에 대한 징벌적인 경제 조치가 완전히 제거되지는 않더라도 축소되어야 한다는 요구를 반복했다. 중국과 러시아는 북한의 지속적인 핵무기개발과 핵무기 사용에 관한 위협 행동은 동북아시아 안보를 둘러싼 불확실성을 영속시킬 뿐만 아니라 미국이 자국의 미사일 방어시스템을 한반도와 일본에 배치하는 이유를 제공한다는 견해를 갖고 있다. 중국정부와 러시아정부는 한반도와 일본에 대한 미국의 미사일 방어시스템 배치를 자국 각각의 미사일 억제시스템을 약화하는 것으로 본다.

냉전 이후 북러 경제관계

북러 간 냉전 이후 경제관계도 두 나라 간 약화한 정치관계를 반영하였다. 1991년에서 2000년까지의 기간에 북한의 수입과 수출에서 차지하는 러시아의 비중은 1980년대 후반 50퍼센트 정도와는 대조적으로 10퍼센트 미만으로 줄었다. 마찬가지로 러시아의 수출에서 차지하는 북한의 비중은 급격히 줄어들어 단지 1퍼센트에 지나지 않았다. 1991년 이래 북한과 러시아 간 최대 교역량은 2억 달러를 넘지 않았으며, 전반적인 통상 교류의 수준은 현저하게 낮은 상태에 머물러 있었다 (Karakin 2011, pp. 31-32). 경제제재로 인해 무역이 급속히 감소하기 전인 2013년에서 2017년까지 북러 교역량은 연평균 8억 달러였으며, 제재 이후 러시아의 대북한 교역량은 2017년 7억 4,200만 달러에서 2018년 3억 2,100만 달러로 절반 아래로 감소했다 (Malkov et al. 2019, p. 515). 한반도 불안정성의 위험으로 러시아가 오랜 기간 북한과의 대규모 경제 프로젝트 추진을 꺼려왔다는 점을 고려하면, 한반도 안보 상황을 둘러싼 지속적인 불가측성 또한 북러 경제협력의 엄청난 장애물이다 (Weitz 2010, p. 4). 그렇지만 특히 중국이 북한, 남한과의 삼각경제협력의 실현 가능성에 대해 회의적인 것과는 대조적으로 러시아는 북한 및 남한과의 삼각경제협력을 추구하려는 일관된 의지를 보여주고 있다 (Luzyanin and Zakharova 2015, p. 31).

러북 경제관계의 중심에는 러시아 극동지역의 경제적 잠재력 개발이 있는데, 북한은 그 지리적 위치, 특히 남한으로 연결하는 육로교량 역할이나 아니면 부동항 시설에 대한 접근 제공을 통해 러시아의 태평양 접근을 가능하게 할 수 있으므로 잠재적인 역할을 할 수 있다. 2012년 설립된 러시아 극동개발부는 러시아의 아시아·태평양정책을 진전시키는 중요한 기능을 수행하고 있으며 (Troyakova 2016, p. 45), 아무르(Amur), 하바로프스크(Khabarovsk)와 프리모리예(Primorye, 沿海州, 연해주) 행정구역을 북한과의 경제관계 증진으로 특히 혜택을 볼 지역으로 지목하고 있다 (Lee 2012, p. xii). 러시아 극동지역이 경제적으로 통합된 안정적인 동북아시아는 러시아가 자국 극동지역의 안보와 경제적 생존력을 강화하는 목표를 실현하는 데 필수적이며, 결국 러시아 극동지역의 경제적 활력이 러시아 연방이 동아시아 강대국의 지위를 회복하는 목표를 실현하는 데 결정적이다.

사회기반시설은 북한과 러시아의 통상 협력에 대한 의욕에 있어 초석 요인이다. 북한은 러시아에 북한의 라선항을 경유한 아시아·태평양지역 시장에 대한 접근을 제공한다. 라선항은 일반적으로 라선-하산으로 불리는 곳인 러시아의 하산 정착지와 철도로 연결된다. 라선-하산은 오랫동안 광역두만강개발계획(Greater Tumen River Initiative) 같은 동북아시아 다자간 경제 이니셔티브의 중심이 되어 왔다. 보다 일반적으로 말해 북한과 러시아 간 육지 국경선은 17km에 불과하지만, 북한과 러시아에 모두 상업적 수익을 산출하는 송전, 한반도 종단 에너지 파이프라인과 철도시스템 등 북한의 사회기반시설 관련 프로젝트를 더 개발할 수 있는 가능성을 여는 것이다 (Hong 2013). 더욱이 한반도 긴장이 약화하면, 철도, 특히 한반도 종단 철도와 시베리아 횡단 철도를 연결하는 방식으로 남한과 북한을 러시아 극동과 연결하는 것이 가능해질 것이다. 따라서 북러 안보관계는 중국과의 협력이란 다자 맥락 속에 놓여 있는 반면에 북러 경제관계의 실질적 발전의 열쇠는 남한을 다자 틀에 포함하는 것에 있다.

    그러나 양자 형태이든 다자 형태이든 북한의 러시아와의 경제관계는 미국 재무부가 부과한 제재같이 개별 국가들이 일방적으로 시행하는 제재는 물론 유엔 안보리의 징벌적인 제재가 지속함에 따라 특히 어려움에 직면해 있다. 이는 곧 북러관계에서의 안보와 통상 간 상호 연계성을 보여주고 있다. 러시아의 관점에선 만약 제재가 북한의 경제적 고립을 심화하면 러시아 극동과 한반도를 연결하는 기회가 상실될 뿐 아니라 한반도의 불안정성이 더 커질 위험이 있는 것이다. 그러므로 러시아는 북한에 대한 다자 제재 참여와 북한에 대한 자국의 이익을 해치지 않는 것 간의 균형을 추구하고 있다. 따라서 러시아는 강력한 유엔제재 결의를 일관되게 지지했으며, 또한 제재 결의를 지지하는 국내 입법 조치를 하고 그러한 지지가 러시아가 한반도 위기 관련 다른 주요국 간에 건설적 참여를 유지하는 유일하게 실행 가능한 방법인가를 평가해왔다 (Gabuev 2017, p. 255). 다른 한편, 러시아는 북한에 대한 '사실상의(de facto)' 경제적 봉쇄를 비난하는 데 거리낌이 없으며, 징벌적인 조치는 더 좁게 대상을 겨냥하여 북한의 일반 주민에게 영향을 미치지 않아야 한다고 주장했다. 러시아는 또 제재 레짐 내에 북러 합작기업 라선콘트란스

(RasonKonTrans)가 계속 운영될 수 있도록 하는 조항을 확보했다. 라선콘트란스는 러시아가 3분의 2의 지분을 가지고 있으며 라선특별경제구역**에서 철도 자산, 석탄 터미널, 컨테이너항 시설을 운영하고 있다. 그렇지만 이 시설들을 기반으로 한 다른 대규모 프로젝트 제안은 제재로 인해 불안정한 상태이다. 2014년에 러시아 극동개발부는 '포베다(Pobeda, 승리)'로 불리는 프로그램 아래 북한의 철도 사회기반시설에 250억 달러 투자계획을 발표했으며, 러시아는 이를 통해 북한의 천연자원에 대한 접근으로 이익을 얻을 것을 기대했다. 그러나 북한이 국제시장에 천연자원을 팔 수 없도록 한 제재로 인해 이 프로젝트는 아무런 진전을 이루지 못했다 (Zakharova 2016, p. 221).

제재가 북한과 러시아 간 잠재적 협력 접속점을 훼손시키는 한편, 유엔 안전보장이사회가 부과한 가혹한 경제 조치들도 두 나라 간 실제 경제협력 분야를 약화하였다. 2017년 12월 유엔 안보리는 제재 결의 2397호를 승인하였는데, 동 결의는 유엔 회원국들이 자국 관할권 내 고용계약을 한 모든 북한 노동자를 2019년 12월까지 북한으로 송환해야 한다고 규정하였다. 이 조치는 유엔 회원국이 북한과 새로운 노동계약을 맺지 못하도록 한 2017년 9월 11일에 통과된 유엔 안보리 결의 2375호의 조항들에 더해진 것이다. 결의 2397호가 통과될 시점에 러시아에 있는 북한 노동자의 수는 3~4만 명 규모로 추산되었다. 2019년 중반까지 러시아정부는 러시아 극동에 미칠 경제적 손상에 대한 러시아 경제학자들의 경고 속에서 북한 노동자의 약 75퍼센트가 북한으로 송환되었다고 보고했다. 많은 북한 노동자가 떠나면서 러시아지역 당국은 중앙정부에 대해 북한 주민 고용금지에 예외를 둘 것을 청원하거나(실패로 끝남) 아니

***

** 역자 주) 1991년 12월 28일 함경북도 라진-선봉지구가 자유경제무역지대로 선포되었으며 몇 차례 개정을 거쳐 2011년 12월 3일 라선경제무역지대법으로 수정·보충되었다. 행정구역상으로는 라선특별시이다.

면 다른 나라의 노동자로 대체하려고 했다 (Rinna 2019b, p. 31).

결론

1991년 소련의 종말은 수십 년간의 북한경제에 대한 대규모 보조가 끝남을 나타내는 것이었다. 그것만으로도 북러 양자관계가 매우 축소되었으며, 2000년 조약**과 여러 분야에서 양자 교류가 활발하게 이루어짐에도 불구하고 아직 회복되지 않았다. 북러 간 관계가 어느 범위까지 더 발전하는가의 중심에는 공동의 기반과 공동의 이익에 대한 인식이 놓여 있다. 따라서 북한으로서는 부분적으로 중국에 대한 의존을 완화하고, 경제 및 외교적 지원과 북동부 국경을 개방할 수 있는 경제적 가능성을 위해서 러시아와의 관계를 중시한다. 러시아는 또 미국에 대한 견제세력으로 도움이 될 수 있으며, 북한은 러시아가 시리아 분쟁 개입과 미국의 선거과정 훼손 시도 등과 같이 세계 다른 지역에서 선택적으로 미국의 이익에 반해 행동하는 정도를 만족스럽게 주목할 것이다. 그러나 결국 러시아는 북한의 기본적인 안보 요구에는 거의 기여하지 못할 것이며 중국이 핵심 해외 동맹으로 남아 있을 것이다.

러시아의 관점에서, 탈냉전 시대 동아시아에서의 전반적인 러시아의 영향력 쇠퇴는 한반도를 중심으로 하는 외교에서 중요 역할을 하는 러시아의 능력이 매우 제한되어 있음을 의미한다. 이는 무엇보다도 러시아가 중국의 이익을 위협하지 않는 방식으로 행동하는 것이 매우 중요하기 때문이며, 따라서 러시아는 중국의 이익과 보조를 맞추어 행동할 수밖에

....

** 역자 주) 1961년 7월 체결된 '조소 우호협조 및 호상원조조약'이 소련 해체로 효력이 상실한 후 2000년 2월 체결된 '조러 친선·선린 및 협조에 관한 조약'을 의미한다.

없다. 마찬가지로 북한과 러시아 간 경제관계는, 북한에 대한 국제사회의 제재를 강화하는 데서의 러시아의 이익이 북한과의 경제관계 심화 — 비록 러시아 극동 지역에서 상당한 개발 잠재력을 내포하고 있음에도 불구하고 — 에서의 러시아의 이익보다 더 중요한가 하는 광범위한 고려사항으로 인해 여전히 어려움을 겪고 있다.

러시아 쪽에서는, 러시아의 경제적 고려사항이 안보 이익과 분리될 수 없음을 고려하면 북한과의 경제관계를 강화하는 것만큼이나 중요한 안보가 궁극적으로 북한에 대한 러시아 이익의 중심에 있다. 러시아는 아시아·태평양지역에서의 광범위한 전략적 목표의 일부로 북한과의 협력관계를 추구하고 있다. 결국, 이론상으로 러시아와 북한은 친밀한 양자경제관계로부터 얻을 것이 많지만 실제로 이는 북한이 대중국관계에서 더 균형된 접근을 채택할 것을 요구하는 것이다. 그러나 더 중요하게는 북한의 상당한 국내정책 변화, 특히 대외교역 확대와 사회기반시설 개발의 근거를 제공하기 위해 오랫동안 지속되어 온 경제적 자급자족정책에 대한 변화를 요구하는 것이다. 이러한 변화는 현재 가망이 없으며, 따라서 더 넓은 아시아·태평양지역에서의 영향력 확대와 한반도에 대한 힘과 영향력을 추구하는 러시아의 대전략에 견제를 가하고 있다.

참고문헌

Arbatov, A. and Mikheev, V. 2005. "IAdernoe rasprostranenie v Severo-Vostochnoi Azii" [Nuclear Nonproliferation in Northeast Asia], *Carnegie Endowment for International Peace*, pp. 1–35.

Balakin, V. I. 2014. "Rossiia v Vostochnoaziatskom Regione" [Russia and the East Asia Region], *Gosudarstvo i Grazhdanskoe Obshchestvo, Znaniye. Ponimaniye. Umeniye*, no. 1, pp. 125–134.

Blank, S. 2010. "La politique russe en Extreme-Orient: quelle alternative a la Chine?" [Russia's Far Eastern Policy: What Alternative to China?],

Institut francais des relations internationales, *Russie. Nei. Visions*, vol. 54, pp. 1−15.

Blank, S. 2015. "Russia and the Two Koreas in the Context of Moscow's Asian Policy," *Korea Economic Institute of America*, Academic Papers Series, September, pp. 1−11.

Chun, K-H. 2013. "Approches multiniveaux du dilemme de la question nucleaire en Coree du Nord et de la securite en Asie du Nord-Est" [Multi-level approaches to the North Korean nuclear security question and the security of Northeast Asia], *Revue internationale de politique compare*, vol 19, no. 3: pp. 169−191.

Davydov, A. S. 2017. "SShA-Kitay-Rossiia: Novye 'Treugol'nye' Igry'" [USA-China-Russia: New 'Trilateral Games'], *Kitay v mirovoy i regional'noy politike. Istoriia i sovremennost'*, vol. 22, pp. 91−108.

Denisov, V. I. 2009. "Koreyskaia problema v sovremennoy vneshnej politike Rossii" [The Korean Problem in Contemporary Russian Foreign Policy], *Vestnik RGGU. Seriia "Politologiia. Istoriia. Mezhdunarodnye otnosheniya. Zarubezhnoe regionovedenie. Vostokovedenie,"* vol. 14, pp. 102−118.

Gabuev, A. 2017. "A Russian Perspective on the Impact of Sanctions," Joint U.S.-Korea Academic Studies, Korea Economic Institute of America, pp. 248−257.

Ha, Y. C. and Shin, B. S. 2006. "Russian Nonproliferation Policy and the Korean Peninsula," Carlisle Barracks, PA: Army War College Strategic Studies Institute, pp. 1−39.

Hong, W. 2013. "Rossiia kak zalog mira na Koreiskom Poluostrove" [Russia as a Security Guarantor on the Korean Peninsula], *Rossia v Globalnoi Politike*, last modified May 20, 2013, available at: www.globalaffairs.ru/global-processes/-Rossia-kak-zalog-mira-na-koreiskom-poluostrove-15976 (accessed December 27, 2018).

Karakin, V. P. 2011. "Ekonomicheskiye interesy v otnosheniiakh mezhdu Rossiyey i KNDR" [Economic Interests in Relations between Russia and the DPRK]," *Tamozhennaia politika Rossii na Dal'nem Vostoke*, vol. 3, no. 56, pp. 30−39.

Lee, T. 2005. "21 segi chunggugŭ taeoejŏlyakkwa han'gugŭ chŏlyakchŏ sŏt'aek" [21st-Century China's Grand Strategy and South Korea's Strategic Choice], *EAI kukka anbo p'aenŏ yŏ'gubogosŏ*, vol. 8, pp. 1−23.

Lee, Y. H. 2012. "Reosiaui geukdong gaebalgwabukhan nodongja" [Russia's Far East Development and North Korean Workers], *T'ongiryŏ'guwŏ, jeongchaek yeongu sirijeu*, pp. 1−141.

Luzyanin, S. and Zakharova, L. 2015. "Vzaimodeystviia Rossii i Kitaia na Koreyskom poluostrove: Vyzovy i vozmozhnosti" [Sino-Russian Cooperation on the Korean Peninsula: Challenges and Possibilities], *Obozrevatel'*, vol. 10, no 309, pp. 24−3.

Malkov, P. V. et al. 2019. "Rossiia v tsifrakh 2019" [Russia in Numbers 2019], Moscow: *Federal'naia Sluzhba Gosudarstvennoy Statistiki (Rosstat)* [Federal

State Statistical Service (Rosstat)], pp. 1−549.

Rinna, A. V. 2019a. "Moscow's 'Turn to the East' and Challenges to Russia-South Korea Economic Collaboration under the New Northern Policy," *Journal of Eurasian Studies*, https://doi.org/10.1177/1879366519851984.

Rinna, A. V. 2019b. "Sanctions, Security and Regional Development in Russia's Policies Toward North Korea," *Asian International Studies Review*, vol. 20, no. 1, pp. 21−37.

Russian Ministry of Foreign Affairs. 2000. "Dogovor o Druzhbe, Dobrosedstve i Sotrudnichestve mezhdy Rossiyskoy Federatsiey i Koreyskoy Narodno-Demokraticheskoy Respublikoy" [The Treaty of Friendship, Good Neighborliness and Cooperation between the Russian Federation and the Korean Democratic Republic], last modified February 9, 2000, available at: www.mid.ru/foreign_policy/international_contracts/2_contract/-/storage-viewer/bilateral/page-223/46817 (accessed February 16, 2018).

Shin, B. 2014. "Post-Cold War Russian Foreign Policy and the Korean Peninsula," in T. Akaha and A. Vassilieva (Eds.), *Russia and East Asia: Informal and Gradual Integration*, London: Routledge.

Stefanovich, D. 2018. "KNDR i iadernoe nerasprostranenie: smertel'nyy udar ili shokovaja terapiia?" [The DPRK and Nuclear Nonproliferation: A Lethal Strike or Shock Therapy?], *Rossiiskiy Sovet po Mezhdunarodnym Delam*, last modified January 23, 2018, available at: http://russiancouncil.ru/analytics-andcomments/analytics/kndr-i-yadernoe-nerasprostranenie-smertelnyy-udar-ili-shokovaya-terapiya/ (accessed April 9, 2018).

Troyakova, T. G. 2016. "Rol' rossiyskogo Dal'nego Vostoka v razvitii otnosheniy s KNDR" [The Role of the Russian Far East in Developing Relations with the DPRK], *Izvestiia Vostochnogo instituta*, vol. 3, no 31, pp. 45−54.

Weitz, R. 2010. "Russia and the Koreas: Past Policies and Future Possibilities," Korea Economic Institute of America, vol. 5, no. 2, pp. 1−18.

Weitz, R. 2015. "Russian Policy toward North Korea: Steadfast and Changing," *International Journal of Korean Unification Studies*, vol. 24, no. 3, pp. 1−31.

Zakharova, L. 2016. "Russia-North Korea Economic Relations," Joint US Korea Academic Studies, Korea Economic Institute, vol. 27, pp. 212−222.

열의를 갖고 다시 한번:
미국-북한 대화, 1993~2020년

부조(Adrian Buzo)

서론

2018년 6월 싱가포르와 2019년 2월 하노이에서의 트럼프(Donald Trump)**와 김정은 간 정상회담은 미북 협상의 역사에서 제네바합의와 그 관련 협상(1993~2002년)과 6자회담(2003~2009년)에 이어 세 번째 단계에 해당하며, 양국의 지도자가 참여한 첫 번째 협상이다. 처음부터 이 단계는 지속시간이 매우 짧은 여러 특성을 담고 있는 것 같았다. 실제 회의는 제쳐두더라도 미국과 북한 어느 나라도 북한 핵무기와 미사일 프로그램을 중심으로 해결이 매우 어려운 문제에 대한 자국의 근본적이고 상호 양립할 수 없는 입장에서 벗어나려는 어떠한 능력도 보여주지 않았기 때문이다. 이에 따라 2019년 말까지 모든 협상의 추진력은 근본적으로 사라졌다. 이 장은 미북 대화의 지역적 환경과 과거의 협상 기록을 간략히 검토한다. 그리고 트럼프와 김정은의 외교 전환 수단을 더 자세히 살펴볼 것이다.

....

** 역자 주) 미국 제45대 대통령이었으며, 2025년 1월 제47대 대통령으로 취임 2029년 1월까지 재임한다.

　지역적 환경 설정에 있어서 우리는 세 가지 주요 역학관계가 2018~ 2019년 기간 동안 미북 대화 과정을 지배했음을 알 수 있다. 첫째는 북한의 위협 잠재력이 계속 기하급수적으로 증대했다는 점이다. 북한은 괌이 첫 번째 신뢰할 수 있는 타격 목표가 될 것이라고 공개적으로 지정하고 대륙간탄도미사일로 미국 영토를 타격할 수 있는 능력에 접근하였다. 둘째는 북한경제가 2016~2017년 유엔의 잇따른 강력한 경제제재 결의의 집행으로 크게 제약을 받고 있었다는 점이다. 셋째는 미국 대통령 트럼프의 개성과 협상 과정에 대해 전략적이기보다는 충동적이라고 자주 묘사되는 그의 외교에 대한 접근방식의 엄격한 제약이다. 북한문제에 대해 그는 거의 관심을 보이지 않았거나 참모들의 세부 작업, 집중적인 지원 외교와 용의주도한 메시지 전달의 감독과 조정 같은 정통적인 정책 입안과 집행 과정에 초점을 두지 않았다. 그 대신 그는 자신이 김정은과 일종의 '개인적인 의기투합'을 이루었으며 이것이 북한의 운명을 바꾸며 그에 따라 지역의 운명도 바꾸는 방향으로 가는 중대한 길을 열었다고 반복해 주장했다. 트럼프의 이런 주장에 대해 김정은이 공손하고 인내심 있게 입에 발린 말을 했지만, 그 주장은 협상 과정에 식별 가능한 긍정적 영향을 미치지 못했다.

　더 폭넓게 말하면, 이러한 역학관계의 이면에는 글로벌 차원은 아니더라도 상호 연결된 여러 지역적 변화들이 있다. 그중 주요한 변화들은 다음과 같다.

- 자국의 전략적 목표를 추구하는 중국의 적극적 공세 증대
- 지역에서의 미국의 힘과 영향력의 상대적 쇠퇴
- 다양한 글로벌 환경에서의 불규칙한 미국외교정책 성과
- 중국과 미국 간 오래되고, 지속적이며, 무역과 관련된 갈등의 악화
- 레짐 안보에 확고하게 맞춰진 다양한 시장경제 활동에 대한 지금까지

는 성공적인 북한지도부의 약속

- 2017년 북한에 대한 일련의 추가적 유엔 경제제재 도입
- 한국의 역대 리더십 (김대중, 노무현, 문재인)의 확고한 행동 양식 추가 확인. 이 행동 양식은 북한에 대한 적극적인 관여를 약속하고 있지만, 이 전략이 북한의 위협 잠재력을 약화할 가능성이 있다는 설득력 있는 증거는 아직 없으며, 국내에서 폭넓은 대중의 지지를 얻을 수 있을지도 의문임.

센카쿠 제도(尖閣諸島)/댜오위다오(釣魚島)를 둘러싼 분쟁과 지속적인 한일 간 식민지 유산문제처럼 지역 국가 간에 때때로 정치적 수사가 가열될 수 있지만, 이와 같은 변화들은 지금까지는 지역 내에서 비교적 가벼운 긴장을 발생시켰다. 이는 적어도 그 변화들이 또한 많은 경제적, 정치적 공통점 — 그중 중요한 하나는 김정은 통치하의 북한이 계속해서 지역의 안정에 근본적인 도전을 제기한다는 합의 — 을 배경으로 작동하기 때문이다.

  그러나 그러한 안정의 요소들은 더 다루기 힘든 문제들에 주의를 집중시킨다. 이 중 가장 중요한 것이 중국과 북한에 존재하는 강력한 이데올로기 잔재들이다. 특히 북한에서는 김일성주의 근본 이데올로기가 계속 고수되고 있으며 극심한 민족주의와 군사주의 문화가 여전히 강렬하다. 이는 지역의 정치적, 경제적 관행과 구조에 대한 지속적인 도전이다. 미국 쪽에서는 트럼프 행정부가 공언한 애국주의, 반(反)이민주의 및 보호주의적 내용을 담은 많은 특정한 정책들이 지역에 영향을 미쳤다. 적어도 그러한 정책들은 미국이 제2차 세계대전 이후의 시대에 추구한 글로벌 리더십과 글로벌 영향권 확장의 외교정책으로부터 엄청나게 후퇴하는 것을 나타내기 때문이다.

  이러한 변화의 총합이 누구에게 더 유리한가의 문제는 물론 매우 중요하며, 북한과 트럼프 행정부 모두 자국이 신호를 올바로 읽었다고 주장

하는 것 같았다. 그러나 그 두 나라 중 북한이 가혹한 유엔제재 레짐 아래서 고투하고 있음에도 불구하고 가장 큰 혜택을 볼 것으로 보였다. 이는 북한의 지속적인 핵프로그램 진전뿐만 아니라 엄격하게 규율된 의사결정 기구, 그리고 경제에서 안정적이고 정치적으로 관리할 수 있는 시장 부문의 등장 때문이다. 한편, 미국은 북한의 핵 위협을 되돌리고 더 넓게는 중국의 지역적 공세 증대에 대응하는 설득력 있는 정책을 개발하기 위해서는, 시간이 미국 편이 아니었기 때문에 명백하게 수세적이었다. 분명한 목표와 효과적인 외교가 부재한 상태에서 미국은 하나의 강력하지만 제한된 수단, 즉 원초적 군사력과 한국전쟁 이후의 오랜 지역 패권국 역할이 가져다주는 수용 정도에 의존할 수밖에 없었다.

미북협상의 과거사

북한을 다루는 데 있어서의 미국의 딜레마는 트럼프 행정부의 성과보다 훨씬 더 깊다. 왜냐하면, 트럼프 행정부가 달성한 결과는 1994년 제네바합의 이후 25년 동안 양자간 직접 협상을 진행하면서 이전의 세 정부가 펼친 다소 왜곡된 당근과 채찍 정책에서 이뤄낸 성과보다 나쁘지 않았기 때문이다. 미북 양자 간에 처음인 제네바합의는 1994년 6월 북한이 국제원자력기구(IAEA)를 탈퇴한 직후의 위기와 핵폭탄 제조를 위해 영변 재처리 시설에서 무기급 플루토늄을 일방적으로 추출하기 시작한 것에 대응한 것이었다. 북한의 플루토늄 추출은 거의 보편적으로 지역의 평화와 안정에 대한 심각한 위협으로 인식되었다. 제네바합의에 따라, 북한은 플루토늄의 추가 추출을 중지하고 영변 핵시설을 동결하고 궁극적으로 해체하기로 했으며, 미국은 북한의 전력 생산능력 상실 주장에 대한 보상으로 경수원자로(경수로) 2기 건설을 주선하고, 그동안에(첫 번째 경

수로 완공 시까지 – 역자 주) 매년 중유 50만 톤 — 당시 북한의 연 소요
량의 1/2이 훨씬 넘는 규모 — 의 공급을 주선하기로 했다. 제네바합의
는 또 미북관계 정상화와 '핵이 없는 한반도의 평화와 안전'을 포함해 광
범위한 문제를 위한 일반적이고 희망적인 조항들을 담았다.[1]

이 합의에 대한 평가는 항상 어느 정도 정파적인 문제이지만, 좋은 합
의였는지 아니면 나쁜 합의였는지에 대한 논의에서 보통 빠진 것은 애초
에 두 당사자가 어떻게 협상 테이블에 오게 되었는가에 관한 면밀할 검
토이다. 여기에서 종종 놓친 핵심 사항은 미국이 이미 두 개의 주요 전선
에서 전략적 혼란에 빠진 상태에서 협상 테이블에 나왔다는 점이다. 첫
째, 미국은 북한의 1994년 초 플루토늄 추출 활동의 군사적 결과에 대
해 강력한 수사적 비판으로 북한에 맞섰으며, 따라서 미묘한 상황을 위
기 상황으로 몰아넣었다. 그러나 그 뒤 미국은 마지못해 군사적 행동의
위협을 뒷받침할 수 없고 그래서 최고의 선택은 북한의 핵 개발을 차단
하는 합의를 협상하는 것이라고 결론을 내렸다.[2] 둘째, 보다 근본적으로,
1990년대로 접어들면서 미국은 '다른 모든 시나리오를 분명히 제외하고'
북한의 붕괴가 불가피하며, 김씨 레짐 생존의 대안적 전략 시나리오를
제대로 분석하지 못한 것이 제네바합의와 그것이 어떻게 진행되는지에
큰 영향을 미치는 핵심 오류였다.[3] 구체적으로 말하면, 미국은 북한이 더
이상 존재하지 않을 것이라고 믿었기 때문에, 제네바합의는 장기적 협상
결과에 대한 미국의 책임감을 감소시켰으며, 그래서 미국은 단기간 유지
계획을 검토했다. 미국은 경수로 같은 자산이 김씨 레짐 붕괴 이후의 재
건에 도움을 줄 것으로 보았다. 따라서 제네바합의의 목표는 미국에는
결과적으로 정당화될 수 있는 것보다 훨씬 더 일관성 있고 성취할 수 있
는 것으로 보였다.

1994년 북한의 사고방식에 관해 살펴보면, 북한 레짐은 고난의 행군
가운데 죽음에 가까운 경험을 겪는 중이었으나 외부인이 그 상황을 다음

과 같이 생각하는 것 — 북한의 종말이 가까웠고, 북한이 국가로서 자신의 정체성을 규정한 수십 년 된 이데올로기와 관련 전략을 곧 거부할 것이며, 그리고 핵무기로 뒷받침되는 안보 목표를 곧 포기할 것이고, 특히 이 안보 목표의 포기는 (북한의 세계관으로는) 터무니없는 일인 한국, 미국 및 일본을 안보 보장자로 인정하고 그들을 철천지 경쟁자나 위협으로 보지 않는 것을 의미하는 어떤 형태의 상호의존 안보 협정을 협상하는 것임 — 은 완전히 잘못된 해석이었다. 그보다는 나중에 밝혀진 바와 같이 북한의 관점에서는 중유의 공급이 극도로 중요했고, 경수로는 그렇지 않았으나 핵무기로 보장되는 생존으로 가는 길을 유지하는 데 절대적으로 필수적이었다. 이러한 사고방식에서는 백만 명 이상의 자국 주민이 굶어 죽는 것을 일종의 부수적인 피해로 보지만, 북한은 미국의 여러 딜레마를 충분히 파악하고, 다른 나라들이 약점만 보는 곳에서 강점을 발견하여, 그 상황을 최대한으로 활용하기 위해 신중하고, 절제력 있는, 전술적 협상을 벌였다.

제네바합의 아래서의 협상은 이러한 상황으로부터 나온 것이며, 대체로 그 성과는 혼합된 것이라고 설명할 수 있다. 미국은 즉각적인 위기의 완화와 중기적 한계 위협 완화를 달성했으나 북한의 핵무기 프로그램에 실질적인 영향을 미치지 못했다. 북한이 고농축우라늄(HEU) 기술 기반의 비밀 핵무기 프로그램을 동시에 개발해왔다는 것이 폭로된 가운데 제네바합의가 붕괴한 2002년까지 북한은 소규모 핵무기고를 구축하기에 충분한 플루토늄을 가진 것으로 추산되었다. 이는 미국이 전면적 검증 문제를 추진하지 못한 과거의 유산인데, 1994년 미국은 다 알고서도 증명할 수 없는 양의 플루토늄을 북한의 수중에 남겨 놓아 추가 생산 프로그램으로의 길을 열었다.[4] 여기에서의 핵심 요소는, 제네바합의가 주로 당면 문제를 해결했으나 이 임무가 완료되고 미국이 적어도 관리할 수 있다고 생각하는 상황이 만들어지면 미국 리더십 수준에서 지속적인 관리의 동기가 서서히 사라졌다는 것이다. 이러한 일은 매우 빠르게 발생했으며, 1995년 초까지 숙달한 정치인이지만 존경받는 정치가는 아닌 클린턴(Bill Clinton) 대통령은 엄청난, 아마도 극복하기 어려운 적대적인 의회라는 장애물을 맞아 제네바합의의 목표를 추구하는 데 사용된 정치적 자본은 좋은 투자가 아니었다는 결론을 내리기 시작했다. 당시 계속 진행 중인 발칸 위기와 같은 다른 우선순위들에 외교정책 의제가 집중하면서 북한은 우선순위 목록에서 밀려났다.

돌이켜보면 분명해 보이는 것은 미국과 북한은 서로 다른 방식으로 시간 게임을 벌임으로써 자국의 최선의 이익을 얻었다고 생각했다. 당면한 위기가 예고된 가운데, 미국의 비전은 뚜렷하게 좁혀졌고 북한의 붕괴에 대한 편협한 기대로 훼손되었다. 한편, 북한은 김씨 국가가 외부 세력에 의해 크게 위협을 받지만 실제로 다른 선택이 없으므로 어떻게든 이겨나갈 수 있다고 계속 믿었다. 이 경쟁에서 북한이 이겼으며, 이것이 이후의 역대 미국 행정부가 정치적으로, 전략적으로, 지적으로, 심지어 심리적으로 받아들이지 않는 것처럼 보이는 불쾌한 현실이다. 물론 사후적으로 생각하는 것은 불공정할 수 있고, 아무도 1994년에 더 좋은 결과가 어땠을지를 설득력 있게 말할 수 없다. 그러나 실제로 발생한 일은 좋은 기회를 놓친 것이 아니라 미북 간 오랫동안 질질 끌어온 갈등의 또 다른 실패의 장인 것 같다.

미북협상의 두 번째 단계는 제네바합의하에서의 협상이 2002년 최종 붕괴한 것으로부터 시작되었다. 제네바합의의 붕괴는 특히 중국에 경각심을 불러일으켰으며, 이후 중국은 2003~2009년 기간 동안 6자회담 구조로 협상을 중개하였다. 6자회담은 북한의 요청에 따라 중요한 미북 양자 협상 요소를 포함하도록 짜였다. 이 두 번째 단계의 협상은 문제를 적절히 조작했으며 때때로 거의 진전된 것처럼 보였다. 그러나 6자회담은 북한의 핵 보유량에 대한 사찰과 검증문제를 두고 미북 간 교착상태에서 흐지부지되기 전까지 결국 새로운 것을 창출하지 못했다. 그 결과 미북관계는 오바마(Barack Obama) 행정부의 '전략적 인내' 정책 아래서 장기간의 교착상태에 접어들었다.[5] 이 정책이 미국의 지렛대에 대한 현실적 평가인가 아니면 지나치게 수동적인 아무 일도 안 하는 정책인가를 두고 다시 한번 미국의 여론은 나누어졌다.

그 뒤 2017년 트럼프 대통령의 취임과 함께 미북관계에서 새 장이 열렸다. 트럼프 치하에서 미국외교정책의 너무 많은 분야가 그랬듯이 수사와 본질을 구분해야만 한다. 미북관계의 경우, 전략적 상황의 본질은 미국, 한국 및 일본이 계속 북한의 핵프로그램으로 인해 증가하는 실존적 위협에 직면하고 있었으며 북한에서 어떤 정치적 또는 전략적 변화가 일어날 것 같은 징후는 아무것도 없었다는 점이다. 북한이 첫 번째 열핵폭탄 실험뿐만 아니라 일련의 대륙간탄도미사일과 중거리 미사일 시험발사를 성공리에 수행한 2017년에 이 점이 다시 강조되었다. 트럼프 행정부에 있어 북한의 핵 및 미사일 실험은 기본적으로 이전 정부들의 봉쇄정책을 지속하게 하였을 뿐 아니라 이제는 북한을 향해 강한 분노의 수사적 비판을 하게 만들었다 ('전 세계가 본 적이 없는 화염과 분노', '작은 로켓맨' 등). 그와 같은 수사적 비판은 관여의 단계로 바뀌기 전 2017년 내내 계속되었다.

2016~2017년 북한의 핵과 미사일 실험은 또 훨씬 더 강력한 유엔제재 레짐을 촉발했으며, 이는 곧 북한의 외교와 대외 경제관계에서 가장 중요한 요인이 되었다. 2006년 이후 유엔 안전보장이사회는 아홉 개의 제재 결의를 통과시켰으며, 2016~2017년 기간에 통과된 가장 최근의 네 개 결의의 강도를 평가하는 것이 그 이후 북한의 정책을 이해하는 데 필수적이다. 그 결의들은 북한경제의 거의 모든 분야를 대상으로 하며, 이것이 바로 그것들의 포괄적인 도달 범위이다. 제재는 다음을 포함한다.

- 핵프로그램 활동과의 연계가 의심되는 화물/선적에 대한 조사와 억류
- 국제금융 및 은행시스템에 대한 북한의 접근 제한
- 섬유, 해산물, 석탄·철광·비철금속 광물 등 북한의 주요 수출품 수출 금지
- 북한의 외교공관 규모와 공관의 금융 활동 범위 제한
- 비인도주의 과학·기술 협력 중지
- 합작 투자 금지
- 석유 수입의 한도 설정
- 임금이 주요 국가 세입원인 해외 북한 노동자의 송환

표면상으로 그러한 조치들의 집행은 북한경제에 치명적인 영향을 미치는 것으로 보이지만, 여기에는 물론 집행의 문제가 있다.[6] 그렇지만 트럼프 행정부의 공식적인 수사는 매우 만족한 인상을 주었는데, 한 고위관리는 그 조치들이 북한경제에 '파괴적 영향'을 주고 있다고 주장했다.[7]

새로운 관여**의 계기가 된 첫 번째 신호는 김정은의 2018년 신년사에서 나왔으며, 미국을 향해서가 아니라 한국을 향해서였다. 김정은은 그해 2월 9~25일까지 열리는 평창 동계올림픽과 관련해 긍정적인 언급을 했다.[8] 2017년 5월 대한민국 대통령으로서 문재인의 선출은 1997~2007년 기간 중 북한을 선제적으로 포용하기 위한 한국의 명백히 일방적인 햇볕정책에 깊이 관여해 온 지도자에게 최고 권력을 준 것이며, 그는 이 과정에 깊숙이 전념했다. 북한에 대한 그의 초기 제안은 아무런 구체적 결과를 낳지 못했다. 왜냐하면, 북한은 그의 약속의 깊이를 잘 알고 있었고 5년 단임 임기에 점점 더 얽매일 수밖에 없는 문재인이 자신의 목적을 달성하기 위해 점점 더 초조해질 수밖에 없고 그래서 더 많이 양보

....

**　역자 주) 일반적으로 외교정책 또는 대외관계 용어로서 engagement는 '관여', '개입' 등으로 번역되고 있으나 한국정부의 대북정책에서는 '포용'의 뜻으로 번역되어 사용되었다.

할 것이기 때문에 기다릴 여유가 있었다.

북한은 이제 때가 되었다고 판단했고, 분위기가 나아지기 시작했다. 문재인은 항상 가고 싶은 곳으로 갈 결심이 확고한 상황에서 평창 동계 올림픽 게임 참가와 관련한 김정은의 긍정적 언급은 남북대화의 재개를 시사했다. 공식대화는 북한 고위인사들이 올림픽에 참석할 수 있는 길을 빠르게 열어주었고, 김정은으로부터 문재인의 평양 방문 초청장이 전달됐다. 그리고 3월 9일 남한과 북한은 문재인과 김정은이 4월 27일 판문점에서 만날 것이라고 발표했다. 이는 2000년 6월의 김대중-김정일 회담과 2007년 10월의 노무현-김정일 회담에 이어 제3차 남북정상회담이 될 것이었다.

한편, 평창에서 북한에 대한 미국의 태도에는 변화가 없었으며, 북한 고위 관리들과의 사회적 접촉을 피하려고 펜스(Mike Pence) 미국 부통령이 거리를 둔 것이 변하지 않는 미국의 입장을 보여주는 것으로 관심을 끌었다.[9] 그러나 평창 동계올림픽이 끝난 지 겨우 2주가 지난 2018년 3월 8일, 평양에서 판문점 정상회담 방식을 두고 김정은과 막 협의를 끝낸 대한민국 국가안보실장 정의용이 워싱턴을 방문해서 트럼프와 협의하고 백악관 기자단에게 트럼프 대통령이 '5월까지' 김정은을 만날 것이라고 발표했다.[10] 미국 관리가 없는 상황에서 한국 고위관리가 미국외교정책의 큰 변화를 발표하는 광경은 예상대로 혼란스러운 반응을 불러일으켰다. 그러나 그 문제는 차치하고, 트럼프는 분명히 정의용을 대리로 내세우는 데서 이전의 강력하고 적대적인 수사를 즉각 무시하고 관여정책을 채택하는 충분한 근거를 찾았다.

동시에 변덕스럽고, 과장되며, 경솔한 지도자로서 트럼프의 동기를 너무 자세히 살펴볼 가치는 없을 것이다. 내일은 항상 분석할 다른 상황이 발생할 가능성이 있기 때문이다. 그렇지만 겉으로 보기에 이러한 미국의 갑작스러운 자세 전환은, 외부 파트너가 평양 당국의 변화를 꾀할 수 있고, 김정은이 거래할 준비가 되어있으며, 근본적인 변화가 일어나고 있다는 문재인정부의 확신을 정의용이 트럼프에게 말했음을 강력하게 시사해준다. 트럼프는 귀를 기울이는 모든 사람에게 그러한 확신을 홍보하는데 전적으로 관심을 가진 문재인을 평가할 수단이 없었으며, 문재인 정책의 국내정치적 원천에 대한 더 냉정한 평가가 더 잘 이해되려면 몇 달이 걸렸을 것이다. 하지만 반면에 분명히 트럼프의 눈에 띄었던 것은 특유의 최소한의 시간과 노력으로 대대적인 홍보 효과를 위한 한반도에서 판도를 바꾸는 결과를 가져올 수 있는 기회였다. 그에 따라 트럼프는 문재인정부의 실증주의적 의제에 동조하였고, 공식적인 접촉이 이어졌으며 2018년 3월 29일 백악관은 트럼프와 김정은 간 회담이 열릴 것이라고 발표했다.[11] 이후 회담 취소 위협 등 약간의 추가 공방이 있고 난 뒤 2018년 6월 12일 싱가포르에서 트럼프-김정은 정상회담이 열렸다.

  싱가포르 정상회담 전날까지도 미국에 대한 정책 제약은 여전히 심각했다. 첫째, 미국은 북한이 어떤 핵 자산을 보유하고 있으며 그것들을 어디에 보유하고 있는지를 책임 있게 판단할 수단이 없었으며, 따라서 폭넓은 신뢰가 없는 상태에서 하나 또는 다른 핵 시설을 폐쇄하거나 1994년 제네바합의의 방침을 따른 동결에 동의하라는 제안은 별 의미가 없었다.[12] 핵사찰 의정서에 대한 합의의 실패는 결국 2008년 최종적으로 6자회담의 붕괴를 가져온 문제였다. 둘째, 북한은 스스로 규정한 안보 이익이 위협을 받는 동안 사실상 협상을 거부하는 자세에서 꼼짝하지 않았다. 매우 논리적인 입장이었지만, 바로 무엇이 그러한 위협을 제거하는 것인지를 알려주지 않고는 해결될 수 없었다. 분명히 북한의 요구는 아마도 미국이 대한민국을 포기하고 이 지역에서 미국의 전략적 입지를 완전히 제거하는 것이었다. 그러나 지난 수십 년에 걸친 기록은 그 요구는 또 한국과 일본의 방어 태세를 대폭 약화하는 것이 있음을 보여주었다. 셋째, 미국은 군사력 행사 이외에 신뢰할 수 있는 최종 게임 전략이 없었다. 이는 북한을 압박할 수 있는 유일한 다른 방법은 엄격한 제재 집행을 주장하는 것이었지만, 여기에서 미국은 북한이 제재의 완전한 영향을 회피할 수 있음을 보여준 많은 다양한 방법을 통제할 수 없었다. 마지막으로, 미국 지도자(트럼프를 의미 – 역자 주)는 일상적이고 공개적으로 전통적인 외교협상 방법을 무시했으며, 그래서 미국의 핵심 요구인 완전하고, 검증 가능하며, 돌이킬 수 없는 핵 폐기(CVID: complete, verifiable and irreversible dismantlement)를 진전시켰을지도 모르는 더 미묘하고 세부적인 회담 과정을 진전시킬 수단이 없었다. 미국 행정부의 소식통은 트럼프가 "거의 전적으로 혼자서, 폼페오(Mike Pompeo) 국무장관 외에 국가안보팀과 거의 협의하지 않고" 준비과정을 처리한 것으로 묘사했으며, 반면에 트럼프 자신은 "나는 내가 매우 많은 준비를 해야 한다고 생각하지 않는다. 중요한 것은 태도이다. 일을 완수하려는 의지에 관한 것이다"라고 설명하면서 자신의 '작업방식(modus operandi)'에 대해 아주 개방적이었다.[13]

　이런 요인들을 고려할 때, 개인적 외교를 통해 그가 지난 1년 동안 모욕하고 조롱했던 김정은과 좋은 관계를 만드는 게 상황을 수습할 수 있는 실행가능한 수단이라는 트럼프의 믿음을 더 쉽게 이해할 수 있다. 그리고 나름대로 이는 비뚤어진 논리적 전략이었다. 왜냐하면, 북한이 대화할 준비가 된 경우와 그렇지 않은 경우를 계산했기 때문이다. 한국 대표단이 그렇다고 주장한 것같이 북한이 대화할 준비가 된 경우는 CVID로 가는 길이 열릴 수 있고, 북한이 대화 준비가 되어있지 않으면 트럼프의 관심은 북한의 과거 기록이 가장 공들인 외교조차도 의미 있는 결과를 낳을 가능성이 없다는 것을 명백히 보여주었기 때문에 대화를 종료하는 것이다.

　그러나 이러한 조건에서 이 접근 방식이 논리적으로 보일지 모르나 실질적으로는 상당한 문제들이 있었다. 효과적인 개인외교를 위해서는 자신의 상대방에 대한 예리한 이해가 필요하며, 이 경우 성패가 걸려 있는 근본 문제에 대한 김정은의 생각뿐 아니라 그의 권력의 성격을 이해하는 것이 필요한데 바로 여기에 트럼프의 지적 지평을 넘어서는 요인들이 분명히 있었다. 김정은은 잘 변하는 어릿광대가 아니었으며, 서구 미디어에서 널리 묘사되고 있는 것처럼 칼리굴라** 같은 폭군도 아니었다. 북한의 의사결정 과정에서 그의 역할은 잘 알려지지 않으나 일반적으로 생각하는 것보다 훨씬 더 제한되어 있다. 여하튼 김정은의 과거 행동은 그가 철저하게 북한의 전통적인 전략목표와 동일선상에 있음을 보여주었다. 트럼프 또한 북한 국가가 현재의 형태로는 독자 생존이 가능하지 않으며 어느 정도의 의식 수준에서는 북한이 이를 알고 있고 현 레짐을 기능적이고 현대적인 국가로 대체하려고 한다는 미국의 오랜 오판 아래서 일을 수행했다. 안보 상호의존과 국제경제·정치 질서에의 정상적 참여를 특징으로 하는 대안의 경제 및 정치체제로의 연착륙을 지원하겠다는 제안은 따라서 강력한 협상 카드로 잘못 간주한 것이었다.[14]

이러한 오판의 깊이는 결정적이었다. 북한 분석에서 이데올로기와 이데올로기적 잔재를 고려하는 것은 항상 트럼프보다 훨씬 더 예리한 판단 능력을 가진 사람들을 힘들게 하는 일이었지만, 여기서 볼 수 있는 증거는 북한 엘리트 사이에 김일성주의의 기본원리에 대한 환멸의 징후가 거의 없다는 것이다. 이것은 거의 놀라운 일이 아니다. 왜냐하면, 1990년대에 성숙해지고 경제 붕괴와 기근의 시기를 견딘 충성스러운 당료는 그후 김정일 통치 말년과 김정은 치하에서 달성한 경제 회복과 군사 안보 측면의 긍정적인 결과를 거의 믿을 수 없을 것이기 때문이다. 당 엘리트의 생존을 보장할 수 있는 비교적 안정된 경제 구조가 진화한 한편 북한

** 역자 주) 로마 제국의 제3대 황제로 본명은 가이우스 율리우스 카이사르 게르마니쿠스(Gaius Iulius Caesar Germanicus)이며, 네로와 같은 구제 불능의 미치광이 폭군으로 알려져 있다.

의 핵무기 프로그램 추구는 일련의 기술적 성공을 가져왔다. 마찬가지로 지역적 동향도 북한의 이익에 유리했으며, 따라서 북한은 이제 고질적 위기에 처한 국가가 아니라 경제제재에도 불구하고 그럭저럭 버티고 외부 세계와의 관계 조건에 점점 익숙해졌다.[15] 물론 이후의 협상에서 강조하듯이 2016~2017년의 유엔제재를 개선하는 것이 이 시기 김정은의 마음에 강력히 자리 잡고 있었다. 그러나 이러한 일들은 김정은을 전술적으로 잠시 멈추게 했을 수는 있으나 북한의 기본적인 전략적 우선순위를 재고하도록 강제한 조짐을 보여주지는 않았다. 그러므로 이제 북한은 핵 프로그램의 진전으로부터 이미 얻었다고 평가한 것이나 아니면 한국과 미국의 대화 상대들이 분발하고 있으므로 새로운 대화로부터 얻을 수 있다고 생각하는 것을 징수하려고 익숙한 전술을 사용하기 시작했다. 북한의 주요 목표는 전통적인 것들이었다. 즉, 한국의 대중과 지도자들 사이를 이간시키고, 한미동맹을 불편하게 하며, 자신의 핵무기를 외부 간섭으로부터 보호하며, 유엔제재 레짐의 완화를 추구함으로써 경제적 이익을 위해 열심히 흥정하는 것 등이다. 따라서 트럼프가 제기한 변화의 유형에 매력을 느낄 가능성이 있기는커녕 북한은 자신의 전통적인 기준척도를 벗어나서 생각할 인센티브가 거의 없거나 전혀 없었다.

싱가포르 정상회담

6월 12일 트럼프와 김정은이 싱가포르에서 하루 동안의 회담을 갖고 짧고 일반적인 공동성명문을 발표했다. 403개의 단어로 된 성명은 1994년 제네바합의 문서 길이의 절반도 되지 않았고 1994년 이후의 수많은 주요 문서 및 부차적 문서에서 반복되지 않은 것은 아무것도 없었다.[16] 이러한 결과는 심도 있는 전략의 문제보다는 트럼프의 준비 부족과 '개인적

의기투합'에 초점을 둔 것의 반영이었다. 공동성명과 트럼프의 기자회견에 대한 분석은 다음과 같은 몇 가지 주요 분야에 초점을 맞추고 있다.

- 충격적인 인권기록을 가진 작고, 가난한 불량국가의 독재자를 만나려고 미국 대통령이 여러 시간대를 통과해 여행하고 이제는 과장되고 잘난체하며 그를 칭찬한 비대칭적인 회담의 상황
- 특정되지 않은 미래 날짜에 주한미군의 일방적 철수를 예고하고, 그사이 트럼프가 '도발적이고' '비용이 많이 드는' 훈련으로 묘사한 한미 군사연습(훈련)을 한국 지도부 또는 미국 군부와 사전 협의 없이 일방적으로 중단[17]
- 생화학무기와 그 확산 같은 미국의 오랜 핵심 우려 사항을 나타내는 문구의 결여와 미래 의제에 사이버범죄와 인권을 포함[18]
- 공동성명의 조건에 따른 추가 협상에 대한 공약은 말할 것도 없이, 각 당사국이 말하는 '비핵화'가 무엇을 의미하는지와 같은 기본 문제에 대한 정의가 부족하고 북한의 의도에 관한 어떤 표현도 없는 것을 볼 때, 후속 협상의 기반으로서 공동성명의 결점[19]
- 북한이 그의 사전 회담 전략을 파악하기 어려웠을 것이고 그의 변덕스러운 방식이 신중하고 불신하는 북한의 관점과는 매우 다른 단일 대화 상대를 판단할 수 있게 북한에 제공된 기회

예상대로 트럼프는 "우리가 모든 것, 모든 것을 얻을 수 있는 협정에 서명했다"라고 주장했으며,[20] 국무장관 폼페오는 아마도 좀 더 자세한 내용을 알고 있는 부담으로 인해 진정한 이득은 문서로 표현할 수 없고 협정 바깥에서 찾을 수 있다고 다소 격앙된 주장을 할 수밖에 없었다.[21] 그러한 메시지 전달은 가장 먼저 트럼프의 핵심 지지층을 겨냥한 것으로, 그들 대부분은 곧 무엇이 실제 일어났는지 거의 또는 전혀 기억하지 못할 것이며, 이 핵심 지지층에 대한 심각한 경계는 의회 공화당 의원들조차 미지근한 지지를 보여준 데 대한 트럼프의 우려로 증명되었다. 트

럼프는 트위터로 "일부 사람들은 트럼프에게 승리의 축하를 하기보다 이 역사적인 협상을 실패로 보고 있다"라고 불평했다.[22] 그러나 이 지지층 밖에서 회담 결과는 광범위한 비판을 받았다. 폼페오는 회담을 앞두고 계속 트위터로 미국의 CVID 공약을 전달했으나,[23] 공동성명은 사찰과 검증문제에 대한 언급이 들어있지 않았다. 이에 대한 언급이 이 단계에 서는 너무 지나친 조치였을 것이라는 강력한 주장이 제기될 수 있지만, 이는 여전히 평양의 승리를 의미했다. 평양이 트럼프를 자신의 군비 통제 전문가들이 적용하는 표준 언어의 정확성에서 벗어나 평양이 선호하는 모호한 용어로 끌고 갔기 때문이다. 그 후 미국 협상가들은 언어의 정확성을 다시 적용하려고 지루한 과정을 거쳐야 했다. 그러나 아홉 달의 추가 협상 결과 미국 협상가들은 '비핵화'라는 용어의 공유된 정의에 대한 합의 '요소'를 가졌다는 말만 할 수 있었다.[24]

다른 비판은 미국의 동맹국 사이에 트럼프 행정부의 불규칙한 의사결정과 협상 지렛대의 불필요한 낭비로 인해 초래된 정책 불확실성과 신뢰 수준의 잠식에 대한 것이었다. 예정된 군사연습을 취소하는 일방적인 결정을 내리기 전에 한국과 협의하지 않은 일은 평양에 유리했던 방식으로 트럼프가 노렸던 것으로 보이는 북한의 '신뢰' 획득보다 훨씬 더 중요한 한국과 일본 행위자들을 분명히 미국의 입장으로부터 더 멀게 밀어내는 행동이었다. 더욱이 그렇지 않다는 미국의 주장에도 불구하고, 싱가포르 정상회담 결과는 이미 약화하고 있는 한국, 중국 및 러시아의 엄격한 경제제재 집행 의지를 더욱 약화하는 것이 틀림없었다. 회담에서 제재에 관한 아무런 언급이 없었고 제재의 엄격한 집행이 분명히 미국의 지속적인 입장이었지만, 그러한 제재의 집행은 꺼리지는 않으나 양면적인 많은 협력국을 포함하는 연대에 근본적으로 의존하고 있으며, 따라서 단호한 국제적 지도력이 필요하다. 그러므로 싱가포르 정상회담의 혼합된 메시지를 해석하는 데 있어서 주요 행위국들은 적어도 당장은 미국 자체는 제재를 집행하나 다른 국가들에 의한 집행을 더는 확고히 보장하지 않을 것이라는 결론을 내릴 수 있는 강력한 근거가 있었을 것이다. 물론 반대의 방향은 대통령의 트위터 메시지에 불과했다.[25]

싱가포르 정상회담에서 미국보다 훨씬 더 많은 것을 얻었으며 특히 북한이 그 대가로 상당한 것을 제공하라는 심각한 압박에 처하지 않았기 때문에 평양이 무엇을 제공할지 지켜보는 것 외에는 다른 것을 기대할 수 없었다. 그 후로 북한은 문제를 진전시키기 위해 서두르지 않았을 것이다. 경험이 풍부한 협상가들 중에는 북한정부와의 획기적인 협상에서 긴장감 넘치는 전투와 벼랑 끝 전술을 느끼지 못한 채 떠나는 경우가 거의 없다. 따라서 북한이 다음 단계에 대한 의심과 불확실성을 조성하여 달성한 새로운 기준을 강화하기 위해 즉시, 그리고 특징적으로 움직이는 것을 보는 것은 놀라운 일이 아니었다. 그러므로 폼페오가 북한에 모든 핵무기, 생산 시설과 미사일의 재고 목록을 제공함으로써 이행 과정을 시작할 것을 촉구하는 군축(비핵화를 의미 – 역자 주)을 위한 제안된 일정을 가지고 7월에 평양을 후속 방문했을 때,[26] 그는 미국이 북한의 핵프로그램에 대해 '깡패 같은 요구'를 한다는 비난을 받고 있음을 알게 되었다. 이 상황은 다음 몇 달 동안의 분위기를 조성했는데, 북한은 제재 완화의 형태를 달성하고 주로 트럼프와 그의 협상가들, 특히 폼페오 사이를 이간시킴으로써 핵 관련 문제에 대한 중요 협상을 방지하기 위해 압력을 가하려고 노력했다.[27] 북한은 물론 트럼프가 미국 총사령관일 뿐 아니라 그의 분명히 드러난 자만심 때문에 동맹국들과 그의 협상팀에 부담을 안겨준 거창한 제스처를 취한 인물로도 평가했다.[28]

이런 전략은 "미국의 악랄한 대조선 적대행위들이 끊임없이 자행"되고 있다면서 미국을 광범위하게 공격한 12월 북한 외무성의 공식 성명(정확하게는 격이 낮은 외무성 미국연구소 정책연구실장 명의 담화 – 역자 주)으로 절정에 달했다. 성명은 매우 구체적으로 제재 집행 행위를 하는 미국 국무부와 재무부를 겨냥했다.

> 싱가포르 조미(북미)정상회담 이후 지난 6개월 동안 국무장관을
> 비롯한 미국의 고위정객들은 매일과 같이 우리를 악의에 차서 헐
> 뜯었다. 미 국무성과 재무성은 자금세척이요 선박 간 환적을 통한
> 비법거래요, 사이버공격이요 하는 별의별 구실을 다 꾸며내 우리
> 나라뿐만 아니라 러시아, 중국 등 제3국의 회사와 개인, 선박들에
> 대해 무려 8차에 달하는 반공화국 제재조치를 취했다.

미국의 양보를 얻기 위해 트럼프와 그의 일선 협상가 사이를 이간시키려
는 북한의 기본 전략도 명확해졌다.

> 국제사회는 조선(북한)이 취한 선제적 비핵화 조치를 만장일치로 환
> 영하고 있으며, 미국에 대해 이에 상응하는 방식으로 대응할 것을
> 촉구하고 있다. 트럼프 대통령 자신도 기회가 있을 때마다 조미관계
> 개선 의지를 피력하고 있다. 국무성이 대통령의 말과는 다르게 조미
> 관계를 불과 불이 오가던 지난해의 원점상태에로 되돌려 세워보려
> 고 기를 쓰고 있는 저의가 무엇인지 의심하지 않을 수 없다.[29]

하노이 정상회담

싱가포르 정상회담의 후속 조치가 2018년 하반기 중 홍보되었지만, 하
노이라는 장소와 2019년 2월의 시기만 2019년 1월에 확정되었고, 그 결
과 트럼프와 김정은이 2월 27~28일 이틀 동안의 회담을 위해 만났다.
싱가포르 정상회담 이후 사건의 흐름을 고려할 때, 2019년 2월까지 미
국이 일련의 메시지 중 욕심을 자제하는 내용을 포함한 것은 놀라운 일
이 아니다. 트럼프는 회담 전날 "나는 서두르고 싶지 않다. 나는 그냥 시

험하기를 원하지 않는다. 시험하기가 없는 한, 우리는 행복하다"라고 말했다.[30] 함축적인 의미를 제외하면 이는 미국의 공식 협상 입장의 지위를 갖지 않았으며, 또 모호했다 (무엇을 시험하는가?). 그러나 그 말은 북한을 핵무장국**으로 잠정적으로 용인하는 의향을 무심코 드러냈고, 이는 CVID 목표가 훨씬 더 오랜 시간 이후의 과제로 되었음을 의미했다. 더욱이 그 말은 북한에 대해 실제 핵무기와 아마도 ICBM 시험발사 이외에 사실상 모든 활동에 참여할 수 있음을 말한 것이었으므로 문제가 있었다.

한편, 공식적 차원에서 2019년 1월 미국의 협상 대표 비건(Stephen E. Biegun)은 다음과 같이 말하면서 하노이 회담에 야심 차게 임했다.

> 우리는 일련의 구체적 산출물, … 앞으로의 협상 및 선언 로드맵, 그리고 우리 공동 노력의 바람직한 결과에 대한 공동의 이해를 달성하려는 의도로 정상회담에 앞서 북한 측과 실무 협상을 진행할 예정이다.[31]

그렇지만 이 과정에서 다룰 실제 세부 사항의 양이 무엇이든지 간에 그리고 실제로 도달한 이해가 빈약하더라도, 이는 하노이 회담을 한 달 남짓 남겨 놓고, 특히 앞서 6개월 동안 아무런 일이 없던 상황을 고려할 때 분명히 야심에 찬 목표였다. 그러므로 하노이 회담 첫날 그런 로드맵에 대한 진전의 증거가 없었으며 그 대신 트럼프와 김정은이 그들의 주요 요구 사항들에 대한 발표로 후퇴한 것은 놀라운 일이 아니었으며, 그 결과 제재 완화/비핵화의 시기, 순서 및 범위에 대해 메울 수 없는 차이가 있다고 빠르게 확인했다. 예정된 둘째 날 반나절이 지나기 전 회담은 공동성명 없이 끝이 났다. 당시 미국 국가안보보좌관 볼턴(John Bolton)은

** 역자 주) '핵무장국(nuclear-armed state)'이란 단순히 핵무기를 가진 국가를 말하며 NPT체제에서 핵무기 보유가 인정되는 '핵보유국(nuclear weapon state)'과 차별되는 용어이다.

다음과 같이 말했다.

> 문제는 정말로 북한이 대통령이 '빅딜'이라고 말한 것을 수용할 준
> 비가 되어있는지였다. 그것은 대통령이 김정은에게 제시한 정의에
> 따라 완전히 비핵화하고 엄청난 경제적 미래의 잠재력을 가지는
> 가, 아니면 우리가 받아들일 수 없는 그보다 낮은 수준의 것을 시
> 도할 것인지이다.

적대적 대화 상대방에게 그가 국가안보에 핵심적이라고 여기는 문제에 대해 그런 '강권(diktat)'을 제시하는 일은 그 상황에서 정통 외교나 현명한 외교라고 할 수 없었으며, 물론 그것은 북한을 여러 면에서 오독했으며, 가장 명백하게는 '엄청난 경제적 미래'라는 유인책에 부여한 가치에서 그렇다. 또한, 일년이 지난 지금도 미국의 전략이 여전히 지름길의 하향식 외교에 의해 빠른 결과를 달성하려는 트럼프의 전략에 입각해 있음을 시사하는 것이었다. 미국과 북한 양측은 서로에 대해 더 가까이 움직이지 않았으며, 미국의 리더십은 이 상황에 영향을 미칠 수 있는 추가적 수단이 없었다.

하노이 정상회담 이후

하노이 정상회담 이후 양측의 움직임은, 교착상태에 도달했고, '정상회담'은 돌파구를 찾을 수 있다는 믿음이 잘못된 것이었으며, 이 단계의 협상은 근본적으로 끝났다는 것을 확인해 주었다. 미국은 핵무기 위협 완화를 달성하지 못했으며, 북한은 제재 완화를 달성하지 못했다. 제재 완화와 관련, 위에서 언급한 2019년 3월 트럼프의 트위터 메시지, 즉 머지않아 제재 집행에 대해 더 온건한 노선의 가능성을 나타내는 것 같았

던 메시지를 철회하는 움직임이 계속되었고 후속 조치로 확인되었다.[32] 2019년 5월 4일, 미국은 2017년 유엔 결의안들을 인용하며 북한의 두 번째로 큰 상선 '와이즈 어네스트(Wise Honest)'호와 2018년 7월 인도 네시아에 의해 압류된 북한산 석탄 화물을 공식적으로 점유하면서 이를 강조했다.[33]

북한으로서는 2018년 4월 20일 발표했던 핵실험과 미사일 시험발사에 대한 일방적인 모라토리엄**을 서서히 약화하는 것으로 대응했으며, 2019년 5월 4일 일련의 단거리 미사일 시험발사의 첫 번째 발사를 단행했다. 이 미사일 시험발사는 ICBM 테스트를 포함하지 않았으며, 따라서 이론적으로 직접적인 군사적 영향은 한국과 일본에 국한되었다. 그러나 미사일 시험발사가 적어도 협상 의도의 위반을 나타내는지에 대한 더 광범위한 질문을 제기하였고, 이로 인해 트럼프는 입장을 분명히 밝히지는 않고 "아무도 그것에 대해 기뻐하지 않는다. 그렇지만 잘 살펴보고 있으며, 두고 볼 것이다. 두고 볼 것이다"라고 말했다.[34] 7월 하순과 8월 초에 러시아의 이스칸데르 탄도미사일을 복제 개발한 단거리 탄도미사일, 탐지가 어렵고 전략무기와 전술무기의 경계를 모호하게 하는 더 이동성이 높은 미사일 등 일련의 미사일 시험발사 후에 비슷한 반응이 나왔다. 이 미사일 시험발사들은 한국정부의 강력한 언어 대응을 유발하였는데,[35] 트럼프의 더 약한 트위터 반응과 대조를 이루었다.[36] 한미의 대응에서의 이러한 대조는 트럼프가 미국 영토에 대한 직접적인 위협이 되는 것과 북한의 이웃 국가들에 위협이 되는 것을 구분하고 싶은 유혹을 받을 수 있음을 시사한다.

한편 긴 안목에서 보면, 북한의 핵실험 모라토리엄은 전체 핵무기 프

** 역자 주) '모라토리엄'은 국제적으로 한 나라가 외채이자 지급불능 상황이 되면 일시적으로 모든 채무의 지급정지선언을 하는 것을 의미하지만, 국제관계에서는 일정한 조치(핵실험, 미사일 시험발사 등)를 잠정 중단하는 것을 의미한다.

로그램에 미치는 영향이 의미가 없으므로 반드시 전략적으로 중요한 움직임은 아니다. 북한 핵프로그램에 대한 지식은 물론 극도로 불확실하지만, 핵무기의 개발은 실제 장치의 주기적인 테스트가 필요하다는 암묵적인 가정에는 명백한 결함이 있다. 2006년, 2009년, 2013년, 2016년(2회), 그리고 2017년에 핵실험을 했으므로, 당분간 북한은 2016~2017년의 실험 결과를 완전히 소화하는 단계에 불편을 느끼지 않을 가능성이 크다. 한편으로 미사일 개발, 엔지니어링 및 운영상의 도전 과제와 미국이 감당하지 못할 선제공격을 결정적으로 가할 이동식 발사대를 확보하는 신성한 목표 같은 다른 작업을 수행하고 있다.

그리고 2019년 6월 30일 짧은 순간의 정치적 연극 무대가 펼쳐졌다. 대한민국을 공식 방문 중이던 트럼프는 김정은에게 트위터 메시지로 그들이 비무장지대에서 만나자고 제안했다. 회담은 정식으로 열렸으며, 한 시간 동안의 대화는 협상을 재개하는 합의를 산출했다. 미국과 북한 양측은 적절한 절차에 따라 2019년 10월 5일 스웨덴 스톡홀름에서 만났으나 회담은 몇 시간 만에 끝났고, 북한은 미국을 '빈손으로' 왔다고 비난했다.[37] 이에 이어 북한은 일련의 성명을 발표하면서 점점 더 트럼프에 대해 날카로운 비판을 하고, 평양이 선택한 시기에 ICBM 시험발사뿐만 아니라 다른 새로운 형태의 핵무기 실험도 본격적으로 재개하기 위한 준비를 했다.

다가올 미래의 양상

이성의 메시지를 보여주기 원하는 정치지도자는 흔히 적대적 상대방과 만날 의향이 있다고 공언하며, 미디어와 여론은 모두 대화를 하지 않는 것보다는 대화하는 게 낫다는 때때로 다소 안이한 생각에서 이를 부추긴다. 이는 세심하게 계획되지 않은 전략을 추구하여 잘 계획되지 않고 시행된 대화는 분명히 어느 일방이나 쌍방의 이익에 해를 끼칠 가능성이 매우 크다는 명백한 현실을 무시하는 것이다. 이것이 분명히 우리가 싱가포르와 하노이에서 목격한 바이지만, 더 일반적인 의미에서 북한의 대화 상대자에게도 해당한다. 그러한 대화 상대자는 시기 선택, 속도 및 환경에서 시작하여 협상 용어의 의도적인 모호성에 이르기까지 북한이 사실상 협상 과정의 모든 측면을 통제하는데 능숙해진 무수히 많은 방법들을 받아들이게 된다. 이런 방식으로 북한에 통제 요소를 양도하는 것이 우선 대화의 대가로서 제시되고 정당화되는 경향이 있으며, 대화 상대는 시간과 근접성이 어떻게든 '신뢰'라는 마법의 묘약을 만들어내 진전으로 이어지기 전에 평양에 너무 많은 압력을 가하는 것은 대화를 결렬로 이끌 수 있다고 종종 설득된다. 우리는 이런 양상을 한국의 햇볕정책 외교에서 가장 분명하게 보았으며, 그러한 사고방식은 전략적 혼란을 뒤죽박죽 상태로 만들어버리는 명백한 위험을 초래한다.

　이 글은 현 단계의 미북 협상에서 세 개의 핵심 동인을 파악하는 것으로 시작했다. 즉 (1) 현재 진행 중인 북한 핵무기 프로그램의 성공, (2) 유엔의 보복 제재 레짐, 그리고 (3) 도널드 트럼프의 개성과 개인적 의제다. 첫 번째 문제와 관련, 과거의 많은 평양의 대화 상대자와 마찬가지로 2018년 동안 미국과 한국은 북한의 근본적인 국가정책에 대한 지속적인 중요 변화의 가능성에 초점을 맞췄으며, 한국은 분명히 북한 핵프로그램을 덮어 되돌리는 데 있어 자신의 과제가 북한이 어떤 불특정한 수준에서는 중국과 베트남이 밟은 것과 비슷한 더 상호의존적이고, 덜 이데올로기적이며, 더 실용적인 길을 갈 준비가 되어있는 방향으로 평양을 조금씩 몰고 가야 한다는 '선험적인(a priori)' 믿음으로부터 일을 진행하였다. 트럼프 행정부는 좀 더 신중한 태도를 보였고, 다소 모호하게 북한을 적대국으로 규정했지만, 김정은의 도움을 받으면 잠재적으로 수용적인 국가가 될 수 있는 당사자로 규정했다.

그렇다면 현재 이 시나리오가 실행될 가능성은 얼마나 될까? 지금 부분적인 시장화 개혁의 지속적인 후속 효과에도 불구하고, 북한의 정책 방향은 계획되었든, 강요되었든 또는 더 가능성이 큰 두 가지의 불안한 조합에서든 중요한 정치적, 경제적 또는 사회적 개혁을 향한 아주 초보적인 발걸음에 대한 설득력 있는 증거를 제공하지 않고 있다. 만약 우리가 평양의 정책을 결정하는 기본적인 정치 및 정부 구조에서 시작해야 한다면, 우리의 첫 번째 관찰은 고도로 권위주의적인 국가의 상부구조가 아무런 손상 없이 정상적으로 작동한다는 것이다. 2020년에 과거 수십 년 동안 그랬던 것처럼 대중 매체 발표, 프로토콜, 의제, 공식 성명, 수사적 및 전략적 정책 처방 등은 거의 변함이 없고 리더십은 체제에 대한 평생 충성도에 흠잡을 데 없는 기록을 가진 핵심 그룹의 수중에 있는 북한의 당, 국가와 군 기관은 여전하다.

이 상부구조의 바깥에서, 현대 북한 시민사회 내의 변화로부터 발생하는 주요 변화의 잠재력을 평가하는 데 있어 시간이 지나면서 관찰자들은 1990년대 이후 경제에서 번창할 수 있었던 상당한 정도의 시장화의 실질적인 효과에 대해 더 큰 관점을 갖게 되었으며, 그것은 분명히 사회적 또는 정치적 도전이라고 할 만한 것을 거의 생산하지 않았다. 민간경제 활동으로 열린 사회적 공간의 성격을 평가하는 일은 쉽지 않지만, 권위주의 국가의 상부구조 대부분은 고스란히 남아 있으며, '수용소(gulag)' 체제는 계속 가동되고 있고, 국내 여행을 제한하고 인터넷 접속을 포함해 외국인과의 무단 접촉을 막는 매우 엄격하고 고립주의적인 조치도 마찬가지이다. 요컨대, 모든 증거는 외부 관찰자들이 국제사회의 규범과 관계를 맺기보다는 도전할 도구를 갖추고 있는 상대방으로부터 변화를 추구하려는 의지를 상정하는 오래된 난문제에 여전히 집착하고 있음을 시사하고 있다. 그래서 그들이 북한이 잘되길 바라든 아니면 잘못되길 바라든, 트럼프를 포함해 그들은 여전히 북한에 공개적이고 노골적으로 악마화되는 정책을 강력하게 추진해야 한다는 흥미로운 입장에 있다.

현재 미국 측에서는 트럼프의 개성이 필연적으로 큰 영향을 미칠 것이다. 왜냐하면, 현대 시대에는 드물게 미국 지도자가 자신의 외교정책 방법과 목표에 대해 그런 논쟁을 일으켰거나 자신의 개인적 및 국내적 의제가 얼마나 자신을 미국의 더 깊은 국익 추구에 얽매이지 않게 만드는지에 대해 의문을 제기했기 때문이다. 그 미국의 국익은 1945년 이후 국제질서의 근본적인 구조를 방어하는 것으로 느슨하게 정의될 수 있다. 글로벌 차원에서 트럼프는 국제제도와 일상적인 국제 외교의 작동 방식에 대해 경멸은 아니더라도 높은 수준의 혐오감을 드러냈다. 그는 그것들을 자기 자신의 자칭 외교적 기량 발휘에 대한 장애물로 보고 있으며, 그의 북한과의 거래에서도 이 패턴에서 벗어나는 경우는 거의 없다. 따라서 취임 후 트럼프는 먼저 북한에 대해 수십 년 동안 보지 못한 강도의 위협적이고 모욕적인 말을 했지만, 거의 하룻밤 사이에 관여를 선택하였으며 하노이 정상회담 교착상태 이전에 매우 관대한 싱가포르 정상회담 결과를 보였다. 싱가포르에서 트럼프가 보낸 메시지는 목적이 분명하지 않았으며, 김정은과 강하고 건설적인 관계를 구축했다는 차분하고 그럴듯하게 들리는 주장으로 관련 문제들의 복잡성을 하찮아 보이게 만들었고,[38] 모호하지 않고 오히려 불투명하게 정의된 북한 위기가 어떻게든 끝났다고 주장했다. 이런 주장들은 바로 순간을 남의 주목을 받으며 살고, 걸린 문제의 복잡성 및 심각성과는 종종 기이한 단절을 보이며, 신중한 다음 단계는 무엇일지에 대한 문제를 무시할 준비가 되어있는 대중적 인물로서 그의 필요를 충족시켰다.[39]

북한은 빠르고 예리하게 트럼프 요인을 그가 동맹국 및 자신의 협상가들과 대결하게 함으로써 미국의 태도를 바꾸게 하는 수단으로 식별했으며, 흥미롭게도 북한의 트럼프에 대한 초점은 김정은을 북한 권력구조를 통제하고 트럼프 의제를 위하여 체제 내부로부터의 변화를 꾀할 수 있는 절대 통치자로 여기는 트럼프 자신의 접근법을 반영하였다. 트럼프는 이제 이 과정에서 그가 할 수 있는 모든 것을 얻어냈다고 믿고 다음 단계로 넘어갈 때가 되었을 가능성이 있다. 그러나 만약 북한이, 특히 김정은이 트럼프가 설정한 사안의 전개 방식을 받아들이지 않으면 추가적인 대립이 발생할 가능성도 있다. 트럼프의 개인적 위신이 깊이 관여하게 되었으며, 만약 북한이 현재 미국에 의해 일방적으로 규정된 관여의 법칙을 넘어서면, 특히 트럼프가 2020년 미국 대선을 앞두고 국가 비상사태에 직면하여 위기관리 기술을 강조하려고 한다면 이는 상당한 반발을 불러일으킬 수 있다.[40] 그동안 관련된 궁극적 이해관계에 대해 제한된 이해를 드러내고 있는 미국의 리더십은 국제 규범을 마지못해 준수해야 한다.**

한반도 갈등이 가져온 여러 가지 딜레마는 트럼프가 만든 것이 아니며, 물론 현재 상황과 완전히 관련이 있는지 확인하는 데 필요한 사항에 대해 관찰 가능한 신중한 고려를 하지 않는 것 외에는 실제로 트럼프가 이 지역에서 전통적인 미군의 군사태세를 방해하는 일을 거의 하지 않았다는 점을 분명히 해야 한다. 그러나 현재 일어나고 있는 지역의 세력 전이에 직면하여 문제를 명확하게 하고 일관된 행동 방침에 대한 지지를 모으는 대신에, 한반도 갈등의 다양한 당사자들에 의해 전통적으로 사용되어 온 혼란스러운 수사적 장치들의 거대한 그물망에 미국을 포함시키는 것이 그의 독특한 재능이었다. 이 거울의 전당은 신호가 추가되었는데, 이는 실제 상황 관리에서 미국의 지역 외교는 힘, 영향력과 미묘함을 불필요하게 잃었고, 실질적인 성과의 전망은 거의 없는 듯이 보이며, 그러나 오히려 추가적인 수사학이 발생할 전망이 크다는 것이다. 코로나19

....

** 역자 주) 2020년 11월 대선에서 공화당의 트럼프가 패배하고 민주당의 바이든 행정부가 출범했으나 임기 4년 동안 미북관계가 사실상 중단된 상태에서 2024년 11월 트럼프가 대선에서 승리, 2025년 1월 20일 그의 2기 행정부가 출범했다.

팬데믹이 장기화되고, 2020년 미국 대선이 다가오며, 2022년에 끝나는 5년 단임제 임기로 문재인이 점차 레임덕에 들어서고, 북한은 유엔제재 레짐의 지속적인 영향을 평가하고 있음에 따라, 현재의 증거는 미국 대통령의 추가적인 충동적인 거래 행동의 발생을 생각할 수 있고 북한으로부터의 도전적인 압력의 가능성은 매우 큰 교착상태를 가리키고 있다.**

....

** 역자 주) 바이든 행정부 임기 중 미북관계는 정체 상태에 있었는데, 트럼프 2기 행정부를 이끄는 미국 제47대 대통령 트럼프는 "난 김정은을 안다. 김정은과 매우 잘 지낸다. 난 아마 그가 제대로 상대한 유일한 사람이다"(*TIME*, 2024년 12월 12일)라며 향후 트럼프 2기 행정부의 대북외교에서 이 장에서 논의된 트럼프의 개인적 외교 역량 발휘의 가능성을 보여 주었다.

주

1) 'Agreed Framework Between the United States of America and the Democratic People's Republic of Korea' 이 공식 명칭이며, 그 전체 내용은 다음을 참조할 것. https://2001-2009.state.gov/t/ac/rls/or/2004/31009.htm (accessed January 2020).
2) 미국의 전 회담 수석대표 갈루치(Robert Gallucci)는 2003년에 "만약 우리가 협상을 타결하지 않았으면, 우리는 전쟁을 했거나 북한이 100기 이상의 핵무기를 갖게 되었을 것이다"라고 말했다. 이는 어쩌면 극단적인 언급이지만 아마도 미국의 진퇴양난을 가장 잘 설명하는 것이다. 다음을 참조할 것. *Rummy's North Korea Connection*, available at https://money.cnn.com/magazines/fortune/fortune_archive/2003/05/12/342316/index.htm (accessed February 2020).
3) 예를 들어, 미국 중앙정보국(CIA)의 1998년 보고서를 참조할 것. "Exploring the Implications of Alternative North Korean Endgames: Results from a Discussion Panel on Continuing Coexistence Between North and South Korea," available at www.cia.gov/library/readingroom/docs/DOC_0001085294.pdf. 레빈(Norman Levin 1997)은 당시 북한이 생존하는 경우의 정책적 함의를 분석한 극소수 중 한 사람이다.
4) 이 양의 추정치는 서로 다른데 최악의 경우 10kg에 달하는 것으로 추정되었다. 핵폭탄 1기 제조에는 약 5~7kg이 필요하다. 이에 대한 논의는 다음을 참조할 것. Niksch (2006) and Albright and Brannan (2007).
5) 6자회담에 관한 포괄적인 설명은 다음을 참조할 것. Buszynski (2013).
6) 제재 이행을 모니터하기 위해 유엔 안보리가 설립한 전문가 패널의 정기보고서

이외에, 2019년 3월의 패널 보고서를 요약한 2019년 3월 카네기 국제평화기금 보고서는 북한의 관행을 보여주는 유용한 자료이다. 동 요약보고서는 북한이 계속 제재를 완화하는 중요한 파트너에 의존하고 있고, 선박 대 선박 환적, 사이버범죄와 암호화폐 사기를 통한 국제금융시장 침투 증대, 광범위한 대리인 공작원 네트워크 활용 등을 통해 상당한 정도로 제재를 회피해오고 있음을 잘 보여주고 있다. 다음을 참조. 2019 UN North Korean Panel of Experts Report: Takeaways for Financial Institutions, available at: https://carnegieendowment. org/2019/03/27/2019-u.n.-north-korea-panel-of-experts-report-takeaways-for-financial-institutions-pub-79337 (accessed February 2020). 북한이 제재 레짐의 최악의 결과를 회피하도록 도와주는 한국의 역할에 대한 자세한 설명은 다음을 참조. Sung-yoon Lee (2018). 냉정한 결과에 도달하는 또 다른 자세한 평가에 대해서는 다음을 참조. Marcus Noland (2018). 이 글을 쓸 당시 제재 이행에 관한 가장 최신의 유엔 안보리 전문가 패널 보고서(142페이지 분량, 2019년 8월)도 북한이 계속해서 글로벌 금융경제에 접근한 여러 가지 다양한 방법을 열거하고 있다. 다음을 참조. www.securitycouncilreport.org/atf/cf/%7B65BFCF9B-6D27-4E9C-8CD3-CF6E4FF96FF9%7D/S_2019_691.pdf (accessed January 2020).

7) 다음을 참조할 것. U.S. State Department, "Senior State Department Official on North Korea," available at: www. state.gov/r/pa/prs/ps/2019/03/290084. html (accessed February 2020).

8) 그렇지 않으면 비타협적이었을 연설은 다음과 같은 구절을 담았다.

> 남조선에서 머지않아 열리는 겨울철 올림픽 경기대회에 대해 말한다면, 그것은 민족의 위상을 과시하는 좋은 계기로 될 것이며 우리는 대회가 성과적으로 개최되기를 진심으로 바랍니다. 이러한 견지에서 우리는 대표단 파견을 포함하여 필요한 조치를 취할 용의가 있으며 이를 위해 북남 당국이 시급히 만날 수도 있습니다. 한 핏줄을 나눈 겨레로서 동족의 경사를 같이 기뻐하고 서로 도와주는 것은 응당한 일입니다.

다음을 참조할 것. 김정은의 2018년 신년사, available at www.ncnk.org/node/1427 (accessed February 2020).

9) 다음을 참조할 것. "At Games reception, a hopeful dessert and a hasty exit," available at www.sbs.com.au/news/at-games-reception-a-hopeful-dessert-and-a-hasty-exit (accessed February 2020).

10) 전체 맥락은 반복할 가치가 있다. 전체 이야기보다는 아마 부족할지 모르나 정의용은 아래와 같이 말했다.

> 저는 트럼프 대통령에게 북한의 지도자인 김정은 위원장과의 면담에서 김 위원장이 비핵화에 대한 의지를 갖고 있음을 언급하였다고 하였습니다. 김 위원장은 북한이 향후 어떠한 핵 또는 미사일 실험도 자제할 것이라고 약속하였습니다. 김 위원장은 한미 양국의 정례적인 연합군사훈련이 지속되어야 한다는 점을 이해하고 있습니다. 그리고 김 위원장은 트럼프 대통령을 가능한 조기에 만나고 싶다는 뜻을 표명하였습니다. 트럼프 대통령은 오늘 브리핑에 감사를 표시하고, 항구적인 비핵화 달성을 위해 김정은 위원장과 금년 5월까지 만날 것이라고 하였습니다.

다음을 참조할 것. White House, "Remarks by Republic of Korea National

Security Advisor Chung Eui-Yong," available at: www.whitehouse.gov/briefings-statements/remarks-republic-korea-national-security-advisor-chung-eui-yong/ (accessed February 2020).

11) 한국의 조치에 관한 자세한 설명은 다음을 참조할 것. *National Review*, "Kim Wins in Singapore," available at: www.nationalreview.com/magazine/2018/07/09/kim-jong-un-singapore-summit-north-korea-wins/ (accessed February 2020).

12) 올브라이트(David Albright)가 관찰한 바와 같이, "검증의 관점에서 우리는 북한의 핵프로그램에 관해서 정말로 많이 알지 못한다. 그것은 실제로 블랙박스와도 같다." *New York Times*, "As Bolton Says North Korea Could Disarm in a Year, Reality Lags Promises," available at www.nytimes.com/2018/07/01/us/politics/north-korea-bolton-pompeo-timetable.html (accessed February 2020).

13) 다음을 참조할 것. *Politico*, "Trump and Bolton Spurn Top-Level North Korea Planning," available at: www.politico.com/story/2018/06/07/trump-bolton-north-korea-630362 (accessed February 2020).

14) 10개월 후, 김정은과 북한에 대한 트럼프의 평가에 영향을 준 것은 거의 없는 것 같았다. 2019년 2월 3일 CBS 방송 "Face the Nation" 프로그램과의 인터뷰에서 트럼프는 김정은의 정신상태를 다음과 같이 평가했다.

> 나는 김정은도 그가 겪고 있는 일에 지쳤다고 생각한다. 그는 북한을 엄청난 경제 대국으로 만들 기회가 있다. 북한은 세계에서 경제 대국의 하나가 될 기회가 있다. 그는 핵무기를 갖고 그것을 할 수 없으며 북한이 현재 있는 길 위에서 그것을 할 수 없다.

Transcript: President Trump on "Face the Nation," February 3, 2019, available at: www.cbsnews.com/news/transcript-president-trump-on-face-the-nation-february-3-2019/ (accessed February 2020).

15) 외부 세계는 최근 고위 간부의 탈북을 통해 평양 엘리트의 사고방식에 관해 많은 것을 배우고 있다. 물론 각 사례는 개인적이지만, 대한민국과 그 밖의 지역에서 널리 알려진 일부 주목을 받는 사례들에도 불구하고, 대체로 다른 하급 관리들의 덜 알려진 정보 보고는 북한정치체제 그 자체에 대한 불만이 널리 퍼져 있음을 보여주지 않고 있다. 대개 하급 간부들은 잘못된 금융 또는 정치적 거래의 희생자인 것으로 보이며, 이상하게도 흔히 증인 보호 프로그램에 들어간 미국의 전 마피아의 사고방식을 생각나게 하는 방법으로 현재 남한에서 손짓하는 생활보다 북한에서의 생활 방식에 더 큰 애착이 있는 것 같이 보인다. 이는 그들이 어려서부터 강도 높은 사회화과정을 거쳤고 탈북하기 전 누렸던 특권을 두고 볼 때 전혀 놀랄 일이 아니다. 평양 엘리트 구성원들의 탈북 전 활동에 대한 정보에 대해서는 다음을 참조할 것. Young-ja Park (2015).

16) 네 문장의 공동성명에서 두 당사자는 "새로운 미북관계를 수립하기로 약속"하고 "항구적이고 안정적인 한반도의 평화체제를 구축하는 노력에 협력"하기로 했다. 북한은 추가로 2018년 4월 판문점 남북정상회담에서 언급된 "한반도의 완전한 비핵화"를 위해 노력하기로 약속했다. 마지막 문장은 전쟁포로/전시행방불명자 추가 유해발굴과 송환을 다루었다. 공동성명 전문 내용은 다음을 참조할 것. whitehouse.gov/briefings-statements/joint-statement-president-donald-j-trump-united-states-america-chairman-kim-jong-un-democratic-peoples-

republic-korea- singapore-summit/. 이 회담에 대한 북한의 공식 보도 또한 일 반적으로 요약되어 있다. 전쟁포로/전시행방불명자 문제에 대한 단순한 언급과 는 별개로, 제재와 같은 특정 문제에 대한 언급이 없으며, "두 나라는 상호 이 해에 따라 서로에 대한 적대를 자제하기로 약속하였고, 이를 보장하기 위한 법 적, 제도적 조처를 하기로 약속하였다"라고 단순히 언급했다. 다음을 참조할 것, www.dprktoday. com/index.php?type=70&no=393&for=e. (accessed February 2020).

17) 한미 군사연습의 중단에 포함된 사항에 대한 논의에 대해서는 다음을 참조할 것. Mats Engman, "Consequences of Suspending U.S.-ROK Military Exercises," available at: http://isdp.eu/consequences-suspendingu-s-rok-military-exercises/ (accessed February 2020).

18) 나중에 미국은 전체 거래의 구성요소로서 생화학무기 폐기를 추가했다. 물론 그 러한 논쟁적인 문제는 처음에는 유보하는 것이 나을 수도 있다고 주장하는 게 합리적이다. 그러나 트럼프 행정부는 훨씬 더 나아가 이 문제의 북한 핵무기와 의 관련성을 일관되게 무시했다. 생화학무기와 핵무기는 틀림없이 분명하고 명 확하게 관련성이 있다.

19) 비핵화와 관련, 올브라이트(David Albright 2018)는 비핵화를 "북한 맥락에서 일반적으로 핵 군축뿐만 아니라 핵무기를 만들 수 있는 산업 역량 대부분을 제 거하는 것을 의미하는 비록 모호하게 정의되나 흔히 사용되는 용어"라고 정의 하고 있다. 이 견해는 분명히 북한에 의해 공유되지 않고 있으며, 북한은 자신 의 정의가 무엇인지에 대해 의도적으로 모호성을 유지해오고 있다. 한국은 암묵 적으로 이 모호성을 수용했으며, 문재인은 이 문제에 대해 상세히 말하기를 거 부하여 반복적으로 국내적 비판을 받았다. 이는 물론 양측 간 지금까지 도달한 비핵화에 대한 실제 이해 수준을 상당하게 말하고 있다. 2019년 1월 현재 비핵 화의 정의문제에 대해서는 다음을 참조할 것. *Washington Post*, "Confusion over North Korea's Definition of Denuclearization Clouds Talks," available at: www.washingtonpost.com/world/asia_pacific/confusion-over-north- koreas-definition-of-denuclearization-clouds-talks/2019/01/15/c6ac31a8- 16fc-11e9-a896-f104373c7ffd_story.html. 공동성명과 추후 협상 간의 연관성 에 대해서 부시(George W. Bush) 행정부의 미국 협상 대표였던 힐(Christopher Hill)은 공동성명 당시 북한이 폼페오 미 국무장관을 상대하는 대화자를 지정 하지 못했음을 지적했으며, "공동성명은 좀처럼 그런 불균형이 없다. 보통은 일방이 협상자를 지명하지 못하면, 상대방은 대화 상대가 준비될 때까지 기다 려야 한다. 그러나 트럼프 대통령은 이 거래를 원했고, 그래서 나쁜 거래를 했 다"라고 관찰했다. 다음을 참조할 것. *The Hill*, "Don't Act Too Eager for a North Korea Deal," available at: https://thehill.com/opinion/national- security/431360-christopher-hill-dont-act-too-eager-for-a-north-korea-deal (accessed February 2020).

20) 트럼프가 정상회담 후 트위터로 전달한 메시지의 내용은 다음과 같다.

> 방금 도착 – 긴 여행이었지만, 모든 사람이 이제 내가 취임한 날보다 훨씬 더 큰 안도감을 느낄 것이다. 더 이상 북한으로부터의 핵 위협은 없다. 김정은과의 회담은 흥미롭고도 매우 긍정적인 경험이었다. 북한은 미래를 위한 커다란 잠 재력이 있다!

다음을 참조할 것. https://twitter.com/realdonaldtrump/status/1006837823
469735936?lang=en. 정상회담 직후 덜 도취한 미디어 요약에는 다음의 것들이
있다. Jeffrey Lewis, "After the Trump-Kim Summit, U.S. and North Korea
Appear as Far Apart as Ever," available at:www.npr.org/2018/06/14/619885804/
after-the-trump-kim-summit-u-s-and-north-korea-appear-as-far-apart-as-ever
(accessed February 2020), Brookings Institution, "Around the Halls: Brookings
Experts React to the Trump-Kim Jong-un Summit in Singapore," available
at: www.brookings.edu/blog/order-from-chaos/2018/06/12/around-the-halls-
brookings-experts-react-to-the-trump-kim-jong-un-summit-in-singapore/
(accessed February 2020). 정상회담에 대한 북한의 공식 보도는 다음을 참조할
것. *DPRK Today*, "Historic First DPRK- U.S. Summit Meeting and Talks
Held," available at: www.dprktoday.com/index.php?type=70&no=393&for=e.
이 보도는 싱가포르에서 도달한 이해를 불분명하고 일방주의적 관점에서 서술
하고 있는데, 그중에서도 다음과 같은 언급이 있다.

> 트럼프는 북한과 미국 간 선의의 대화 기간에 북한 측이 도발로 간주하는 미
> 국-남한 합동군사훈련을 중단하고, 북한에 대한 안보 보장을 제공하며, 대화
> 와 협상을 통해 상호관계 개선이 진전되는 데 따라 북한에 대한 제재를 해제한
> 다는 의사를 표명했다.

21) 회담 후 기자 회견에서 폼페오는 다음과 같이 주장한 것으로 인용되었다.

> 이해에 도달한 다른 많은 부분이 있다. … 우리는 그것들을 글로 줄일 수 없었
> 으며, 아직 해야 할 일이 있음을 의미한다. 그러나 최종 문서에서 볼 수 있었던
> 것 이상의 많은 일이 이뤄졌다.

다음을 참조할 것. *The Guardian*, "Mike Pompeo Loses Temper When Asked
About North Korean Disarmament," available at: www.theguardian.com/
us-news/2018/jun/13/north-korea-nuclear-deal-trump-nextsteps-what-will-
happen (accessed February 2020).

22) 다음을 참조할 것. www.msnbc.com/rachel-maddow-show/trump-wants-credit-
north-korea-deal-which-he-gained-nothing (accessed February 2020).

23) 폼페오의 6월 11일 트위터 메시지에서, "우리는 완전하고, 검증 가능하며, 돌이
킬 수 없는 한반도 비핵화를 위해 최선을 다하고 있다." 다음을 참조할 것, *The
Guardian*, "Mike Pompeo Loses Temper," op. cit.

24) 예를 들어, 협상 대표 비건(Stephen E. Biegun)이 한 것으로 보이는 2019년 3
월 미 국무부의 대언론 배경 설명에서 발췌한 다음의 내용을 참조하시오.

> 질문: 간단히 덧붙이자면, 하노이 정상회담 직전 스탠퍼드 대학에서 한 연설에
> 서 당신은 비핵화의 정의에 대한 합의조차 이루지 못했다고 말했다. 지금은 북
> 한과 합의를 이뤘는가?
> 고위 국무부 관리: 우리는 비핵화의 요소를 가지고 있다. 우리는 비핵화 정의
> 가 무엇인지에 대한 일부 간격을 좁혔으며, 신고와 동결 같은 다른 문제에 대한
> 일부 간격을 좁히고 있다. 그중 일부는 올해 첫 3개월 이상 논의하는 과정에서
> 논의한 문제들의 축적이다. 일부의 생각은 여전히 우리의 것이며 북한에 의해
> 받아들여져야 한다.

다음을 참조할 것. U.S. State Department, "Senior State Department Official on North Korea," op. cit.

25) 이 문제에 대한 의견의 단면에 대해서는 다음을 참조할 것. *The Guardian*, "A Historic Handshake … But What Did the Trump-Kim Summit Really Achieve?" available at www.theguardian.com/world/2018/jun/16/trump-kim-summit-analysis-north-korea (accessed January 2020).

트럼프가 제재를 고수하는 문제는 그가 2019년 3월 예기치 않은 트위터 메시지로 다음과 같이 발표했을 때 사실상 발생했다. 그는 "기존의 대북한 제재에 추가적인 대규모 제재가 부가될 것이라고 미 재무부가 오늘 발표했다. 나는 오늘 그 추가 제재를 철회하라고 명령했다!" 백악관 대변인은 처음에 "트럼프 대통령은 김 위원장을 좋아한다. 그래서 그는 이 제재가 필요하다고 생각하지 않는다"라고 언급했다. 다음을 참조할 것. *New York Times*, "A Defiant Trump Mutes North Korea Sanctions," available at: www.nytimes.com/2019/03/22/world/asia/north-korea-sanctions.html (accessed January 2020).

26) 다음을 참조할 것. *New York Times*, "As Bolton Says," op. cit.

27) 그리고 북한 핵프로그램이 제기한 여러 가지 기술적 문제에도 불구하고, 북한은 비건이 12월 평양을 방문하기까지는 실질적인 실무 협상이 열리지 않는다고 했으며, 한편 북한 최초의 고위급 협상가 김영철은 예정된 11월 회담이 마지막 순간에 취소된 후 2019년 1월까지 미국을 방문하지 않았다.

28) 미북관계의 특정 분야에서 이 자만심의 정도는 트럼프 진영의 노벨평화상 후보 추진에 반영되었다. 2019년 2월 15일, 트럼프는 아베(安倍晉三) 일본 총리가 그를 노벨평화상 후보로 추천했다고 발표했다. 다음을 참조할 것. Reuters, "Trump Makes His Case for Nobel Peace Prize, Complains He'll Never Get It," available at: www.reuters.com/article/us-northkorea-usa-trump-idUSKCN1Q42FJ (accessed January 2020).

29) 다음을 참조할 것. KCNA, "Press Statement of Policy Research Director of Institute for American Studies, Ministry of Foreign Affairs of the DPRK," available at: www.kcna.kp/kcna.user.article.retrieveNewsViewInfoList.kcmsf#this (accessed February 2020).

30) 이 말의 정책적 함의에 대한 논의에 관해서는 다음을 참조할 것. Susan Rice, "Can Trump Avoid Caving to Kim in Vietnam?," available at: www.nytimes.com/2019/02/26/opinion/trump-kimvietnam.html (accessed January 2010).

31) 다음을 참조할 것. U.S. State Department, "Remarks on DPRK at Stanford University," available at: www.state.gov/p/eap/rls/rm/2019/01/288702.htm (accessed February 2020).

32) 한 정부 관리의 말에 따르면,

> 비핵화를 향한 단편적인 조치를 대가로 일부 제재를 해제하는 그 정책을 단계적 접근법의 하나로 해석하는 것은 실수일 것이다. 그것은 승리 공식이 아니며 대통령의 전략이 아니다.

다음을 참조할 것. *New York Times*, "A Defiant Trump," op. cit.

> 이것은 행정부 내의 관리들이 제재 완화와 교환하여 북한 핵무기 프로그램의 잠정적인 동결에 만족하는 생각을 하고 있었다는 주기적인 추측을 줄이지 못했다. 예를 들어, 다음을 참조할 것. *New York Times*, "In New Talks, U.S. May Settle for a Nuclear Freeze by North Korea," available at

www.nytimes.com/2019/06/30/world/asia/trump-kim-north-korea-negotiations.html (accessed January 2020).

33) 압류 근거를 자세히 설명하는 미국 법무부 발표에 대해서는 다음을 참조할 것. "U.S. Department see North Korean Cargo Vessel Connected to Sanctions Violations Seized by U.S. Government," available at www.justice.gov/opa/pr/north-korean-cargo-vessel-connected-sanctions-violations-seized-us-government (accessed January 2020).

34) CNBC, "Trump on Latest North Korean Missile Tests: 'Nobody's Happy About It,'" available at: www.cnbc.com/2019/05/09/trump-on-latest-north-korean-missile-tests-nobodys-happy-about-it.html (accessed March 2020).

35) 다음을 참조할 것. *New York Times*, "North Korea Tested New Ballistic Missile, South Says, Flouting U.N. Ban," available at www.nytimes.com/2019/07/25/world/asia/north-korea-ballistic-missile.html (accessed February 2020).

36) 트럼프의 트위터 메시지에 따르면,

> 이 미사일들의 시험발사는 우리가 서명한 싱가포르 합의의 위반이 아니며, 우리가 악수했을 때 단거리 미사일에 대한 논의는 없었다. 유엔 결의의 위반이 있을 수 있지만, 김 위원장은 신뢰 위반으로 나를 실망하게 하기를 원하지 않으며, 북한은 얻을 것이 훨씬 더 많다 – 김정은 통치 아래 국가로서의 잠재력은 무한하다. 또한, 잃을 것이 너무 많다.
> (*https://twitter.com/realdonaldtrump/status/1157306442422136834?lang=en accessed January 2020*)

37) 국무부의 공식 언론발표문은 이런 직설적인 평가와는 상당히 달랐으며, 다음과 같이 주장하면서 다소 끈질기게 실증주의적인 태도를 유지했다.

> 북한 대표단의 앞선 논평은 오늘 8시간 반 동안의 토론 내용이나 정신을 반영하지 않고 있다. 논의 과정에서 미국 대표단은 싱가포르 정상회담 이후의 사건을 검토했고, 양측 모두에 관련된 많은 문제를 해결하기 위한 더 집중적인 관여의 중요성을 논의했다. 미국 대표단은 싱가포르 공동성명의 네 기둥 각각에서 진전을 이룰 수 있게 해줄 여러 새로운 계획을 소개했다.

> 다음을 참조할 것. www.state.gov/north-korea-talks/ (accessed January 2020). '새로운 계획'은 영변 핵시설 폐쇄를 포함한 북한의 여러 양보와 교환하여 석탄과 직물에 대한 제재의 3년간 유예 등 잠정적인 조치들에 초점을 두었다. 다음을 참조할 것. *Vox*, "Exclusive: Here's the Nuclear Proposal the US Plans to Offer North Korea This Weekend," available at: www.vox.com/world/2019/10/2/20894979/north-korea-trump-nuclear-talks-deal (accessed January 27, 2020).

38) 훨씬 뒤에, 그러한 주장은 협상 가치가 거의 또는 전혀 없었다는 것이 입증되고, 북한은 핵무기와/또는 ICBM 미사일 시험 프로그램의 재개를 위협하며 본격적으로 준비하면서, 2020년 1월 12일 북한의 오랜 고위 협상가 김계관은 다음과 같은 언급으로 트럼프-김정은 관계를 개인적 관계로 명확히 했다.

> 설사 김정은 국무위원장이 개인적으로 트럼프 대통령에 대한 좋은 감정을 가지고 있다고 해도 그것은 어디까지나 말 그대로 《개인》적인 감정이어야 할 뿐, 국

무위원장은 우리 국가를 대표하고 국가의 이익을 대변하시는 분으로서 그런 사적인 감정을 바탕으로 국사를 논하지는 않으실 것이다.

다음을 참조할 것. KCNA Watch, "Senior DPRK Diplomat Advises S. Korea to Listen to Reason," available at: https://kcnawatch.org/newstream/1578805236-259707825/senior-dprk-diplomat-advises-s-korea-to-listen-to-reason/ (accessed February 2020).

39) 실례를 보여주는 더 잘 알려진 인용 중에는 그의 싱가포르 기자회견에서 나온 다음의 말이 있다.

북한에는 멋진 해변이 있다. 그들이 바다로 대포를 쏠 때마다 볼 수 있다. 그렇지 않은가? 내가 말했다. "저 경치를 봐라. 훌륭한 콘도가 되지 않을까?" 그리고 내가 설명했고 말했다. "있잖아, 그것을 하는 대신에, 바로 그곳에 세계에서 가장 좋은 호텔을 가질 수 있다." 부동산 관점에서 생각해봐라. 남한이 있고, 중국이 있으며, 그들은 그 가운데에 있다. 얼마나 나쁜 일인가?

다음을 참조할 것. National Committee on North Korea, "Press Conference by President Trump Following June 12, 2018 Summit with Kim Jong Un," available at: www.ncnk.org/resources/publications/singapore_summit_press_conference.pdf/file_view

40) 트럼프가 2019년 11월 16일 김정은에게 보낸 트위터 메시지는 분명한 취사 선택의 논조를 띄고 있음에 따라 이는 현재로서는 예상할 수 없는 상황이다. "나는 당신이 있어야 할 곳에 보낼 수 있는 유일한 사람이다. 당신은 빨리 행동하고 거래를 마쳐야 한다. 곧 또 보자." Available at https://twitter.com/realdonaldtrump/status/1196080086686011398?lang=en (accessed February 2020).

참고문헌

Albright, D. 2018. *Denuclearizing North Korea*. Washington, DC: Institute for Science and International Security.

Albright, D. and Brannan, P. 2007. "The North Korean Plutonium Stock, February 2007," available at: www.isis-online.org/publications/dprk/DPRKplutoniumFEB.pdf (accessed January 2020).

Buszynski, L. 2013. *Negotiating with North Korea: The Six Party Talks and the Nuclear Issue*. London: Routledge.

Lee, S. Y. 2018. "Seoul's Supporting Role in Pyongyang's Sanctions-Busting Scheme," *Asia Policy*, vol. 25, no. 3, pp. 13–19.

Levin, N. D. 1997. "What If North Korea Survives?," *Survival*, vol. 39, no. 4, pp. 156–174.

Niksch, L. A. 2006. North Korea's Nuclear Weapons Program. Washington, DC: Congressional Research Service.

Noland, M. 2018. "North Korea: Sanctions, Engagement, and Strategic Reorientation," Working Paper Series, RePEc, St Louis.

Park, Y-J. 2015. "Informal Political System in North Korea: Systematic Corruption of 'Power-Wealth Symbiosis,'" *International Journal of Korean Unification Studies*, vol. 24, no. 1, pp. 123−156.

제4부

사회

인권과 북한

제13장

파히(Sandra Fahy)

서론

이 장에서는 북한에서 발생하는 잘 문서화된 인권 침해의 규모를 살펴본다. 이 작업은 시민의 사회·경제적 권리와 정치적 권리로 정의된 북한사회의 구조적 특성에서 나오는 침해와, 고문과 직접적인 국가테러의 사용 같은 신체적 완전성 권리로 정의한 직접적인 물리적 힘의 결과로서 나오는 침해의 관점에서 이루어질 것이다.[1] 따라서 예를 들면 식량에의 접근을 개선하거나 바꾸는 개인의 능력은 사회적, 경제적 및 정치적 권리의 문제이며 사회적, 경제적 및 정치적 생활의 구조적 특성에서 나온다. 그리고 예를 들어 개인이 고문을 받으면 그것은 신체적 완전성 권리의 침해이다. 사회적, 경제적 및 정치적 권리의 경우, 실제 가해자들은 구조에 내재하여 있으며 거의 보이지 않을 정도로 그리고 실제로 존재하는지에 대한 질문을 넘어 식별하기 어려워졌다. 물론 이와는 확연히 대조적으로 신체적 완전성 권리는 가해자가 해를 끼치는 바로 그곳에 있다. 이 두 측면은 서로 강력하게 영향을 미치기 때문에 여기에서 이분법은 관련이 없다. 한 측면을 유지하지 못하면 다른 측면도 역시 실패한다는 것을 뜻한다. 권리들은 공생하며 상호보완적이다. 북한의 경우, 경제적·정치적 구조에 영향을 미치지 못하고 우리가 흔히 이해하는 법치주의의 결여로 인해 그들은 기본적인 욕구를 충족시키기 위해 불법적인 수단에 의존하게 된다. 이러한 불법적인 행동이 결국 개인을 신체적 완전성 권리 침해의 위험에 노출시킨다.

가해자의 불가시성에 관하여 프리커(Miranda Fricker)가 개발한 용어인 해석학적 불의는 특정한 불의에 대한 '공유된 사회적 해석 도구에서 결함'이 있는 상태를 설명하고 있다.[2] 이러한 상황 미지(특정한 상황에 놓여 있어 알지 못하는 것 - 역자 주)의 예는 1990년대 북한의 기근 생존자들의 구술사에서 볼 수 있다. 많은 사회적, 경제적 및 정치적 인권 침해가 기근을 초래하고 지속시켰다. 그러나 프리커가 말한 바와 같이 "소외된 사회 집단은 독특하고 중요한 자신의 경험을 이해하는데 불리한 상황에 있기" 때문에[3] 구조적 침해의 희생자들은 종종 자신의 경험을 인식론적 결함에서 해석한다. 따라서 기근에 대한 책임문제를 자신이 북한에서 살았을 때 그 나라가 어떻게 통치되었는지로 거슬러 올라가는 생존자는 거의 없다. 이런 의미에서 가해자는 보이지 않았고, 널리 분산되었으며, 때때로 존재하지 않는다고 추정되기도 했다.

분단된 한반도의 인권

남한과 북한은 정치가 문화를 형성하는 방식과 가장 근본적으로는 정치가 권리를 형성하는 방식을 보여주는 물질적 표현이며, 분단의 효과는 말 그대로 38도선 양쪽에서 태어난 사람들의 뼛속에서 찾을 수 있다. 2011년에 연구자들은 한반도 분단 이전과 이후 태어난 한국인들의 키 차이를 측정했다. 그들이 남한에 거주하는 탈북자 6,512명의 키를 조사했을 때, 한반도 분단 이전에 태어난 북한인은 그들의 남한 또래보다 컸다는 것을 알았다. 이에 수반하여 여전히 더 암울한 일은 모든 "분단 이후 태어난 북한인 동년배 집단은 그들의 남한인 또래보다 작다"라는 것을 알았다.[4] 다시 말하여, 분단 이후 태어난 탈북자의 신체는 수십 년 전으로 거슬러 올라가는 발육 부진을 통해 극단적인 식량 부족의 증거를 보여주었다. 발육 부진은 생존하기 위하여 직선형 성장을 희생하는 신체의 방식이며, 몇 끼의 식사를 거르는 것으로 발생하지 않는다. 그것은 대단히 중요한 성장기에 오래 계속된 영양실조의 장기적인 결과이며 북한에서 식량권에 대한 고질적인 침해의 증거다. 마찬가지로, 북한에서 다제내성 결핵**의 확산률은 남한보다 훨씬 더 높은 한편, 북한에서 확인할 수 있는 사망률의 비교 역시 근본적인 권리 침해를 증명하고 있다.

한국전쟁의 파괴적인 영향도 계속되고 있다. 1953년의 정전협정은 한반도에서의 무력충돌을 중단시켰으나 전쟁 재개 가능성에 대한 대비는 계속되고 있다. 주기적인 군사연습(훈련)과 징병제가 존재한다. 징병제의 경우, 남한에서는 남자만 대상으로 2년 복무***하며, 북한에서는 남녀모두 대상으로 남자는 10년, 여자는 7년을 복무한다. 남한과 북한에 모두 있는 국가보안법은 상대방에 관한 정보 접근을 제한한다. 남한의 국가보안법은 시간이 흐르면서 점점 더 느슨해졌으며 이제 북한의 검열 수준에 미치지 못한다. 북한의 검열수준은 세계에서 가장 가혹하다. 남한의 인권은 완전하지는 않지만, 남한 국민이 얻기 위해 싸운 권리의 유형은 전 세계 민주주의국가에서 추구한 것들과 동등하다.

이와 대조적으로 북한의 극단적 모습은 그들이 매일 강요하는 레짐 이데올로기와 과거에 대한 시각에 내재하여 있다. 20세기 초부터 한국인에

....

** 역자 주) 결핵 환자가 결핵약의 복용을 조기에 중단하거나 불규칙하게 복용하여 약제 내성균이 자라서 발생하는 결핵.

*** 역자 주) 2024년 현재 현역병은 육군과 해병대 1년 6개월, 해군 1년 8개월, 공군 1년 9개월 복무.

대한 모욕과 노골적인 잔혹 행위는 주로 일제 식민지 통치 하에서뿐만 아니라 다른 강력한 민족 국가들의 공모로 자행되었으며, 이후 미국과 소련의 점령과 실제 한국전쟁을 통해 확장되었다. 이는 북한의 역사 서술을 이해하는 데 중요한 요소이다.[5] 그것은 어떻게 미국과 일본이 북한의 현재 적일 뿐 아니라 과거, 현재, 그리고 현재의 형태로 미래의 적으로 인식되는가를 이해하는 데 도움을 준다. 일본 총리 아베(安倍晉三)는 어쨌든 A급 전범이자 전후 총리인 기시 노부스케(岸信介)의 손자이다.[6] 이는 정치를 유전적 유산으로 보는 북한의 해석에 들어맞으며(김씨 왕조를 보라), 그래서 일본 국가는 과거의 잘못을 영속시키는 데 병적으로 전념하고 있다고 보는 것이다.

이런 과거의 잔혹 행위 경험이 북한의 수사학에서 북한 내에서의 삶이 어려운 이유로서 설명되고 있다. 과거에 그리고 계속해서 다른 국가들이 북한인들에게 저지른 잘못이 종종 기본적 인권의 손상에 대한 국가의 책임을 완화하는 요인으로 여겨진다. 그러나 특히 현 북한 국가의 행동이 지속적이고, 광범위하며, 자의적인 박해의 정도에서 현대 세계에서 유례를 찾아볼 수 없는 경우, 무한정한 역사의 퇴행과 변명은 한계가 있다. 북한 국가는 나라의 형성부터 현재에 이르기까지 발생한 권리 침해에 대해 최고 수준의 책임을 진다.

권리와 정전

국가 행위자는 종종 국가 비상사태에 근거하여 권리의 제한과 훼손을 정당화한다. 실제로 유엔에 따르면 일부 권리는 '전쟁 또는 공공 비상사태 시에' 훼손될 수도 있으나,[7] "그 비상사태는 '실질적(actual)'이어야 하고, 전체 국민에게 영향을 미치며, 위협은 국가의 존망에 대한 것이어야 한다."[8] 더 나아가, 이러한 훼손은 '최후의 수단'이자 '일시적'이어야 한다. 정전으로 인해 남한과 북한은 엄밀히 말해서 여전히 전쟁 상태에 있으며 북한은 이러한 만일의 사태를 들먹이고 있다. 예를 들어, 북한은 유엔에 제출한 인권보고서에서 다음과 같이 기술하고 있다.

> 정전 상태의 유지는 인권보호증진을 위한 평화적 환경을 마련하는 데서 주되는 걸림돌로 되고 있다. (조선민주주의인민)공화국을 적으로 간주하고 정전협정을 위반하면서 조선반도 정세를 긴장시키는 미국의 집요한 책동으로 하여 평화와 발전에 대한 인민들의 권리가 엄중한 위협을 당하여왔으며 조선 인민은 항시적인 전쟁의 위험 속에서 살아왔다.[9]

그러나, 비상사태는 관념적이 아니라 실제적이어야 하며, 1953년의 정전은 한국전쟁이 '실제적'이 아니라 '관념적'이라고 밝히고 있다. 게다가 비상사태는 국가의 존립에 대한 관념적 위협이 아닌 실제적 위협이어야 한다. 그러나 우리가 이러한 오류를 무시하더라도 정전이 인권을 위한 평화로운 분위기의 주요 장애물이라면 어째서 남한은 같은 수준의 지독한 반인도범죄의 고통을 받고 있지 않은가? 어째서 정전은 남한의 존립에 대한 위협이 아닌가?

시민의 권리를 훼손할 때, 북한은 일시적 조치나 마지막 수단으로서가 아니라 만연하고, 체계적이고, 광범위하며, 지독하게 권리를 훼손한다. 더욱이 북한은 비상사태이든 아니든 어떤 상황에서도 훼손되지 않아야 할 특정 종류의 권리를 침해하고 있다. 즉 생명권, 고문으로부터 자유로울 권리, 비인도적 또는 굴욕적 처우나 처벌을 받지 않을 권리, 노예제도와 노예 상태로부터 자유로울 권리, 형벌의 소급 적용으로부터 자유로울 권리 등이다. 인민들은, 국가가 기근을 예방하지 못했을 때, 국가가 국가 내외의 이동을 허용하지 않았을 때, 그리고 국가가 인민들의 자유로운 경제활동 참여를 허용하지 않았을 때 기본적인 생명권을 박탈당했다.

그러므로, 북한이 내세우는 '비상사태' 주장은 유효하지 않다. 그보다는 그러한 언어의 사용은 정부의 목표를 정당화하기 위하여 국제 권리 규범의 언어를 휘두르는 북한의 성향을 보여준다. 북한의 국가 미디어는 다른 간행물과 마찬가지로 자국의 인권 개념을 옹호하기 위해 문화적 상대주의의 논리를 사용한다. 이 틀 안에서 '보편적' 인권의 개념은 서방 제국주의의 도구라고 설명된다. 따라서 서방의 인권 개념에 대한 저항은 서방 제국주의와 서방 패권 (미국 제국주의를 의미)에 대한 저항과 연결된다. 북한 인민이 겪는 어려움을 적대 국가들의 음모 탓으로 돌리고 있다. 미국과 일본은 가장 강력한 글로벌경제를 보유하고 있으며, 그들이 북한을 고립시켰기 때문에 북한이 경제를 발전시킬 수 없다. 그리고 북한의 논리에 따르면, 1990년대의 기근은 북한이 경제를 자유화하고, 군사부문의 우선순위를 낮추고, 인민들의 자유로운 판매를 허용하고, 고용·이동·자원에 대한 자격권리를 변경하는 데 실패한 것으로 인한 것이 아니라 자연재해와 국제 경제제재로 인한 것이다.

한편, 북한의 근본적인 입장은 여전히 명확하다. 즉 사회적, 경제적 및 정치적 권리의 보호를 유지하고 있다고 주장하면서 북한은 신체적 완전성 권리에 대한 침해가 국가 생존을 위해 필요하다고 강력하게 정당화하였다. 조선노동당의 공식 기관 『노동신문』은 1995년의 기사에서 다음과 같이 설명했다.

> 우리는 우리의 편파성을 감추거나 거짓말을 하지 않으며, 우리는 인권의 맥락에서 우리의 계급 의식을 모호하게 하지 않는다. 사회주의 인권은 사회주의를 반대하는 적대적인 원수나 인민대중의 이익에 맞서 반항하는 반역자에게 자유와 인권을 허용하는 계급을 초월한 인권이 아니다. 우리의 인권은 인민대중, 노동자, 농민, 지

식인의 인권을 침해하는 계급의 적들에 대한 박해를 정당화하는
권리다.[10]

북한 인권: 2014년 유엔 조사위원회

2013년, 유엔 조사위원회(COI: United Nations Commission of Inquiry)**
의 설립은 유엔 인권이사회(UNHRC: United Nations Human Rights
Council)가 북한에 대한 오랜 의혹을 심각하게 받아들이고 조사를 강화하
는 신호탄이었다. 유엔 인권이사회가 상황을 얼마나 심각하게 보는지를
나타내는 것으로서 이 조사의 시행 결정은 투표 없이 이루어졌다. 전문가
패널에게 북한에서의 인권 침해의 범위와 성격을 알아내고 그 인권 침해
가 고의적이고, 체계적이며, 대규모로 인간의 고통이나 죽음의 원인으로
밝혀진 침해인 반인도적 범죄에 해당하는지 여부를 판단하는 과업의 권한
이 부여되었다. 유엔 조사위원회의 관례에 따라 조사 대상 국가가 참여하
도록 초청되었으나 북한은 거부하였고 따라서 자기충족적인 불리한 조사
결과가 되는 상황을 조성했다.

거의 200명의 전문가와 탈북자에 대한 공개 및 비공개 인터뷰를 포함
해 광범위한 연구에 토대한 보고서는 2014년 초에 발간되었으며, 거의
400페이지에 달하는 이 보고서의 세부적 발견사항은 증거를 찾기 위해
가능한 모든 것을 다한 결과이다. 유엔 조사위원회는 비공개, 비공식 공
청회를 열었으나 공개할 의향이 있는 사람들을 위해서 서울, 도쿄, 방콕,
런던, 그리고 워싱턴에서 공청회를 진행했다. 최종 보고서는 "인권 침해
의 강도, 규모와 본질이 현대 세계에서 유례가 없는 국가임을 드러낸다"
라고 설명하면서 북한에서 일어나고 있는 인권 침해 사례를 상황과 연계

....

** 역자 주) 동 위원회의 정식 명칭은 '조선민주주의인민공화국 인권조사위원회',
   Commission of Inquiry on Human Rights in the Democratic People's Re-
   public of Korea이다.

하여 정보를 제공하고 있다.[11] 유엔 조사위원회는 반인도범죄가 북한의 국가 최고위층이 수립한 정책에 따른 것임을 발견했다. 그 문제의 심각성을 나타내는 것으로 북한의 인권 침해 사례는 항구적으로 유엔 안전보장이사회의 의제가 되었으며, 몇 차례의 국가 및 국제적 제재가 이어졌다. 북한은 조사위원들이 북한 내 조사를 수행하지 않은 것에 대해 편견이 있다고 비난했다.

유엔 조사위원회 보고서가 발간된 지 7달 후 2014년 9월 15일 북한은 자체 인권보고서를 유엔에 제출하는 것으로 대응했다. "조선인권연구협회 보고서(Report of the DPRK Association for Human Rights Studies)"는 미국 제국주의에 대응한 북한의 역사가 현재의 사회·경제적 및 지정학적 고립을 초래한 요인으로 인지되지 않았다고 주장했다. 그러나 유엔 인권이사회 보고서가 북한의 역사적 서술에 만족감을 주지 않았더라도 유엔 조사위원회 필자들은 북한에서의 인권 침해에 대한 역사적 맥락의 세부사항을 포함했다. 즉 식민지 경험, 일본으로부터의 해방, 남한과 북한의 초기 형성, 한국전쟁, 그리고 현재까지의 북한의 발전이 모두 인지되었다. 이는 유엔 조사위원회 보고서가 식민지 부역자의 처벌에서부터 전쟁 포로와 납치자(일본인, 한국인 또는 다른 나라 사람이든 상관없이), 중국 및 다른 나라로부터의 강제송환, 구금시설에서의 강제 낙태, 정치범 수용소에서의 고문에 의한 허위 자백 등등 모든 것을 포함하였음을 의미한다. 유엔 조사위원회 보고서는 또 북한 주민들의 난민 권리에의 접근을 방해하는 중국의 역할을 확인했다. 유엔 조사위원회 보고서는 이러한 비참한 발견사항을 통합하고 있으며 심상치 않은 내용을 담고 있다. 이와 대조적으로 북한의 보고서는 자국 주민의 곤경에 무관심하며, 그 대신 한국전쟁 중 미국의 공격을 강조하면서 적대 국가(미국, 한국, 일본)의 범죄성에 초점을 두고 있다. 국가에 대해 저지른 잘못, 즉 국가 자주권의 침해를 기본적인 인권 침해로 강조하고 있다.

오늘날의 인권 침해의 역사

국가 수립 때부터 북한은 인권 존중 사상을 홍보해왔다. 그러나 오늘날의 인권 침해의 뿌리는 북한 역사의 초기 단계에 있다. 왜냐하면 사회·경제적 및 정치적 권리를 존중한다고 주장하지만, 국가는 그 권리들을 옹호하지 못하고 국가 보호를 위해 필요한 조치로서 신체적 완전성 권리를 일상적으로 침해하고 있기 때문이다. 이런 현상은 처음부터 나왔는데, 그 당시 정치 생활은 민주적 의사결정이 목적이라고 공언한 많은 기관이 등장하며 다양해 보였지만 실제 의사결정은 조선노동당의 지배를 받은 위원회의 최고위 간부를 통해 이루어졌기 때문이다. 유일하게 알려진 김일성의 리더십에 대한 심각한 도전은 1956년 8월에 발생했다.[**] 이 도전은 외부적으로는 스탈린 이후 소련 진영 내의 '해빙기'로 인해서 그리고 내부적으로는 조선노동당 고위간부들 사이에 김일성의 강경노선에 대한 불만의 수준이 높아져서 촉발되었으나 실패했다. 이후 김일성은 지금까지 존재하고 있는 가족 왕조의 강화로 계속 나아갔으며, 그 가족 왕조는 공산주의 역사에서 가장 오랜 기간 지배를 하고 있다.[12]

김일성은 이미 1953년과 1955년에 공개 재판을 열어 경쟁 정치파벌의 지도자들을 외적을 위한 간첩 활동 같은 날조된 혐의를 씌워 제거하였으며,[13] 8월 사건 이후 북한이 더 군사화되고 김일성에 대한 개인숭배가 강화됨에 따라 기본 인권은 더욱 축소되었다. 북한의 인권 침해가 본질에서 체계적이고 고의적이라는 것은, 국제앰네스티(Amnesty International)가 두 외국인, 베네수엘라 공산주의자 라메다(Ali Lameda)

....

[**] 역자 주) 이른바 '8월 종파 사건'을 말한다. 이 사건은 북한 내 연안파와 소련파 계열 세력들이 1956년 8월 당중앙위원회 전원회의 개최를 계기로 김일성 중심의 정치세력을 당에서 축출하고자 하였으나, 사전에 누설되어 주도자들이 체포된 사건을 말한다. 김일성은 이 사건을 주동하였던 세력들을 대대적으로 숙청하였고, 당권을 완전히 장악하여 1인 지배의 독재 권력 기반을 공고히 하였다.

와 프랑스 좌익활동가 세딜로(Jacques Sedillo)를 자의적으로 구금하고 고문한 데 대한 보고서를 처음 발간한 1970년대까지 전 세계 대중들에게 널리 알려지지 않았다.[14] 그 두 외국인은 공산주의에 대한 동정심으로 거의 영구적으로 이주하기 위해 1960년대에 북한으로 갔다. 그들은 대외선전사무소에서 일했는데, 그곳에서 '주체(Juche)'와 김일성주의를 해외에 홍보하는 임무를 맡았다. 몇 년 후에 그 둘은 각기 북한이 해외에서 설득력 있게 자신의 주장을 펼치고 있는가에 관해 의구심을 제기했으며, 이는 그들의 고문과 감금으로 이어졌다.

라메다와 세딜로에 대한 처우가 북한의 인권 침해에 대한 국제적 관심을 불러일으켰으나, 이에 대한 보도는 개별적 사례였으며 그 두 사람 누구도 경험에 관해 공개적으로 말하지 않았다. 그러나 그들은 국제앰네스티에 다른 재소자들의 상태에 관해 알렸다. 왜냐하면, 그들은 따로 수용되어 있었지만 다른 사람들이 고문받는 것을 들을 수 있었고 그들의 열악한 생활 환경을 알았기 때문이다. 북한의 정치범 수용소시스템의 전체 규모와 그에 따라 반인도범죄가 되는 인권 침해의 체계적인 본질은 1990년대 후반에 더 광범위한 국제적 관심을 끌어들이기 시작했다. 이때까지 수천 명의 탈북자가 남한에 재정착하였으며, 그중 대부분이 기근 때문이었다. 탈북자들은 남한 정보당국의 조사를 받으면서 정치범 수용소에 대한 경험과 지식을 알렸으며, 남한에 정착한 후에는 비정부기구에 그에 대한 경험과 지식을 알렸다.

식량권, 굶주림으로부터 자유로울 권리: 1990년대의 기근

1990년대 고난의 행군 시 기근은 서서히 진화해온 재앙이었으며, 그 과정에서 주민들은 국가 이데올로기에 대한 신봉을 타협하고 약화시키는 행동을 하게 되었다. 1990년대 이전에는 북한을 이탈한 사람들이 거의 없었으며 북한 이탈 결정은 보통 마지못해서 이루어졌지만, 지난 30년간 수만 명이 북한-중국 국경을 넘었다.[15] 그러나 북한 주민의 다수는 북한정부가 식량 위기에 기본적으로 책임이 있다고 보지 않았다는 강력한 흔적들이 있다. 대개 사람들은 육체적 생존에 대한 복합적인 요구 때문에 너무 잘못된 정보를 받고 너무 정신이 산만해져서 기근의 원인을 찾는 데 시간을 보낼 수 없다. 기근의 원인과 결과에 대한 사람들의 해석은, 북한 검열의 특성, 관영 매체를 통해 퍼진 기근에 관한 고도의 잘못된 정보, 그리고 기근 그 자체의 복잡성으로 인하여 혼란스러웠으며 계속해서 그럴 것이다. 그렇지만, 생존자 인터뷰에서 나온 하나의 주제는 탈북자 대다수가 인권 침해가 아니라 굶주림에서 도망쳤다는 것이다. 하지만, 인권 침해의 심각성은 실패한 레짐 이데올로기, 정치와 경제의 물질적인 발현이다.

1970년대 이전, 전 세계적인 기근 분석은 인구과잉과 지리적인 기후 취약성이라는 쌍둥이 원인에 초점을 맞추었다. 그러한 평가는 잘못되지는 않았더라도 지나치게 단순화한 것이지만, 사람들이 굶주림과 식량공급 간 상관관계를 도출함에 따라 그러한 평가는 지속되고 있다. 그러나 가용한 식량공급의 감소가 기근을 초래한다는 믿음은 교환 경제의 역학관계와 기존의 사회적 불평등을 설명하지 않기 때문에 유용하지 않다.[16] 우리는 실제로 불평등한 권력관계와 연계된 배분 또는 권리의 문제가 있을 때 식량이 부족하다고 가정할 수 있다. 따라서 인과 요인이 반드시 기근을 지속시키는 요인과 같지 않을 수 있다. 왜냐하면, 식량에 대한 개방형 시장 접근의 결핍 같은 촉발 요인이 불법 시장에서의 식량 구매 같은 대처전략이 의도치 않게 기근의 지속적인 원인이 되는 환경을 조성할 수 있기 때문이다. 즉 높은 수요와 식량 부족으로 인해 가격이 엄청나게 비싸질 것이고, 따라서 국내 가용한 식량 재고에 대한 사람들의 접근을 제한할 수 있다. 그러므로 기근은 불가피한 것이 아니고 인간이 합리적으로 통제할 수 있는 범위 내에 있으며 권력관계와 관련되어 있다.[17] 기근은 한 사회에 이미 존재하는 약점들을 부각시키며, 하나의 사건이라기보다는 과정이기 때문에 보통은 이 약점들을 찾아내서 악화시키고 불평등의 경계를 더 분명하게 한다. 따라서 기근은 인권 침해와 직접 연결하기 어려운 방식으로 사회적으로 모습을 드러낸다. 이는 기근이 생존자 자신들에 의해서도 반드시 권력자나 정부 관계자의 행동으로 인해 발생한 것으로 보이지는 않는 이유를 설명하는 데 도움이 된다.

북한의 식량난이 1980년대에 악화하고 마침내 대기근으로 빠져들면서 위법 행위의 범주들이 광범위하고 불투명해졌다. 국가와 전혀 문제가 없던 개인들이 자신의 생존과 국가에 대한 충성 간에 어려운 이데올로기적 선택을 해야 하는 위태로운 상황에 빠졌다. 기근은 법을 준수하는 (그리고 이데올로기를 준수하는) 평범한 북한 주민들에 불리하게 작용했다. 생존은 엘리트이거나 국가가 규정한 범죄들에 의존하는 것을 의미했다. 기근 이전, 적절한 가족 배경을 가지고 있고 정치적 기대에 순종하는 한 신체적 완전성 권리 침해의 위협이 없이 북한에서 적정한 생활을 할 수 있었다. 기근은 하루하루의 삶을 더 불안정하게 만들었기 때문에 이것을 바꾸었다. 기근으로 인한 배고픔에 대한 불평, 식량이 어디에서 오는가에 대한 의문 또는 식량이나 의약품을 구하러 가는 것과 같은 전에는 해가 없는 것들이 반정부 행동으로 위험할 정도로 정치화됐다. 이 점에서 기근은 북한의 권리에 대한 무시가 확대되는 변곡점으로 규정될 수 있다.

1990년대 북한의 기근은, 1980년대 중반 에티오피아, 수단, 말라위,

마다가스카르, 이라크 및 보스니아의 기근과 마찬가지로, 국가의 고의적인 위임 행위를 통해 발생했으며 막을 수 있었음에도 막지 않았다.[18] 북한은 이데올로기 프로그램과 정부정책을 굶주리는 인민들에게 식량을 공급하는 것보다 중시했기 때문에 1990년대에 소위 '우선순위 레짐 기근'을 맞았다. 우선순위 레짐 기근은 부실한 지방 경제와 정치적 개입 의지나 능력의 결핍이 특징이다. 기근의 발생에서 정부시스템의 과실은 현지, 국내 및 국제적 책임의 계층 구조를 잘 알게 해주었으며 어떻게 지난 세기 최악의 기근이 일부 가장 부패한 정부 아래서 발생했는지를 분명히 보여주었다. 즉 스탈린(Joseph Stalin)의 우크라이나에서의 홀로도모르(Holodomor),** 마오쩌둥(毛澤東)의 대약진운동,*** 폴 포트(Pol Pot)의 크메르 루주 기근,**** 멩기스투 하일레 마리암(Mengistu Haile Mariam)의 에티오피아 기근,***** 그리고 김정일의 고난의 행군을 예로 들 수 있다.[19] 북한정부는 기근이 자연재해였다고 주장하면서 또 국제제재와 금수 조치로 인한 것이고 국내정책의 결과는 아니라고 주장했다. 기근 연구는 북한의 이러한 주장이 개연성이 매우 낮은 것임을 보여주고 있다. 특히 20세기 후반의 사회기반시설과 기술의 발전은 북한이 자원과 정책을 적절한 식량에 대한 권리를 보장하는 방향으로 전용할 수 있었음을 의미하지만, 북한정부는 다른 것을 선택했다. 기근은 정치적, 군사적

....

**   역자 주) 1932~1933년까지 소련의 자치 공화국 우크라이나에서 발생한 대기근으로 250~350만 명의 사망자가 발생한 것으로 추정.

***   역자 주) 중국에서 중국공산당 주도로 1958~1962년경까지 실시되었던 경제, 사회 개발 운동이었으나 이로 인해 대기근이 발생 3,000~5,000만 명이 굶주림으로 사망한 것으로 추정.

****   역자 주) 1975년 4월 캄보디아를 무력으로 장악한 크메르 루주 정권의 집단 학살, 강제 이주, 강제 노동 등 폭정으로 인해 1975~1979년경까지 발생한 기근.

***** 역자 주) 1977년 2월 군사독재 정권을 장악한 이후 공포통치 아래서 1983~1985년까지 발생한 대기근으로 인구의 1/5이 영향을 받고 30~120만 명이 사망한 것으로 추정.

우선순위보다 주민의 필요에 우선순위를 두지 않은 국가의 실패로 인한 결과이다. 기근은 국가 통치의 최고위층에 의해 자행된 인권 침해의 물질적 발현이었다. 글로벌 차원에서, 기근과 식량 위기는 권력의 자리에 있는 지도자가 한 결정에 뿌리를 두고 있다. 북한에서의 기근은 개인의 인권을 지키지 못한 것에 관한 논쟁이 국가 주권을 확보하는 데 필요한 대가로 정당화되는 곳에서 개인의 인권과 국가 주권 간의 긴장을 잘 알려주고 있다.

구조적 차별

북한의 국가 이데올로기의 성격은 사회적 차별의 성분제도, 종교의 자유, 정보, 집회 및 이동의 자유를 아우르는 여러 형태의 구조적 인권 침해에 적용된다. 성분제도는 한 개인이 유전적으로 물려받은 정치적 운명으로, 모든 북한사회는 3개의 기본 계층, 즉 (1) 핵심 계층, (2) 동요계층, (3) 적대 계층으로 분류된다. 이 3개의 광범위한 계급에 관해 사용 가용한 영양 데이터는 양적, 질적 측면에서 국가가 공공배급제를 통해 식량을 분배한다는 점을 강력하게 시사한다. 공공배급제는 전국적으로 식품, 의복 및 기타 물품을 배급하는 북한의 중앙집권적 수단으로 이러한 분류에 따라 계층화되어 있다.[20] 실제로 북한 관영 매체는 때때로 국가는 모든 인민을 동등하게 평가할 수 없다고 명백하게 말해 왔다. 위에서 인용된 1995년 『노동신문』 기사에서 본문은 사회주의를 반대하고 인민의 이익을 침해하는 '적대적인 불순분자들'은 자유와 권리를 부여받을 수 없다고 말하고 있다.[21]

다른 출간물은 '인권'의 인정을 시사하면서 동시에 인민을 그들의 충성심에 따라서 대우하는 것의 중요성을 확인하고 있다. 1970년대 발간된 북한 사전에서 인권은 "노동계급의 적에 대항하여 독재를 집행하는 수단"으로 정의하고 있으며,[22] 그 후의 인권에 대한 정의는 계급과 의무에 대한 사상을 담고 있다. 즉 권리는 명백한 충성심 표시의 대가로 수령 (지도자)에 의해 '부여'된다. 이러한 이데올로기적 구조는 규범적인 국제 인권 개념은 북한의 국가 이데올로기와 양립할 수 없음을 보여주고 있다. 콜린스(Robert Collins)는 과학 기술이 국가가 전체 인민을 분류하여 성분을 '사회, 법률, 범죄 및 정치 데이터'의 그물망에 얽어 넣도록 신속하고 통합된 데이터 제공을 가능하게 했다는 것을 발견했다. 북한에서 시장이 다소 완화되면서 더 많은 부패가 그 제도에 스며들었다. 성분 조사 중 뇌물 수수의 발생이 매우 드물지만 가능하다. 보다 상위 수준에서는 조사자들이 특히 철저해야 하므로 가능성이 작다. 성분을 변경할 수 있더라도, 그런 변경은 향후 조사에서 하위 수준의 사기 행각을 추적할 수 있는 추적망을 제공한다.[23]

종교적 박해

종교적 신념과 실천에 대한 국가 주도의 탄압은 1945년 한반도가 일본으로부터 해방된 시기까지 거슬러 올라간다. 북한은 무상으로 종교집단의 재산과 토지를 박탈함으로써 종교단체를 무력화시키려 했다.[24] 종교 활동의 공간을 파산시키는 것으로는 부족했으며, 1946년에 '미신'의 철폐가 전국적인 운동이 되었고 이 운동은 곧 종교와 미신을 일격에 아우르는 "국가건설을 위한 사상 캠페인"으로 바뀌었다. 일요일이 일하는 날로 변했고 월요일이 쉬는 날이 되었다. 저녁 예배의 가능성을 없애기 위해 통행 금지가 시행되었다. 1947년 12월 종교단체의 현금자산 소유를 규제한 화폐개혁의 실시로 종교 공동체는 심각한 재정압박에 시달렸다.

성직자에 대한 불신과 반감을 고취하기 위하여 종교단체의 회원자격은 지주자본가로 비난받았다.[25] 세월이 지나면서 북한 당국은 주교와 수도 원장을 구금했으며, 종교 유물과 성물을 모독하고 파괴하였다. 한편, 불교 사찰은 문화재로 유지되었으나 종교적 목적은 파내져 빈 껍데기로만 남았다.

북한 헌법 제68조는 종교의 자유를 보장하고 있다. 2014년 유엔에 제출한 북한 자체의 인권보고서 역시 국가가 종교의 자유를 보장한다고 기술하고 있다. 그 내용은 다음과 같다. 즉 "공화국(북한)에서는 누구나 자기의 자유로운 의사에 따라 사상과 종교를 선택하고 믿을 권리를 철저히 보장받고 있다. 모든 공민**들은 주체사상을 따르기로 선택하였다."[26] 실제로 북한은 종교에 대해 병행정책을 채택하고 있는데, 이 정책을 통해 북한정부는 국제사회에 대하여 종교의 자유를 존중하고 보장한다고 선언하지만 실제로는 종교를 탄압하고 있다. 북한 방문자들은 기독교 의식에 참여하고 불교 사찰을 둘러보지만, 이러한 공간들은 국제사회로부터의 비판을 피하도록 꾸며진 보여주기식 종교 행위를 위한 것이다.

남한정부는 현재 북한에 121개의 종교 시설이 있는 것으로 추정하고 있다. 북한인권정보센터에 따르면, 북한 지도자는 종교에 대해 더 엄격한 정책을 적용해오고 있다. 지속적인 종교 박해와 동시에 북한은 1970년대에 국제 종교 공동체에 진출하기 시작했다. 이 국제 종교단체를 통해 북한은 한반도 '평화' 관념을 홍보하며 이 목적을 위해 국제단체의 지지를 구한다. 진정한 종교적 주제를 피하고 '평화'라는 형태 없고 공허한 소리를 홍보하면서, 북한은 돈과 이념적 공감을 얻는 한편 한반도에서의 남한과 미국의 정치 관행을 근본적으로 적대적이며 일반적으로 반인륜

....

** 역자 주) 북한 헌법상 공민은 '권리와 의무'를 가지나 그 '권리와 의무'는 '집단 주의원칙에 기초'하며, 주권의 소유자는 아니다. 주권은 '근로인민'에게 있다. 반면 대한민국 헌법에서 국민은 주권의 소유자이자 권리와 의무의 주체이다.

적이라는 형상으로 만들 수 있다.

북한-중국 국경을 넘나드는 북한 주민들의 이동으로 북한으로 흘러 들어오는 종교 자료가 증가했다. 북한인권정보센터의 연구는 2000년대 에 가장 많은 종교적 박해가 있었음을 보여주고 있다. 기근 시기에 발생 한 북한 주민의 국경 넘기가 급격히 증가하면서 활동가 공동체 내의 많 은 단체가 종교에 기반함에 따라 중국에서 종교인과 종교 자료와의 접촉 이 증가하였다. 이는 다시 외국의 신자와 종교 자료와의 접촉 증가로 이 어졌다. 김정은은 권력의 자리에 오른 후 국경 통제를 강화했으며, 이로 인해 성공적으로 국경을 넘는 이동 횟수가 떨어졌고 종교적 박해에 관한 보고도 줄었다. 그러나 보고의 감소는 실제 종교 박해가 줄어든 것일 수 도 있고 아닐 수도 있다.

정보의 자유

북한에는 자유 언론이 없다.[27] 국제 비정부기구, 언론인 보호 위원회(Com- mittee to Protect Journalists)는 북한을 세계에서 가장 검열이 심한 나 라 중의 하나로 열거하고 있다.[28] 언론 연구 전문가들은 북한을 '세계에 서 가장 폐쇄적인 언론 환경'에 있는 나라로 보았다.[29] 감시, 검열, 투옥 및 허위 정보를 살펴본 국경 없는 기자회(Reporters Without Borders) 의 연구는 국내 인트라넷시스템 통제, 해외 언론 배포 탄압, 휴대전화와 라디오 방송 감시를 이유로 북한의 3개 국영 기관을 '인터넷의 적'으로 규정했다.[30] 12개의 주요 신문, 20개의 정기간행물, 그리고 단일의 국영 방송사 중 모든 콘텐츠는 공식 국가 언론기관인 조선중앙통신사(KCNA: Korean Central News Agency)로부터 나오며, 이 기관은 북한정부와 조선노동당의 대변인이다. 모든 라디오와 텔레비전 방송, 음악, 무용, 연극, 문학, 신문과 잡지는 국가 선전 기관의 생산물이다. 북한 언론에서 전문적으로 일했던 탈북자들은 스타일과 메시지 전달은 시간이 지나면서도 사실상 바뀌지 않았다고 전하고 있다.[31]

　　유엔의 세계인권선언 제19조는 "모든 사람은 의견의 자유와 표현의 자유에 대한 권리를 가진다. 이러한 권리는 간섭없이 의견을 가질 자유와 국경에 관계없이 어떠한 매체를 통해서도 정보와 사상을 추구하고, 얻으며, 전달하는 자유를 포함한다"라고 규정하고 있다.[32] 2016년 6월 유엔은 온라인에서의 의견의 자유와 표현의 자유를 보호하는 추가 결의를 통과시켜 세상 사람들이 가지는 똑같은 권리를 가상 세계로까지 확장하였다.[33] 2014년 9월 15일 유엔에 제출한 북한의 인권보고서는 주민들이 "언론의 자유, 출판의 자유, 집회, 시위 및 결사의 자유 (제67조)"에 대한 권리를 가진다고 선언하고 있다.[34] 동 인권보고서는 이어 "침략전쟁과 차별, 폭행에 대한 모든 선전, 민족적, 인종적, 종교적 증오를 고취, 조장시키는 행위, 국가안전과 사회질서를 위협하거나 해치려는 선전은 철저히 금지된다"라고 말하면서 북한의 입장을 명확히 하고 있다.[35] 이러한 인용은 폭탄제조 설명서를 금하는 것처럼 보이지만 실제로는 성경 같은 종교 서적이 절대 금지 대상에 해당하는 것을 말해준다.

　　역사는 자유 언론의 부재가 기근과 반인륜범죄 같은 사회·경제적 재앙이 잘 자라는 상태를 생성한다는 것을 분명하게 보여주었다. 북한연구 학자 최용섭은 북한이 무력을 통해 지배하나 무력만으로는 충분하지 않다고 설명한다. 통제를 유지하는 '동의 메커니즘'이 있으며, 이 동의는 자아비판 회의와 상호비판 회의 같은 생활 검토회의 즉 '생활총화'를 통해 조성되고, 여기에서 이데올로기가 세뇌된다.[36] 이러한 회의는 공장, 학교, 농장 및 모든 종류의 작업소에서 열리며, 회의에서 14세 이상의 주민들은 국가 이데올로기와 비교하여 자신과 다른 사람들을 공개적으로 평가한다.[37] 사람들은 "자신의 개인적인 잘못과 부적절한 행동에 관해 간략한 보고"를 해야 한다. 그러나 란코프(Andrei Lankov)에 따르면, "실생활에서 이 회의는 연극과 유사하다"라며 여기에서 개인들은 그다지 비난할 만한 것이 아닌 것을 인정한다. "그렇지만 이 회의는 주민을 줄 세우고 드물게는 중대한 이데올로기적 일탈을 폭로하는 결과로 이끄는 데 도움이 된다"라고 그는 설명하고 있다.[38] 주민들을 충성심에 관한 의례적 행동에 참여하도록 강요하는 것은 북한의 '가장 효율적인 통치 전략'의 하나다.[39]

2000년대 중반 이후 외국 언론에 대한 제약이 증가하고 있는 한편 동시에 북한으로 송출되는 외국 라디오 방송이 늘어나고 있다. 라디오 전파 방해가 발생하지만 광범위하지는 않다. 연구자 크레춘과 제인 김(Nat Kretchun and Jane Kim)은 북한의 '조용한' 정보 변화에 관한 통찰력 있는 보고서를 작성했다. 그들은 자신들이 인터뷰한 사람들 사이에 영화, 음악 및 라디오 방송 같은 불법적인 매체가 널리 사용되었음을 보고하고 있다.[40] 그들은 북한이 이미 국내에서 정보를 완전히 통제하지 못하고 있음을 제대로 파악하고 있다. 그러나 국가는 여전히 정보에 대한 거대한 독점을 유지하고 있다. 외국 라디오 방송은 북한 주민이 '실시간' 정보를 접할 수 있게 하는 한편 남한과 기타 지역으로부터의 영화와 텔레비전 쇼는 청중을 사로잡는 매력적인 줄거리의 이야기를 제공한다. 크레춘과 김은 점점 더 많은 주민이 불법적인 매체를 접함에 따라 그들은 신뢰할 수 있는 네트워크와 자료를 더욱 공유하고 있다고 주장한다. 그들은 또 불법 매체 이용에 대한 엄격한 처벌이 있지만 뇌물과 불규칙한 처벌 집행으로 처벌을 피할 가능성도 존재한다는 사실도 발견했다. 여전히 제자리에 있고 강력한 북한 국영 매체의 수직적, 상의하달식 구조보다는 외국 매체의 유입이 주민들 간 수평적인 정보 흐름을 가능하게 한다. 기술의 향상과 함께 개개인의 도전 행위를 통해 북한 주민들은 이제 20년 전 그랬던 것보다 더 외부 정보를 접하고 있다.

뉴스와 엔터테인먼트 모두 외국 매체의 소비가 북한 주민들의 남한과 미국에 대한 인식을 개선하고 있고, 따라서 일부 국영 매체의 수사적 주장을 반박하는 효과를 낸다.[41] 그러나 외국 매체를 접함에도 불구하고 북한 주민의 정부와 민족 국가에 대한 견해는 변하지 않았음이 관찰되었다. 이러한 발견은 불길하게도 컨과 하인뮬러(Holger Lutz Kern and Jens Hainmueller)의 발견과 유사하다. 그들은 동독 주민의 해외 대중 매체 접근이 권위주의 통치를 약화하기보다는 동독인에게 더 큰 삶의 만족을 가져왔다는 것을 발견했다.[42] 크레춘과 김은, 북한 주민이 소비하는 외국 매체는 접근성과 투명성이 부족해서 대개 북한 국내 사건에 관해 보도할 수 없고 또 확실히 실시간으로 보도할 수 없으므로 북한 주민의 자기 정부에 대한 견해는 변하지 않는다는 의견을 제시하고 있다.

집회의 자유

북한의 자체 인권보고서는 주민들이 집회와 시위의 자유에 대한 권리를 "원만히 보장받고 있다"라고 주장하고 있다. 2014년 3월 유엔이 (북한 인권) 조사위원회 보고서를 발표한 후, 그 보고서를 비난하는 대규모 항의집회가 평양에서 열렸다. 그곳에는 "인권보고서를 박살 내자"라는 구호의 플래카드들이 보였다. 북한은 국제 인권 행동주의 (시위, 시민들의 목소리 높이기)의 용어를 떠올리게 했으나 그 기능을 왜곡하여 (북한이 상당히 인위적인 시민사회임을 보여줌) 그러한 의지 표현의 지위를 기호 연습의 수준으로 격하시켰다. 북한의 인권보고서에 따르면, 진심으로 집회와 시위를 원하는 모임은 3일 전에 해당 지역 인민위원회와 인민보안 기관에 통지해야 한다. 시위의 목적을 통지하는 것은 민주 국가에서도 전례가 없는 것이 아니다.

북한의 인권보고서는 "국가적 안전을 침해하거나 사회적 안정, 사회
질서, 사회의 건전함과 도덕을 문란시키며 다른 사람들의 권리와 자유
를 침해하는 집회와 시위는 허용되지 않는다"라고 밝히고 있다. 그 보
고서는 이어 의식적으로 "이에 대해서는 공민(시민), 정치적 권리에 관
한 국제협약 제21조에서도 규제하고 있다"라고 말하고 있다.[43] 시민적
및 정치적 권리에 관한 국제규약(International Covenant on Civil and
Political Rights) 제21조는 다음과 같이 규정하고 있다.

> 평화적인 집회의 권리가 인정된다. 이 권리의 행사에 대하여는 국가
> 안보, 공공안전, 공공질서, 공중보건 또는 공중도덕의 보호, 또는 타
> 인의 권리 및 자유의 보호를 위하여 민주사회에서 필요하며 법률에
> 합치되게 부과되는 제한 이외의 어떠한 제한도 부과될 수 없다.[44]

북한의 경고 성격을 고려할 때, 그러한 조건에서 무엇을 과연 시위할 수
있을지 상상하기 어렵다.

이동의 자유

북한은 자국 주민은 누구라도 허가 없이 나라를 떠나는 것을 '사실상' 금
지하고 있다. 이것은 북한도 가맹국인 시민적 및 정치적 권리에 관한 국
제규약 제12조 1항과 2항의 위반이다. 이 규약은 자국 영역 내에서, 자국
으로 및 자국 바깥으로의 이동의 자유에 관한 사항들을 담고 있다. 2017
년 11월 조선인민군이 비무장지대(DMZ)를 넘어 탈북한 젊은 병사에게
총격을 가한 것은 세계인권선언 제3조의 가장 기본적인 권리 중 하나인
생명권, 자유권, 신변안전권을 침해한 것이다. 그러나 북한 병사들은 그
들의 최고사령관 김정은의 명령을 따른 것이다. 탈북한 전 북한 관리들

은 탈북한 사람은 총살형에 처해야 하는 반역자로 여겨진다고 보고하고 있다. 김정일은 그의 저서, 『사회주의 법률생활을 강화할 데 대하여(*On Strengthening Socialist Lawful Life*)』에서 그의 아버지 말을 상기하면서 "우리의 법률은 우리 국가의 정책을 실현하기 위한 중요한 무기입니다"라고 썼다.[45] 2012년에 개정한 북한 형법 제63조 '조국반역죄'는 '조국을 배반하고 다른 나라로 도망쳤거나 투항한 자들'을 사형으로 처벌할 수 있는 행위로 규정하고 있다.[46]

북한 내에는 노동 이동성이 부족한데, 이는 정부가 전국적으로 사람의 이동을 통제한 결과다. 이러한 통제는 '호주'로 불리는 호적제도를 통해서 달성됐으며, 이 제도는 정부가 사람들이 어디에 살지를 결정하도록 허용하고 있다.

특권을 가진 '호주'를 얻어 평양으로 이주하는 것이 가능한가? 불가능하지는 않지만, 매우 제한되어 있다. 당신이 예외적인 학력과 정치적 배경을 가진 대학교 졸업생이거나, 당신이 사회에 뛰어나게 이바지한 엔터테인먼트나 스포츠 스타이거나, 당신이 훌륭한 복무 기록을 가진 군인이라면, 당신은 북한의 선망 지역인 이곳에 살도록 배치받을 수도 있다. 결혼이 평양으로 이주하는 표가 될 수 있다고 가정할 수 있지만, 부부가 모두 평양 출신으로 그곳에서 계속 거주하고 있는 것이 필수 요건이다. 그러나 이런 특별히 높은 기준에도 불구하고 이동을 줄이는 다른 사회적 장벽들이 있다. 첫째, 북한에서 개인의 사회적 신분 상승은 의심을 불러일으킨다. 둘째, 지방 도시나 시골지역의 많은 사람은 평양에서의 삶이 얼마나 더 나아질 수 있을지 반드시 알지는 못한다. 한때의 평양 특권층 거주자들이 덜 좋은 지역으로 추방되는 것처럼 다른 방향으로의 이동이 더 자주 발생한다.

국내 이주에 내재하는 도전을 고려할 때, 북한 외부로의 이주는 개인이 더 좋은 환경을 얻기 위한 가장 실행 가능한 방법이다. 그러나 북한 외부로 나가는 주된 경로는 위험으로 가득 차 있다. 북한은 중국과 1,420㎞의 국경을 접하고 있으며, 북한으로부터의 이주 방지에 관한 여러 협상이 중국과 이뤄진 것이다. 김정일 사망 후 김정은은 인구 통제를 위해 특히 북한-중국 국경을 강조하면서 전국적으로 '폭풍군단' 군 병력을 파견한 것으로 알려졌다.[47] 한반도의 북동쪽 북한과 러시아 간 국경은 길이가 17.5㎞에 불과하며 두만강과 하산 호(Lake Khasan)를 끼고 있다. 조선-러시아 우정의 다리는 라선과 블라디보스토크 간 철도가 놓여 있다. 일부 북한 주민은 이 회랑을 넘어 북한을 이탈했지만 그 수는 매우 적다. 러시아와 북한은 또 불법 이주자의 귀환 협정을 협상했다.[48]

북한 형법은 정치적 이주와 경제적 이주를 구분하고 있으나, 처벌은 두 경우에 모두 적용된다. 형법은 경제적 이유로 중국으로 불법 월경한 사람은 최대 2년의 '노동단련형'에 처벌하지만, 만약 관련 북한 보안 기관이 불법 월경자가 정치적 이유로 떠났거나 중국에 있을 때 활동가와 접촉했다고 결정하면 처벌은 장기 구금이 될 수 있다. 형법은 또 월경자를 돕는 자는 엄격히 처벌하도록 규정하고 있으며, 다른 사람이 탈북하도록 도운 사람은 그의 사회에서의 계급과 지위에 상관없이 공개 처형되고 있다. 게다가 외국인, 기독교 선교사나 한국인과 접촉했던 자 또는 국가에 대한 심각한 우려 행위를 범한 자에 대해 형법은 정치범 수용소에 투옥하거나 사형을 부과할 수 있게 규정하고 있다.[49] 중국 및 기타 지역의 북한인들에 대한 광범위한 인터뷰에 기반하여 국제난민협회(Refugees International)는 "거의 모든 북한인이 애초 북한을 떠난 동기와는 상관없이 북한으로 송환되는 즉시 가혹한 처벌에 직면한다"라는 것을 발견했다.[50]

신체적 완전성 침해

북한 형법에 따르면 북한에는 기본 형벌과 부가 형벌이 있다. 기본 형벌에는 노동단련형, 유기노동교화형, 무기노동교화형, 사형이 있다. 부가 형벌에는 선거권박탈형(이는 결과형이 아니라 집행형이다), 재산몰수형, 자격박탈형, 자격정지형이 있다.[51] 미국 국무부의 2016년 인신매매 보고서에 기술된 바와 같이, "강제 노동은 확립된 정치적 억압제도의 일부분이다. 정부는 대중동원을 통해서 그리고 북한 정치범 수용소에서 자국민에게 강제 노동을 강요한다."[52] 강제노동여단(돌격대)에는 청소년과 아동이 포함될 수 있다. 이러한 형벌은 표면적으로는 적절한 사회주의 행동에 관해 북한 주민들을 '재교육' 하거나 정부가 구제할 길이 없다고 판단하는 사람들을 처벌하기 위한 것이다.

구금 자체가 바른 것인지 잘못된 것인지 잠시 제쳐두고, 구금은 그것 자체로 처벌이며 '처벌받으려고' 가는 장소가 아니다. 북한에서 사람들은 '처벌로서/하려고' 감금된다. 법은 사람을 보호하기 위해서보다는 국가에 반하는 범죄자를 처벌하려고 유지된다. 북한에서의 처벌은 인간성을 말살하고, 잔인하며, 굴욕적이다. 정치범 수용소와 일반 수용소에서 북한정부는 가능한 한 많은 노동을 뽑아냄으로써 육체적으로 수감자들을 소모한다. 형벌 시설의 물리적 구조는 재소자들에 대한 모멸적인 처우를 의도하여 설계된 것 같으며, 감옥의 사회적·물리적 환경은 신체적으로, 정신적으로 위험하다. 재소자는 처음에는 구금을 통해 그리고 추가로 과로, 영양실조, 비인간적 대우, 신체학대, 의료 서비스 접근성이 거의 없는 비위생적 조건에 노출 등을 통해 이중, 삼중으로 처벌받는다. 이러한 문제들은 형사사법제도에 대한 인권 기반 접근법의 관심사일 뿐만 아니라 그러한 조건에서 전염병과 기타 병리 현상이 만연할 것이기 때문에 북한과 지역의 관심사이기도 하다. 인구 집단은, 특히 재교육 시설의 경우에는, 때때로 시스템을 순환한다. 이를 통해서 전염이 다른 인구 집단에 퍼질 수 있다.

북한 인권조사위원회는 북한이 자의적 구금, 고문, 사형집행, 강제실종, 그리고 정치범 수용소를 통해 여러 기본 인권을 위반하고 있음을 발견했다. 북한은 시민적 및 정치적 권리에 관한 국제규약(ICCPR: International Covenant on Civil and Political Rights)의 여러 조항에 따라 구금된 자를 포함에 모든 주민의 권리를 지켜야 할 의무가 있다. 북한의 '연좌제'** 실행은 어린이의 수감을 초래하며, 이것이 전 재소자의 설명에서 교실과 학교 수업에 대해 모순된 언급이 보이는 이유이다. 이 점에서 북한 국가는 아동권리협약에 따른 아동의 권리를 위반하고 있다.[53]

북한의 공개처형은 무분별한 행동에 대한 국가의 불관용과 이를 근절하려는 노력의 또 다른 표현이다. 법을 위반한 사람을 죽이는 것으로 충분하지 않고, 그 사람은 특별한 방식으로 죽여야 하며, 살해의 방법과 순간은 의미가 있도록 이용된다. 범죄를 저지르는 개인은 집단을 다시 통합하기 위해 국가에 의해 사용된다. 젊은이, 늙은이, 남자, 여자 누구나 처형될 수 있다. 범죄자의 '교정'의 순간에 참석하기 위해 청중이 모인다. 살해를 지켜보는 사람들은 총기 폭발 소리를 듣고, 화약 유황 냄새를 맡고, 머리가 터지는 것을 보며, 피에서 열이 나는 것을 볼 것이다. 그러나 그들은 또한 이 죽음의 순간에 맞서 개입하지 않는 사람들의 모임을 목격한다. 그 청중은 이러한 방식의 살해 장치의 다른 부분이다.

공개처형은 북한의 국가공권력 행사를 극단적으로 수행하는 보여주기식 제스처이다. 이런 방식의 살해는 개인과 집단 모두에게 예상, 위험과 행동/비행동의 순간을 조작할 수 있게 한다. 그것은 퍼포먼스로 그 절정은 국가가 행동을 취하는 순간이다. 국가의 행동은 정확하고 엽기적이며

....

** 역자 주) 범죄인의 친족 등 범죄인과 특정한 관계에 있는 사람에게 연대책임을 지게 하고 처벌하는 제도.

전부인 한편 청중과 희생자는 그것을 받아들인다. 청중과 희생자는 비활동, 비활성의 존재하지 않는 것이 될 정도로 국가에 의해 철저하게 영향을 받는다. 청중은 살해를 보며 개입하지 않는 집단을 본다. 처형된 개인과 함께 살해된 것은 집단이 압도적인 국가의 힘에 대항하여 행동할 수 있다는 주민들 사이에 남아있는 믿음이다. 처형된 것은 대중, 모든 북한 주민들이다.

결론

2014년 이래 유엔 안전보장이사회는 인권문제에 대한 연례 회의를 개최하고 있다. 이 회의를 열기 위해서는 9개 회원국의 서명이 필요하지만, 현재의 유엔제재 레짐의 목적과 효과에 관해 미국, 러시아와 중국 간 의견 충돌로 인해 2018년에는 열리지 않았다. 러시아와 중국은 북한의 인권에 대한 긍정적인 행동 징후를 본 대가로 북한에 대한 제재 완화를 주장하였다. 그렇다면 북한은 어떤 종류의 긍정적인 행동을 할 수 있었는가? 인권과는 약간 스칠 정도로 연결된 한반도평화 또는 비핵화를 논의하기 전에, 인권 개선 조치를 하는 데 있어서 자신의 진정성을 알리기 위해 북한은 어떤 다른 신호를 보낼 수 있었는가? 북한의 인권 개선은 국가가 가장 지독한 형태의 침해를 가하는 조치를 하지 않는 것만큼이나 힘들이지 않고 일어날 수 있다. '해를 끼치지 않기(do-no-harm)' 접근법은 공개 또는 비공개 처형을 수행하지 않고, 강제 낙태를 수행하지 않으며, 연좌제제도를 실행하지 않고, 월경자를 감금하지 않는 것을 의미한다.

그러나 근본적으로 현장의 상태를 평가할 수 있는 접근성의 부족은 여전히 가장 중요한 문제로 남아 있다. 이런 접근성의 부족은 유엔 조사위원회 보고서에서 북한에 가해진 가장 빈번한 비판이었다. 제재가 보통 사람의 삶을 악화시킨다는 주장이 있다면, 그런 주장을 확인하기 위하여 접근 권한을 부여해야 한다. 마찬가지로, 제재가 북한의 핵무기정책과 연계되어 있으므로 이 정책에 대한 변화를 주장하려면 접근과 검증이 필요하다. 현재는 없는 근본적인 신뢰도를 달성하기 위해서는 중립적 관찰자에게 접근 권한을 부여하는 것이 가장 큰 걸림돌로 남아 있다.

주

1) 우선, 우리는 북한에서의 인권 침해의 실제 정도와 성격과 반인도범죄(crimes against humanity)가 일어나고 있다는 실질적 증거를 국가가 상습적으로 부인하고 있는 방식을 요약하는 것이 가능하지 않다는 점을 알아야 한다. 독자들은 다음의 책을 읽기를 권장한다. Fahy (2019). 이 장의 일부는 그 책에서 발췌한 것이다.
2) Fricker (2007)을 참조할 것.
3) Ibid.
4) Pak et al. (2011), pp. 142-158.
5) Cumings (2005). 또한, Human Rights Council (2014) and United Nations General Assembly (2014)을 참조할 것.
6) Cumings (2010), p. 39.
7) "10.2 Human Rights in Times of Emergency," in *International Norms and Standards Relating to Disability*, updated October 2003, United Nations, available at: www.un.org/esa/socdev/enable/comp210.htm#10.2
8) Ibid. Emphasis added.
9) "조선인권연구협회 보고서(Report of the DPRK Association for Human Rights Studies Submitted to the United Nations General Assembly Security Council)," September 15, 2014, A/69/383-S/2014/668, available at: https://undocs.org/A/69/383 Grammatical clarification added.
10) 『노동신문』 (1995), June 24
11) Human Rights Council (2014b).
12) Lankov (2002).
13) Lankov (2005).
14) Amnesty International (1979). 이 보고서의 부록은 세딜로(Jacques Sedillot) 사례를 다루고 있다.
15) 지금까지도 특히 먼 북동 지방의 많은 북한 주민들은 기근에 취약하며 능력이

부족하다. 정부의 정치적 신뢰도 정의에 따라 결정된 사실로, 이 지역의 많은 주민은 대부분 계급 배경, 일본 식민지 정부와의 관계, 남한과의 가족 관계, 한국 전쟁 중의 행위, 1953년 이후의 정치적 범죄에 대한 처벌로 이곳으로 보내졌다. 그러한 요인들이 영양부족, 굶주림과 기근의 다이내믹스를 결정했으며 식량 권리를 바꿀 수 있는 수단을 제한했다.

16) Sen (1976), pp. 1273-1280.
17) George (1977), pp. 206-213.
18) Devereux (2007).
19) Ibid., p. 7.
20) Collins (2012), p. 13.
21) "참다운 인권을 옹호하여," 『노동신문』, 1995년 6월 24일. Kim (2008), p. 24 에서 인용.
22) Kim (2008), p. 24.
23) Collins (2012).
24) Yoon et al. (2017), pp. 52-53.
25) Ibid., pp. 55-56.
26) DPRK Association for Human Rights Studies (2014), p. 72.
27) 2016년 국경 없는 기자회(Reporters Without Borders)의 세계 언론자유지수 조사에서 마지막 순위인 에리트레아에 이어 179위로 최악의 국가로 평가되었다. 북한은 또 언론 자유, 시민 자유, 정치적 권리에서 최악의 순위를 받았다. 다음을 참조할 것. Williams (2016), and Freedom House, "Freedom in the World 2015: North Korea," (n.d.).
28) Dietz (2012).
29) Kretchun and Kim (2012).
30) 보고서는 국내 인트라넷시스템 운영을 담당하는 중앙과학기술정보국, 국내적으로 유통하는 해외 영상물과 출판물의 배급을 통제하는 109그루빠, 전화와 라디오 방송을 감시하는 27국을 들고 있다. Reporters Without Borders (2014)을 참조할 것. Williams (2014)도 참조할 것.
31) Jeong (2013), p. 4.
32) United Nations, Universal Declaration of Human Rights, Article 19, available at: www.un.org/en/universal-declaration-human-rights
33) Human Rights Council (2016).
34) DPRK Association for Human Rights Studies (2014), p. 37. 북한에서의 표현의 자유에 대한 추가 설명에 대해서는 보고서의 pp. 59-63을 참조할 것.
35) Ibid.
36) Choi (2017), pp. 783-800.
37) Lankov (2015), pp. 42-43.
38) Ibid.
39) Ibid.
40) Kretchun and Kim (2012).
41) Ibid, pp. 30-31.
42) Kern and Hainmueller (2009), pp. 377-399.
43) DPRK Association for Human Rights Studies (2014) pp. 59-60.
44) United Nations General Assembly (1966).

45) Quotes in Han et al. (2014), p. 85.
46) Ibid., p. 102.
47) Ibid, p. 242. 폭풍군단은 조선인민군 호위국, 국가보위성, 김일성군사종합대학, 군관학교, 정치대학, 국방대학 등으로부터 파견된 군인들로 구성된 부대이다.
48) Eremenko (2014).
49) Charny (2004), pp. 75−97.
50) Ibid., p. 93.
51) 조선민주주의인민공화국 형법, 제28조 (기본형벌과 부과형벌), Article 28, "Principal Punishments and Supplementary Punishments," of the Criminal Law of the Democratic People's Republic of Korea, trans. Sang hyup Lee, Hyeong Su Park, Kyung Eun Ha, Markus Simpson Bell, Lillian Lee, and Andrew Wolman (Seoul: Citizens' Alliance for North Korean Human Rights, 2009).
52) U.S. Department of State (2016), Human Rights Watch (2017).
53) 조선민주주의인민공화국은 유엔 아동권리협약의 제6조 (생명권), 제37조 (고문 및 불법적 자유의 박탈로부터의 자유)와 제40조 (비인도적 처우를 받지 않을 권리)를 위반하고 있다. "Detailed Findings" (2014b).

참고문헌

Amnesty International. 1979. "Ali Lameda: A Personal Account of the Experience of a Prisoner of Conscious in the Democratic People's Republic of Korea," January 1, Index Number ASA 24/002/1979, London: Amnesty International.

Charny, Joel R. 2004. "North Koreans in China: A Human Rights Analysis," *International Journal of Korean Unification Studies*, vol. 13, no. 2, pp. 75−97.

Choi, Yong-sub. 2017. "North Korea's Hegemonic Rule and Its Collapse," *Pacific Review*, vol. 30, no. 5, pp. 783−800, available at: www.tandfonline.com/doi/full/10.1080/09512748.2017.1296885?src=recsys

Citizens' Alliance for North Korean Human Rights (NKHR). 2013. "Status of Women's Rights in the Context of Socio-Economic Changes in the DPRK," Seoul: NKHR, available at: www.hrnk.org/uploads/pdfs/The%20Criminal%20Law%20of%20the%20Democratic%20Republic%20of%20Korea_2009_%20(1).pdf

Collins, Robert. 2012. *Marked for Life: Songbun, North Korea's Social Classification System*, Washington, DC: Committee for Human Rights in North Korea.

Criminal Law of the Democratic People's Republic of Korea. 2009. trans. Sang hyup Lee, Hyeong Su Park, Kyung Eun Ha, Markus Simpson Bell, Lillian Lee, and Andrew Wolman, Citizen's Alliance for North Korean Human

Rights, Seoul.

Cumings, Bruce. 2005. *Korea's Place in the Sun: A Modern History*, New York: W. W. Norton.

Cumings, Bruce. 2010. *The Korean War: A History*, New York: Modern Library.

Devereux, Stephen. (Ed.) 2007. *The New Famines: Why Famines Persist in an Era of Globalization*, New York: Routledge.

Dietz, Bob. 2012. "Signs of Change in North Korea," Committee to Project Journalists, May 17, available at: www.cpj.org/blog/2012/05/signs-of-change-in-north-korea.php

DPRK Association for Human Rights Studies. 2014. *Full Text of the Report of the DPRK Association for Human Rights Studies*, September 13.

Eremenko, Alexey. 2014. "Russia Moves to Send North Korean Refugees Back Home to Uncertain Fate," *Moscow Times*, November 4.

Fahy, Sandra. 2019. *Dying for Rights: Putting North Korea's Rights Abuses on the Record*, New York: Columbia University Press.

Freedom House. n.d. "Freedom in the World 2015: North Korea," available at: https://freedomhouse.org/report/freedom-world/2015/north-korea

Fricker, Miranda. 2007. *Epistemological Injustice*, Oxford: Oxford University Press.

George, Susan. 1977. *How the Other Half Dies: The Real Reasons for World Hunger*, Harmondsworth: Penguin.

Han, Dong-ho, Kim, Soo, Lee, Kyu, Lee, Keum, and Cho, Jeong. 2014. *White Paper on Human Rights in North Korea*, Seoul: Korea Institute for National Unification, 2014

Human Rights Council. 2014a. *Report of the Commission of Inquiry on Human Rights in the Democratic People's Republic of Korea*, A/HRC/25/63, February 7, 2014a http://undocs.org/A/HRC/25/63

Human Rights Council. 2014b. *Detailed Findings of the United Nations Commission of Inquiry into Human Rights in the Democratic People's Republic of Korea*, A/HRC/25 /CRP.1, February 7, 2014b

Human Rights Watch. 2017. "UN: North Korea Exploiting Children," February 8, 2017, available at: www.hrw.org/news/2017/02/08/un-north-korea-exploiting-children

Jeong, Jin-hwa. 2013. "UN Commission of Inquiry on Human Rights in the Democratic People's Republic of Korea Public Hearing," afternoon session, August 22, 2013, Seoul.

Kern, Holger Lutz, and Hainmueller, Jens. 2009. "Opium for the Masses: How Foreign Media Can Stabilize Authoritarian Regimes," *Political Analysis*, vol. 17, no. 4, pp. 377–399.

Kim, Soo-Am. 2008. *Conceptions of Democracy and Human Rights in the Democratic People's Republic of Korea*, KINU: Korea Institute for National

Unification.

Kretchun, Nat and Kim, Jane. 2012. "A Quiet Opening: North Koreans in a Changing Media Environment," *InterMedia*, May.

Lankov, Andrei. 2002. *From Stalin to Kim Il-sung: The Formation of North Korea, 1945−1960*, New Brunswick, NJ: Rutgers University Press.

Lankov, Andrei. 2005. *Crisis in North Korea: The Failure of De-Stalinization*, Honolulu: University of Hawai'i Press.

Lankov, Andrei. 2015. *The Real North Korea: Life and Politics in the Failed Stalinist Utopia*, Oxford: Oxford University Press.

Pak, Sun Young, Schwekendiek, Daniel and Kim, Hee Kyoung. 2011. "Height and Living Standards in North Korea, 1930s−1980s," *Economic History Review*, vol. 64, pp. 142−158.

Reporters Without Borders. 2014. Report, March 11, available at: https://rsf. org/en/news/enemies-internet-2014-entities-heart-censorship-and-surveillance

Rodong Shinmun. 1995. "For True Human Rights," June 24.

Sen, Amartya. 1976. "Famines as Failures of Exchange Entitlements," *Economic and Political Weekly*, vol. 11, no. 31−33, pp. 1273−1280.

United Nations. 2003. "10.2 Human Rights in Times of Emergency," in *International Norms and Standards Relating to Disability*, updated October 2003.

United Nations General Assembly. 1966. "International Covenant on Civil and Political Rights," December, available at: www.ohchr.org/EN/ProfessionalInterest/Pages/CCPR.aspx

United Nations General Assembly. 2014. *Report of the DPRK Association for Human Rights Studies Submitted to the United Nations General Assembly Security Council*, September 15, 2014, available at: A/69/383-S/2014/668, https://digitallibrary.un.org/record/781479/files/A_69_383_S_2014_668-EN.pdf

U.S. Department of State. 2016. "Korea, Democratic People's Republic of: Tier 3," in *Trafficking in Persons Report, 2016*, Washington, DC: Government Publishing Office, 228, available at: www.state.gov/documents/organization/258876.pdf

Williams, Martyn. 2014. "DPRK Organizations Called out for Censorship," *North Korea Tech*, March 13.

Williams, Martyn. 2016. "DPRK Again Second-to-Last in Press Freedom Ranking," *North Korea Tech*, April 20, available at: www.northkoreatech. org/2016/04/20/dprk-second-last-press-freedom-ranking/

Yoon, Yeo-sang, Jai-ho, Chung and Hyunmin, An. 2017. "2016 White Paper on Religious Freedom in North Korea," Seoul: NKDB, January 4, available at: www.nkdb.org/en/library/Books_list.php

제14장

북한에서 사람의 '시장 가치'

김석향(Seokhyang Kim)

서론

모든 인간 사회에는 소수 집단이 존재하며, 비지배집단 지위는 사람들을 노골적인 인권 침해는 물론 구조적 불이익과 차별을 받게 한다. 비록 북한 당국이 그런 침해가 그들 사회에서는 일어나지 않는다고 항상 주장해 왔지만, 북한도 예외는 아니다. '소수' 또는 '소수 집단' 용어는 민족, 지역 또는 언어 정체성, 인종, 종교적 신념과 실천, 성적 지향 또는 장애 같은 쉽게 정의할 수 있는 특성에 기반하여 대개 지배적 또는 다수 사회 집단의 구성원과 비교해 상대적으로 불리한 위치에 있는 집단을 일컫는다. 그러나 북한에서 '소수' 용어는 다소 다른 양상을 띠고 있다. 왜냐하면, 사람들은 그런 특성에 기반한 소수자 신분과 관련된 구조적 불평등의 위치에 있지 않기 때문이다. 더욱이 지배적 사회 집단, 즉 '다수'는 조선노동당 엘리트로 구성되며 그들은 수적으로는 다수가 아니다. 대부분의 추정치로 볼 때, 조선노동당 엘리트는 인구의 약 10~15퍼센트를 차지하지만, 국가 억압통제 기구의 통제를 통해 거의 세습적 신분을 강요하고 있다. 그 세습적 신분은, 성분이라는 당의 정교한 사회적 신분 분류제도를 통해 결정되는 정치적 신뢰성에 기반해 특정 대상 주민에 대해 소수 집단 신분을 부여하는 것과 같다.

그러면 누가 북한에서 소수자인가? 북한에서 상대적인 사회적 및 사회·경제적 신분을 결정하는 주된 기준은 무엇인가? 누가 이런 기준을 만들어냈는가? 사람들은 자신의 주어진 사회적 신분을 바꿀 수 있는가? 국제 인권 전문가들은 물론 소수자에게 영향을 미치는 문제에 관심이 있다. 그러나 그 현실이 외부 시선으로부터 깊숙이 숨겨져 있음에 따라서 북한 내 소수자에 관한 구체적인 논의를 시작하기가 어렵다. 이 장은 북한사회에서의 사회적 계층 분류 과정과 그것이 어떻게 발생했는가를 논의한다. 이를 위해서 지금까지 등한시되었던 분야의 지식을 개발하고 북한 주민들이 일상생활에서 어떻게, 왜 인권 침해를 겪고 있는가를 검토할 것이다.

북한의 국영 매체는 미국, 한국, 일본 및 다른 나라들에서 소수자에 대한 인권 침해가 발생하고 있으나 중국이나 북한에서는 그렇지 않다고 자주 주장하고 있다.[1] 이 주장을 검토하기 위해 주요 학술 데이터베이스 Google Scholar에 들어가 '북한'과 '소수자' 두 핵심어를 포함해 검색한 결과로 시작하면, 무엇보다도 이 분야의 연구가 부족하다는 것을 알게 된다. 대부분의 연구는 북한이탈주민들이 북한을 탈출해서 그들이 새로운 소수자를 구성하는 한국에 재정착하는 과정에서 직면하는 불이익과 차별에만 집중하고 있다. 연구 집단이 이 문제를 학술적으로 다루지 않았던 주된 이유는 북한이 그 내부에 소수자가 존재한다는 사실을 부인해 온 것을 생각할 때 연구 자료 확보가 어렵기 때문일 것이다.

그러나 북한이탈주민과의 심층 면담 결과는 북한의 주장과는 명백히 일치하지 않는다. 2010년 이래, 필자는 여러 가지 주제를 논의하면서 약 230명의 북한이탈주민과 심층 면담을 시행하였으며, 이 장은 그 면담 내용을 1차 자료로 활용한다. 면담 대상자 중에는 함경북도 출신이 많지만, 평양 출신뿐 아니라 함경남도, 양강도, 황해도, 강원도, 평안도 등 다양한 다른 지역 출신도 있었다. 면담 대상자 중 단지 20퍼센트만이 2010년 이전에 북한을 떠났으며, 연령별로는 10대부터 60세 이상까지 고른 분포를 보였다. 그들의 교육 수준은 전문대 및 대학 졸업자가 면담 대상자의 60퍼센트 수준으로 한국에 거주하는 북한이탈주민의 평균 교육 수준보다 높았다. 약 70퍼센트가 여성이었으며, 이는 북한이탈주민 인구의 전반적인 구성과 유사했다.[2]

면접 대상자와 함께 탐구한 주제는 1990년대 이후의 사회적 변화와 동향, 특히 가부장제, 장애인의 일상생활, '인민반'의 일상생활,[3] 여성의 돈벌이 시장 활동, 화장품의 소비와 사용 등이었다. 주제는 매우 다양했지만 그들의 전 거주지, 성별, 가족 배경과 학력, 경제 수준, 당원 신분과 탈북 시점과 상관없이 면접 대상자들은 지배집단과 비지배집단 간의 관계에 관해 예리한 인식을 드러냈다. 피할 수 없는 결론은 북한사회는 사람을 주류 집단과 소수자에 속하는 것으로 엄격하게 분류하고 있다는 것이었다. 예외적인 사례를 제외하고, 슬픈 현실은 소수자 집단으로 태어난 북한 주민들은 자신들의 노력을 통해 유리 천장을 깸으로써 더 높은 사회적 신분을 획득할 기회가 없을 것이라고 확고히 믿고 있다는 것이다.

한편 북한이탈주민들이 겪은 인권 침해에 관해서 상당한 연구가 이루어진 데 반해 북한 내 상황에 대해서는 거의 관심을 기울이지 않았다는 점을 지적하지 않을 수 없다. 이것은 다음의 질문들을 남겨 놓는다. 누가 소수자인가, 그들의 지위는 어떻게 정해지는가, 그들의 생활조건은 무엇인가, 1990년대 이후 그들의 생활은 어떻게 변해왔는가, 그들은 자신과 자신의 신분을 어떻게 인식하는가, 북한 당국은 그들을 어떻게 인식하고, 서술하며, 대우하는가. 마지막으로, 물론 이 모든 문제에서 인권에 대한 함의는 무엇인가의 질문이 있다.

1990년 이후 북한의 변화

비록 사회적 영향의 수준은 개인마다 다를 수 있지만, 한 개인이 자기가 사는 사회의 제반 환경에 영향을 받지 않고 독립적으로 생활하는 것은 불가능하다. 1990년 이전, 대부분의 북한 주민들은 자기 고향에서 11년의 의무교육 과정을 마쳤으며 세 가지 공통 경로 중 하나를 따라갔다.[4] 첫 번째 경로는 당국이 그들에게 배정한 직장에 취직하는 것이다. 이는 남성보다는 젊은 여성에게 제시된 경로로 여성은 어차피 곧 결혼한다는 것이 일반적인 생각이었다. 이와 대조적으로, 당국에 의해 이 범주에 속해진 남성은 종종 어떤 식으로든 "결함이 있거나 불량하다고" 여겨졌다. 두 번째 경로는 군에 입대하는 것이다. 대부분 남성은 장기 군 복무에 배치되었고 이는 매우 바람직한 것으로 여겨졌다. 군 복무는 나중에 조선노동당에 입당하는 기회를 높일 것이기 때문이다. 세 번째 경로는 대학에 들어가는 것으로, 이 경로는 단지 선택된 소수에게만 열렸다. 이런 사람들은 엘리트 구성원이 되어 관료와 관리인으로 일했으며 반면 나머지 사람들은 노동자로 일했다.

사람들은 태어나서 양육된 지역에서 전 생애 동안 머물렀다. 1990년 이전 아버지의 직장으로 인해 다른 지역으로 이동한 어린이들의 사례가 있었고 더 외진 지역으로 추방된 불운한 소수의 사람이 있었으나, 대부분의 북한 주민은 자기 고향을 떠날 기회가 주어지지 않았다. 심지어 그들은 대학에 다니거나 군에 복무하기 위해 일시적으로 떠나더라도 이 임무를 마칠 때 고향으로 돌아갔다. 사람들이 결혼식이나 장례식 같은 가족 행사로 다른 지역의 친척을 방문해야 하면 지역 당국의 허가가 필요했으며, 허가 없이 지역을 떠나는 것은 처벌할 수 있는 범죄였다. 모두가 일을 위해 평양을 방문한 사람을 부러워했으며, 다른 나라를 방문한 사람들은 매우 운이 좋은 것으로 간주하였다.

　사람들의 삶의 질을 결정한 가장 중요한 요인은 자신의 가족이었다. 이것이 사람들이 조선노동당 당원 자격을 얻기 위해 할 수 있는 모든 것을 하던 이유였다. 아이의 부모가 당원인 경우, 이는 그 아이 인생의 중요한 선택에 크게 영향을 미칠 수 있었는데, 그 아이의 교육, 직업 배치와 승진, 심지어 배우자의 선택에도 영향을 주었다. 아이의 아버지가 당원이 아닌 경우, 그 아이에게는 절대 학교 지도부 자리가 주어지지 않을 수 있고 대학에 다닐 가능성이 없었다. 반면에 고위 당원들의 자녀는 높은 학업 성취 없이도 사회적 사다리를 쉽게 오를 수 있었다. 그들은 단지 한 과목, 즉 김일성가의 저작을 학습하는 것으로 구성된 정치학습에서 높은 점수를 받기만 하면 됐다.

　이러한 세 가지 인생경로제도가 작동하는 동안 북한 주민들의 생활 방식은 매우 안정적이고 예측 가능했다. 그러나 1990년대에 사회적 변화는 이러한 제도의 뿌리를 흔들었다. 1989년, 과시적 사업들이 정부 지출을 과도하게 지배함에 따라 심각한 경제적 어려움이 나라에 불어닥치기 시작했다. 국가의 1년 예산 거의 1/3이 1989년 제13차 세계청년학생축전에 흘러 들어갔다. 이 행사는 1988년 서울 올림픽에 대한 평양의 대응이었다. 한편 소련 진영의 붕괴는 소련의 원조와 '우호 가격'에 의한 교역의 붕괴를 의미했다. 이 시점에 시작된 파괴적인 경기 침체의 소용돌이는 북한의 9년 연속 마이너스 성장과 처참한 기근을 초래했다.

　이러한 내외의 경제적 어려움으로 인해 정부는 수십 년 동안 일반 주민에게 한 달에 두 번씩 식량을 공급해왔던 배급제를 포기했다. 사람들은 중앙정부로부터 어떤 지원이나 보호 없이 굶주려 죽는 이웃을 보면서 연명할 방법을 찾아야 한다고 깨닫기 시작했다. 그 결과, 점점 더 많은 사람이 불법적인 암시장 활동에 참여하기 시작했다. 이는 여성 상인들의 경제적 역량 강화로 이어졌고, 결국 새로운 의복 패션과 더 좋은 화장품에 대한 요구로 특징되는 새로운 자아상 기준이 생겨났다. 사실 새로운 의복 패션과 더 좋은 화장품에 대한 요구는 주로 한국의 활동가 임수경이 1989년 세계청년학생축전에 참가했을 때 그녀의 외모와 차림새를 본 북한 여성들에서 유래했다.[5]

새로운 시장의 규모는 점점 커졌고, 새로운 형태의 거래가 매일 도입되었으며, 자기 집 근처에서 적은 양의 상품을 팔던 사람들이 더 많은 돈을 벌기 위해 위험을 감수하면서 먼 거리를 여행하기 시작했다. 더 많은 사람이 상품을 거래하기 시작하면서 상당한 양의 자본을 축적한 '돈주'로 불리는 집단이 등장했다.[6] 이러한 현상은 사람들이 직장에 남아있었으나 수입 대부분을 민간시장 거래에서 얻음에 따라 점차 전체 직장 배치제도를 훼손했다. 조선노동당 당원 자격은 이것이 부여한 사회적 신분이 여전히 사람의 인생을 결정하는 가장 중요한 요인이었기 때문에 계속 북한사회에서 중요한 의미가 있었다. 그러나 1990년대는 시장에서 돈을 벌어 그것을 상대적 이동의 자유, 좋은 직장, 교육 등등 당원의 특권에 효과적으로 접근하기 위해서 당 간부에게 주는 뇌물로 사용하는 선택지를 열었다. 사람들은 점점 더 그들에게 부여된 사회적 신분이 아니라 그들이 새로 획득한 '시장 가치'** 때문에 나아갔다. '시장 가치'는 사람들이 체제로부터 혜택을 뽑아내서 자신의 삶을 개선하기 위해 소유한 영향력이다.

북한이탈주민과의 면담은 사람의 '시장 가치' 개념이 사회의 다른 수준에 있는 사람을 구분하는 주된 기준을 제공한다는 것을 드러냈다. 북한이탈주민은 신분집단을 묘사할 때 '시장 가치가 높은/낮은/없는 사람'***이란 용어를 자주 사용했다.[7] 흥미로운 점은 그들이 흔히 이런 식으로 '사람의 시장 가치' 개념을 사용하면서도 그들 자신은 그것의 의미를

** 역자 주) 이 장의 필자는 자신의 2015년 한글 논문에서 '사람의 시장 가치'를 '사람값'이란 용어로 표현하였다.

*** 역자 주) 필자의 2015년 한글 논문에는 각각 값높은/값낮은/값없는 사람으로 표현함. 이하 관련 용어에는 괄호 안에 추가했다.

명확히 이해하는 것 같지 않았다는 점이다. 연구자가 누가 차별받는 소수자인지 질문하면, 그들은 모르겠다고 하거나 자신들은 그런 차별을 경험한 적이 없었다고 강조했다. "북한의 현실은 간부의 아들은 간부가 되고 농민의 아들은 농촌을 떠날 수 없는데, 그것이 소수자 집단에 대한 차별을 보여주는 게 아닌가?"라고 질문했을 때, 그들은 "그건 그렇게 태어났으니 어쩔 수 없는 일이다. 그거야 어쩔 수 없는 일이다. 그런 일을 차별이라고 생각해본 일 없다"라고 말했다. 그러나 면담 내용을 분석했을 때, 북한이탈주민들은 가정 출신,** 당원 여부, 거주지, 성별, 신체적 장애, 연령, 학력, 재산의 정도 등 기준에 근거해 사람의 시장 가치에 대해 매우 표준화된 인식을 하고 있음이 분명하게 드러났다.

사회적 출신성분과 조선노동당 당원 여부에 기반한 시장 가치

면담 대상자 가운데 가장 두드러진 의견은 사람의 출신(출신성분, 토대)과 조선노동당 당원 여부가 높은 시장 가치를 결정하는 핵심 요인이었다. 출신성분이 나쁜 사람이 입당하는 사례도 있으나 실제로 출신성분이 나쁜 사람의 입당은 불가능하지는 않더라도 극히 어렵다. 그래서 면담 대상자는 모두 출신성분이 나쁜 사람은 의미 있는 시장 가치를 획득할 수 없다는 한계를 느끼고 있었다.

북한 정권이 항상 노동자와 농민을 우대한다고 주장해왔기 때문에 노동자와 농민이 사회적 차별을 받는 소수자 집단이 되었다는 것을 연구자

** 역자 주) 성분제도에 따른 어떤 가정의 출신인가를 의미하며, '토대' 용어와 유사하다. 북한에서 성분은 '사회적 계급관계에 의하여 규정되는 사람들의 사회적 구분'으로 정의되며, 예를 들어 노동자 가정 출신은 노동자 성분으로 분류된다. 토대와 성분은 함께 사용되기도 한다.

는 받아들이기 어려웠다. 그러나 북한이탈주민들은 노동자와 농민을 일관되게 '하바닥' 사람(최하층)으로, 평민을 '평백성'(보통사람/일반인)으로 묘사했으며, 둘 다 '시장 가치가 크지 않은' 집단이다. 단지 신뢰할 수 있는 가정 배경 출신(성분과 토대 — 역자 주)이기 때문에 관료와 관리인이 된 사람은 평범한 노동자와 농민은 꿈도 꿀 수 없는 기회를 누린다고 이들은 주장했다.

사실은 노동자와 농민 계급 안에서도 더 계급이 나누어지는데, 탄광이나 염전에서 육체노동을 하는 사람은 노동자 중에서 가장 시장 가치가 낮다('값이 없다'). 면담 대상자들은 신문과 방송에서 탄광 노동자를 칭찬하고 식량 배급 증가 같은 정책으로 그들을 장려해도 아무도 자발적으로 이 분야에 진출하지 않는다고 강조했다. 그들은 또한 탄광이나 염전 노동자가 유일하게 '큰소리를 칠 수 있는', 즉 우월감을 느끼는 대상은 탄광 노동자보다 시장 가치가 더 낮다고 평가되는 협동농장 농민이라고 주장했다. 협동농장 농장원 자녀가 평범한 노동자 신분으로 사회적 신분을 상승하는 경우는 매우 드물고 거의 불가능했다. 그런 일은 농장원 집안의 처녀가 노동자 집안으로 시집을 가는 경우에만 일어난다는 것이 그들의 의견이었다. 그렇지 않으면 드물게 농민이 노동자로 신분 상승을 하는 경우가 있다. 이런 사람은 먼저 탄광 노동자로 직장 배치를 받고 이어서 다시 다른 직장으로 배치를 받는다. 농민이 노동자로 신분 상승하는 이 과정은 보통 10년에서 20년 이상 걸린다.

시골 지역으로의 추방

함경북도 출신의 면담 대상자들은 기본적으로 유사한 '평양집' — 처벌로 시골 지역으로 추방된 평양 거주자 — 에 관한 이야기를 들려주었다.

이 일은 오래 계속된 사업으로 '혁명의 수도'로서 그 위상을 높이기 위해 평양을 '정화하는' 대규모 운동이 벌어진 가운데 1970년대 초반 강화되었으며, 다른 지방의 주요 도시에서도 일어났다. 그러나 이런 추방자들이 모두 같은 상황에 직면하지는 않으며, 그들의 잔여 시장 가치('사람값')에 따라 사회적으로 어느 정도 대우를 받기도 하고 경멸적인 대우를 받기도 한다. 비교적 심각하지 않은 범죄로 추방된 사람이나 일시적인 추방 상태에 있다고 인식되는 사람은 상당한 시장 가치를 계속 유지하고 잘 대우를 받는다('사람값이 없지 않다'). 반면에 주요 정치적 범죄나 가족 중에 장애인이 있다는 이유로 영구히 추방되었다고 생각되는 사람은 더는 많은 시장 가치가 없는('값이 없는') 사람으로 대우를 받는다.

외부 접촉에 노출된 북한 주민

면담 자료의 분석 결과, 북한 당국은 물론 일반 주민들도 그들이 말하는 '순수혈통(순혈주의)'의 유지를 매우 강조하는 것이 명백했다. 이것은 북한 이외의 지역에서 출생한 한민족(교포/동포)은 곧바로 낮은 시장 가치를 갖고('값이 싼') 사회적 신분 상승의 가능성이 없는 소수자 집단으로 분류된다는 것을 의미한다. 해당 사례는 바로 1959~1984년 기간 동안 북한으로 송환된 전 재일조선인의 경우다.[8] 거의 예외 없이 종종 '째포' 또는 '째키' 등 비하하는 의미를 담은 용어로 불리는 북송 재일동포는 의심의 대상으로 남아 있으며 여러 유형의 제약을 받고 있고, 조선노동당에 입당할 가능성은 거의 없다. 이와 유사하게, 한국전쟁(1950~1953년) 정전 후 북한에 있던 한국 군인들은(북한에서 '괴뢰군[국군]' 포로를 의미 – 역자 주) 시장 가치가 거의 없거나 전혀 없는('값이 없는') 집단으로 간주된다. 이제 이 세대는 지나갔으나, 그들의 후손들은 고난과 차별의 삶을 떠올리고 있다. 국군 포로 출신은 대체로 외딴 탄광 지역의 채굴 작업에 배치를 받았다. 그곳에서 이들은 다시 다른 거주자들의 엄중한 감시를 받았으며, 그들의 낮은 시장 가치로 인해 결혼할 전망은 매우 제약되어 있었다.

한국전쟁 시기 남한의 포로가 되었다가 귀환한 북한 군인들은 국군 포로와 비슷한 대우를 받았다. 1953년 한국전쟁이 끝날 무렵, 그들은 북한으로 돌아가거나, 남한에 남아있거나, 아니면 제3국에 정착하는 선택지가 제공되었다. 그러나 북한으로의 귀환을 선택한 포로들은 충성행위를 한 사람으로 받아들여지지 않았다. 면담 대상자들은 그들이 다른 소수자 집단보다 훨씬 더 불이익을 받았다고 보았으며, 그들의 자녀도 철저하게 차별을 받았다. 왜 이런 정책이 시행되었는지 질문하자 일부 면담 대상자는, 포로 중 일부가 간첩으로 훈련받았을 가능성 때문이지만, 누가 충성자이고 누가 반역자인지 결정하기가 불가능하니까 위험의 싹을 없애기 위해 포괄적인 차별정책을 적용한 것이라고 설명해 주었다.

중국, 러시아 및 한국과 연고가 있는 북한 주민

중국에 연고가 있는 북한 주민들이 많이 있으며, 그들은 낮은 신분의 직업으로 평범한 생활을 하는데 큰 걸림돌은 없었으나 사회적으로 신분 상승하는 길은 차단되었다는 것이 면담 대상자들의 의견이었다. 반면 러시아 연고자는 한국전쟁 중 북한으로 건너온 오랜 소련계 조선인 사회의 후손들이었다. 러시아 연고자는 숫자도 많지 않고 외모가 '눈에 띄게 달라서' 일상적으로 늘 차별을 당했다.

중국에 친척이 있는 사람의 자녀는 대부분 어린 시절의 출신성분으로 인해 심각한 어려움을 경험하지 않았다고 면접 대상자들은 주장했다. 그

들은 열심히 공부하고 소년단-청년동맹으로 이어지는 조직 생활에 충실
하면서 위대한 지도자들에 대해 충성하면 자신이 나아가는 길에 특별한
걸림돌은 없을 것으로 믿으면서 성장했다. 그러나 고등학교**를 졸업하
고 직장, 군대 또는 추가 교육에 배치되면서 중국 연고자라는 사실 때문
에 자신들이 앞으로 더 나아갈 수 있는 희망이 없다는 것이 그들에게 명
백해졌다. 그러나 고난의 행군으로 불린 기근을 겪은 후 2000년대에 들
어서면서 중국에 친척이 있는 북한 주민들은 시장 가치('사람값')가 높아
지는 집단으로 재평가되었다. 이들은 중국을 자주 드나들며 그곳에서 일
하며 돈벌이를 하거나 그렇지 않으면 장사를 하는 여행증명서나 여권을
발급받을 수 있었기 때문이다. 중국에 연고가 있는 북한 주민들은 새로
운 시장경제를 통해 번창할 수 있었기 때문에 공식 채널을 통한 발전이
차단된 것이 덜 중요해졌다. 이러한 선택지가 러시아에 친척이 있는 북
한 주민들에게는 대체로 닫혀 있었으며, 그들은 계속해서 최하층 계급으
로 취급되었다.

　1990년대의 기근 이후 남한(남조선)과 연고가 있는 사람들의 시장 가
치('사람값')도 재평가되기 시작했다. 예전에는 그런 연고는 물론 큰 단
점이었다. 그러나 한국에 사는 북한이탈주민의 수가 약 3만 3,000명으
로 증가하면서[9] 그들이 대부분 국경 지방에 사는 북한의 친척에게 보내
는 송금의 가치가 증가했다. 조사연구는 북한이탈주민 인구의 약 2/3가
중국 브로커[10]와 중개 기관을 통해 연간 추정 가치 수백만 달러를 송금한
다는 것을 보여준다. 그러한 연고가 있는 사람들은 점점 더 시장에서 활
용할 자본 보유는 물론 가치 있는 결혼 상대자로서 간주하고 있다.

....

**　역자 주) 북한에는 한국의 중학교에 해당하는 초급중학교와 고등학교에 해당하
　는 고급중학교가 있다.

기타 시장 가치가 낮은 사람: 여성과 성 소수자

면담 대상자들은 북한 내 소수자 집단 신분을 구분하는 데 성별의 역할에 대해 명확한 인식을 하고 있었다. 모든 면담 대상자는 북한에서 '남자는 하늘, 여자는 땅'이라는 데 동의하는 것처럼 보였다. 재미있는 사실은 북한이 남녀평등 사회인지 질문에 대해 압도적인 비율로 그렇다고 분명하게 대답했다는 점이다. 그러한 주장의 근거가 무엇인지에 대한 질문에서 많은 면담 대상자들은 북한이 이미 1946년에 남녀평등권 법령을 제정했다고 강조했다.[11] 그러나, 또한 그들은 북한이 평등사회이지만, 사람은 다 그렇게 사는가 하고 여자는 반드시 남자를 가정의 주인(세대주)으로 모셔야 하고 가정의 의무를 절대 소홀히 할 수 없다고 주장했다. 면담 대상자들은 또 여성은 전반적으로 남성보다 시장 가치가 상당히 떨어진다('값이 떨어진다')는 견해를 가지고 있었다. 장기 군 복무로 집을 떠나 있는 남성이 너무 많아서 "여자가 굴러다니는 막돌보다 흔하고 청진 앞바다에서 흔하게 잡히던 정어리보다 많았기" 때문이다. 면담 자료를 요약하면, 북한에서는 성별에 기반한 여성의 역할은 주부라는 확실한 견해가 압도적이었다. 여성은 가정의 주인이 될 수 없으므로 주부와는 별도로 경력을 추구하는 여성이라는 개념은 거부되었다.

대부분의 면담 대상자들은 북한에는 성 소수자(LGBTQ)**인 사람이 없다고 주장했으며, 응답자의 절대다수는 그 용어가 무엇을 의미하는지도 몰랐다고 말했다. 사실 북한에서 LGBTQ인 사람들의 사회적 신분과 그들이 어떻게 대우받는지의 문제는 면담 초반에 연구가 설정한 주제가 아니었다. 그런데 간혹 LGBTQ와 관련된 질문이 나올 때마다 "북한에는

** 역자 주) Lesbian/여성 동성애자, Gay/남성 동성애자, Bisexual/양성애자, Transgender/성전환자, Queer/성 소수자 전반 또는 Questioning/성 정체성에 관해 갈등하는 사람.

그런 사람이 없다. 그런 사람은 있을 수 없다. 만약 누가 동성애자라는 사실이 드러나면 당장 총살을 당하고 말 것이다"라는 그들의 반응을 관찰한 뒤 연구자가 LGBTQ인 사람에 관하여 의도적으로 질문하기 시작했다. 응답자의 대부분은 한국에 정착한 이후에야 LGBTQ 권리에 관해 알게 되었다고 말했다. 전반적으로 LGBTQ인 사람에 대한 이들의 태도는 크게 두 가지 유형으로 구분할 수 있다. 동성애에 대해 부정적으로 반응하는 사람이 많았다. 그들의 반응을 요약하면, "사람이 어떻게 그런 짓을 하느냐? 있을 수도 없고 있어서도 안 된다. 남자가 있고 여자가 있는데 왜 그런 짓을 하느냐?" 등이다. 다른 사람들은 한국에서 LGBTQ문제에 노출되어 완화된 견해를 가지고 있었다. 이들은 "그것이 그들이 좋아서 하는 일이고 다른 사람에게 피해가 없다면 그냥 두고 봐야 하지 않을까." 라는 선을 따르는 정도의 관용을 나타냈다.

장애인

많은 면담 대상자들이 북한에서 장애인(신체적 장애를 지닌 사람을 의미 – 역자 주)은 시장 가치가 없는('값이 없는') 존재로 인식한다고 말했다. 사실상 북한에서는 '장애인'이라는 용어를 사용하지 않는다. 북한정부가 2003년에 장애자보호법을 제정했지만,[12] 응답자 중 그 사실을 아는 사람은 한 명도 없었다.[13] 북한에서 신체적 장애인을 공손하게 부를 때 '불구자'라는 용어를 사용하나 일상적으로는 경멸적인 용어 '병신' 또는 '바보'를 사용하여 지적 장애인을 지칭한다. 많은 응답자는 '장애인'이라는 중립적 용어를 한국에 온 이후에야 배웠다. 많은 응답자는 북한에서 장애인을 본 적이 거의 없었으며, 한국에는 어디에나 장애가 있는 사람들이 있어서 놀랐다고 말했다. 몇몇 응답자는 북한은 산업이 발달하지 않아

공기가 맑으니까 장애아가 별로 태어나지 않는 것 같다고 추측했다.

10년 이상 이 연구자는 장애의 유무와 그 원인의 기준에 따라 분류한 소수자 집단에 관심을 가지고 자료를 수집했다. 그 결과 북한에서의 장애인은 세 가지 주요 범주로 나눌 수 있다는 결론을 얻었다. 즉 (1) 군대에서 신체 손상을 입은 영예군인(상이군인을 의미 – 역자 주), (2) 출생 이후 사고로 다친 사람, 그리고 (3) 출생 당시 장애아로 태어난 사람 등 3개 집단이다. 영예군인은 북한의 장애인 중 독특한 성격을 지닌 소수자 집단이다. 그들은 신체적 장애인이지만 그 나름대로 사회적 위신을 인정을 받기 때문이다. 북한 당국이 대외적으로 장애인의 존재를 인정하지 않고 평양에서 장애인 가족을 추방하던 시절에도 영예군인은 예외적인 대접을 받았다. 영예군인은 불구로 태어난 것이 아니라 군 복무에서 장애인이 되어 돌아온 사람이기 때문에, 전체 사회가 그들에게 당연히 혜택을 주어야 한다고 면담 대상자들은 설명했다. 그렇다고 해서 영예군인이 일상생활에서 언제나 '정상인' 같은 대접을 받는다는 의미는 아니다. "아무리 그래도 장애는 장애니까 정상인과 같을 수는 없다."라는 것이 면담 대상자의 일반적인 의견이었다. 다만 당국은 영예군인이 잘 대접받아야 한다고 강조하고 지방행정기관들에 잘 돌보라고 압력을 넣는다. 그러나 면담 대상자들에 따르면, 영예군인의 생활 여건을 돌볼 예산 할당이 거의 없기 때문에 지방행정기관들은 자주 현지 주민들을 동원하여 땔감이나 식량을 '죽지 않을 만큼' 지원해 주는 즉흥적인 자원봉사 정도에 그치는 게 현 실정이다.[14]

다른 두 장애인 집단은 시장 가치가 아주 낮거나 전혀 없는('값이 없는') 존재로 인식되고 있다. 북한에 장애인이 별로 없다고 강조하는 사람도 작업장 사고로 많은 사람이 죽거나 장애인이 된다고 인정한다. 여러 면담 대상자들이 이런 식으로 많은 사람이 죽었거나 크게 다쳤다는 이야기들을 면담 과정에서 들려주었다. 크게 다친 사람은 그 후 어떻게 살아가는지 질문하면 면담 대상자들은 모든 것이 가족의 부담이라고 대답했다. 다친 사람의 가족이 잘살면 그들은 돌봐질 수 있지만 그렇지 않으면 그들의 미래는 암울했다. 민간 사고로 다친 사람은 영예군인과 달리 정부로부터 아무런 지원을 받지 못했다.

위에서 서술한 두 집단은 그래도 장애를 갖고 태어난 사람보다는 상당히 처지가 나은 것이다. 면담 대상자들은 출생 이후 사고로 다친 사람은 그 장애가 유전될지도 모른다는 주변의 낙인에서 벗어난다고 생각했다. 출생 당시 장애아로 태어난 사람은 사회의 짐으로 인식되며 당연히 시장 가치가 없다('값없는')고 면접 대상자들은 자신들의 견해를 밝혔다. 장애인으로 태어난 사람은 아예 교육을 받지 못하거나 단지 '신체적 조건에 부합하는' 기능을 배울 뿐이다. 그들은 또 자신의 모습이 다른 사람을 불편하게 할까 봐 밖에 너무 많이 돌아다니지 않도록 조심하라고 요구받을 정도로 사회적으로 고립된다. 그들이 결혼 연령에 도달했을지라도 보완적인 장애가 있는 사람이 없으면 결혼 가능성은 거의 존재하지 않았다.

북한 내 사람의 시장 가치 판단의 변화

1990년대 이후 북한사회가 많이 달라졌다는 사실에 모든 면담 대상자가 동의했다. 탈북 시점이 최근에 가까운 사람일수록 한국 사람들이 그곳의 실제 사정을 알지 못해서 그렇지 북한의 생활환경이 예전처럼 어렵지 않다는 점을 강조하는 경향이 더 크게 나타났다. 이 변화의 가장 중요한 요인은 1990년대의 고난의 행군 기근이었다. 만약 북한 주민들이 이 기근을 거치지 않았더라면 그들은 지금도 지도자들에 대한 존경심을 간직하고 옛 제도를 더 잘 받아들였을 것이다. 그 대신, 많은 사람이 죽어 나가는 것을 보면서 주민들은 지도자들을 다른 시각으로 바라보았으며 생존하기 위해 스스로 꾸려나가야 한다고 생각했다. 그리고 경제개혁조치의 중단과 재개를 반복하며 10년을 보낸 후, 북한정부는 2009년 11월 몰수와 마찬가지인 화폐개혁을 실시했는데, 이 조치로 인해 많은 평범한 북한 주민의 북한 원화 표시 저축은 한순간에 사라졌다. 화폐개혁은 사람들이 자기 정부와 그 지도자들을 어떻게 바라보는가에 대해서도 파괴적인 영향을 미친 중대한 분수령이었다.

이런 변화와 충격은 북한사회의 여러 측면에 깊이 영향을 미쳤으며, 지배적 사회 집단, 즉 조선노동당의 명령에 따라 차별 대상이 된 소수자 범주의 사람들에 누가 속하는가의 전통적 개념도 바꾸었다고 면담 대상자들은 믿고 있었다. 중앙계획경제의 종말은 근본적으로 사회적으로 값이 있는 직업을 갖고 이로 인해 좋은 사회적 지위에 있던 수많은 사람의 세계를 파괴하였다. 그들은 정부와 배급제에 의존하였으나, 이제는 소득도 없고 지위도 없어서 굶주림을 피하기 위해서는 새로운 기술을 습득해야 했고 새로운 경제에 참여해야 했다.

이런 이유로 사람들이 조선노동당 당원 여부와 가정 출신성분을 평가하는 방식에 주요 변화가 발생했다. 지배적 사회 집단 내에서 조선노동당 당원 여부가 여전히 중요했지만, 예전처럼 강력하지는 않다. 자신의 배경에 상관없이 입당 추천을 받은 사람조차도 이해 충돌 때문에 핑계를 대는 게 오늘날 북한의 현실이다. 왜냐하면, 자신이나 자신의 가족이 종종 장사 활동을 하는데 이것이 당원의 일상생활을 지배하는 엄격한 규율에 따라 위험해질 수 있기 때문이다. 이러한 상황에서는 입당해서 나중에 문제에 부딪히기보다는 아예 처음부터 입당하지 않는 게 더 좋다. 마찬가지로, 특별히 힘 있는 공직에 오르려고 하는 사람이 아니라면, 토대와 성분은 이제는 일반 주민의 일상생활에 큰 영향을 미치지 않는다. 당과 정부가 일상생활 영역에서, 특히 그것이 장사 활동과 연관되면서 체계적으로 강권을 발동할 수 없고 따라서 그런 사람들이 그 제도를 활용하기에 더 나은 위치에 있기 때문이다.

북한경제가 시장화하면서 열린 새로운 장사 기회에 여성의 참여가 늘어나는 것과 비례하여 여성의 지위 또한 향상되었다. 물론 이러한 현상이 실제로 여성과 남성이 동등하게 대우를 받는다거나 여성의 지위가 남성의 지위와 비슷하다는 것을 의미하지 않는다. 그렇지만 장사를 잘하고 돈 잘 버는 여성은 이제 높아진 시장 가치를 지닌다. 여성은 여전히 대개 20대 초에 결혼 상대를 찾을 것이 기대되고 이 나이가 지나면 가치('값')가 꾸준히 떨어진다. 그러나 장사로 돈을 잘 버는 30대의 여성은 여전히 결혼할 전망이 있다.

하지만 북한사회의 변화는 장애에 대한 인식에 영향을 미치지 않은 것으로 보인다. 북한은 2012 런던패럴림픽에 장애인선수단을 파견하고 2016년에 유엔 장애인권리협약에 서명하는 등 대외홍보 지향적인 정책 변화를 추구해 왔다. 그러나 장애 관련 문제에 대한 통계가 계속 깜깜한 상태이기 때문에 어떤 진전이 있었는지 평가하는 것은 여전히 불가능하다. 그렇지만 면담 내용의 분석 결과는 분명히 주민의 일상생활에서 장애인에 대한 차별적 인식이 여전히 강하다는 것을 보여주고 있다.

결론

연구자가 면담한 북한이탈주민은 일반적으로 자기의 생각에 어느 집단이 시장 가치가 높은지, 낮은지, 또는 없는지를 나타냄으로써 사회의 다양한 집단에 대한 차별적 태도를 보여주었다. 개인에 따라 정도의 차이가 뚜렷하지만, 이들의 의식 저변에는 여성, LGBTQ, 장애인, 해외에 가족 연고가 있는 사람 등을 자신과 동등한 시장 가치를 가진 사람으로 인정하지 않으려는 것 같았다. 그렇다면 소수자를 차별하는 북한이탈주민의 의식구조는 어디에서 유래한 것인가? 이런 의문을 해소하는 것이 이 연구의 출발점이었다. 지금까지의 잠정적인 결론은, 북한이탈주민은 교육을 통해 인간 사회에 대한 고립되고 매우 보수적인 시각을 갖게 되었으며, 이러한 시각을 강력한 사회화 과정을 통해 깊이 흡수했다는 것이다. 어쩌면 북한이탈주민과의 면담에서 가장 안타까운 측면은, 그들이 한국 사회 또는 그 밖의 거주지에서 소수 공동체로서 사회적 편견으로 고통을 받는다고 주장하면서도 '시장 가치가 낮은 사람 또는 없는 사람(값이 싼 사람 또는 값없는 사람)'이란 표현을 사용함으로써 북한 내 다른 집단에 대해 그들이 보여주고 있는 편견의 수준을 인식하지 못하는 것 같다는 점이었다. 그들의 태도가 온전히 개인의 도덕성 탓은 아니다. 그들은 단지 출생 이후 그들이 자란 북한사회의 규범을 반영하고 있을 뿐이며, 그들은 어떤 다른 기준에 노출된 적이 없었다. 그렇지만 사람의 '시장 가치(사람값)'란 기준을 사용하여 소수자를 차별하는 북한이탈주민의 태도는 그냥 넘어갈 일이 아니며 이의를 제기해야 한다. 북한이탈주민은 현대 사회 어디에서나 흔히 볼 수 있는 사회 집단의 다양성에 노출될 수 있고 모든 인간 생명의 동등한 가치에 대한 명확한 인식을 습득할 기회가 필요하다.

주

1) 더 자세한 내용은 다음을 참조할 것. Kim (2012), pp. 243-273.
2) 자세한 내용은 다음을 참조할 것. www.unikorea.go.kr/unikorea/business/NKDefectorsPolicy/status/lately/
3) '인민반'은 북한의 모든 가정이 참여하는 마을 단위의 최말단 행정 조직이다. 협동과 감시에 중점을 둔 인민반은 형식적으로 정치적 보안과 감시체제의 일부는 아니지만 그 목적을 지원하기 위해 운용하고 있다. 인민반장은 지역의 당 당국과 정기적으로 만나며 사회적, 범죄적, 정치적 위반에 대해 보고한다. 1990년대의 기근과 그에 이은 북한경제 내 시장개혁의 수용 이후 감시 수준이 떨어졌다

는 조짐이 있지만, 인민반은 여전히 사회적, 정치적 통제의 중요한 원천이다 (사회체제가 점차 이완되어가자 오히려 인민반제도를 통한 주민 통제를 강화하고 있으며, 인민반 안에 인민반장 외에 세대주 반장도 두고 있다는 평가도 있다. − 역자 주).

4) 현재 북한의 교육체제는 12년 의무교육으로, 유치원 높은반 1년, 소학교 5년, 초급 및 고급중학교 6년으로 구성된다. 그러나 2014년 이전에는 유치원 높은반 1년, 소학교 4년, 초급 및 고급중학교 6년으로 11년의 의무교육이었다. 하지만 연구자의 면담 대상자 대부분은 북한에서 2014년 이전에 11년의 의무교육을 마쳤다. 자세한 내용은 다음을 참조할 것. Kim and Kim (2017).

5) 그 당시, 임수경은 한국정부의 여행금지에 직접 저항하여 그 축전에 참여하기 위해 평양에 간 한국의 학생운동가였다. 북한 당국은 그녀의 방문을 주요 언론을 통해 보도했으나, 선전 가치가 무엇이었든 상당수의 북한 여성들은 그녀의 외모, 특히 현지의 칙칙한 패션보다 훨씬 더 우아한 그녀의 옷과 머리 모양에 더 영향을 받았던 것으로 보인다. 다음을 참조할 것. Kim and Lankov (2016) and Kim (2019).

6) Kim (2018), pp. 49-77.

7) 자세한 내용은 다음을 참조할 것. Kim (2015).

8) 1959년에서 1984년까지 약 9만 3,400명의 전 재일조선인이 일본에서 북한으로 귀환하였다. 자세한 내용은 다음을 참조할 것. Morris Suzuki (2007).

9) 다음을 참조. www.unikorea.go.kr/unikorea/business/NKDefectorsPolicy/status/lately/

10) 다음을 참조. www.nkdb.org/en/database/findings.php

11) 그 이후, 북한정부는 매년 7월 30일 이 법률의 제정을 기념하고 있다.

12) 북한정부는 2003년에 장애인보호법을 제정하였고 2013년에 개정했다.

13) 더 자세한 내용은 다음을 참조할 것. Kim (2011).

14) 때때로 북한의 국영 매체는 '영예 군인'과 그들을 돌보는 여성 간의 결혼 이야기를 영화 등으로 보여준다. 자세한 내용은 다음을 참조할 것. Kim (2010).

참고문헌

Kim, S. H. 2010. "북한의 공식담론에 나타나는 영예군인과 그를 돌보는 여성 이야기의 사회적 분석," 현대북한연구" [Analysis of the Stories of "Honorable Veterans" and Women Who Are Committed to Taking Care Them in the Official Discourse of the DPRK], *North Korean Studies Review*, vol. 13, no. 2, pp. 7-46.

Kim, S. H. 2011. "북한 장애인의 일상생활 현황: 북한이탈주민의 인식을 중심으로, 북한연구학회보" [The Daily Lives of the Disabled in the Democratic People's Republic of Korea (DPRK): Stories from the DPRK Defectors' Recollections], *The Korean Association of North Korean Studies*, vol. 15, no. 1, pp. 85-110.

Kim, S. H. 2012. "북한 내 공적-사적 인권담론 분석," [Public and Private Discourse on Human Rights in North Korea], *Ewha Journal of Social Sciences*, vol. 27, pp. 243–273.

Kim, S. H. 2015. "북한 내 사람값 담론과 소수자 유형 분류 시도" [Minorities in North Korea: Who Are They and Why Are They Classified as Minorities?], *The Journal of Asian Studies*, vol. 58, no. 1, pp. 7–37.

Kim, S. H. 2018. 북조선 여성, 장마당 뷰티로 잠자던 욕망을 분출하다, 서울: 도서출판 선인 (한국어로 쓴 단행본 책자입니다). [North Korean Society and its People: Capitalist Wife and Socialist Husband, in *Whither North Korea?*], Seoul: The Sejong Institute.

Kim, S. H. 2019. 북조선 여성, 장마당 뷰티로 잠자던 욕망을 분출하다, 서울: 도서출판 선인 (한국어로 쓴 단행본 책자입니다).

Kim, S. H. and Kim, K. M. 2017. "로동신문에 나타난 북한의 전반적 12년제 의무교육 분석" [An Analysis of North Korea's 12-Year Compulsory Education System, from the *Rodong Shinmun*], *Unification Policy Studies*, vol. 26, no. 1 pp. 105–134.

Kim, S. H. and Lankov, A. L. 2016. "Unexpected Results of a Political Pilgrimage: Yim Su-gyong's 1989 Trip to North Korea and Changes in North Koreans' Worldview," *Asian Perspective*, vol. 40, no. 2, pp. 245–269.

Morris-Suzuki, T. 2007. *Exodus to North Korea: Shadows from Japan's Cold War*, Lanham, MD: Rowman & Littlefield.

제15장

북한의 아동 집단동원

김미주(Miju Kim)

서론

북한의 시민사회는 높은 수준의 사회동원이 특징이다. 학교도 예외가 아니며, 따라서 교육 프로그램은 강력한 특별활동 요소를 포함하고 있다. 이는 그 자체로 독특한 것이 아니다. 왜냐하면, 세계적으로 많은 교육제도가 그런 활동을 포함하고 있으며, 그 활동은 일반적으로 본질에서 자발적인 것으로 정의되고, 사회적 참여를 지향하며, 보통 동아리 활동과 협회 활동을 통해 수행된다. 그러나 북한의 학생 동원 범위는 이를 넘어서 아동 노동과 비슷한 활동으로까지 상당히 나아갔다. 이에 따라 여러 유엔 기구와 협약, 그중에서도 특히 유엔 인권이사회(UNHRC: United Nations Human Rights Council), 국제노동기구(ILO: International Labour Organization), 유엔 아동권리위원회(CRC: UN Committee on the Rights of the Child)뿐만 아니라 북한 인권에 중점을 둔 많은 비정부기구(NGO)와의 갈등을 초래하였다. 북한과 이 조직들로 대표되는 국제사회 간 갈등의 본질은 북한의 아동 동원은 그야말로 경제적 생산을 수반하며, 그래서 교육과정과 의미 있는 관련이 없다는 그 심각성의 정도에 있다. 이 장은 이 갈등의 진행 과정을 요약하고 향후 개선 전망을 논의할 것이다.

아마 첫 번째로 물어야 할 질문은 북한에서 아동 노동문제가 애당초 왜 발생했는지의 이유이며, 이로 인해 여러 이데올로기적, 경제적 요인을 생각하게 된다. 첫째, 북한경제체제는 노동력 배분에 대한 정부의 거의 전면적인 통제와 높은 수준의 사회동원이 특징인 사회주의 계획경제 모델에 그 뿌리가 있다. 간단히 말해, 정부가 누가 어디서 일하는가를 결정한다. 둘째, 북한은 만성적인 노동력 부족에 시달리고 있는 것 같다. 이는 근본적으로 모든 북한 남성과 상당수의 18세 이상 북한 여성의 장기간 징집 군 복무와 준군사 복무의 범위로 인해 발생한 것이다. 셋째, 북한은 군사경제를 가진 군사화된 국가로, 전체 생산의 약 40~50퍼센트는 군에 의해서 또는 군을 대신하여 수행되는 것으로 일반적으로 추정된다 (Bermudez 2001). 군은 국가의 자원을 먼저 요청하고, 이로 인해 민간 부문은 기술적으로 열등한 위치에 놓여 기본 작업을 수행하기 위해서 미숙련 노동력과 반숙련 노동력에 더 의존한다. 마지막으로, 북한에 상당한 시장경제 부문이 등장하는 동안 이러한 추세가 고용 관행을 규제하는 상응하는 법률 체계의 발전을 동반하지 않았다 (Lankov et al. 2017, p. 157). 특징적으로, 정부는 이 부문 내의 광범위한 거버넌스 영역에 대한 통제를 단순히 포기했으며, 이로 인해 특히 인구 대부분이 극도의 빈곤 속에 살고 있음에 따라 아동 노동이 번창하는 것이 가능해졌다.[1]

이것이 수년에 걸쳐 북한이탈주민의 증언이 누적되면서 아동 노동은 무료이고 전체 노동력 내의 인력 부족 때문에 학령 아동이 경제생산에 직접 휘말리게 된 다면적인 방식을 보여주게 된 이유이다. 이로 인해 유엔 기구들이 여러 영역과 활동에 초점을 두었고, 2017년 아동권리위원회가 다음과 같이 발표했다.

때때로 한 번에 한 달 동안 대규모 동원이 필요한 농업 및 건설 프로젝트를 포함하여 다양한 유형의 노동을 수행하는 데 아동들이 교육에 할당된 상당한 시간을 계속 소비한다는 일관된 보고와 학생들이 밭에서 일하고 장작을 운반하는 등 교사를 위한 작업 수행에 오후를 소비하는 사례에 대해 본 위원회는 심각하게 우려하였다.

(아동권리위원회 2017, p. 2)[2]

국제기구들은 아동 노동이 아동을 위험한 환경에 노출하고 아동의 발전과 정규 교육을 방해하기 때문에 아동 노동의 종식을 특히 중요하게 여기고 있다. 더욱이 국제기구들은 어른과는 달리 아동은 위험하거나 부당한 상황에서 정당한 권리를 요구할 수 없으므로 아동 노동이 폐지되어야 한다고 주장하고 있다. 아동 노동에 대한 국제사회의 관점은 국제노동기구의 문서를 참조함으로써 가장 잘 이해할 수 있다. 이 문서는 유엔 아동권리협약에 따라서 아동을 18세 미만의 모든 사람으로 정의하며 아동 노동을 측정하기 위한 모집단으로 5~17세 연령 집단의 모든 사람으로 설정하고 있다. 국제노동기구는 네 가지 주요 아동 노동 범주를 규정하고 있다. 즉 (1) 가정용 최종 용도를 위한 생산, (2) 대가 또는 이익을 위해 수행한 작업, (3) 업무 현장경험 또는 기술을 습득하기 위한 아동의 무급 연수생 근무, (4) 대가를 받지 않고 다른 당사자의 이익을 위해 수행한 비강제성 작업을 포함하는 자원봉사 등이다.[3] 2016년 현재 세계적으로 이 연령 집단에서 6,400만 명의 소녀와 8,800만 명의 소년, 합계 1억 5,200만 명의 아동이 아동 노동에 종사하고 있었다. 약 71퍼센트는 주로 아시아와 아프리카 국가에서 농업에 종사했으며, 대략 절반이 건강, 안전과 도덕성 발달에 직접적으로 해로운 것으로 평가된 작업에 종사하였다. 전체 아동 노동자의 수와 위험한 작업에 종사한 비율의 전반적인 추세는 2000년 이후 하락했는데, 전체 아동 노동자는 2억 4,500만 명에서 1억 5,200만 명으로, 위험한 작업에 종사한 아동 노동자는 1억 7,000만 명에서 7,200만 명으로 줄었다. 다수의 자체 보고 관할권에 걸쳐 정확한 통계를 모으는 데 있어 많은 명백한 문제가 있지만 이런 추세는 대체로 아동 노동의 위험과 불공정성에 대한 인식이 더 커졌음을 반영하는 것이다.

그러나 북한에서의 아동 노동의 정도는, 북한이 국제노동기구의 비회원국으로 유엔의 정밀조사를 받지 않으며 국제노동기구의 국제아동노동 근절프로그램(IPEC: International Programme on the Elimination of Child Labour)[4]에도 포함되어 있지 않기 때문에 측정하기 어렵다. IPEC는 1992년에 국제노동기구가 설립한 프로그램으로 90개 이상의 국가에서 아동 노동의 폐지에 중점을 두고 있다. 그러나 아동 노동문제는 북한이 다른 유엔 기구들, 특히 유엔 아동권리위원회의 비판을 받기에 충분히 심각하다. 2017년 유엔 아동권리위원회는 다음과 같이 북한에 충고했다.

국가 법률이 아동 노동을 금지하고 아동은 일 년에 단 3주의 '학교 실습'에 참여해야 하는 것으로 아동 노동이 폐지되었다는 당사국의 입장에 주목하면서 본 위원회는 아동이 자신의 교육, 신체적 · 정신적 발달과 복지를 방해하는 광범위한 노동작업 수행을 요구받는다는 정보에 대해 계속 심각하게 우려하고 있다. 본 위원회는 다음에 대해 심각하게 우려하고 있다.

(a) 당사국의 노동법은 18세 미만 아동에 대해 해롭거나 위험한 작업을 금지하지 않는다는 사실[5]

(b) 아동이 농장과 광산에서 일하고, 숲에서 나무를 모으고, 이웃과 현지 마을에서 잡초를 뽑고, 철도를 수리하고, 동상을 깨끗이 닦고, 조림사업과 건설 프로젝트 ('경제적 과제'로 일컬음)에 참여하기 위해 하루 중 많은 시간을 자원봉사를 하도록 요청받고 있으며, 이는 아동의 교육, 건강, 휴식 및 여가 권리와 돈을 받는 대가로 아동에게 이러한 업무를 면제하는 관행에 대한 권리를 방해하는 것임.

(c) 아동이 하루에 긴 작업 시간과 때때로 한 번에 한 달 동안, 그리고 그 기간 가족과 떨어져 지내는 집단 농업 동원에 참여하도록 요청받고 있음.

(d) 16세와 17세 아동을 10년 동안 '돌격대'(군대 형태의 청년 건설여단)에 받아들이는 관행으로, 이는 긴 작업 시간과 힘든 육체노동을 수반하며 아동의 교육 접근권을 축소함.

(아동권리위원회 2017, p. 13)[6]

그러면, 공식적으로 북한의 아동 집단동원은 무엇으로 구성되고, 어떻게 조직되고, 어떻게 국제규범에서 벗어나는가? 북한 당국은 아동 동원 활동을 교육적이라고 정의하고, 학교 교과과정으로서 나무 심기와 생산 노동 같은 활동을 포함하고 있다.[7] 아동 동원은 또 공식 교과과정 바깥에서 수업 시간 중과 방과 후 동아리 활동의 형태로 일어나는데, 아이들은 보통 장작, 버섯, 기타 식용 또는 약용 식물을 수집한다. 특히 봄에 벼를 심고, 여름에 밭을 매고 가을에 추수하는 농사에 동원된다. 아이들은 농사일을 위하여 일정 기간 다른 지역으로 보내지기도 한다. 그들은 노동력 부족을 보충하기 위하여 바쁜 농사철 기간뿐만 아니라 자기 지역에 아파트나 공장의 건설 같은 주요 건설 프로젝트가 있을 때 동원될 수 있는데, 건설 자재를 운반하거나 건설 현장에서 잡일을 수행해달라고 학교 수업 시간 중 요청받을 수 있다.[8] 당국은 그러한 활동이 학생이 농민과 노동자의 생활을 이해하는 데 도움을 준다는 점에서 교육적이라고 주장하고 있다. 그러나 고위 간부 가정의 아이들과 영재 프로그램의 아이들은 이러한 작업에서 광범위하게 면제되며, 학부모가 자녀를 작업 참여에서 면제시키기 위해 학교에 뇌물을 제공하는 일 또한 흔히 발생한다. 동원 활동이 정당한 교과과정에 대한 침해가 아닌 학교 교과과정의 필수적인 부분으로 여겨지고 수용된다면 그러한 관행은 발생하지 않을 것이며, 여기에서 교육과 아동 노동 간 차이에 대한 질문이 당연하게 발생할 것이다.

북한의 아동 노동력의 연령 집단과 규모

북한에서 아동은 16세 미만의 개인으로 정의되며, 유엔의 정의보다 두 살이 어리다. 그러므로 국제기준에 따르면 아직 아동인 북한의 16~17세 주민은 노동력에 포함되며, 이것이 논쟁의 핵심 원인이다. 어느 정도 이것은 북한이 알고 있는 것으로 보이는 변칙이며, 북한이 이 정의를 유엔의 정의에 부합하게 하려는 계획을 발표하지는 않았지만, 북한은 의무교육제도를 11년에서 12년으로 확대한 2014년 계획이 완전히 이행되면 이 문제가 해결될 것으로 예상한다고 말했다. 의무교육 확대는 학생이 18세가 될 때까지 학교에 남아있는 것을 의미하고 있다.[9] 아동 노동에 관하여, 북한정부는 헌법이 최소 노동 연령 16세 미만 아동의 고용을 금지하고 있음을 근거로 아동 노동이 북한에는 존재하지 않는다고 주장하고 있다. 그렇지만 이러한 헌법상 금지의 존재와 수반하는 법적제도에도 불구하고 아동 노동이 없다는 주장은 신뢰할 수 있는 통계, 특히 연령과 직업의 연관성을 보여주는 통계가 없으므로 액면 그대로 받아들이기 어렵다. 더욱이 외부인이 아동 노동이라고 생각할 수 있는 것에 북한은 '사회 발전에 이바지하는' 젊은이라고 지칭한다는 점에서 근본적인 개념 정의의 문제가 있다.

그러므로 우리는 위에서 서술한 국제노동기구의 아동 노동 범주에 북한의 규범을 적용하는 데 한계가 있다. 그럼에도 불구하고 국제노동기구의 아동 노동 범주는 북한과 유엔 기구 간의 개념 정의 간격을 좁히는 몇 안 되는 수단 중 하나이므로 표 15.1에서 그 작업을 시도한다.

표 15.1   국제노동기구(ILO) 아동 노동 범주: 북한 사례

ILO 범주	북한 사례
가정용 최종 용도를 위한 생산	이 일은 대체로 농촌의 현상이므로, 높은 도시화 비율, 의무교육제도, 교육제도에서 성취에 높은 문화적 가치 부여 등의 요인을 고려하면 이 문제는 중요하지는 않을 것 같음.
대가 또는 이익을 위해 수행한 작업	나이가 많고 가난한 아동은 점점 더 구멍이 많은 정부의 복지 및 배분 네트워크와 교육제도에서 빠져나와 이 범주의 일을 함.
업무 현장경험 또는 기술을 습득하기 위한 아동의 무급 연수생 근무	과거에 고도로 중앙집권화된 노동 배분제도는 이에 반해 완화되었을 것이지만, 최근에 도입된 시장 기반 경제개혁 아래서는 고용이 점차 분권화되고 가난한 가정 출신 아동은 그런 일에 끌릴 수 있음.
대가 없이 다른 당사자의 이익을 위해 수행한 비강제성 작업을 포함한 자원봉사	이 분야가 유엔 기구와 인도주의 비정부기구의 주요 초점이며, 가용한 증거는 북한 내 학교제도에서 널리 퍼져 있음을 보여주고 있음.

아동 동원에 대한 유엔의 비판과 북한의 대응

유엔과 북한 간 아동 노동문제에 관한 논의는 여러 가지의 유엔선언, 협약과 조약의 적용을 받는 영역의 활동을 감시하고 감독하는, 많은 유엔 기구 중 하나인 아동권리위원회를 통해서 일어난다. 이 위원회는 다양한 국가에서 온 대화 상대자와 참가자로 구성되며, 아동권리협약의 서명국으로서 자국의 의무를 이행하는 활동에 대해 회원국이 제출하는 보고서를 검토하기 위한 정기 연례회의를 개최한다. 위원회는 돌아가며 보고서 발표와 기타 이해당사자의 간략한 의견을 받고, 관련 회원국과 연관된 문제에 대해 논의하며, 제안과 권고를 한다. 1990년에 아동권리협약에 가입한 이후 북한은 유엔 인권이사회의 보편적 정례인권검토(UPR: HRC Universal Periodic Review)로 알려진 메커니즘에 따라 2017년까지 위원회에 다섯 차례의 발표를 거쳤다.[10]**

구체적인 문제를 논의하기 전에 유엔 기구의 비판에 대한 북한의 반응을 보다 일반적인 관점에서 검토하는 것은 유용할 것이다. 유엔 아동권리위원회에 제출한 2017년 보고서에서 유엔 주재 북한 상임대표(대사)는 다음과 같은 요점을 제시했다.

- 2008~2015년 기간 중 아동의 권리를 보호하고 증진하기 위한 일련의 입법 및 실천 조치가 채택되었음.
- 아동매매·아동성매매·아동음란물에 대한 아동의 권리에 관한 협약 부가의정서를 비준했음.
- 북한에 대한 유엔제재는 "아동의 생명과 복지를 위협하며 아동의 권리 보호에 대한 심각한 도전임."
- 북한은 난민과 탈북자의 증언을 "도망범의 거짓 증언에 기반한 정치적 동기에 의한 대화"로 절대적으로 거부함.

표 15.2는 몇 가지 보다 구체적인 북한 대표단의 답변을 보여주고 있다. 이러한 답변은 아동권리위원회가 제기한 의문을 완전히 해결하지 못했고 또 상당한 정도로 신뢰도가 부족한 것이었다. 이 내용이 "북한의 아동의 권리 보호에서 문제가 거의 없었다는 것은 믿기 어렵고,"[11] 북한 현지의 현실을 이해하기 위해서는 더 많은 자료가 필요하다는 북한에 대한 아동권리위원회 보고관 샌드버그(Kirsten Sandberg)의 총평에 반영되

....

** 역자 주) 보편적 정례인권검토는 2006년 6월 출범한 유엔 인권이사회가 2008년 4월부터 실시, 현재까지 1주기(2008~2011년), 2주기(2012~2016년), 3주기(2017~2021년)를 거쳐 4주기(2023~2027년)가 진행 중이며 각 회원국은 4년 반마다 여타 회원국에 의해 동등한 입장에서 평가를 받았다.

표 15.2   아동권리위원회(CRC) 문제에 대한 북한의 답변

CRC가 제기한 문제	북한의 답변
북한의 독립적인 감시 메커니즘	다양한 독립적인 조직이 아동 보호 관련 활동에 참여하고 있음. 그 조직의 독립성은 어떠한 정부의 개입이나 제한이 없이 법의 테두리 내에서 활동하는 한 완전히 보장됨.
사회적 계층을 나누는 성분제도를 통한 차별	북한에 성분제도는 존재하지 않음. 그것은 평양정부에 적대적인 세력이 날조한 상상의 개념임. 단결과 평등의 원칙이 사회 기능의 중심이기 때문에 법률상으로나 실제에서 차별이 없음.
장애 아동	헌법과 법률로 무차별 원칙이 보장됨. 장애가 있는 사람과 아동은 정부의 우선 관심이며 차별에 직면하지 않음.
농업 작업과 노동 착취	북한에는 강제 아동 노동이 존재하지 않으며, 모든 정부 당국은 인민의 봉사자로 간주됨. 　교과과정의 요구를 넘어선 노동은 법으로 금지되며, 엄격한 감독제도가 설치되어 있음. 젊은이는 농민으로부터 기초 농업 기술을 배움. 현장 작업의 최대 기간은 1년에 3주로 제한됨. 　건설·노동여단에 관하여 그런 관행이 없음. 중등학교 졸업생은 조국의 발전에 기여하기를 원하면 노동 캠프에 참여할 수 있고, 이는 강제 노동의 문제가 아님.

었다. 좀 더 구체적으로 말하면, 샌드버그는 또 아동의 권리와 관련된 일련의 조치에도 불구하고 그 이행을 감독하는 단일의 고위급 조정기구가 없는 것 같다고 지적했으며, 다른 사람들은 입법상의 변화 보고와 이행 조치 보고 간의 차이에 대해 논평했다. 특히 결론적 관찰에서 아동권리위원회는 자료수집 부족에 덧붙여 핵심 사안으로 아동 노동제도 아래서 어린이들이 가정환경, 영양과 완전 교육을 박탈당하고 있다는 점을 지적했다.

결론

전반적인 인권문제와 구체적인 아동 노동문제에 대해 보편적 정례인권 검토 회의에서 유엔 기구들과 상호작용하면서 북한은 특정한 전략을 채택했는데, 차우(J. T. Chow)는 그 전략을 다음과 같이 묘사했다.

> 북한은 일관되게 약한 권고를 수용했고, 좀 더 구체적인 정책 변화를 거부했으며, 제한적으로 수용한 권고를 이행했다. 이렇게 하여 북한은 최소의 비용으로 인권 준수를 주장했다. 보편적 정례인권검토가 회원국의 자체 보고에 의존하고 상충되는 사실에 입각한 주장을 판단할 수 없기 때문에 북한은 심각한 인권 침해 주장을 거부하고, 급진적으로 국가 중심적인 인권 비전을 공개적으로 옹호하며, 조사위원회와 특별 보고관 같은 인권 메커니즘의 정당성에 이의를 제기하는 한편 유사한 견해를 가진 다른 국가들로부터 지지를 구축하고 있다.
>
> (2017, p. 146)

북한의 아동 집단동원 관행에 대한 국제사회의 광범위한 비판에도 불구하고, 북한은 이러한 전략으로 단편적인 대응을 유지할 수 있었다. 통계 제출을 거부하고 학교 시설에 대한 외부 관찰을 차단함으로써 북한은 교육제도에서 수행하는 동원의 유형은 학교 교과과정의 일부라고 주장할 수 있었다. 이처럼 유엔의 정밀검토는 북한의 이런 관행에 기껏해야 미미한 영향을 미쳤음을 알 수 있다.

또한, 다양한 출처로부터 북한이 현재 만성적인 노동력 부족, 특히 건설 프로젝트에 대한 미숙련 노동 영역에서 만성적인 노동력 부족에 시달리고 있는 것으로 보인다. 엄청나게 많은 인력이 군대에 묶여 있고, 전에는 정부가 이용할 수 있었던 상당한 노동 자원이 이제는 시장경제에 묶

여 있는 한편 중앙정부는 자신의 필요를 수행하기 위하여 더는 이데올로
기적 유인책이나 지역 정당 조직에 대한 노동력 할당량 부과에 의존할
수 없다. 따라서 사실상 유일하게 남은 자원으로서 전체 인구의 약 20퍼
센트를 차지하는 아동 노동에 대한 부담이 점점 더 커지고 있다. 북한의
핵무기 프로그램에 대응하여 유엔 안전보장이사회가 가한 엄격한 제재
레짐으로 현재 북한이 심한 압박에 처해 있어 아동 노동문제에 관한 대
화를 시작할 적절한 시기는 아닌 것 같다. 그렇다면 아이러니하게도 유
엔 주재 북한대사가 제재의 부담이 지나치게 아이들에게 지워진다고 주
장한 것은 꽤 정확했다. 그러나 이 부담은 북한 당국이 선택한 결과이며
향후 상당기간 지속할 것으로 보인다.[12]

주

1) 2019년에 유엔 인권최고대표사무소(OHCHR: UN Office of the High Commis-
sioner for Human Rights)는 대부분의 북한 주민들이 견디고 있는 생활수준을
다음과 같은 용어로 설명했다.

> 그 나라에서 활동하고 있는 유엔 조직에 따르면, 2019년에 약 1천 90만 명의
> 주민(전체 인구의 43퍼센트를 상회)이 영양 결핍이고 식량 불안으로 고통받고
> 있으며, 또한 건강, 물, 위생 필요 사항이 충족되지 않고 있다. 거의 1천만 명의
> 주민이 안전한 식수를 이용하지 못하고 16퍼센트의 주민이 기본적인 위생시설
> 을 이용할 수 없어 질병과 영양실조의 위험을 증가시키고 있다. 북한정부와 유
> 엔 아동기금(UNICEF: United Nations Children's Fund)이 2017년에 공동
> 으로 수행한 다중지표 클러스터 설문조사(MICS: Multiple Indicator Cluster
> Survey)는 5세 미만 아동의 20퍼센트가 신체 및 인지 성장 장애의 징후(발육
> 부진 비율은 여아 19.9퍼센트, 남아 18.4퍼센트)를 보였다고 밝혔다. 5세 미만
> 아동 약 3퍼센트 (거의 14만 명)가 소모성 또는 급성 영양실조로 고통을 받고
> 있었다. 더욱이 2018년 세계기아지수(2018 Global Hunger Index)는 북한의
> 기아 수준을 '심각'과 '경계경보'로 분류하고, 북한을 119개국 중 거의 바닥인
> 109위로 평가했다. 보고서는 북한의 기아지수 점수가 2017년 28.2에서 2018
> 년 34로 증가했으나, 기아와 영양 결핍이 악화하는 '우려스러운 추세'라고 인용
> 했다.
>
> (OHCHR 2019, pp. 11-12)

2) 이 언급은 물론 유엔 기구의 절제된 언어로 표현된 것이며, 비정부기구 휴먼 라

이츠 워치(Human Rights Watch)가 제공한 아동 노동의 범위에 대한 더 자세한 설명과 다소 차이를 보여주고 있다.

> 조선노동당과 교육성은 학교와 대학과 협력하여 아동에게 노동을 강요했다. 그들은 또한 조선소년단(만 7세부터 만 13세까지 가입을 해야 함), 김일성-김정일주의청년동맹(만 14세부터 30세까지의 공민으로 구성됨)(김일성-김정일주의청년동맹은 2021년 사회주의애국청년동맹으로 명칭을 변경함 – 역자 주) 같은 노동당 외곽 조직을 이용했다. 학교, 당 외곽 조직, 학교 관리인과 교원은 학생들에게 농사를 짓고, 건물, 동상, 도로 또는 철도 건설을 돕고, 학교에서 사용하거나 팔 수 있는 자재(예를 들어, 고철, 깨진 바위, 자갈, 토끼 가죽, 파지)를 수집할 것을 요구했다. 만약 학생이 수집 물품의 요구된 할당량을 충족하지 못하면 — 많은 경우 발생하는데 — 그 학생은 현금으로 벌금을 내야 한다.
> (Human Rights Watch, n.d.)

3) UN Doc. ICLS/20/18/Resolution IV(2018), para 12.
4) 다음을 참조할 것. International Labour Organization, *IPEC and Global Flagship Programme Implementation: Towards a World Free from Child Labour and Force Labour* (Geneva: ILO, 2019), p. 12.
5) 북한은 성인을 16세에서 시작하는 것으로 정의를 내리며, 이는 성인이 18세에서 시작하는 아동권리위원회의 정의와 차이가 있다.
6) 북한에는 '돌격대'로 알려진 노동력의 형태가 있다. 스탈린 시대에 설립된 소련의 전례에 기반하여, 노동력이 부족한 주요 건설 프로젝트에 집중적인 노동력 투입을 위하여 조직된 노동력이다. 북한 젊은이들은 몇 개월 또는 최대 10년까지 이 작업에 참여할 수 있다. 돌격대 참여는 조선노동당 당원이 되는 관문으로 간주하지만, 최근의 북한이탈주민 증언은 더 많은 사람이 민간경제활동 수행을 통해서 얻을 수 있는 더 좋은 재정적 보상에 끌림에 따라서 조선노동당 입당은 덜 바람직한 것이 되고 있음을 보여주고 있다. 결과적으로, 더 적은 수의 사람들이 돌격대에 합류하며, 이로 인해 당국은 아동을 동원한다. 이러한 활동을 위해 소(초등)학교 학생들이 동원되고 있다는 보고들이 있다. 국제적으로, 18세 미만 아동을 포함하는 북한의 노동 관행은 비정부기구들에 의해서도 자세히 조사되었다. 이런 조사 중 주목할 만한 것은 위험분석 회사 Verisk Maplecroft의 연례 아동 노동 지수(Child Labour Index)이다. 동 회사는 이 지수가 다음과 같이 개발되었다고 설명하고 있다.

> 회사가 자기의 공급망에서 어느 곳이 아동 노동과의 연루 위험이 가장 큰지 파악할 수 있게 하고, 위반의 빈도와 심각성, 각 국가의 법률과 국제조약 채택 및 이를 집행할 능력과 의지를 측정함.

2019년의 지수는 북한을 지구상에서 최악의 국가로 평가하였다. 즉, 북한은 소말리아, 남수단, 에리트리아, 중앙아프리카공화국에 이어 아동이 가장 위험한 상태에 처해 있는 국가다. 다음을 참조할 것. Progress on child labour flatlining in world's manufacturing hubs, www.maplecroft.com/insights/analysis/child-labour-in-worlds-manufacturing-hubs/.
7) 다음을 참조할 것. Do et al. (2016), p. 52.
8) 위의 사례는 다음에서 인용하였음. Do et al. (2016), p. 52., 유엔 아동권리위원회의 회의록, 특히 국제앰네스티 등 외부 당사자가 제출한 자료와 축적된 북한이탈주민 증언.

9) 다음을 참조할 것. Office of the High Commissioner for Human Rights, "Committee on the Rights of the Child Considers the Report of the Democratic People's Republic of Korea," available at: www.ohchr.org/EN/NewsEvents/Pages/DisplayNews.aspx?NewsID=22120&LangID=E

10) 그리고 추가로 유엔 인권최고대표사무소(OHCHR: Office of the High Commissioner for Human Rights)에 대한 세 개의 검토 회의가 있다. 이 세 OHCHR 검토 회의의 관련 자료는 다음을 참조할 것. *Universal Periodic Review – Democratic People's Republic of Korea*, available at: www.ohchr.org/EN/HRBodies/UPR/Pages/KPindex.aspx. 북한의 이 과정 참여에 대한 분석은 다음을 참조할 것. Jonathan Chow (2017).

11) 다음을 참조할 것. Office of the High Commissioner for Human Rights, "Committee on the Rights of the Child," op. cit.

12) 다음을 참조할 것. Miju Kim, "A Study on Rights of the North Korean Children," PhD thesis, Ewha Womans University, 2018, p. 218.

참고문헌

Bermudez Jr, J. S. 2001. *Shield of the Great Leader: The Armed Forces of North Korea*. Sydney: Allen & Unwin.

Chow, J. T. 2017. "North Korea's Participation in the Universal Periodic Review of Human Rights," *Australian Journal of International Affairs*, vol. 71, no. 2, pp. 146–163.

Committee on the Rights of the Child. 2017. "List of Issues in Relation to the Fifth Periodic Report of the Democratic People's Republic of Korea," available at: www.refworld.org/publisher,CRC,,PRK,50ffbce591,,0.html (accessed November 12, 2019).

Democratic People's Republic of Korea Central Bureau of Statistics. 2013. "Final Report of the National Nutrition Survey, 2012 September 17th to October 17th 2012," Available at: https://reliefweb.int/sites/reliefweb.int/files/resources/DPRK-NNS-Final-Report_eng-2013f.pdf (accessed November 12, 2019).

Do, K., Im, Y., Lee, G. and Jehwan, H. 2016. *Human Rights in North Korea: Women and Children*, Seoul: KINU.

Human Rights Watch. n.d. "UN North Korea Exploiting Children: Forced Labor and Discrimination Will Top Child Rights Committee Briefing," available at: www.hrw.org/news/2017/02/08/un-north-korea-exploiting-children

International Labour Organization. 2017. "Ending Child Labour by 2025: A Review of Policies and Programmes," available at: www.ilo.org/ipec/

Informationresources/WCMS_IPEC_PUB_29875/lang-en/index.htm (accessed November 12, 2019).

International Labour Organization. 2019. *IPEC and Global Flagship Programme Implementation: Towards a World Free from Child Labour and Force Labour*, Geneva: ILO, p. 12.

Kim, M. 2019. "A Study on the Rights of North Korean Children: System, Investment and Outcome," PhD thesis, Ewha Womans University, Seoul.

Lankov, A., Ward, P., Yoo, H. Y. and Kim, J. Y. 2017. "North Korea's New Capitalists and Their Workers: Business Practice and Labor Relations," *Communist and Post-communist Studies*, vol. 50, no. 3, pp. 157-167. Available at: www.riss.kr/link?id=O74866148 (accessed November 10, 2019).

United Nations Human Rights Office of the High Commissioner. 2017. "Committee on the Rights of the Child Considers the Report of the Democratic People's Republic of Korea," available at: www.ohchr.org/EN/NewsEvents/Pages/DisplayNews.aspx?NewsID=22120&LangID=E (accessed December 7, 2019).

제16장 북한인 디아스포라

그레이틴스(Sheena Chestnut Greitens)

서론

지난 20년 동안 우리는 새로운 현상의 발달을 목격해 왔다. 1990년대 초부터 북한을 떠난 그 수는 적지만 전 세계적으로 흩어지고 있는 북한 주민들로, 이전 세대의 한반도로부터의 이민자들과는 적어도 부분적으로 다른 정체성을 가지고 있다. 디아스포라가 한국 국가 형성과 한반도 안팎의 현대 초국가적 정치 형태에 대한 역사적 관련성을 포함해 초기의 한국인 디아스포라를 형성한 초창기의 이민 물결에 관한 학문적 연구가 있다. 그러나 지금까지 오늘날의 북한으로부터의 이주와 디아스포라 정치와의 관계에 대해서는 거의 관심이 집중되지 않았다. 아직 한반도 이외의 지역에 거주하는 북한인 이민자들의 신흥 커뮤니티에 관한 연구도 상대적으로 거의 없다. 다시 말해, 그들의 목적지, 그들의 경험, 그들의 정체성 개념, 그들이 정착한 현지 국가에의 참여 또는 그들의 한국 본토 정치에의 참여, 즉 그 본토가 전체 한반도라고 생각하는지 아니면 북한만이라고 생각하는지 등의 주제에 관한 연구가 거의 없다.

　이 장은 북한인 디아스포라의 이런 측면들을 검토할 것이다. 이 작업은 북한으로부터 탈출한 개인의 이주 과정과 재정착 목적지의 개요를 설명하는 것으로 시작하고, 어디에 이민자 커뮤니티가 등장하는지 몇 가지 그 형성 요인에 대해 논의할 것이다. 그리고 이러한 전개를 디아스포라 틀 속에 위치시켜, 북한 이민자들의 전 세계적인 분산과 함께 그들의 조국 지향성과 초국가적 유대 관계가 결합하여 그들을 초기 디아스포라로 분류할 수 있다고 주장한다. 다음으로 디아스포라 관련 정치적 관여의 현 동향과 북한 정권의 디아스포라 관련 인구에 대한 정책의 현 동향을 논의하고, 북한의 억압적 국내 환경에 비추어 볼 때, 디아스포라는 여전히 중요하나 파편적이고 제한된 치외법권적 논쟁의 원인이자 북한 정권이 심각하게 받아들이는 것으로 보이는 문제임을 제시한다. 비록 규모는 작지만, 북한인 디아스포라의 정치적 중요성은 현재와 미래에 세계 정치에서의 북한의 글로벌 입지와 역할에 대한 우리의 생각에 반영되어야 함을 의미한다.

현대 북한인 이주와 재정착

북한인 디아스포라를 북한의 글로벌 입지를 함께 구성하는 두 개의 병렬 네트워크 중 하나로 생각하는 것이 도움을 줄 것이다. 이 두 네트워크 중 하나는 주로 외교관과 해외 노동자로 구성되어 있다. 이 사람들의 네트워크는 국가에 의해 계획되었으며 계속 국가에 소속되어 있다 (Hastings 2016; East-West Center and National Committee on North Korea 2019). 다른 하나는 다른 지역에서의 삶을 찾기 위해 북한을 떠나기로 선택한 난민과 탈북자로 구성되어 있으며, 이들 또한 점차로 전 세계로 흩어지고 있다. 이 장은 주로 후자에 초점을 맞춘다.

북한으로부터의 이주에 대한 사회적 통념은 보통 대한민국으로 모여드는 탈북자와 난민을 묘사하는 것이다.[1] 그러한 인식은 여전히 대체로 정확하다. 2019년 6월 현재 약 3만 3,000명의 탈북자가 재정착하기 위해 한국에 들어왔으며 (Ministry of Unification 2019), 한국은 지금까지 북한 영토 바깥에서 영구히 재정착한 북한인의 최대 정착지다. 그러나 한반도가 오랫동안 두 개의 독립 국가로 분단되었음에도 남한은 한반도 '조국'의 일부이므로 한반도의 남쪽 절반으로 가서 그 내부에 북한인이 재정착하는 것을 '디아스포라적' 이주로 인정하는지는 분명하지 않다. 남한과 북한의 서사에서 이 북한인들은 자신의 반도 조국 안에 남아 있다.

그러나 최근에 점점 더 많은 수의 북한인 이주민이 난민 지위를 추구했고, 망명을 신청하였으며, 한국 이외의 나라에서 재정착을 시도했다. 한국에서 다른 나라로 이주하는 북한인도 증가하여, 한국이 최종 재정착지일 뿐 아니라 광범위한 글로벌 이주 과정의 환승 지점이 되고 있다 (Song 2015). 오늘날, 망명을 신청하거나 재정착을 추구하는 북한인의 거의 절반이 대한민국이 아닌 나라에서 그렇게 하고 있다.

유엔 인권이사회의 자료는 2016년 말 현재 37개 국가에서 북한인들이 난민 또는 망명 신청자 지위를 신청했다고 밝히고 있다.[2] 일부 국가에서는 고립된 해에 국가당 신청자가 한두 명에 불과하였는데, 외교관의 귀순이었을 가능성이 있다. 그러나 캐나다, 미국, 영국 등 다른 경우에는 망명자 또는 난민 지위를 추구하는 사람의 수가 훨씬 많았으며 몇 년에 걸쳐 비교적 일관성을 유지하였으며, 이는 더 지속적인 이주와 재정착 패턴을 시사하는 것이다.

그러나 아직도 이 글로벌 인구에 관한 연구는 비교적 저개발이고 고르지 않은 상태이다. 오랜 재일 한국인 커뮤니티 같은 일부 커뮤니티는 민족지학적 또는 인류학적 연구의 주제였던데 반해 다른 커뮤니티는 거의 또는 전혀 학문적 관심을 받지 못했다. 한편, 한국인 디아스포라에 관한 문헌은 경제적 목적을 위한 한국인의 초국가적 이주, 다양한 배경의 이주자와 더 넓은 해외 한국인 커뮤니티에 대한 한국정부의 정책에 크게 집중되었다 (Park and Chang 2005; Lee 2010, 2012; Brubaker and Kim 2011; Yoon 2012; Kim, M. 2013; Kim 2016; Lee and Chien 2017). 위에서 지적한 바와 같이, 북한의 글로벌 활동에 관한 연구는 공식적 또는 국가와 연계된 외교 및 경제 활동에 집중하는 경향이 있으며, 그 나라의 글로벌 입지를 특징짓는 데 있어 디아스포라적 요소를 강조하지 않았다. 그러므로 이 장은 북한인 디아스포라의 이주 및 재정착 패턴을 보다 광범위하게 설명하고, 디아스포라적 렌즈를 통해 이 신흥 인구를 보는 것의 의미를 고찰할 것이다.[3]

북한인 이주와 재정착을 형성한 요인

한국 이외의 북한인 이주와 재정착은 '직접 이주', 즉 재정착하기 위해 대한민국이 아닌 다른 나라로 직행하는 탈북자와 우선 한국에 정착하려고 시도하나 이어 다른 목적지로 '이차적인 이주' 활동을 하는 탈북자로 나눌 수 있다. 북한인 이주는 또 '추진' 요인과 '유인' 요인에 의해 형성된다. 소위 '추진' 요인은 두 가지 형태로 나타난다. 첫째, 애당초 북한인이 북한을 떠나도록 강요한 조건, 둘째, 재정착한 북한인을 한국으로부터 이주하여 다른 곳에 거주하게 유도한 한국의 재정착 조건이다. 다른 한편, '유인' 요인은 북한인을 한국으로 끌어당기는 요인 또는 한국을 떠나기로 결정한 재정착 북한인을 한국 이외의 특정 지역으로 끌어당기는 요인이다.

북한인의 글로벌 이주를 형성한 첫 번째 요인들은 탈북자를 한국으로 끌어들인 상황 및 북한인이 한국에 도착한 이후 직면한 조건과 관계가 있다. 이 상황은 시간이 흐르면서 상당히 변했으며 탈북자 인구의 구성도 역시 이전과는 달라졌다. 냉전 시기에 탈북자는 비교적 수가 적었다.

보통 중요한 정보 가치를 지닌 것으로 인식된 고위급 관리였고 한국 국
가에 의해 돌아온 반공 영웅으로 대접받았다 (Chung 2008; Lee 2016).
그러나 1990년대 초반에서 중반 경제 위기와 기근이 북한을 휩쓴 후 대
거 유입한 탈북자들이 남한에 정착하기 시작했다. 이들은 대부분 낮은
사회·경제적 신분의 여성들로 기근으로 가장 큰 타격을 입은 함경북도
와 함경남도 출신이었다 (Choo 2006; Chung 2008). 시간이 흐르면서
재정착한 북한인들이 또 가족들을 한국으로 데려왔으며, 이는 북한인 이
주 흐름을 형성하는데 연쇄 이주가 점점 더 많은 역할을 했다는 것을 의
미한다.

　한국의 북한인 인구 구성 변화는 재정착 결과에 영향을 미쳤으며, 이
는 다시 2차 이주를 추동하는 영향을 주고 있다. 윤(Yoon 2001)이 지적
한 바와 같이, 1994년 이후 도착한 탈북자들은 낮은 수준의 수입, 높은
수준의 실업률, 한국에서의 생활에 대한 낮은 만족도를 보이는 경향이
있다 (다음도 참조. Lankov 2006; Go 2014; Lee 2016). 한국에서 탈북
자의 실업률은 2009년 13.7퍼센트에서 2018년 6.9퍼센트로 최근 들어
상당히 낮아졌다. 생계 및 복지 혜택을 받는 북한인 재정착자의 비율은
2008~2010년에 50퍼센트를 넘었으나 꾸준히 낮아져 2018년에 23.8퍼
센트이었고, 직업안정성과 월평균 근로소득도 증가하였다 (Ministry of
Unification 2019; Radio Free Asia 2019).[4] 그렇지만, 탈북자의 실업
률은 같은 기간 일반 한국 주민의 실업률(3.5~4퍼센트)보다 상당히 높
았다.

　더욱이 설문 및 면담 조사 자료는 소득과 경제적 생계문제를 넘어 북
한인들이 한국사회에 통합되기 위해 고군분투한다는 점을 시사하고 있
다. 출판된 글들은 그들의 경험에 대해 동시에 모순되는 다양한 감정을
전달하고 있다. 즉 '죄책감과 감사, 분노와 슬픔, 향수와 동화, 희망과 실
망' 등이다 (Kim, M. 2013, p. 523). 더욱이 특히 소속감과 관련하여 북

한인에 대한 한국의 반응은 이중적이었다. 즉 북한인을 민족 관점에서 공동체 일부로 보나 그 밖에는 안보 관점에서 한국에 대한 잠재적인 위협으로 간주하고 있다 (Sohn and Lee 2012; Son 2016). 흥미롭게도 일부 연구는 북한 사람과 남한 사람 간 민족 정체성에서 거의 차이가 없으며 (Denney and Green 2019) 일부 북한 사람은 남한 사람과 강하게 정체성을 공유하고 있다는 것 (Hur 2018)을 발견했다. 그러나 한국에 있는 북한인에 대한 민족지학적 연구는, 민족 국가인 대한민국에서 공식 시민권은 한국사회의 정회원 자격을 부여하지 않는다는 북한인의 '차별적 배제' 경험을 강조하는 경향이 있다 (Castles 1995; Bell 2013). 다른 연구는 북한인이 더 부유한 이주자와 비교해 덜 우호적으로 간주된다는 점을 보여 주고 있다 (Seol and Skrenty 2009). 이러한 연구들은 또한 종교단체, 시민단체와 북한인 자신들 네트워크 간의 유사 친족관계가 국가 재정착 프로그램이 남긴 공백을 메우는 데 부분적으로만 성공적임을 시사하고 있다 (Kim, E. 2010; Bell 2013; Han 2013).

북한인 재정착자들이 한국에서 직면하는 어려움은 탈북자 한성옥과 그녀의 6살짜리 아들 김동진이 서울의 자기 아파트에서 굶주려 사망한 채 발견된 2019년 여름에 세상의 주목을 받게 되었다 (Kim 2019; Kwon 2019). 2007년 북한을 떠난 한성옥은 중국 조선족 남편에게 팔렸다가 결국 이혼했다. 서울에서 그녀는 간질 환자인 아들을 보살피고 복지 지원을 받기 위해 고군분투했다. 은행 입출금 명세서는 그녀가 5월 중순 자신의 계좌에서 마지막 3,860원(약 3달러)을 인출했음을 보여 주었다. 그녀와 아들의 죽음은 광범위한 대중의 항의와 한국의 북한인 커뮤니티 전체에 추모를 촉발시켰다. 통일부(MOU: Ministry of Unification)는 사과하고 탈북자의 '복지 사각지대'를 최소화하기 위해 새로운 정책을 시행하겠다고 약속했다. 그러나 활동가 집단의 연대는 시위를 벌이고, 혼자 아이를 키우는 많은 여성을 포함한 인구의 취업과 경제적 성공에 큰 장애물인 아

이 돌봄의 이용 가능성 증가 등 좀 더 체계적인 변화를 촉구했다.[5]

비록 북한인 재정착자들이 일반적으로 한국에서의 재정착과 삶에 만족을 표시하지만 (최근의 하나재단 조사에 따르면 73퍼센트), 다른 조사자료는 거의 1/4이 북한 귀환을 고려한 것으로 나타났다. 통일부 통계는 2012년에서 2017년 사이에 실제로 북한으로 다시 돌아간 사례가 28건 있었으며, 다만 그중 일부는 자발적이라기보다는 강요당했던 것으로 보인다 (Green et al. 2015; Radio Free Asia 2019). 북한으로 돌아가기를 고려하지 않은 사람에게 이 같은 조건은 2차 이주를 위한 추동력을 제공할 수 있다. 예를 들어, 영국으로의 2차 이주를 선택한 북한인 이주자들에 대한 한 조사는, 영국으로의 2차 이주는 북한인 재정착자들이 한국에서 사회적·경제적 상승으로 가는 경로를 찾을 수 없다고 깨달은 점이 강한 동기가 되었다고 지적하고 있다 (Bell and Song 2018). 2차 이주의 경로를 형성하는 다른 중요한 활성화 요인은 점차로 세계화된 브로커 네트워크의 이용 가능성으로, 이 네트워크는 2차 이주자들이 다른 곳에서 사회적 유동성과 기회를 찾을 수 있도록 돕겠다고 약속하고, 각각 다른 최종목적지 국가에서의 재정착의 상대적 혜택과 어려움에 대해서 풍부한 실질적인 조언을 제공한다.

'유인' 요인과 그것이 북한인 디아스포라의 세계화에 미친 영향에 대해서 이해가 부족하다. 부분적으로는 이 신흥 디아스포라에 관한 서술이 지금까지 균형되지 않게 소수의 커뮤니티에 집중되었기 때문이다. 초기 민족지학 및 인류학 문헌은 일본의 재일 한인 커뮤니티에 초점을 두었다. 일본의 약 70만 한인은 그 나라의 가장 큰 소수민족 집단이다. 일본의 한인 커뮤니티는 이 커뮤니티의 상당 부분이 북한과 긴밀한 관계를 유지하고 있다는 점에서 다른 북한인 디아스포라 인구와 다소 다르다. 즉 재일본조선인총연합회(한글로는 '총련', 일본어로는 '죠센 소렌')은 일본에 있는 사실상 북한의 교두보이며, 다른 조직인 재일본대한민국민단

(민단)은 대한민국 국적을 선택한 재일 한인들로 구성되어 있다 (Ryang 1997; Ryang and Lie 2009).** 더욱이 1959년부터 1980년대 중반까지 약 9만 명의 한인들이 일본을 떠나 북한으로 송환되었으며, 그중 수백 명이 그 후 일본으로 돌아왔다 (Morris-Suzuki 2007).[6] 이 귀국자들은 일본과 관련이 있음을 증명할 수 있는 경우에만 받아들여진다. 국가의 지원은 제한적이며, 따라서 재정착 지원과 통합을 위한 많은 부담이 시민사회 단체, 특히 귀국자 지원을 전문으로 하는 소수의 단체에 돌아간다 (Kim 2012; Bell 2016). 이 훨씬 작은 귀국자 집단은 종종 친북한 '총련'과 충돌하며 이전에는 '총련'에 대해 소송을 제기한 사례도 있다.

　더 최근 문헌은 영국 런던의 남서부 외곽에 있는 뉴 몰든에 집중된 북한인 재정착자 커뮤니티에 초점을 맞췄다. 영국 통계는 2015년까지 약 1,000명의 탈북민이 영국 거주자임을 보여 주고 있는데 (Office for National Statistics 2017), 입증되지 않은 증거는 이 인구가 사실상 더 클 수 있음을 시사하고 있다. 조사와 면담 자료에 따르면, 뉴 몰든의 한국인 이민자 중 많은 사람이 이전에 한국에 재정착했으나 영국 망명과 재정착 자격이 없어질까 우려하여 대한민국 시민권 취득을 밝히지 않는다 (Park et al. 2013; Bell and Song 2018). 최근 영국 내무성은 망명을 신청한 탈북자들이 (대한민국에서) 사용할 수 있는 대체 시민권이 있으므로 그들이 대한민국에 우선 정착했었는지와 상관없이 망명 자격이 없

....

** 　역자 주) 일반적으로 이해되고 있는 '재일교포'의 정의는 "해방 전에 일본으로 건너가서 계속 일본에 사는 한국인과 그 후손들"이다. 일본으로 귀화하지 않은 재일교포의 국적은 '대한민국' 또는 '조선'이다. 여기서 '조선'은 북한을 의미하지 않는다. 1945년 해방 이후 일본에 거주하는 한국인에게는 모두 '조선반도 출신자'라는 의미에서 '조선' 명칭의 국적이 부여되었다. 1965년 한국과 국교 수교 이후 대한민국(한국)으로 국적 명칭을 바꾸지 않은 사람은 단순히 과거 명칭으로서 '조선' 국적을 유지하고 있다. 일본은 북한을 국가로 인정하지 않기 때문에 일본에서는 '북한' 국적이란 존재하지 않는다. 현재 '조선' 명칭의 국적 교포는 전체의 20% 정도로 추정된다.

다고 주장했으며, 영국 법원도 동의했다 (Wolman 2014). 그러므로 영국정부의 정책은 적어도 당분간 영국의 북한인 디아스포라의 성장을 제한하고 있다.

뉴 몰든 또는 좀 더 일반적으로 영국에 재정착하는 북한인은 종종 한국에서 접근할 수 없다고 느꼈던 사회적·교육적 자본의 일부를 얻는다. 예를 들어, 현대화된 서유럽교육과 영어 숙달은 이주자들이 영국에 영구적으로 정착하든 결국에 한국으로 돌아가든 상관없이 가치가 있다. 더욱이 이런 이주자들, 특히 북한 출신 부모에서 태어나 영국에서 성장한 젊은이들이나 어린이는 영국의 한국인 디아스포라에 새로운 차원을 가져온다. 그들은 (많은 서방 국가의 한국인 디아스포라처럼) 전통적으로 한국을 지향하고 있다. 한편으로, 영국의 한국인 디아스포라는 부분적으로 한반도의 정치적 분열을 되풀이하고 있는데, 이는 디아스포라 내 긴장을 초래할 수 있는 분기점이다 (Fischer 2015; Panagiotidis 2015; Han 2017). 다른 한편으로, 북한 출신의 젊은 이민자들은 종종 자신을 더 "다문화 국가에서 디아스포라로 사는 두 개의 외국 출신 '외국인'"으로 생각하고 있다. 이러한 성향은 디아스포라 커뮤니티에 존재하는 지배적인 '조국' 내러티브에 대한 애착을 축소할 수 있어서 디아스포라 자체 내 정통 한국인 정체성 소유에 대한 경쟁심을 줄이고 또 영국으로의 통합을 촉진할 것이다 (Vertovec 2007; Watson 2015, p. 547).

북미 또한 상당한 탈북자 커뮤니티의 본거지가 되었다. 한때 북한 출신 약 1,200명이 캐나다, 특히 토론토 광역지역에 재정착했다. 그러나 그중 많은 사람이 한국으로부터의 2차 이주자였으며 그들은 망명 신청 시 그 사실을 밝히지 않았다. 캐나다정부는 그들은 한국 시민권을 사용할 수 있었으므로 캐나다에서 난민 지위 또는 보호의 자격이 없다고 결정했다. 2016년 항소 법원은 먼저 대한민국으로 가지 않은 북한인 신청자들에게도 이 결정이 해당한다고 판결했다 (Immigrant and Refugee

Board Canada 2016). 그 결과, 이 글을 쓸 시점에, 트뤼도(Justin Pierre James Trudeau)정부는 이전에 한국에 거주한 사실을 밝히지 않은 사람들의 난민 지위를 무효화하고 북한 출신 거주자들을 한국으로 추방하는 과정에 있었다. 이러한 상황에서 일부 거주자는 한국으로의 '자기 추방'을 선택했고, 일부는 유럽국가 등 다른 나라로 이동했다. 세 번째 그룹은 캐나다에 계속 남아 '인도주의적이고 동정적' 근거에서 머물게 해달라고 항소하는 한편, 정책 변화에 대한 지지 조성을 위해 이러한 사안을 대중에게 알리기 위한 옹호 활동에 참여하였다 (Yoon 2018; Furey 2019). 이에 상관없이 캐나다정부의 정책은 캐나다의 북한인 커뮤니티 규모를 축소하였다.

북한인이 미국에 재정착할 수 있는 법적 장치로 2004년 제정된 북한인권법(NKHRA: North Korea Human Rights Act) 서명 이후 약 220명의 북한인이 난민으로서 미국에 들어갔다. 북한인권법은 북한 출신 개인은 한국에 재정착하지 않고 (그렇게 함으로써 대한민국의 시민권을 획득하지 않았다면) 미국에서 난민으로 재정착할 자격이 있다고 말함으로써 한국 시민권문제를 법적으로 해결하고 있다. 이것은 북한인권법에 따라 미국에 재정착하는 북한인은 캐나다 또는 영국에서 맞닥뜨리는 영주권이나 시민권에 대한 같은 장애물에 직면하지 않음을 의미한다. 그러나 북한인이 해외에 있는 동안 미국에 직접 재정착을 요청해야 한다는 필요조건은, 미국 국무부와 국토안보부에 의해 요구되는 긴 심사과정과 결합하여, 북한인권법에 따라 미국에 오기를 선택한 북한인의 수가 비교적 작은 규모로 유지되고 있는 이유를 설명해 준다. 소수의 북한인 난민이 2018년과 2019년에 미국에 들어왔지만, 트럼프 행정부가 2017년 대부분의 기간 동안 재정착 과정을 동결한 것이 미국에 재정착한 북한인 수의 증가를 더 제한하였다.

미국 국무부 통계에 따르면, 북한인 난민은 최소 20개의 각각 다른 주

에 정착하였으며, 그곳에서 그들은 처음에 9개 민간 '자원봉사기관' 중
한 기관의 도움을 받는다.[7] 부시(George W. Bush) 전 대통령의 대통
령 도서관 부속 연구소는 미국의 북한 기반 난민에 대한 조사를 실시하
여 영어 숙달, 교통, 의료 서비스 이용 등 다수의 교육 및 경제적 문제를
파악했다 (George W. Bush Institute 2014). 2017년 이후 부시 연구소
는 또 북한인을 지원하기 위한 장학금 프로그램을 운영하고 있다 (Lloyd
2019). 미국의 북한인들은 미국의 재정착시스템의 구성으로 인해 비교
적 지리적으로 흩어져 있으나, 많은 북한인은 교육적인 이유로 비교적
빨리 초기 정착지를 떠나 다른 북한인들과 합류하거나 남부 캘리포니아,
시카고 또는 북부 버지니아 같은 지역의 한국인 커뮤니티를 찾는다.

북한인이 망명 또는 난민 지위를 신청한 다른 나라에 관해서는 서술적
으로나 다른 방식으로도 상대적으로 거의 알려지지 않았다. 위에서 논의
된 유엔 통계는 중부 및 동부 유럽에 거주하는 소수의 북한 망명자가 있
음을 보여 주며, 몇몇 정책 보고서는 이들이 영구히 체류할 수 있는 근거
와 절차를 명확히 할 것을 촉구했다 (Burt 2015; Levi 2017). 호주에도
북한인 2차 이주자 커뮤니티가 있다 (Jung et al. 2017).

마지막으로, 중국, 특히 동북부 옌볜 조선족자치주(延邊朝鮮族自治
州)와 그 주변에 사는 비교적 큰 북한인 커뮤니티가 있다. 옌볜 조선족
자치주는 중국 국적을 보유하고 있는 약 200만 명 '조선족(중국어로는
Chaoxianzu)'의 고향이다. 중국 동북지역의 북한 국적자들은 북한정부
의 후원하에 중국으로 파견된 노동자, 또는 일을 하기 위해 공식적으로
양국의 허가를 받아 국경을 넘은 사람들이다. 또한, 성비 불균형이 특히
심한 중국 시골 지역에 결혼으로 인신매매된 북한 여성들, 또는 숨어 있
거나 불법 노동시장에 종사하는 탈북자들이 있다 (Haggard and Noland
2011; Cathcart 2019; Greitens 2019). 이러한 북한인들은 '조선족'과
작은 규모의 한국인 주재원 커뮤니티가 섞여 있는 접경 지역 공간에 존

재하고 있다. 특히 중국 북부 지역에는 북한 내에 긴밀한 관계를 유지하고, 북한 국적을 보유했으며, 북한으로 돌아가는 북한인의 수가 위에서 설명한 다른 디아스포라 커뮤니티보다 크다.

북한인 디아스포라?

앞서 지적한 바와 같이, 북한인 재정착자들에 대한 논의는 학술적 명명법의 어려움에 부딪힌다. 각 잠재적 용어가 의미와 강조의 가치를 지니고 있기 때문이다. 디아스포라 용어도 마찬가지로 논쟁의 여지가 있고 다면적 가치를 가진다. 일부 정의는 객관적이다. 예를 들어, 갬렌, 커밍스와 발러(Gamlen, Cummings, and Vaaler 2019, p. 511)는 디아스포라를 '이민자와 그 후손'과 거의 같은 뜻으로 사용하는 데 반해 브루베이커(Brubaker 2005, p. 12)는 디아스포라를 본질적으로 자아 인식에 의해 정의되는 '관용어, 입장, 주장'으로 보고 있다. 다른 사람들은 이 두 정의의 요소를 결합해 정의를 내린다. 버토벡(Vertovec 2009, p. 5)은 디아스포라를 "천명한 조국으로부터 흩어진 상상의 커뮤니티"라고 말하고 있다 (다음을 참조할 것. Safran 1991, p. 83).

이렇게 다양한 정의가 있는 가운데, 북한인 이주 인구 커뮤니티는 점점 더 세계화하면서 디아스포라에 더 가까워진 것이 분명하다. 베츠와 존스(Betts and Jones 2016, p. 3)는 디아스포라를 "초국가적으로 흩어지고, 동화에 저항하며, 지속적인 조국 지향성을 지닌 커뮤니티"라고 정의를 내리며, 애덤슨(Adamson 2019)은 마찬가지로 디아스포라를 "흩어짐의 내러티브, 조국에 대한 애착, 집단 정체성 의식"으로 구성되었다고 보고 있다. 셰인과 바스(Shain and Barth 2003)는 디아스포라를 다음과 같이 설명하고 있다.

자신의 민족적 또는 종교적 조국이 실제이든 상징적이든, 독립적
이든 외국의 지배 아래 있든, 그 조국의 국경 바깥에서 거의 영구
적으로 거주하는 공통의 기원을 가진 사람들. 디아스포라 구성원
은 조국 안팎에서 그 조국 민족공동체의 부분으로 자신을 식별하
고 다른 사람들에 의해 식별된다.

한반도 너머의 북한인은 조국이 북한으로 정의되든 전체 한반도로 정의
되든 그 조국으로부터 흩어졌다. 많은 사람이 공통의 정체성을 공유하
고 있으며 (Green and Denney 2019), 다른 사람에 의해 북한인으로 인
식되고 있다. 그러나 동시에 한국에서 북한인이 민족공동체와 자신을
일체화하는 정도에는 차이가 있다 (Hur 2018). 한반도 '너머에' 재정착
한 북한인이 어느 정도 '지속적인 조국 지향성'을 유지하는지 또는 집단
정체성의 관점에서 자신을 어떻게 인식하는지에 대한 실질적이고 체계
적인 자료는 없다. 영국의 한 연구는 정체성 인식이 나이별로 계층화됨
을 발견했다. 젊은 북한인은 자신의 정체성을 주로 '다문화 국가의 외국
이민자' 관점에서 생각한 데 반해 나이가 많은 북한인은 자신을 특히 한
인 디아스포라 네트워크의 구성원 관점으로 생각하는 경향이 더 높았다
(Watson 2015).

  해외 북한인 재정착의 다른 사례들에서, 지속적인 조국 지향성과 민
족 정체성 인식은 디아스포라 커뮤니티를 정의하는데 분명히 도움을 준
다. 이 사례들에서 북한 출신 개인들 간 네트워크 연계는 그 커뮤니티 외
부 개인들과의 연계보다 일반적으로 강하며,[8] 북한 출신 개인들은 공통
의 출신을 중심으로 한 초국가적 연결관계를 형성하고 있다. 예를 들어,
벨(Bell 2016, p. 265)은 다른 국가에 기반을 둔 탈북자 그룹과 함께 반
북한 정권 시위에 참여하거나 한국, 영국 및 미국의 탈북자 관련 단체와
제휴하고 있는 일본의 북한인 귀국자들을 일본의 (비탈북자) 시민단체
와의 관계를 강화하기 위한 의도적인 대안이라고 설명하고 있다. 한국에

기반을 둔 탈북자 옹호 단체들도 미국과 영국의 단체들을 방문하고 그들과 협력하고 있다. 여와 첩(Yeo and Chubb 2018, p. 4)은, 북한 인권을 옹호하는 사람들 사이의 중요한 규범적 논쟁에도 불구하고 몇몇 탈북자 주도 단체를 포함한 북한 인권 옹호 국제 네트워크가 2014년 유엔 인권 이사회 조선민주주의인민공화국 인권조사위원회를 설립하도록 국제사회에 압력을 가하는 데 성공했다고 주장한다. 따라서, 베츠와 존스(Betts and Jones 2016, p. 5)가 "한 국가를 떠나는 모든 망명자 또는 이주자 그룹이 정치적 의사 표현 방식으로서 디아스포라적 입장을 취하는 것은 아니다"라고 상기시키지만, 충분한 수의 북한인 망명자들은 신흥 또는 초기 디아스포라로서 자격을 얻기 위해 그렇게 행동한 것으로 보인다.

동시에 이 초국가적 북한인 망명자 네트워크는 한국 역사에서 일찍 등장한 훨씬 더 큰 한인 디아스포라에 덮어 씌워지고 그 안에 포함되었으며, 다른 과정과 요인에 의해 생성되었다. 코헨(Cohen 1997)은 디아스포라를 희생자/난민, 제국/식민지, 노동/서비스, 교역/상업 등 네 가지 유형으로 분류한다. 위에서 지적한 바와 같이, 지금까지 한인 디아스포라에 관한 많은 연구는 그 성향에서 식민지 또는 경제적 유형이었다. 이와 대조적으로, 북한인들은 희생자/난민 개념에 더 가깝게 들어맞는다. 즉 우리는 북한인들을 식민지 시대 이후 노동/상업 디아스포라의 기존 구조에 이제 덮여 씌워져 엮이고 있는 난민 디아스포라의 가닥으로 생각할 수 있다. 물론 이러한 주장은 지나치게 단순화한 서술이지만,[9] 현대 한국인 디아스포라 커뮤니티의 성격과 특히 신입 북한인 회원이 디아스포라 내부 역학을 어떻게 인식하는지를 이해하는 데 광범위하게 도움이 될 수 있다. '디아스포라' 용어는 자체가 유동성을 허용할 만큼 다면적 가치를 가진다. 북한인은 동시에 북한에 특정한 초국가적 네트워크의 구성원이자, 20세기가 시작된 이후 글로벌 폭력과 개발의 힘에 의해 흩어진 더 광범위한 한국인 커뮤니티의 구성원이다.

레짐의 계산과 디아스포라 정치:
북한과 세계에 대한 함의

신흥 북한인 디아스포라가 세계 정치에 주는 함의는 무엇이고, 또 북한 조국에 주는 함의는 무엇인가? 이 질문에 답하기 위해서는 두 개의 기본 질문을 생각하는 것이 유용하다. 즉 디아스포라는 어떻게 조국과 관계를 유지하는지, 그리고 조국은 어떻게 디아스포라 인구와의 관계를 유지하고 그들을 관리하는지이다.

학자들은 일반적으로 조국과 관계를 유지하는 디아스포라의 정향은 "동기, 기회, 수단"에 의해 형성된다고 주장한다. "즉, 디아스포라는 영향력을 행사하기를 원하고 그렇게 할 수 있는 능력을 갖추어야 한다" (Shain and Barth 2003, p. 462). 좀 더 구체적으로 말하면, 조국을 향한 정치 활동을 포함해 적극적으로 관여하려는 정향은 다양한 요인에 달려 있다.

> 디아스포라의 인구 통계학적 크기, 응집력, 공동 정체성 인식을 생성하고 시간이 지나면서 유지하는 제도적 능력, 이주 정치와 정착지 국가의 외교정책, 외부 국적자에 대한 조국의 법적 및 이데올로기적 접근 등.
>
> (Shain 1999, pp. 9-12)

이러한 요인들은 북한인 디아스포라에 대해 무엇을 알려주는가? 첫째, 글로벌 북한인 인구는 상대적 기준으로 볼 때 여전히 적다. 더욱이 많은 잠재적인 '정착지 국가'가 이제 북한인 이주자와 망명 신청자를 '다시' 남한 고국 (문제의 이주자가 대한민국에 발을 들여놓은 적이 없더라도)으로 돌려보내고 있다는 사실은 북한인 디아스포라의 미래 규모와 지리적 분산을 제한하고, 이에 따라서 그 정치적 영향을 제약할 것이다. 또한,

더 작은 커뮤니티는 특히 미국의 북한인 인구처럼 지리적으로 흩어져 있을 때 소셜 미디어와 기술 플랫폼이 이 약점을 부분적으로 상쇄하고 공동의 정체성과 동원을 촉진할 가능성이 있기는 하지만 응집력 있는 정체성을 구축하기 어렵다. 마지막으로, 대부분의 정착지 국가 내 탈북자 커뮤니티들은 거의 통일되어 있지 않다. 커뮤니티들은 지속적이고 집단적인 관여의 제도적 잠재력을 제한할 수 있는 내부 분열과 조직 분열을 드러내고 있다.

그러나 북한인 디아스포라에 의한 정치적 관여는 이미 북한에 대한 국제정책에 큰 영향을 미치고 있다고 주장할 수 있다. 여와 첩(Yeo and Chubb 2018)은 북한의 인권 침해를 비판하는 국제 캠페인에 탈북자의 목소리를 포함하는 것은 "혁신적이면서도 논란이 되고" 있다고 지적했다. 북한 내부의 국내 시민사회의 신뢰할 수 있는 증언이 없으므로 탈북자들은 중요한 증거를 제공하고 운동의 정당성을 강화했다. 그렇게 함으로써 그들은 국제 및 국내 행위자들이 억압 정권에 대한 영향력을 행사하기 위해 상호작용하는 '부메랑 패턴'으로 현지 행위자들을 대체하는 역할을 했다 (Keck and Sikkink 1998). 자유 조선(이전에는 천리마 민방위)으로 불리는 그룹이 마드리드의 북한 대사관을 습격하고 그 뒤 임시정부를 선언한 2019년 초의 사건은 탈북자의 행동주의가 더 전투적으로 전환할 수 있다는 추측을 불러일으켰다 (Hudson 2019; Park 2019; Shorrock 2019; Smith and Shin 2019).[10] 그러나 지금까지 지속적인 무장 디아스포라 저항의 잠재력은 거의 없는 것처럼 보인다. 마찬가지로, 지금까지 해외 정착지 국가에서 북한인 디아스포라가 자신들의 이익을 위해서 로비하는 능력도 상대적으로 제한적이었던 것으로 보인다. 북한인들은 한국의 재정착 정책을 변화시키는 데 어느 정도 성공을 거두었다. 그러나, 예를 들어 캐나다정부에 압력을 가해 북한 출신 개인과 가족이 캐나다에 계속 머물 수 있게 허용하는 합법적 경로를 만드는 것 같이 한반도 바깥에서 정착지 국가의 국내정책을 바꾸는 데 있어 북한인 커뮤니티의 성공 여부는 아직 지켜보아야 할 것이다.

해외 북한인 커뮤니티의 정치적 관여를 형성 또는 제한하는 요인 이외에 그들의 북한 레짐과의 상호작용 역학 관계에 관해서 아직 답이 나오지 않은 질문들이 많다. 셰인과 바스(Shain and Barth 2003, p. 461)가 디아스포라는 시민사회 프로젝트와 후보자나 정당에 대한 정치적 기부를 통해 조국의 정치에 영향을 미칠 수 있다고 말하는 바와 같이 조국에 대한 디아스포라의 영향에 관한 연구는 종종 은연중에 민주주의 논리를 사용하여 이론을 구성한다. 그렇지 않으면, 송금, 투자 또는 교육 자본을 통한 경제력의 잠재적 원천으로서의 디아스포라에 중점을 둘 수 있다(Ye 2014). 재정적 지원 역할을 해온 일본의 '죠센 소렌' 인구를 제외하고 이런 이론적 구상 중 어느 것도 비민주적이고 비교적 경제적으로 고립된 북한에 명확하게 적용될 수 없다.

그러므로 북한은 디아스포라가 권위주의 지배 아래 있는 조국과 관계를 맺는 소수의 사례에 속한다. 비교정치 및 국제관계 분야의 이전 연구는 국내에서 논쟁의 정치가 억압받을 때 디아스포라가 반레짐 활동의 중요한 원천이 될 수 있다는 것과 권위주의레짐은 이러한 위험을 완화하고 해외 거주 인구를 통제하기 위하여 전략적으로 이주와 디아스포라 정치를 관리한다는 것을 보여 주었다 (Ragazzi 2009; Betts and Jones 2016; Glasius 2018; Miller and Peters 2018; Tsourapas 2018; Adamson 2019). 북한은 외부로의 이주를 제한하고 있으며 엄격하게 감독을 받는 임시 노동자들을 북한이 그들의 주택을 통제하고, 이동을 감시하며, 해외 노동이 창출하는 금융 흐름을 통제할 수 있는 지역으로 파견하고 있다. 탈북자 증언은 레짐의 후원과 통제를 받지 않는 한 이동은 사실상 금지되어 있다는 사실을 일관되게 확인해 주고 있다. 탈북자들은 공식적이고 직접적인 채널 외부에서 송금을 보낸다. 즉 그들은 가족에게 돈을 보내기 위해 중국의 브로커를 이용하며, 그렇게 돈을 받는 가족은 북한 내 현지 관리들에게 주는 뇌물을 통해 종종 '비공식적 과세'의 대상이 되고 있다 (Greitens 2019). 그러므로 북한은 이주에 대해 더 엄격한 통제를 설정하고 전형적인 '권위주의적' 레짐보다 훨씬 심하게 디아스포라 접촉을 제한하고 있는 것으로 보인다.

북한 레짐은 또 탈북자들로부터 레짐 안보 자체에 대해서가 아니라도 김씨 일가의 정통성 기반인 부계 보호와 구원자 내러티브**에 대해 진정한 위협감을 느끼는 것으로 보인다. 이에 대한 가장 극적인 증거는 2017년 2월 말레이시아 쿠알라룸푸르 공항에서 김정은의 이복형 김정남을 암살한 사건으로, 이 암살은 평양에서 계획한 것으로 널리 알려졌다 (Berlinger 2019). 사람들의 이목을 끈 이 사건을 넘어, 북한 관리들은 유엔과 다른 국제 포럼에서 인권 캠페인을 맹렬히 비난하기 위해 어떤 일도 서슴지 않는다. 그리고 국영 방송사는 탈북자들, 특히 북한에서의 자신의 경험에 관해 공개적으로 말하는 탈북자들의 이름을 밝혀 비난하고 불신하게 만들려는 다큐멘터리를 제작하고 있다 (Fahy 2019, pp. 233-257). 김정은 치하에서 북한 레짐은 또 탈북자의 수를 줄이기 위해 국경 경비를 더 조이고 있으며, 북한으로 돌아온 탈북자를 환대하는 기자회견을 열고 한국을 비난하기 위해 그들의 목소리를 이용하는 '이중 국경이탈'(탈북한 후 다시 북한으로 돌아가는 것) 사례를 공개적으로 강조하고 있다 (Gleason 2012; Green et al. 2015).***

마지막으로, 북한 레짐과 북한인 디아스포라 사이의 현재 관계는 미

** 역자 주) 김일성 가계의 백두혈통 신화와 북한사회 전체를 하나의 가정으로 보고 수령·당·인민의 관계를 아버지와 어머니, 자녀의 관계와 같다고 하는 '사회주의 대가정'론.

*** 역자 주) 2022년 9월 27일 통일부 국정감사 답변자료에 따르면, 2012년부터 2022년 9월까지 10년간 한국에 정착했다가 북한으로 돌아간 탈북자는 총 31명으로 파악된다.

래의 통일 시나리오에서 디아스포라의 잠재적 역할에 관해 의문을 제기한다. 제3국의 탈북자들이 북한 인권 캠페인에 상당한 영향을 미치고 있기는 하지만, 한국에 기반을 둔 탈북자 커뮤니티가 지리적 집중, 그중 많은 개인이 북쪽 고향을 향해 나타내는 디아스포라 감상과 통일에 대한 지지, 한국정부의 통일과정 비전에서 북한 출신 개인들에 부여하는 역할 등을 고려할 때 통일 기획에서 더 큰 비중을 차지할 가능성이 크다. 사실, 한국 내 북한인 통합은 통일을 향한 '시험 사례'이며 탈북자들이 미래의 통일과정에서 주도적인 역할을 할 것이라는 생각은 서울에서 흔히 있는 일이다. 이것이 탈북자가 한국에서의 불만족으로 인해 2차 이주를 하거나 북한으로 돌아가는 것이 왜 한국정부의 정책 실패로 널리 인식되고 있는가의 이유이다 (필자의 면담; 또한 다음을 참조할 것. Go 2014; Bae 2018; Suh n.d.).

그러므로 북한인 디아스포라의 세계화는 어떻게 통일 기획, 특히 한국의 통일 기획이 이러한 발전에 대응하여 진화할 수 있거나 진화해야 할 것인지에 대한 새롭고 흥미로운 질문을 제기한다. 한국에서의 재정착에 대한 북한인의 만족도 개선을 목표로 한 다양한 정책 수정을 넘어 '글로벌' 디아스포라가 통일에서 할 수 있었거나 앞으로 할 역할에 대한 체계적인 토론은 거의 없었다. 역사적이고 비교적인 맥락에서 볼 때, 이러한 현상은 실수인 듯하다. 탈사회주의 유럽의 디아스포라 커뮤니티들은, 심지어 오랜 기간 조국으로부터 고립되었던 디아스포라 커뮤니티들도 민주화 과정과 민주화 이후의 정치 생활에서 중요하고 다양한 역할을 수행했다 (Koinova 2009). 한국인 디아스포라 그 자체도 반식민지 해방을 위한 조국의 투쟁에 깊이 관여했다 (Kim 2011; Park 2015). 그러므로 북한인 디아스포라 커뮤니티들의 글로벌 분산이 통일 시나리오를 향한 태도와 그에 대한 향후 관여에 어떻게 영향을 미칠 것인지는 정부와 디아스포라 행위자 모두에 미해결의 문제이다.

결론

이 장은 탈북자가 한국 이외의 목적지로 이주하는 최근의 경향으로 인해 형성된 신흥 북한인 디아스포라를 설명하려고 했다. 북한인 이주와 재정착의 글로벌 분포는 북한인이 한국에서 마주치는 기회와 한계에 의해 형성된다. 이러한 기회와 한계에는 다른 지역에 대안이 있다고 광고하는 사회적 네트워크와 브로커, 특정 시기에 특정한 제3국으로 북한인을 끌어들이는 정착지 정부의 정책 등이 있는 한편, 다른 곳에서는 북한인을 한반도로 다시 보내는 정책이 있다. 이러한 과정으로부터 생겨난 작은 이주자 커뮤니티들은 이제 세계적으로 흩어져 있으며, 적어도 그 일부는 공통의 정체성, 조국 지향과 초국가적 연결성을 드러내고 있다. 비록 수는 적지만, 그들은 북한의 인권에 대한 국제적 옹호에 주목할 만한 영향을 미쳤으며, 그들의 역외 주장은 북한 레짐에 의해 심각하게 받아들여지는 것 같다. 향후 정착지 정부의 정책, 디아스포라 크기와 분산, 디아스포라 커뮤니티 자체 내의 응집력 대 분열의 정도, 한국정부와 북한정부의 정책 등의 요인들이 모두 디아스포라 구성원들의 인생 경험과 글로벌 정치에 대한 그들의 광범위한 영향을 형성할 가능성이 크다. 이 궤적이 아직 펼쳐지지는 않았지만, 북한인 이주자들은 한국의 오랜 글로벌 이주와 재정착 역사에 이미 그들의 목소리와 정체성을 더했으며, 그렇게 함으로써 다양하고 진화하는 글로벌 디아스포라에 새롭고 중요한 길을 개척하고 있다.

주

1) 한국에서 이 사람들은 '탈북자, 새터민', 또는 공식 용어인 '북한이탈주민'으로 불린다. 영어로는 '탈주자, 난민, 망명자, 이주자, 재정착자, 이민자' 등으로 불린다. 해외 한국인은 조국 지향적인 교포, 또는 더 초국가적이며 민족 지향적인 '동포'(가족관계의 의미를 내포한 '동포')로 불린다. 용어 개념에 관해서는 다음을 참조할 것. Brubaker and Kim (2011); Chung (2008).

2) 이 나라들은 다음과 같다. 앙골라, 호주, 오스트리아, 벨기에, 캐나다, 캄보디아, 칠레, 코스타리카, 덴마크, 이집트, 핀란드, 프랑스, 독일, 헝가리, 아일랜드, 이스라엘, 일본, 쿠웨이트, 키르기즈스탄, 룩셈부르그, 네덜란드, 뉴질랜드, 멕시코, 노르웨이, 필리핀, 폴란드, 러시아, 싱가포르, 스페인, 스웨덴, 스위스, 태국, 터키, 우크라이나, 우즈베키스탄, 미국, 예멘. 이 중 한 국가에서 망명을 신청한 한 북한인이 최종적으로 한국에 재정착할 수 있었다. 따라서 두 범주는 상호 배타적이 아님에 유의할 것.

3) 추가로 주목해야 할 점은 북한인 디아스포라가 북한정부의 글로벌 접근이 유엔제재 레짐으로 인해 제한되는 시기에 등장했다는 점이다. 다만 2019년 가을 이 글을 쓸 시점에 북한은 여전히 약 50개 국가에서 외교적 활동을 유지하고 있었다.

4) 정기적으로 갱신되는 요약 통계는 다음의 통일부 홈페이지(한글 및 영어)에서 이용할 수 있다. www.unikorea.go.kr/eng_unikorea/relations/statistics/defectors. 한국에서 시간의 경과에 따른 북한인의 경험에 대한 더 자세하고 체계적인 자료 중 가장 좋은 것은 하나재단이 매년 발간하는 조사 자료이다. 하나재단은 북한인 재정착자(북한이탈주민)를 지원하는 서울에 있는 정부 재정 지원의 공공기관이다. 다음을 참조할 것. Hana Foundation (n.d.).

5) 2000년대 중반 이후 한국에 들어오는 탈북자 인구는 70퍼센트 이상이 여성이었다. 통일부가 실시한 최근 설문조사의 응답자 중 2/3는 육아가 일자리 찾기에 중요한 장애물이라고 대답했다.

6) 이러한 사람 중 한 사람이 쓴 영어자서전은 다음을 참조할 것. Ishikawa (2018).

7) 난민 허용과 재정착에 관한 미국 국무부 자료는 다음에서 이용 가능함. www.wrapsnet.org/

8) 이 현상에 대한 설명은 다음을 참조할 것. Bell (2013).

9) 미국의 한국인 커뮤니티는 일본 점령의 식민지 시대(1910~1945)에 그 기원이 있다. 1945년 이후 추가 한국인들이 미국으로 이주하였으며, 초국가주의가 한국인 정체성과 구성원 정치에 관한 연구에 깊이 내재하여 있다 (Park 2005; Kim 2008; Kim 2011; Kim 2016).

10) 이 단체는 쿠알라룸푸르 국제공항에서 발생한 김정남 암살 이후에 그의 아들이자 김정은의 조카인 김한솔을 구출했다고 주장하여 주목을 받았다. 이 단체는 부분적으로 북한인 망명자로 구성되었다고 주장하고 있으나 실제 구성원은 분명하지 않다.

참고문헌

Adamson, F. 2019. "Non-State Authoritarianism and Diaspora Politics." *Global Networks*, vol. 20, no. 1, pp. 150−169.

Bae, S. J. 2018. "Difficulties Integrating North Korean Defectors Suggest Challenges in Reunifying Korea." RAND. 11 June, available at: www.rand.org/blog/2018/06/difficulties-integrating-north-korean-defectors-suggest.html (accessed October 25, 2019).

Bell, M. 2013. "Manufacturing Kinship in a Nation Divided: An Ethnographic Study of North Korean Refugees in South Korea," *Asia Pacific Journal of Anthropology*, vol. 14, no. 3.

Bell, M. 2016. "Making and Breaking Family: North Korea's Zainichi Returnees and 'the Gift,' " *Asian Anthropology*, vol. 15, no. 3, pp. 260−276.

Bell, M. and Song, J. 2018. "North Korean Secondary Asylum in the UK," *Migration Studies*, vol. 6, no. 1, pp. 1−20.

Berlinger, J. 2019. "As Last Jailed Kim Jong Nam Killing Suspect Freed, a Gripping Murder Mystery Ends with a Whimper," *CNN*, 3 May, available at: www.cnn.com/2019/05/02/asia/kim-jong-nam-trialintl/index.html (accessed October 25, 2019).

Betts, A. and Jones, W. 2016. *Mobilising the Diaspora: How Refugees Challenge Authoritarianism*, New York: Cambridge University Press.

Brubaker, R. 2005. "The Diaspora Diaspora," *Ethnic and Racial Studies*, vol. 28, no. 1, pp. 1−19.

Brubaker, R. and Kim, J. 2011. "Transborder Membership Politics in Germany and Korea," *European Journal of Sociology*, vol. 52, no. 1, pp. 21−75.

Burt, J. 2015. "A Case for Clarification: European Asylum Policy and North Korean Refugees," European Alliance for Human Rights in North Korea, March.

Castles, S. 1995. "How Nation-States Respond to Immigration and Ethnic Diversity," *New Community*, vol. 21, no. 3, pp. 298−308.

Cathcart, A. 2019. "North Korean Citizens in Changbai," *SinoNK*, 21 January, available at: https://sinonk.com/2019/01/21/north-korean-citizens-in-changbai-social-insurance-residency-rights-andchinese-informants/ (accessed October 25, 2019).

Choo, H. Y. 2006. "Gendered Modernity and Ethnicized Citizenship: North Korean Settlers in Contemporary South Korea," *Gender and Society*, vol. 20, no. 5, pp. 576−604.

Chung, B. Y. 2008. "Between Defector and Migrant: Identities and Strategies of North Koreans in South Korea," *Korean Studies*, vol. 32, pp. 1−27.

Cohen, R. 1997. *Global Diasporas: An Introduction*, Seattle, WA: University of Washington Press.

Denney, S. and Green, C. 2018. "Unification in Action? The National Identity of North Korean Defector-Migrants: Insights and Implications," *Korean Economic Institute of America: Academic Paper Series*, October 1.

East-West Center and the National Committee on North Korea. 2019. "North Korea in the World," available at: www.northkoreaintheworld.org/diplo matic/dprk-embassies-worldwide (accessed August 4, 2019).

Fahy, S. 2019. *Dying for Rights: Putting North Korea's Rights Abuses on the Record*, New York: Columbia University Press.

Fischer, P. 2015. "The Korean Republic of New Malden," *The Independent*, 22 February, available at: www.independent.co.uk/news/uk/home-news/ the-korean-republic-of-new-malden-how-surreybecame-home-to-the-70- year-old-conflict-10063055.html (accessed October 25, 2019).

Furey, A. 2019. "Don't Deport Us: North Korean Defectors Plead Their Case," *Toronto Sun*, 3 September, available at: https://torontosun.com/news/ national/dont-deport-us-north-korean-defectors-plead-their-case (accessed October 25, 2019).

Gamlen, A., Cummings, M. and Vaaler, P. 2019. "Explaining the Rise of Diaspora Institutions," *Journal of Ethnic and Migration Studies*, vol. 45, no. 4, pp. 492–516. DOI:10.1080/1369183X.2017.1409163.

George W. Bush Institute. 2014. "U.S.-Based North Korean Refugees: A Qualitative Study," available at: https://gwbcenter.imgix.net/Resources/ gwb_north_korea_executive_summary_r4.pdf (accessed October 25, 2019).

Glasius, M. 2018. "Extraterritorial Authoritarian Practices: A Framework," *Globalizations*, vol. 15, no. 2, pp. 179–197.

Gleason, B. 2012. "Double Defectors: Signifiers of North Korea's Strategic Shift," *SinoNK*, 6 December, available at: https://sinonk.com/2012/12/06/ double-defectors-signifiers-of-pyongyangs-strategicshift/ (accessed August 4, 2019).

Go, M. H. 2014. "Resettling in South Korea: Challenges for Young North Korean Refugees," *Asan Institute for Policy Studies*, available at: http:// en.asaninst.org/contents/resettling-in-south-korea-challenges-foryoung- north-korean-refugees (accessed August 4, 2019).

Green, C. and Denney, S. 2019. "North Korean Patriotism: Assessing the Successes and Failures of a Nation," Working Paper, September.

Green, C., Denney, S. and Gleason, B. 2015. "The Whisper in the Ear: Re- Defector Press Conferences as an Information Management Tool," *KEI Academic Paper Series*, March.

Greitens, S. C. 2019. "Explaining Economic Order in North Korea," in G. Brazinsky (Ed.), *Korea and the World: New Frontiers in Korean Studies*, Lanham, MD: Lexington Books, pp. 129–155.

Haggard, S. and Noland, M. 2011. *Witness to Transformation: Refugee In- sights into North Korea*. Washington, DC: Peterson Institute.

Han, E. 2017. "Bifurcated Homeland and Diaspora Politics in China and Taiwan towards the Overseas Chinese in Southeast Asia," *Journal of Ethnic and Migration Studies*, vol. 45, no. 4, pp. 577–594.

Han, J. J. H. 2013. "Beyond Safe Haven," *Critical Asian Studies*, vol. 45, no. 4, pp. 533–560.

Hana Foundation. n.d. *Bukhan Italjumin Siltaejosa* [*A survey of North Korean defectors*]. Seoul: Hana Foundation, multiple years.

Hastings, J. 2016. *A Most Enterprising Country: North Korea in the Global Economy*, Ithaca, NY: Cornell University Press.

Hudson, J. 2019. "A Shadowy Group Trying to Overthrow Kim Jong Un Allegedly Raided a North Korean Embassy in Broad Daylight," *Washington Post*, March 15.

Hur, A. 2018. "Adapting to Democracy: National Identity and the Political Development of North Korean Defectors," *Journal of East Asian Studies*, vol. 18, no. 1, pp. 97–115.

Immigrant and Refugee Board Canada. 2016. "Decision TB4–5778." Refugee Appeals Division, Toronto, Ontario, 27 June, available at: www.refworld.org/cases,IRBC,5a26e1d04.html

Ishikawa, M. 2018. *A River in Darkness: One Man's Escape from North Korea*. AmazonCrossing.

Jung, K., Dalton, B. and Willis, J. 2017. "The Onward Migration of North Korean Refugees to Australia: In Search of Cosmopolitan Habitus," *Cosmopolitan Civil Societies: an Interdisciplinary Journal*, vol. 9, no. 3, pp. 1–20.

Keck, M. and Sikkink, K. 1998. *Activists Beyond Borders*, Ithaca, NY: Cornell University Press.

Kim, E. 2010. *Adopted Territory: Transnational Korean Adoptees and the Politics of Belonging*. Durham, NC: Duke University Press.

Kim, J. 2016. *Contested Embrace: Transnational Border Politics in Twentieth-Century Korea*, Stanford, CA: Stanford University Press.

Kim, J. 2010. "A Study of the Roles of NGOs for North Korean Refugees' Human Rights," *Journal of Immigrant and Refugee Studies*, vol. 8, no. 1, pp. 76–90.

Kim, M. 2013. "North Korean Refugees' Nostalgia: The Border People's Narratives," *Asian Politics and Policy*, vol. 5, no. 4, pp. 523–542.

Kim, M. 2012. *Securitization of Human Rights: North Korean Refugees in East Asia*. Santa Barbara, CA: Praeger.

Kim, N. 2008. *Imperial Citizens: Koreans and Race from Seoul to LA*. Stanford, CA: Stanford University Press.

Kim, N. H. J. 2013. "Flexible Yet Inflexible: Development of Dual Citizenship in Korea," *Journal of Korean Studies*, vol. 18, no. 1, pp. 7–28.

Kim, R. 2011. *The Quest for Statehood: Korean Immigrant Nationalism and*

U.S. Sovereignty 1905–1945, Oxford: Oxford University Press.

Kim, V. 2019. "She Fled North Korea for a Better Life. How Her Lonely, Impoverished Death Became Political," *Los Angeles Times*, September 9.

Koinova, M. 2009. "Diasporas and Democratization in the Post-Communist World," *Communist and Post–Communist Studies*, vol. 42, no. 1, pp. 41–64.

Kwon, J. 2019. "She Fled North Korea for a Better Life. She Died With Her Young Son in an Apartment in Seoul," *CNN*, September 12, available at: www.cnn.com/2019/09/21/asia/north-korean-defector-funeral-intl-hnk/index.html (accessed October 25, 2019).

Lankov, A. 2006. "Bitter Taste of Paradise: North Korean Refugees in South Korea," *Journal of East Asian Studies*, vol. 6, no. 1, pp. 105–137.

Lee, A. 2016. *North Korean Defectors in a New and Competitive Society*. Lanham, MD: Lexington Press.

Lee, C. 2010. "South Korea: Transformation of Citizenship and the State-Nation Nexus," *Journal of Contemporary Asia*, vol. 40, no. 2, pp. 230–251.

Lee, C. 2012. "How Can You Say You're Korean? Law, Governmentality and National Membership in South Korea," *Citizenship Studies*, vol. 16, no. 1, pp. 85–102.

Lee, S. and Chien, Y. C. 2017. "The Making of 'Skilled' Overseas Koreans: Transformation of Visa Policies for Co-Ethnic Migrants in South Korea," *Journal of Ethnic and Migration Studies*, vol. 43, no. 10, pp. 2193–2210.

Levi, N. 2017. "The Community of North Korean Elites and Defectors in Eastern European Countries," Working Paper, November.

Lloyd, L. 2019. "Bush Institute Scholarship Helps North Korean Refugees Thrive," 21 June, available at: www.bushcenter.org/publications/articles/2019/6/scholarship-helps-refugees-thrive.html (accessed October 25, 2019).

Miller, M. and Peters, M. 2018. "Restraining the Huddled Masses: Migration Policy and Autocratic Survival," *British Journal of Political Science*, Online First, pp. 1–31.

Ministry of Unification. 2019. "Policy on North Korean Defectors," available at: www.unikorea.go.kr/eng_unikorea/relations/statistics/defectors/ (accessed 5 August 2019).

Morris-Suzuki, T. 2007. *Exodus to North Korea: Shadows from Japan's Cold War*. Lanham MD: Rowman & Littlefield.

Office for National Statistics UK. 2017. *Population by Country of Birth and Nationality*. London: ONS.

Panagiotidis, J. 2015. "What is the German's Fatherland? The GDR and Resettlement of Ethnic Germans from Socialist Countries (1949–1989)," *East European Politics & Societies*, vol. 29, no. 1, pp. 120–146.

Park, H. N. 2019. "Group Claims Establishment of North Korean Provisional Government," *Korea Herald*, 1 March, available at: www.koreaherald.com/

view.php?ud=20190301000072 (accessed August 4, 2019).

Park, H. O. 2015. *The Capitalist Unconscious: From Korean Unification to Transnational Korea*, New York: Columbia University Press.

Park, J. S. and Chang, P. 2005. "Contention in the Construction of a Global Korean Community: The Overseas Korean Act," *Journal of Korean Studies*, vol. 10, no. 1, pp. 1–27.

Park, L. S. H. 2005. *Consuming Citizenship: Children of Asian Immigrant Entrepreneurs* Stanford, CA: Stanford University Press.

Park, M. K., et al. 2013. *Tongil Usik Chosa* [Survey on Perceptions of Unification], Seoul: Seoul National University.

Radio Free Asia. 2019. "Survey: North Korean Defectors Fared Better Economically Last Year," 25 April, available at: www.rfa.org/english/news/korea/nk-defector-stats-2018-04252019101211.html (accessed October 25, 2019).

Ragazzi, F. 2009. "Governing Diasporas," *International Political Sociology*, vol. 3, no. 4, pp. 378–397.

Ryang, S. 1997. *North Koreans in Japan: Language, Ideology, and Identity*, Boulder, CO: Westview Press.

Ryang, S. and Lie, J. (Eds.) 2009. *Diaspora Without Homeland: Being Korean in Japan*, Berkeley, CA: University of California Press.

Safran, W. 1991. "Diasporas in Modern Societies: Myths of Homeland and Return," *Diaspora: A Journal of Transnational Studies*, vol. 1, no. 1, pp. 83–99.

Seol, D. H. and Skrenty, J. D. 2009. "Ethnic Return Migration and Hierarchical Nationhood," *Ethnicities*, vol. 9, no. 2, pp. 147–174.

Shain, Y. 1999. *Marketing the American Creed Abroad: Diasporas in the US and Their Homelands*, New York: Cambridge University Press.

Shain, Y. 2010. *The Frontier of Loyalty: Political Exiles in the Age of the Nation-State*, Ann Arbor, MI: University of Michigan Press.

Shain, Y. and Barth, A. 2003. "Diasporas and International Relations Theory," *International Organization*, vol. 57, no. 3, pp. 449–479.

Shorrock, T. 2019. "Did the CIA Orchestrate an Attack on the North Korean Embassy in Spain?" *The Nation*, May 2. Available at : www.thenation.com/article/archive/did-the-cia-orchestrate-an-attackon-the-north-korean-embassy-spain-cia/

Smith, J. and Shin, H. 2019. "North Korea Embassy Raid Thrusts Shadowy Group into Spotlight," *Reuters*, 27 March, available at: www.reuters.com/article/uk-spain-northkorea-group/a-target-on-the-back-north-korea-embassy-raid-thrusts-shadowy-group-into-the-spotlight-idUSKCN1R817K?il=0 (accessed October 25, 2019).

Sohn, A. L. and Lee, N. Y. 2012. "A Study on the Attitude of South Koreans toward North Korean Defectors: National Identity and Multi-Cultural Acceptability," *Journal of Asia–Pacific Studies*, vol. 19, no. 3, pp. 5–34.

Son, S. 2016. "Identity, Security, and the Nation: Understanding the South Korean Response to North Korean Defectors," *Asian Ethnicity*, vol. 17, no. 2, pp. 171–84.

Song, J. 2013. "'Smuggled Refugees': North Korean Irregular Migration to China and Southeast Asia," *International Migration*, vol. 51, no. 4, pp. 158–173.

Song, J. 2015. "Twenty Years' Evolution of North Korean Migration, 1994–2014: A Human Security Perspective." *Asia and the Pacific Policy Studies*, vol. 2, no. 2, pp. 399–415.

Suh, Y. K. n.d. "Some Problems of South Korean Government's Current Integrating Policies Regarding North Korean Defectors and Its Future Options," Seoul: Kyunghee University.

Tsourapas, G. 2018. "Authoritarian Emigration States: Soft Power and Cross-Border Mobility in the Middle East," *International Political Science Review*, vol. 39, no. 3.

Vertovec, S. 2009. *Transnationalism*. London: Routledge.

Watson, I. 2015 "The Korean Diaspora and Belonging in the UK: Identity Tensions Between North and South Koreans." *Social Identities*, vol. 21, no. 6, pp. 545–561.

Wolman, A. 2014. "The South Korean Citizenship of North Korean Escapees in Law and Practice," *KLRI Journal of Law and Legislation*, vol. 4, no. 2, pp. 225–253.

Ye, M. 2014. *Diasporas and Foreign Direct Investment in China and India*. New York: Cambridge University Press.

Yeo, A. and Chubb, D. 2018. *North Korean Human Rights*, Cambridge: Cambridge University Press.

Yoon, I. J. 2001. "North Korean Diaspora: North Korean Defectors Abroad and in South Korea," *Development and Society*, vol. 3, no. 1, pp. 1–26.

Yoon, I. J. 2012. "Migration and the Korean Diaspora: A Comparative Description of Five Cases," *Journal of Ethnic and Migration Studies*, vol. 38, no. 3, pp. 413–435.

Yoon, J. 2018. "'A Cage Without Walls': Once in South Korea, North Koreans Have Little Chance of Getting Asylum Elsewhere," *CBC News*, 9 September, available at :www.cbc.ca/news/canada/north-korea-defectors-canada-1.4785235 (accessed October 25, 2019).

제5부

문화

『조선 음악』 잡지를 통해 본 북한의 문화정책과 관행의 진화

제17장

하워드(Keith Howard)

서론

1960년대 후반 이후, 이데올로기가 북한의 문화 생산을 지배했다. 반대 의견의 여지가 없으며, 예술인은 특정한 스타일과 형식을 따르고 공식 역사와 지도자(김일성과 그 일가 – 역자 주)를 칭송하는 전기를 유지하며 국가에 봉사할 것이 요구되었다. 이 장에서 필자는 북한의 문화 생산이 이러한 식으로 항상 단색이고 완전히 획일적이었던 것은 아니며, 관행을 고려하기 전에 이데올로기를 항상 앞세우지 않았으며, 1968년 이전에는 어떤 생산이 적절하고, 어떤 전통 예술이 유지되어야 하고, 무엇이 수정되거나 포기되어야 하는지에 대한 토론과 논의의 여지가 있었다고 주장한다. 이를 설명하기 위하여 필자는 김일성(1912~1994년)이 '주체 연설'을 한 1955년부터 김정일(1942~2011년)이 문화정책을 장악한 1968년까지의 결정적 시기를 1955년 1월에서 1968년 3월 사이에 평양에서 발간된 잡지 『조선 음악』의 내용을 통해서 탐구할 것이다.[1] 이 시기가 시작되면서 토론과 논의의 가능성은 남아 있었다. 어떤 작품이 적절한가? 인민을 반영하는 민족 형식으로서 어떤 예술이 유지되고 진흥되어야 하는가? 어떤 전통 예술이 수정되거나 포기되어야 하는가? 그러다가 시간이 흐르면서 선택지는 좁아졌고, 순응이 강요되었고, 이데올로기가 지배하게 되었으며, 북한의 문화 생산은 오늘날 우리가 목격하는 획일적이고 늘 변치 않는 공식을 채택하였다.

잡지 『조선 음악』

『조선 음악』은 처음에 조선작곡가동맹의 후원으로 발행되었다. 1961년부터 그 발행자는 조선음악가동맹 중앙위원회가 되었는데, 이러한 조정은 문화 생산에 대한 당의 통제 결여를 비판한 1960년 11월 김일성이 행한 연설의 결과였다.[2] 김일성의 연설은 1961년 3월에 전체를 아우르는 조선문학예술총동맹의 재구성으로 이어졌다. 그 산하에 문학, 미술, 무용, 음악, 연극, 영화 및 사진 분야의 일꾼을 다루는 7개의 동맹을 두었다. 그중 하나로 조선음악가동맹이 조선작곡가동맹을 대체하였다. 1967년에 열린 조선노동당 중앙위원회 제6차 총회에서 국가 이데올로기는 도전할 수 없어야 한다는 결정을 내리고, 김정일이 예술정책을 지휘하는 중심 역할을 맡은 이후 1968년에 그 잡지는 종말을 맞았다.

1955년, 작곡가, 음악학자, 음악가 등 예술인과 지식인은 어느 정도 독립성을 유지했다. 지난 10년 동안 소련 문화 고문들은 문화발전과 교육 발전을 장려하면서 그들을 양성했다 (Armstrong 2003b). 그러나 평양에 정착한 많은 예술인과 지식인은 1945년 태평양전쟁의 종결과 동시에 끝난 식민지 시대에 일본에서 훈련을 받았으며, 소련 사회주의를 거의 알지 못했다. 처음에 허용된 자유는 『조선 음악』에서 계속된 논쟁의 여지를 설명할 수 있지만, 때때로 이 잡지는 조선 동맹이 추진하는 정책 및 관행과는 다소 거리가 있는 예술 영역으로 들어갔다. 이는 『조선 음악』과 연맹의 주요 공연예술 잡지 『조선 예술』을 비교해 보면 알 수 있다. 『조선 예술』은 1956년 9월에 처음 발행되었는데, 그 창간호는 김일성의 '우리의 새로운 인민 예술'에 관한 성명으로 시작한다. 잡지의 표제화는 소련의 새 지도자 흐루쇼프(Nikita Khrushchev)를 만나는 김일성의 모습이 담긴 사진이었다. 그 당시 이는 많은 것을 암시했다. 『조선 예술』은 영화, 드라마, 무용과 음악을 다룰 것이라고 발표했으나 (1956/9, p. 75), 곧 범위가 연극과 무용으로 좁아졌고 음악은 『조선 음악』에 맡겨졌다. 『조선 예술』에서는 반대의 목소리를 찾기 힘들다. 또 나중의 설명은 일반적으로 『조선 음악』 시기의 논의를 무시하고 있는데,[3] 이는 주체 이데올로기(종종 '자립'으로 주석을 달지만, 본질에 대해서는 아래를 보시오)의 적용에 집중한 단일 접근법을 반영하는 것이다. 따라서 『조선 음악』의 내용은 과도기를 목격하고 있으며, 작곡가와 음악학자가 음악의 창작, 공연 및 전파와 관련하여 종잡을 수 없이 진화하는 이데올로기와 어떻게 타협했는지를 증언하고 있다.

　월간지로 창간되었으나, 필자가 조사한 모음집에는 1955년 발행된 『조선 음악』의 단 네 개 호(1~4월)만 1956년 발행된 다섯 개의 호와 함께 수록되어 있다. 게다가 1965년에는 11월과 12월이 하나의 호로 되어 있다. 1967년 1월부터 음악에 대한 겉핥기식 글들이 『조선 예술』에 다시 등장하기 시작하면서 『조선 음악』은 쇠퇴하기 시작했다. 『조선 예술』의 음악에 대한 보도가 1967년 1월에만 눈에 띄게 증가했다. 이때 『조선 예술』은 사회주의의 '최종 승리'를 가져오는 노래들, 7개 혁명 가요의 표기법을 동반한 "투쟁과 승리에로 부르는 혁명 가요"(1968/1, pp. 53-56)를 사용하자는 호소를 발행했다. 그때까지 『조선 예술』은 논설, 연설과 연설에 대한 논평을 포함하는 의무적인 시작부를 담고 있었다. 김일성의 연설은 무엇보다도 먼저 인쇄되었다. 1967년의 예를 들면, 김일성이 1951년 6월 30일 예술가들에게 한 연설이 5·6월 합병호에 재인쇄되었고 유명한 예술인들의 이에 대한 소견이 이어졌다. 세계 학생들에 대한

1951년 12월 12일의 김일성 연설이 8월호에 실렸고 역시 소견이 이어졌다. 천리마 시대의 생활에 대한 1960년 11월 27일의 김일성 연설이 11월호에 등장했다. 12월호의 표제화는 김일성의 전면 사진이었다. 그리고 최고인민회의에 대한 그의 연설과 논평이 1968년 1월호의 첫 37페이지를 차지했다. 『조선 음악』의 마지막 호는 1968년 3월에 발행되었고, 마지막 호들은 국가적 관심사를 전면에 내세우기 위한 요구사항들에 부합했다. 예를 들어, 1968년 1월호의 첫 33페이지는 김일성의 연설에 할애되었고, 나머지는 지도자로서 그리고 예술 창작에 영감을 주는 사람으로서 그의 업적을 찬양하였다. 이후로 『조선 예술』은 별도의 잡지들인 『조선 미술』과 『조선 영화』와 함께 모든 공연예술을 다루었다.

1946년 3월 25일 김일성은 북조선예술총동맹의 설립을 발표했다. 이 조직은 1951년에 일련의 동맹을 산하에 둔 조선문학예술총동맹[4]이 되었다. 이 중의 하나인 조선작곡가동맹은 1953년 한국전쟁 정전협정이 서명됨에 따라 설립되었다. 『조선 음악』 창간호가 나올 즈음에 그 동맹은 발행자이자 기획자로 활동했다. 1954년에 조선작곡가동맹은 한 세트의 '인민 가요', 『조선인민가요곡집』을 발행했다. 이 가요집은 작곡가 김원균(1917~2002년)의 두 노래, 즉 '김일성 장군의 노래'와 '애국가'를 가장 눈에 잘 띄는 자리에 배치했다. 전자는 리찬이 가사를 짓고 1946년에 작곡되었으며, 논란의 여지는 있으나 김일성이 아직 과반수의 지지를 얻지 못했을 때 오늘날에도 남아있는 공인된 역사를 확립하는 데 도움이 되었다. 후자는 1947년에 작곡되었고 오늘날에도 공식 국가로 남아 있다. 김원균의 찬가에 바로 뒤이어 세 번째 노래가 추가되었으나 이 노래는 곧 문제가 되었다. 즉 리면상(1908~1989년)이 작곡한 '쓰딸린 대원수의 노래'다.[5]

조선작곡가동맹은 1954년에 민요를 서양 음악 표기법으로 편곡하는 프로젝트를 시작했으며, 그 결과는 1956년 7월 국영신문 『노동신문』에 의해 8권의 얇은 책이 등사판 형태로 발행되었다. 편곡에 이바지한 사람 중에는 로명죽, 라원섭, 조영출 등이 있었다. 이 프로젝트는 확대되어 더 백과사전적인 4권의 모음집인 『조선민족음악전집: 민요편』(1958~1959년, 재발간 1998~1999년)이 되었다. 더 큰 프로젝트에는 학자뿐 아니라 많은 작곡가의 참여가 필요했으며, 그 첫 권은 당시 젊은 작곡가 성동춘(1937년생)이 감독한 논과 밭에서 부르는 농요를 수집한 것이다. 조선작곡가동맹은 또 1955년 김히렬이 쓴 '새로운' 사회주의 노래 스타일을 논의한 저서를 후원했고, 1956년에는 일본 식민지 멍에로부터 해방된 이후의 북한 음악에 대한 조사를 후원했다. 이 조사 결과는 리히림 외에 여러 사람이 편집한 저서 『해방후 조선 음악』이다 (참고로 이 조사의 제2판은 1979년에 발행되었으며 제1판에 있는 소련의 영향과 평양에서의 외국 음악 공연에 대한 상당한 논의를 제외하고, 나중의 이데올로기와 관행을 소급하여 적용하고 있다). 이 저서들은 잡지 『조선 음악』과 함께 조선작곡가동맹의 의제가 1932년 설립된 소련작곡가동맹의 의제와 일치했음을 보여준다. 소련작곡가동맹의 의제는 케리지(W. H. Kerridge)의 1934년 12월 논문에 영어로 요약 서술되어 있는데, 음악 작곡, 어린이를 위한 음악, 노동자를 위한 음악, 연극용 음악, 음악 비평과 역사 연구, 이론과 교육론, 민족 민속 음악에 대한 조사와 장려, 녹음, 대중 선전, 콘서트와 기타 공연 등이다.[6] 『조선 음악』은 확실히 소련작곡가동맹의 오랜 역사를 자랑하는 잡지 『소련 음악(Sovetskaya muzika)』과 대등한 잡지가 되려고 의도했다.

시대의 변화: '주체'와 '천리마'

오래전 이정식은 1930년대를 만주에서 보내고 그중 일부는 1940년쯤 소련의 극동 지역으로 물러난 김일성의 협력자들, 반일 게릴라들은 "압도적으로 문맹이고 궁핍한 사람들로 구성되었다"라고 말했다 (1963, p. 9; 또한 다음을 볼 것. Pihl 1993, p. 94). 어린 김일성이 예배당의 풍금을 '아주 잘' 쳤던 것을 회상하는 전 감리교 목사 손정도를 마틴(Bradley Martin)이 인용하였지만(2004, p. 26), 김숙영이 말한 것처럼 김일성은 "그의 예술적 전문성이나 창작활동"을 보여준 적이 없다 (2010, p. 139). 그 결과 예술 커뮤니티는 처음에 문화적 생산을 발전시키는 것에 대해 자유가 주어졌다. 그러나 반일 게릴라들을 제외하고 그 커뮤니티는 네 파벌로 구성되었다.[7] (1) 평양에 정착한 많은 남쪽 예술가와 작가(노동은 (1989, p. 181)이 작성한 리스트에 거론된 최소 57명의 음악인을 포함), (2) 지리적으로 북쪽과 관련된 사람들, (3) 중국으로 이주했던 좌파 지식인들(그중 일부는 옌안에서 중국 공산주의자들과 함께 있었음), (4) 소수의 소련계 한인들(그중 일부는 소련에 의해 임무 수행을 위해 평양에 파견됨) 등이다.[8] 그 커뮤니티는 문화정책에 대한 접근 방식에서 통일되지 않았고, 그래서 문화 생산에 대한 비판이 등장함에 따라 과거의 익숙한 유교적 위계 체계를 반영하는 파벌 노선에 따르는 경향이 있었다. 파벌주의는 '문화 기구의 세습적 기능'을 보장했다 (Myers 1994, p. 151). 그리고, 자유와 아방가르드 경향이 처음에 허용되었으나 1920년대 후반 문화담당 정치위원이자 극작가 루나차르스키(Anatoly Lunacharsky) 아래서와 1930년대 모스크바에서 "사회주의 사실주의"의 전개와 함께 초기 소련에서 그랬던 것처럼, 북한에서 이데올로기와 고립주의에 가까운 민족주의가 확립되면서 통제를 가하기 시작했다.

김일성의 연설 "사상사업에서 교조주의와 형식주의를 퇴치하고 주체를 확립할 데 대하여"('주체 연설')의 영향이 스며들고 천리마 대중동원 캠페인(천리마운동)이 전개되면서 이러한 통제는 가속화되었다. 주체 연설은 1955년 12월 28일에 이루어졌으며,[9] 북한의 소급적용 교과서에 따르면 천리마운동은 김일성이 강선제강소에서 생산량을 증가시키자는 연설을 한 1956년 12월에 시작되었다. 주체 연설과 천리마운동은 김일성을 유일사상이란 도그마를 통해 유일한 결정권자로 만들었으며, 북한을 국제적 영향에서 벗어나게 하고 북한과 나머지 국가라는 국수주의적 이분법의 세계관을 강화했다 (Jae-Jung Suh 2013, pp. 8–15).[10] 그 연설은 종종 서서히 타오른 것으로 간주하고 있다 (예를 들어 다음을 참조할 것. Cumings 1997, p. 413). 란코프 (Andrei Lankov 1999, p. 53)는 1981년판 일반 조선역사는 그 연설을 "짧고 모호하게" 언급할 뿐이며, "심지어 정확한 명칭이나 날짜에 대한 언급조차 없었다"고 지적하고, 마이어 (Brian Myers 2006)는 그 연설이 실제로 주장되어온 분수령이었는지에 대해 의문을 제기하고 있다.

실제로 『조선 음악』에서 주체에 관한 첫 번째 논의는 1958년 7월호에서야 나왔는데, 작곡가 김원균이 '음악에서 주체의 방향'을 분석했다 (1958/7, pp. 24–29). 그는 북한의 작곡이 여전히 소련 모델의 영향을 받았다고 지적하고, 쇼스타코비치(Dmitri Shostakovich)의 교향곡 제5번 및 제10번과 최근 북한의 작품 조길석(1926~1996년)의 '리순신 장군' 및 박민혁(1922~1988년)의 바이올린 협주곡을 비교했다. 그는 북한 작곡가들의 작곡이 국가의 사회주의 현실을 '제대로' 반영했지만, 그들은 이제 표준 서양 오케스트라의 힘을 사용했다고 지적했다. 또 성악과 관련하여, 그는 평양에서 베르디 오페라 아리아를 불렀다고 언급하면서, 리면상의 '종달새' 같은 조선 노래의 보컬과는 매우 달랐다고 주장했다. 그의 글 마지막 부분에서 오페라에 관한 소련 보고서가 발표되었다는 텍스트 박스가 있었지만, 필자가 조사한 그 잡지의 여러 사본에는 검게 지워져 있었다. 이것이 민족의 것과 외국의 것과의 관계에 관한 지속적인 논쟁의 증거가 될 수 있을까? 그러나 김원균이 논의한 세 작품은 주체사상하에서 규범화된 것과 거의 관련이 없었다 (아래에서 설명된 것처럼). 그렇지만 주체는 이미 『조선 예술』 창간호에서 이론으로 언급되었는데,

성숙한 형태는 아니더라도 그 기원과 대체로 일치하는 민족 문화의 문제로 정의되었으며 예술가들에게 외국의 것을 수용한 코즈모폴리터니즘을 동경하기보다는 인민을 반영하라고 요구했다 (1956/9, p. 19).

1958년 김원균은 모스크바 유학에서 막 돌아왔다. 필자는 그의 1958년 7월 글은 그가 분명히 알고 있었던 천리마운동이 평양의 소련파를 공격하기 시작했다는 숙청과는 거리가 멀다고 생각한다. 사실 천리마운동의 기원에 대한 공통의 해석은 스탈린의 사망에 이은 소련의 개혁에 대한 반응이란 것이고, 소련의 개혁은 흐루쇼프의 1956년 2월 '비밀' 연설에서 확인되었다. 1956년 여름에 평양의 중국파(중국공산당과 함께 항일운동을 하던 연안파를 의미함 – 역자 주)와 소련파는 집단지도체제를 도입하여 김일성의 권한을 제한하려고 했으며, 가을에 소련은 김일성의 새로운 경제계획을 지원하는 원조 제공을 거부했다 (Jin 2012; Armstrong 2013, pp. 79-111, 2014, pp. 42-45). 그러나 『조선 음악』은 천리마운동이 문화문제 논의의 일부가 되기까지 시간이 걸렸음을 시사하고 있는데, 그 운동에 대한 첫 번째 논의가 1959년 1월호에 2년 전 "노동자들이 일어섰다"라고 언급한 짧은 텍스트로서 게재되었기 때문이다. 그 간략한 언급은 천리마운동을 소련의 스타하노프 운동(Stakhanovite movement)의 북한판으로서 대중동원이라고 규정했다.[11] 또한, 그 운동이 발표된 지 5년이 지났다고 언급함으로써 천리마운동의 시작을 1955년으로 소급하였다.[12] 제목 속에 '천리마'가 붙어있는 필자가 아는 첫 번째 노래는 1958년에 김원균과 조길석이 함께 쓴 '우리는 천리마 타고 달린다'이다.

그 운동으로 인해 농업과 산업지도가 국가의 영도에 일상적으로 의존하게 되면서 음악을 포함해 예술은 공식적인 김일성 역사, 사회주의 국가의 승리와 이데올로기로 확립되고 있는 것을 반복적으로 구성하기 위해 장르적 관습을 사용하기 시작했다. 이에 따라 그 운동과 동시에 '인민노동자'상이 예술가들에게 '공훈배우 또는 공훈예술가'와 '인민배우 또는 인민예술가'로 확대되었다. 이 명예제도는 소련에서 물려받은 것으로 후에 북한적 특성이 가미되어 최고상인 김일성상이 설립되었다. 예를 들어, 리면상은 1955년에 공훈예술가가 되었고 1961년에는 인민예술가가 되었다. 마찬가지로, 김원균은 1961년에 공훈예술가가 되었고, 『조선 음악』은 1961년 8월호에서 그 밖의 9명의 공훈예술가와 5명의 인민예술가와 함께 그 두 사람을 기념했다 (1961/8, pp. 22-28). 김원균은 사회주의를 따르는 프롤레타리아 예술가로서 적어도 공식적으로는 청소년 시절에 음악 교육을 받지 않았다.[13] 그는 1952년에 모스크바로 보내져(김일성의 지시로 소련 모스크바 차이콥스키 음악원으로 유학 – 역자 주) 1957년까지 그곳에 머물렀다. 그 기간 그는 북한 레짐을 만족시킬 노래보다는 바이올린 소나타와 현악 4중주 같은 기악과 졸업작품인 교향시 '향토' 등 여러 편의 작품들을 창작 발표했다. 이와 대조적으로, 리면상은 1930년대에 대중가요와 '신민요'를 작곡하고 음반 회사에서 일하면서 일본에 '부역' 하였다. 그러나 그는 식민지 시대와 한국전쟁 시의 전투와 승리를 표시하며 새 국가와 지도자를 찬양하는 노래를 작곡하여 평양에서 빠르게 엄청난 명성을 쌓았다. 김원균과 리면상은 1972년에 김일성상을 받았다.

주체는 문자 그대로 '주체'를 의미하며, 평론가들은 "문화적으로 특정한 종족적 민족주의" (Jorgenson 1996, p. 282) 또는 사람을 혁명의 주인으로 삼는 이데올로기 (Cha 2012, pp. 37-43) 로 정의해왔다. 데이비드-웨스트(Alzo David-West)는 세 권의 김일성 전기에 기반하여 '독립적인 입장', '자립정신'과 '자립 원칙'으로 좀 더 복합적으로 이해할 것을 주장하지만, 그 세 가지 모두 스탈린주의와 일치할 뿐만 아니라 마오쩌둥의 결정적 요인으로서의 인간 개념과도 비슷하다고 본다 (2007, pp. 138-140). 1959년까지 주체는 『조선 음악』에서 정기적으로 논의되었으며, 기악과 관현악보다는 노래를 선보이는 방향으로의 변화와 맞물렸다. 예를 들어, 소련의 영향을 받은 그의 첫 교향곡[14]으로 유명한 당시 작곡가 신도 선(1924~1975년)은 모델 노래를 소개하는 글 (1959/6, pp. 6-10)에서 지난 3년 동안 작곡된 800곡의 노래에 근거하여 창조적 이데올로기로서 주체는 민요를 기반으로 사용했지만 이를 개선했다고 주장했다. 그는 주 체는 사실주의를 요구하며 그래서 기악과 군악은 주제와 소재 면에서 추 상적인 것보다 오히려 노래를 편곡해야 한다고 썼다 (1959, p. 8). 같은 호에, 신도선의 글에 이어 작사에서의 '발전', 발성 기술의 개발 등등을 기 록한 네 개의 짧은 글이 실렸다. 추가로 두 개의 글, 창극의 연극 형식에 대한 논설 (1959, p. 20)과 창극의 선도자인 소리 스타일 (판소리, 즉 노 래를 통한 서사적 스토리텔링과 민요)**에 대한 김학문의 글 (1959/6, pp. 30-34)은 주체를 민족음악 문화의 발전과 연관시키고 있다. 1년 후 발간 된 논설에서 더욱 발전된 의견이 분명하게 표출되었다. 그 논설은 주체 가 김일성과 조선노동당의 지도에 따라 창의성의 새로운 방향을 제공했다 고 주장했는데, 이를 통해 과거로부터 물려받은 음악이 발전되었고 구조 와 공연 실제에서 엘리트주의문제를 해결하여 이제 현대 사회주의 현실을 제대로 반영했다는 것이다. 그러나 주체는 또 서양적 지향을 한국적(조선 적) 특성과 연결하는 것으로서 해석되었다 (1960/9, pp. 10-16).

평론가들은 일상적으로 주체와 그것이 문화 생산에 미친 영향을 김정 일이 문화정책을 장악한 1960년대 말과 1970년대 초, 특히 1971년 '피 바다'로 시작한 혁명 가극의 공연과 결부 짓는다. 그러나 『조선 음악』은 그 이전에 많은 일이 일어났음을 보여주고 있다. 예를 들어, 일제 식민 지로부터의 해방 15주년을 기념하는 작곡가 회의가 열린 1960년 8월까 지 주체는 음악 창작의 핵심으로 확인되었다. 그해 10월호에 실린 신영

....

** 역자 주) 판소리는 한 명의 소리꾼이 고수(북치는 사람)의 장단에 맞추어 창(소리), 말(아니리), 몸짓(너름새)을 섞어가며 서사적인 이야기를 구연하는 고유의 민속악을 말한다.

철과 채기덕의 그 회의 보고서에 따르면, 이데올로기로서 주체는 한 작품을 통합하는 적절한 요소를 설정하는 방법을 보여주면서 새로운 창의성의 토대로 사용할 모델 멜로디를 마련했다 (1960/10, pp. 33-44). 주체는 천리마 시대에 가져온 '붉은 서광'으로, 창작과 공연에 영향을 미쳤고, 부르주아 요소를 제거하였으며, 아방가르드 반음계음의 사용을 없애고, (남은) 5음 음계의 멜로디에 기반해 기능적으로 곧은 화성을 이루게 하였다. 그렇지만 이러한 일들은 음악가 자신들의 상당한 노력을 요구한 문제들이다. 게다가 주체는 노래를 한 세트의 노래 장르로서 그리고 다른 모든 음악 창작의 기반으로서 기본적인 생산물로 설정하였다. 주요 작곡가들이 이 일에 관련되었으며, 이제 그들은 공개적으로 주체와 그 운동에 동조하였다. 『조선 음악』은 10월호는 김원균, 김길학, 궁경일, 박세영, 리정언, 박승완, 김윤봉, 모영일, 김최원, 문학춘, 리석, 김영규, 신영철, 채기덕, 박영상 등의 맹세를 실었다 (1960/10, pp. 26-33). 12월에 한 논설은 8월 회의의 결의가 어떻게 법으로 제정되었는지를 조선작곡가동맹의 11월 집회에서 보고했다. 필자는 그 집회에서 작곡가들이 자신의 맹세를 말한 것으로 추정한다 (1960/12, pp. 6-18). 그리고 일련의 글에서 주체의 여러 측면이 설명되었으며, 그 결과 한 권 분량의 첫 번째 산출물로 1963년 저자를 밝히지 않은 책, 『현대성과 우리 음악』이 상부 기관인 조선문학예술총동맹에 의해 발간되었다.

작곡가와 작품 만들기

더 깊이 살펴보기 위하여 이 절에서 필자는 『조선 음악』이 작곡가의 관심사를 어떻게 반영했는지를 고려할 것이다. 이미 지적한 바와 같이, 해방 후 초창기에 북한은 소련에 의지하였으며,[15] 1949년에 소련과 문화교류

협정을 체결했다 (Armstrong 2003b: pp. 82–83). 이 협정으로 김원균이 머지않아 모스크바로 유학을 떠났다. 1949년 말까지 평양에서는 아슈라프 (Mukhtar Ashrafi), 다르고미시스키(Alexander Dargomïzhsky), 글린카(Mikhail Glinka), 이폴리토프이바노프(Mikhail Ippolitov-Ivanov), 카발렙스키(Dmitry Kabalevsky), 무소르그스키(Modest Mussorgsky), 림스키코르사코프(Nikolai Rimsky-Korsakov), 쇼스타코비치(Dmitri Shostakovich), 차이콥스키(Pyotr Ilyich Tchaikovsky) 등의 작곡가 작품이 공연되었다 (Ri Hirim et al. 1956: p. 248ff). 따라서『조선 음악』은 당연히 소련의 관행을 자주 논의했다. 1955년 2월호는 동맹의 회의에 관한 보고 후 소련 음악에 대한 여덟 페이지 분량의 토론으로 시작하여 소련 음악가들이 쓴 (한글로 정식 번역된) 두 개의 글로 마감되었고, 3월호는 소련 음악의 발전에 관한 문종상의 긴 토론을 소개했다. 1956년 1월 베토벤의 교향곡 5번에 대한 분석이 모차르트의 창의성, 소련의 작곡 및 엥겔스(Fredrich Engels)에 관한 글들과 나란히 게재되었고, 1957년 1월에는 베토벤의 '환희의 송가'와 글린카의 1836년 초연작품 '이반 수사닌(Ivan Susanin)'(원제가 '황제에게 바친 목숨[Zhizn za tsarya]'인 오페라의 소련 시대 제목으로 1989년 모스크바 볼쇼이 극장 공연에서 원제를 되찾음)으로 시작한 박한규의 '창의성에 관한 메모'가 실렸다.

비록 이때가 국가정책이 암스트롱(Charles Armstrong)이 칭한 '혁명적 민족주의' (2013, p. 183)를 향해 나아가기 시작한 시기였을지라도, 작곡가들은 아직 해외, 특히 소련으로부터 배워야 할 것이 많다고 느꼈다. 이런 이유로 1957년 3월에는 소련 작곡가들을 살펴보는 글이 소련의 합창 전통에 대한 리형운의 토론과 나란히 게재되었고, 1957년 4월에는 김히열이 소련의 보컬 스타일을 탐구하기 위해 이를 확장했다. 5월에는 문재동이 금관악기 작곡 기법을 탐구하면서 러시아와 소련의 작곡을 인용했으며, 8월에는 문경욱이 보컬 및 악기 반주에 대한 소련의 관

행을 논의한 한편 최훈범은 소련 오페라의 조성(調聲)**과 전조(轉調)***
의 사용을 살폈으며, 추가로 무소르그스키의 작품을 탐구한 글이 있었
다 (1957/3, pp. 23-27, 53-59, 1957/4, pp. 42-48, 1957/5, pp.
49-53, 1957/8, pp. 11-15, 20-23). 1957년 10월에는 리히림이 두
개의 사회주의 기념일, 즉 북한의 10주년과 소련의 40주년을 기념했다.
1958년 11월에는 기명 및 무기명의 북한인과 러시아인이 쓴 글을 포함
해 소련 음악에 관한 특집호가 발행되었으며, 12월호에는 쇼스타코비치
의 1년 된 11번 교향곡에 대한 분석이 게재되었다 (1957/10, pp. 16-
20, 1958/11, pp. 14-38, 1958/12, pp. 33-35). 그리고는 소련으로부
터 전환한 국가의 정책과 소련파의 숙청에 따라 뒤늦게 소련 음악에 대
한 취급 범위가 줄어들었다. 그러나 논의가 완전히 사라지지는 않았으
며, 1961년 8월호는 소련 음악과 알바니아 음악에 관한 글을 실었고 11
월호는 레닌과 음악에 관한 짧은 글을 번역하였다 (1961/8, pp. 44-49,
1961/11, pp. 44-46).

한국의 문학과 예술은 일제 식민지 시대에 빠르게 발전했다. 비록 한
국인 음악학자들은 일본을 새로운 아이디어와 관행의 통로로 보기를 꺼
리지만 (적어도 남한에서는 기독교 찬송가의 영향에 초점을 맞추는 것을
선호하여), 많은 한국인 작곡가는 서양 예술의 작품 개념을 수용하면서
일본에서 공부했다. 일본에서 그들은 유럽의 관점에서 볼 때 대략 19세
기 중반 낭만주의를 모델로 한 용어를 사용하여 서양 예술 음악의 모방
작품을 창작하도록 훈련받았거나, 또는 리면상과 마찬가지로 때때로 일
본 기반 음반 회사를 위해 일하면서 작곡이나 편곡을 배웠다. 1945년 이
후 평양에서 처음의 방향은 숙련도를 향상하는 것이었으나 지식, 훈련,

....

** 역자 주) 음악에 쓰이는 화성이나 멜로디가 하나의 음 또는 하나의 화음을 중심
으로 하여 일정한 음악 관계를 맺고 있을 경우를 말한다.
*** 역자 주) 곡의 으뜸음을 바꾸거나 조성을 바꾸는 행위.

전문지식을 위한 통로가 소련으로 바뀌었다. 그러나 점진적으로 소련의 프롤레타리아주의 개념이 뿌리를 내리기 시작했다. 즉 북한 초기에는 이미 훈련을 받은 예술가들이 (작곡가를 포함) 필요했다. 작곡가 중에는 김순남(1917~1986년)이 있었다. 그는 1942년 도쿄 고등음악학원을 졸업했으며 서울로 돌아와 1947년 북쪽으로 가기 전까지 '인민항쟁가'와 '건국행진곡' 같은 사회주의 성향의 노래로 남쪽 경찰의 주목을 받았다. 서울의 미군정청 음악 책임자였던 피아니스트 하이모위츠(Eli Haimowitz)는 김순남의 작품을 칭찬했으며 그가 체포되지 않도록 미국 유학을 주선했으나 (Hye-jung Park 2019), 그는 월북하여 평양으로 갔다.** 1952년 북한은 그를 모스크바로 보내 하차투리안(Aram Khachaturian)***에게 배우도록 했으나, 한국전쟁을 사실상 끝낸 정전협정이 체결되자 돌아오라는 소환 명령을 내렸다. 김순남은 귀국하자 곧 남로당파를 이끌던 소설가 한설야에 의해 그가 서양 음악 스타일 활동을 하며 조선의 뿌리를 소홀히 했다는 강한 비판을 받았다 (Szalontai 2005, pp. 40-42).

　다시 말하여 부르주아 타협이 흐트러지기 시작했다. 『조선 음악』은 김순남에 대한 비판에 나선 두 음악학자 문종상과 원흥룡의 글을 게재했다 (1956/2, pp. 58-65, 1956/3, pp. 65-79). 문종상은 현대 미국 음악과 유럽 음악은 혁명적이지 않고 인민에 봉사하지 않지만 현대 음악은 항상 인민과 함께 시작해야 한다고 주장했다. 그리고는 외국의 관행을 따르는 것은 쓸모가 없으나 김순남은 오늘날 인민의 생활을 고려하지 않고 단지 사라진 궁정의 음악에서 조선의 관점을 취한다며 비판했다. 원흥룡은 김순남이 자신의 노래에 어설프게 가사를 붙이고 소련 노래를 형편없이 모

***

** 역자 주) 김순남은 남로당 당원이었으며 좌익 예술가 단체인 조선음악건설본부에 가입해 활동하다가 1947년 이후 좌익 활동이 불법화되자 월북하였다.
*** 역자 주) 구소련의 아르메니아계 서양 고전 음악 작곡가로 아르메니아 소비에트 사회주의 공화국의 국가를 작곡하였다.

방하고 부적절한 박자와 템포를 선택하여 평범한 사람들은 그의 노래들을 부를 수 없었다고 주장했다. 그는 다음과 같은 말로 비판의 핵심을 드러냈다. 즉 "우리는 북조선 땅에서 태어난 작곡가들에 의존해야 한다. 남쪽에서 와 이곳에 정착한 일부 작곡가들은 우리를 배신했다." 김순남은 작곡하는 것이 금지됐고 함경남도 신포로 추방됐다. 그는 8년 뒤에야 평양으로 돌아오는 것이 허용되었는데, 그의 과거 작품들을 칭찬한 1964년 4월호에 실린 글이 그의 평양 귀환을 시사해주었다.[16]

　이러한 비판은 작곡가들이 비계획적인 기악 및 관현악 음악에서 일반인을 위한 노래로 이동해야 함을 분명히 보여주었다. 주체 이데올로기가 적용됨에 따라서 메시지의 명확성을 중심에 놓았으며 노래는 가사를 통해서 (레닌이 한때 반대했던) 기악에 내재한 모호성을 피했다. 가사는 메시지를 전달했다. 1972년부터 '종자론'[17] 내에 '종자' 개념이 세워졌고 "정치가 없는 음악은 향기가 없는 꽃과 같다"라는 김정일의 말 (Yi Hyŏnju 2006, p. 167에서 인용)에 따라 형식보다 내용을 떠받들었다. 이후로는 기악 작곡은 노래의 편곡을 우선순위로 하여 설정과 조화를 통해 노래를 해석함으로써 '종자'를 강화하는 것이었다 (Yi and Sŏ 2013, pp. 84-97). 그러나 방향의 변화는 하룻밤 사이에 일어나지 않았다. 1965년 10월 식민주의로부터의 해방 20주년을 기념하기 위해 『조선 음악』은 여전히 편집자들이 생각하는 해방 이후 생산된 가장 중요한 관현악 및 기악 작품들을 열거할 수 있었다. 명단에 열거된 작곡가와 작품은 다음과 같다. 신도선(1955년 작품, 이하 연도만 표시), 최수동(1955) 및 문경옥(1961)의 교향곡; 박민혁(1957)의 바이올린 협주곡; 조길석(1956)과 홍수표(1956)의 현악 4중주와 최수동의 현악 5중주('편지 받은 전사', 1955); 리학범(1958)의 피아노 3중주; 리정건('승리를 향하여!', 1953), 조길석('조국을 위하여', 1954와 '혁명의 불길', 1959), 문경옥('행복', 1956), 김원균('향토', 1957) 및 김윤봉('항오의 불길', 1960)의

프로그램적 교향시; 문경옥('승리', 1951), 신도선('행복의 길', 1956), 김린옥('바다가에서', 1962) 및 김윤봉('경축 서곡', 1962)의 앙상블 작품; 조길석(1954)과 문경옥(1955)의 현악 앙상블을 위한 민요 메들리 등 (1965/10: pp. 30-31).

이 잡지를 통해 거슬러 올라가면 이 중 많은 작품이 분석되었고 많은 공연이 비평되었다. 이 작곡가 중 다수는 정기적으로 이 잡지에 기고했다. 『조선 음악』 잡지가 처음 나왔을 때 신도선이 편집했다. 작곡가로서 그의 민요 메들리는 소련 음악과 관련하여 문경옥에 의해 논의되었고 (1957/8, pp. 14-15), 최룡닌은 소나타 형식의 제1악장과 트리오를 포함한 스케르초(scherzo)** 제2악장의 전통적인 4악장 작품인 그의 교향곡에 관해 글을 썼다. 최룡닌은 1958년의 첫 번째 공연은 좋지 않았으나 1959년 4월에는 훨씬 더 뛰어난 공연이었다고 서술했다 (1959/4, pp. 38-40). 신도선은 1966년에 존경을 받고 있었으며, 이 해에 김정일은 그의 교향곡과 프로그램적 '행복의 길'을 비교했다 (1966/2, pp. 15-17). 그렇지만 신도선은 소련에서 교육을 받은 테크노크라트였으며, 작곡가로서 처음에는 이른바 '모스크바 음악원의 역사적-이론적 대성당의 여단'에 의해 1939년 처음 발행된 교과서를 따랐다. 『조선 음악』에서 그의 접근법은 서서히 성숙해졌다. 첫째, 그는 소련 음악학을 번역했고 (e.g., 1955/2), 서양의 특징 (멜로디, 하모니, 리듬)과 관련해 작곡 기술의 개요를 서술했으며 (e.g., 1956/1-1956/5, 1957/11-1958/1), 소련 음악의 발전에서 중요한 날짜를 요약했고 (1957/11, pp. 10-15), 심지어 불행하게도 스탈린과 같은 날 사망한 프로코피예프(Sergei Prokofiev)***의 작은 프로필을 5년 후에 썼다 (1958/3, p. 35).

....

** 역자 주) 해학, 희롱을 뜻하는 말로 클래식 음악에서는 악곡이나 악장 이름으로 사용한다.

*** 역자 주) 우크라이나 출신 러시아 제국/소련의 작곡가 겸 피아니스트.

당시 평양의 분위기로 볼 때 신도선의 1957년 11월 소련 음악 개요는 특별히 용감했거나 정치적으로 순진한 것이었다. 그는 19세기 러시아 작곡가들에 대한 설명으로 시작해서 10월 혁명, 1925년에 시작된 정책 변화, 1932년 사회주의 사실주의의 도래, 그리고 1948년 즈다노프(Andrei Zhdanov)**의 연설로 시작된 예술적 자유의 통제를 거론했다.[18] 그는 1951년 시작되었으나 스탈린 사망 후 예술적 자유가 복원되면서 가속화된 잠정적인 새로운 방향을 설명했다. 이에도 불구하고 1959년까지 그는 북한 국가의 요구에 따랐다. 2월에 그는 농업 지역의 '민족음악'과 김일성이 어떻게 모든 주민이 사회주의 길을 따르도록 고취했는가에 관하여 썼다. 4월에 그는 "음악 작곡을 더 일으켜 세우자!"라는 강력한 메시지를 발표했다. 6월까지 그는 주체가 선포된 이후 창작된 뛰어난 모델 노래들을 상세히 알리면서 "주체 시대의 우리 음악은 모든 형태의 민요, 기악과 군악을 향상시킨다. 우리는 모든 문제를 극복했으므로 우리 음악은 계속 발전할 것이다"라고 발표했다 (1959/2, pp. 7-8, 1959/4, pp. 3-20, 1959/6, pp. 6-10). 1960년 2월부터 신도선은 새로운 시리즈의 글에서 작곡의 기술로 돌아갔다.

신도선의 후기 글들은 김원균의 노래 작곡에 대한 글들과 나란히 게재되었다. 김원균이 모스크바에서 돌아왔을 때, 그는 자신의 졸업작품 교향시 '향토'가 진화하는 이데올로기와 어울리지 않는다는 것을 깨달았다. 1956년 10월에서 1957년 5월 사이에 만들어진 이 작품은 대체로 소나타 형식을 따랐다. 그 곡은 '아다지오(Adagio)'***로 복잡한 금관악기 트리플렛(3연음)이 등장하는 팡파르로 시작해서 연주 내내 상당한 반음

** 　역자 주) 스탈린과 동시대의 소련 공산당 지도자로 예술에 대한 엄격한 통제와 극단적인 반서구 문화·반자본주의 성향을 조장한 즈다노프 독트린, 문화대혁명 이론의 창안자.

*** 역자 주) '느리고, 여유롭고, 우아하게' 연주함을 표현하거나 그 악장.

계주의**의 특색을 보여주었다. 그 명백한 아방가르드 경향은 즈다노프의 1948년 연설과 작곡가에 대한 비판이 점점 더 먼 역사 속으로 사라진 모스크바의 작곡 현장을 암시하고 있으나, 약 7년 전 1951년에 다음과 같이 주장했던 김일성의 귀에는 거슬렸을 것이다.

> 우리 작가, 예술가들은 인민 대중의 숭고한 사상과 감정, 생활을 보여주지 못하고 있습니다. … 그들의 창작활동은 생활에 대한 감각을 잃었습니다. … 작가, 예술가들은 위대한 예술의 진정한 창조자는 항상 인민 대중이라는 것을 알아야 합니다.[19]

김원균은 비판을 피할 방법을 모색했고, 『조선 음악』 1958년 7월호에 주체와 음악을 논한 글을 씀으로써 그 방법을 찾았다. 1958년 9월 김원균은 더 나아가 기악 및 관현악 작곡보다는 노래를 홍보했다. 그렇지만 여기에서 그는 1945년 해방 다음 날 쓰고 처음으로 인정받은 노래, '조선 행진곡'을 강조하면서 자신의 자격을 보여줄 기회를 잡았다.[20] 11월까지 그는 선도적 인물로서 자신의 위치를 확립했다. 그리고 그는 국가의 관현악, 기악 및 합창 음악이, 어떻게 노래를 기반으로 해야 하는지, 어떻게 과거를 반영하기보다 오늘날에 적합해야 하는지, 그리고 어떻게 사회주의 통일성에 부합하도록 솔로보다는 집단을 위해 작곡해야 하는지에 대해 글을 썼다 (1958/9, pp. 24-26, 1958/11, pp. 39-41). 그 후 김원균은 다른 사람들이 올바른 노래를 만들 수 있도록 지도하면서 자주 마주쳤다 (e.g., 1959/11, pp. 40-43, 1959/12, pp. 38-40, 1960/8, pp. 41-45, 1960/11, pp. 35-39, 1960/12, pp. 43-45).

....

** 역자 주) 온음계에 포함되지 않은 반음계 음들을 온음계 음이나 화음들 사이에 배치하는 작곡 기법.

억지로 꿰맞추기: 전통음악이 민족음악이 되다

음악학자 리창구는 1992년 6월 인터뷰에서 필자에게 4권으로 된 민요 모음집, 『조선민족음악전집: 민요편』은 이론적이고 교육적인 텍스트를 생산할 수 있는 학습 보조자료로 의도한 것이며, 그 후 리창구 자신이 썼다고 말했다 (1990).[21] 그러나 처음에 민족음악이 어떻게 전통을 수용할 수 있는지가 분명하지 않았다. 첫째, 국가는 민족음악이 현대적일 것을 요구했으나 김일성은 그것이 인민 대중에게서 나와야 하며 그들의 사랑을 받아야 한다고 말했으며, 따라서 전통음악 국악 전문가들의 구전 유산은 여러 해에 걸친 마스터로부터의 반복적인 암기로 전수하는 산물이라는 점에 이의를 제기해야 했다. 그렇게 하려는 시도가 1957년 2월 『조선 음악』에 보고되었다. 1956년 12월에 심포지엄이 개최되어 작곡가들이 전략을 모색했다. 민족음악의 서양 악기 사용에 대한 논평, 한국에서의 민족음악 쇠퇴에 대한 개탄 (한국이 미국의 대리 국가이므로) 등등 7개가 인용되었으며, 리히림은 인민에게서 나온 민족음악은 조선노동당의 지도하에 일하는 작곡가들에 의해 유지되어야 한다는 이데올로기의 틀을 추가했다 (1957/2, pp. 7-14, 32-43). 둘째, 옛날 민요는 비강과 흉부 공명, 안정상태의 음높이에 반하는 꾸밈음(한국의 음악학자가 '미분음'이라고 일컬음), 성문 폐쇄음 및 심한 비브라토에 의해 생성되는 보컬 멋울림으로 가득 차 있었다. 그러나 김일성은 민족의 민요는 듣기 좋고 서정적이라고 말했으며, 따라서 멋울림의 측면은 폐기해야 했다. 또 김일성은 민족음악은 현지의 것과 외국의 것(즉, 서양 음악 또는 더 정확히 말하면 소련 음악)을 결합해 육성되어야 한다고 말했다. 따라서 『조선 음악』은 작곡가들이 민요를 편곡해야 한다고 발표했다. 한시형은 창간호에서 이에 대해 논의했다 (1955/1, pp. 40-50). 김옥성은 이 주제를 잡아 민요가 '위대한 예술'이므로 작곡가들은 민요에서 배울 필요가 있다고 주장했으며, 김완우는 솔로 가수보다 '노래 서클'을 육성한 소련의 정책을 따라 합창 환경을 만들어 민요를 개선할 방법을 모색했다 (1957/1, p. 12, 1957/2, pp. 29-31). 민요의 관현악 및 기악 메들리가 장려되었고, 일단 만들어지면 분석되었다 (e.g., by Ri Hirim, 1959/5, pp. 5-11). 그리고 모음집의 과정이 완성되면서 관심은 민요의 특성을 확립하는 데로 전환되었으며 (e.g., 1959/6, pp. 30-34, 1960/9, pp. 21-26, 1960/10, p. 45, 1960/12, pp. 33-37), 그것들은 민족성, 즉 민족의 바탕으로 정의하기 위해 추출된 것이었다 (그러나 서정성에 대한 김일성의 견해에 도전한 요소들을 잃은 후). 민요는 그 특성이 인민에게서 나오는 것으로 생각했기 때문에, 일단 정의되면 조선인의 민족 성격, 성향과 기질을 표시하는 것으로 간주했다 (Rim Kwangho 2014, Chapter 3). 이런 이유로, 민요는 민족음악을 위한 기본 구성 요소를 제공했다.

대체로 똑같은 방식으로 『조선 음악』은 민족 악기로서 전통 악기의 '개량'[22]을 상세하게 기록했다. 이 프로젝트는 1961년 9월 조선노동당 제4차 대회에서 발표된 5개년 계획으로 공식화되었다. 그러나 이는 악기 제작이 장인 스튜디오에서 공장으로 이동한 10년간의 활동 끝에 이루어졌으며, 북한 사람들이 중국과 소련에서 이전에 시도한 '개량'에서 배운 것이다. 1955년 2월호에 실린 조경하와 김제선의 두 글은, 예전의 5음 음계 12줄 가야금이 어떻게 '개량'되기 시작해 서양의 온음계를 연주할 수 있도록 그 줄이 전부 18개로 늘어났는지,[23] 그리고 김일성의 서정성에 대한 견해를 반영하여 악기들이 노래를 반주하고 앙상블로 함께 조화롭게 연주할 수 있도록 개별 악기에 특화된 꾸밈음을 어떻게 제거해야 했는지를 기록했다 (1955/2, pp. 39-48). 음계, 음역, 음량, 음색의 관점에서 논의되어 독특성이 민족 악기를 서양 악기와 구분하는 방법으로 옹호되었다. 1958년 6월부터 『조선 음악』은 민족 악기와 서양 악기에 대한 짧은 글을 나란히 게재했으며 의도적으로 비슷한 악기를 매칭하는 것을 피했고,

그래서 색소폰이 가야금과 함께, 서양의 드럼 세트가 아쟁과 함께, 단소가 기타와 함께, 그리고 피리가 첼로와 함께 자세히 설명되었다 (1958/6, pp. 57-65, 1958/7, pp. 62-66, 1958/9, pp. 55-65, 1958/12, pp. 60-67). 1961년 이후에는, 새로운 악기 제작 방법의 모색 (예를 들어, 관악기 본체의 회전과 바람구멍 뚫기에 대한 논의: 1961/7, pp. 31-34), 연주 기법의 수정 (1961/11, pp. 23-26), 개조되어 전시회에 전시되었던 악기의 수 기록 (1961/10, pp. 47-51, 1962/2, pp. 28-35, 1962/3, pp. 37-41) 등의 글들이 게재되었다. 1967년 중에는 일련의 글이 민족악기를 위한 새로운 작품들을 소개하고 분석했는데, 그중 첫 다섯 곡은 신용철이 작곡했다 (1967/4, pp. 25-26, 1967/5, pp. 52-56, 1967/6, pp. 38-39, 1967/7, pp. 34-40, 1967/9, pp. 34-36, 1967/11, pp. 35-40, 1967/12, pp. 33-37). 이는 작곡가는 단순히 노래를 만드는 노동자 그 이상이라는 개념을 뒤늦게 밀어붙이는 듯한 모습으로 보이며, 필자는 이를 『조선 음악』의 발행이 계속 허용되었다면 계속 봉사할 수 있는 영역을 개척하려는 시도가 실패한 것으로 보고 있다.

　사회주의 민족음악의 창작은 처음에 전통음악의 폐기를 요구하지 않았다. 일부 전문 전통 음악가들은 평양에 정착했으며, 그들은 1960년대에 명성이 높았다. 그중 안기옥(1894~1974년)은 존경받는 6줄 거문고 연주자였고 정남희(1905~1984년)는 존경받는 가야금 연주자이자 국악 가수였다. 안기옥은 가장 잘 알려진 전통 기악 형태인 산조**의 창시자(김창조) 계보의 인물이며 정남희는 그의 첫 제자 중 한 사람이었다.*** 1952년 이후 안기옥은 악기의 '개량'에 밀접하게 관여하였고, 정남희는

....

** 　역자 주) 느린 장단으로부터 빠른 장단으로 연주하는 기악 독주의 민속 음악으로 경기 남부, 충청, 전라지역에서 19세 중후반에 발생한다.

*** 　역자 주) 안기옥과 정남희는 일제 강점기에 전국적으로 활동하다가 1946년과 1950년 각각 월북했다.

1970년까지 10여 년 동안 평양음악무용대학 민족음악학부를 이끌었다. 안기옥은 1952년에 공훈배우, 1956년에 인민배우가 되었으며, 정남희 는 1952년과 1959년에 이 칭호를 각각 수여 받았다. 두 사람 모두 1960 년 1월『조선 음악』에 게재된 예술가 축하 명단에 포함되었다. 1959년 중에 안기옥은『조선 음악』에 전통 리듬형과 단위인 장단에 대한 일련의 글을 실었다. 정남희는 20세기 초에 발전한 판소리에 기반한 오페라와 유사한 장르, 창극의 새로운 형태를 논의했고(1959/2, p. 36), 1년 후에 는 현대화가 어떻게 창극을 사회주의 국가에 적합하게 만들 수 있었는지 를 논증했다 (1960/4, pp. 13-16). 또한, 박동실(1897~1968년)은 오 랫동안 창극 가수로 유명했으며, 1945년 이전에는 특히 일본에 대항한 네 명의 독립투사를 이야기하는 새로운 판소리 스타일의 레퍼토리, '열 사가'로 알려졌다 (그 독립투사 중 안중근(1879~1910년)은 1909년에 일본 총리를 네 차례 역임한 이토 히로부미(伊藤 博文)를 처단했다). 평 양에 정착한 후, 박동실은 1955년에 공훈배우, 1961년에 인민배우 칭호 를 수여 받았다.

그러나 일부 작가들은 전통음악을 비판했다. 한응만은『조선 음악』에 실은 글을 통해 창극과 판소리를 공개적으로 비판한 최초의 사람 중 한 명이었다. 그는 꾸밈선이 많고 쉰 목소리이며 남성과 여성의 규범적 범위 밖의 네 옥타브 범위인 창극과 판소리의 발성은 바람직하지 않다고 주장 했다. 그에게는 두 장르의 개조가 '가짜 전통'을 창조하는 것이므로 어느 장르의 개조도 가능하지 않았다 (1957/6, pp. 15-22). 이 점에서 그는 '죽은 사람의 부활을 믿음'과 '복고주의'를 피할 데에 대한 김일성의 말 (교시)을 그대로 따랐다.[24] 그 잡지에서 처음에는 창극과 판소리를 옹호 하는 글이 더 흔했다 (e.g., 1959/2, p. 36, 1959/3, p. 44, 1959/4, pp. 34-38, 1959/5, pp. 16-23, 56, 1959/6, p. 20, 1960/1, pp. 31-36, 1960/2, pp. 23-26). 토론은 계속되었지만, 김일성이 1964년 11월 7일

예술가와 작가들에게 한 연설에서 사실상 두 장르를 사망에 이르게 하면서 이것으로 끝났다.

> 판소리는 너무 옛날 것이기 때문에 흥미가 없습니다. … 판소리는 사람을 흥분시키지 못하며 투쟁에로 불러일으키지 못합니다. 판소리로 군대를 전투 마당으로 달려나가게 할 수 있다고는 도저히 생각할 수 없습니다. … 조선 사람의 목소리가 본래 아름다운데 고운 처녀가 소리를 내는 것은 정말 듣기 흉합니다.[25]

그 후 1965년까지 당연히 전통 음악가들은 문제에 직면하게 되었다. 그러나 『조선 음악』은 계속 그들에게 목소리를 허용하였다. 정남희의 옹호 글 "당의 품속에서"가 1965년 4월호에 게재되었다 (1965/4, pp. 10-12). 박동실도 1966년 4월호에 글을 실었다. 그는 나이가 70세가 되어 자신이 평생을 바친 음악 장르의 역사를 회상할 수 있어야 한다면서, 그 장르가 조선의 지리와 민족을 찬양했으므로 어떻게 나라의 보물로 고려되어야 하는지를 주장했다. 계속해서 5월호와 6월호에 그는 창극은 조선 고유의 장르로서 항상 인민에 봉사해왔다고 강조하면서 어떻게 창극이 발전했는지를 설명하였다 (1966/4, pp. 36-38, 1966/5, pp. 26-27, 1966/6, pp. 38-39).

『조선 음악』 편집자들은 단편적으로 계속 판소리와 창극을 옹호하였다. 1964년 6월호에 판소리와 창극을 현대 인민의 "마음과 일치"하도록 만들기 위해 그 두 장르를 개혁하고 부활시키는 것에 관한 9개의 짧은 글이 게재되었고, 1965년 10월호에는 1948년 이후의 중요한 창극 공연 목록이 실렸다. 같은 호에서 김남오는 그 장르의 뛰어난 역사를 요약 서술했다. 그리고 그 잡지는 1966년 가을까지 지속하여 창극을 북한 연극의 중요한 부분으로 드러내려고 하였다(1964/6, pp. 11-24, 1965/10, pp. 18-23, 44, 1966/9, pp. 2-4, 1966/10, pp. 25-26). 그러나 『조선 음악』편집자들은 이제는 줄 서는 것에 저항할 수 없었다.

결론

중국의 문화혁명 기간 중 문화생산이 여덟 개의 모델 작품과 '붉은 고전' 같은 파생물을 중심으로 한 단색적이고 침체된 것으로 평가하는 것은 한때 흔한 일이었다. 오늘날, 연구자들은 그 격변의 시대를 살아온 사람들과의 접촉을 통해 문화 형태가 '혼합적이고 다문화적'이었던 '지속적인 혁명'으로 더 잘 설명될 수 있는 것을 기록하고 있다 (Mittler 2012, pp. 187–88, 384–387; 다음도 참조. Pang 2017, pp. 95–106). 북한과 관련해서 우리는 그와 같이 사후적으로 생각해볼 수가 없으며 북한 내에 사는 음악가와 다른 예술가를 자유롭게 접근할 수 없다. 평양에서 나오는 표준화된 설명은 획일적이고 금욕주의적이다. 그것은 검열관과 이데올로그의 통제를 받는데, 그들은 반드시 일관성을 유지하게 하며 내부로부터의 어떠한 반대 징후도 차단하고, 김숙영(Suk-Young Kim 2010)이 주장한 '극장 국가' 북한은 바깥 세계에 있는 우리가 알 수 있게 결정된 것만을 말하도록 한다. 파히(Sandra Fahy)의 말을 인용하면, 우리는 "접근하지 않고 접근하기, 말하지 않고 말하기, 진실 없는 진실, 정보 없는 정보의 현상"에 직면하고 있다 (2019, p. 15). 그 결과는 우리는 자신의 설명을 만들기 위하여 점을 쳐보아야 한다는 것이다. 이 장에서 필자의 점보기 자료는 초기 세대의 음악학자, 음악가, 작곡가와 교육자의 글을 담고 있는 오래전 사라진 잡지『조선 음악』의 페이지들이다. 비록 고려해야 할 수천 개의 글에서 몇 가지의 가닥만을 알아내려고 했지만, 필자는 그 잡지가 월간 호가 발행되었을 때 진행 중이던 토론과 논의를 밝혀주고 있다는 점을 보여주려고 했다. 가끔은 개인적인 문제가 비판에 대한 대응, 도전과제에 대한 결의 등의 내용 속에서 겉으로 드러나고, 때때로 개별 작가 또는 편집자가 위로부터의 지시에 미묘하게 의문을 제기하는 듯이 보인다. 『조선 음악』은 한때 말하기가 있었고, 진실이 있었으며, 정보가 있었다는 점을 보여주고 있다. 그리고 북한 국경 외부에 보관되어 있으므로 우리는 여전히 그 잡지를 파헤칠 기회가 있다.

주

1) 필자는 이 장에서 매큔-라이샤워 로마자(McCune-Reischauer romanization) 표기법을 사용하지만, 익숙한 철자의 이름/명칭(김일성, 김정일, 서울, 평양 등)은 존중하며 발음을 반영하여 '시(si)' 대신 '쉬(shi)'를 사용한다. 북한은 자신의 발음 구별 부호 없이 매큔-라이샤워에 가까운 변형된 표기법을 사용하는 경향이 있다. 필자는 한국정부가 홍보하는 현 시스템을 사용하는 것은 적절하지 않다고 생각한다.
2) "천리마 시대에 상응한 문화 예술을 창조하자: 작가, 예술인들과의 담화." 『우리 혁명에서의 문학예술의 임무』 (1965, pp. 30-31). Myers (1994, p. 126)에서 인용함.
3) 그러한 설명은 『해방후 조선 음악』 (리히림 외 편집 1979)은 물론 총 13권의 『주체 음악 총서』 (여러 저자, 1990-1992)와 『주체의 음악 예술 리론』 (이용덕과 서재경 2013)을 포함한다.
4) 서울의 북한대학원대학교 발행 사전에 있는 이 명칭의 규범적 한국어 번역은 '총연합회'이며, 때때로 교과서에서 '총연맹'으로 표현하고 있다.
5) 1952년 이전 권, 『신작 가곡집』은 '애국가'를 빠뜨리고 있으며, 리면상의 노래 대신에 1950년대 말까지는 마찬가지로 문제가 되었을 소련 작곡가 알렉산드로프(Alexander Vasilyevich Alexandrov 1883-1946)의 '쓰딸린 찬가'(1937)가 실렸다.
6) Kerridge (1934). 물론 소련 음악에 관한 좀 더 최근의 설명들이 많이 있다. 특히 Taruskin (e.g., 1997, 2008), Frolova-Walker (e.g., 2007, 2016), Fairclough (2016) 등이다.
7) 네 파벌은 여러 학자에 의해 폭넓게 논의되었다. 예를 들어, Scalapino and Lee (1972), Dae-Sook Suh (1988), Lankov (2003), Armstrong (2003a, 2013), Szalontai (2005) 등이 있고, 문학과 예술에 관해서는 Myers (1994), Gabroussenko (2010, pp. 134-166) 등이 있다.
8) 그러나 샬론타이(Balázs Szalontai)는 평양에는 실질적인 모스크바 파벌은 없었다고 생각하고 있다 (2005, 18).
9) In Kim Il Sung, 『Selected Works 1』 (1971, pp. 582-606).

10) 비록 1930년대 초 중국의 조선인 공산주의자들이 중국인 동료들에 의해 집단 살해된 피의 민생단 사건은 물론 조선에 대한 일제 식민지 지배 역사를 기반으로 민족주의와 그와 연관된 다른 국가에 대한 불신이 구축되었지만, 주체는 스탈린의 일국 사회주의 자급자족 경제모델을 확실히 계속 유지했으며, 그렇게 함으로써 사회주의 국가건설에 대한 조선식 접근 방식을 만들었다 (Suh 1988; Gittings 1993; David-West 2007, pp. 130–41). 민생단 사건에 대해서는 다음을 참조할 것. Hongkoo Han (2013).

11) 『조선 음악』에는 자세한 내용이 거의 없다. 평양 당국은 철도기관사 출신 김회일을 1교대 시간에 석탄 102톤을 채굴했다고 알려진 소련 광부 스타하노프와 동등한 인물로 선전하였다.

12) 평론가들은 천리마가 언제 시작되었는지에 대해 의견이 일치하지 않는다. 마이어스(Myers)는 후대의 북한 역사학자들이 천리마를 비슷한 시기에 나란히 진행된 중국의 운동(대약진 운동을 말함 – 역자 주)과 덜 비슷하게 보이도록 하기 위한 의도적인 술책에 따라 1956년으로 소급했다고 쓰고 있다 (2010, p. 41). 한편 김지형은 가장 초기에 쓰인 참고문헌은 1958년이라고 말하며, 작업팀 요소는 1959년 이전이 아니었다고 주장하고 있다 (2018, p. 109).

13) 김원균의 전기는 그가 예술 교육을 받았으나 생계를 꾸려나가야 했으며, 1939년 아버지가 사망하자 평양 외곽에 있는 가족의 작은 농지를 물려받았다고 기록하고 있다.

14) 1955년에 작곡되어 1958년 평양에서 출간되고 처음 공연되었다 (제1면에 한국어, 러시아어, 중국어 및 영어로 제목과 작가의 이름을 게재). 첫 공연은 좋지 않았으나, 1959년 4월에는 적어도 『조선 음악』의 최룡닌 글에 따르면 훨씬 더 뛰어난 평가를 받았다 (1959/4, pp. 38–40).

15) 소련의 소련과외국문화관계협회(VOKS)는, 1945년 11월 설립되어 1949년까지 130만 명의 현지 회원을 가진 조소문화협회를 통해 운용되었다 (Armstrong 2003b, p. 83). 조소문화협회는 조소 친선을 발행했다. 그러나 VOKS는 보통 소수의 문화담당자만을 고용했으며, 이런 사정이 1947년 북한을 방문한 미국 언론인 스트롱(Anna Louise Strong)이 "러시아인들은 평양에만 집중되어 있고 그곳에서도 그렇게 눈에 띄지 않았다"라고 말한 이유였을 것이다 (Strong 1949, p. 11).

16) 총동맹이 발행한 1965년 성악곡집, 『1965년도 음악 작품선』은 김순남이 완전히 복권되었음을 보여주고 있다. 이 책은 그의 야심적이고, 화성적으로 복합하며, 남쪽 사람들의 사회주의 대열 합류를 간절히 소망하는 긴 합창곡, '남녘의 원한을 잊지 말아라'를 김옥성(1916~1965년)과 리면상의 짧지만 유명한 노래들 앞에 싣고 있다.

17) 용어로서 종자론은 1972년에 처음 등장했다. 한국비평문학회 (1990, pp. 20–21)의 1990년 영어 출간물에 따르면, "종자는 예술의 핵을 이루며 그 본질적 가치를 결정한다." 이에 대한 북한 원전은 다음을 참조할 것. 『과학백과사전』 (2002).

18) 1948년 1월 소련 음악 노동자 회의에 대한 즈다노프(Andrei Zhdanov)의 마무리 연설 (available at: www.marxists.org/subject/art/lit_crit/zhdanov/lit-music-philosophy.htm)은, 비록 무라델리(Vano Muradeli)의 오페라 〈위대한 우정(Velikaya Druzhba)〉에 대한 스탈린의 비판을 반영했지만, 예술적 작품에 대한 통제의 강화를 추구했다. 쇼스타코비치, 프로코피예프, 하차투리안 등 여섯 명의 저명한 작곡가들이 맹렬히 비판되었다 (Fairclough 2016, pp. 201–213 참조).

19) "작가, 예술가들과 한 담화." 1951년 6월 30일, 『김일성 선집 1』(1971, pp. 305-312). 김일성은 의심할 여지 없이 마오쩌둥의 옌안 담화를 그대로 전달했고, 다시 마오쩌둥은 의심의 여지 없이 스탈린의 생각을 전달했으며, 스탈린은 자기도 모르게 플라톤의 생각을 그대로 전달했다고 암스트롱(Charles Armstrong)은 말하고 있다 (2003a, p. 170).

20) 1992년 6월 평양에서의 인터뷰에서, 김원균은 필자에게 '조선 행진곡'은 1945년 8월 16일에 작곡했다고 말했다. 그날은 히로히토 천황이 휴전을 명령한 날이자 일본 국민에게 라디오 방송을 통해 태평양 전쟁이 끝나야 한다고 말한(무조건 항복선언 - 역자 주) 다음 날이다.

21) 또한, 다음을 참조할 것. Nam Yŏngil (1991) and Ŏm Hajin (1992).

22) 필자는 '개량'을 괄호에 표시했는데, 비록 이 용어가 한자 改良(gailiang)을 번역한 것이지만, 한국에서 전통 악기를 연주하는 여러 음악가를 포함해 전통을 존중하는 많은 사람이 실제로 개량이 수반되었는지에 대해 의문을 제기하기 때문이다. '개질' 또는 '현대화'가 더 적절한 용어일 수 있다.

23) 후에 수정된 악기는 표준 21개 줄로 자리 잡았다.

24) 1982년 김정일의 논문은 더 나아가, 사람은 "우리의 문화유산에서 진보적이고 대중적인 것과 낡고 반동적인 것을 구별"해야 한다고 말했다. ("주체사상에 대하여: 위대한 수령 김일성동지 탄생 70돌 기념 전국주체사상토론회에 보낸 론문", 1982년 3월 31일).

25) "혁명적 문화예술을 창작할 데 대하여," 『김일성 선집 1』(1964, pp. 159-161).

참고문헌

References to articles in *Chosŏn ŭmak* and collections of song and other music notations are given within the text, as are references to speeches by Kim Il Sung and Kim Jong Il.

Armstrong, Charles K. 2003a. *The North Korean Revolution, 1945-1950*. Ithaca, NY: Cornell University Press.

Armstrong, Charles K. 2003b. "The Cultural Cold War in Korea, 1945-1950", *Journal of Asian Studies* 62 (1): 71-99.

Armstrong, Charles K. 2013. *Tyranny of the Weak: North Korea and the World, 1950-1962*, Ithaca, NY: Cornell University Press.

Armstrong, Charles K. 2014. *The Koreas*, New York: Routledge.

Cha, Victor. 2012. *The Impossible State: North Korea, Past and Future*, New York: HarperCollins.

Cumings, Bruce. 1997. *Korea's Place in the Sun: A Modern History*, New York: W. W. Norton.

David-West, Alzo. 2007. "Marxism, Stalinism, and the *Juche* Speech of 1955: On the Theoretical De-Stalinization of North Korea", *The Review of Korean Studies* 10 (3): 127-52.

Fahy, Sandra. 2019. *Dying for Rights: Putting North Korea's Human Rights Abuses on the Record*, New York: Columbia University Press.

Fairclough, Pauline. 2016. *Classics for the Masses: Shaping Soviet Musical Identity under Lenin and Stalin*, New Haven, CT: Yale University Press.

Frolova-Walker, Marina. 2007. *Russian Music and Nationalism: From Glinka to Stalin*, New Haven, CT: Yale University Press.

Frolova-Walker, Marina. 2016. *Stalin's Music Prize: Soviet Culture and Politics*, New Haven, CT: Yale University Press.

Gabroussenko, Tatiana. 2010. *Soldiers on the Cultural Front: Developments in the Early History of North Korean Literature and Literary Policy*, Honolulu, HI: University of Hawai'i Press.

Gittings, John. 1993. "The Secret of Kim Il Sung", *Papers of the British Association for Korean Studies*, 4: 31–58.

Han, Hongkoo. 2013. "Colonial Origins of *Juche*: The Minsaengdan Incident of the 1930s and the Birth of the North Korea-China Relationship", in Jae-Jung Suh (Ed.), *Origins of North Korea's Juche: Colonialism, War, and Development*, Lanham, MD: Lexington Books, pp. 33–62.

Jin, Guangxi. 2012. "'The August Incident' and the Destiny of the Yanan Faction", *International Journal of Korean History*, 17 (2): 47–74.

Jorgenson, John. 1996. "Tan'gun and the Legitimization of a Threatened Dynasty: North Korea's Rrediscovery of Tan'gun", *Korea Observer*, 27 (2): 273–306.

Kerridge, W. H. 1934. "The Union of Soviet Composers", *The Musical Times*, 75 (December 1934): 1073–1075.

Kim, Cheehyung Harrison. 2018. *Heroes and Toilers: Work as Life in Postwar North Korea, 1953–1961*, New York: Columbia University Press.

Kim, Il Sung. 1964. *Selected Works*, Pyongyang: Foreign Languages Publishing House.

Kim, Il Sung. 1971. *Selected Works*, Pyongyang: Foreign Languages Publishing House.

Kim, Suk-Young. 2010. *Illusive Utopia: Theater, Film, and Everyday Performance in North Korea*, Ann Arbor, MI: University of Michigan Press.

Korean Association of Literary Criticism. (Ed.) 1990. *Forty Years of North Korean Opera and Theater*, Seoul: Sinwon.

Kwahak paekkwa sajŏn. (Ed.) 2002. *Chŏngjarone kwanhan ch'ŏhak nonmunjip*, Pyongyang: Kwahak paekkwa sajŏn ch'ulp'ansa.

Lankov, Andrei. 1999. "Kim Il Sung's Campaign against the Soviet Faction in Late 1955 and the Birth of Chuch'e", *Korean Studies*, 23: 43–67.

Lankov, Andrei. 2003. *From Stalin to Kim Il Sung: The Formation of North Korea, 1945–1960*, New Brunswick, NJ: Rutgers University Press.

Lee, Chong-Sik. 1963. *The Politics of Korean Nationalism*, Berkeley, CA: University of California Press.

Martin, Bradley K. 2004. *Under the Loving Care of the Fatherly Leader: North Korea and the Kim Dynasty*, New York: Thomas Dunne Books.

Mittler, Barbara. 2012. *A Continuous Revolution: Making Sense of Cultural Revolution Culture*, Cambridge, MA: Harvard University Asia Center.

Myers, Brian. 1994. *Han Sŏrya and North Korean Literature*, Ithaca, NY: East Asia Program, Cornell University.

Myers, Brian. 2006. "The Watershed That Wasn't: Re-Evaluating Kim Il Sung's 'Juche Speech' of 1955", *Acta Koreana*, 9 (1): 89–115.

Myers, Brian. 2010. *The Cleanest Race: How North Koreans See Themselves – And Why It Matters*, Brooklyn, NY: Melville House Publishing.

Nam, Yŏngil. 1991. *Minjok ŭmak ŭi kyesŭng palchŏn*, Pyongyang: Munye ch'ulp'ansa.

No, Tongŭn. 1989. *Han'guk minjok ŭak hyŏdan'gye*, Seoul: Segwang ŭmak ch'ulp'ansa.

Ŏm, Hajin. 1992. *Chosŏn minyo ŭi yurae*, Pyongyang: Yesul kyoyuk ch'ulp'ansa.

Pang, Laikwan. 2017. *The Art of Cloning: Creating Production During China's Cultural Revolution*, London: Verso.

Park, Hye-jung. 2019. "Ethnographic Approaches to Private Collections: Rediscovering the Activities of Ely Haimowitz and the U.S. Army Military Government in Korea", unpublished paper presented at the conference of the Society for Ethnomusicology, Indiana University, November 7, 2019.

Pihl, Marshall R. 1993. "Contemporary Literature in a Divided Land", in Donald N. Clark (Ed.), *Korea Briefing 1993*, Boulder, CO: Westview Press, pp. 79–98.

Ri, Ch'anggu. 1990. *Chosŏn minyo ŭi choshik ch'egye*, Pyongyang: Yesul kyoyuk ch'ulp'ansa.

Ri, Hirim, Ri, Hwail, Chu, Yŏngsŏp, Han, Ŭngman, Han, Pyŏnggak, and Mun, Chongsang. 1956. *Haebanghu Chosŏn ŭmak*, Pyongyang: Chosŏn chakkokka tongmaeng wiwŏnhoe.

Ri, Hirim, Ham, Tŏgil, An, Chongu, Chang, Hŭmil, Ri, Ch'ayun and Kim, Tŭch'ŏg. 1979. *Haebanghu Chosŏn ŭmak*, Pyongyang: Munye ch'ulp'ansa.

Rim, Kwangho. 2014. *Urishik kojŏn ŭmak. Chosŏn sahoe kwahak haksulchip 493: Munhak p'yŏ*, Pyongyang: Sahoe kwahak ch'ulp'ansa.

Scalapino, Robert and Lee, Chong S. 1972. *Communism in Korea*, Berkeley, CA: University of California Press.

Strong, Anna Louise. 1949. *In North Korea: First Eye-Witness Reports*, New York: Soviet Russia Today.

Suh, Dae Sook. 1988. *Kim Il Sung: The North Korean Leader*, New York: Columbia University Press.

Suh, Jae-Jung. 2013. "Making Sense of North Korea: *Juche* as an Institution", in Jae-Jung Suh (Ed.), *Origins of North Korea's Juche: Colonialism, War, and Development*, Lanham, MD: Lexington Books, pp. 1–32.

Szalontai, Balazs. 2005. *Kim Il Sung in the Kruschev Era: Soviet–DPRK Relations and the Roots of North Korean Despotism, 1953–1964*, Washington, DC: Woodrow Wilson Center Press.

Taruskin, Richard. 1997. *Defining Russia Musically*, Princeton, NJ: Princeton University Press.

Taruskin, Richard. 2008. *On Russian Music*, Berkeley, CA: University of California Press.

Yi, Hyŏnju. 2006. *Pukhan ŭmakkwa chuch'e ch'ŏhak*, Seoul: Minsogwŏn.

Yi, Yongdŭk and Sŏ, Chaegyŏng, 2013. *Chuch'e ŭ ŭak yesul riron. Chosŏ sahoe kwahak haksulchip 426*, Pyongyang: Sahoe kwahak ch'ulp'ansa.

연인의 사랑, 지도자의 사랑: 북한 소설 속 청춘 로맨스

제18장

시글리(Alek Sigley)

북한의 선전기구는 오랫동안 문학을 통해 낭만적인 사랑의 주제를 문제화하고 다루려고 노력해왔다. 청소년의 감정과 성적 에너지를 부르주아 육체적 쾌락으로 인식되는 것에서 벗어나 당과 지도자에 봉사하는 더 높은 이데올로기적 의무로 돌리는 것이 국가의 필수 의무이다. 이는 북한 사회에서 문학이 수행하는 교훈적 역할의 기능이다. 북한사회에서는 외국 문학을 거의 구할 수 없으며 소수의 국가 통제 출판사에서 인쇄된 책 이외는 서점에서 아무것도 찾을 수 없다. 권위주의사회에서 인간의 행동을 이끌어내고 이데올로기적 의제를 형성하려고 시도하는 과정에서 국가가 후원하는 소설이 수행하는 핵심 역할은 북한 현대 문학 연구를 학문적으로 탐구할 가치가 있게 한다.

　1980년대에 북한 소설은 그 이전 소설보다 더 직접적이고 더 미묘한 동시에 낭만적 사랑에 대한 묘사를 포함하기 시작했다. 이 장은 이런 진화를 검토하고, 왜 그리고 어떻게 1980년대가 그런 변화를 나타냈는지 설명하기 위하여 문학 생산의 정치적, 경제적 맥락을 논의하고 몇몇 모범 소설의 형식과 내용을 심층 분석할 것이다. 나는 또 북한 문학의 낭만적 사랑에 대한 묘사의 동기, 양식과 한계를 좀 더 탐구하기 위하여 북한과 남한의 문학 학문과 비평을 살펴볼 것이다.

국가 선전 방식으로서의 북한 문학의 변하지 않는 역할에도 불구하고, 청춘 로맨스에 대한 묘사는 시간이 흐르면서 발전했다. 1980년대 이전 소설은 혁명에 대한 열렬한 열망만으로도 파트너의 사랑과 욕망을 얻을 수 있는 완벽한 스타하노프적 혁명 영웅을 중심 무대에 세웠지만, 1980년대부터의 이야기들은 새롭고 좀 더 복잡한 혁명 연인의 원형을 공개했다. 이전의 글과는 대조적으로 그런 이야기들은 서로의 결점을 포용하기 위해 고군분투하는 연인들을 묘사했다. 그들은 서로를 비판하고 바로잡으며, '진정한' 애국자와 혁명가가 되는 길로 서로의 발전을 돕는다. 이러한 발전은 '사회주의 현실 주제 작품'의 등장에 따른 것으로, 이는 더 미묘하고 강화된 사실주의 형식을 위한 과거의 과장된 스토리텔링을 버린 것이다. 이 장은 1980년대 이후의 작품들이 오늘날 북한 청소년의 사랑을 다루는 모범 작품으로 생각되기 때문에 이 시기의 문학 생산에 초점을 맞출 것이다.

김일성종합대학에서 공부하기: 개인 메모

나는 2018년 4월 북한의 최고 대학 김일성대학에서 석사 학위를 시작했다. 나는 많은 북한의 저명한 작가들이 졸업한 문학 대학의 학생으로 등록했으며, 그곳에서 3학기 동안 현대 북한 소설 교과학습을 이수했다. 외국 학생으로서 나는 현지 학생들과 함께 수업을 받는 것은 허용되지 않았고, 그 대신 표준 커리큘럼에 기반한 일 대 일 수업을 받았다. 포함된 교과목은 문학 이론, 작품 분석, 현대 조선 문학사, 문학작품 구성론, 문학사조론 등이다. 나는 또 북한의 저명한 문학비평가 중 한 사람인 한윤미(필명) 교수로부터 석사 논문 지도를 받았다. 필요하면 나는 이 수업들의 내용을 언급할 것이다.

내가 북한 소설을 처음 접한 것은 백남룡의 『벗』이었는데, 북한에 대한 햇볕정책을 펼치던 시기(1997~2007년) 한국에서 호평을 받으며 재출간되었다. 평양에 도착하자 곧 나는 한윤미 교수와 나의 석사 논문 방향을 논의했으며, 나는 평범한 북한 노동자의 삶, 사랑과 고생을 그린 『벗』 같은 소설에 초점을 맞추고 싶다고 말했다. 개인적으로 나는 『벗』을 매우 재미있게 읽었으며, 이런 맥락의 소설이 서양 독자에게 가장 인기가 있을 것으로 생각했다. 이 소설은 김일성과 김정일의 삶을 각각 소설화한 『불멸의 역사』와 『불멸의 향도』 시리즈와는 극명하게 대조적이다. 이 두 시리즈는 이미 매우 왜곡된 버전의 역사를 소재로 삼아 소설가의 재능으로 더 꾸미고 있으며 현대 북한 주요 작품목록의 중심에 있다. 그 소설들은 김일성·김정일에 대한 지나친 찬양을 전문으로 하는 장르인 북한의 '수령 형상 문학' 전통의 성숙을 나타낸다. 따라서 김일성·김정일에 대한 개인숭배 촉진과 북한의 민족 신화 만들기에서 중요한 역할을 하며, 그런 이유로 확실히 연구할 가치가 있다 (Kang 2009). 그러나 나는 본질에서 칭송 일색의 전기에 초점을 맞춰 석사 논문 시간을 보내고 싶지 않았다. 어쨌든 외국인이 검토하는 작업은 너무 민감한 문제였을 것이다. 개인적인 관심과 문화적 민감성의 이유로 나는 '평범한' 소설을 선택했다.[1]

약간의 논의 후 지도교수와 나는 현대 북한 소설 속의 청춘 로맨스 테마를 논문의 주제로 결정했다. 한윤미 교수는 그 테마를 다루는 주요 소설들의 긴 읽기 목록을 준비했다. 이에 더하여, 나의 작품 분석 과목은 내 석사 논문과 가장 관련이 있는 소설들에 대한 심층 분석으로 구성되도록 맞춰졌다. 매주 나는 조선작가동맹 회원이자 나의 선생 중 한 사람으로 임명된 김일성대학 교원과 하나의 소설을 토론했다. 이러한 단편과 소설은 전부 13개였으며, 이 장에서 그중 네 개를 자세히 살펴볼 것이다.

모범노동자 사랑하기:
초기 북한 소설 속의 청춘 로맨스 주제

현대 북한에서 로맨스 플롯을 담은 아주 초기의 어느 정도 중요한 북한 소설 중 하나는 김병훈(1929~2013년)의 "해주-하성서 온 편지"이다. 1960년에 발표된 이 단편은 현재 북한 중학교 교과과정에서 필독 도서이다. 작가는 한국전쟁 참전 용사로 그의 세대에 가장 저명한 인물 중 한 사람이며, 나중에 문화 분야에서 조선작가동맹 중앙위원회 위원장 등 몇몇 중요한 직위를 역임했다. 그의 두 단편소설, "길동무들"과 "해주-하성서 온 편지"는 10년에 한 번 정도 발간되고 그 시기 최고 작품들을 담은 일련번호의 단편소설 모음집 시리즈 일부인 『조선 단편집 2』에 수록되었다. 다음 절에서 검토한 다른 두 단편소설은 이 시리즈의 나중에 출간된 모음집에 실려 있다.

"해주-하성서 온 편지"는 1950년대 후반 천리마운동 시기에 창작되었다. 천리마운동은 소련의 스타하노프 운동과 중국의 대약진운동을 본떠서 만든 일련의 국가 주도 대중운동 중 첫 번째 사례이다. 천리마운동은 한국전쟁으로 혼란 상태에 빠진 경제와 미군 폭격으로 초토화된 사회기반시설을 전후 재건을 통해 경제성장을 촉진하는 것을 목표로 했다. 이 세 운동은 애국적인 대중동원의 주제, 따라야 할 모범 사례 제시, 국가 경제목표와 직접 연계, 선전의 광범위한 사용 등을 강조했다. 천리마운동 사례에서, 주인공 서칠성은 모범적인 '천리마 기수'이며, 그의 애정 상대는 그에게 흘딱 빠지는데, 이는 그녀가 노동자이자 혁명가로서 그의 영웅적 성격을 깨달은 결과로 밀접하게 연관시키는 큰 줄거리 구성 속에서 일어난다.

이야기는 작품명과 같은 이름의 황해남도 해주와 하성 사이의 철도 건설을 청년돌격대원들이 수행한 기간에 일어나는 일이다. 서칠성은 갑자기 라디오에서 전국의 청년들에게 해주-하성 철도 건설 작업에 나서 자원하라고 독려하는 김일성의 목소리를 들을 때 휴가차 아름다운 금강산 휴양소에 머물고 있었다. 그는 휴가를 단축하고 지체하지 않기 위해 직장에서 허가를 구하기 위해 잠시도 멈추지 않고 무작정 황해남도 현장으로 와 돌격대에 참가하게 된다.

그곳에서 그는 통신국 교환수 명희를 만난다. 명희는 처음에 그가 약간 별나다고 생각한다. 그러나 노동자를 위한 적절한 식사의 긴급한 부족을 해결하기 위해 조직된 요리 돌격대에 자원한 첫 번째이자 유일한 남성으로서의 그의 역할에서 서서히 그를 좋아하기 시작한다. 그들이 계속해서 대량의 밥을 제대로 짓는 데 실패하여 농담조로 말한 위는 날 것이고 가운데는 괜찮으며 바닥은 탄 '삼층밥'이 되었을 때, 칠성은 비를 맞으며 인근 해주시로 달려간다. 그곳에서 그는 밤새도록 식당 요리사로부터 지도를 받고 아침에 밥을 실제로 짓는 경험을 한 후 작업 현장으로 돌아와 큰 통의 밥을 성공적으로 짓는다. 그리고 그는 즉시 작은 유명인사가 되고 '식당 지배인'의 자리를 얻는다.

다음으로, 교량 건설이 예정보다 늦어져 전체 프로젝트가 중단될 위기에 처한다. 이 일은 칠성을 사라지게 하는데, 그가 사라진 후 명희는 마침내 매화산 기슭에서 흙을 파고 있는 그를 발견한다. 알고 보니 매화산 토양에서 발견된 풍화된 화강암 같은 단단한 암석이 교량 건설을 가속화하고 프로젝트를 예정대로 되돌릴 수 있는 콘크리트 블록을 만드는데 사용할 수 있음이 밝혀졌다. 그 뒤 두 사람은 함께 콘크리트 블록을 만들며 밤을 새운다. 이 일이 있는 동안 칠성은 명희에게 한국전쟁 중 매화산에서 싸웠으며 매화산 암석의 특징을 그에게 알려준 사람은 건축가인 그의 소대장이었다고 말한다.

마지막 난관은 터널 건설인데, 다시 한번 칠성은 출토 현장에서 흙을 담아내는 작업을 돕는 특수 컨베이어 벨트를 설계 개발하여 문제를 해결한다. 그가 다시 한번 사라진 후 명희는 매화산 같은 장소에서 대학입학 원서를 움켜쥔 그를 발견한다. 그의 주변 모든 사람의 간청에도 불구하고 그는 철도 건설 작업을 계속하기 위하여 대학원서 제출을 연기한다. 그의 원서는 갈겨 쓴 설계로 덮여 있다. 그리고 칠성은 명희에게 그의 동료들이 바로 이 언덕에서 미 제국주의자들에 대항해 필사적 전투를 어떻게 벌였는지에 대해 자세하게 이야기를 한다. 그는 전투 직전에 본부에 메시지를 전달하라고 명령을 받았기 때문에 소대의 유일한 생존자이다. 바로 이 격정의 이별로 그는 죽은 전우들에게 전후 이곳을 번영시키겠다고 약속했다. 이것이 해주-하성 철도 건설에 이바지하겠다는 그의 열렬한 투지를 설명해준다. 칠성의 컨베이어 벨트 기계는 터널의 완공을 앞당기는 데 단독으로 기여했고, 완성 후 모두가 일제히 "김일성 만세!"를 외친다. 칠성과 명희는 마침내 전국의 철도를 건설하며 여생을 함께 보내기로 굳게 다짐한다. 그들은 대학을 졸업하고 기관사 면허증을 받은 후 여전히 "그 문제"라고 말하는 결혼에 관해 이야기할 것이다. 소설의 마지막 줄은 다음과 같다.

> 그들은 붉은 노을 피는 공산주의 지평선까지 한 쌍의 매처럼 억세
> 게 나래 쳐 나아 갈 것이다.
>
> (필자의 번역 대신 원문에서 인용)

작품 분석 과목에서, 나는 각 작품의 주제를 지적하라고 요청받았다. 문학 이론 과목에서 내가 공부한 북한 문학 이론의 주제는 '인간문제 제기'로 특징된다. 여기에서 '인간'의 사용법은 주체 문학을 '인간학'이라고 한 김정일의 정의에서 파생한다. 인간학은 이중적인 의미가 있는데, 한편으로는 '산 인간'을 묘사하는 것이며 다른 한편으로는 '문학은 인간에 복무한다'는 필요를 말한다. 이는 정치 '교양'과 선전에서 문학이 수행하는 역할을 강조하는 것이다. 문제 제기로서의 주제는 답을 요구한다. 그 답은

사상의 형태, 사실상, 주어진 작품의 정치적 메시지로 나온다. 따라서 내가 특정 소설의 주제를 탐구할 때, 나 역시 사상을 알아내는 것이 기대되었다.

나의 작품 분석 과목 강사는 그 자신도 출판 작가이자 조선작가동맹 회원인데, 그가 "해주-하성서 온 편지"의 주제에 대해 제시한 모범 답은 다음과 같았다. "무엇이 가장 아름다운 청춘의 특징을 나타내는가?" 이에 해당하는 답은, "자신의 전부를 조국과 인민을 위해 완전히 바치는 방법을 아는 삶을 사는 인간"이었다. 이는 다시 소설에서 묘사된 바와 같이 천리마 시대와 연결되었다. 서칠성은 시대 정신을 상징하는 청춘인 것이다.

작품 분석 과목의 '이야기 줄거리 조직' 토론에서, 단편소설은 '이해선 조직 수법'을 사용한다는 점이 지적되었다. 이 기법은 '성격 발전'을 촉진하는 것을 목표로 하지만, 소설 속의 다른 인물의 눈, 이 경우 명희의 눈에 칠성의 본성이 이해되는 점진적 과정을 통해 일어난다. 칠성은 근본적으로 완벽한 인격을 투영하고 있으며, 명희는 단지 이야기의 사건들을 통해서 그것을 이해하게 되고, 이는 서서히 칠성의 성격을 점차 다른 사람들에게 드러낼 수 있게 한다. '감정 조직'은 독자에게 미치는 이야기의 감정적 매력을 지칭하는 북한 문학 이론의 또 하나의 중요 개념으로, 이 소설의 '감정 조직'에 대한 토론에서, 이야기는 "명희가 칠성의 열망과 내면세계를 자신의 것으로 받아들이게 되는 극적인 변화 과정을 펼친다"라는 설명이 추가로 나왔다. 이 이야기의 성격 발전은 따라서 이미 완벽하고 완전한 칠성을 모범으로 삼게 되는 명희에게 달려 있다. 그리고 명희는 칠성을 모방하기로 굳게 결심한다. 우리가 보게 될 것처럼, 이 소설은 1980년대의 소설과는 극명한 대조를 이루는데, 1980년대의 소설 속에서 두 연인은 불완전하며 모두 사람과 혁명가로서 동시에 개선되고 있다.

이 점에서 칠성과 명희 간 로맨스의 이야기 줄거리는 그들의 성격 발전과 밀접하게 연결된다. 고급중학교(우리의 고등학교에 해당 - 역자 주)를 졸업할 때, 명희는 일기장에 나는 "평평하고 평온한 길을 걷기를 원하지 않는다"라고 쓴다. 그보다 그녀는 "어렵고 가파른 길을 걸어 정상에 오르고" 싶어 한다. 그때서야 비로소 그녀는 "진정한 삶의 열매를 맛볼 수 있기" 때문이다. 명희는 그녀가 평생을 살아왔던 '온실'을 떠나기로 결심하고 전화 교환수로서 해주-하성 철도 건설 사업에 자원한다. 철로를 따라 움직이는 첫 기차를 본 감정을 묘사하면서 그녀는 그 광경을 "첫 아이의 울음소리를 듣는 것"과 비교하지만, 재빨리 자신을 바로 잡고 이 표현이 너무 저속하고 개인주의적이라고 쓴다. 이 모습은 칠성과의 관계를 통해 그녀가 거쳐 가는 발전을 암시하며, 그 발전은 이야기의 끝에서 확고해진다.

칠성과 명희가 매화산에서 콘크리트 블록을 만들면서 밤을 새운 후, 건설대대의 대대장은 그 두 사람을 축하한다. "서칠성, 동무는 명희를 동무의 열렬한 지지자로 얻었으니 기쁠 겁니다"라고 그는 말한다. 이에 대해 명희는 "내 얼굴에 모닥불이 켜져 있는 것 같아서 부엌으로 도망쳤습니다"라고 반응한다. 두 사람이 황량한 야외에서 둘이서만 밤을 보낸 사실이 알려졌으므로 그 대대 내에 소문이 퍼지기 시작하는 것은 어쩌면 당연한 일이지만 명희는 그들 두 사람은 아무 특별한 관계가 아니라고 주장한다. 그러나 명희의 친구가 그녀에게 다가와 '혁신자'임에도 불구하고 키가 크고 마른 이상한 남자에게서 무엇을 보는지 물었을 때, 명희는 그를 대신해 모욕을 느끼며 정말로 그에 대한 감정이 있다는 걸 깨닫기 시작한다. 그러나 이를 인정하자마자 그녀는 경박하다고 자신을 비판하고 다시 그녀의 마음을 설레게 한 생산 도표의 상승 화살표에 감탄한다.

건설이 막바지에 가까워지면서 그녀는 칠성에게 자기의 마음을 열고 그에게 자신의 감정을 말하고 싶은 숨막히는 욕구를 느끼지만, 그가 다시 한번 사라지면서 그렇게 할 기회를 얻지 못할 것이라고 걱정하기 시작한다. 그녀가 그의 대학원서를 갖고 산에서 그를 발견했을 때, 이는 그녀의 변화에서 마지막 단계를 유발한다. 그녀는 이전에 '조국에 복무함'을 단지 '아름다운 말'로만 생각했었으나 칠성의 이야기로 그 말이 용감한 실제 의무임을 알게 되었다고 깨닫는다. 그러더니 그녀는 칠성의 성격, 그의 조국, 당과 지도자에 복무하려는 진실한 소망, 그리고 그의 이타적이고 고귀한 본성에 대한 긴 독백에 들어간다. 그녀는 "어려운 길을 걸어가겠다"라는 자신의 이전 욕망이 헛되고, 교만하며, 개인주의적이었음을 깨닫는다. 그녀는 단지 다른 사람을 상대로 자신을 규정하고 싶었을 뿐이었다. 그녀가 건설 현장에서 흙을 옮기는 동안 그녀는 조국을 위해 그 자신을 희생하기보다는 자기를 증명하려는 의도로 학교에서 100m 달리기를 하듯 흙에 접근했다. 그녀는 멜로드라마틱하게 부르짖는다. "조국이여, 이 어리석은 딸을 용서해주세요!"

요컨대, 이 소설의 로맨스 이야기 줄거리는 1980년대 이전의 모든 소설이 공유하는 몇 개의 핵심 특징을 함유하고 있다. 첫째, 한 남자와 한 여자가 순진무구하고, 순결하며, 거의 어린애 같은 로맨스로 함께 등장한다. 이 로맨스의 묘사에는 육체적 접촉에 대한 표현이 전혀 없다. "해주-하성서 온 편지"는 낭만적 욕망을 불러일으키는 신체적 특성에 대한 어떤 객관적인 묘사도 없다. 모든 것은 칠성의 인격과 혁명 자격을 중심으로 전개된다. 둘째, 한 쌍의 남녀 중 도덕적 모범은 상대방이 따라가는 낭만적 대상이자 도덕적 본보기가 된다. 그 두 사람의 사랑이 익어가면, 이는 도덕적으로 열등한 파트너가 자신의 잘못과 상대방의 우월성을 깨닫는 일을 유발한다. 이는 열등한 파트너가 도덕적 모범과 낭만적 욕망의 대상과 같이 되려고 노력하는 과정에서 최고조에 달한다. 셋째, 그리고 마지막으로, 지도자**가 소설에 직접 등장하거나, 그의 말을 인용 또는

*** 역자 주) 김일성 또는 김정일, 현재는 김정은도 포함하며, 북한에서 세 사람을 '수령'으로 부르는 때도 있으나 김일성은 '수령님', 김정일은 '장군님'으로 주로 부른다.

그의 의지를 환기하는 형식으로 그 두 사람을 결합하는 산파 역할을 한다. "해주-하성서 온 편지" 속에서는 두 연인이 지도자의 의지에 따라서 철도를 완성하기 위해 일하며, 칠성이 명희에게 사랑을 고백하는 첫 번째 시도 바로 직전에 "김일성 만세!"를 외치는 형식을 띠고 있다. 량(Sonia Ryang)은 이를 기독교 관계에서 하나님이 수행하는 역할을 연상시킨다고 지적하고 있는데, 하나님과 김일성이 그 관계에서 제3자의 역할을 맡아 두 파트너의 사랑이 정당화되기 위해 통과해야 하는 도구가 되기 때문이다. 량은 이것을 '삼각관계'라고 말하고 있다 (2012, p. 60).

그 소설은 나의 작품 분석 과목에서 지적된 것처럼 경제 생산 이야기를 '서정성이 풍부한' 이야기 속의 청춘 로맨스와 혼합하고 있다. 하지만 천리마운동은 공장과 주택 건설뿐만 아니라 혁명 사상, 도덕 및 정신의 주입에 관한 운동이라는 점에 유의해야 하며 (Yu 2008, p. 128), 이 특징들은 뒤이어 계속된 대중운동에 어떤 식으로든 계승되고 있다. 문학은 이러한 혁명 가치들이 전달되는 매개체로서 이 일에 중요한 역할을 수행하고 있다.

1980년대와 북한 소설 속의 결함 있는 혁명가: 정치적 맥락

1980년은 북한 문화 생산에서 문학이 핵심 역할을 한 변화의 시대를 맞이한 해이다. 이런 변화는 이미 후계자로서 자리를 확립하는 과정에 있었던 김정일이 지휘한 문화정책의 수정으로 가능했다. 이러한 발전은 1970년대 중반부터 후반까지의 3대혁명붉은기쟁취운동과 3대혁명소조운동이 전조가 되었다 (Yi 1999, pp. 302–303; Kim 2008, p. 290). 이 두 운동은 소위 사상, 기술, 문화혁명의 '3대혁명'의 추진을 통해 상호 밀접히 연결된다. 3대혁명소조운동은 중국 문화대혁명의 북한판으로 그보다는 훨씬 덜 무정부적이라고 설명된다. 정영철이 지적했듯이 3대혁명은 천리마운동 같은 '돌파형 대중운동'에서 '일상형 대중운동'으로의 전환을 의미하며, 그 강조점은 경제적 돌파구를 여는 것으로부터 북한 주민들을 이데올로기적으로 세뇌하는 데로 이동했다 (Chung 2003). 이 운동은 김정일이 직접 지휘했으며, 그의 세대 지지자들을 영향력 있는 위치로 승진시키려는 운동, 즉 혁명 2세대에서 혁명 3세대로의 세대 변화로 분석되었다 (Pak 1999, p. 221). 3대혁명소조운동은 이데올로기의 '교양'과 경제 생산의 실무지도를 목적으로 젊은 지식인들로 구성된 소조**를 전국의 생산현장에 파견하는 것이 포함되었다 (Yi 1999, p. 306; Kim 2008, p. 290). 1980년대의 문학에서 발견되며, 숨은영웅찾기운동/숨은영웅따라배우기운동 일부로서 계속된 젊은 지식인들에 대한 관심집중은 이 운동에 뿌리를 두고 있다고 할 수 있다 (Pak 1999, p. 221).***

김일성이 원래의 천리마운동을 계승하는 것으로 이름을 붙인 경제건설에 집중한 1980년대의 속도전**** 또한 1980년대 문학의 이런 새로운 발전을 이해하는 데 중요하다. 이 대중운동은 1970년대와 1980년대에 북한이 처한 사정 속에서 발생했다. 이 시기 북한은 경제 생산이 침체하고, 한국의 경제발전과 군사발전을 따라갈 수 없으며, 중국과 소련의 지원은 점점 줄어드는 상황에 직면하고 있었다 (Yi 1999, pp. 302-303).

....

**   역자 주) 수십 명 규모의 당원, 국가기관 종사원, 과학자, 기술자, 청년 등으로 구성.

***   역자 주) 3대혁명소조운동은 김정은 치하에서도 계속되고 있다. 2013년 2월, 30여 년 만에 열린 전국 3대혁명소조원열성자회의에서 김정은의 "현실발전의 요구에 맞게 3대혁명소조사업에서 새로운 전환을 일으키자"는 저작을 강조하며 3대혁명소조운동의 활성화를 도모했다.

**** 역자 주) 모든 사업을 전격적으로 밀고 나가 최단기간 내 양적, 질적으로 최상의 성과를 이룩해 나가는 속도창조운동의 사업방식으로 김정은 치하에서도 계속되고 있다.

3대혁명소조운동과 숨은영웅찾기운동은 과학기술발전을 목표로 한 경제 구조조정 요구를 담고 있었으며 (Pak 1999, p. 270), 1982년과 1989년 각각 김일성의 70회와 77회 생일을 기념하는 중·장편 소설의 생산을 증가하려는 김정일의 두 캠페인과 맞물리면서 새로운 단편소설의 확산을 가져왔다 (ibid., pp. 234, 268). 질 높은 중·장편 소설의 생산 증가에 대한 강조는 특히 김정일 치하 1980년대 문학정책의 특징이 되었다 (Kim 1994, p. 260).

숨은영웅찾기운동과 그 교훈은 1980년대의 북한 문학에서 보이는 새로운 발전의 중심이다. 조선작가동맹 제3차 대회가 1980년 1월에 열렸으며, 여기에서 '숨은 영웅'을 찾아 묘사하라는 김정일의 직접 명령이 하달되었다 (ibid., p. 259). 그 해 늦게 열린 조선노동당 제6차 대회에서 김정일이 공식적으로 후계자로 지명되었고, 공식 이데올로기는 마르크스주의-레닌주의에서 주체사상 '우리식 사회주의'로 바뀌었다. 이는 1980년대 문학과 숨은 영웅들의 묘사에도 맥락적으로 중요하다 (Kim Kwanung et al. 2006, p. 274). 여기에서 숨은 영웅이 공산주의 인간의 전형으로 지목되었고,** '숨은 영웅 따라 배우기'가 대중운동으로 시작되었다 (Sin and O 2000, p. 319). 이 숨은 영웅들은 "해주-하성서 온 편지"의 서칠성 같은 너무나 영웅적이어서 보통 사람과 비교할 점이 없는 예전의 영웅들과는 다르다. 오래된 이야기들은 또 미화되고 영웅적인 혁명적 과거를 강조하였으며, 따라서 동시대적 성격이 부족하다. 그 이야기 속의 영웅들은 과거에 지도자가 내린 명령이나 1930년대의 항일무장투쟁, 조국해방전쟁(한국전쟁) 중에 펼쳐진 사건에서 영감을 끌어내며, 1960년대와 1970년대에 쓰인 이야기들 자체는 종종 천리마운동을 배경으로 했다.

....

**   역자 주) 당과 수령을 위하여 조국과 인민을 위하여, 몸 바쳐 투쟁하여 소문 없이 큰 일을 한 열렬한 애국자, 참다운 공산주의자.

이와 대조적으로 1980년대의 새로운 이야기들은 처음에는 평범하게 보이며 자세하게 들여다봐야만 어떤 영웅적인 성격을 드러내는 영웅들을 그리고 있다. 더욱이 그들의 영웅적 행위는 광범위한 관심을 끌지 않는다. 숨은 영웅 이야기들은 현재를 배경으로 하며, 따라서 북한 문학에 현대성의 감각을 회복시키고 있다. 그 이야기들은 궁극적인 영감을 김일성에게서 끌어내는 점에서 이전의 이야기들과 다르지 않지만, 그 김일성은 고난의 행군(1937년 항일혁명 무장투쟁 당시의 고난의 행군) 시기의 김일성보다는 현재의 김일성에 더 가깝다. 즉 지도자의 역할과 그에 수반해 지도자가 마치 성령처럼 상황을 '해결하는 힘(deus ex machina)'으로 줄거리를 해결하는 것은 덜 뚜렷해진다. 숨은 영웅들은 칠성이 육체노동을 한 해주-하성 철도 건설 같은 북한의 선전에서 널리 홍보된 명망 있는 프로젝트에보다는 종종 고립된 먼 곳에서 일한다. 이전의 이야기들이 숭고한 본성으로 널리 명성을 얻은 영웅들이 반(半)신화적인 과거에 성취한 대단한 업적을 강조한 데 반해, 1980년대의 새로운 영웅들은 자신의 작업이 다른 사람들에게 도움이 되었다는 생각에 만족하면서 조용히 사는 것이 행복했다.

과거의 황금시대를 자랑스럽게 알리기보다는 1980년대 소설의 이 새로운 변형은 독자가 현재 직면해 있는 문제들을 다루었다. 1967년 유일사상체계의 공포[2]에 따라 1970년대에 확립된 지도자 중심 주체 문학의 계보는 김일성의 생애를 다룬 불멸의 역사 시리즈의 확장과 김정일의 생애를 다룬 불멸의 지도자 시리즈의 창작과 함께 1980년대로 계속 이어지는 한편, 주체 문학은 비교적 다양한 관점에서 실생활을 묘사하고 사회적 문제를 다루는 이 새로운 전통의 사회주의 현실을 주제로 한 소설과 나란히 성장했다. 이 새로운 전통은 1980년대 소설의 참신함을 보여준다. 특징, 설정, 기타 형식적 요소가 숨은영웅찾기운동의 원칙을 드러내는 이 소설들은 북한 소설에서 지금까지 탐구되지 않은 주제를 풍성하게 해주었다. 새 주제의 범위는 세대 간 갈등에서부터 관료주의에 대한 비판, 도시와 농촌 지역 간 격차, 성 불평등에 이르기까지 다양하다.[3] 이 소설들은 또 사랑과 결혼문제에 새롭게 초점을 두었다. 예를 들어, 백남룡의 『벗』은 남한에 도달하기 전 북한에서 베스트셀러가 되었다. 이 소설은 부부간의 불화와 이혼을 솔직하게 다루어 남한의 독자들을 놀라게 했다.

숨은영웅찾기운동은 북한 소설의 지평을 넓혔으며, 한국의 북한 문학 연구자 김재용이 말한 바와 같이 '과거의 영웅주의 비판과 일상의 재발견'이었다 (Kim 2006, p. 100). 동시에 그것은 북한 소설에서 처음으로 낭만적 사랑에 관한 집중 탐구를 등장시키며, 북한 문학에서 본 적이 없는 형태로 세속적이고 개인주의적인 욕망의 존재를 동반한다. 국가라는 '하나의 대가정'에서 자체 단위로서의 가족에 대한 묘사로의 (Ko 1999, p. 290, 2008, p. 307) 이동과 함께 낭만적 사랑의 묘사가 '우리식 사회주의 건설'이라는 대의에 종속되었던 혁명적 사랑으로부터 여전히 민족주의 및 동지애와 강하게 얽혀 있지만, 사랑이 개인 간의 관계로서 더 작용하도록 허용하는 사랑으로 이동하기 시작했다.

이러한 경향은 1980년대가 북한 문화사에서 비교적 개방적인 시기였음을 반영하며, 이 시기는 앞 세대보다 더 나은 교육을 받고 더 세련된 젊은 세대의 문학적 취향을 충족시키기 위한 노력으로 특징지어졌다. 이는 여성(그리고 그보다는 덜 하지만 남성)에 대한 감각적인 묘사, (키스는 여전히 금기시되었지만) 껴안는 모습을 보여주는 문장, 경박한 데이트 장면을 동반했는데, 이러한 묘사는 그 이전 시기의 문학 환경에서는 상상할 수 없었을 것이다. 형식적인 차원에서 1980년대의 북한 소설은 또 예술적 기교에서 크게 향상되어 등장인물에 대한 더 발전된 심리 및 내면 묘사와 점점 더 세련된 관점의 사용을 보여주었다. 글쓰기가 개선되고 구비문학의 느낌이 들었던 3인칭 내레이션이 분리된 1인칭 및 3인칭 내레이션으로 바뀌었다.

1980년대의 전형적인 북한 소설 세 편

등장인물 묘사에서 1980년대의 혁명은 우선 1981년에 발간되고 『조선단편집 4』에 수록된 김봉철의 "그를 알기까지" 같은 작품에서 암시되고 있다. 이 작품은 과도기의 작품으로, 그 성격에서는 1980년대 이전 이야기의 중간쯤이며 아직은 향후 개발될 만큼 충분히 발전되지 않은 새로운 주제를 담고 있다.

이 이야기의 배경은 지질탐사대의 기지인 산골 마을이다. 혜심은 탐사대 진료소의 내과의사로 이름이 리은석인 환자로 인해 어려움을 겪고 있다. 리은석은 거의 1년 동안 아무런 병의 징후를 보이지 않는데도 매달 위 엑스레이 검사를 요구하고 있다. 혜심은 그의 진료 기록을 혐오스러운 눈빛으로 바라보며, 그가 그저 그녀의 시간을 허비하는 꾀병꾼일 뿐이라는 결론에 도달한 지 오래다. 그러나 명성이 높은 지질학자이자 지질탐사대의 일원인 은석은 마을의 다른 모든 사람의 사랑을 받고 있으며, 마을의 젊은 여성들의 안타까움을 자아내는 아직 32살의 총각이다.

혜심은 은석도 아는 자기 친구로부터 한 번도 연애를 해본 적이 없는 은석이 그녀에게 반한 것 같다고 듣는다. 그러나 혜심의 그에 대한 혐오감을 더 증폭시킬 뿐이다. 마침내 혜심은 은석의 이상한 행동에 관해 그와 정면으로 부딪쳐서 자신에게 계속 검사를 요구하는 이유를 묻지만 그는 "난 그것을 요구합니다"라고 말할 뿐이다. 모욕감을 느낀 그녀는 그에게 오지 말라고 말한다. 그 순간 그는 침착하게 다른 병원에서 사용하기 위해 자신의 진료 기록을 돌려받는다.

나중에 혜심은 지질조사총화회의에 호출되어 당황스럽게도 은석의 진료 기록에 관한 질문에 답할 것을 요구받는다. 그곳에서 혜심은 은석이 자신이 새롭게 발견한 약재 원료로 쓸 수 있는 물질의 화학 분석을 수행해 왔음을 설명하고 있는 모습을 본다. 혜심은 은석의 위가 아무런 이상이 없이 정상이었는지 확인해달라는 요청을 받고, 충격을 받은 그녀는 그에 대해 긍정적으로 답한다. 은석은 이 물질의 인체에 대한 부작용을 확인하기 위해 자신이 정기적으로 섭취할 수 있도록 1년 동안 그 발견을 공포하지 못하게 했고, 이 사실이 백일하에 드러나게 된다. 혜심은 속은 것에 분했지만, 은석이 선택의 여지가 없었음을 깨닫는다. 만약 그가 검사하는 진짜 이유를 밝혔다면 그녀는 거절했을 것이기 때문이다. 이 이야기는 회의 직후 은석이 혜심이 실수로 두고 간 위생가방을 돌려주려고 그녀의 진찰실에 들리면서 둘이 마주하는 장면으로 끝나고 있다.

"그를 알기까지" 속의 도덕적 모범으로서 은석은 여전히 1980년대 이전 소설의 흠이 없고 이타적인 영웅을 따르고 있지만, 이 이야기는 영웅의 애정 상대가 그 영웅을 근본적으로 오해하는 방식에서 상당하게 갈라진다. 내가 수강한 작품 분석 수업에서의 북한의 비평에서 이 작업은 '오해선 구성 수법'으로 알려진 형식 기법을 통해 수행된다고 말한다. 이 형식 기법은 1980년대 소설의 특징이며 이전의 '이야기 줄거리 이해하기'를 대체하고 있다. 후자가 영웅에 대해 거의 모르거나 모르는 상태에서 시작해 점차 그의 영웅적 성품을 이해하게 되는 인물들을 담고 있는 데 반해, 전자는 영웅을 매우 잘못되고 부정적으로 이해하는 인물들을 묘사함으로써 그들의 생각이 극적으로 뒤집힐 것이지만 그들의 영웅에 대한 지식 부족문제를 새롭게 부각시킨다.

이렇게 근본적으로 다른 인식론은 "그를 알기까지" 속에서 혜심의 은석에 대한 노골적인 경멸을 통해서 발생한다. 이를 설명하기 위해 이야기는 매우 길어진다. 혜심은 그의 의료 기록을 살피며 얼굴에는 '냉랭한 미소'가 어린다. 그 의료 기록은 '그녀의 마음을 흐리게' 했으며 '그녀의 내심에 불쾌한 파문'을 일으켰다. 기록에 쓰인 이름 '리은석'을 보면서 그녀는 마치 그의 이름이 '동공을 찌를 듯' 그녀에게 큰 고통을 불러일으키는 것같이 느꼈다. 등장인물들이 혁명 영웅에게 그러한 증오를 느낄 수 있다는 내용은 전례가 없지만, 분명히 그러한 이야기의 혁신성에 이바지하고 있다.

모더니즘이 내가 수강한 문학사조론 과목과 그 밖의 북한 문학 비평에서 '반동 부르주아의 타락한' 문학사조라고 비난받고 있음에도 불구하고, 이 소설은 가끔 추상적이고 상징적인 이미지를 보여주고 있다. "혜심은 입술을 감쳐 물며 머리를 저었다. 그런 사람을 더는 생각지 말자는 것이었다. 창밖의 돌서덜 험한 비탈에는 나리꽃이 불처럼 타고 있었다"(필자의 번역 대신 원문 인용).

이 소설의 글은 1980년대 이전의 단편소설에서 볼 수 있는 대부분 글보다 훨씬 더 세련되고 예술적이다.

렌트겐빛은 때로 사람의 내장뿐 아니라 그의 정신의 밑바닥까지도 비쳐주는 것이다. 그것은 즐거운 일이 아니다. 왜냐하면 동지들의 좋은 측면을 감소시켜주는 그 어떤 다른 것을 발견하게 된다는 것은 그리 유쾌한 일이 아니기 때문이다.

(필자의 번역 대신 원문 인용)

이 소설의 로맨스 이야기 줄거리에 관해 말하자면, "해주-하성서 온 편지"와 더 세련된 1980년대의 소설 중간쯤에 있다. 서칠성 같이 은석은 이상한 인물로, 사랑문제에 대한 그의 말은 다음과 같다.

사랑이란 지질학과는 다르구만. 건 굉장히 복잡한 과학이야. 지질학이란 진실과 인내성과 사색, 이 세 가지만 가지면 해결되는데 사랑엔… 그보다 더 많은 것이 필요한 것 같애…

(필자의 번역 대신 원문 인용)

이 말을 들은 그의 작업 현장 여성들은 웃었을 뿐만 아니라 그를 더 존경하게 된다.

그러나 "해주-하성서 온 편지"와는 달리, "그를 알기까지"는 신체적 매력을 강조하는 두 젊은 연인에 대한 묘사를 보여주고 있다. 은석은 착실하고 믿을 수 있을 뿐만 아니라 외모가 남자답고 여성들에게 인기가 있는 인물로 묘사되고 있다. 탐사대 합숙소의 중년의 취사원 여성들은 그에게 좋은 혼처를 소개하려고 애를 썼으나 성사시키지 못했으며, 은석을 아주 좋은 결혼 상대로 생각했기 때문에, 이는 그들에게 큰 실망을 안겨주는 일이다. 혜심 자신은 '도도록하고 담지게 생긴 고운 입술'을 가지고 있으며, 아름다운 젊은 여인으로 그려지고 있다.

작품 분석 수업에서 내가 마주친 이 이야기에 대한 북한의 비평에서 이 이야기의 주제는 '가장 평범한 사람'이 어떻게 '다른 사람들이 모르는 사이에 그리고 보상이나 칭찬에 대한 기대가 없이 행한 희생'을 통해서 영웅이 될 수 있는지에 관한 것으로 설명되었다. 대부분의 시간 동안 그 주변 사람들은 알 수 없었던 고립된 지역에서 하는 은석의 일 뿐만 아니라 그의 일이 직접적인 의미에서 김일성으로부터 영감을 받지 못했다는 사실도 또한 "해주-하성서 온 편지" 속의 서칠성과 대조를 이루며 은석을 숨은 영웅으로 설정하고 있다. 실제로 이야기의 말미에 이르러 은석은 '숨은 영웅'으로 칭송받는데, 이는 소설의 정치적 차원과 김정일의 숨은 영웅찾기운동을 직접적으로 언급하는 것이다.

남대현의 『청춘송가』는 1987년에 처음 출간되었고, '청춘의 사랑문제'를 중심 주제로 다룬 첫 번째 북한 소설로 간주하고 있다. 앞서 분석한 단편소설들과는 달리 『청춘송가』는 장편소설이다. 작가는 한국에서 태어나 일본에서 자란 재일동포이며, 그의 아버지 남시우는 일본에서 작가이자 조선총련(재일본조선인총연합회)이 운영하는 조선대학교의 교원이었다. 15살에 그는 조선총련의 송환 프로그램을 통해 북한으로 '송환' 되었다.[4] 평양에서 그는 김일성대학을 다녔고 문학을 전공하고 졸업했다. 그는 성공한 소설가가 되어 4·15문학창작단에 들어갔다. 『청춘송가』는 그의 가장 잘 알려진 작품이며 북한에서 가장 유명한 소설 중의 하나이다. 나의 작품 분석 수업 선생은 『청춘송가』를 호의적으로 괴테(Johann Wolfgang von Goethe)의 『젊은 베르테르의 슬픔(*The Sorrows of Young Werther*)』과 비교하였는데, 이 작품은 로맨스 이야기 줄거리와 과학연구 및 공장 생산을 함께 엮었으며, 분명히 남대현의 대학 시절 경험에 기반한 것으로 보인다. 일설에 의하면, 그는 고위 간부의 딸과 관계를 맺은 것으로 인해 제철소로 추방되었으나, 남시우의 아들이 그런 곳에 있는 것을 참을 수 없었던 김정일에 의해 복원되었다 (Kim 2008, pp. 286–287).

이 이야기의 주인공 리진호는 평양에 있는 대학을 졸업한 제철소 강철직장 기사이다. 이야기의 초반에 그는 막 지방 제철소의 기사로 갈 예정이었다. 그의 오랜 목표는 강철 생산공정을 위해 수입이 필요한 일차적인 중유를 현지 조달 새 연료로 대체하는 방법을 찾는 것이었다. 그는 자신의 대체 연료 연구를 처음에는 학생으로서 그리고는 연구소 기술국에서 이미 여러 해 동안 해오고 있었다. 평양의 강철공장 시험에서, 그의 연구는 성과를 내는 데 실패하고 심지어 사고를 일으켰다. 이로 인해 그는 금속공업부 감사실장인 명식과 갈등에 빠졌다. 이 일은 대학 시절부터 그의 여자친구이자 애인인 현옥과의 관계에 긴장을 유발한다. 현옥은 우연히 명식의 여동생이다.

명식의 영향으로 현옥은 진호를 의심하기 시작한다. 이를 참을 수 없는 진호는 제철소로 가기 직전 현옥과 헤어진다. 제철소에서 진호는 여러 다른 인물들을 만난다. 그중에는 이야기 속의 또 다른 연인들인 정아와 기철이 있으며, 그 둘 역시 제철소 기사이다. 기철은 자신의 연구 계획, 즉 원유 사용을 대체하기보다 줄이려는 것을 목적으로 한 중유절약안을 진행 중이다. 이 안으로 인해 그는 진호와 진호의 연료대체안(새 연료안)과 경쟁하게 된다. 정아는 여러 해 전 그녀가 기철의 학생이었던 때부터 기철을 사랑하고 있고, 그에게 로맨틱하게 끌리는 만큼 과학자로서도 존경하며, 당연히 기철의 연구를 지지하고 있다. 그러나 한 기사 회의에서 진호가 기철의 연료절약안을 선견지명이 부족하다고 비판하면서 정아는 진호의 연료대체안에 끌리기 시작하고, 결국 그의 조수가 된다. 비록 여전히 기철을 사랑하고 있지만, 이로 인해 정아는 회의에서 그의 연료절약안을 비판한다.** 나중에 정아는 진호에게 직관에 반하는 행동일 수도 있지만, 기철을 사랑해서 그랬다고 설명한다.

정아는 또 진호에게 자신의 연애 철학을 가르치며 연애 상담을 해준다. 그 연애 철학은 한마디로 사랑이란 미리 주어진 것이 아니라 두 동반자가 '창조하고' 함께 가꿔나가야 하는 것이었다. 그녀는 사랑을 원예로 비유하여 사랑의 이미지를 꽃들이 만발하고 열매가 주렁주렁 달린 나무들로 가득한 과수원으로 그렸다. 이는 나중에 진호가 현옥과 화해하는데 도움을 준다. 현옥은 진호의 연구가 또다시 사고를 초래, 이번에는 그가 가스가 찬 굴뚝에 기어들어 온 후 부상으로 온몸에 붕대를 감은 채 누워있는 병원 침대 옆에 등장한다. 진호가 제철소에 있는 동안 그녀는 과학도서관에서 일했다. 그곳에서 그녀는 비밀스럽게 자신의 연료 대체(관련 ― 역자 추가) 연구를 수행했다. 현옥은 후에 자신의 연구 노트를 (정아를 통해 ― 역자 추가) 진호에게 주는데, 이것이 그가 연구에서 부닥친 교착상태를 해결하는 데 도움이 된다. 소설이 끝날 무렵, 진호는 자신의 연료대체 기술안을 입증하는 데 성공하고, 명식은 편협하고 보수적인 사람임이 드러난다. 소설의 마지막 장면에서 진호와 현옥이 곧 화해하듯

....

** 　역자 주) 그러나 원본 소설의 내용은 정아의 태도 전환 과정이 다르다. 북한 문학예술출판사 간 『청춘송가』(1994, 2012)에서는 진호가 부상으로 병원에 입원 중 그의 연구 노트를 본 정아가 그의 새 연료안이 '돼야만 하기에 하려는 것', '해야 할 일', 즉 '수령이 바라는 것'이므로 '할 수 있는 일'인 연료절약안과는 본질적 차이가 있다면서 태도를 바꿔 진호가 빠진 기사 회의에서 진호의 안을 지지·주장한다. 소설에서는 정아의 변화를 '진리의 체득', 즉 '수령에 대한 충성'으로 강조한 이 과정을 길게 묘사한다.

기철과 정아도 화해하고, 그들이 여객선에 함께 타는 모습을 그린다.**

비록 일부 다른 1980년대의 소설만큼 격렬한 세대 갈등을 묘사하지는 않지만, 진호는 그의 아버지로부터 지도자와 조국에 대한 의무를 물려받았다는 점에서『청춘송가』의 사랑 이야기 줄거리 또는 북한의 용어로 '사랑의 윤리'에 대한 고찰은 청춘의 활기에 대한 찬양과 진호와 명식 간의 갈등을 통해 묘사된 전형적인 1980년대의 관료주의에 대한 비판 속에서 전개되고 있다 (Kim 2006, pp. 103-104; Kim 2008, p. 290). 북한의 문학 비평가들은 북한 문학이 모더니즘 같은 "타락한 부르주아 반동" 문학의 전유물인 삼각관계가 등장하지 않는다고 주장하지만, 한국의 독자들과 비평가들은 이 소설에서 삼각관계, 심지어는 사각관계를 추론하는 점이 흥미로우며 (Pak 1999, pp. 266-267), 일부는 이를 북한 소설 사상 최초의 사랑의 삼각관계로 보고 있다 (Yi 1999, p. 310). 이러한 독해에 따르면, 정아는 진호의 연료대체안이 기술적으로 우월함을 깨닫고 그와 함께 일하기 시작하면서 잠시 그에게 매료된다. 이는 현옥을 만날 때 그녀에 대한 정아의 명백한 질투심과 소설의 끝 무렵에 진호의 여동생이 정아를 진호의 연인으로 오해하는 장면으로 뒷받침된다. 이는 정말 흥미로운 독해로, 량(Ryang)의 두 연인과 김일성 신격화의 '영원한 삼각관계'***에서 세 사람으로 구성된 일반적인 사랑의 삼각관계로의 변화를 시사하고 있다.

작품 분석 수업의『청춘송가』에 대한 토론에서 나온 또 다른 핵심 개념은 분명히 1980년대 소설의 새로운 특징으로 주인공의 성격이 '완성된 성격이 아니라는' 생각이다. 이것은 거의 이 혁명 영웅들은 진정한 혁명

** 역자 주) 문학예술출판사 간『청춘송가』(1994, 2012)의 마지막 장면은 두 쌍의 연인이 진정한 사랑으로 다시 합쳐질 것으로 그리면서, 휴가차 평양행 여객선에 오른 진호가 삶과 청춘 예찬을 속으로 부르짖는 모습이다.

*** 역자 주) 두 연인이 수령 김일성의 인민에 대한 사랑을 깨달아 그에 영원히 충성하는 의무를 내재화.

가가 되려면 고쳐야 할 개인주의적, 퇴보적, 또는 비관주의적 특성이 있음을 말하기 위하여 '정치적으로 올바른' 북한의 비판 용어를 사용하는 완곡한 방식인 듯하다. 같은 용어가 다른 1980년대의 소설에서 주인공을 묘사하는 데 사용되었으나 그 이전 시기에는 없었다. 문학작품 구성론 과목의 선생도『청춘송가』의 이데올로기는 완벽한 사람을 사랑하기를 열망하지 말아야 하며 그보다는 사랑은 두 연인이 서로의 결점을 극복하는데 서로 도움을 주는 과정이라고 말했다. 만약 사랑의 삼각관계라는 독해가 진지하게 받아들여진다면, 진호는 과학의 창조를 행사하고 정아는 사랑의 창조에 정통하며, 각자가 상대방이 부족한 창조성을 부여하여 서로를 보완한다고 말함으로써 이를 왜곡하여 볼 수 있다. 정아는 진호의 사랑에 대한 비현실적인 이해를 고치도록 돕는다. 그의 사랑에 대한 '공식'은 이상적인 여성이란 외적인 매력과 내적인 지향의 완벽한 조합으로 이루어지나 내적인 지향이 우선이라는 것이었다. 그러나 진호가 정아에게 과학자의 길을 보여준 대신에 그녀는 그가 불완전함을 받아들이도록 가르쳐 완벽한 파트너에 대한 이상을 바로 잡으며, 이는 틀림없이 숨은 영웅의 이상에 반하는 것이었다 (Pak 1999, p. 266). 경제성장을 촉진하기 위해 생산현장으로 간 지식인으로서 그들은 그곳에서 어렵지만 중요한 일을 남들 모르게 계속한다. 이상주의적이고 독립적인 정아와 완강한 진호는 숨은 영웅의 전형에 부합한다 (ibid., pp. 257, 269-270).

북한 최고의 문학 잡지인『조선 문학』과 나의 수업 노트에 실린 북한 비판적 반응처럼, 이 소설의 '사랑의 철학' (Ko 2010, p. 91)은 이전 소설들에 관한 주제의 토론을 생각나게 한다. 그러나 단지 사랑받을 자격이 있는 유형의 사람을 개략적으로 그리거나 사랑이 어떻게 사람을 변화시키는지를 묘사하기보다는 사랑 그 자체로 초점이 옮겨졌다. 나의 작품 분석 수업에서 검토한『청춘송가』에 대한 비판적 반응은 시련을 통한 사랑과 조국을 위해 일하는 고난을 강조하였으나, 낭만적 사랑의 주제를 보여준 이 소설에 대해 더 많은 할 말이 있다는 것은 분명하다. 등장인물들이 과학, 사랑과 창조 간의 관련성을 강조하는 방법이 이 소설에 독특한 애정관을 제공한다 (Pak 1999, p. 267). 청춘 로맨스와 사랑을 핵심 주제로 조명한 것은 이 소설의 역사적 중요성과 1980년대의 변화하는 더 개방된 사회 분위기를 말해준다. 사랑은 여전히 궁극적으로 지도자와 관련되고 생산성을 높이기 위한 캠페인과 관련되는 것으로 표현되고 있지만, 이제 처음으로 개인의 차원에서 나타나고 있다. 김일성대학에서의 나의 수업 노트는 이 소설의 사랑에 관한 탐구에서 개인에 초점을 두는 것을 분명하게 부정하며 사실 그럴 수도 있음에도 불구하고, 사랑 줄거리 이야기는 궁극적으로 진호의 연구에 달리도록 구성된 것으로 볼 때 개인으로서의 사랑과 혁명적 사랑 간의 긴장을 소설 속에서 읽을 수 있다.

이전의 소설과 비교해서 『청춘송가』의 로맨스 줄거리 이야기는 동지애를 덜 보여주고 있고, 이 소설의 발간 이전 시기에는 상상할 수 없었을 신체적 사랑에 대한 장면을 비교적 더 보여주고 있다. 예를 들어, 소설의 초반부에 진호와 현옥이 처음 우연히 마주치는 것을 묘사하는 기발한 회상 장면이 있다. 그 장소는 전국대학 아이스하키 결승전으로 진호가 승리의 골을 넣었다. 그의 연료 대체 연구에 대해 이미 듣고 있었던 현옥은 그들이 다니는 대학팀을 응원하는 구경꾼으로 경기장에 있었다. 그들 대학의 승리로 끝나면서 현옥은 그에게 꽃다발을 주기 위해 다가서다가 얼음판 위에 미끄러진다. 진호가 달려가 그녀를 도와 일으켜 세운다. 둘이서 부둥켜안고 있는 듯이 보이는 바로 그 순간을 대학신문 기자가 사진을 찍고 그 둘이 당황스럽게도 대학신문에 실린다. 소설은 또 진호와 현옥이 모란봉 공원에서 데이트하는 장면을 그리면서 젊은 연인으로서 서로에 대한 그들의 애정이 담긴 부드러운 감정을 많이 드러내고 있다. 다른 1980년대의 소설과 마찬가지로 『청춘송가』는 또 젊은 연인에 대한 바람직한 묘사를 특징으로 하는데, 예를 들어, 현옥을 그들이 다니는 대학의 '소문난 미인'으로 그리고 있다. 마지막으로, 지도자는 여전히 진호의 소년 시절 그의 아버지가 진호에게 한 당부를 묘사하는 회상을 통해 진호가 대체 연료 연구를 발전시키도록 영감을 주는데 중추적인 역할을 하고 있다. 그러나 『청춘송가』는 물론 이 시기 다른 소설들의 특징은 지도자의 존재를 조금 더 배경에 두고 지도자의 직접적인 개입이 없이 등장인물 자신들의 노력을 통해 줄거리 해결이 이루어진다는 점이다.

한국의 비평가들은 『청춘송가』의 청춘의 사랑 주제를 북한 이데올로기의 표면에 생긴 균열이라고 보았다 (Ko 2010, p. 90). 이 소설 틈틈이 감각과 감정을 두드러지게 더 환기하는 부분에서 혁명적인 사랑과 개인의 사랑 간 긴장을 느낄 수 있다. 특히 현옥이 진호의 혁명 자격을 의심하는 두 사람 간 관계에서 긴장이 고조된다. 진호는 그녀의 사랑이 무조건적이어야 한다고 느끼지만, 자신의 마음을 표현할 수가 없고, 그래서 사랑과 이데올로기 사이에서 고민하는 내적 갈등을 느낀다. 궁극적으로 이데올로기적 사랑이 승리하나 그 갈등은 그런데도 뚜렷하다. 어쨌든 이 소설이 북한 문학사에서 차지하는 위치는 확고하다.

한웅빈의 "폭풍우 지난 뒤에"는 1992년에 발간되었고 나중에 『조선단편집 5』에 수록되었다. 이 소설은 완벽한 1980년대 이후 북한의 사랑 이야기의 아주 좋은 사례다. 한국의 북한 문학연구자 전영선에 의해 '북한의 체호프' (Jeon 2008, p. 211) 라고 불린 한웅빈은 창의성과 유머로 유명하다. 그는 한국이 독립하기 이전 중국 동북부 옌지에서 태어났으며 나중에 북한에서 작가로서 성공적인 경력을 쌓았다. 그의 소설은 단순하면서도 가슴 아픈 스타일로 쓰여있고 비애에 찬 인물들이 가득하다. 그의 인물 묘사는 '생활에 밀접한' 것으로 알려져 있고, 그의 스타일은 "열렬하거나 거창하지 않고 차분하고 설명적"이며 (ibid., pp. 214-215), 이는 여러 면에서 주류 북한 소설의 결에 어긋난다. 전영선은 더 나아가 한웅빈의 소설은 "꾸미거나 과장하지 않으나, 미묘하고 예술적인 생활의 단면을 보여주고 있다"라고 평가한다. 한웅빈의 소설 속 영웅들은 가장 평범한 사람들이며, 다른 곳에서 작가는 독자가 '주인공과 함께 살고 있기'때문에 주인공은 독자와 가까워야 한다고 강조했고, 이런 의미에서 그의 주인공들은 숨은 영웅 이상에 들어맞는다 (ibid., p. 215). 그는 북한 작가들 사이에 드문 지성주의를 이용해 관료주의를 비판하고 1980년대의 숨은 영웅 묘사에 중요한 기여를 한 작가로 인정받고 있다 (Lee 2003, p. 293). 현웅빈의 소설은 어떻게 영웅이 되는지를 보여주지 않으며, 그보다는 독자들이 영웅이 되는 것은 무엇인지와 위훈의 의미를 다시 생각하도록 이끌고 있다. 이는 종종 위훈이라는 발상, 또는 적어도 그에 관한 구식의 낡은 개념에 대한 환멸로 확장된다. 그 대신 그는 근거 없는 믿음과 감정을 넘어 실제 결과를 강조하면서 일에 대한 좀 더 합리적인 견해를 제안하는데, 이로 인해 그는 여러 면에서 북한의 문학 이론과 그 이론의 '감정 조직' 개념과 충돌하게 된다. 그의 관료주의에 대한 비난과 함께 배치된 허영심에 대한 비판도 그의 합리주의 성향을 드러내고 있다 (ibid., p. 306). 이 성향은 일부 한국의 비평가들이 그의 어조를 '냉소적'이라고 특징 지울 정도이다. "폭풍우 지난 뒤에"에서 한웅빈은 자기 일을 자랑하는 것에 대한 주제를 다루고 있는데, 이 주제는 북한 소설에서 이미 잘 탐구된 것이었다. 그러나 그는 독특한 감각으로 이 주제를 탐구하고 있다.

이 소설의 주인공 현호는 외로운 토공(땅 파는 일꾼)으로 토공작업반장에게 '그를 따르는 처녀 하나 없는' 사람으로 놀림을 받는다. 그는 말할 수 있는 연애 경험이 없을 뿐만 아니라 그의 일도 불만스러웠다. 작업반별 성과를 비교하는 고철수집 경쟁 중 그의 작업반이 모은 고철 대부분이 (아직 쓸만하다며 – 역자 추가) 징발되어 결국 1등이 아니라 꼴찌를 했고, 그 결과 총화에서 비판의 대상이 되었다. 작업반장은 특히 억울해하였으나, 작업반의 냉정한 늙은이이자 이성과 경험의 목소리를 내는 성길 아저씨는 그들이 항상 큰 업적을 남기겠다고 기대하면 공장은 지어지지 않을 것이라고 말한다.

자신을 "사랑에서 패배자"라고 생각함에도 불구하고, 현호는 전화 교환수인 순희와 잡담을 나누기 시작한다. 그는 그녀에게 고백하지만, 그녀는 '이미 약속한 사람'이 있다고 말한다. 한웅빈의 특징적인 유머는 현호와 남자 친구 간의 대화에서 드러난다. 그 남자 친구의 약혼자가 순희를 알고 있다. 그는 낙담한 현호를 바보라고 부르는데, 이에 대해 현호는 바보라고 불린 것이 기분 좋은 적이 없었다고 말하고 있다. 왜냐하면 자칭 여자를 잘 이해하고 있는 그 친구는 그녀가 튕기고 있는 것이라고 설명하고 있으며, 사실 진짜 바보는 누구인지 불분명하다.

소설의 제목에 나오는 폭풍우가 작업 현장을 뒤덮는다. 순희는 빗물이 시멘트 창고로 스며들면 시멘트가 못쓰게 될 것이라고 깨닫고 창고로 달려가 지붕이 새지 않도록 했다. 그녀는 이 행위로 영웅이 되었으며 선전에서 극찬을 받는다. 그러나 그 짧은 시간 전화교환대를 비워놓은 결과로 사고가 발생하며, 현호와 그의 작업반만이 이 사실을 알고 있다. 공장 지배인이 무작위로 질문하자, 현호는 이를 말하고 만다. 이 일은 대화 상대방들이 현호에게 왜 그가 사랑하는 것으로 아는 여성을 알렸는지를 질문하면서 약간의 혼란을 초래한다. 현호의 대답은 진정한 사랑은 사랑하는 사람의 결함까지도 끌어안는 사랑이라고 단언하는 것이다. 순희는 당연히 속상하고 그에게 왜 자기를 보고했냐고 물으며, 그는 다시 그녀에 대한 사랑 때문이었다고 분명히 말한다. 현호의 연애 전망이 비관적인 가운데 성길 아저씨가 자기 집으로 그를 저녁 식사에 초대하고 그를 자기 딸에게 소개한다. 그 딸이 순희로 밝혀진다.

"폭풍우 지난 뒤에"는 1980년대 이전 작품들의 일반적인 유형과는 상당히 다르다. 무엇보다도 이야기의 영웅은 이전의 이야기들에서 보이는 완벽한 성격의 유형이 아니다. 순희는 결함이 있음이 강조되었고, 진정한 사랑은 상대방의 결함들에 정면으로 부딪쳐서 그것들을 끌어안는다는 점이 강조되고 있다. 이는 현호가 순희의 실수를 상급자에게 보고하는데까지 이르렀다. 영웅에 대한 이런 비판은 이전 시기에는 상상할 수도 없었다. 이는 훨씬 더 미묘하고도 세련된 인물 묘사, 즉 더 믿을 수 있고 현실성 있는 인물 묘사로 이어진다. 인물 개발은 영웅이 완벽하고 완전히 발달한 인간으로서 미리 포장되어 나오기보다는 이야기의 흐름 내내 시련과 발전을 겪는다는 점에서 현대 사실주의 소설과 더욱 부합한다.

　1980년대 이전의 작품과 마찬가지로 젊은 남자와 여자 사이의 로맨스 줄거리 이야기는 나의 작품 분석 수업에서 북한의 비평이 언급한 것처럼 '사회적 문제'와 연결되고 있다. 주제는 초기 소설들에서 다루어진 주제, 즉 '자신의 지위를 보호하고' 자기 일을 자랑할 필요성으로 사실 똑같다. 하지만 그것이 탐구되는 방식은 근본적으로 다르다. 작품 분석 과목에서 분석한 『조선 단편집 3』에 실린 1966년의 단편, 최창학의 "애착"의 사례처럼, 두 연인 중 결함 있는 사람에게 방법을 보여주는 도덕적 모범과 그 모범의 도덕적 우월성으로 인해 모범과 사랑에 빠지는 결함 있는 사람 대신에, 연인들은 서로를 비판함으로써 도덕적으로 발전하고 연인 두 사람 모두 완벽한 혁명가이거나 노동자가 아니며, 사실 두 연인은 무언가 '더 큰 것'으로 직업을 바꾸려 생각하고, 이를 한때 상대방과 공개적으로 논의한다. 두 인물은 '그를 알기까지' 속에서처럼 숨은 영웅의 특징을 보여주고 있다. 즉 가장 평범한 사람으로, 희생하며, 영웅답게 어떤 보상도 기대하지 않고 자기 일을 계속한다. 현호는 '의무에서 벗어나지 않는' 사랑을 원하며, 따라서 그는 기꺼이 순희의 실수를 보고하고 이 일을 사랑의 본질과 충돌하지 않는 것으로 보고 있다.

　마지막으로, "폭풍우 지난 뒤에"는 1980년대 소설의 특징인 신체적 매력에 대한 점점 더 개방적인 묘사를 소개하고 있다. 순희는 "걸을 때면 가볍게 흔들리는" "어깨까지 내려오는 머리", "가냘파 보이는 상큼한 목과 얼굴", "애수가 깃든 듯이 느껴지는 큰 눈"을 갖고 있으며, "멀리서 보면 성숙한 체격"이지만 "가까이서 보면 어린애처럼 느껴지는" 분위기를 갖고 있다. 정말로 나보코프(Vladimir Nabokov, 러시아계 미국인 작가 - 역자 주)의 『롤리타(*Lolita*)』**를 떠올려 주는 장면에서 현호는 순희의 외모를 살피는 백일몽을 꾼다. 그 꿈에서 현호는 순희의 "가느다란 상큼한 목과 무엇에 놀란 듯한 큰 눈"을 보며 "동문 아직 어린 애 같구먼"이라고 말하고 그녀는 "전 정말 어린 애예요"라고 대답한다. 또 다른 장면에서 현호는 저녁에 합숙소로 돌아가는 중 우연히 순희와 마주치는 감정을 심장이 와당탕 고동을 치고 "그 충격은 전류처럼 온몸으로 퍼져 갔다"라고 말하고 있다.

결론

북한 문학의 표면적인 목적은 모델 인물의 제시를 통해 독자들에게 도덕적 '교양'을 제공하는 것이다. 이 목적은 경제적 생산성을 자극하기 위한 활동과 연결된다. 따라서 중요한 사회학적 역할을 하고 있다. 1980년대 사회주의 현실을 주제로 한 소설의 계보와 그 숨은 영웅에 대한 이상은 이전 시기의 (『김일성 선집』, 『김정일 선집』 같은 - 역자 추가) 지도자 칭송 전기와 (천리마운동 같은 - 역자 추가) 스타하노프 운동 노동자 묘사의 전통과 이러한 목적을 공유하는 한편, 때때로 이 둘 사이의 미묘한 충돌을 느낄 수 있다. 이 긴장은 이 소설들이 사랑이라는 주제를 다루고 개인으로서의 사랑과 혁명적 집단 구성원으로서의 사랑, 육체적 욕망과 동지적 의무 간 모순을 그대로 드러내는 방식으로 다룰 때 종종 드러

....

** 역자 주) 12살 소녀를 향한 중년 남자의 일그러진 사랑과 욕망을 담은 소설로 '롤리타 콤플렉스'라는 용어를 탄생시켰다.

난다.

　증가한 예술적 자유에도 불구하고 전통은 여전히 뚜렷한 한계가 있으며, 이는 주체 문학 이론과 주체 문학 그 자체의 한계를 부각시킨다. 첫째, 주체 문학 이론은 국가에 복무하는 목적에 있어서 그런 모순을 인정할 수 없다. 또한, 작품 분석을 정치적, 경제적 맥락과 연결할 수 없으며, 예술적 기법에 집착하고 있다. 이는 북한의 문학 비평은 '주체 시대' 이전부터 외국 문학과 한국 문학에 대한 접근에 있어서 토대와 상부구조의 마르크스주의 분석을 이용하고 있다는 사실에도 불구하고 그렇다.[5] 숨은 영웅은 정치적 편의주의의 또 다른 형태라는 것, 즉 1980년대의 비교적 걱정 없고 느슨한 사회적 분위기에서 생산성 향상을 목적으로 그 이전의 작품보다 더 교묘한 사회적 통제의 형태라는 사실을 완전히 인식할 수는 없다 (Pak 1999, p. 257). 선대 소설들처럼 1980년대의 소설은 도덕적 계몽주의를 근대 소설 요소들과 혼합하고 있으며 때때로 거의 『천로역정 (The Pilgrim's Progress)』 같은 작품이라는 점을 떠올리게 한다. 그 작품들은 이전보다 더 공감되는 인물, 더 설득력 있는 줄거리 이야기, 그리고 더 세련된 문장을 사용하여 그렇게 하고 있다.

　이런 이유로 인하여 더 현실적인 숨은 영웅 전통에서조차도 도덕적으로 모호하거나 부정적인 주인공을 가질 수 없는데, 그런 주인공은 영웅의 유형에 들어맞지 않을 것이기 때문이다 (Kim 1994, p. 274). 숨은 영웅은 평범할 수 있으나 불경스러운 존재가 될 수 없으며, 그것이 바로 부정적인 인물의 영역이다 (Sin and O 2000, p. 320). 하지만 숨은 영웅에 대한 묘사는, 불경스러운 것을 극복하는 과정과 불경스러운 것의 묘사를 통해 불경스러운 것이 북한 소설에서 그 어느 때보다 더 구체적이고 현실적으로 된다는 점을 의미한다. 줄거리 해결은 여전히 극단적으로 단순화하여 완수되어야 한다. 즉 개인에 대한 새로운 묘사에도 불구하고 집단의 필요가 개인의 필요를 이기며, 등장인물들은 조국 또는 고향의 부름에 주의를 기울이고, 그 부름을 통해 부정적 인물들은 스스로 개혁하고 기타 인물들은 자신의 결함을 깨닫게 된다 (Kim 1994, p. 275). 이런 맥락에서 개인의 욕망문제에 대한 사회적 답변이 주어져야만 하며, 숨은 영웅 소설 속 사랑의 묘사에 대한 북한의 비판적 반응은 이 문제 전체를 '애정 윤리문제'나 그렇지 않으면 '애정 윤리 형상화'라고 지칭한다 (Ko 2010, p. 91). 이는 문학과 개인은 국가에 복무할 것으로 요구되는 전체주의사회에서는 어쩌면 당연한 일이지만, 엄격한 하향식 통제의 맥락에서 선전 목적을 위하여 궁극적으로 생산되고 있다는 점을 상기시켜줌에 따라 결국 그러한 소설의 신뢰성과 깊이를 방해하고 있다.

이에 따른 필연적인 결과는 새로운 사실주의에도 불구하고 북한 문학은 여전히 성분 같은 현대 북한사회에서 로맨스와 결혼에 미치는 특정 영향을 직접적으로 다룰 수 없다. 성분은 모든 주민을 사회 계급 및 출신 배경과 정권의 정치적 신뢰성 평가를 기반으로 분류하는 차별제도로 이에 대한 공개적인 토론은 여전히 금기 사항이다. 그러나 이 소설들은 북한 문학 전통에 새로운 깊이를 불어넣고 있으며 이미 북한 문학사에 중요한 위치를 차지하였다. 1980년대의 전통은 1990년대 이후에도 여전히 번성한 '혁명적 로맨스' 소설의 지위를 공고히 하는 데 많은 기여를 했다 (Pak 1999, p. 246). 1980년대 소설의 실제 생활문제에 관한 탐구는 1990년대의 가족 멜로드라마 및 가벼운 코미디 영화의 발전과 문학의 추가 발전을 위해 길을 열어 주었다.[6] 더 중요한 것은, 명백한 한계에도 불구하고 문학적 가치가 확실한 다수의 소설을 독자들에게 제공해주었다.

주

1) 두 유형의 소설의 작가는 종종 같다. 작가는 자신의 작품으로 유명해지면 4·15문학창작단에 들어가게 되는 경우가 흔하다. 그곳에서 작가는 '불멸의' 시리즈 책을 쓰는 임무를 맡는다.

2) 이 체계는 김일성이 자신의 1인 지배와 개인숭배에 대한 모든 반대파를 당에서 성공적으로 숙청하고 북한을 자신의 통치와 이데올로기에만 기반한 국가로 확립한 이후에 도입되었다.

3) 이중 마지막 주제는 Immanuel Kim (2018)이 탐구하고 있다.

4) 총련(재일본조선인총련합회)은 일본의 한인 거주자 조직으로 친북한 단체이다. 조직적 프로그램으로서 재일 한인/조선인 북송 운동은 적십자의 지원 아래 일본 정부와 북한정부의 이상한 동반으로 수행되었다. 1950년대에 시작되어 1960년대 초반 특히 강했으며, 결과적으로 그들 대부분의 조상 뿌리가 한국에 있는 약 9만 명의 재일 한인 디아스포라가 북한에 영구 정착하게 되었다. 자세한 내용에 관해서는 다음을 참조할 것. Morris-Suzuki (2007, 2011).

5) 예를 들어, 셰익스피어(Shakespeare)는 그의 모든 작품이 봉건사회의 타락한 성격을 다룬 르네상스 시대 휴머니스트로 평가되고 있다. 그의 작품은 그러한 봉건적 억압에 직면하여 인간 평등에 대한 명확한 요구를 담고 있다.

6) 이명자의 『북한 영화와 근대성』(Yi 2005)은 전자를 다루고 있으며, 가브루센코(Tatiana Gabroussenko)의 연구는 후자를 다루고 있다. 다음을 참조할 것. Gabroussenko (2008, 2009).

참고문헌

Ch'oe, Ch'anghak. [최창학] 1978. 애착 [Attachment]. In 조선단편집 3 [Korean Short Story Collection 3]. Pyongyang: Munye ch'ulp'ansa.

Chung, Young Chul. [정영철]. 2003. 년대 대중운동과 북한 사회 돌파형 대중운동에서 일상형 대중운동으로 [The North Korean Mass Movement and Society: From Breakthrough Mass Movement to Routine Mass Movement], 현대북한연구 [*Review of North Korean Studies*], vol. 6, no. 1, pp. 121–167.

Gabroussenko, Tatiana. 2008. "Calls for Self-Sacrifice in North Korean Creative Writing in the Late 1900s to 2000s", *Journal of Korean Studies*, vol. 13, no. 1, pp. 29–56.

Gabroussenko, Tatiana. 2009. "North Korean 'Rural Fiction' from the Late 1990s to the Mid-2000s: Permanence and Change", *Korean Studies*, vol. 33, pp. 69–100.

Han, Ung-bin [한웅빈]. 2002. 폭풍우 지난 뒤에 [After the Storm], in 조선단편집 5 [*Korean Short Story Collection 5*], Pyongyang: Munyech'ulp'ansa.

Jeon, Yeong-seon. [전영선]. 2008. 한웅빈론: 실리사회주의 냉소적 자화상-『우리세대』 [On Han Ung-bin: A Cynical Self-Portrait of Practical Socialism— Our Generation], in 이화여자대학교 통일학연구원 [Ewha Womans University Institute of Unification Studies] (ed.), 북한 문학의 지형 도: 대표 작가와 대표작으로 본 북한 문학의 어제와 오늘 [*A Topographic Map of North Korean Literature: The Past and Present of North Korean Literature Seen through Major Writers and Major Works*], Seoul: Ewha Womans University Press.

Kang, Chinho. [강진호] (ed.). 2009. 북한의 문화정전, 총서 '불멸의력사'를읽는 다[*Reading North Korea's Cultural Canon, the 'Immortal History' Series*], Seoul: Somyŏngch'ulp'an.

Kim, Chaeyong. [김재용]. 1994. 북한 문학의 역사적 이해 [*A Historical Understanding of North Korean Literature*], Seoul: Munhakkwajisŏngsa.

Kim, Chaeyong. [김재용]. 2006. 이북문학의 흐름: 혁명적 낭만주의와 리얼리즘의 긴장 [The Flow of Northern Literature: Tension Between Revolutionary Romanticism and Realism], in 북한연구학회 [The Korean Association of North Korean Studies] (ed.), 북한의 언어와 문학 [*North Korea's Language and Literature*], Seoul: Kyung-in Publishing.

Kim, Immanuel. 2018. *Rewriting Revolution: Women, Sexuality, and Memory in North Korean Fiction*. Honolulu, HI: University of Hawai'i Press.

Kim, Kwanung. [김관웅], Chŏng, Munkwŏn [정문권] and Kim, Houng [김호웅]. 2006. 북한문학의 역사적 이해 [*A Historical Understanding of North Korean Literature*], Daejeon: Paichai University Press.

Kim, Pongch'ŏs. [김봉철]. 1987. 그를 알기까지 [Until Knowing Him], in 조선단편집 4 [*Korean Short Story Collection 4*]. Pyongyang: Munyech'ulp'ansa.

Kim, Pyŏnghun. [김병훈]. 1978. 〈해주-하성〉서온편지[A Letter from Haeju-Hasong], in 조선단 편집 2 [*Korean Short Story Collection 2*], Pyongyang: Munyech'ulp'ansa.

Kim, Sŏngsu. [김성수]. 2008. 남대현론: 남대현, 코리아 문학 통합의 시금석-『청춘송가』 외[On Nam Taehyŏn: Nam Taehyŏn, a Touchstone for the Integration of Korean Literature: Outside of *An Ode to Youth*], in 이화여자대학교 통일학연구원 [Ewha Womans University Institute of Unification Studies] (ed.), 북한 문학의 지형도: 대표 작가와 대표작으로 본 북한 문학의 어제와 오늘 [*A Topographic Map of North Korean Literature: The Past and Present of North Korean Literature Seen through Major Writers and Major Works*], Seoul: Ewha Womans University Press.

Ko, Inhwan. [고인환]. 1999. 주체소설에 나타난 미세한 균열-백남룡의 『60년 후』와 『벗』을 중심으로 [A Minute Crack in the *Juche* Novel: Paek Namryong's *60 Years After* and *Friend*], in Kim Chonghoe [김종회] (ed.), 북한문학의 이해 1 [*Understanding North Korean Literature 1*], Seoul: Ch'ŏgdonggŏl.

Ko, Inhwan. [고인환]. 2008. 백남룡론: 주체의 균열과 욕망-『60년 후』와 『벗』 [On Paek Namryong: A Crack in *Juche* and Desire-*60 Years After* and *Friend*], in 이화여자대학교 통일학연구원[Ewha Womans University Institute of Unification Studies] (ed.), 북한 문학의 지형도: 대표 작가와 대표작으로 본 북한 문학의 어제와 오늘 [*A Topographic Map of North Korean Literature: The Past and Present of North Korean Literature Seen through Major Writers and Major Works*], Seoul: Ewha Womans University Press.

Ko, Inhwan. [고인환]. 2010. 남대현의《청춘송가》연구 – 주인공의 의식 변모양 상을 중심으로 [Research on Nam Taehyŏn's *An Ode to Youth*: A Focus on the Protagonist's Change of Consciousness], 한국언어문화 [*Korean Culture*], vol. 41, pp. 85-104.

Lee, Seon Mi. [이선미]. 2003. '위훈'을 성찰하는 냉소적 시선과 근검 절약의 이데 올로기 – 북한 작가 한웅빈 연구 1 [The Cynical Reflection on 'Great Deeds' and the Ideology of Frugality: Research on North Korean Author Han Ung-bin 1], 현대소설연구 [*The Journal of Korean Fiction Research*], vol. 18, pp. 293-316.

Morris-Suzuki, Tessa. 2007. *Exodus to North Korea: Shadows from Japan's Cold War*, Lanham, MD: Rowman & Littlefield.

Morris-Suzuki, Tessa. 2011. 'Exodus to North Korea Revisited', *Foreign Policy in Focus*, June 23.

Nam, Taehyŏn. [남대현]. 2012. 청춘송가 [*An Ode to Youth*], Pyongyang: Munhagyesulch'ulp'ansa.

Pak, T'aesang. [박태상]. 1999. 북한문학의 현상 [*The Present State of North Korean Literature*], Seoul: Kip'ŭsaem.

Ryang, Sonia. 2012. *Reading North Korea: An Ethnological Inquiry*. Cambridge, MA: Harvard University Press.

Sin, Hyŏngki [신형기] and O, Sŏngho. [오성호]. 2000. 북한문학사: 항일혁명문 학에서 주체문학까지[*A History of North Korean Literature: From Literature of the Anti-Japanese Revolution to Juche Literature*], Seoul: P'yŏngminsa.

Yi, Myŏngcha. [이명자]. 2005. 북한 영화와 근대성 [*North Korean Film and Modernity*], Seoul: Yŏngnak.

Yi, Pongil. [이봉일]. 1999. 숨은 영웅과 새로운 공산주의적 인간 – 남대현의『청춘 송가』 [The Hidden Hero and the New Communist Human: Nam Taehyŏn's *An Ode to Youth*], in Kim, Chonghoe [김종회] (ed.), 1 북한문학의 이해 1 [*Understanding North Korean Literature*], Seoul: Ch'ŏgdonggŏl.

Yu, Imhwa. [유임화]. 2008. 김병훈론 2: 김병훈의 천리마운동 소재 소설, 청년과 열정, 감화의 이야기 방식 [On Kim Pyŏnghun 2: Kim Pyŏnghun's Chollima Movement Novels, Youth and Fervor, A Narrative Style of Inspiration], in 이화여자대학교 통일학연구원 [Ewha Womans University Institute of Uni-fication Studies] (ed.), 북한 문학의 지형도: 대표 작가와 대표작으로 본 북한 문학의 어제와 오늘 [*A Topographic Map of North Korean Literature: The Past and Present of North Korean Literature Seen through Major Writers and Major Works*], Seoul: Ewha Womans University Press.

제19장

김정은 시대의 대중문화:
지속과 변화

가브루셴코(Tatiana Gabroussenko)

역사적으로, 북한의 문화발전은 항상 당시 지도자의 성격과 정책의 영향을 받은 흔적이 깊게 새겨져 있다. 오늘날의 상황도 예외는 아니다. 김정은이 그의 전임자들보다 문화문제에 상당히 덜 관심을 기울이지만, 그의 성격과 정책은 여전히 북한의 문화적 양태에서 중요한 형성 요인이다. 이 장은 김정은 치하의 북한 소설과 영화에서 드러난 지속과 변화를 분석할 것이다. 이 장은 북한에서 문화 변화의 형태가 발생하고 있다고 주장하며, 2011년 김정은이 권력을 장악한 이후 떠오른 새로운 경향의 근본적인 원인과 가능한 결과에 대해 논의할 것이다.

김정은이 공식적으로 정권을 잡았을 때, 평론가들은 그의 스위스 유학 경험과 북한 원로들과의 가시적인 연결 부족에 주목했으며, 이는 북한이 곧 상당한 자유화 과정에 착수할 수 있다는 추측을 촉발하였다. 게다가 김정은이 취한 일부 특이한 초기 조치들은 그의 통치하에서 북한이 이 방향으로 움직이고 있음을 시사하는 것처럼 보였다. 여기에서 주요 사례는 다음과 같은 것들이 있다. 이전의 지도자 배우자들과는 뚜렷하게 대비되는 김정은의 처 리설주의 젊고 유행에 민감한 여성으로서의 대중적 이미지, 미국 농구 명예의 전당에 이름을 올린 괴짜 유명인 데니스 로드맨(Dennis Rodman)과 김정은의 교우 관계, 아버지 김정일의 충복이자 조언자인 장성택의 몰락과 처형을 획책한 김정은의 술수, 유사 K-pop 여성그룹 모란봉악단 등 (Cathcart and Denney 2013, p. 30).

북한 정책결정자들이 문화문제에 대한 자신들의 전통적인 포괄적 통제를 포기하지 않은 것이 분명해지면서 이 열광은 곧 사라졌다. 모란봉악단이 소개한 다양한 새로운 특성들에도 불구하고, 그 악단 공연의 실제 내용과 특히 노래 가사들은 1979~1989년 중 확립된 마오쩌둥 이후의 중국문화 양식에 대한 대안적인 지적 틀의 흔적을 보여주지 않았다 (Gu 1999). 이 노래 가사들은 예전과 똑같이 지도자, 당과 국가에 대한 충성심을 고취하는 역할을 했다. 예를 들어, 모란봉악단을 상징하는 대표 노래인 '배우자'는 2008년 텔레비전 드라마 〈불길〉의 주제가로, 1990년대 중반 고난의 행군 기근 이후 김정일 치하의 북한에서 기술혁명의 관념을 홍보했다. 이 드라마 속에서 칙칙한 유니폼을 입은 노동자 집단이 이 노래를 부르며, 비록 모란봉악단이 새롭고 섹시한 스타일로 그 노래를 공연했지만, 예전과 똑같은 가사를 담고 있었다. 가사 내용은 귀중한 시간을 아끼고, 조국을 위해 열심히 배우고, "우리의 식으로 낙원을 꾸리자"라는 요구다.

북한 공식 문화의 다른 분야에서의 발전도 김정은 치하의 북한에서 진정한 문화 개방은 일어나지 않았음을 확인해주는 듯이 보인다. 무엇보다도, 공식 선전은 아버지와 할아버지와의 혈통과 정신적 연결을 중심으로 젊은 김정은의 이미지를 만들기 시작했다. 새 지도자의 시대를 여는 구호, "김정은동지는 오늘의 김일성동지이시다, 김정은동지는 오늘의 김정일동지이시다"는 이전의 정치 노선을 지속하겠다는 분명한 약속을 담고 있었다. 이는 김정은 시대를 문자 그대로 '만 리 말의 시대'인 만리마 시대로 부르는 것과 같은데, 만리마 시대는 1950년대 후반 김일성이 처음 시행한 대중동원 운동 천리마('천리말')를 그대로 따라 하는 것이었다. 한편 천리마는 대체로 같은 시대에 일어난 중국의 대약진운동 양식을 뒤

따랐으며, 사회주의 진영 내의 1956년 이후 탈스탈린화 동향에 강력히
저항하기 위한 김일성의 작품이었다.

그럼에도 불구하고, 김정은 치하의 북한 문화를 자세히 조사하면 약간
의 미묘하지만 중요한 변화를 겪고 있음을 알 수 있다. 이 변화는 1980
년대 후반 소련의 사회주의 해체로 이어진 근본적인 '페레스트로이카
(*perestroika* 개혁을 의미)'의 징후로서 간주해서는 안 되며 그보다는
'페레스트로이카'의 오래전 선구 형태인 1950년대 소련의 해빙의 맥락
내에서 보아야 한다. 소련에서 해빙(the Thaw 또는 러시아어 *ottepel*)
은 1953년 스탈린 사망 후 공산당이 주도한 소련사회의 다차원적 자유
화 과정을 의미한 포괄적 용어였다. 1953년 이후에 발생한 이 동향은 주
로 소련의 새 지도자 흐루쇼프(Nikita Khrushchev)의 권위와 관련이 있
었다. 존스(Polly Jones)의 정의를 따르면, 스탈린 이후 소련의 발전에는
다음을 포함하였다.

> 스탈린주의의 권위주의적 정치문화의 자유화, 개인 복지와 물질적
> 행복에 대한 더 큰 강조, … [그리고] 표현의 자유에 대한 스탈린주
> 의적 동결의 '해빙'과 특히 냉전 스탈린주의의 특징인 자급자족 국
> 수주의에 대한 수정
>
> (2006, p. 3)

김일성 치하에서 북한의 정치사상은 소련의 해빙을 '자본주의 부활'을 위
한 시도로 비난했지만, 실제는 그와는 거리가 멀었다. 소련의 해빙이 수
정주의 내지는 부활을 의미했다면, 그것은 오히려 스탈린주의 이전 사
회주의혁명의 이상적 형태의 부활이었으며, 당대 대중의 상상력 속에서
는 평등, 공평무사, 낭만주의와 표현의 자유를 함축하고 있었다. 해빙
의 궁극적인 목적은 기존 체제의 해체가 아니라 그것을 고쳐서 더 효율
적으로 작동하게 하기 위한 노력이었다. 결국, 1950년대와 1960년대에

많은 소련 시민들은 여전히 사회주의를 매력적인 국가 업적이자 자랑스러운 업적으로 생각했다. 이 비전은 대조국전쟁(Great Patriotic War, 1941~1945년)**의 승리와 전후의 빠른 경제 회복 같은 소련의 업적으로 뒷받침되었다. 사회주의는 수백만 명의 국내 지지자의 눈에는 아직 신뢰성을 잃지 않았다. 그러나 또 많은 사람에게는 스탈린주의 공산주의의 엄격한 정치적 틀은 약간의 유연화와 활성화, 또는 후대의 정치적 용어를 사용하면 '인간적 얼굴'이 필요하다는 점이 점점 더 분명해졌다. 그런 변화의 지지자들은 소련 공산주의의 파괴가 아니라 강화를 추구했다. 갱신의 필요성은 문화 영역에서 절실하게 감지되었다.

초기의 돌파구는 1954년 저명한 전시 저널리스트 에렌부르크(Ilya Ehrenburg)가 쓴 소설 『해빙(*The Thaw*, 'Ottepel')』의 발간과 함께 발생했다. 이 소설의 줄거리 이야기는 겉보기에는 구식의 방어적이고 형식주의적인 관료들과 새롭고 더 미래지향적인 기술 발전 지지자들 간의 해가 없는 갈등에 중점을 두었다. 그러나 소련 독자들은 '독재적 억압에서 벗어나고 옛날식의 혁명적인 일과 삶을 되찾기' 위한 그 작품의 기저에 깔린 주요 요구를 틀림없이 감지했다(Schattenberg 2006, p. 68). 이 소설로 에렌부르크는 특히 소련의 지식계급 사이에 엄청난 독자를 확보했다. 사실 에렌부르크의 작품은 소련 공산당 내부에서 하나의 과정이 채택되어 스탈린이 세운 개인숭배 스타일 통치로부터 후퇴를 목표로 한다는 신호였다. 한편, 대중의 상상력 속에서 해빙은 스탈린 이후 시대의 구호가 되었으며, 이 구호는 빠르게 자유, 사랑, 젊음과 봄이라는 매력적인 함축적 의미를 얻었다.

그러나 해빙이 소련 문화에 미친 영향은 순전히 사회적 논쟁에 국한

** 역자 주) 제2차 세계대전 동부 전선의 여러 전선을 따라 주로 소련과 나치 독일 사이에 진행된 전쟁을 통칭하는 말로 1941년 6월 22일부터 1945년 5월 9일까지를 대조국전쟁의 기간으로 보고 있다.

되지 않았다. 새로운 문학과 예술의 중요한 특징은 정치적으로 중립적인 문학의 도입이었는데, 여기에서 소련 작가들은 "명시적 또는 암시적인 정치적 입장을 취하지 않고 개인의 사생활을 다루고 있다"(Hingley 1962, p. 46). 그로이스(Boris Groys)의 견해에 따르면, 영원한 가치를 강조하면서 "사회적 사실주의가 전통적 사실주의로 대체되기 시작했다"(1992, p. 76). 그런 문학의 형식적 장치와 관례의 현대화는 새로운 스타일의 글쓰기에 특별한 문화적 의미를 부여했으며, 전체적으로 해빙 중에 일어난 소련의 문학 작품, 영화와 드라마에서의 변화는 따라서 다음과 같이 요약될 수 있다.

- 밝은 색깔과 낭만적 이미지의 사용
- 개별적 및 사적 모티브의 증가
- 재미있는 장르의 광범위한 사용
- 소비지상주의적 메시지
- 도시 풍경 및 도시 청춘 이미지의 풍부함
- 농촌 풍경, 농촌 지역의 근대화를 위해 그곳으로 이주하는 도시에서 교육받은 청춘의 이미지를 낭만화
- 좀 더 낭만적인/성애화된 성 묘사
- 외국의 예술적 기법의 광범위한 차용
- 지금까지 금지된 옛 고전의 이용 가능성

해빙기의 압도적인 분위기는 청춘과 사랑으로, 이는 바람직한 활력을 불어넣는 변화에 대한 은유였다. 리드(S. E. Reid)가 말한 바와 같이, "청춘은 해빙의 상징적 체계에서 가장 용기 있는 주제 중 하나였으며, 사회주의 프로젝트 부흥, 사회적·과학적 발전, 공산주의의 임박한 출현에 대한 당의 약속을 설득력 있게 구체적으로 나타내는 것이었다"(2006, p. 216).

부전자전: 김정일 이후 다시 돌아온 봄

이러한 1950년대 소련의 경험이 오늘날 북한 문화에 현저하다는 점은 분명하다. 북한의 공식 사상은 언제나 소련의 해빙을 위험한 수정주의의 전형으로 다루어왔지만, 사실상 위에서 말한 소련 해빙의 모든 특성을 비록 스탈린 이후의 소련 문화와 완전히 일치하지 않는 북한 자체의 구체적 내용과 함의가 들어있더라도 현재 북한의 공식 대중문화에서 볼 수 있다. 요컨대, 만리마 문화는 대체로 김정일 통치 마지막 10년 동안에 등장한 변화를 따라왔다. 이 시기에 북한은 주로 풀뿌리 자본주의의 성공 덕분에 1990년대 고난의 행군 기근으로부터 느린 경제 회복을 경험하였다. 그러나 경제 개선의 공로는 김정일과 이른바 사회주의체제의 효율성에 돌아갔으며, 1998년에 처음 등장한 '강성대국'을 건설하기 위한 전국적인 캠페인은 김일성의 교시와 완전히 일치하고 체제를 바꾸는 것이 아니라 그와는 반대로 체제를 강화하고 더 효율적으로 만드는 게 목적이라고 항상 설명되었다. 특별히 문화 영역에서 강성대국은 북한의 공식 문화에 정치적 근대화가 아닌 기술적 근대화, 평등주의적이고 집단주의적인 소비주의 메시지, 기술 발전의 추진력으로서의 '지식인'에 대한 전반적인 미화 등의 생각을 불어넣었다. 이 메시지들은 사회적 의무와 공산주의 열정이라는 영구적 메시지와 공존하였으며 전통적인 영화와 창작을 통해서뿐 아니라 가라오케 비디오와 텔레비전 시리즈 같은 새로운 다이내믹한 대중문화 장르를 통하여 홍보되었다.

김정은 레짐은 김정일 문화정책의 이런 특징을 강화했을 뿐 아니라 국가 발전을 위한 기반으로써 새로운 해빙 스타일의 봄과 청춘 의미로 보강했다. 물론 문화 선전에서 청춘의 활용은 김정일 시대에도 있었으며, 고난의 행군 시기 청년돌격대의 활동을 회상한 〈대홍단 책임비서〉나 〈청년들을 자랑하라〉 같은 텔레비전 드라마에도 존재했다. 그러나 이러한 작품 대부분에서 젊은이들은 독립적이고 자만심이 강한 집단으로서 가 아니라 어른들이 주도한 프로젝트의 충실한 수행자로 등장했다. 이 와 대조적으로 만리마 문화는 세대 관점을, 젊은이들을 의사결정자와 내러티브의 중심으로 묘사하고 강성대국이 '청년 강국' 구호를 낳는 보 다 청춘 중심의 관점으로 바꾸었다. 이 구호를 사용한 예로는 영화 〈청 년 강국의 주인들〉과 〈청년 강국의 빛나는 역사〉(2019)에서 볼 수 있 다. 북한 작가들은 또 젊고, 사회적으로 중요한 인물에 특별히 초점을 맞춘 다수의 소설도 생산했다. 전형적인 예로는 송혜경의 『은하리 청년 들』(2016), 백현우의 『젊음을 자랑하라』(2017), 이주천의 『청년 시절』 (2017), 변월려의 『미루벌』(2017) 등의 장편소설이 있다.

지금까지 만리마 시대의 대중문화는 다음과 같은 새로운 특징을 보여 주었다.

- 간첩 주제의 텔레비전 시리즈 같은 재미있는 장르, 낭만적 대하소설과 가족 대하소설, 어린이 중심의 작품 등을 통해 정치적으로 중요한 메 시지를 전달하는 경향
- 새로운 유형의 주인공 등장: 과거의 좋아하는 등장인물과는 대조적으 로, 야심 있는 지식인, 패션을 사랑하는 멋진 청년, '경제 노동자': 보 통의 '숨은 영웅', 노동자, 소박한 군인과 가정주부
- 도시와 도시 거주자에 대한 보다 긍정적인 이미지, 시골 배경과 외딴 군대 초소 및 주둔지에 대한 이전의 숭배와 대조적으로 도시가 추진하 는 발전을 극찬
- 평범하나 정치적으로 헌신적인 여성 영웅과 세련되고 야심 있으나 비 도덕적인 반 여성 영웅 사이의 대조를 전제로 한 이전의 담론과는 대 조적으로 강력한 개인적인 직업적 야망이 있는 결연하고 고등교육을 받은 긍정적인 여성 등장인물
- 과거의 끊임없이 일하는 등장인물과는 대조적으로 레저, 소비, 엔터테

인먼트에 대한 보다 긍정적인 이미지

- 더 비정치적/비 이데올로기적인 부차적 줄거리 이야기와 에피소드, 등장인물 간 개인적 관계를 더 강조
- 더욱 미묘하고 섬세하며 정보에 입각한 반대한민국 선전, 예를 들어, 소설 속에서 2014년 세월호 참사의 주제를 활용하고, 한국으로 탈북 후 다시 북한으로 돌아간 사람을 남북한을 경험한 후 북한을 선택한 사람으로 '회개하는 죄인'의 이미지 등장

오래된 주제, 새로운 방법

동시에, 소련의 해빙과 김정일 시대의 문화적 경향과 비슷하게 김정은 치하의 창작과 영화는 더 오래되고 더 전통적인 레짐 주제와 메시지를 계속 재작업하였다. 그중에는 김일성, 김정일, 김정은 모두를 포함하는 지도자 숭배, 영예로운 참전 용사에 관한 주제, 군대와 인민의 친근함, 고난의 행군 시절 회상, 재일동포의 삶 등이 있다. 그러나 다소 진부한 이 주제들은, 특히 고난의 행군은 종종 전에 없이 감상적이고 개인적인 관점에서 사실적인 내용이 풍부하게 만들어지고 있다. 예를 들어, 장편소설들인 김하늘의 『함께 사는 사람들』(2013)과 정형철의 『구기자 꽃』(2014)은 고난의 행군 시절 동안 평범한 북한 주민들의 삶을 현실성 있게 서술하고 있다. 김용연의 장편소설 『그해 봄』(2015)은 고난의 행군 기간 조선인민군 병사들이 당의 부름을 따라 협동농장에 제공한 형제적 도움에 대해 이야기하고 있다. 이준호의 장편소설 『행복에의 권리』(2014)는 영웅적인 광부들과 그들의 아내들의 삶을 다루고 있는데, 국가 생산 계획을 완수하는 데 그들이 부지런히 일하는 주제에 대해서뿐 아니라 그들의 일상생활을 자세하게 그리는 데 초점을 두고 있다.

북한의 창작에서 계속 강조된 진부한 주제들에는 추가로 한국전쟁(북한에서는 '조국해방전쟁'이라고 부름 – 역자 주) 경험, 조선(한반도)의 분단과 위대한 지도자의 보살핌을 받지 못하는 남한 동포들의 불쌍한 삶 등이 있다. 이러한 주제들 역시 혁신적인 서술 접근법과 기법을 통해 작품이 만들어지고 있다. 예를 들면, 유원규의 장편소설『대대 앞으로!』(2015)는 남한의 대대장 표무강의 눈을 통해 한국전쟁을 그리고 있다. 작가는 짧고 간결한 문장과 다이내믹한 전개의 색다른 스타일을 택했다. 소설 속 등장인물들의 관계는 여러 갈등으로 가득 차 있으며 그 갈등들은 결국 대대가 북으로 넘어가는 것을 통해 해결된다. 또 다른 소설은 반한국 선전에 활용하기 좋은 주제, 2014년 약 250명의 학생 목숨을 앗아간 세월호 참사에 집중하고 있다. 오송심의 단편소설 "봄을 부르는 소리"(2015)는 그 사고를 한국 박근혜 대통령의 비인간적인 정책의 결과라고 말하고 있다. 그 비극은 전에 박근혜 대통령에게 투표하고 나중에 그것을 후회하게 된 한 유족 어머니의 눈을 통해서 그려지고 있다.

또한, 문학과 예술은 김정일 시대의 추세인 강력한 군사주의, 반미주의, 그리고 로켓(미사일) 기술의 찬양을 계속 이어가고 있다. 예를 들어, 김용연의 장편소설『보검』(2014)은 북한이 김일성 사망 후 1994년에 겪은 도전을 그리고 있다. 이 소설은 김정일의 '선군 정치'를 찬양하고 있는데, 작가에 따르면 선군 정치는 경애하는 지도자(김정일을 말함 – 역자 주)가 미국과 대한민국으로부터의 국제적 압력을 견딜 수 있게 해주었다. 그러나 군사 주제의 작품은 더 이상 항상 공격적이고 저항 지향적인 분위기를 취하지는 않는다. 예를 들면, 2013년 텔레비전 드라마 〈우리 이웃들〉은 북한의 첫 번째 성공적인 위성 시험으로 당시에는 최근인 2012년 은하-3호 발사를 다소 특이한 방식으로 모티브로 사용했다. 즉 이 드라마는 은하-3호 발사를 소원해진 남편과 아내가 그 로켓 발사를 보는 동안 자발적인 기쁨의 순간을 함께 하면서 갈라진 가족을 화합시키는 가족 평화중재자의 역할을 하는 것으로 묘사하고 있다. 이 재결합은 과거의 잘못, 성격 불일치, 개인 차이, 또는 의사소통문제에 관한 토론이나 양심적 분석이 선행되지 않고 있다. 즉 은하-3호에 대한 공통의 사랑이 두 사람의 진정한 상호 감정을 시험하는 적절한 리트머스 역할을 하는 것이다.

중심의 지도자

북한의 창작은 여전히 지도자가 중심이며, 그래서 김정은 치하의 대중문화는 소련 해빙기의 기본 특징, 즉 스탈린 개인숭배에 대한 투쟁이 전혀 없다. 최고 권력이 세습되고 현 지도자의 정통성은 전임자들과의 혈통으로 정당화되는 북한에서는 김정은이 아버지와 할아버지에 대한 투쟁을 시작하는 것은 물론 불가능하다. 그러므로 공식 문화는 그들의 위대성과 지혜를 강조하는 소설과 단편의 발행을 통해 이전 북한 지도자들의 권위를 계속 강화하고 있다. 하나의 예로 리동구 (2017)의 장편소설 『아침놀』은 김정일의 어린 시절과 김일성종합대학에서의 학습에 바쳐져 있다. 최근에 꾸준히 증가하고 있는 북한 사회주의 사실주의 고전 작품의 재발간과 김일성과 김정일 시대의 고전 소설에 기반한 텔레비전 드라마 제작도 김정은 전임자들의 지도력을 신성화하는 것을 목표로 하고 있다.

김정은에게 바쳐진 공식 문화 작품들은 이러한 정치 노선의 지속성을 입증한다. 『노동신문』, 『조선 문학』과 기타 공식 매체에 발표된 지도자를 찬양하는 시는 처음에는 매우 전통적인 정치적 메시지와 개념을 전달했다.

예를 들어, '인민이여, 우리에겐 김정은대장이 계신다'라는 제하의 김일성종합대학 문학대학 집체작으로 2011년 12월 24일 『노동신문』에 발표된 김정은에 관한 첫 번째 시에는 다음의 구절이 있다.

> 인민이여 머리를 들라
> 우리의 하늘엔 태양이 빛난다
> 그 태양은 우리의 김정은동지
> 조국이여 더 억세게 일떠서라
> 장군님 헤쳐가시던 혁명의 길우에
> 붉은 기발은 힘차게 휘날린다
> 그 기발의 위대한 기수는
> 우리의 김정은동지

이와 유사하게, 2012년 출판물 『꽃봉오리』 속의 단편소설은 북한의 새 지도자가 돌아가신 아버지(김정일을 말함 – 역자 주)의 마지막 명령을 이행하고 평양 시민들에게 물고기를 전달하는 첫 번째 정치적 결정 중 하나를 격앙하여 서술했다. 특히 공식 노래들은 이러한 지속적인 선전 노선을 보여준다. 노래 "발자국"(2010)과 "우리는 당신밖에 모른다"(2016)는 내용과 형식에서 사실상 차이가 없다. 두 노래는 비슷한 군대 합창단이 공연하며 똑같이 완곡한 충성심의 표현으로 가득 차 있다. 공식 북한 문화의 찬미가 역할을 하는 것 같은 이 노래들은 왜 지도자를 소중히 여겨야 하는지는 자명하다고 생각하기 때문에 이 문제를 의도적으로 회피하고 있다.

　김정은 치하의 창작은 1956년 제20차 소련 공산당대회에서 시작된 지도자 개인숭배에 대한 소련의 비난을 직접 거부하고 있다. 그 개인숭배는 북한의 정치 용어에서 '개인 미신'으로 다르게 정의되고 있다. 리동구 (2017)의 장편소설 『아침놀』은 김일성종합대학 교수들과 당시 17살 김정일 간 이 문제에 대한 자세한 토론을 포함하고 있는데, 조숙한 김정일은 이 비난을 비롯해 소련 수정주의자들의 모든 잘못을 교수들에게 명확히 설명한다. 이 대화의 반수정주의 논리는 꽤 전통적인 데 반해 논거가 전달되는 방식은 상당히 새롭다. 대화 참여자들은 복잡한 역사적 유사사례와 엥겔스, 마르크스, 레닌 같은 세계 공산주의운동 권위자들에 의지한다. 특히 예상치 못한 일은 대조국전쟁에서의 나치 독일에 대한 소련의 승리에서 스탈린이 거둔 위대한 업적에 관한 대화와 인정에서 나타난 강력한 친스탈린 입장이다. 그리고 미디어가 외국의 추종자들이 쓴 북한체제에 대한 과장된 찬사를 발표하는데 익숙한 북한 문화에서 국제적인 인물을 인정하는 인용이 새롭지는 않지만, 같은 대의를 위해 싸운 투사로 김일성과 스탈린의 직접적인 유사점을 그린 일은 1950년대 중반 이후 북한의 대중문화에는 없었다.

국가의 어린이들에게 자애로운 지도자

새 지도자를 김씨 왕조의 계승자로 정당화하는 작업은 아버지에 의해 시작된 프로젝트에 김정은을 포함하는 것을 통해 이루어졌다. 예를 들어, 김영희의 단편소설 "붉은 감"에서 김정은은 군 초소의 미숙한 여성 병사에게 자신을 갖도록 격려하여 그의 아버지와 할아버지가 확립한 모범을 따르고 있다 (Kim, Yŏng-hŭi 2015). 김정은에 관한 새로운 소설들은 또 지도자를 영예군인(군사복무 기간 부상을 입고 제대되어 국가적 혜택을 받는 사람 – 역자 주)과 고아를 돌보는 사람이라는 전통적 역할로 그리고 있으며, 이에는 임복실의 "아버지의 얼굴" (2015), 리혁민의 "해가 밝게 비추는 집" (2015), 탁숙본의 "정의 바다" (2015) 등이 있다. 한편, 어린이들의 복지에 대한 깊은 염려가 김정은의 이미지를 만드는 핵심 주제 중의 하나이다. 33살의 김일성이 1945년에 젊은 정치적 동반자들에 둘러싸여 최고 지도자의 자리에 올랐다면, 2011년에는 북한의 군과 당의 가장 높은 지위에 포진한 80대의 원로들이 김일성의 27살 손자를 위해 어울리지 않는 배경을 장식했다. 따라서 김정은의 대중 이미지는 그의 성숙함과 지혜로움을 강조하기 위해 꾸며야 할 필요가 있었다. 그래서 놀랄 것도 없이, 젊은 원수를 위한 선전 소설의 첫 번째 작품은 김정은을 아버지 같은 인물로 자세하게 묘사했으며, 아동문학은 '아버지' 또는 '삼촌' 같은 용어를 27살의 김정은에게 적용했다.

김정은과 어린이들에 관한 주제에 집중한 북한 영화들은 이제는 정형화된 형태를 갖추었다. 편집의 관점에서 김정은은 여전히 보이지 않았고 '자애로운 어버이!' 환호성을 지르며 카메라를 향해 달려오는 어린이들을 만난다. 김일성과 김정일에게 그런 장면은 떠오르는 태양과 김일성화/김정일화가 활짝 피는 환영으로 보완된다. 김일성화와 김정일화는 각각의 지도자 이름을 붙인 꽃이며 김정은은 아직 그런 꽃 상징이 없다. 이야기는 예외 없이 탁아소/유치원 근처에 놀이 공간이 부족하거나, 형이 고아원 내 다른 건물로 이동되어 헤어지거나, 형편없게 짜인 학습서로 인해 학습 장애를 겪는 것 같은 문제를 가진 불행한 어린이에 관한 서술로 시작한다. 이런 스트레스로 인해 그 어린이는 놀기 위해 혼잡한 거리로 뛰어 들어가거나, 형을 찾기 위해 고아원에서 도망치거나, 학교에서 나쁜 성적을 얻는 잘못을 한다. 그다음 장면은 경애하는 지도자를 보여주는데, 그는 우연히도 그 어린이를 괴롭히는 바로 그 문제를 생각하고 있으며 많은 숙의 후 부하들에게 현명한 지시를 내린다. 작품의 대단원에서 독자는 형과 함께 모든 나이 그룹의 어린이들이 가까이 사는 하나의 공동 고아원으로 이사해서 더 넓고 더 좋은 시설을 갖춘 운동장에서 놀며 더 좋은 학습서로 공부하는 행복하게 순종하는 어린이를 보고 안도한다. 그런 이야기의 많은 예 중에는 리혁민의 "해가 밝게 비추는 집"(2015)과 단편소설 김삼복의 "스승"(2015)이 있다. 김정은의 성숙한 이미지를 보여주는 문학의 추가 예로는 어린이를 위한 중편 다큐멘터리 소설 김유

진의 『선군 동이들』(2014)이 있다. 이 소설에서 김정은은 어린이들에게 뜨거운 설탕물을 마시라고 조언하고 좋은 소설을 쓰라고 권고하면서 설탕을 나눠주는 다정한 아버지로 그려지고 있다. 이 소설의 주인공 소년 시인은 자신의 유일한 소망인 "어버이 김정은"의 만수무강을 비는 시를 쓴다.

〈기다리는 아버지〉라는 제목의 2015년 텔레비전 드라마의 줄거리는 새롭게 등장한 이 주제를 더 자세히 감상할 수 있게 해주고 있다. 이 드라마는 평양의 경성유치원에 다니며 국제 어린이 피아노 콩쿠르를 준비하고 있는 유망한 피아니스트 장혁의 삶을 그리고 있다. 이 소년은 아버지를 몹시 그리워하는데, 그는 멀리 떨어진 건설 현장에서 일하고 있으며, 이 헤어짐으로 인한 스트레스가 소년의 연주에 부정적으로 영향을 미친다. 선생님은 소년이 아버지를 방문하기 위해 당분간 연습을 중단할 수 있도록 허락한다. 장혁과 그의 어머니가 아버지를 만나러 비행기를 타려고 하는 바로 그 순간 장혁은 김정은이 지금 그의 유치원을 방문하고 있다는 텔레비전 보도를 우연히 듣는다. 돌연히 이 소년은 지도자를 만날 수 있기를 바라며 도시로 급히 돌아간다. 경찰차가 소년을 가로막지만, 야단치는 대신에 친절한 경찰은 그 소년을 유치원까지 차로 데려다준다. 그러면서 휴대전화로 소년의 어머니에게 전화를 걸어 장혁이 경찰과 함께 있다고 알려준다. 어머니는 비행기에 탑승하고 장혁을 할아버지에게 맡긴다. 장혁이 유치원에 도착했을 때 자애로운 지도자는 이미 떠났으며 소년은 실망해서 유치원 원장의 어깨에 대고 목 놓아 운다. 원장은 소년에게 자애로운 지도자가 필연적으로 다시 한번 유치원에 올 것이라고 설명한다. 그동안에 장혁은 피아노 연습을 잘해서 콩쿠르에 우승함으로써 지도자를 기쁘게 만들 수 있다. 소년은 집중적인 연습을 시작하고, 김정은의 초상화와 자애로운 지도자가 유치원에 머무는 중 앉았던 의자의 환영으로부터 영감을 얻는다. 장혁은 바로 피아노 콩쿠르에서 우

승하며 경애하는 지도자와의 만남이 주어진다. 보충 설명으로, 장혁의
역할은 신체적으로도 김정은을 닮은 최태용으로 불리는 통통한 어린이
배우가 연기한다.

또 다른 공통 주제는 자애로운 지도자가 실제 아버지를 대체하는 것
이다. 이 모티브는 많은 어린이가 부모를 잃은 고난의 행군 시절을 배
경으로 한 북한 영화예술 작품에서 특히 인기가 있었다. 〈나의 아버지〉
(1994) 또는 〈달려서 하늘까지〉(2000) 같은 영화를 언급하는 것으로 충
분한데, 이 영화들에서 벽에 걸린 어버이 지도자 김정일의 사진이 어린
이들의 최근에 죽은 아버지들을 대체하는 것으로 여겨진다. 텔레비전 드
라마 〈기다리는 아버지〉에서 김정은은 주인공의 살아있고 많은 사랑을
받는 실제 아버지를 대체하고 있다. 유치원으로 돌아온 그 순간부터 소
년은 실제 아버지를 다시는 언급하지 않으며 김정은만을 찬양한다.

봄을 위한 추진력으로서의 지도자

젊은 김정은의 정치적 정당화는 그가 국가의 모든 긍정적 변화의 추진력
이자 조정자라는 생각에 근거하고 있다. 중심 가정이 개인숭배주의 거부
와 당의 집단적 권위로의 대체였던 소련의 창작에서의 스탈린 이후 해빙
과 기타 사회주의 문학과는 대조적으로, '새로운' 북한사회를 위해 요구
되는 모든 진전은 김정은의 이름과 밀접하게 연결되고 있다. 예를 들어,
김하늘의 2014년 단편소설 "들꽃의 서정"은 김정은을 나이가 든 당 간
부 이무성보다 훨씬 더 현명하다고 묘사하고 있다. 이무성과는 달리 김
정은은 가족에 의해서조차 거부당한, 돌아온 탈북자를 향해 훨씬 더 세
심하고 능숙한 행동을 보여준다. 지도자의 이러한 인도적인 태도는 나이
든 간부가 자신의 무능함과 편협함에 수치스러움을 느끼게 한다. 이야기

속의 한 인물의 말을 인용하면, "김정은은 길을 잃은 아들과 딸들이 당의
품으로 돌아온 것을 따뜻하게 맞이하는 우리의 어버이다."

이와 비슷하게, 김삼복의 2015년 단편소설 "스승"은 북한의 교육제
도를 세계 최고의 사례와 동등하게 만들 목적으로 추진한 북한의 중학교
개혁에 관한 주제에 힘을 쏟고 있다. 이야기는 역설적으로 연장자에 대
한 존중선언과 종종 성숙한 간부와 관련되는 형식주의와 교조주의에 대
한 냉혹한 비판을 결합하고 있다. 한편으로, 지도자는 한때 김정은에게
철학을 강의한 연세가 드신 교육 간부 이헌순과 친근한 사이로 그려진
다. 작가는 특히 70대인 이헌순이 김정은의 천재성에 대단히 활력을 얻
는 데 반해, 김정은은 젊은 리더와 함께 있을 때 대화 중 농담까지 할 정
도로 편안함과 자유로움을 느낀다는 점을 강조하고 있다. 다른 한편으
로, 이야기는 "오래된 생각과 교조주의의 틀 안에 갇혀"있는 교육 분야의
일부 익명의 반동분자들을 공격하고 있다.

성숙한 북한 교육 관리자들이 따라야 할 칭찬할 만한 근대정신의 예로
서, 이 이야기는 모란봉악단에 의한 공연의 중요성에 대해 다소 색다르
게 서술하고 있다.

모란봉악단은 파문을 일으켰다. 모란봉악단의 혁신성은 인민에게
습관적이고 화석화된 방식을 거부하라고 외치는 종소리였다. 이
악단의 독특한 내용은 진취성, 에너지와 생동감 넘치는 동작이다.
이 악단 여성 가수들의 노래, 맑고 쾌활한 모티브, 인민의 마음을
울리는 리듬 – 이러한 모든 것들은 인민의 정신을 고양했고, 인민
을 낡은 방식에서 일깨웠으며, 인민이 세계를 둘러보도록 했다. 젊
은이는 자신의 젊은 신체적, 정신적 감정과 가까워 변화하는 시대
의 바람을 더 강하게 느끼게 한 모란봉악단에 흥분했다. 나이가 든
사람들은 이 음악은 자신의 젊음을 회복시키는 것 같다고 말했다.
즉 그들의 눈을 더 밝게 빛나도록 하고 다리를 더 빨리 움직이게

했다. 이 음악은 시대를 뛰어넘어 사회를 발전시키는 새로운 것에 대한 인민의 요구를 무제한으로 높였다. 하나의 예로서, 시대 정신과 사회 발전 추세를 강렬히 반영한 모란봉악단의 연주회를 통해, 인민은 창의성과 현대적 사고방식을 일깨운 신호를 받아들였다.

김정은의 특이한 리더십 스타일의 합리화

새로운 창작은 항상 김정은의 천재성을 전반적으로 찬양하면서, 또한 그를 많은 구체적 분야에 개입하여 최종적인 지침을 제공할 수 있는 능력이 있다고 묘사하는 경향이 있다. 여기에서 정형화된 줄거리는 지도자와 유명하고 근면하며 철두철미하게 충성스러운 전문가 사이의 밀접한 상호작용에 초점을 맞추고 있다. 후자는 중요한 프로젝트에 참여하고 있으며 부지런하게 매우 열심히 일하지만, 그의 결과는 상급자의 이유가 밝혀지지 않은 거부에 부닥친다. 그 전문가는 지도자가 그와 개인적인 만남을 요구했다는 것을 알게 되었을 때 해고되려고 한다. 이 만남 중에 김정은은 고도로 일반화되고 주관적인 관점에서 이른바 실수를 설명하지만 ("이 프로젝트에는 깊은 감정이 없다" 또는 "프로젝트가 개성이 없다" 또는 "이 보고서에는 어린이들에 대한 사랑의 감정이 없고 단지 숫자만 있다"), 이 말로 충분히 전문가는 안도감이 솟구치며, 그의 프로젝트와 경력을 지켜나간다.

　이러한 이야기 비유의 예로는 탁숙본의 "소원" (2015)과 "정의 바다" (2015) 속에서와 리동구의 "성전의 나팔소리" (2015) 속에 있다. 단편소설 "성전의 나팔소리"에서 유명한 군사이론가 엄남용은 김정은으로부터 북한의 '혁명전쟁' 개념의 본질을 설명하는 논문을 쓰라는 과업을 받는다. 엄남용은 다음의 구절로 시작하여 마음으로부터 이 논문을 쓴다. "미제침략자들과 남조선 괴뢰들이 전쟁을 도발한다면 그들은 필연적으로 파멸할 것이다. 백두산 총대의 타격은 무자비하다." 그러나 엄남용의 최선의 노력에도 불구하고, 지도자는 그 논문을 거부하며, 엄남용은 제대할 것이 제안된다. 그의 정신적 고통은 아버지와 사이가 틀어져 더욱 악화한다. 그의 아버지는 지도자 앞에 엄남용이 임무를 완수하지 못했다는 이유로 아들이 아버지의 집 문턱도 넘지 못하게 하는 80대의 한국전쟁 참전 용사이다.

그러나 이 시점에서 갑자기 괴로워하는 엄남용은 김정은을 방문하라는 연락을 받는다. 지도자는 그를 반갑게 맞이하고 그에게 교리의 요점을 제대로 설명할 수 없었던 것에 대해 사과한다. 지도자는 엄남용에게 비싼 선물을 주는데, 그것은 휴대용 컴퓨터로 북한 군사 철학의 모든 측면을 명확히 하기 위한 김일성의 이론적 저작 전체가 입력되어 있다. 그리고 아버지와 아들을 화해시키기 위해 김정은은 엄남용을 동반하여 그의 아버지 집으로 가며, 그곳에서 그를 입양한 어머니가 지도자에게 가족사에 관해 이야기한다. 항일 무장투쟁 중 당시 14살 고아였던 엄남용의 아버지가 김일성에 의해 구조되었음이 드러난다. 그리고 조국해방전쟁(한국전쟁을 말함 – 역자 주) 중 엄남용의 아버지가 파괴된 남한의 거창 땅에서 2살 고아를 구조해 자기 아들로 그 소년을 양육하기로 했다. 당시 군 간호원이었던 엄남용의 양어머니는 한 전투 중 이 소년을 자신의 몸으로 막아서 구조한 적이 있다. 그때 크게 다쳐 장애인이 된 그녀는 제대되어 고향으로 돌아갔고, 그곳에서 남은 생을 오로지 남용이를 키우면서 살겠다고 결심했다. 전쟁 후 남용의 아버지는 그녀와 결혼하고 그들은 그 뒤 쭉 입양한 아들과 행복하게 살았다.

김정은은 엄남용의 어머니, 석옥란에게 왜 그녀의 목숨을 걸었고 모르는 어린애를 위해 그녀의 건강을 희생했냐고 질문한다. 석옥란은 "그때 우리 인민군대는 다 그렇게 교양되어 있었습니다"라고 대답하고, 이 말을 긍정하며 김정은은 그녀의 대답에 조국해방전쟁의 본질이 반영되어 있다고 말한다. 그리고 김정은은 적에 대한 "무자비한 징벌"만을 강조하는 데서 엄남용이 북한의 교리를 일면적으로 정의했다고 설명한다. 소설 속 김정은의 말로, "우리의 혁명전쟁은 조국과 민족에 대한 사랑과 믿음으로 벌이는 전쟁입니다. 사랑과 믿음의 철학으로 우리가 벌이는 전쟁의 본질을 풀이해야 하는 것입니다." 다시 말하면, 조국과 민족에 대한 사랑이 없으면 적에 대한 증오를 느낄 수 없다. 사랑이 클수록 증오는 더 무자비하다. 김정은의 말은 계속된다.

> 우리는 누구보다 평화를 사랑합니다. 우리 당의 그러한 입장에는 지금도 변함이 없습니다. 그러나 적들이 전쟁을 강요한다면 우리는 최후의 선택을 하지 않을 수 없습니다. 우리의 전쟁은 조국과 민족에 대한 뜨거운 사랑이 구현되는 성전으로 되어야 합니다!

지도자의 말을 들으면서 엄남용은 마침내 그의 실수를 깨닫는다. 그는 감탄하여 경애하는 지도자를 바라보며 생각한다. "오직 군사이론의 영재이시고 조국과 민족에 대한 높은 사명감을 지니신 그이께서만이 혁명전쟁의 본질을 그렇게 정식화하실 수 있는 것이다." 김정은이 떠난 후에 가족들은 그의 말을 되새기며 엄남용은 다음과 같이 마무리한다.

> 원수들은 파괴와 살육을 전쟁의 본질로 알고 있다. 조선에서 원수들에 의해 전쟁의 불집이 터진다면 사랑과 믿음의 철학이 파괴와 살육의 철학을 어떻게 타승하는가를 세계는 보게 될 것이다. 우리 인민과 군대는 얼마나 위대한 대성인을 진두에 모시고 있는가!

탁숙본의 "소원"은 금강산 그림을 그리는 재능 있는 젊은 화가에 관한 이야기이다. 그림의 질이 좋음에도 불구하고, 지도자는 그림이 "산의 정신을 제대로 보여주지 않고 있다. 금강산은 인민의 산맥이지만, 그림 속의 산은 노동당 시대의 금강산이 아니다"라는 이유로 그의 작품을 거부한다. 진지하게 숙고한 후 그 화가는 자기 그림에 관광 도로를 추가하고 지도자는 만족한다. 화가는 승진하고 위대한 지도자와 경애하는 지도자의 초상화를 그리는 영광이 수여된다. 이와 유사하게, 탁숙본의 다른 단편 소설 "정의 바다"에서는 경험이 풍부한 교육 간부가 그의 보고서가 정확한 숫자를 담고 있으나 "어린이들을 향한 사랑의 감정"이 부족하다는 이유로 지도자로부터 비난을 받는다. 그 관리는 "우리는 어린이들의 부모와 큰형이 됐을 때 인민의 주인이 됐다"라는 것을 깨닫게 된다.

비록 서방 국가의 독자들은 이러한 이야기들을 고도로 도덕적이라고 거의 생각하지 않을 것이지만 (그들에 있어 지도자의 행동은 보통 갇힌 쥐를 가지고 노는 고양이의 행동과 다르지 않다), 아마도 이런 작품들은 김정은의 전지전능함을 강조하기 위한 의도였을 것이다. 그 이야기들은 젊은 지도자를 북한의 국가 독트린의 성격에 대한 깊은 통찰을 통해 자기 '어린이들'에 개입하여 올바른 길을 택하도록 할 수 있는 완벽히 현명한 어버이로 묘사하는 것을 목표로 한다. 고대 현자의 방식으로 김정은은 제자들에게 그들의 잘못을 굳이 항상 설명하려 하지는 않지만, 그 대신 그들이 추측하도록 내버려 두고 그에 따라 "정신적으로 성장하게 한다."

또한, 김정은이 전문적으로 훈련받은 사람들보다 전쟁 이론, 교육, 미술 분야에서 전문가에 더 가깝다는 생각 자체에도 의문이 제기되지 않는다. 그 대신에, 지도자의 정신적, 도덕적 완벽성은 그가 모든 것을 쉽게 판단할 수 있게 한다. 이는 그 잘못을 범한 사람을 패배, 절망, 거부에 직면해 있는 사람으로부터 주변 사람에 의해서가 아니라 최고 지도자의 개입으로 자신의 방식의 오류를 알게 된 사람으로 완전히 바꿔 놓는다. 이 모든 우화적 이야기는 '아버지'가 엄격하나 온화하고 그래서 잘못을 저지른 사람은 용서를 받으므로 행복하게 끝난다. 불행하게도 장성택의 사례가 증명하는 것처럼 이것이 항상 실생활을 반영하지는 않는다.

결론

처음의 예상과는 다르게 김정은은 '페레스트로이카' 노선을 따라 대중문화의 자유화를 착수시키지 않았다. 그러나 김정은 통치 아래서 북한의 문화는 과소평가해서는 안 되는 중요한 변화를 겪어오고 있다. 새로운 동향 가운데는 젊음에 대한 숭배, 도시가 이끄는 기술 발전에 대한 극찬, 북한의 아동기에 대한 새로운 접근법 등이 있다. 이 새로운 동향은 김정은의 이름과 밀접한 관계가 있다. 그는 변화의 추진력이자 조정자로 그려지고 있으며, 공식 소설은 그의 리더십 스타일을 자세히 설명하고 합리화하고 있다.

주목할 만한 하나의 주요 특징은, 김정은 치하 북한 대중문화의 많은 측면이 김정일 시대에 뿌리를 두고 있는 데 반해, 김정일 시대의 혁명적 레토릭은 반혁명 세력의 존재를 모범적인 등장인물에 의해 교육과 영감을 받아야 하는 완벽하지 않은 등장인물들만 상정하지 않았다는 점에서 만리마 문화는 이전의 문화와는 다른 것으로 보인다는 점이다.

만리마 시대의 문화는 그렇게 순응적이지 않은 것 같다. 공식 문화는 국내에 구체적인 적을 지정하지 않았지만, 개혁해야 할 "석화되고 고립된 작업방식"에 대한 더 날카로운 언급을 특징으로 한다.

예를 들어, 김하늘의 소설『함께 사는 사람들』(2013)에 대한 분석에서 임순남은 "미래를 향해 움직이는 오늘날, 새로운 시대의 혁신적인 사회주의 국가가 되기 위해 우리는 다른 새로운 문학적 이미지, 새로운 등장인물이 필요하다 - 우리는 잘생긴 남자, 패션을 사랑하는 등장인물이 필요하다!"라고 선언하고 있다 (Yim 2015, p. 62). 여기에서 문제는 모범적인 등장인물을 공식 소설의 중심에 두는 수십 년간의 관행이 딱딱하고, 활기 없는 독단적인 스타일을 조성한 것으로 보인다. 그리고 아직 어떤 사회층이나 특정 사람들을 '적' 또는 '시대 역행자'로 직접 지명하는

일은 없지만, '변화의 필요성'과 '시대에 발맞추기,' 그리고 바꿔야 할 과
거 지향적인 '경직화되고 고정된 체제'에 대한 언급들은 주목할 만하다.
낡은 것과 새로운 것 간의 모순에 대한 이러한 발언은 북한의 문화적 맥
락에서는 다소 혁명적이며 체제 파괴적으로 될 가능성이 있다.

대체로, 봄과 갱신에 대해 열광하는 찬가와 함께 위반자 지명이 없는
이러한 일반화된 사회적 비난은 에렌부르크의 1954년 소설『해빙』의 중
심 모티브를 연상시킨다. 동시에 북한 문화사는 통치자가 현재 작용 중
인 '독단적 요소'를 발견한다고 해서 반드시 더 광범위한 변화와 갱신
의 과정으로 가는 길을 가르쳐 주는 것은 아니라는 점을 보여주고 있다.
1960년대에 일어난 일처럼, 그런 발견은 언제 어느 때라도 통치자의 정
책으로 인한 부정적인 결과에 책임을 져야 하는 특정 독단론자를 찾아
처벌하는 것으로 발전할 수 있다.

참고문헌

Cathcart, A. and Denney, S. 2013. "North Korea's Cultural Diplomacy in the
  Early Kim Jong-un Era," North Korean Review, vol. 9, no. 2, pp. 29-42.
Chŏng Hyŏng-chŏl. 2014. Kugijakkot [The Chinese Matrimonial Lily],
  Pyongyang: Munhak yesul ch'ulp'ansa.
Ch'ŏgnyŏ kanggukŭi juindŭl. 2019. [Masters of the Strong Country of Youth],
  available at: www.youtube.com/watch?v=r5ctIJFqtFI (accessed September
  28, 2019).
Ch'ŏgnyŏ kanggugŭi p'innanŭn yŏsa. [The Brilliant History of the Strong
  Country of Youth], available at: www.youtube.com/watch?v=OrN4kefu818
  (accessed September 28, 2019).
Groys, B. 1992. The Total Art of Stalinism: Avant-Garde, Aesthetic Dictatorship,
  and Beyond, Princeton, NJ: Princeton University Press.
Gu, E. X. 1999. "Cultural Intellectuals and the Politics of the Cultural Public
  Space in Communist China (1979-1989): A Case Study of Three Intellectual
  Groups," The Journal of Asian Studies, vol. 58, no. 2 pp. 389-431.
Hingley, R. 1962. "Soviet Literary Attitudes," Survey, vol. 40, pp. 42-48.

Jones, P. (Ed.) 2006. *The Dilemmas of De-Stalinisation: Negotiating Cultural and Social Change in the Khrushchev Era*, London: Routledge.

Kim, Ha-nŭl. 2013. *Hamkke sanŭn saramdŭl* [People living together], Pyongyang: Munhak yesul ch'ulp'ansa.

Kim, Ha-nŭl. 2014. "Tŭlkkoch'ŭi sŏŏg" [Lyricism of the Wildflowers], *Chosŏn munhak*, vol. 1, pp. 13–21.

Kim, Sam-pok. 2015. "Sŏŭng" [Teacher]. *Ch'ŏgnyŏ munhak*, vol. 5, pp. 3–16.

Kim, Yŏng-hŭi. 2015. "Pulgŭn kam" [Red Persimmon], *Ch'ongnyŏ munhak*, vol. 2, pp. 4–16.

Kim, Yŏng-yŏn. 2014. *Pogŏm* [Precious Sword], Pyongyang: Munhak yesul ch'ulp'ansa.

Kim, Yŏng-yŏn. 2015. *Kŭ hae pom* [The Spring of That Year], Pyongyang: Munhak yesul ch'ulp'ansa.

Kim, Yu-jin. 2014. *Sŏn'gun dongidŭl* [Children of the Military-First Epoch], Pyongyang: Kŭmsŏg ch'ŏgnyon ch'ulp'ansa.

O, Song-sim. 2015. "Pomŭl purŭnŭn sori" [The Voice Which Is Calling Spring], in *Pomŭl purŭnŭn sori* [The Voice Which Is Calling Spring], Pyongyang ch'ulp'ansa, pp. 19–15.

Paek, Hyŏn-u. 2017. *Chŏlmŭnŭl charanghara* [Be Proud of Our Youth], Pyongyang: Munhakyesul ch'ulp'ansa.

Pyŏn, Wŏl-lyŏ. 2017. *Mirubol*, Pyongyang: Munhak yesul ch'ulp'ansa.

Reid, S. E. 2006. "Modernizing Socialist Realism in the Khrushchev Thaw: The Struggle for a 'Contemporary Style' in Soviet Art," in P. Jones (Ed.), *The Dilemmas of De-Stalinization: Negotiation Cultural and Social Change in the Khrushchev Era*, London: Routledge.

Schattenberg, S. 2006. "'Democracy' or 'Despotism'? How the Secret Speech Was Translated Into Everyday Life," in P. Jones (Ed.), *The Dilemmas of De-Stalinization: Negotiation Cultural And Social Change in the Khrushchev Era*, London: Routledge, pp. 64–79.

Song, Hye-kyŏng. 2016. *ŭnhari ch'ŏgnyŏtŭl* [Young People of Eunhari], Kŭmsŏg ch'ŏgnyŏ ch'ulp'ansa.

T'ak, Suk-pon. 2015. "Chŏgŭi pada" [A Sea of Feelings], *Chosŏn munhak*, vol. 6, pp. 9–19.

T'ak, Suk-pon. 2015. "Sowŏ" [Desire], *Chosŏn munhak*, vol. 1, pp. 26–36.

Yi, Chu-chŏn. 2017. *Ch'ŏgnyŏ sijŏ* [Youth Years], Pyongyang: Munhak yesul ch'ulp'ansa.

Yi, Jun-ho. 2014. *Haengboge kwŏlli* [The Right to Be Happy], Munhak yesul ch'ulp'ansa.

Yi, Tong-gu. 2015. "Sŏgjŏ nap'alsori" [Trumpets of the Holy War], *Ch'ŏgnyŏ munhak*, vol. 1, pp. 4–13.

Yi, Tong-gu. 2017. *Ach'im nol* [Morning Glow], Pyongyang: Munhak yesul ch'ulp'ansa.

Yim, Bok-sil. 2015. "Abŏiŭi ŏgul" [Father's Face], *Adong munhak*, vol. 5, pp. 18–25.

Yim, Sun-nam. 2015. "Mŏchaengi chisikin ch'ŏgnyŏŭi hyŏgsangŭl!" [More Images of the Fashion-Lovers, Handsome Intellectual Youth!], *Chosŏn munhak*, vol. 6, pp. 62–65.

Yu, Wŏn-gyu. 2015. *Taetae ap'ŭro!* [Battalion, Forward!], Pyongyang, P'yŏgyang ch'ulp'ansa.

찾아보기

저자소개

가브루센코(Tatiana Gabroussenko)는 현재 서울 고려대학교 교수이다. 그녀는 오스트레일리아국립대학교에서 박사학위를 취득했다. 그녀는 한국어, 러시아어 및 영어로 북한문제에 대해 널리 발표했으며, 『문화 전선의 군인들: 북한 문학 초기사의 전개와 문학 정책(*Soldiers on the Cultural Front: Developments in the Early History of North Korean Literature and Literary Policy*)』(2010)의 저자이다.

그레이틴스(Sheena Chestnut Greitens)는 미국 미주리대학교 정치학과 조교수이자 이 대학 한국학연구소 공동소장이다. 또한, 그녀는 브루킹스연구소와 전략국제문제연구소(CSIS) 한국 석좌의 비상주 연구원이며 하버드대학교 페어뱅크센터 연구원이다. 그녀의 연구는 안보, 권위주의정치, 그리고 동아시아정치와 국제관계에 중점을 두고 있다. 주요 저작에는 『독재자들과 그들의 비밀경찰: 권위주의하의 강압 제도와 국가 폭력(*Dictators and Their Secret Police: Coercive Institutions and State Violence under Authoritarianism*)』(2016)이 있다.

김미주(Miju Kim)는 한국 서울 이화여자대학교 통일학연구원 연구원이다. 그녀는 석사 및 박사 과정을 마쳤으며, 현재 『남한과 북한, 평화와 공존(*Two Koreas, Peace and Coexistence*)』 제목의 원고를 작성하고 있다.

김석향(Seokhyang Kim)은 한국 서울 이화여자대학교 북한학과 교수이자 학과장이다. 그녀는 이화여자대학교에서 사회학 석사과정을 마쳤으며 조지아대학교에서 석사와 박사학위를 받았다. 그녀는 『"북조선 여성", 장마당 뷰티로 잠자던 욕망을 분출하다!』(2019)의 저자이다.

란코프(Andrei Lankov)는 현재 한국 서울 국민대학교 교수이다. 그는 레닌

그라드국립대학에서 박사학위를 받았다. 그는 『스탈린에서 김일성까지: 북한의 형성, 1945~1960(*The Formation of North Korea, 1945-1960*)』, 『비무장지대의 북쪽: 북한의 일상생활에 대한 에세이(*North of the DMZ: Essays on Daily Life in North Korea*)』, 『북한의 현실: 실패한 스탈린주의 유토피아의 삶과 정치(*The Real North Korea: Life and Politics in the Failed Stalinist Utopia*)』의 저자이다. 이밖에 한국어, 러시아어 및 영어로 쓴 다수의 다른 책들과 논문들이 있으며, *Foreign Affairs*, *The New York Times*, *The Washington Post* 등의 미디어에 정기적으로 논평을 기고한다.

린나(Anthony V. Rinna)는 *Sino-NK*의 선임 편집자이다. 그의 학술 연구는 남북한의 대러시아 경제와 안보관계에 중점을 두고 있다. 그는 필라델피아의 라살대학교에서 중앙 및 동유럽연구 석사학위를 받았다.

부조(Adrian Buzo)는 북한정치와 역사를 중점으로 한국어와 한국학 분야에 많은 저술이 있다. 그의 『게릴라 왕조: 북한 정치와 리더십(*The Guerilla Dynasty: Politics and Leadership in the DPRK*)』 제2판은 2018년 루트리지에서 출간되었다. 그는 현재 오스트레일리아 뉴사우스웨일스대학교에서 가르치고 있다.

부진스키(Leszek Buszynski)는 오스트레일리아 캔버라의 오스트레일리아국립대학교 전략국방연구센터 명예교수이다. 그의 전문분야는 한반도와 북한의 핵 야망, 미중경쟁의 광범위한 문제 등이다. 그는 『북한과 협상하기: 6자회담과 핵문제(*Negotiating with North Korea: The Six Party Talks and the Nuclear Issue*)』 (Routledge, 2013)의 저자이다. 가장 최근의 저서에는 『서태평양의 지정학: 중국, 일본, 미국(*The Geopolitics of the Western Pacific: China, Japan and the United States*)』 (Routledge, 2019)이 있으며, 그는 『중국해: 지역 해양분쟁에서 지전략 경쟁까지(*The South China Sea: From a Regional Maritime Dispute to Geo-Strategic Competition*)』 (Routledge, 2020)의 공동 편집자이다.

스미스(Shane Smith)는 국방대학교 대량살상무기연구센터 선임연구원이다. 그는 국방부 장관실에서 동아시아 핵정책 선임고문으로 근무했으며, 그 이전에는 하버드-스탠퍼드 예방방어 프로젝트와 외교협회에서 일했다. 그는 콜로라도대학교 볼더캠퍼스, 국방대학교, 존스홉킨스대학교에서 학생들을 가르쳤으며, 20개 이상의 책의 장, 논문, 정부 연구를 저술했다.

시글리(Alek Sigley)는 캔버라의 오스트레일리아국립대학교 아시아태평양대학을 졸업했다. 2018~2019년에 그는 김일성종합대학 문학대학 조선문학과에서 현대북한소설에 관한 대학원 연구를 수행했다.

실버스타인(Benjamin Katzeff Silberstein)은 펜실베이니아대학교 역사학과 박사과정 학생이자 스팀슨센터 비상주 연구원이다. 그는 분석가 웹사이트인 '38 North'에 북한경제 문제에 관해 정기적으로 글을 쓴다. 그는 존스홉킨스대학교 국제관계대학원(SAIS)에서 국제관계 및 국제경제 석사학위를 받았다. 그의 박사학위 논문은 북한에서의 감시의 진화와 사회적 역사에 초점을 맞추고 있다.

워드(Peter Ward)는 오스트리아 빈대학교 박사과정 학생이다. 그의 글들은 *Journal of East Asian Studies*, *Communist and Post-Communist Studies*, *Asian Perspective*와 다른 학술 저널과 매체에 게재되었다. 그의 연구 관심사는 북한경제, 북한 난민 정착, 동아시아 이주문제 등이다.

임유진(Yujin Lim)은 영국 리즈대학교 박사과정 학생으로 남북관계와 미중 안보경쟁에 연구 중점을 두고 있다. 그녀는 이전에 브뤼셀의 유럽 아시아연구소 연구원이었다.

잘론타이(Balázs Szalontai)는 한국 고려대학교 세종캠퍼스 공공사회·통일외교학부 북한학 부교수이다. 그는 부다페스트 중앙유럽대학교에서 역사학 박사학위를 받았다. 그는 『흐루쇼프 시대의 김일성: 소련-북한 관계와 북한 폭정의 뿌리, 1953~1964(*Kim Il Sung in the Khrushchev Era: Soviet-DPRK Relations and the Roots of North Korean Despotism, 1953–1964*)』(2005)의 저자이다. 그의 다른 연구 분야는 동남아시아, 몽골 및 동유럽 역사이다.

캐스카트(Adam Cathcart)는 영국 리즈대학교 중국사 조교수이다. 그는 그린(Christopher Green), 데니(Stephen Denney)와 함께 『중국-북한 국경지대 해독하기(*Decoding the Sino-North Korean Borderlands*)』(2020)의 공동 편집자이며 현재 『유럽 한국학 저널(*European Journal of Korean Studies*)』의 편집인이다.

파히(Sandra Fahy)는 하버드로스쿨 인권프로그램 방문연구원이다. 그녀는 도쿄 조치대학(上智大学) 인문학부 및 대학원 글로벌연구 프로그램의 인류학 부교수이다. 그녀는 런던대학교 동양 및 아프리카 연구대학에서 박사학위를 취득했다. 그녀의 주요 저술에는 『고난의 행군: 북한에서의 상실과 생존(*Marching through Suffering: Loss and Survival in North Korea*)』 (2015), 『권리를 위해 죽기: 북한의 인권침해를 기록에 남기기(*Dying for Rights: Putting North Korea's Human Rights Abuses on the Record*)』 (2019) 등이 있다.

프랑크(Rüdiger Frank)는 오스트리아 빈대학교 동아시아경제와 사회 교수이자 동아시아학과를 이끌고 있다. 그는 2011년 이래 세계경제포럼(World Economic Forum)과 함께 일하고 있다. 그는 1991~1992년에 평양의 김일성종합대학에서 조선어를 공부했으며, 한국학과 경제학의 학위가 있다. 그는 경제사와 현대 정치경제 분야에서 북한에 대해 광범위하게 글을 써왔다.

하워드(Keith Howard)는 런던대학교 동양 및 아프리카 연구대학(SOAS) 명예교수이자 리버흄(Leverhulme) 명예연구원이다. 그는 오스트레일리아 시드니대학교 교수이자 부학장이었다. 그는 모내시대학교, 이화여자대학교, 시드니대학교, 한국외국어대학교, 텍사스공과대학교 등의 방문 교수를 역임했으며, 2017~2018학년도에는 노스캐롤라이나 국립인문학센터의 연구원이었다. 그는 『'위대한 지도자들'을 위한 노래: 북한 음악과 춤의 이데올로기와 창의성(*Songs for 'Great Leaders': Ideology and Creativity in North Korean Music and Dance*)』 (2020) 등 북한 음악에 관해 폭넓게 저술하였으며, 2008~2017년 기간 중 SOAS 음악학 시리즈 (Routledge) 편집위원장이었다.

헤이스팅스(Justin Hastings)는 오스트레일리아연구위원회 미래 연구원이며 오스트레일리아 시드니대학교 국제관계 및 비교정치 교수이다. 그의 저서에는 『무인 지대: 동남아시아의 세계화, 영토 및 비밀 집단(*No Man's Land: Globalization, Territory, and Clandestine Groups in Southeast Asia*)』 (2010) 과 『가장 진취적인 나라: 글로벌 경제 속의 북한(*A Most Enterprising Country: North Korea in the Global Economy*)』 (2016)이 있다. 그는 현재 확산 네트워크에 관한 책을 마무리하고 있다.

역자소개

박영호 _ kinupark@hanmail.net

한국외국어대학교 정치외교학과 졸업
미국 신시내티대학교 정치학 박사

전 강원대학교 정치외교학과 초빙교수

통일연구원 선임연구위원/ 통일정책연구센터 소장
한국세계지역학회 회장/비교민주주의학회 회장
한국정치학회 부회장/한국국제정치학회 부회장
국가안보회의(NSC)/민주평통자문회의/통일부/국방부/교육부 자문위원
서울대, 고려대, 한국외대, 경희대, 국민대, 단국대, 세종대, 성신여대 등 강사 역임

주요 논저
『한반도 평화 신 로드맵: 평화공존형 중간단계 구상』(공저, 나남)
『한반도 뫼비우스의 띠 풀기: 북한 비핵화와 평화 구축』(공저, 한반도평화만들기)
『한반도 통일과 동북아 외교』(공저, 세종연구소)
『평화통일을 위한 통일외교전략』(공저, 통일연구원)
『한반도 평화프로세스』(공저, 건국대 출판부)
『21세기 동북아 정세와 북한 인권』(공저, 백산자료원)
Perspectives on Migration Flows in Asia and Europe (공저, UNISCI/ASEF)
『세계화와 글로벌 이슈, 제6판』(공역, 명인문화사)
"Political Change in North Korea: Is There Any Possibility for System
  Transformation?" (*The Korean Journal of Defense Analysis*)
"한반도 비핵평화체제 실현을 위한 새로운 접근" (비교민주주의연구)
"남북관계에 대한 남북한의 정책과 신뢰구축의 방향" (국제지역연구) 외 다수

명인문화사 정치학 관련 서적